Harry Waibel

Ein fruchtbarer Schoß.
Wissenschaftler in der DDR, die bis 1945 Mitglieder in Nazi-Organisationen waren.
Personenlexikon

Harry Waibel

Ein fruchtbarer Schoß

Wissenschaftler in der DDR, die bis 1945 Mitglieder in Nazi-Organisationen waren

Personenlexikon

Rediroma-Verlag

Bibliografische Information der Deutschen Nationalbibliothek:
Die Deutsche Nationalbibliothek verzeichnet diese Publikation in der Deutschen Nationalbibliografie; detaillierte bibliografische Daten sind im Internet über http://portal.dnb.de abrufbar.

ISBN 978-3-98885-243-4

www.rediroma-verlag.de
23,95 Euro (D)

Inhaltsverzeichnis

Vorwort

Ich hatte meine erste persönliche Begegnung in den 1950er Jahren mit einem deutschen Wissenschaftler der bis 1945 in den Diensten der Nazis war, mit Prof. Dr.-Ing. Hubert Reinhold Schardin, in seiner Wohnung in Weil am Rhein. Ich ging mit seiner Tochter zur Schule und war mit ihr befreundet.
Was ich damals nicht wusste, Schardin war von 1927 bis 1929 Privatassistent von Geheimrat Prof. Dr. Dr. Carl Cranz. Von 1930 bis 1935 arbeitete er als Assistent an der TH Berlin-Charlottenburg und in München. Ab Herbst 1935 beteiligte er sich am Aufbau eines ballistischen Instituts für das chinesische Militär in Nanjing (China). 1935 wurde er Leiter der Institute für Technische Physik und Ballistik der Technischen Akademie der Luftwaffe in Berlin-Gatow. Von Dezember 1937 bis 1945 hatte er eine Professur an der TH Berlin. 1945 wurde das Institut nach Biberach an der Riß verlegt.
Im Sommer 1945 setzte Schardin, zusammen mit 32 deutschen Wissenschaftlern, als französischer Staatsangestellter, seine Forschungsarbeit fort. Er war nun Direktor des Forschungsinstituts ISL, dass ab Juni 1959 als binationales, deutsch-französischen Forschungsinstitut fortgeführt wurde. Etliche Wissenschaftler, und darunter auch die Schardins, lebten, im südbadischen Weil am Rhein, in zwei Wohnblocks mit jeweils zwei Eingängen und wurden anfangs mit Bussen werktäglich nach und von St. Louis (Elsass) gefahren. Die Universität Freiburg ernannte Schardin 1947 zum Honorar-Professor, wo er die Abteilung für angewandte Physik aufbaute, die 1959 aus der Universität ausgegliedert wurde. Als Ernst-Mach-Institut (EMI) wurde es dann in das Fraunhofer-Institut für Kurzzeitdynamik überführt. Seine wissenschaftliche Arbeit lag in der Entwicklung der Sprengstoff-Hohlladung, die als panzerbrechende Waffe militärisch genutzt werden konnte. Außerdem untersuchte er mit seiner militärischen Forschung die Wirkung von Explosionen. Ab 1954 interessierten ihn Schutzbauten für Zivilisten gegen die Wirkungen von Atomwaffen und deren Druckwellen. Ab 1960 unternahm das EMI in einem alten Steinbruch im südbadischen Wintersweiler Sprengversuche. 1964 wurde in Weil am Rhein als Außenstelle II des EMI, die Abteilung für Ballistik gegründet.

Im Oktober 1964 wurde Schardin Leiter der Abteilung Wehrtechnik des Verteidigungsministeriums der Bundesrepublik Deutschland.
Schardin verstarb am 27. September 1965 in Freiburg i. Brsg. und wurde auf dem Friedhof in Weil am Rhein beerdigt. Bei seiner Beisetzung am 3. Oktober 1965 in Weil am Rhein erwiesen über 500 Trauergäste Schardin die letzte Ehre, darunter befand sich auch der damalige Bundesverteidigungsminister Kai-Uwe von Hassel (CDU).
Seit 1969 wird vom Internationalen Kongress für Kurzzeitphotographie und Photonik die Hubert-Schardin-Medaille verliehen.[1]

[1] Wikipedia, Munzinger Biografie, https://physik.cosmos-indirekt.de/Physik-Schule/Hubert_Schardin.

Einleitung

Die üblichen Lexika über Personen in der DDR geben kaum oder keine Auskunft über ihre Beteiligung am Nazi-Faschismus. In meiner Veröffentlichung „Diener vieler Herren“, hatte ich rund 1.500 Personen aufgeführt, die bis 1945 Nazis waren und die sich in der DDR in Führungspositionen befanden. Dass waren Personen in staatlichen und gesellschaftlichen Institutionen, wie z. B. in Ministerien, Parlamenten, Parteien, Sicherheitsorganen, Medien, Wissenschaften und Kunst- und Kultureinrichtungen.
Die Verurteilung von Nazi-Verbrechern wurde zuerst von Organen der Siegermächte übernommen und danach, in der Regel ab 1950, deutschen Justizbehörden überlassen. In der DDR wurde auf die alten Nazis in der Bundesrepublik hingewiesen, während die ehemaligen Nazis in ihren Reihen weitestgehend unbehelligt blieben.
Dieses Lexikon belegt, ohne Anspruch auf Vollständigkeit, die geräuschlose Integration von ehemaligen Nazi-Wissenschaftlern in das staatliche und gesellschaftliche System der DDR. Die Studie ist eine Summe meiner über 20 Jahre anhaltenden Forschungen nach den Ursachen von Neonazismus, Rassismus und Antisemitismus. Die daraus offenbarten Erkenntnisse zeigen deutlich auf, wie die Politik der Entnazifizierung und des Antifaschismus der deutschen Kommunisten scheiterte. In dieses Lexikon haben kurze politische und berufliche Biografien von über 900 Wissenschaftlern Eingang gefunden, die bis 1945 organisierte Nazis waren und die, in der Regel, in der SBZ bzw. DDR wieder zu Amt und Würden kamen.
Eines der folgenschwersten Verbrechen der Nazi-Zeit war, dass Wissenschaftler zu Helfern der Massenmorde wurden und das sie „Erbarmen, Mitleid, Toleranz, Menschlichkeit, Würde und Gleichwertigkeit aller Menschen als Entartung Degeneration verhöhnten“.[2]
Zu den Quellen lässt sich sagen, dass ich eine breite Literatur gesichtet und dazu Quellen ausgeschöpft habe, die wenig Beachtung fanden oder bisher unbekannt blieben. Die wichtigen Quellen waren, neben der Fachliteratur,

---

[2] Ernst Klee: Das Personenlexikon zum Dritten Reich. Wer war was vor und nach 1945, Koblenz 2011, S. 5f.

das Bundesarchiv Berlin-Lichterfeld, die Archive des BStU und Wikipedia.

Die Partei- und Staatsführung der DDR verhielt sich zur sogenannten Intelligenz und damit auch zur Ärzteschaft zwiespältig. Die alte Bildungselite stand unter politischem Generalverdacht, wurde aber, weil für den Wiederaufbau von Staat und Gesellschaft unentbehrlich, als scheinbar „politisch neutralisierte Funktionselite integriert".[3]

Am 27. August 1945 erließ der Oberbefehlshaber der SMAD den Befehl Nr. 42, damit wurden Bürgermeister und Landräte aufgefordert, alle ehemaligen Mitglieder der NSDAP bei den Militärkommandanturen zu melden. In dieser ersten Entnazifizierungsperiode wurde im Juli /August 1945 der Befehl Nr. 50 des Oberbefehlshabers der SMAD vom 4. September 1945 erlassen. Er beinhaltete die Vorbereitung der Hochschulen auf den Beginn des Unterrichts und über die Kontrolle ihrer Tätigkeit und sah „die Entnazifizierung in drei Hauptrichtungen vor: Säuberung des Lehrkörpers, Nichtzulassung der ehemaligen Mitglieder der NSDAP zum Studium und Entnazifizierung des Lehrkörpers."[4] Damit begann in den Hochschulen eine zweite Entnazifizierungswelle, denn von September 1945 bis Januar 1946 führten die Selbstverwaltungsorgane mit der Erfassung des ganzen Personalbestandes eine zweite Säuberung der Universitäten von ehemaligen Nationalsozialsten durch. Der Abteilung für Volksbildung der SMAD wurden die Verzeichnisse des Leitungs- und Lehrpersonals sowie die Aufnahmekontingente von Studenten zur Bestätigung vorgelegt. Zu den neu ernannten Rektoren gehörten in Berlin J. Stroux, in Jena F. Zucker, in Leipzig H-G. Gadamer, in Halle O. Eißfeldt und in Greifwald E.

[3] Anna-Sabine Ernst: Von der bürgerlichen zur sozialistischen Profession? Arzte in der DDR, 1945-1961, in: Richard Bessel/Ralph Jessen (Hg.): Die Grenzen der Diktatur. Staat und Gesellschaft in der DDR, Göttingen 1996, S. 27.

[4] Vgl. Dmitrij N. Filippovich: Die Entnazifizierung der Universitäten in der Sowjetischen Besatzungszone Deutschlands, in: Manfred Heinemann (Hrsg.): Hochschuloffiziere und Wiederaufbau des Hochschulwesens in Deutschland 1945-1949. Die Sowjetische Besatzungszone, Band 4, Berlin, 2000, S. 36.

Lohmeyer, er wurde bald wegen seiner Nazi-Vergangenheit abgesetzt und durch R. Seeliger ersetzt. In Rostock G. Rienäcker Rektor der Universität.[5] Erst im Dezember 1945 beschloss die SMAD, ehemalige Parteimitglieder sollten generell nicht mehr zur Lehrtätigkeit in den Universitäten zugelassen werden. Ausnahmen gab es nur noch für „nominelle Parteimitglieder“, die als hervorragende Wissenschaftler eingestuft wurden. Dies waren an allen Universitäten nur acht Personen.

Eine mögliche Wiedereinsetzung ehemals nomineller Nationalsozialisten wurde auf Antrag entsprechender deutscher Behörden, nach individueller Überprüfung durchgeführt. Nach einer Tabelle der Abteilung für Volksbildung der SMAD wurden von August 1945 bis Januar 1946 aus den Universitäten Ostdeutschlands „insgesamt 359 Professoren und 230 Dozenten und Lehrer, die der NSDAP angehört hatten, entlassen.“[6]

Im Januar 1945 gab es an den Universitäten in Berlin, Leipzig, Jena, Halle, Greifswald, Rostock und an der TH Dresden insgesamt 1.339 Professoren. Im Januar 1946 gab es 989 weniger, d. h. es waren noch 350 Professoren im Amt. Von den 989 Abgängen waren 359 Professoren aktive Mitglieder der NSDAP. Im Januar 1945 gab es 932 Dozenten und im Januar 1946 waren es noch 166, d. h. 766 waren abgegangen, wovon 230 aktive Mitglieder der NSDAP waren, d. h. 1945 waren 75 Prozent der Professoren und 80 Prozent der Dozenten entlassen worden.[7]

Am 12. Januar 1946 befahl der Kontrollrat mit der Direktive Nr. 24 die „Entfernung von Nationalsozialisten und Personen“, die der Partei aktiv und nicht nur nominell angehörten und die den Bestrebungen der Alliierten feindlich gegenüberstanden, aus Ämtern und verantwortlichen Stellungen zu entlassen. Damit begann die zweite Phase der Entnazifizierung auch auf dem Gebiet der Hochschulen. Die Direktive legte die Zwangsmaßnahmen fest, die gegen die zu entfernenden Personen anzuwenden waren, darunter: Entlassung, Amtsenthebung, Nichtzulassung zur Berufsausübung und Begrenzung des Privatunternehmens.

---

[5] Ebenda, S. 37.

[6] Ebenda, S. 38.

[7] Filippovich, S. 38f.

Zur Durchführung der von dieser Direktive vorgesehenen dritten Welle der Entnazifizierungsmaßnahmen wurden Ende 1946 zentral in allen Städten und Kreisen der Sowjetischen Besatzungszone spezielle Entnazifizierungskommissionen gebildet, deren Arbeit von den Abteilungen für innere Angelegenheiten der SMAD und der Militärkommandanten kontrolliert wurden. Die Hauptaufgabe der Kommissionen war die Entfernung der aktiven Nationalsozialisten und Personen, die im Nazi-Faschismus verantwortliche Stellen innehatten, und ihre Ersetzung durch Personen die von demokratischen Organisationen empfohlen wurden. Nominelle Nationalsozialisten wurden nicht verfolgt, sie behielten mit Ausnahme der Wahlen 1946, als ihnen das passive Wahlrecht entzogen wurde, ihre bürgerlichen Rechte.
In die zweite Phase der Entnazifizierung fällt die Eröffnung der meisten Universitäten und Hochschulen der SBZ. Bis zum 1. Januar 1946 wurde der Lehrbetrieb nur in der Universität Jena wieder aufgenommen, während die fünf anderen Universitäten Anfang 1946 eröffnet wurden. In der zweiten Phase der Entnazifizierung der Hochschulen wurde die Aufnahme und Säuberung der Studentenschaft durchgeführt, d. h. danach wurden ehemalige Mitglieder der NSDAP, Führer der HJ und anderer Jugendorganisationen nicht zum Studium zugelassen. Leider wurde hier kein Wort zu Mitgliedern der SS oder SA oder zu den Mitgliedern anderer Nazi-Organisationen wie z. B. NSLB, NSDDB, Opferring usw. usf. geäußert.[8]

Die Entnazifizierung wurde zunächst ohne entsprechende zentrale Registrierung der entfernten Nationalsozialisten durchgeführt. was den Entlassenen die Möglichkeit verschaffte, eine neue Arbeitsstelle zu finden. Ein Erfassungssystem wurde erst im Juli 1946 eingeführt. Die Entnazifizierung wurde bis dahin dadurch entpersönlicht und wurde von den deutschen Verwaltungsorganen und der SMAD ohne ausreichende Überwachung durchgeführt. Infolgedessen verblieben, wie es im Befehl Nr. 351 des SMA Sachsen vom 9. Dezember 1946 hervorgehoben wurde, in einigen Ämtern Nationalsozialisten.[9]

---

[8] Filippovich, S. 40f.

[9] Filippovich, S. 40.

In der Mitte des Jahres 1946 gab es an allen Universitäten in der SBZ noch etwa 90 ehemalige nominelle NSDAP-Mitglieder im Lehrkörper, darunter 28 Professoren, alles gesuchte Fachleute. Aber es gab nur insgesamt 62 nominelle NSDAP-Mitglieder unter den Studenten, was einem Anteil von nur 0,7 Prozent an der gesamten Studentenzahl entsprach.[10] Es gab für die Hochschulen in der SBZ kein einheitliches Dokument, dass die Entnazifizierung grundlegend thematisierte, was auch dazu führte, dass öfters nationalsozialistische und militaristische Phänomene festgestellt worden waren.[11] Ähnliche Äußerungen „nationalsozialistischer und antidemokratischer Stimmungen“ waren für alle Länder und Provinzen der SBZ kennzeichnend und nicht wenige kamen vom Lehrenden an den Hochschulen.[12] Die SMAD stellte in ihren Dokumenten zu den Direktiven Nr. 24 und 38 des Kontrollrats etliche von den Kommissionen begangene Verletzungen der praktischen Entnazifizierungsmaßnahmen fest. Die wichtigsten waren:

1.
Unbegründete Verfahren in der Untersuchung der Gerichtssachen und die Entlassung nomineller Nationalsozialisten. Gleichzeitig hätten Vertreter der LPD und CDU in den Entnazifizierungskommissionen versucht, ehemals aktive Nationalsozialisten in die Gruppe der „nominellen“ einzutragen;

2.
Untätigkeit einzelner Entnazifizierungskommissionen, die auf den angeblich abgeschlossenen Prozeß der Entfernung aller ehemaligen aktiven Nationalsozialisten zurückzuführen war;

3.
Nach Muster der Westzonen wurden von den Landtagen einiger Länder der Sowjetischen Besatzungszone (Thüringen, Sachsen, Brandenburg) Versuche gemacht, Amnestiegesetze für die nach dem 1. Januar 1919 Geborenen zu erlassen, um die Zahl der „nominellen“ Nationalsozialisten, insbesondere ehemalige Mitglieder der Hitler-Jugend, zu verringern und um den jungen Leuten die Möglichkeit zu geben, ihre Hochschulbildung

---

[10] Filippovich, S. 42.

[11] Filippovich, S. 44.

[12] Filippovich, S. 44f.

unbegrenzt fortzusetzen. Allerdings hätten solche Versuche keinen Erfolg gehabt."[13]

Mit der Veröffentlichung des Befehls Nr. 201 des Oberbefehlshabers der SMAD vom 16. August 1947 begann die dritte Phase der Entnazifizierung der Hochschulen. Nach diesem Befehl wurde die ganze Verantwortung für die Erfüllung der Direktiven des Kontrollrats den deutschen Verwaltungsorganen übertragen, wobei sie jedoch von den entsprechenden Abteilungen der SMAD abhängig und ihnen rechenschaftspflichtig blieben. Zur Kontrolle dieses Befehls Nr. 201 durch deutsche Behörden wurde in der Verwaltung für innere Angelegenheiten der SMAD eine Sonderabteilung für Entnazifizierung gebildet, und in den Ländern und Provinzen wurden zu diesem Zweck besondere Offiziersstellungen in den Abteilungen für innere Angelegenheiten vorgesehen. Der Befehl legte die Maßnahmen fest, die auf Beschleunigung und Beendigung der Entnazifizierung in der SBZ gerichtet waren. Den deutschen Verwaltungsorganen wurde vorgeschlagen, in drei Monaten die Maßnahmen zur Entfernung ehemaliger aktiver Nationalsozialisten und Militaristen aus den öffentlichen und halböffentlichen Ämtern völlig abzuschließen. Den Polizei- und Justizbehörden wurde das Recht gewährt, Untersuchungen durchzuführen und Kriegsverbrecher, leitende Funktionäre des Naziregime, Militaristen und Mitglieder verbrecherischer Organisationen vor Gericht zu stellen. Gleichzeitig wurde im Befehl unterstrichen, daß die Organe der deutschen Selbstverwaltung die Gruppe der „nur" nominellen Nazis von der Gruppe der aktiven Nationalsozialisten und Militaristen deutlich unterscheiden müssten.

Mit dem Befehl Nr. 201 wurden insgesamt in der SBZ 185 deutsche Entnazifizierungskommissionen gebildet, darunter: fünf Kommissionen in den Ländern, 128 in den Bezirken und Kreisen und 52 in Städten; die Gesamtzahl ihrer Mitglieder betrug 1516. Die früheren Betriebskommissionen waren damit aufgelöst. Diese Kommissionen wurden aus Vertretern der demokratischen Parteien, Gewerkschaften, Frauenorganisationen, Komitees der gegenseitigen Bauernhilfe und demokratischen Jugendorganisationen zusammengesetzt. Nach der Parteiangehörigkeit waren es: 1073 Mitglieder der SED, 201 der LDP, 184 der CDU und 58 Parteilose. Die

[13] Filippovich, S. 46f.

SED erhielt damit die Entscheidung zugesprochen, auch im Bereich der Hochschulen. Die Akten der SMAD aber verzeichnen ein Paradox. Die Mitglieder der Entnazifizierungskommissionen der LDP und CDU weigerten sich unter unterschiedlichen Vorwänden, an der Arbeit der Kommissionen teilzunehmen, oder sie wurden aus den Kommissionen von ihren Parteien abberufen und durch andere Personen ersetzt und nicht selten kam es vor, daß diese Kommissionsmitglieder offen Nazis verteidigten.
Von den Entnazifizierungskommissionen in der dritten Phase wurden zur Säuberung der Ämter, Organisationen und Betriebe von Nationalsozialisten in der Zeit von der Veröffentlichung des Befehls Nr. 201 bis zum 10. März 1948 bis zur Auflösung der Stadt- und Kreiskommissionen laut Befehl Nr. 35 des Oberbefehlshabers der SMAD vom 26. Februar 1948 (Über die Auflösung der Entnazifizierungskommissionen in der Sowjetischen Besatzungszone) in 140.669 Fällen verhandelt, dabei wurden 65.674 ehemalige Nationalsozialisten entlassen oder abgesetzt und nicht zur Arbeit zugelassen. Von 1945 bis zum 10. März 1948 wurden in der SBZ insgesamt 516.308 ehemalige aktive Nationalsozialisten abgesetzt, entlassen und zur Arbeit nicht zugelassen. Die Zahl der aus den Volksbildungsorganen der SBZ entfernten Nationalsozialisten betrug 30.055; die zur Arbeit nicht zugelassen wurden 18 000; insgesamt wurden 48.055 Personen abgesetzt, entlassen bzw. zur Arbeit nicht zugelassen.[14]
Die Entnazifizierung in der SBZ im Hochschulwesen war vordergründig und zeitlich eng begrenzt und mit Ausnahme weniger hochqualifizierter Wissenschaftler einigermaßen vollständig. Heute wissen wir, die Entnazifizierung ist weitgehend misslungen.
Zweifellos konnte die Säuberung der Hochschulen und Schulen in der Sowjetischen Besatzungszone Deutschlands auf den quantitativen und qualitativen Bestand des Hochschullehrpersonals und der Studenten nicht ohne tiefe Auswirkung bleiben. Die Maßnahmen waren im Einzelfall hart und aus heutiger Sicht ungerechtfertigt. In nicht seltenen Fällen kam es zu Verhaftung und Vertreibung und Konfiskation von Vermögen, durchaus auch unberechtigt und ohne Rechtswegmöglichkeit.

---

[14] Filippovich, S. 47f.

Wie aber sollte der infolge der Entnazifizierung entstandene Rückgang des hochqualifizierten Hochschullehrerpotentials ergänzt werden? Nachdem sich einige Hochschullehrer der SBZ an die Abteilung für Volksbildung der SMAD gewandt hatten, veröffentlichte der Oberbefehlshaber der SMAD den Befehl Nr. 55 „Über die Verbesserung der materiellen Lage der Mitglieder der deutschen Akademie der Wissenschaften in Berlin und über die Ausbildung des wissenschaftlichen Nachwuchses“ vom 5. März 1947. In diesem Befehl wurde vorgesehen, im Laufe von zwei Jahren in den führenden Hochschulen Ostdeutschlands als Ersatz 200 neue hochqualifizierte wissenschaftliche Kräfte auszubilden. Ausbildungsanwärter wurden dabei nur aus der Zahl der ‚aktiven Antifaschisten‘ ausgewählt, die eine Hochschulbildung vorzuweisen hatten und ihre Befähigung zur wissenschaftlich-pädagogischen Tätigkeit unter Beweis stellten. Die in der Ausbildung stehenden Personen erhielten ein Stipendium von 300 RM monatlich und die Lebensmittelkarte erster Kategorie. Es erscheint heute als sicher, daß diese Maßnahme die Lücken qualitativ nicht schließen konnte.“[15]

Im Februar 1948 war die Entnazifizierung in allen Besatzungszonen bereits beendet; auch in der SBZ war im Befehl des SMAD-Oberbefehlshabers Nr. 35 vom 26. Februar 1948 festgestellt worden, dass die Entnazifizierungskommissionen ihre Mission erfüllt hätten und in der SBZ sei eine „feste Grundlage für die antifaschistisch-demokratische Ordnung geschaffen“ worden. Unter den ehemaligen NSDAP-Mitgliedern gebe es jetzt „progressiv eingestellte Leute“, die mit den „demokratischen Kräften der Gesellschaft zur Sicherung der Einheit und der demokratischen Entwicklung Deutschlands ehrlich zusammenarbeiten könnten und wollten“. 1946 wurde eine 10-Prozent-Quote beschlossen, was die Aufnahme nomineller NSDAP-Mitglieder in die Hochschulen anging.

Das schnelle Tempo im Kampf gegen die Naziideologie in den Hochschulen korrelierte mit der Ausrottung der Nazilehren im Lehrbetrieb mit der dominierenden Rolle der stalinistischen Ideologie nach 1948. Ohne mögliche Varianten wurde das sowjetische Modell auf die ostdeutsche Wissenschaft, Kultur und das ostdeutsche Staatswesen übertragen. Die ausgeson-

[15] Filippovich, S. 48f.

derte Nazi-Literatur wurde durch neue folgenderweise gelöst: „Lehrbücher für Naturwissenschaften blieben in der Regel unverändert und wurden sogar neu herausgegeben; Lehrbücher für Gesellschaftswissenschaften aus der Naziperiode wurden völlig ausgesondert, statt dessen wurden Lehrbücher der Weimarer Periode benutzt; für die neuen Disziplinen wurden neue Lehrbücher herausgegeben (z. B. das Lehrbuch für Marxismus-Leninismus von Meusel) und auch aus der Sowjetunion nach Ostdeutschland gebracht."

Die Entnazifizierung der Hochschulen in Ostdeutschland wurde in drei Phasen bzw. drei Hauptrichtungen durchgeführt: „Entnazifizierung des Hochschullehrkörpers, Entnazifizierung der Studentenschaft und Nichtzulassung der ehemaligen Nazis als Studenten an die Hochschulen, Entnazifizierung des Lehrprozesses, der aus zwei Hauptelementen bestand – Themenplänen und Lehrprogrammen sowie Bibliothekssäuberungen und Vernichtung nationalsozialistischer Grundlagen". Diese Entnazifizierung in den Hochschulen konnte administrativ durchgeführt werden, jedoch war es ungleich schwieriger psychologisch und weltanschaulich eine Person zu verändern, als das eine oder das andere Lehrbuch zu konfiszieren oder irgendein antidemokratisches Unterrichtsfach abzuschaffen. Die Ergebnisse der Entnazifizierung in den Hochschulen lassen eine Reihe von Schlussfolgerungen zu:

1.

Die Entnazifizierung in den Universitäten und Hochschulen in der SBZ in der Anfangsperiode wurde in gewissem Grade durch Inkonsequenz charakterisiert. Einerseits wurden allgemein ehemalige NSDAP-Mitglieder aus den Hochschulen entlassen, andererseits wurde ihre Wiedereinsetzung ins Lehramt infolge des Mangels an Wissenschafts- und Lehrpersonal notwendig.

2.

Die Entnazifizierung der Hochschulen war mit der Veröffentlichung des Befehls des Oberbefehlshabers der SMAD Nr. 35 vom 26. Februar 1948 noch nicht beendet. Bedeutend schwieriger war es, die Änderung der Ansichten und kritischen Bewertungen der Hochschullehrer zu beeinflussen, sie von der Richtigkeit der stalinistischen Ideologie zu überzeugen. Es war schwierig der jungen Generation zu erklären, daß sie von den Nazis betrogen worden war und daß sie keine verlorene Generation wären, sondern Erbauer des neuen Staates, der DDR, sein sollten. Das war ein komplizierter, weil mehrdeutiger Prozess, dessen Scheitern und dessen Folgen heute noch in Deutschland zu spüren sind.[16]

Eine merkwürdige Besonderheit der sowjetischen Besatzungspolitik von 1945 bis 1949 bestand darin, daß die UdSSR, im Gegensatz zu den westlichen Alliierten, vor allem der USA, keine im Voraus ausgearbeitete Strategie und keinen exakten Handlungsplan hatte. Dies ist erstaunlich, wenn man berücksichtigt, daß es in diesem Fall um einen höchstzentralisierten, totalitären, auf der Basis einer ganz bestimmten Ideologie entwickelten Staat und sein Verwaltungsorgan – die SMAD – ging. Die stark bürokratisierten, hauptsächlich zur Selbstunterhaltung funktionierenden Partei- und Staatsstrukturen scheinen doch schon damals fast unfähig gewesen zu sein, umfangreiche, wirklichkeitsnahe Programme aufzustellen und zu realisieren.

Eines der größten Probleme des Hochschulwesens war der Mangel an wissenschaftlichen und pädagogischen Kräften. Teilweise war dieses Problem vom Nazi-Regime ererbt, dessen Politik zweifellos einen verderblichen Einfluß auf das wissenschaftliche Potential der deutschen Hochschule ausgeübte. Professoren und Wissenschaftler, hauptsächlich jüdischer Herkunft, waren ab 1933 entlassen worden."[17]

Auch aus der SBZ wurden Wissenschaftler und Fachleute, freiwillig oder unfreiwillig, in die UdSSR gebracht. Das waren in erster Linie Naturwissenschaftler und Ingenieure wie Atomphysiker, Spezialisten für Raketentechnik, Biophysiker usw.

Die Aufstockung des Personalbestandes der Universitäten und Hochschulen in Ostdeutschland erfolgte dann auf verschiedene Weise: Durch wenige in die SBZ zurückkehrende politische Remigranten, weithin durch Professoren und Hochschullehrer, die wegen ihrer demokratischen Ansichten unter dem Hitlerregime aus der pädagogischen Tätigkeit entfernt worden waren, in Deutschland geblieben und teilweise in der Industrie und anderen Bereichen tätig waren, schließlich diejenigen, die während der intensiven

---

[16] Filippovich, S. 51f.

[17] Vgl. Andrej P. Nikitin, S. 53f.

Kriegshandlungen in Ostdeutschland in die anderen, verhältnismäßig gefahrlosen Gebiete des Landes geflohen waren. Es gab dazu noch eine Gruppe von Hochschullehrern, die während der Entnazifizierung zunächst entlassen, dann aber rehabilitiert worden waren, nicht selten mit der Hilfe der AVB der SMAD (z. B. die Professoren Ferdinand Sauerbruch, Friedrich Trautmann).[18]

Die Zahl der Professoren und Hochschullehrer an den Hochschulen der Sowjetischen Besatzungszone nahm während dieser Zeit zu: Im Jahre 1948 betrug sie 1246, darunter Berlin 418, Sachsen 314, Sachsen-Anhalt 142, Thüringen 192, Mecklenburg 205. Aber der Lehrkräftemangel blieb fühlbar. Beunruhigend war die Tatsache, daß die meisten Professoren und Hochschullehrer ein hohes Alter hatten. So waren nach Angaben der AVB der SMAD Anfang 1948 in der Universität Leipzig 23 von 39 ordentlichen Professoren im Alter über 60 Jahre und zehn Professoren über 70 Jahre. In der Universität Halle waren 25 von 128 Professoren und Lehrern 60 bis 70 Jahre alt und 20 von ihnen über 70 Jahre.[19]

Im Zuge der sich entwickelnden Sowjetisierung der Hochschulbildung in der SBZ unter der führenden Rolle der SED entsprach die alte Intelligenz immer weniger den Anforderungen, die von den neuen Machthabern gestellt wurden. Die Stimmungen der alten Professorenschaft verursachten größere Besorgnis der SED und der SMAD, denn die meisten der alten Professoren verhielten sich mindestens skeptisch, meist jedoch sehr negativ gegenüber den grundlegenden Veränderungen an den ostdeutschen Universitäten: den Arbeiter- und Bauernfakultäten, den neuen Zulassungsbestimmungen, den neu eingerichteten pädagogischen und gesellschaftlichen Fakultäten, den einheitlichen Lehrplänen und Programmen, den marxistischen Studien usw. Ihre politische und ideologische Position schien immer unbefriedigender zu werden.[20]

Die SMAD übergab ab 1948 den Prozess der Entnazifizierung an die alles dominierende SED. Ende der 1940er, Anfang der 1950er Jahre richtete sich der Antifaschismus der SED „immer stärker gegen diejenigen, die ihn

---

[18] Nikitin, S. 56.

[19] Nikitin, S. 57.

[20] Nikitin, S, 59.

in den ersten Jahren nach 1945 verkörpert hatten und als staatstragende Ideologie verlor er zusehends seinen Rigorismus in der Auseinandersetzung mit der Nazi-Vergangenheit. Als verbindliches Normen- und Wertegefüge spiegelte er die Welt- und Feindbilder einer kleinen Minderheit kommunistischer Funktionäre, die bis zum Ende der DDR als politische Klasse Staat und Gesellschaft dominierten."[21]

Kurz vor der Gründung der DDR, im Juni 1948, erklärte W. Ulbricht in einem Zeitungsinterview: „Wir haben heute in der Sowjetischen Besatzungszone nicht wenige frühere aktive Nazis, die eine verantwortliche Arbeit leisten. Jedenfalls können sie bestimmte Leistungen aufweisen, was man von einigen Mitgliedern der Christlich-Demokratischen Union und Liberal-Demokratischen Partei Deutschlands nicht sagen kann, die nach Washington und London schielen."[22]

Ausgangspunkt dieses Antifaschismus war die Reduktion der Ursachen des Faschismus allein auf den politisch-ökonomischen Sektor. Deshalb wurden in der DDR die Großindustrie, der Großgrundbesitz, Banken und Handelskonzerne verstaatlicht. Doch das Ergebnis war nicht die Befreiung der ostdeutschen Bevölkerung von nazistischen, rassistischen und autoritären Überzeugungen, sondern die Konstituierung einer klein-bürgerlichen Gesellschaft, in der ehemalige Angehörige der Nazi-Eliten funktionaler Bestandteil der von Kommunisten dominierten Eliten wurden. Diese Entwicklung hatte für das gesellschaftliche und individuelle Bewusstsein der Masse der Ostdeutschen tief greifende Folgen und die Führung der SED versuchte dieses Bewusstsein insofern zu transformieren, als sie „ihre" Bevölkerung an die Seite der siegreichen UdSSR stellte, und suggerierte, sie seien damit quasi Sieger und legitime Erben der Geschichte der deutschen Nation. In die daraus entstandene nationalistische und militärische Konzeption des Staates DDR, wurde das „antifaschistisch-demokratische Modell" eingebettet und bildete so die Grundlage und das politische Umfeld für die Tätigkeiten ehemaliger Nazi-Funktionäre.[23]

---

[21] Vgl. Danyel.

[22] Weber (2004), S. 190.

[23] Meuschel, S. 101-116.

Die Selbstlegitimation der Gründung der DDR wurde von Anfang auf der Ideologie des „Antifaschismus“ aufgebaut und blieb als offizielle Selbstdarstellung bis zum Ende bestehen.[24] Im Namen dieses Antifaschismus betrieb die SED eine selbstgefällige Entnazifizierung, mit der sie zur Durchsetzung ihres Machtmonopols neue, ihr ergebene Führungsschichten in den staatlichen und gesellschaftlichen Institutionen einsetzte. Ebenfalls betrieb sie unter diesen Vorzeichen die Verstaatlichung der entscheidenden Sektoren der Volkswirtschaft. Mit dem „Antifaschismus“ sollte die grundlegende Unterscheidung zur „klerikal-faschistischen“ BRD verdeutlicht werden. Damit sollten auch Teile der Bevölkerung an die Politik der SED bzw. der DDR gebunden werden, die zwar den „Sozialismus“ ablehnten, aber die von dem Wiedererstarken der alten Machteliten in der BRD abgestoßen wurden. Die Deutung der Nazi-Diktatur als einer Variante der bürgerlich-kapitalistischen Herrschaft, in der das Finanzkapital die Macht errungen hätte, sollte die Masse der Bevölkerung in der DDR dazu ermuntern, die eigene Beteiligung am Nazismus zu verdrängen. Damit wurden sie durch die SED zu den „Siegern“ über Nazideutschland gemacht, an der Seite der Roten Armee. In letzter Konsequenz waren schließlich nur noch diejenigen die wahren Antifaschisten, die Mitglieder der SED waren. Den anderen Verfolgten des Nazismus blieben in rudimentären, subalternen Zuordnungen stecken, wie z. B. Jüdinnen und Juden, die nur zu „Opfern des Faschismus“ deklariert wurden. Die Tatsache, dass es bewaffnete jüdische Gruppen gab, die gegen die Nazis gekämpft hatten, wurde dabei unter den Tisch gekehrt. Ähnlich erging es auch den Antifaschisten mit sozialdemokratischen, sozialistischen oder bürgerlichen Herkünften.

Die KPD war, in Abstimmung mit der KPdSU, dazu übergegangen zwischen „aktiven“ und „nominellen“ Nazis zu unterscheiden.[25] Wenn sich ehemalige Nazis dazu bereit erklärten, für die Ziele des Staates einzutreten, dann stand ihren Karrieren in der DDR nichts mehr im Weg. Trotz ihrer aktiven Beteiligung am Nazismus sind vielen ehemaligen Nazis Karrieren ermöglicht worden, ohne dass sie jemals politisch oder juristisch zur Verantwortung gezogen worden wären. Einzelne Beispiele von verurteilten

---

[24] Vgl. Weber (2005/1).

[25] Rößler, S. 15.

Nazi-Tätern fallen, gegen die große Zahl von unbehelligt gebliebenen, kaum ins Gewicht. Am 4. November 1945 wurde eine gemeinsame Entschließung von KPD, SPD, CDU und LDP veröffentlicht, die auf eine Bestrafung von „aktiven" Nazis abzielte, was bedeutete das die „nominellen" Nazis von einer juristischen Untersuchung ausgenommen werden sollten.[26] Auf einer Parteivorstandssitzung der SED am 20. Juni 1946 forderte der Ko-Vorsitzende der SED, Otto Grotewohl, eine „geistige Auflockerung" gegenüber den ehemaligen Nazis und der Wahlkampf der SED sollte deshalb „mit einer positiven Note" ihnen gegenüber geführt werden. Das einzige Kriterium einer Beurteilung der „nominellen" Nazis sollte das individuelle Verhalten sein.[27]

Die „Sowjetische Militäradministration in Deutschland" (SMAD) war für die juristische Aufarbeitung der Nazi-Vergangenheit verantwortlich und sie beendete im Frühjahr 1948 durch den Befehl Nr. 35 ihre Arbeit, nach dem seit 1947 die Kommissionen zur Entnazifizierung aufgelöst worden waren. Die Säuberungen von ehemaligen Nationalsozialisten in den Bereichen Verwaltung, Justiz, Bildung und Wirtschaft galten dann als beendet.[28] Auf der Sitzung des Parteivorstands am 15./16. Oktober 1947 forderte der Ko-Vorsitzende der SED, Wilhelm Pieck, die Aufnahme ehemaliger „nichtbelasteter" Nazis in die SED, um sie für die kommunistische Ideologie zu gewinnen.[29] Auf der Parteivorstandssitzung der SED am 8. Dezember 1947 forderte auch Ulbricht die Aufnahme der „nominellen" Nazis in die SED, auch und vor allem unter dem Aspekt, dass dadurch verhindert werden sollte, dass sie sich in der CDU oder der LDP organisierten. Ulbricht wollte daraus eine breite Bewegung formen, wobei die „Nominellen" auch für die SED in den „Betrieben und Massenorganisationen" auftreten sollten.[30] Bereits Ende Januar, Anfang Februar 1948 erklärte Ulbricht den Nazis auf der Konferenz der Innenminister der Länder: „wir wissen das ihr Nazis ward, wir werden aber nicht weiter darüber sprechen,

---

[26] Ebenda, S. 32.

[27] Ebenda, S. 34f.

[28] Ebenda, S. 15.

[29] Ebenda, S. 44 u. S. 188.

[30] Ebenda, S. 47f.

es kommt auf Euch an, ehrlich mit uns mitzuarbeiten. Unsere Beurteilung wird nicht mehr von dem Standpunkt erfolgen, nominell oder nicht nominell, sondern der Bewährung in der Aufbauarbeit“.[31]
In der „Freien Deutschen Jugend“ (FDJ), der einzig in der DDR zugelassenen politischen Jugendorganisation, waren hohe und höchste Führer der ehemaligen „Hitler-Jugend“ (HJ) beschäftigt und die Führung der bald aufgelösten Arbeitsdienstorganisation „Dienst für Deutschland“ war fast ausschließlich mit ehemaligen Funktionären des verbotenen „Reichsarbeitsdienstes“ besetzt worden.[32] Mit welchen Argumenten die Führung der SED die „Integration“ ehemaliger Nazis betrieb wird durch eine Rede von Wilhelm Zaisser ersichtlich, er war 1949 sächsischer Innenminister und ein Jahr später Minister für Staatssicherheit: „Wir verlangen nicht den negativen Nachweis des Nicht-Belastetseins, des Neutralseins, sondern den positiven Nachweis des Mitmachens.“[33]
1949 zeigte eine Statistik, dass in der öffentlichen Verwaltung des Landes Thüringen im Dezember 1948 noch rund 37 Prozent der Beschäftigten ehemalige Nazis waren.[34]
Die Aufdeckungen und Aburteilungen ehemaliger Nazis ab den 1950er Jahren dienten eher der Kosmetik, als dass sie Ausdruck einer konsequenten Haltung gewesen wären. Das riesige Feld der „Mitläufer“ des Nazismus blieb unbearbeitet und führte damit zu der weitreichenden Illusion, in der DDR hätte es keine Nazis gegeben.[35] 1950 gehörten der SED rund 175.000 ehemalige Angehörige der Nazi-Wehrmacht (Offiziere und Unter-Offiziere), ehemalige Mitglieder der NSDAP und ihrer Massenorganisationen an und erst 1951 wurden 16.000 von ihnen aus der Partei ausgeschlossen.[36]

---

[31] Ebenda, S. 51 u. S. 248f.

[32] Weber/Pertinax, S. 130f.

[33] Wilhelm Zaisser, zit. Werkentin, S. 175.

[34] Rößler, S. 48.

[35] Rößler, S. 16.

[36] Vgl. Otto (2012).

Vom 21. April bis zum 29. Juni 1950 fanden im Zuchthaus in Waldheim die „Waldheimer Prozesse“ statt. Dort wurden über 3.000 Personen wegen ihrer Verstrickung in den Faschismus verurteilt und diese juristisch fragwürdigen Schauprozesse bildeten den Abschluss der Entnazifizierung in der DDR.[37] Diese Verfahren waren Teil der Integrationspolitik gegenüber ehemaligen Nazis und sie demonstrierten den juristischen Abschluss ihrer systematischen Verfolgung.[38]
Der 3. Parteitag der SED beschloss im Juli 1950: „die Wurzeln des Faschismus“ in der DDR wären ausgerottet worden und im November 1952 beschloss die Volkskammer das „Gesetz zur staatsbürgerlichen Gleichstellung der ehemaligen Wehrmachtsoffiziere und NSDAP-Mitglieder“. Diese Entscheidung wurde im Radio der DDR vom Funktionär der NDPD, Egbert von Frankenberg und Proschitz kommentiert, der nicht nur als Offizier in der Wehrmacht Karriere machte, sondern auch Mitglied der NSDAP und der SS war.[39]
E. Mielke, damals Staatssekretär im Ministerium für Staatssicherheit (MfS), erließ 1952 die „Richtlinie 21“, mit der er anordnete, ehemalige Offiziere und Unteroffiziere der Wehrmacht, ehemalige Angehörige der „Geheimen Staatspolizei“ (Gestapo) und Offiziere der Abwehr als „geeignete Personen zu geheimen Mitarbeit“ anzuwerben. Ein Jahr später befahl Ernst Wollweber, Minister für Staatssicherheit, eine systematische Erfassung „feindlicher Elemente“, wie z. B. Offiziere, Funker, Fremdenlegionäre und aktive Faschisten, mit dem Ziel ihrer Rekrutierung als „Geheime Mitarbeiter“ (GM) oder als „Geheimer Informant“ (GI). In einer einzigen Abteilung der Bezirksverwaltung Leipzig des MfS arbeiteten neun ehemalige Offiziere der Wehrmacht, frühere Angehörige der SS, ehemalige Mitglieder von Nazi-Aufklärungs- und Abwehrorganen, ehemalige Funktionäre der NSDAP und anderer Nazi-Organisationen. Im Herbst 1953 waren rund 25 Prozent der Mitglieder der SED ehemalige Nazis und in der Volks-

---

37 Otto, (1993), S. 5-27.

38 Neubert (2004), S. 865.

39 Claasen, S. 111f.

kammer der DDR befanden sich 50 Abgeordnete die als alte Nazis zu bezeichnen sind.[40]

Noch 1954 waren 32 Prozent aller Angestellten im Öffentlichen Dienst der DDR ehemalige Nazis aus den verschiedensten Organisationen.[41] Bei den 400 Abgeordneten der am 16. November 1958 gewählten Volkskammer, gab es 56 alte Nazis. Im Zentralkomitee der SED waren zu jener Zeit 27 ehemalige Nazis, darunter befanden sich acht Minister, neun stellvertretende Minister und zwei Vorsitzende des Ministerrats.[42] 1965 gab es noch immer ehemalige Nazis als Abgeordnete der Volkskammer und im ZK der SED hatten noch 12 Mitglieder und Kandidaten eine Nazi-Vergangenheit. Auf der mittleren Funktionärsebene war die SED auf die ehemaligen Diener des Nazi-Staates dringend angewiesen und sie war bereit, zur Absicherung ihrer Machtansprüche, ein informelles Bündnis mit ihnen einzugehen. Hierbei hat sich die SED stillschweigend darauf verständigt, sie wirken zu lassen, ohne sich um deren mögliche kriminelle Nazi-Vergangenheit zu kümmern. Von einer tiefgreifenden politischen und juristischen Auseinandersetzung um die Ursachen, den Verlauf und den politischen und sozialpsychologischen Folgen des Nazi-Faschismus konnte man dann in der DDR, ebenso wie in Westdeutschland, nicht sprechen. Die von den alliierten Siegermächten durchgeführten Entnazifizierungen wurden Anfang der 1950er Jahre von den Deutschen hauptsächlich als juristisch definiert übernommen und nach wenigen Jahren für beendet erklärt.[43] Die wissenschaftlichen Analysen über den Prozess der Entnazifizierung für die SBZ/DDR zeigen, dass es dort, so wenig wie im Westen, die sogenannte Stunde null auch nicht gab.[44]

[40] Werkentin, S. 198f.

[41] http://www.spiegel.de/spiegel/vorab/sed-viele-ehemalige-nsdap-mitglieder-a-857379.html.

[42] Leide, S. 46ff; http://www.geschichtswerkstatt-jena.de/images/stories/archiv_texte/henning_pietzsch_das_braune_erbe.pdf.

[43] Vollnhals, S. 43-55; Werkentin, S. 168-197.

[44] Rößler, S. 15f, S. 168; Otto, S. 6-7; Streim, S. 587-591.

In den neuaufgebauten militärischen bzw. paramilitärischen Einheiten der DDR, bekamen ehemalige Offiziere und Soldaten der Wehrmacht, neue und einflussreiche Verantwortungsbereiche zugewiesen, bei denen offensichtlich ihre Erfahrung und ihr Können zum Tragen kommen sollten.[45] Die auf dem Territorium der DDR befindlichen alten Nazis blieben, bis von einigen wenigen Ausnahmen abgesehen, von politischer oder juristischer Verfolgung unbehelligt, gerade auch wenn sie erklärten, sie würden sich für die Ziele des Staates einsetzen. Darunter befanden sich Personen aus wichtigen gesellschaftspolitischen Berufen, wie z. B. Politiker, Soldaten und Polizisten, Ärzte, Mediziner, Journalisten, Wissenschaftler, Manager, evangelische Theologen und Pfarrer, Künstler und Sportler. Die Bedeutung ihrer Tätigkeiten ergab sich aus der massenwirksamen Relevanz durch diese Funktionen, gerade auch zur Beeinflussung von Frauen und Männern in gesellschaftlichen oder staatlichen Bereichen. In allen nationalen Führungspositionen der politischen Parteien (SED, CDUD, LDPD, NDPD, DFD und DBD) waren sie zu finden und selbstverständlich auch bei den Mitgliedern des Nationalrates der Nationalen Front (NF), bei den Abgeordneten der Volkskammer (AdV) und bei den politischen Massenorganisationen, wie z. B. dem FDGB, der GST, der FDJ usw., wobei es hier in der Regel zu Überschneidungen durch Vielfach-Mandate gekommen ist. Ehemalige Nazis waren Redaktionsmitgliedern in den Massenmedien z. B. im Rundfunk, im Fernsehen und in Zeitungen oder sie waren Mitglieder von Organisationen ihres jeweiligen Berufsverbandes. Da die Massenmedien, ähnlich wie die Universitäten und Hochschulen, das Feld bzw. der Transmissionsriemen für Herrschaftsausübung im Allgemeinen und für die Bildung von Bewusstsein im Besonderen darstellen, muss ihr Einfluss auf die Massen in der DDR als erheblich eingeschätzt werden.

Eine interne Analyse der SED zur Lage im „Ernst-Thälmann-Werk“ in Magdeburg zeigte auf, dass sich ehemalige Nazis „auf allen einflußreichen Stellen des Betriebes, angefangen vom Werksdirektor, seinen Stellvertretern, den Direktoren, Assistenten, über den Dispatcher, Lohnbuchhalter und Oberbuchhalter bis zum Angestellten“ finden lassen. In einer Einschätzung über die Lage der SED hieß es 1953 zusammenfassend:

[45] Glaser, S. 16f.

„Charakteristisch für die Großbetriebe ist die Konzentration ehemaliger Faschisten und Militaristen". In der „Nationalen Volksarmee" (NVA) waren nach einer Statistik des Ministeriums für Staatssicherheit (MfS) 1957 von den 16 Spitzen-Generälen fünf ehemalige Offiziere der Wehrmacht, davon hatten drei als Generäle für Hitler gedient. Ein Viertel aller Obersten bei der NVA hatten eine Karriere als Offiziere der Wehrmacht hinter sich gebracht.[46] E. Wollweber, Leiter des MfS, meldete 1957 dem Sekretär des Zentral-Komitees der SED (ZK) Erich Honecker, zur Lage der Betriebskampfgruppen: „Im VEB Warnow-Werft ist der Kommandeur einer Hundertschaft ein ehemaliger Obersturmführer der SA. Im VEB Papierfabrik Lunzenau sind von 51 Kampfgruppenmitgliedern 10 ehemalige Mitglieder der NSDAP. Im VEB Industriewerk Ludwigsfelde gehören 9 ehemalige Mitglieder der NSDAP, 1 ehemaliges Mitglied der Waffen-SS der Kampfgruppe an. Die Kampfgruppe des VEB Reifenwerk Berlin besteht zu 60 Prozent aus ehemaligen Nazis".

Im Mai 1958 berichtete eine Brigade dem ZK der SED über das im Aufbau befindliche Kombinat „Schwarze Pumpe" in Spremberg, dass es bei der Werksleitung und den Abteilungsleitern eine „Konzentration ehemaliger NSDAP-Mitglieder" gegeben hatte.

Das Ministerium für Staatssicherheit (MfS) hatte ein separates Archiv mit Personenakten aus der Zeit des Nationalsozialismus angelegt, in dem Informationen über Personen „mit mehr oder weniger strafrechtlich relevanter Vergangenheit" gespeichert waren.[47] Diese Informationen wurden u. a. dazu benutzt, ehemalige Nazis als „Inoffizielle Mitarbeiter" (IM) zu engagieren, die ihre Wohnungen als „Konspirative Wohnung" (KW) zur Verfügung stellten, Kollegen und Nachbarn bespitzelten oder ehemalige „Kameraden" aufdeckten.[48]

Soziologen der Friedrich-Schiller-Universität Jena haben, auf dem Gebiet des heutigen Thüringen 441 Lebensläufe von SED-Spitzenfunktionären, Erste und Zweite Kreis- und Bezirkssekretäre untersucht, die in den drei Bezirken Erfurt, Gera und Suhl von 1946 bis 1989 für die KPD bzw. SED

---

[46] Der Spiegel 19/1994, S. 84-91.

[47] Benedict, in: die Andere 17/92, S.9.

[48] Ebenda.

Funktionen innehatten. 263 Personen, in den Geburtsjahrgängen bis 1927, wurden danach untersucht, wer von ihnen zuvor in der NSDAP organisiert war. Dabei wurden die biografischen Informationen aus den Kaderakten der SED mit Angaben über Biografien im Nazismus, die im Bundesarchiv (BArch) im „Berlin Document Center“ (BDC) archiviert sind, verglichen. Schließlich wurden 36 Parteisekretäre (ca. 14 Prozent) gefunden, die Mitglied der NSDAP waren. 1954 waren 8,6 Prozent der SED-Mitglieder in der NSDAP organisiert und damit lag der Anteil ehemaliger Nazis in der gesamten Mitgliedschaft erheblich unter dem der Quote ehemaliger Nazis in Leitungsfunktionen. Interessant ist auch, dass über die Mitgliedschaften in der NSDAP, bis auf eine Ausnahme, in den Personalakten einvernehmlich geschwiegen wurde.[49] Doch es gab nicht nur Mitgliedschaften in der NSDAP, der größere Teil der hier in Betracht kommenden kommunistischen Kader waren ehemalige Angehörige der Führung der „Hitler-Jugend“ (HJ) und der „Schutz-Staffel“ (SS). Doch schon bei den zwischen 1952 und 1961 in Führungsaufgaben aufgestiegenen SED-Leuten hatte nur noch jeder zwölfte Erfahrung im aktiven Kampf gegen die Nazis, während etwa jeder zweite zur NSDAP, „Hitler-Jugend“ oder der „Sturm-Abteilung“ (SA) gehört hatte.[50]

Im Bezirk Magdeburg waren 26 Prozent aller SED-Mitglieder ehemalige Funktionäre faschistischer Organisationen; im Bezirk Halle waren es 34 Prozent und im Bezirk Erfurt 35 Prozent. Der Kreis Wernigerode hatte, mit einem Anteil von 46 Prozent ehemaliger Nazis unter der SED-Mitgliedschaft, die höchste regionale Konzentration.[51]

In den Medien bekleideten viele ex-Nazis wichtige Stellungen in Zeitungs- und Zeitschriften-Redaktionen, z. B. in der Tageszeitung „Neues Deutschland“ oder in der Zeitschrift „Deutsche Außenpolitik“. Viele von ihnen waren als SS- oder SA-Angehörige von Propaganda-Kompanien, Mitarbeiter des Nazi-Rundfunks, Journalisten der Tageszeitung „Völkischer Beobachter“ oder der SS-Zeitschrift „Schwarzes Korps“, während andere

[49] Vgl. Meenzen.

[50] Vgl. Kellerhoff.

[51] Hafenegger/Buddrus, S. 92; www.ddr-wissen.de/wiki/ddr.pl?Naziverstrickungen_der_DDR_Prominenz.

Mitglieder beim „SS-Rasse- und Siedlungs-Hauptamtes“ oder der „Legion Condor“ waren. Die Liste der ehemaligen Nazis, die nach 1945 in der DDR in führenden Stellungen politisch und administrativ tätig waren, ist lang und sie führt von Ministerposten, von hervor gehobenen Stellungen im Parlament (Volkskammer), über ranghohe Offiziere und Generäle in der NVA und der DVP, bis hin zu wichtigen Ämtern in der Forschung und Lehre der Gesellschafts- und Naturwissenschaften.[52]

Im Abschlussbericht einer Vorstudie zur Nachkriegsgeschichte des westdeutschen Bundesministeriums des Innern (BMI) und des ostdeutschen Ministeriums des Innern (MdI) hinsichtlich möglicher personeller und sachlicher Kontinuitäten zum Nazismus im Oktober 2015, wurde in einer Vorstudie bei etwa 800 leitenden Mitarbeitern des MdI, der Anteil ehemaliger Mitglieder der NSDAP im gesamten Ministerium mit 14 Prozent angegeben. Der Anteil ehemaliger SS-Angehöriger betrug 1 Prozent und bei den ehemaligen Angehörigen der SA lag der Anteil bei 5 Prozent. Bei weiteren 700 leitenden Mitarbeitern des MdI war eine Verifikation bis dahin nicht möglich. Im Bundesarchiv lagern, nach dieser Studie, rund 12.000 Unterlagen zu Personen, die insgesamt im Staatsdienst der DDR tätig waren und bei denen die Forscher im Juli 2015 „stichprobenartig“ relevante Personalakten durchsahen.[53] Interne Statistiken hatten für das MdI bzw. in der DVdI einen Anteil „von weniger als 5 Prozent“ ehemaliger Mitglieder der NSDAP ausgewiesen, d. h. die SED hatte die wahren Verhältnisse hier bis auf ein Drittel heruntergedrückt. Bei der Beschäftigung von Experten (z. B. Meteorologen oder Hydrologen) „stellte weder eine vorangegangene Mitgliedschaft in der NSDAP, im Bund Deutscher Osten oder ihre Zugehörigkeit zur SS oder SA, noch ihr Einsatz für die deutsche Luftwaffe im Spanischen Bürgerkrieg 1937/38 ein Hindernis für eine Wiedereinstellung dar. Die Integration jener Experten erleichterte nicht zuletzt der Bedarf an entsprechenden Fachkräften in der SBZ und der frühen DDR – Resultat primär militärischer Erwägungen und des ab Anfang der 1950er Jahre

---

[52] Vgl. Teschner; Vgl. Waibel (2011).

[53] Bösch/Wirsching, S. 116f.

vorangetriebenen Streitkräfteaufbaus der Luftwaffe in der Form der ‚Aeroklubs' und der ‚KVP-Luft im MdI."[54]
Beim Staatlichen Archivwesen des MdI wurde unter der Leitung von Otto Korfes, er war ehemaliger Offizier und Teilnehmer am I. und II. Weltkrieg und danach Mitglied im „Nationalkomitee Freies Deutschland und im „Bund Deutscher Offiziere", bevorzugt ehemalige Kameraden und Mitglieder der NSDAP eingestellt. Das MfS ergänzte im Oktober 1984, dass Korfes „fortschrittliche Kräfte systematisch" aus dem Staatlichen Archivwesen „hinausgedrängt" und sie gegen ehemalige Nazis und Offiziere der Wehrmacht ersetzt hatte.[55]
Interessant ist auch, dass 1949 in der Hauptabteilung Kriminalpolizei ein Referat „Vorbeugende Maßnahmen gegen Gewerbe- und Gewohnheitsverbrecher" existierte und 1952 das Oberste Gericht der DDR den Begriff des Gewohnheitsverbrechers als „faschistisch" ablehnte. Zu Recht fragen die Autoren, ob es hier dennoch eine „faschistische" Denktradition gegeben haben kann?
Ein Sammelbecken für ehemalige Nazis und Wehrmachtsangehörige war die „National-Demokratische Partei Deutschlands" (NDPD), doch neonazistische Organisationen, Parteien oder Publikationen waren in der DDR, im Gegensatz zur BRD, nicht erlaubt. Doch die Verbote und besonders die Verdrängung der in der deutschen Bevölkerung massenhaften verbreitete Nazi-Ideologie, hatten nicht die Wirkungen erreicht, die von den deutschen Kommunisten wohl geglaubt wurden. Die vor 1945 entwickelte und durchgesetzte Nazi-Ideologie wurde nach 1945 privat tradiert und hielt damit auch rassistische Bewusstseinsinhalte virulent, die durch systematische Tabuisierung und Ausgrenzung der massenpsychologischen Ursachen, in einem kontraproduktiven Sinn sowohl konserviert als auch reaktiviert worden sind. Die Reduktion der Ursachenforschung zum Nazismus auf politische oder ökonomische Zusammenhänge im Überbau der deutschen Gesellschaft wurde, bei gleichzeitiger Bekämpfung sozialpsychologischer Theorien, zu einem ideologischen Hindernis für eine umfassende Wahrnehmung, Aufarbeitung und Erforschung der anhaltenden Wirkungen der

---

[54] Bösch/Wirsching, S. 135.

[55] Bösch/Wirsching, S. 136.

Nazi-Ideologie. Die falsche Kategorisierung des Arbeiteraufstands vom Juni 1953 als „antifaschistischer Putschversuch“ und die propagandistische Verschleierung der Gründe für den Bau der Berliner Mauer ab dem August 1961 mit dem Konstrukt eines „antifaschistischen Schutzwalls“ zeigen, zu welchen Deformationen die marxistisch-leninistisch dominierte Ideologie des Antifaschismus geführt hat. Man kann sich auch nicht des Verdachts erwehren, dass mit zweierlei Maß gemessen worden ist, nach dem Motto: Die alten Nazis bei uns sind die Guten und die alten Nazis in der BRD das sind die Bösen. Sicherlich war allein eine nominelle Mitgliedschaft in einer Nazi-Organisation kein Verbrechen, jedoch ist fraglich, weshalb gerade ehemalige Parteigänger der Nazis wieder auf besonders massenwirksamen Positionen wie z. B. in Redaktionsstuben der verschiedensten Medien, in der Wissenschaft oder bei den bewaffneten Einheiten tätig sein konnten. Das gehäufte Erscheinen neonazistischer und rassistischer Vorkommnisse in der DDR lassen den Schluss zu, dass die Verarbeitung der Nazi-Vergangenheit nicht bzw. nur unvollständig gelungen ist. Sozialpsychologisch gesprochen bedeutet diese Erkenntnis, dass die auf eine tiefgreifende Verarbeitung des Nazismus drängenden Kräfte entweder zu schwach oder die Kräfte, die diesen Prozess ablehnten, zu stark waren. Das Potsdamer Abkommen sah vor, alle ehemaligen Nazis „aus den öffentlichen oder halböffentlichen Ämtern und von den verantwortlichen Posten in wichtigen Privatunternehmungen zu entfernen. Diese Personen müssen durch Personen ersetzt werden, welche nach ihren politischen und moralischen Eigenschaften fähig erscheinen, an der Entwicklung wahrhaft demokratischer Einrichtungen in Deutschland mitzuwirken.“[56]
Während der Hochphase des „Kalten Krieges“ dokumentierte die ostdeutsche Publizistik die Durchdringung westdeutscher Führungspositionen mit alten Nazis in der Gesellschaft und in den Verwaltungen des Staates, doch die ostdeutschen Beobachter der westdeutschen Szenerie waren unfähig zu erkennen, dass unter den staatssozialistischen Bedingungen, analoge Prozesse stattgefunden hatten.[57] Die Aufarbeitung des Nazismus wurde von

[56] Kühnl/Spoo (Hrsg.), S. 235.

[57] Vgl. Beymenski; vgl. Nationalrat der Nationalen Front (Hrsg.), 1965; vgl. Nationalrat der Nationalen Front (Hrsg.) 1967.

der SED zu einem politischen und ideologischen Instrument des pseudowissenschaftlichen Marxismus-Leninismus reduziert und fokussiert. Ab den frühen 1950er Jahren wurde dieses Konstrukt dahingehend eingesetzt, allein die BRD als Hort ehemaliger Nazis darzustellen. Eine als „Braunbuch" getitelte Veröffentlichung erschien 1965 und beinhaltete circa 1.800 Namen von bekannten Personen die vor und nach 1945 Teil der herrschenden Elite in Deutschland waren. Darunter befanden sich führende Politiker (H. Lübke, K. G. Kiesinger, CDU), Juristen, Soldaten, Polizisten, hohe Beamte, usw.
Auch unorganisierte Funktionäre, z. B. Theologen oder Pfarrer, waren aktiv an antisemitischen oder rassistischen Unternehmungen beteiligt, wie z. B. die Mitarbeiter am „Institut zur Erforschung und Zurückdrängung des jüdischen Einflusses auf das deutsche kirchliche Leben" in Eisenach. Ebenso sind die Mediziner von Interesse, die als „Rassenhygieniker" tätig waren und die, zwar nicht formal organisiert, jedoch nützliche Anhänger des Nazismus gewesen sind, die rassistische Experimente durchgeführt haben oder die aktiv am Programm der Vernichtung von „Lebensunwerten" beteiligt gewesen sind.
Für Soldaten die in sowjetische Kriegsgefangenschaft gekommen waren und die dort Mitglied im „Nationalkomitee Freies Deutschland" (NKFD) oder Mitglied im „Bund Deutscher Offiziere" (BDO) wurden, gilt ähnliches. Eine Mitgliedschaft in einer dieser Gruppen war verbunden mit einem drei bis vier Monate dauernden Besuch in einer der beiden antifaschistischen Schulen in der Sowjet-Union. Die Absolventen, es handelte sich hier um eine höhere vierstellige Zahl, wurden in der SBZ/DDR in wichtigen gesellschaftlichen oder staatlichen Funktionen eingesetzt. Wer eine solche Antifa-Schulung durchlaufen hatte und wer dann noch eine oder mehrere Mitgliedschaften in einer Partei bzw. in einer gesellschaftlichen Organisation vorweisen konnte, galt ebenfalls als „entnazifiziert".
Die ehemals als Nazis tätigen Sozial-, Geistes- und Naturwissenschaftler erscheinen in einer Größenordnung, konnten als akademisch Beschäftigte an den Universitäten und Hochschulen, ob in der Forschung oder in der Lehre, als Teil der mittleren Funktionärsschicht, konkrete Macht ausüben. Die Professoren der Universitäten und Hochschulen hatten ihre eigenen Organisationen, wie z. B. die „Akademie der Wissenschaften" (AdW), die

„Deutsche Akademie der Naturforscher Leopoldina zu Halle " oder die „Sächsische Akademie der Wissenschaften zu Leipzig" (SAW) und unter dem Deckmantel dieser Organisationen boten sich vielfältige Möglichkeiten einer gesicherten Entwicklung in eine langfristige Integration in die DDR. Sie waren zugleich personelle als auch organisatorische Klammern zwischen Wissenschaftlern der beiden deutschen Staaten – auch und gerade während des „Kalten Krieges". Die Goethe-Gesellschaft in Weimar ist ein Beispiel, hier auf der Ebene der Literatur der deutschen Klassik, für eine Organisation, die ost- und westdeutsche Wissenschaftler (Germanisten) vereinigte. Es sind nicht nur Wissenschaftler in Richtung Westen aufgebrochen, es gab auch eine Bewegung umgekehrt von West- nach Ostdeutschland. Prof. Dr. Otto Heckmann und Prof. Dr. Kurt Heißmeyer waren beispielsweise Wissenschaftler, die als Mitglieder der „Akademie der Wissenschaften der DDR" eine west- und ostdeutsche Zusammenarbeit praktizierten. Die akademisch-wissenschaftliche Tradition der Verschriftlichung an den Universitäten und Hochschulen nach innen wie nach außen, ruft eine Transparenz hervor, die es vergleichsweise leicht macht, Fakten über oder von bestimmten Personen zu eruieren, so war Prof. Dr. Otto Hebold der einzige Arzt aus der Anstalt Brandenburg bzw. Bernburg, der von einem deutschen Gericht für seine Beteiligung an den Massenmorden von „lebensunwerten" Kindern, Frauen und Männern verurteilt worden war.

Für Schauspieler, Regisseure oder andere Beschäftigte aus der Welt des Films oder der Theater gab es übergangslose Beschäftigungsmöglichkeiten von einer Tätigkeit bei der antisemitischen „Universum Film AG" (UFA) vor und nach 1945 bis hin zur „Deutschen Film AG" (DEFA) in der DDR. Einigen Schriftstellern gelang es sogar, erfolgreich nach 1945 weiter zu arbeiten, obwohl ihre Werke in der SBZ/DDR auf einer „Liste der auszusondernden Literatur" aufgeführt worden sind.

Auch für Journalisten ergaben sich vor und nach 1945 in Redaktionen von Zeitungen, Zeitschriften und in den elektronischen Medien (Radio, TV) vielfältige Möglichkeiten beruflichen Fortkommens. In allen Parteien der „Nationalen Front" (NF) der DDR sind ehemalige Nazis zu finden und ebenso in fast allen Massenorganisationen, wie z. B. in der FDJ, in den Gewerkschaften oder in der Gesellschaft für Deutsch-Sowjetische Freundschaft (GDSF). Als anerkannt galten die Empfänger von staatlichen bzw. gesellschaftlichen Orden und Medaillen wie z. B. der „Nationalpreis", der „Vaterländische Verdienstorden" (VVO) oder die „Ernst-Moritz-Arndt-Medaille". Auch mit der Namensgebung der Universität Greifswald mit „Ernst-Moritz-Arndt", fiel die Wahl auf einen ausgemachten Antisemiten und kaum jemand störte sich daran. Bei vielen Biografien ist zu sehen, welche staatliche Wertschätzung einzelnen Personen zu Teil wurde, besonders dann, wenn deutlich wird, wie Orden und Medaillen vom Kaiserreich über Nazi-Deutschland bis hin zur DDR bzw. BRD an einige Personen vergeben worden sind.[58]

In der DDR war eine Form der Auseinandersetzung mit dem Nazismus und dessen Verbrechen vorherrschend, die durch eine „anhaltende Abstrahierung und Externalisierung des kollektiven Gedächtnisses gekennzeichnet war. Was der DDR-Erinnerungskultur somit nach wie vor fehlte bzw. mit Mitteln aktiver staatlicher Geschichtspolitik teilweise massiv unterdrückt wurde, war die Vergegenwärtigung konkreter Handlungen, Orte und Akteure der NS-Rasse- und Vernichtungspolitik und deren Einbettung in einen regionalen, sozial- oder alltagsgeschichtlichen Kontext."[59] Seit einigen Jahren sind einige Forschungsvorhaben in diesem Kontext realisiert worden und können somit zu weiteren systematischen oder strukturellen Forschungen führen, wie z. B. bei den Universitäten und Hochschulen und deren Fachbereichen oder bei Verbänden von wissenschaftlichen Teildisziplinen u.v.a.m.[60] Bedauerlicherweise fehlt jedoch nach wie vor eine Gesamtübersicht über die Vorgänge der Entnazifizierung in der DDR.

Die lange andauernde Leugnung wichtiger Erkenntnisse, ja die mehr oder weniger systematische Ausblendung detaillierter Studien zu einzelnen Berufsgruppen bedarf einer Erklärung. So war z. B. die deutsche Ärzteschaft, in ihrer übergroßen Mehrzahl, aktiv verwickelt in die Nazi-Massenmorde und nur wenige von ihnen wurden dafür zur Rechenschaft gezogen. Zieht man die Bemühungen zur Aufarbeitung der Nazi-Vergangenheit einer

---

[58] Vgl. Waibel (2011).

[59] Weinke, S. 180ff.

[60] Vgl. Henke (2008); Hirschinger, (2007), S. 225-246; vgl. Hoßfeld/Hohn/Lemuth/Stutz, (Hrsg.); Vgl. Schmaltz; Best/Meenzen, S. 222-231.

Fachgesellschaft der Ärzte heran, wie z. B. die der „Deutschen Gesellschaft für Psychiatrie, Psychotherapie und Nervenheilkunde“ (DGPPN), so wird schnell klar, wie es um den Stand der Aufklärung der Verbrechen des Nazismus steht. Die DGPPN hat im November 2010 eine Gedenkveranstaltung durchgeführt, bei der, nach fast 70 Jahren, das Schweigen zu den Vorgängen von 1933 bis 1945 beendet werden konnte. In seiner Rede zum Thema: „Psychiatrie im Nationalsozialismus – Erinnerung und Verantwortung“ erklärte ihr Präsident, Prof. Dr. F. Schneider, dass sich die Psychiater für diese Verdrängung schämten und dass sie bei allen Opfern und deren Angehörigen um Entschuldigung bitten, für das erlittene Unrecht und Leid, das ihnen von deutschen Verbänden und ihren Psychiatern, auch nach 1945 zugefügt worden ist.[61] Diese Erklärung betrifft auch die Ärzte und Psychiater, die nach 1945 in der SBZ/DDR wieder ärztlich tätig sein konnten und dieses Beispiel steht dafür, dass bis in die Gegenwart hinein, in wichtigen gesellschaftspolitischen Bereichen kaum oder gar keine wissenschaftlich fundierte Aufklärung stattgefunden hat. Der etablierten Geschichtswissenschaft als zuständiger Fachdisziplin kommt dabei eine Schlüsselfunktion zu, was die wissenschaftlich begründete Aufklärung der Ursachen, des Verlaufs und der Wirkungen des Nazismus und seiner Protagonisten, auch nach 1945 betrifft. Dass ein deutscher Geschichtswissenschaftler vor und nach 1945 in seinem Fach unbehelligt hat arbeiten können, wäre allein keine Meldung wert, nein, das gesamte Fach ist diskreditiert, nicht nur allein wegen der aufgedeckten Fälle seit dem Frankfurter Historikertag von 1998, sondern auch wegen der anhaltenden Verweigerung den gesamten Komplex aufzuklären. Nach Ansicht des Historikers H. A. Winkler, sind wir Zeugen für die Verdrängung unangenehmer Tatsachen, durch Einhaltung eines auferlegten Schweigegelübdes. Jetzt, wo die Generation der Schüler (z. B. W. Mommsen, H. A. Winkler, H. Wehler, J. Kocka, usw.) dieser Nazi-Historikergeneration (z. B. Th. Schieder, H. Rothfels usw.) in den Ruhestand getreten ist und eine neue Generation von Geschichtswissenschaftlern sich in „Amt und Würden“ befindet, ist es an der Zeit, diese Zusammenhänge gründlich aufzuarbeiten.[62] Das „Institut für Zeitge-

[61] Vgl. Schneider.

[62] Vgl. Hohls/Jarausch.

schichte“ (IfZ) in München hatte mit Martin Broszat einen Direktor, dessen Mitgliedschaft in der NSDAP ebenfalls jahrzehntelang verschwiegen werden konnte. Dieses Verschweigen und Verdrängen der Historiker hat der Glaubwürdigkeit und der Durchsetzungskraft aufklärerischer Inhalte zu den Massenmorden der Nazis geschadet. Schon die Tatsache, dass kein Historiker aus der Generation von Rothfels bis Broszat je die eigene Beteiligung am völkischen Rassismus zur Diskussion stellte, zeigt wie eng die Atmosphäre damals gewesen sein muss. Die dokumentierten neonazistischen und antisemitischen Vorfälle in der DDR belegen die Potentiale für die darunterliegenden Einstellungen, die unter den speziellen ostdeutschen staatlichen und gesellschaftlichen Bedingungen bewahrt und auch weiterentwickelt werden konnten. Die Diskussionen über die Größe und Bedeutung des Potentials laufen daraufhin, die latenten oder manifesten rassistischen oder antisemitischen Bedrohungen entweder zu verniedlichen oder die justizielle und administrative Bekämpfung dominieren zu lassen. Im Gegensatz zur Situation in der BRD, war es in der DDR jedoch nicht möglich, über Wissenschaft oder Medien innovative Aspekte bei der Erklärung dieser Phänomene einzubringen oder gar Versuche zu unternehmen, nationalsozialistische Massentraumatisierungen wissenschaftlich und gesellschaftspolitisch zu verarbeiten.

Eine Amnestie für ehemalige Mitglieder der NSDAP, sie war bereits im Herbst 1945 von den Länderbehörden der SBZ verabschiedet worden, sicherte den Nazis, die nach dem 1. Januar 1919 geboren waren und der NSDAP oder ihren Gliederungen „nur“ nominell angehört hatten, die vollen staatsbürgerlichen Rechte zu. Eine Integrationspolitik der SED-Parteiführung, die auf der Unterscheidung zwischen „anständigen“ und „unanständigen“ Nazis beruhte, hatten bereits im Jahr 1946 in einigen SED-Ortsgruppen ehemalige Nazis einen Anteil von 30 Prozent erreicht. Im Jahre 1950 befanden sich unter den 1.256.002 SED-Mitgliedern 106.377 ehemalige Nationalsozialisten. Hinzu kamen rund 74.223 ehemalige Nazis, die Mitglieder von Gliederungen der NSDAP (SS, SA, NSKK, NSFK, NSSB, NS-Frauenschaft sowie Kolonialbund, usw.) waren.

In bestimmten Ressorts der DWK waren nach 1949 bis zu 18 Prozent des Fachpersonals ehemalige Nazis. Im Jahre 1956 hatten gut 28 Prozent der gesamten Professorenschaft (172 von 605 Professoren) und fast 46 Prozent

der Angehörigen der medizinischen Fakultäten eine NSDAP-Vergangenheit. Die SED, so der bisherige Stand der Forschung, bediente sicher einer hochgradig instrumentellen „Vergangenheitspolitik'".
54 Mitarbeiter und vier Mitarbeiterinnen des ZK-Apparates die dort in den 1950er und 1960er Jahren tätig waren, konnten bisher als ehemalige NSDAP-Mitglieder identifiziert werden. Sie gehörten zu einer deutlich größere Gesamtgruppe deren Mitglieder ausschließlich der zweiten und dritten Funktionärs-Kohorte angehörten.
Doch jenes soziale Kapital, das nach 1945 in der SBZ/DDR Chancen eröffnete, war bis 1945 sehr häufig Mitglieder in nationalsozialistische Organisationen. So hatte mehr als ein Drittel, nämlich 22, Führerfunktionen im Deutschen Jungvolk (DJ), in HJ und BDM bekleidet, woraus sich der nächste Schritt fast wie von selbst ergab. Elf der 58 späteren SED-Funktionäre traten der NSDAP bis Kriegsbeginn bei, der früheste Eintrittstermin war der 1. April 1933. Sechs traten zum 1. September 1939 bzw. zum 1. September 1940 ein und alle übrigen zu den jeweiligen ‚Führergeburtstagen' der Jahre 1942, 1943 und 1944. Allein 18 traten der NSDAP erst zum 20. April 1944 bei, unter diesen waren neun, die im Laufe des Jahre 1944 erst ihr 17. Lebensjahr vollendeten.
Dass die ehemals organisierten Nazis diese Hürde nahmen, lag vor allem daran, dass 54 der 58 ihre Mitgliedschaft verschwiegen. Damit handelten sie freilich nicht anders als die große Mehrheit der deutschen Zusammenbruchsgesellschaft. Angesichts von Verhaftungsaktionen, in deren Verlauf 1945/46 allein in der SBZ mehr als 127.000 ehemalige Nazis in Lager überführt wurden, war vielen als Existenzfrage klar, dass sie belastende Teile der eigenen Biographie zu verschweigen hatten – so auch Gustav Just, einem späteren Mitarbeiter der ZK-Abteilung Kultur. Just war in der Wehrmacht zuletzt Leutnant gewesen und als er im Sommer 1946 während eines Aufenthalts in Quedlinburg gerüchteweise erfuhr, dass alle NSDAP-Funktionäre und Offiziere in Lager kämen, beschloss er folgerichtig, „nur Unteroffizier gewesen" zu sein und füllte seinen Fragebogen für einen Neulehrer-Kurs entsprechend aus.
Hier lässt sich an die Überlegungen anschließen, die Hermann Lübbe für die Bundesrepublik angestellt hatte: auch in der DDR bedeutete das Verschweigen der Vergangenheit vor 1945 nicht, dass diese Vergangenheit

einfach aus den Erinnerungen verschwunden oder erfolgreich verdrängt worden war. Die Vergangenheit blieb gegenwärtig, auch wenn sich die meisten Angehörigen der Gruppe zwischenzeitlich als überzeugte SED-Funktionäre gefühlt haben dürften.[63]

E. Mielke, Minister für Staatssicherheit, forderte am 13. Mai 1959, in Schreiben an die Leiter seiner Bezirksverwaltungen, Recherchen über „ehemalige NSDAP-Mitgliedschaft" von Funktionären der DDR. Mielkes Initiative war durch eine Broschüre „Nazis in Pankows Diensten" des „Untersuchungsausschuss freiheitlicher Juristen" angestoßen worden, die er jedoch offiziell als „Hetzbroschüre" bezeichnete. Die Überprüfungen sollten feststellen, ob sich Betroffene bei Befragungen Angaben zu einer Mitgliedschaft in der NSDAP geäußert hatten. Mit Mitgliedern der SED, die ihre Nazi-Vergangenheit verschwiegen hatten, sollte die SED-Bezirksleitung sprechen. Ebenfalls sollten bei den ehemaligen Nazis, die Funktionäre bürgerlicher Parteien waren, die Leitungen der jeweiligen Partei Aussprachen durchführen. Mielke betonte, dass diese Maßnahmen auch deshalb erfolgen, um mögliche „Republikfluchten" bzw. „Abwerbungen" als Spione für den „Feind" verhindern zu können. Lägen „ernsthafte operative Gründe" vor, die eine Aussprache mit den ehemaligen Nazis „nicht für zweckmäßig erscheinen" ließen, sollte das dem Minister sofort mitgeteilt werden.[64]

B. Beater, stellvertretende Minister für Staatssicherheit, schrieb am 6. Mai 1960 an die Bezirksverwaltungen und die Leiter der Hauptverwaltungen, sie sollten „konspirativ" überprüfen, ob die von der „Agentenzentrale UfJ" veröffentlichten Namen von Funktionären in der DDR, die eine Nazi-Vergangenheit hatten, stimmten bzw. ob sie in den Personalunterlagen Mitgliedschaft in der NSDAP und ihren Gliederungen angegeben hatten. Am 15. Mai 1960 sollten die Antworten bei ihm eingetroffen sein.[65]

Die HA V/4 wies in einer Aktennotiz vom 15. November 1961 auf eine Publikation von Max Weinreich hin, die 1946 in New York unter dem Titel „Hitlers Professors" hin, was zeigt, dass nicht nur die Publikationen von UfJ oder O. Kappelt wahrgenommen und zur Überprüfung herangezogen

[63] R. Bergien, S. 134-153.

[64] BStU, MfS, HA XX Nr. 5754, Bl. 77f.

[65] BStU, MfS, HA XX Nr. 5754, Bl. 453.

wurden. Bei seiner Studie stützte sich Weinreich auf tausende Dokumente und Veröffentlichungen des YIVO-Instituts für jüdische Forschung in New York.[66]
Am 7. Dezember 1965, schickte die BVfS Halle, Abteilung XX, dem MfS, Hauptabteilung XX, die Ergebnisse von Überprüfungen von Angaben der „Feindzentrale“, also des „Untersuchungsausschuss freiheitlicher Juristen“. Darin waren die Namen von fünf Akademikern: Dr Herbert Schmidt, Dr. Ernst Hilzheimer, Prof. Friedrich Schlette, Dipl.-Chemiker Ulrich Peters und Dr. Karl-Heinz Jentsch.[67]
Die HA XX des MfS schickte am 13. Januar 1966 die BVfS Neubrandenburg zwei Seiten einer Liste mit Namen, die „kürzlich“ vom UfJ veröffentlicht worden war. Sie wollte wissen welche Angaben die betreffenden Bürger über ihre Nazi-Vergangenheit gemacht hatten und wer in den Unterlagen eine solche Vergangenheit verschwiegen hatte. Die Antwort sollte bis spätestens zum 27. Januar 1966 erfolgen.[68]
Die AG 1 der HA XX schickte am 19. Januar 1966 ein wortgleiches Schreiben mit vier Seiten an die HA XVIII. Eine Antwort sollte bis zum 3. Februar 1966 erfolgen.[69]
Am 20. Juni 1973 informierte der Leiter der HA IX den Minister für Staatssicherheit über seine Analyse der in der westdeutschen Zeitschrift „Quick“ veröffentlichten 52 Namen ehemaliger Nazis, die in der DDR in Amt und Würden waren.[70]
Ein besonders aussagekräftiges Beispiel der Karriere eines Wissenschaftlers vor 1945 und danach in Westdeutschland ist Georg Leibbrandt, der 1899 in Hoffnungsthal bei Odessa (Ukraine) geboren wurde und 1982 in Bonn verstarb. Ab 1918 war er Dolmetscher für deutsche Besatzungssoldaten in der Ukraine. Nach 1919 Flucht vor der bolschewistischen Revolution wurde er Mitglied von Grenzschutz- und Studentenvereinigungen und kam in Kontakt mit völkisch-nationalistischen Freikorps. Er war

[66] BStU, MfS, Nr. 22243/92, Bl. 116.

[67] BStU, MfS, HA XX Nr. 5754, Bl. 85.

[68] BStU, MfS, HA XX Nr. 5751, Teil 3 von 3, Bl. 305.

[69] BStU, MfS, HA XX Nr. 5751, Teil 3 von 3, Bl. 320.

[70] BStU, MfS, HA IX/11 AS 236/68, Band 1, Bl. 1f.

Mitglied der SA und ab Juli 1933 Mitglied der NSDAP. Von 1927 bis 1933 war er wissenschaftlicher Mitarbeiter am Institut für Kultur- und Universalgeschichte in Leipzig. Nach 1927 war Verbindungsmann der NSDAP in Washington (USA). Von 1933 bis 1941 war er Leiter der Abteilung Naher Osten bzw. des Amtes Osten im Außenpolitischen Amt der NSDAP (APA) und von 1941 bis 1943 war er Leiter der HA Politik im Reichsministerium für die besetzten Ostgebiete (RMfdbO). Zusätzlich war er 1938 Beisitzer beim Volksgerichtshof. Leiter dieser beiden Behörden war Alfred Rosenberg, eine der wichtigsten Ideologen der Nazi-Bewegung. Ab 1940 hatte Leibbrandt einen Lehrauftrag an der Universität Berlin. Ab 1941 zusätzlich im Sonderstab Ost des Einsatzstabs Reichsleiter Rosenberg. Das RMfdbO entsandte mit Alfred Meyer und Leibbrandt zwei Vertreter zur „Wannsee-Konferenz" am 20. Januar 1942 in Berlin. Gastgeber einer Folgekonferenz. Leibbrandt war 1942 Ministerialdirektor. Bis dahin war Leibbrecht maßgebend an der Vernichtung der Juden in Europa beteiligt. Ab 1943 war er bei der Kriegsmarine Teilnehmer am 2. Weltkrieg. Von 1945 bis 1949 im Lager Fallinbostel und in Nürnberg interniert. Im August 1950 stellte das Landgericht Nürnberg eine Voruntersuchung gegen Leibbrandt wegen des Verdachts der Beihilfe zum Mord ein. Wegen seiner Nazi-Vergangenheit gab es kein Gerichtsverfahren. 1951 stufte ihn der Entnazifizierungsausschuss in Kiel als „unbelastet" ein und Leibbrandt war danach Interessenvertreter der Stadt Wilhelmshaven und des Kreises Friesland in Bonn. Später wurde er Leiter des Bonner Büros der Salzgitter AG. Ab 1955 Berater von Bundeskanzler K. Adenauer bei der Rückführung deutscher Kriegsgefangener aus der Sowjetunion. Ende Dezember 1961 bezeichnete ihn die Staatsanwaltschaft Hannover, in einem Verfahren gegen E. Wetzel, er war im RMfdbO ein Komplize von Leibbrandt, als „Antisemit".[71]

Naturwissenschaftliche, technische und medizinische Fächer zeigen einen hohen Grad personeller und kognitiver Kontinuität: Nach den Säuberungswellen der Entnazifizierung folgten Ende der vierziger Jahre schnell eine

[71] Wikipedia, Klee I, https://krimue.files.wordpress.com/2011/11/wer-war-georg-leibbrandt1.pdf, https://ns-reichsministerien.de/2018/02/06/georg-leibbrandt/, https://www.ghwk.de/fileadmin/user_upload/pdf-wannsee/teilnehmer/leibbrandt.pdf.

moderate Integrations- und Privilegierungspolitik, die sich weder für die politische Vorgeschichte noch für das gegenwärtige politische Engagement dieser Wissenschaftler interessierte, wenn diese sich nur äußerlich neutral verhielten: Um 1954 waren mehr als 45 Prozent aller Medizinprofessoren und rund 42 Prozent ihrer Kollegen in den technischen Fächern ehemalige Mitglieder der NSDAP, aber nur 15 Prozent bzw. 21 Prozent in der SED. Diese ausgeprägte personelle Kontinuität konservierte ein Milieu, das die Versuche der SED, die bürgerliche Homogenität der Institute durch Einflußnahme auf die Nachwuchsrekrutierung schrittweise aufzulockern, sehr erschwerte. Die wissenschaftliche Ausbildung von Physikern, Mathematikern oder Mediziner spielte sich in persönlicher Abhängigkeit vom Lehrstuhlinhaber und Institutschef ab. Die Reputations- und Leistungskriterien, an denen sich der Nachwuchs der Assistenten und Aspiranten messen lassen musste, wurden ausschließlich von ihm definiert.[72]

In der Philosophischen Fakultät herrschte demgegenüber eher Diskontinuität und Heterogenität. Die Entnazifizierung und der stalinistische Vertreibungsdruck hatten einen Bruch zur Folge, der sich in umgekehrten Werten der früheren und aktuellen Parteipräferenzen niederschlug: Im Jahre 1954 standen nur 11 Prozent ehemaligen Nazi-Mitgliedern stattliche 37 Prozent SED-Mitglieder gegenüber.[73]

Ausgeprägte Homogenität findet sich wiederum im Milieu der ideologisch bestimmten Gesellschaftswissenschaften, also Rechts- und Wirtschaftswissenschaften, Journalistik, Marxismus-Leninismus etc. Im scharfen Gegensatz zur anhaltenden Kontinuität in den Naturwissenschaften herrschte hier fast vollständig Diskontinuität. Nahezu alle Hochschullehrer der Zeit vor 1945 wurden entlassen und durch SED-loyale Personen ersetzt: 1954 gab es unter den Professoren dieser Fächer schon fast 74 Prozent Mitglieder der SED, bei rund 17 Prozent ehemaliger Nazis."[74]

Die Kontinuität zwischen den Diktaturen beruhte darauf, daß beide vom traditionellen Berufsmodell ausgingen. Möglich war dies aufgrund der illiberalen deutschen Traditionslinie eines staatlich verfassten Berufs und

---

[72] Jessen, S. 92f.

[73] Jessen, S. 94.

[74] Jessen, S. 97.

nötig war es, weil das Berufsmilieu der Universitätsgelehrten viel zu sehr in diesem hergebrachten Gerüst verankert war, als daß man es ohne die Gefahr dramatischer Leistungseinbußen rücksichtslos hätte demontieren können. Ein solch scharfer Schnitt kam nur dort in Frage, wo wie in den gesellschaftswissenschaftlichen Fächern tabu la rasa herrschte und völlig neu definiert wurde, was Wissenschaft war.[75]
So gesehen war der Beruf des Hochschullehrers in der DDR trotz des totalen Anspruchs der SED keine totalitäre Neukonstruktion, sondern eine Mischung aus unterschiedlich langen Traditionslinien, sowjetischen Importen, diktatorischen Eingriffen und jenen spezifischen Erscheinungsformen sozialer Rest-Autonomie, ohne die auch die DDR-Gesellschaft nicht zu begreifen ist.[76]
Zwischen 1933 und 1990 waren von 15 Rektoren der Berliner Universität bzw. Humboldt-Universität 12 Mitglieder organisierte Nazis (NSDAP, NSDDB, NSLB, NSRB, SS, SA, Stahlhelm). 1947 bis 1949 als Hermann Dersch, von 1976 bis 1988 als Helmut Klein und von 1988 bis 1990 als Dieter Haas Rektoren waren, die keine organisierten Nazis waren.
Dieser Antifaschismus war gleichzeitig ein selektives Programm zur Geschichtsklitterung und ein Instrument des Machterhalts der SED, der die Wahrnehmung der Wirklichkeit derart entstellte, dass z. B. Stephan Hermlin, ein kommunistischer Schriftsteller jüdischer Herkunft, seine antifaschistische Biographie noch zusätzlich mit einem erfundenen KZ-Aufenthalt aufbesserte. Hermlin versuchte nach 1945 auch seine jüdische Herkunft und sein Engagement für jüdische Siedlungen in Palästina literarisch zu verschleiern. Das führte auch dazu, dass er über seine jüngere Schwester, die seit 1934 in Palästina und danach in Israel lebte, nichts verlauten ließ. Auf der anderen Seite heroisierte Hermlin seinen jüngeren Bruder, der als Pilot der „Royal Air Force" gegen die Nazis kämpfte.[77]
Die spezifischen Entnazifizierungspolitik in der SBZ führte aber auch dazu, daß es dort das riesige Feld der Mitläufer scheinbar nicht gegeben hat. Der Rückhalt, den der Nationalsozialismus und seine Ideologie

[75] Jessen, S. 99.

[76] Jessen, S. 101.

[77] Hartewig, S. 513f.

insgesamt in der deutschen Bevölkerung hatte, wurde weitestgehend ausgeblendet, was zu der weitreichenden Illusion führte, in Ostdeutschland existierten keine Anhänger von Faschismus und Nationalsozialismus.[78] Heute kann man konstatieren, was auf der Strecke blieb: eine offene Diskussion um Opfer und insbesondere um Täter, bei der auch die Frage nach der Mittäterschaft der Mitläufer im Dritten Reich hätte gestellt werden können.

Dass die Entnazifizierung in der SBZ bzw. DDR insgesamt erfolgreich gewesen sei, dass sich aktive Nazis und Kriegsverbrecher in den Westen abgesetzt hätten oder – im Falle eines Verbleibens in der DDR – unnachsichtig zur Rechenschaft gezogen worden wären, zählte zu dem fragwürdigen Kredit, von dem die deutschen Kommunisten bis zum Ende der DDR zehrten. Es bedurfte der aktengestützten Erforschung der DDR-Geschichte, um diesem Bild sichtbare Risse zuzufügen. So untermauerte die Forschung nach 1989/90 in einem ersten Schritt die zeitgenössische Wahrnehmung von der SED als „großem Freund der kleinen Nazis". Jedoch dreißig Jahre nach dem Anschluss der DDR an das Grundgesetz und nach den vorliegenden wissenschaftlichen Erkenntnissen, muss auch diese Wahrnehmung einer neuen Betrachtung weichen, insofern als sehr viele führende Wissenschaftler die bis 1945 organisierte Nazis waren, in der DDR erneut zu Amt und Würden kamen, ohne dass sie für ihre Beteiligung an Massenverbrechen juristisch oder politisch zur Verantwortung gezogen wurden.

[78] Rößler, S. 16.

Wissenschaftler in der SBZ/DDR – die vor 1945 Mitglieder in Nazi-Organisationen waren

Aa von der, Rudolf Hans, Prof. Dr. med. vet. Dr. h. c.
* 17.10.1913 in Wiederitzsch, † 13.06.1991 in Berlin
Von 1931 bis 1933 Mitglied im Reichsbanner. Von 1933 bis 1945 Mitglied der DAF. Von 1939 bis 1943 als Feldwebel Teilnehmer am 2. Weltkrieg. Ausgezeichnet mit dem KVK II. Klasse mit Schwertern. Von 1943 bis 1945 Befreiung vom Wehrdienst, wegen Arbeitsurlaub. Von April bis Juni 1945 in US-amerikanischen Kriegsgefangenschaft. Seit August 1945 Mitglied im FDGB. Seit 1945 Mitglied der SPD bzw. SED. Von Juli 1949 bis 1951 Mitglied der FDJ. Assistent in der Mikrobiologie. Ab 1955 Haupttierarzt und kommissarischer Leiter der Abteilung Veterinärwesen des Ministeriums für Land- und Forstwirtschaft. Ab 1956 Oberassistent und ab 1957 Professor und Direktor des Instituts für Veterinärhygiene der Humboldt-Universität. 1960 als „Verdienter Tierarzt“. Am 14. August 1961 erschien im ND vom 14. August 1961 ein Artikel von Rudolf von der Aa, in dem er die Schließung der Grenzen zu Berlin (West) für „richtig und notwendig“ bezeichnete. 1967/68 war er Dekan der Veterinärmedizinischen Fakultät der Humboldt-Universität. 1973 mit dem „Vaterländischen Verdienstorden“ in Bronze und mit der „Hufeland-Medaille“ in Gold ausgezeichnet. 1981 Ehrendoktor der Universität Leipzig. Ab 1968 Mitglied der AdL. Im September 1959 wurde Aa unter dem Decknamen „Rudolf“ als Geheimer Informator für das MfS verpflichtet. Als Anerkennung für seine Tätigkeit erhielt er im Dezember 1967 eine „Schreibmappe“ im Wert von 100 Mark. Ab Januar 1969 er als IMS neueingestuft. Anlässlich seines 10-jährigen Jubiläums seiner geheimpolizeilichen Aktivitäten und anlässlich des 20. Jahrestages des MfS erhielt er, vorgeschlagen durch die Abteilung XX/3 des MfS, die „Treuemedaille der NVA“ in Silber. Zum 20-jährigen Jubiläum seiner geheimpolizeilichen Aktivitäten und anlässlich des 30. Jahrestages der Gründung der DDR, erhielt er Anfang 1979, von der Abt. XX/3 vorgeschlagen, die „Medaille für treue Dienste der NVA“ in Gold. Anfang Dezember 1979 endete seine Tätigkeit als IM des MfS. Aa hat dem

MfS über 20 Jahre vorwiegend über seine Kollegen im Lehrkörper (auch Forscher) und über Studenten berichtet.
Quellen: Wikipedia, Leipziger Biographie, BStU, MfS, Archiv-Nr. 3216/80, Bd. 1, Bl. 40ff., Bl. 54ff., Bl. 65-72, Bl. 80f., Bl. 92.

Abendroth, Hermann, Prof.
* 19.01.1883 in Frankfurt/M., † 29.05.1956 in Jena
Seit 1933 Leiter der Fachschaft, Musikerzieher und Chorleiter in der RSM. Er schrieb für Nazi-Zeitschriften: „Deutsche Kultur-Wacht", „Nationalsozialistischen Monatshefte" und „Deutsches Volkstum". Seit 1937 Mitglied der NSDAP. Auf der „Liste der Gottbegnadeten", die vom Reichsministerium für Volksaufklärung und Propaganda zusammen mit A. Hitler 1944 erstellt worden war, wodurch er von jeglichem Kriegseinsatz freigestellt. Dirigent an der Hochschule für Musik in Weimar. Ab 1947 Generalmusikdirektor der Staatskapelle Weimar. Ab 1949 Leiter des Rundfunk-Sinfonieorchesters in Leipzig. Ab 1954 Leiter des Rundfunk-Sinfonieorchesters in Berlin. 1954 mit dem „Vaterländischen Verdienstorden" in Silber und 1949 mit dem „Nationalpreis" II. Klasse ausgezeichnet. 1953 ernannte ihn die Universität Jena zum „Ehrensenator".
Quellen: Barth u. a., BArch, Wikipedia, Baumgartner/Hebig.

Adam, Johannes, Prof. Dr.
* 22.09.1923 in Nossen, †?
Ab 1942 als SS-Rottenführer vorrangig in Auschwitz-Monowitz. Von 1952 bis 1955 Dozent an der ABF Dresden. 1955 bis 1959 Mitarbeiter am Industrie-Institut der TH Dresden. Ab 1959 Mitarbeiter am Lehrstuhl für Sozialhygiene der Universität Halle und ab 1965 dort Dozent und ab 1968 Professor. Ab 1982 Direktor des Instituts für Biostatistik und medizinische Informatik. Von 1972 bis 1978 Direktor für Forschung des Medizinbereichs der Universität Halle. 1975/76 Gastprofessor an der Universität Bagdad (Irak). Von 1978 bis 1982 Vorsitzender der Gesellschaft für physikalische und mathematische Biologie der AdW zu Berlin. Adam wurde 1988 emeritiert. 1966 mit der Pettenkofer-Medaille und 1980 mit dem Vaterländischen Verdienstorden ausgezeichnet. Weil Adam als vernehmungs- und verhandlungsunfähig eingestuft worden war, stellte die

Staatsanwaltschaft Halle (Saale) 2013 die Ermittlungen, wegen mehrfacher Beihilfe zum Mord in Auschwitz, wieder ein. In der DDR blieb Adam trotz seine Nazi-Vergangenheit unbehelligt.
Quellen: Wikipedia, Der Spiegel vom 22.05.2014, Kommunismusgeschichte.

Adolphi, Günter, Prof. Dr.-Ing.
* 18.02.1902 in Riga, † 26.08.1982 in Merseburg
Ab 1920 in der Armee Lettlands. Von 1928 bis 1934 Betriebsleiter der Firma Corn Products Refining Co. (USA). Von 1934 bis 1935 Ingenieur bei der Firma Krupp-Gruson in Magdeburg. Ab 1935 Technologe und Betriebsleiter bei der Firma Ammoniak Merseburg. Ab 1936 Mitglied der NSKK. Ab 1938 Mitglied der NSDAP. Von 1943 bis 1945 leitende Funktion in einer Produktionsanlage der IG Farben im KZ Auschwitz-Monowitz. Mitglied der SED. Ab 1949 Leiter des Verfahrenstechnikums und der chemischen Versuchsabteilung der VEB Leuna-Werke. Direktor des Instituts für Verfahrenstechnik an der TH für Chemie in Merseburg. Ab 1961 Professor und Direktor des Instituts für Verfahrenstechnik an der TH für Chemie Merseburg. 1967 emeritiert. 1956 als „Verdienter Erfinder“ und 1968 mit der „Clemens-Winkler-Medaille“ ausgezeichnet. 1972 mit dem Ehrendoktor der TH für Chemie Merseburg ausgezeichnet. 1972 und 1974 Ehrenprofessor der TH für Chemie in Merseburg und des Technologischen Instituts Lensowjet in Leningrad. Wegen seiner Nazi-Vergangenheit wurde 2019 in Merseburg die Günter-Adolphi-Straße umbenannt.
Quellen: Wikipedia, BStU, MfS, HA XX Nr. 4084, Teil 1 von 2, Bl. 38.

Ahrbeck, Hans, Prof. Dr. phil.
* 19.05.1890 in Linden bei Hannover; † 01.04.1981 in Halle (Saale)
Bei der Feldartillerie als Vizewachtmeister Teilnehmer am Ersten Weltkrieg. 1917 mit dem EK II ausgezeichnet. Von 1920 bis 1921 Studienreferendar an der Bismarckschule in Magdeburg. Von 1921 bis 1925 Studienassessor am privaten Rosenthal-Lyzeum. Von 1926 bis 1929 Studienrat an der Lessingschule in Magdeburg. Ab 1929 Dozent und ab 1932 bis 1933 Professor an der Pädagogischen Akademie in Breslau. Seit 1934 Mitglied im NSLB. Bis 1945 Mitglied im NSV. Von 1933 bis 1946 Studienrat an

der Luisen- und W. Raabe-Schule in Magdeburg. Ab 1941 hauptamtlich am Studienseminar in Magdeburg. Mitglied der Bekennenden Kirche. 1946 Oberschulrat der Schulbehörde Magdeburg. Ab 1946 Professor für Geschichte der Pädagogik. Dekan der Pädagogischen Fakultät und Direktor des Instituts für Pädagogik der Universität Halle. Direktor der Franckeschen Stiftungen in Halle. Von 1955 bis zu seinem Tod Mitglied der Kommission für deutsche Erziehungs- und Schulgeschichte der AdW zu Berlin, die ab 1970 zur APW umbenannt wurde. Mitglied im Wissenschaftlichen Beirat für Pädagogik beim Staatssekretariat für das Hoch- und Fachschulwesen. Im April 1958 wurde sein Wohnhaus konspirativ durch Mitarbeiter des Staatssekretariats für Staatssicherheit überwacht.
Quellen: Barth u. a., BArch, Professorenkatalog Universität Magdeburg, Wikipedia, BStU, MfS, BV Halle, AOP 46/59 4, B. 72f., Bl. 80, BStU, MfS, BV Halle, AOP 46/59 1, Bl. 7.

Ahrens, Walther, Prof. Dr. med.
* 31.03.1910 in Teupitz, Kreis Teltow, † 08.07.1981 in Dresden
Von 1933 bis 1945 Mitglied im NSFK. Ab 1941 Mitglied der NSDAP. Mitglied der NSV. Ab 1937 Volontärassistent auf der Allgemeinen Station der Universitätsklinik Leipzig. Ab 1938 Hilfsassistent am Untersuchungsamt des Hygienischen Instituts der Universität Halle. Ab 1942 Oberzugführer der Luftschutz-Sanitätsersatzabteilung Halle. Im Dezember 1945 formal von der Universität Halle entlassen und auf Befehl der SMAD, weiterbeschäftigt. Ab 1947 Oberassistent, ab 1948 Dozent und ab 1951 Professor. Ab 1945 Mitglied der LDPD. Seit 1950 Mitglied im FDGB. Bis 1952 an der Universität Halle. Ab 1952 Professor und Leiter des Instituts für Hygiene an der TH Dresden. Ab 1954 an der Medizinischen Akademie in Dresden und dort von 1969 bis 1975 Ordinarius für Medizinische Mikrobiologie und Epidemiologie an der Medizinischen Akademie Dresden.
Quellen: Professorenkatalog Universität Halle

Altheim, Franz, Prof. Dr.
* 06.10.1898 in Frankfurt/M., † 17.10.1976 in Münster
Teilnehmer am Ersten Weltkrieg. Von 1928 bis 1936 an der Universität Frankfurt/M. Von 1934 bis 1936 Mitglied der SA. Mitglied im NSLB. Ab

1943 Mitglied der NSV. Ab 1936 Professor an der Universität Halle. Seine Berufung verdankte er auch seiner Zusammenarbeit mit der SS-Forschungsgemeinschaft „Deutschen Ahnenerbe", die z. B. seine Forschungsreisen finanzierte. Dort auch Mitglied des Gutachterausschusses des Forschungsprojekts „Wald und Baum". Als Teilnehmer am Zweiten Weltkrieg erhielt er 1944 das „Kriegsverdienstkreuz" 2. Klasse. Altheim war Mitarbeiter bei der Aktion „Kriegseinsatz der Geisteswissenschaft". Im September 1945 wegen seiner Nazi-Vergangenheit entlassen und, auf Anweisung der SMAD, im Dezember 1945 erneut als Ordinarius eingesetzt. Ab 1948 wieder Professor für Alte Geschichte an der Universität Halle. Von 1950 bis zu seiner Emeritierung 1964 hatte er den Althistorischen Lehrstuhl an der FU Berlin inne.
Quellen: Wikipedia, Professorenkatalog Universität Halle.

Altrock, Hermann, Prof. Dr. phil.
* 02.01.1887 in Berlin, † 15.03.1980 in Gerlingen
Von 1907 bis 1909 Volksschullehrer und von 1912 bis 1919 Oberlehrer. Von 1916 bis 1917 Teilnehmer am Ersten Weltkrieg. Von 1920 bis 1925 Dozent für Pädagogik der Leibesübungen an der Deutschen Hochschule für Leibesübungen Berlin-Grunewald. Von 1920 bis 1925 dort Verwaltungsdirektor. Mitglied im Deutschen Turnlehrer Verein. Seit 1933 Mitglied der NSDAP. Mitglied der NSV. Seit 1937 Mitglied der SA. Mitglied im NSDDB. Mitglied im NSRL. Von 1925 bis 1945 Professor für Pädagogik der Leibesübungen an der der Philosophischen Fakultät der Universität Leipzig. Nach 1945 bei der SMAD im Hochschulstab Skorodomow, wo er eine Bestandsaufnahme des Sports und der Sportwissenschaft durchführte, was seine sofortige Entlassung wegen seiner Nazi-Vergangenheit verhinderte. Die Lehre war ihm jedoch untersagt. Von 1948 bis 1956 Professor für Sportwissenschaft an der Universität Frankfurt/M. 1957 von der Bundesregierung mit dem „Bundesverdienstkreuz" ausgezeichnet. Der Deutsche Sportbund (DSB) stiftete ab 1960 ein Herman-Altrock-Stipendium zur Förderung des sportwissenschaftlichen Nachwuchses.
Quellen: Professorenkatalog Universität Leipzig, Professorenkatalog Universität Halle, Wikipedia.

Alverdes, Kurt Hermann, Prof. Dr. med.
* 27.03.1896 in Hamburg, † 17.11.1959 in Leipzig
Als Leutnant Teilnehmer am Ersten Weltkrieg. Als Zeitfreiwilliger im Freicorps Maercker bzw. im Freicorps Halle hat er an den Kämpfen in Mitteldeutschland teilgenommen. Von 1919 bis 1920 Mitglied im „Stahlhelm, Bund der Frontsoldaten“. Ab 1923/24 Assistent am Anatomischen Institut der Universität Halle. Von 1924 bis 1937 an der Universität Königsberg. 1937 vertrat er den vakanten Lehrstuhl in Kiel und im selben Jahr erhielt er einen Ruf auf ein planmäßiges Extraordinariat an der Universität Halle. Als Stabsarzt Teilnehmer am Zweiten Weltkrieg in Leipzig. 1943 vertrat er einen Lehrstuhl an der Universität Marburg. Seit 1933 Mitglied der NSV. Mitglied im NSLB. Mitglied im NSAHB. Seit 1937 Mitglied der NSDAP. Seit 1934 förderndes Mitglied der SS. Teilnehmer des „Volkssturms“. 1939/40 zur Heeres-Sanitätsstaffel Leipzig als Stabsarzt einberufen. 1943 vertrat er einen Lehrstuhl an der Universität Marburg. Im Oktober 1945 von der Universität Halle entlassen. Seit 1946 Mitglied der LDPD. Nach seiner „Entnazifizierung“ von 1947 bis 1959 Professor mit Lehrstuhl und Direktor des Anatomischen Instituts an der Universität Leipzig.
Quellen: Wikipedia, Professorenkatalog Universität Halle, Professorenkatalog Universität Leipzig.

Amon, Franz, Prof. Dr. med., Dr. phil.
* 04.09.1896 in Bamberg, † 1967
Seit 1933 Mitglied der NSDAP. Mitglied der SA-Brigade 85 in München und SA-Sturmbannführer. 1935 Verwaltungsstellenleiter des Amtes für Volksgesundheit in der NSDAP in München. Als Hygieniker von 1936 bis 1945 Mitglied im RAD. Lehrstuhlinhaber für Arbeitshygiene an der Universität Greifswald. Mitglied der SED und Angehöriger des Bezirkstages Rostock. Von 1945 bis 1946 Chefarzt im Seuchenkrankenhaus in Schwerin. Am 1. Juni 1946 zum Obermedizinalrat ernannt. Ab 1948 Professor für Arbeitshygiene an der Universität Greifswald. Ab Juli 1945 Mitglied der SPD/SED. Ab 1958 Professor für Sozial- und Arbeitshygiene. Mitglied im FDGB. Mitglied im KB. Mitglied der GDSF. Mit dem „Vaterländischen Verdienstorden“ in Bronze und mit der „Hufeland-Medaille“ aus-

gezeichnet. G. Tartler gab ihn als eine Person an, die Auskunft über ihn geben könnte. Beide waren Mitglieder der NSDAP.
Quellen: UFJ, BStU, MfS, HA XX 5754, Bl. 149, BStU, MfS, Archiv Allg. 1936, Nr. 871, Bl. 12f., BStU, MfS, Zentral-Archiv 1551/60, Bl. 13.

Anderle, Alfred, Prof. Dr. phil. habil.
* 21.06.1925 in Loosch, Sudetenland, † 1994
Ab 1943 Mitglied der NSDAP. Teilnehmer am Zweiten Weltkrieg. In sowjetischer Kriegsgefangenschaft. Mitglied der FDJ und ab 1947 Sekretär der Stadtteilleitung Borna. Mitglied der SED. Ab 1952 Lehrbeauftragter an der Universität Leipzig. Von 1956 bis 1958 Dozent für die Geschichte der Internationalen Arbeiterbewegung am Institut für Geschichte beim ZK der SED. Ab 1959 bis 1990 Professor für Geschichte an der Universität Halle. Seit 1962 Direktor des Instituts für Geschichte der Völker der UdSSR. Ab 1968 Kreisvorsitzender der GDSF an der Universität Halle und dort Mitglied im ZV. Mitglied der Kommission der Historiker der DDR und der UdSSR. Von 1959 bis 1990 Mitglied im Redaktionskollektiv der ZfG.
Quellen: Buch, Wikipedia, Mertens, S. 29.

Anderssen, Walter, Prof. Dr. jur.
* 31.12.1882 in Breslau, † 27.02.1965 in Berlin
Seit 1910 Privatdozent an der Universität Neuenburg (Schweiz) und dort zum Professor ernannt. Teilnehmer am Ersten Weltkrieg. Als Oberleutnant mit dem „Eisernen Kreuz“ II. Klasse ausgezeichnet. Danach lehrte er an der Universität Berlin. Von 1937 bis 1940 hatte er einen Lehrauftrag für Öffentliches Recht an der Universität Halle inne. Mitglied der NSDAP, bis 1933 Propagandaleiter der Ortsgruppe Lindow (Mark). Nach einer Meldung der Geheimen Staatspolizei (Gestapo) über „homosexuelle Verfehlungen“ wurde sein Lehrauftrag widerrufen. Ab 1945 Lehrbeauftragter für Öffentliches Recht und Rechtsphilosophie an der Universität Berlin bzw. an der Humboldt-Universität Berlin.
Quellen: Professorenkatalog Universität Halle.

Anschütz, Georg, Prof.
* 15.11.1886 in Braunschweig, 25.12.1953 in Hamburg
Ab 1931 Professor an der Universität Hamburg. Am 11. November 1933 unterschrieb er das „Bekenntnis der Professoren an den deutschen Universitäten und Hochschulen zu Adolf Hitler und dem nationalsozialistischen Staat“. Ab 1936 Leiter des Amts für Nachwuchsförderung im NSDDB. Seit 1939 Leiter der Dozentenschaft und Gau-Dozentenführer. 1944 mit dem „Kriegsverdienstkreuz“ I. Klasse ausgezeichnet. Nach 1945 betreute er in der SBZ/DDR Promotionen im Fach Erziehungswissenschaft.
Quellen: Wikipedia, Horn, S. 100f.

Anthony, Albert Johann, Prof. Dr. med.
* 23.10.1901 in Hamburg, † 11.08.1947 in Rostock
Von 1928 bis 1932 Assistenzarzt in Hamburg und Volontärassistent in Heidelberg. 1933 Mitglied der NSDAP und Mitglied im NSKK. Von 1933 bis 1937 Oberarzt und Professor für Innere Medizin der Universität Hamburg. Von 1937 bis 1939 an der Universität Gießen. Ab 1939 Direktor der Medizinischen Klinik des Stadtkrankenhauses Offenbach. Als Stabsarzt Teilnehmer am Zweiten Weltkrieg. Ab 1944 Professor an der Universität Rostock. Ab 1945 in sowjetischer Kriegsgefangenschaft. Anschließend Gefängnisarzt in Rostock. 1946 wegen seiner Nazi-Vergangenheit entlassen, jedoch 1947 wieder in sein Amt eingesetzt.
Quellen: Professorenkatalog Universität Rostock, Wikipedia, Klee I.

Apel, Erich Hans, Dr. rer. oec.
* 03.10.1917 in Judenbach, Kreis Sonneberg, † 03.12.1965 in Berlin
Mitglied im NSDStB. Teilnehmer am Zweiten Weltkrieg. Von 1940 bis 1944 in der Forschungsabteilung in Peenemünde und verantwortlich für ihre Auslagerung in den Harz. Er arbeitete mit dem SS-Offizier und Raketenforscher Wernher von Braun zusammen. Von 1946 bis 1952 als Wissenschaftler in der Sowjetunion. Von 1955 bis 1958 Minister für Schwermaschinenbau. Seit 1957 Mitglied der SED. Von 1960 bis 1965 Mitglied des ZK der SED. 1959 mit dem „Vaterländischen Verdienstorden“ in Silber, 1963 mit dem „Banner der Arbeit“ und 1964 mit dem „Vaterländischen Verdienstorden“ ausgezeichnet. Suizid.

Quellen: Herbst u. a., Cerný, Barth u. a., Wikipedia.

Arcularius, Georg Heinrich, Prof. Dr. med. vet. Dr. phil.
* 02.05.1893 in Schotten, † 05.09.1968
Teilnehmer am Ersten Weltkrieg. 1920/21 in einer Rinderzüchtungsgesellschaft in Braunschweig. Danach bis 1939 bei der Landwirtschaftskammer in Hannover angestellt. Seit 1933 Mitglied im RDB. Seit 1934 Mitglied der NSV. Mitglied der NSKOV. Teilnehmer am Zweiten Weltkrieg. In Kriegsgefangenschaft. 1949 kehrte er zurück und wurde Tierarzt in Heeren (Stendal). Gleichzeitig bis 1960 Professor für Tierzucht und –ernährung an der Universität Leipzig. Ab 1950 stellvertretender Dekan der Tiermedizinischen Fakultät. Im selben Jahr auch Mitglied im KB.
Quellen: Professorenkatalog Universität Leipzig, Wikipedia.

Arland, Anton, Prof. Dr. phil. Dr. sc. phil. h. c.
* 20.07.1895 in Eisenbrod (Böhmen), † 23.02.1975 in Leipzig
Teilnehmer am Ersten Weltkrieg. Von 1925 bis 1928 Assistent am Institut für Pflanzenbau und Pflanzenzüchtung der Universität Leipzig. Von 1928 bis 1933 Mitglied im Katholischen Akademikerverband. Seit 1934 Mitglied im Opferring der NSDAP. Förderndes Mitglied der SS. Von 1940 bis 1942 Mitglied im RKB. Ab 1940 Mitglied der NSV. Von 1928 bis 1935 Privatdozent und später Professor für Ackerbau und Pflanzenbaulehre an der Mathematisch-Naturwissenschaftlichen Abteilung der Philosophischen Fakultät der Universität Leipzig. Von 1935 bis 1945 Professor für Pflanzenbau an der Landwirtschaftlichen Abteilung Tetschen-Liebwerd der Deutschen TH Prag. Mitglied im FDGB. Von 1946 bis 1961 Professor für Pflanzenbau und Pflanzenzüchtung an der Mathematisch-Naturwissenschaftlichen Abteilung der Philosophischen Fakultät der Universität Leipzig. Von 1948 bis 1951 Dekan der Mathematisch-Naturwissenschaftlichen Abteilung, zugleich Gesamt-Dekan der Philosophischen Fakultät. Ab 1951 Prorektor für Forschungsangelegenheiten der Universität Leipzig. Mitglied der DAL. Seit 1929 Mitglied der Deutschen Botanischen Gesellschaft. Seit 1948 Mitglied der SAW zu Leipzig. Seit 1951 Mitglied im KB. Seit 1952 Mitglied des Wissenschaftlichen Beirates für die Fachrichtung Landwirtschaft beim Staatssekretariat für Hoch- und Fachschulwesen.

1959 mit dem „Vaterländischen Verdienstorden“ und 1959 mit der „Ehrennadel“ der GDSF in Silber und 1961 in Gold ausgezeichnet. 1971 verlieh ihm die Universität Leipzig den Ehrendoktortitel.
Quellen: BStU, MfS, Allg. S. 1951/67, Bl. 59, Professorenkatalog Universität Leipzig, Wikipedia.

Arnold, Arno Heinrich Gottfried, Prof. Dr. med. habil.
* 29.01.1897 in Glatzen, Marienbad, † 26.03.1963 in Zwickau
1920 Mitglied im Zeitfreiwilligenregiment Leipzig. Von 1924 bis 1927 Mitglied der DNVP. Von 1922 bis 1925 und von 1930 bis 1940 als Sportmediziner an der Universität Leipzig. Seit 1933 Mitglied der NSDAP, Mitglied im NSLB. Seit 1935 Mitglied im NSÄB. Mitglied im NSDDB. Von 1936 bis 1940 Leiter der Staatlichen Anstalt für Krankengymnastik und Massage in Dresden. Von 1939 bis 1945 als Oberstabsarzt im Lazarett in Bad Elster Teilnehmer am Zweiten Weltkrieg. 1044 NSFO. Von 1945 bis 1949 niedergelassener Arzt in Bad Elster und von 1949 bis 1954 dort Abteilungsleiter an der Kurklinik. Von 1954 bis 1963 Leiter des Thermalbades Wiesenbad bei Annaberg-Buchholz. Seit 1955 Vorsitzender der Deutschen Gesellschaft für Sportmedizin. 1961 erhielt er den „Guts-Muths-Preis“ Erster Klasse für besondere Leistungen auf dem Gebiet der Sportmedizin. Die Deutsche Gesellschaft für Sportmedizin stiftete den „Arno-Arnold-Preis“.
Quellen: Professorenkatalog Universität Leipzig, Wikipedia, BStU, MfS, HA IX/11 FV 69/66, Bd. 6, Bl. 27, BStU, MfS, HA IX/11 AK 3472/80, Bl. 4, Bl. 9, Bl. 11.

Arnold, Richard, Dr. phil.
* 21.10.1885 in Naschhausen-Orlamünde, † 03.03.1966
Ab 1909 Volksschul- bzw. Realschullehrer in Roda. Ab 1915 Teilnehmer am Ersten Weltkrieg. Von 1915 bis 1920 in russischer Kriegsgefangenschaft. Ab 1928 Referent und Regierungsrat im Thüringischen Ministerium für Volksbildung. Seit 1933 Mitglied der NSDAP. Mitglied im NSLB. Seit 1934 Mitglied der NSV. Mitglied der SA und dort SA-Oberscharführer. Mitglied im NSFK. Von 1939 bis 1945 Ministerialrat im Reichsministerium für Wissenschaft, Erziehung und Volksbildung in

Berlin und dort zuständig „für die vollständige Entjudung des deutschen Geisteslebens“. Mitglied der NDPD. Dozent an der Hochschule für Nationale Politik in Waldsieversdorf im Kreis Strausberg. Redaktionssekretär der Zeitschrift „Der Nationale Demokrat“. Vorsitzender der NF in Berlin-Treptow. Als Lektor im Verlag der Nation. Mit dem „Vaterländischen Verdienstorden“ in Bronze ausgezeichnet.
Quellen: UFJ, Wiesenthal, BStU, MfS, HA XX, Nr. 5754, Bl. 149.

Arzinger, Rudolf Wilhelm Otto, Prof. Dr. jur.
* 23.02.1922 in Sondershausen, † 09.04.1970
Von 1933 bis 1940 Mitglied der HJ. Ab 1940 Mitglied im RAD. Ab 1940 bei der Nachrichtentruppe NEA 9, Nachrichtenregiment 1 der Wehrmacht, wo er Leutnant der Reserve war. Mit dem KVK II. Klasse, mit der Ostmedaille und dem Verwundeten-Abzeichen ausgezeichnet. Seit 1943 Mitglied der NSDAP. In US-amerikanischer Kriegsgefangenschaft in Bayern. Mitglied der SPD bzw. SED. 1945 Dolmetscher und Deutschlehrer bei der SMAD-Dienststelle in Sondershausen. Von 1945 bis 1946 an der Schule in Sondershausen. 1946 Bürgermeister in der Gemeinde Badra. Lehrbeauftragter für Völkerrecht an der Universität Leipzig. Ab 1946 Mitglied im KB. Mitglied der GDSF. Ab 1948 Mitglied im FDGB. Ab 1949 Mitglied der FDJ. Von 1946 bis 1950 Studium der Rechtswissenschaft in Rostock und Leipzig. Ab 1950 kommissarisch und ab 1952 Leiter des Instituts für vergleichendes Verfassungsrecht. In Leipzig Referent und Mitglied des Untersuchungsausschusses der KPKK. 1956 Assistent von Friedrich Kaul und Karl Polak beim KPD-Verbotsprozeß in der BRD. Ab 1959 Professor für Völkerrecht am Institut für Staats- und Rechtstheorie der Universität Leipzig. Von 1958 bis 1970 Mitglied des Wissenschaftlichen Beirats bzw. Kollegiums beim MfAA. Autor der Schrift: Rehabilitierung der faschistischen Kriegsverbrecher – eine Gefahr für den Frieden in Europa, Kongress-Verlag, Berlin, 1954. 1963 bis 1965 Prodekan der Juristenfakultät der Universität Leipzig. Von 1965 bis 1967 Dekan. 1954 und 1956 mit der „Medaille für ausgezeichnete Leistungen, 1959 mit der „Fritz-Heckert-Medaille“ und 1964 mit der „Verdienstmedaille“ ausgezeichnet.
Quellen: UFJ, Herbst, Professorenkatalog Universität Leipzig, BStU, MfS, A. Op. 133/54, Bl. 52f., Bl. 110, BStU, MfS, HA XX Nr. 5749, Bl. 33f.

Asinger, Friedrich, Prof. Dr. techn.
* 26.06.1907 in Freiland, Niederdonau (Österreich), † 07.03.1999 in Aachen
Ab April 1933 Mitglied der NSDAP. 1934/35 Mitglied der faschistischen „Vaterländischen Front“ in Österreich. Seit 1937 Mitglied der DAF. Seit 1938 Mitglied im NSBDT. Seit 1941 Mitglied der NSV. Von 1932 bis 1935 Assistent am Institut für Organische Chemie der TH Wien. 1935/36 Abteilungsleiter der Firma Kareska Wien, einer Fabrik für chemisch präparierte Papiere. 1936/37 Chemiker bei der Vaccuum Oil Company AG in Wien-Kagvan. 1937 wechselte er als Chemiker in das Versuchslabor des Ammoniakwerkes Merseburg (Leuna-Werke), wo er bald Gruppenleiter im Versuchslabor wurde. 1941 mit dem „Kriegsverdienstkreuz“ 2. Klasse ausgezeichnet. Im Januar 1944 Dozent für organisch-chemische Technologie an der Universität Halle. Nach der Deportation der Werksleitung 1945 Leiter des Hauptlaboratoriums der Leuna-Werke, von der Universität jedoch als Dozent entlassen. Ab 1945 Mitglied der SPD. Im Oktober 1946, anlässlich der „Aktion Ossoawiachim“, in die Sowjetunion verbracht, wo er von 1947 bis 1950 als wissenschaftlicher Leiter für das Ministerium für Chemische Industrie der Sowjetunion in Dsherschinsk (Nischni Nowgorod) beschäftigt war. 1949 von der Universität Halle für den „Nationalpreis“ vorgeschlagen. 1954 kehrte er zurück an die VEB Leuna-Werke und wurde 1955 Professor an der Universität Halle. 1958 folgte er einem Ruf auf den Lehrstuhl der Organischen Chemie der TH Dresden. 1959 folgte er einem Ruf an die TH Aachen (RWTH). Mit der „Carl-Engler-Medaille“ der Deutschen Wissenschaftlichen Gesellschaft für Erdöl, Erdgas und Kohle (DGMK) und mit der „Hans-Höfer-Medaille“ der Österreichischen Gesellschaft für Erdölwissenschaften ausgezeichnet. 1972 in Aachen emeritiert.
Quellen: Professorenkatalog Universität Halle, Wikipedia.

Aubin, Hermann, Prof. Dr.
* 23.12.1885 in Reichenberg, † 11.03.1969 in Freiburg i. Br.
Seit 1920 Gründer und Leiter des Instituts für geschichtliche Landeskunde an der Universität Bonn. Von 1925 bis 1929 Professor an der Universität

Gießen. Bis 1945 an der Universität Breslau, wo er eine Professur für „Rassenforschung“ etablierte. Mitverfasser einer Denkschrift zur „Eindeutschung Posens und Westpreußens“ und zur „Umsiedlung“ von etwa 3 Millionen Polen und Juden. Von 1946 bis 1954 Professor an der Universität Hamburg. Von 1953 bis 1958 Präsident des Verbandes der Historiker Deutschlands. Von 1932 bis 1967 Alleinherausgeber der „Vierteljahrschrift für Sozial- und Wirtschaftsgeschichte“. Mitglied Bayerischen AdW. Mitglied der AdW zu Berlin.
Quellen: Wikipedia, Klee I

Aust, Walter Hans
* 20.06.1900, † 28.04.1983
Als Offizier freiwillig im Ersten Weltkrieg. Von 1929 bis 1931 Mitglied der Deutschen Volkspartei (DVP). 1942 zu zwei Jahren Gefängnis verurteilt und wurde aus der Reichsschrifttumskammer (RSK) ausgeschlossen. Seit Mai 1933 Mitglied der NSDAP. Autor für das SS-Organ „Schwarzes Korps“. Leiter der Fachzeitschrift „Der Volkswirt“. Ab Februar 1934 als Agent der Geheimen Staatspolizei (Gestapo) tätig. Von 1944 bis 1945 Angestellter der Zigarettenfabrik „Garbaty“. Mitglied der SED. Leitender Mitarbeiter bei der „Täglichen Rundschau“. Von 1956 bis 1969 Chefredakteur der außenpolitischen Zeitschrift „Deutsche Außenpolitik“. Mitglied der Redaktion der medizinischen Zeitschrift „humanitas“. Mitglied im Präsidium der „Liga für Völkerfreundschaft“. Mitglied im Präsidium der VDJ. Mitglied im Präsidium „Gesellschaft zur Verbreitung wissenschaftlicher Kenntnisse. 1960 und 1965 mit dem „Vaterländischen Verdienstorden“ (VVO) in Silber und Bronze, mit der „Franz-Mehring-Ehrennadel“ ausgezeichnet. Er verschwieg seine Nazi-Vergangenheit.
Quellen: UFJ, Wiesenthal, Kappelt, Wikipedia, Baumgartner/Hebig, BStU, MfS, HA XX Nr. 5749, Bl. 35, BStU, MfS, HA XX Nr. 5754, Bl. 214, BStU, MfS, HA IX/11, AS 236/68, Bd. 1, Bl. 134.

Bamler, Rudolf
* 06.05.1896 in Osterburg, Altmark, † 13.03.1972 in Groß Glienicke
Als Offizier Teilnehmer am Ersten Weltkrieg. Mit dem „Eisernen Kreuz“ II. und I. Klasse, mit der „Spange zum Eisernen Kreuz“ und 1942 mit dem

„Deutschen Kreuz“ in Gold ausgezeichnet. Von 1919 bis 1921 Offizier in einem Freikorps. Ab 1938 Abteilungschef in der Spionageabwehr im Amt Ausland/Abwehr des Oberkommandos der Deutschen Wehrmacht (Admiral Canaris). Ab 1939 Chef des Generalstabes und Militärbefehlshaber für Danzig-Westpreußen. Ab März 1930 Mitglied der NSDAP. Teilnehmer am Zweiten Weltkrieg. Ab 1944 war als Kommandeur der 12. Infanteriedivision in sowjetischer Kriegsgefangenschaft. Mitglied im NKFD. Mitglied im BDO. Ab 1950 Mitglied der NDPD. Seit 1953 Mitglied der SED. Bis 1951 Leiter der Artillerie-Schule in Eggesin, danach Generalmajor der KVP. Als Generalmajor Leiter der Schule für technische Offiziere und Sturmgeschütze der NVA in Erfurt. Ab 1959 Mitarbeiter des MfS. Ebenfalls ab 1959 im Vorstand der AeO. 1966 mit dem „Vaterländischen Verdienstorden“ in Silber ausgezeichnet.
Quellen: Wikipedia, Lapp, Stockhorst.

Bardtke, Hans Walter Kurt, Prof. Dr. Lic. theol. Dr. theol. h. c.
* 22.09.1906 in Berlin, † 08.03.1975 in Leipzig
Von 1934 bis 1938 Pfarrer in Gemeinden in Brandenburg, Thüringen und in Sachsen. Seit 1934 Mitglied der NSV. Von 1940 bis 1943 Mitglied der DAF. Von 1940 bis 1946 Leiter der kirchlichen Erziehungs- und Krankenanstalten in Borsdorf. Von 1943 bis 1945 Teilnehmer am Zweiten Weltkrieg. Pfarrer in Bad Lausick. Von 1948 bis 1972 Professor für Alttestamentliche Wissenschaft an der Theologischen Fakultät der Universität Leipzig. Von 1957 bis 1960 Dekan der Theologischen Fakultät. 1956 verlieh ihm die Universität Rostock den Ehrendoktortitel. Von 1969 bis 1972 Professor für das Alte Testament an der Universität Leipzig. Domherr in Meißen.
Quellen: Professorenkatalog Universität Leipzig, Wikipedia.

Barnikol, Ernst, Prof. Dr. phil., Lic. theol.
* 21.03.1892 in Bremen, † 04.05.1968 in Halle (Saale)
Teilnehmer am Ersten Weltkrieg und 1916/17, als nicht Frontverwendungsfähiger, eingesetzt im Wachdienst. Von 1917 bis 1924 Hilfsprediger in Wesseling bei Köln. 1923 Lehrauftrag für Neutestamentliche Zeitgeschichte und ab 1924 ausschließlich als Privatdozent. 1928 erhielt er einen

Ruf auf ein Extraordinariat für Kirchengeschichte und Geschichte des Urchristentums an der Universität Kiel. Ab 1929 Professor für Kirchengeschichte an der Universität Halle. Mitglied der DDP von 1918 bis 1930. Von 1928 bis 1930 Mitglied im Reichsparteiausschuss der DDP. Mitglied der NSV. Seit 1941 Mitglied im NSDDB. Mitglied im FDGB. Mitglied der SPD bzw. SED, wo er 1948 austrat. Im August 1945 gehörte Barnikol dem antifaschistischen Universitätsausschuss zur Säuberung des Lehrkörpers als Vertreter der SPD an. Er blieb bis in die 1950er Jahre in seinem Amt als Professor.
Quellen: Professorenkatalog Universität Halle, Stockhorst, Wikipedia, Braun/Grünzinger, S. 26, BStU, MfS, HA XX Nr. 5749, Bl. 267f.

Barth, Richard, Prof. Dr. päd.
* 23.08.1883 in Herold, Erzgebirge, †?
Studiendirektor an einer Schule in Sondershausen. Ab 1928 Dozent am Pädagogischen Institut der Universität Jena und ab 1930 Professor. Ab 1934 Mitglied im NSLB. Mitglied der antisemitischen und völkischen „Deutschen Christen". Seit 1937 Mitglied der NSDAP. Ab 1939 Mitarbeiter beim antisemitischen „Institut zur Erforschung und Beseitigung des jüdischen Einflusses auf das deutsche kirchliche Leben". Ab 1946 Grundschullehrer in Jena.
Quellen: Wikipedia.

Barthel, Karl Heinrich, Dr. med.
* 23.08.1905 in Neubrandenburg, † nach 1960
Seit 1932 Mitglied der NSDAP. SA-Sanitätssturmbannführer und Kreisschulungsleiter und -redner der NSDAP. Von 1941 bis 1942 Richter am NSDAP-Kreisparteigericht in Fraustadt und in Jauer. Mitglied der NDPD. Bis 1951 Praktischer Arzt in Bernburg, ab 1951 Kreisarzt in Wittenberg und ab 1956 Kreisarzt in Gräfenhainichen. Von 1956 bis 1963 AdV. Seit 1961 Obermedizinalrat und Leiter der Abteilung Gesundheitswesen beim Rat des Kreises Wittenberg. Mit der „Ehrennadel" der NF, mit dem „Vaterländischen Verdienstorden" in Bronze, mit der „Medaille für ausgezeichnete Leistungen, mit dem „Ehrenzeichen der NDPD und mit dem „Ehrenzeichen" des DRK ausgezeichnet.

Quellen: UFJ, Wikipedia, Stockhorst.

Bartsch, Karl-Heinz, Prof. Dr. agr.
* 25.11.1923 in Löblau, Danzig, † 19.07.2003 in Halle (Saale)
Ab 1932 Mitglied der HJ. Ab 1940 Mitglied der SS und ab 1941 als SS-Unterscharführer Angehöriger der 3. SS-Panzerdivision „Totenkopf“ und der 17. SS-Panzergrenadier-Division „Götz von Berlichingen“. Ab Mai 1945 in US-amerikanische Kriegsgefangenschaft. Von 1949 bis 1963 Mitglied der SED. Mitarbeiter des Instituts für Tierzucht in Halle (Saale) und Mitarbeiter am Institut für Tierzuchtforschung der DAL. Von 1954 bis 1960 Mitglied der SED-Bezirksleitung Erfurt. Von 1960 bis 1963 Professor der Tierzucht- und Haustiergenetik an der Humboldt-Universität. Von 1960 bis 1962 Mitarbeiter bzw. stellvertretender Leiter der Abteilung Landwirtschaft beim ZK der SED. Ab 1963 stellvertretender Minister für Landwirtschaft, Erfassung und Forstwirtschaft. Ab 1963 Mitglied des ZK der SED und Kandidat des Politbüros der SED. Ab 1963 Vorsitzender des Landwirtschaftsrates beim Ministerrat. Mitglied der GDSF. Mitglied im FDGB. Weil er seine Nazi-Vergangenheit verschwiegen hatte, 1963 von allen seinen Funktionen enthoben. Danach Leiter der Tierzucht auf dem VEG Groß Vielen. Später Direktor des VEG Guts Woldegk im Bezirk Neubrandenburg. Ab 1967 als „Eckart“ Geheimer Informant des MfS. 1959 mit dem „Vaterländischen Verdienstorden“ in Bronze ausgezeichnet. Von 1988 bis 1990 Lehrer an der Agraringenieurschule Neubrandenburg.
Quellen: Buch, Herbst, Barth u. a. Wikipedia, BStU, MfS, III/25/66, III/957/67, III/257/66, Bl. 49ff., Bl. 69, Bl. 124-142, Bl. 150f., Bl. 164ff.; III/957/67, Bl. 49ff., Bl. 69, Bl. 124-169; BStU, MfS, Neubrandenburg, III/616/67, Bl. 144, Bl. 156ff., Der Spiegel Nr. 8/1963, S. 20.

Baesecke, Georg, Prof. Dr. phil.
* 13.01.1876 in Braunschweig, † 01.05.1951 in Halle (Saale)
Von 1913 bis 1921 Professor und Ordinarius an der Universität Königsberg. Von 1921 bis 1948 Professor für Germanistik an der Universität Halle. Bis 1932 Mitglied der DVP. Seit Mai 1933 Mitglied der NSDAP. Ab 1946 Mitglied der LDPD. Im Zuge der antifaschistischen Säuberung der Universität Halle von den amtlichen Verpflichtungen entbunden. Da-

nach beauftragte ihn die SMAD am 1. November, als Germanistischer Mediävist wieder auszuüben. 1948 bat er um seine Emeritierung, vertrat jedoch seinen Lehrstuhl weiterhin bis zu seiner Erkrankung 1950.
Quellen: Wikipedia, Professorenkatalog Universität Halle, Neue Deutsche Biographie, Eberle, S. 364.

Bäskau, Heinz, Prof. Dr. paed.
* 11.04.1925 in Klein Sausgarten (Ostpreußen), † 27.06.2015
Seit 1943 Mitglied der NSDAP. Als Unteroffizier Teilnehmer am Zweiten Weltkrieg. Danach in britischer Kriegsgefangenschaft. Von 1945 bis 1949 Landarbeiter in Niedersachsen. „Neulehrer“ in Wikendorf bei Schwerin. Ab 1946 Schulleiter in Düssin, Kreis Hagenow. Ab 1949 bis 1954 Lehrer an der Oberschule in Hagenow. Fachberater für Körpererziehung und Referent für Körpererziehung beim Ministerium für Volksbildung in Mecklenburg. Mitglied der SED. Von 1953 bis 1954 Studiendirektor beim Institut für Lehrerbildung in Alt-Rehse. Von 1954 bis 1960 stellvertretender Direktor der Kinder- und Jugendsportschule Rostock. Von 1961 bis 1968 Direktor des Instituts für Körpererziehung an der Universität Rostock. Von 1968 bis 1990 Mitglied im Wissenschaftlichen Rat. Von 1969 bis 1990 Professor für Theorie und Methodik der Körpererziehung. Vorsitzender der Kommission für Methodik des Sportunterrichts im Ministerium für Volksbildung. Von 1969 bis 1990 Mitglied der APW. 1958 als „Verdienter Lehrer des Volkes“, 1977 mit dem „Ehrenzeichen“ für Korperkultur und Sport, 1980 mit der „Verdienstmedaille“ und 1988 mit dem „Vaterländischen Verdienstorden“ ausgezeichnet.
Quellen: Wikipedia, Baumgartner/Hebig, Buch, Professorenkatalog Universität Rostock.

Baetke, Walter Hugo Hermann, Prof. Dr. phil. Dr. theol. h. c.
* 28.03.1884 in Sternberg, Neumark, † 15.02.1978 in Leipzig
Von 1910 bis 1913 Gymnasiallehrer in Stettin. Von 1913 bis 1935 Direktor einer Realschule in Bergen/Rügen. Von 1926 bis 1932 Mitglied der DNVP. Ab 1934 Mitglied der NSV. Von 1933 bis 1934 Mitglied im Deutschen Philologenverband. Von 1934 bis 1935 Lehrbeauftragter für Germanische Religionsgeschichte an der Universität Greifswald. Von 1935 bis

1945 Professor für Religionsgeschichte an der Philologisch-Historischen Abteilung der Philosophischen Fakultät der Universität Leipzig. Von 1946 bis 1955 Professor für Religionsgeschichte und Nordische Philologie der Universität Leipzig. Von 1947 bis 1949 Dekan der Philosophischen Fakultät. Mitglied im KB. Seit 1946 Mitglied der SED. Seit 1950 Mitglied im FDGB. Seit 1948 Mitglied der GDSF. 1959 mit dem „Vaterländischen Verdienstorden" und 1964 als „Hervorragender Wissenschaftler des Volkes" ausgezeichnet.
Quellen: Professorenkatalog Universität Leipzig, Wikipedia, Klee II, Stockhorst, Braun/Grünzinger, S. 24.

Baierl, Helmut, Dozent
* 23.12.1926, † 12.09.2005 in Berlin
Ab 1944 Mitglied der NSDAP. Ab 1951 Dozent für Russisch in der Erwachsenenbildung. Bis 1959 Cheflektor des Hofmeisterverlags in Leipzig. Bis 1967 Autor und Dramaturg am Berliner Ensemble. Von 1945 bis 1947 Mitglied der LDPD. Von 1947 bis 1989 Mitglied der SED. Von 1961 bis 1967 Parteisekretär am Berliner Ensemble. Bis 1968 Kandidat und bis 1989 Mitglied der SED-BL Berlin. Seit 1967 freier Schriftsteller. Bis 1990 Vizepräsident der AdK. Seit 1968 als „Flinz" Inoffizieller Mitarbeiter des MfS. 1961 und 1970 mit dem „Nationalpreis der DDR, 1970 mit der „Erich-Weinert-Medaille", 1976 mit dem „Vaterländischen Verdienstorden", 1976 mit dem „Lessing-Preis, 1979 mit dem „Goethepreis" der Stadt Berlin, 1985 mit dem „Vaterländischen Verdienstorden" in Silber und 1985 mit der „Johannes-R.-Becher-Medaille" ausgezeichnet.
Quellen: Wikipedia, Barth.

Bartholomeyczyk, Wilhelm, Prof. Dr. rer. nat.
* 27.01.1908 in Emden, † 15.01.1966 in Braunlage (Harz)
Ab 1936 Lehrer an einer Privatschule und ab 1936 Lehrer an einem Gymnasium. Am Physikalischen Institut der Universität Greifswald. Ab Mai 1937 Mitglied der NSDAP. Ab 1940 Forschungsarbeiten für den Reichsforschungsrat, zunächst im Auftrag des Nachrichtenmittelversuchskommandos der Kriegsmarine. Ab 1943 Dozent. Ab März Leiter des nach Lübeck ausgelagerten Geräts des Physikalischen Instituts. Ab 1946 Lehrer

an der VHS Lübeck. Ab April 1948 Assistent am Physikalischen Institut der Deutschen Akademie der Wissenschaften in Greifswald. Ab Juni 1949 „republikflüchtig". Tätigkeit in einer Lichtröhrenfabrik in Wolfenbüttel. Ab 1952/53 Gruppenleiter „Bildoptik" bei der Deutschen Gesellschaft für Forschung im Graphischen Gewerbe e. V. Ab 1953 Regierungsrat an der Physikalisch-Technischen Bundesanstalt in Braunschweig.
Quellen: https://ns-zeit.uni-greifswald.de/projekt/personen/bartholomeyczyk-wilhelm/.

Bauereisen, Erich Leonhard Karl Georg, Prof. Dr. med.
* 18.02.1913 in Kiel, † 30.06.1985 in Würzburg
Von 1935 bis 1937 Mitglied der SA. Seit 1937 Mitglied der NSDAP. Von 1944 bis 1951 Privatdozent für Physiologie an der Universität München. Ab Juli 1947 Assistent am Gustav-Ricker-Krankenhaus Magdeburg. Von 1951 bis 1958 Professor für Physiologie an der Universität Leipzig wo er auch Direktor des Physiologischen Instituts war. Mitglied im Wissenschaftlichen Beirat beim Staatssekretariat für Hoch- und Fachschulwesen sowie Mitarbeiter beim Ministerium für Gesundheitswesen. Er beging „Republikflucht" und war von 1959 bis 1981 Professor an der Universität Würzburg, wo er das Physiologische Institut bis zu seiner Emeritierung 1981 leitete. Von 1960 bis 1961, von 1968 bis 1969 und von 1975 bis 1977 Dekan der Medizinischen Fakultät Würzburg. Mitglied der Deutschen Physiologischen Gesellschaft und deren Präsident von 1966 bis 1967. Ehrenmitglied der Deutschen Physiologischen Gesellschaft.
Quellen: Professorenkatalog Universität Leipzig, Wikipedia, BStU, MfS, Allg. S. 2101/67, Bl. 3f.

Baumann, Rudolf, Peter Franz, Prof. Dr. med.
* 19.08.1911 in Düsseldorf, † 19.06.1988 in Berlin
Von 1936 bis 1939 als Arzt an der Universitätsklinik Rostock, im Städtischen Krankenhaus Berlin-Neukölln und an der Privatklinik von Prof. Zinn. Ab 1939 hatte er eine eigene Praxis in Berlin. Von 1940 bis 1945 Mitglied der NSDAP. Von 1942 bis 1944 als Lazarettarzt in Berlin Teilnehmer am Zweiten Weltkrieg. Von 1945 bis 1948 Chefarzt des Städtischen Krankenhauses in Berlin-Friedrichshain. Ab 1948 Chefarzt und

Ärztlicher Direktor des Städtischen Hufeland-Krankenhauses in Berlin-Buch. Seit September 1949 Mitglied der SED. Mitglied im FDGB. Mitglied im KB. Mitglied der GDSF. Ab 1966 Mitglied der AdW zu Berlin und dort von 1975 bis 1988 Vorsitzender der Klasse für Medizin. Anfang der 1970er Jahre behandelte er auch W. Ulbricht, was für einiges Aufsehen in Medizinerkreisen hervorrief. Ulbricht gratulierte Baumann im August 1971 zu seinem 60. Geburtstag. Ab 1972 Gründer und bis 1978 Direktor des ZI für Herz-Kreislaufforschung in Berlin-Buch. 1965 mit dem „Nationalpreis“, 1951 als „Verdienter Arzt des Volkes“ und 1983 als „Hervorragender Wissenschaftler des Volkes“ ausgezeichnet. 1988 erhielt er die „Ehrenspange“ der AdW zu Berlin.
Quellen: Wikipedia, Baumgartner/Hebig, Cerný, Barth u. a., Ernst, S. 317, BStU, MfS AKK 7367/88, Bl. 6-18, Bl. 22-28, Bl. 34-41, BStU, MfS HA PS 3492, Bl. 4-12, Bl. 16, Bl. 29-35, BStU MfS, HA XVIII, Nr. 15025, Bl. 1-9, Bl. 17ff., Bl. 25-34, BStU, MfS, Allg. P 666/55, Bl. 3-10, Bl. 23f., BStU, MfS, Allg. P 16619/65, Bl. 12f., Bl. 24f.

Baumgarten, Oskar, Prof. Dr.
* 25.10.1907 in Halle (Saale), † 01.12.2008 in Markkleeberg
Von 1935 bis 1945 Mitglied der NSDAP. Mitglied der Reiter-SS. Von 1943 bis 1945 Teilnehmer am Zweiten Weltkrieg. Danach bis 1949 in sowjetischer Kriegsgefangenschaft. Schüler einer antifaschistischen Schule in Rjasan. Mitglied im ZV der VdgB. Seit 1963 Mitglied im ZV der DAG. Mitglied der SED. Mitglied der GDSF. Bis 1972 Direktor der Ständigen Landwirtschaftsausstellung in Leipzig-Markkleeberg. Mitarbeiter der Zeitung „Kooperation“. 1957 mit dem „Vaterländischen Verdienstorden“ in Bronze und 1972 als „Held der Arbeit“ ausgezeichnet. Ab 1967 AdV. Zum Professor ernannt. Die Stadt Markkleeberg ernannte ihn am 24. November 2007 zum Ehrenbürger.
Quellen: UFJ, Cerný, Barth u. a., Herbst, Wikipedia, BStU, MfS, HA XX Nr. 5749, Bl. 61.

Becker, Hans Herbert, Prof. Dr. phil.
* 01.04.1914 in Limbach, †?
Mitglied im Nationalsozialistischen Deutschen Studentenbund (NSDStB) von 1933 bis 1937 und Mitglied der SA. Teilnehmer am Zweiten Weltkrieg und danach in britischer Kriegsgefangenschaft. 1945 im Ministerium für Volksbildung in Thüringen. Mitglied der SED. Seit 1946 zuerst als Assistent und dann Professor für Methodik und Didaktik an der Universität Halle (Saale). 1955 Professor für Systematische Pädagogik. Mitglied im FDGB. Mitglied im KB. Mitglied der GDSF. 1958 beging er „Republikflucht" und wurde Professor an der Pädagogischen Hochschule Dortmund.
Quellen: BStU, MfS, Allg. S. 2285/67, Bl. 2f., Bl. 8ff., Bl. 17, Professorenkatalog Universität Halle, Horn, S. 101f.

Beenken, Hermann Daniel Theodor, Prof. Dr. phil.
* 02.02.1896 in Bremen, † 06.04.1952 in Madrid
Mitglied der NSV. Seit 1933 Mitglied im NSLB. Seit 1940 Mitglied der NSDAP. Seit 1941 Mitglied im NSDDB. Mitglied im Opferring der NSDAP. Von 1922 bis 1945/48 Privatdozent bzw. Professor für Kunstgeschichte an der Philologisch-Historischen Abteilung der Philosophischen Fakultät der Universität Leipzig. Mitglied der Nichtordinarienvereinigung. Von 1949 bis 1952 Professor für Kunstgeschichte an der TH Aachen.
Quellen: Wikipedia, Professorenkatalog Universität Leipzig

Behmann, Heinrich, Prof. Dr. phil.
* 10.01.1891 in Bremen-Aumund, † 03.02.1970 ebenda
Von 1914 bis 1916 freiwilliger Teilnehmer am Ersten Weltkrieg. 1916 schwerbeschädigt und deshalb als dauernd kriegsunfähig entlassen. Mit dem „Eisernen Kreuz" II. Klasse und mit dem Bremer „Hanseatenkreuz" ausgezeichnet. Von 1922 bis 1925 Assistent am Institut für angewandte Mathematik an der Universität Göttingen. Ab 1925 erfolgte die Umhabilitierung und er nahm an der Universität Halle (Saale) einen Lehrauftrag für angewandte Mathematik wahr. Ab 1933 Mitglied im NSLB. Mitglied der NSKOV. Mitglied der NSV. Seit 1935 Mitglied im Opferring der NSDAP. Mitglied im RLB. Seit 1937 Mitglied der NSDAP, wo er 1938 Blockleiter und 1942 Zellenleiter war. Seit 1942 Mitglied im „Bund Deutscher Osten".

Seit 1937 Mitglied der völkischen und antisemitischen „Deutschen Christen". 1938 zum nichtbeamteten Professor ernannt. Im Oktober 1945 wegen seiner Nazi-Vergangenheit entlassen, jedoch bereits im November 1945 mit der Verwaltung der Bibliothek des Mathematischen Instituts beauftragt. Ab 1949 Mitglied der SAW zu Leipzig. Er verzog in seine Heimatstadt Bremen.
Quellen: Professorenkatalog Universität Halle, Wikipedia

Behn, Friedrich Karl Emil Gustav, Prof. Dr. phil.
* 14.02.1883 in Neustrelitz, † 20.08.1970 in Mainz
Während seines Studiums Mitglied nichschlagenden und nichtfarbentragenen Musikalischen Verbindung „Stauffia Heidelberg im Sondershäuser Verband". Seit 1909 als Volontär am Zentralmuseum für deutsche Vor- und Frühgeschichte in Mainz. Von 1914 bis 1948 zuerst Privatdozent, dann Professor für Altertumskunde und Altertums-Denkmalpflege an der TH Darmstadt. Von 1919 bis 1923 Mitglied der DVP. Von 1933 bis 1935 Mitglied im „Stahlhelm, Bund der Frontsoldaten". Von 1933 bis 1935 Mitglied im NS-Reichskriegerbund („Kyffhäuserbund") e. V. Mitglied der NSV. Mitglied im RLB. Ab den 1920er Jahren vertrat er in seinen Veröffentlichungen völkische Ansichten. Von 1939 bis 1942 als Oberstleutnant Sonderführer in Frankreich im Stabe von Feldmarschall Witzleben. Ab 1949 Mitglied der SAW zu Leipzig. Von 1950 bis 1954 Professor für Vor- und Frühgeschichte an der Philologisch-Historischen Abteilung der Philosophischen Fakultät der Universität Leipzig. Von 1954 bis 1963 kommissarischer Direktor des Instituts für Vor- und Frühgeschichte der Universität Leipzig. Ab 1963 lebte er in Mainz, wo er auch verstarb.
Quellen: BStU, MfS, ASt Leipzig, LPZ AP 2536/63, Bl. 2f., Bl. 6, Bl. 8ff., Bl. 36, Bl. 63, Professorenkatalog Universität Leipzig, Wikipedia.

Behrens, Friedrich Franz Willi, Prof. Dr. Dr. h. c.
* 20.09.1909 in Rostock, † 19.07.1980 in Berlin
Von 1926 bis 1931 Mitglied der SPD. Von 1931 bis 1932 Mitglied der Sozialistischen Arbeiterpartei (SAP). Ab 1932 Mitglied der KPD. Seit 1936 Mitglied im NSRB. Seit 1939 Mitglied der NSV. Teilnehmer am Zweiten Weltkrieg bei der Heimat-Flak in Prag. Von 1941 bis 1945 So-

zialstatistiker im Statistischen Reichsamt und im Statistischen Zentralamt in Prag und zugleich lehrte er Statistik an der Karl-Ferdinands-Universität in Prag. Von 1945 bis 1946 Stadtrat für Volksbildung in Zwickau. Mitglied im FDGB. Mitglied im KB. Mitglied der SED. Mitglied der FDJ. Mitglied der ZPL der SED an der Universität Leipzig. Seit 1947 Professor für Politische Ökonomie und Direktor des Instituts für Wirtschaftswissenschaften und Dekan der Gesamtwissenschaftlichen Fakultät der Universität Leipzig. 1954 Mitbegründer des Instituts für Wirtschaftswissenschaften der AdW zu Berlin. Seit 1948 Mitglied der „Hellmuth von Gerlach-Gesellschaft", die der Aussöhnung zwischen Polen und Deutschen dienen sollte. Seit 1949 Mitglied der GDSF. Von 1946 bis 1947 Privatdozent bzw. Professor für Politische Ökonomie. Seit 1947 Dekan der Gesellschaftswissenschaftlichen Fakultät der Universität Leipzig. Von 1955 bis 1957 Leiter des Staatlichen Zentralamtes für Statistik. Stellvertretender Vorsitzender der SPK. Mitglied des Ministerrates. Von 1956 bis 1980 Mitglied der AdW zu Berlin. 1954 mit dem „Nationalpreis" und 1964 mit dem „Vaterländischen Verdienstorden" in Silber ausgezeichnet. 1959 wurde ihm der Ehrendoktortitel verliehen.
Quellen: Baumgartner/Hebig, Buch, Cerný, Herbst, Professorenkatalog Universität Leipzig, Wikipedia, BBAW.

Bender, Wilhelm, Dr. med.
* 06.04.1900, † 13.01.1960 in Berlin
Ab 1932 Assistenzarzt in der Heil- und Pflegeanstalt Berlin-Wittenau. Ab 1932 als Psychiater dort Prosektor. Beisitzer bei Erbgesundheitsgerichten. Mitglied der NSDAP. Von 1935 bis 1936 Nachfolger von Prof. H. Heinze in Berlin-Wuhlgarten. Ab 1937 bis Oktober 1940 Direktor der Heil- und Pflegeanstalt in Berlin-Buch. Ab 1939 an den Planungen der Massenmorde durch Ärzte von Nervenheilanstalten und er gehörte im Juli 1939 zum Beraterstab von Ph. Bouhler, Leiter der T4-Zentrale. 2.000 jüdische Patienten wurden von der Anstalt Buch im Juni 1940 mit sechs Bussen der DR nach Brandenburg a. d. H. gebracht und dort vergast. Von 1946 bis 1950 Ärztlicher Direktor der Heil- und Pflegeanstalt Ueckermünde. Ab 1950 Ärztlicher Direktor am Krankenhaus in Berlin-Wuhlgarten, dem heutigen Griesinger-Krankenhaus. Mitglied der SED-Parteileitung des Bezirksamts

Berlin-Lichtenberg. Im August 1951 bescheinigte ihm die Leitung der Anstalt Berlin-Wuhlgarten man könne Bender „…mit vollem Recht als einen theoretisch gut gebildeten Marxisten“ bezeichnen. Bei ihm wären keine Anzeichen zu erkennen, dass noch „Ideologien aus der Nazizeit“ vorhanden wären. Außerdem wäre er zur „SU und den Volksdemokratien positiv eingestellt“. Aus Unterlagen des MfS geht hervor, dass die Behörden der DDR über die Nazivergangenheit von Bender Bescheid wussten.
Quellen: Vgl. Klee: Irrsinn Ost Irrsinn West. 1993, www.wuhletal.de/buch/wuhlgarten_t4.html., https://www.freitag.de/autoren/der-freitag/storend-verstorend, Wolff/Kalinich, S. 118f., S. 124, S. 128f.

Bentzien, Hans, Diplom-Gesellschaftswissenschaftler
* 04.01.1927 in Greifswald, † 18.05.2015 in Bad Saarow
Am 20. April 1944 Mitglied der NSDAP und Mitglied im Reichsarbeitsdienst (RAD). Von 1937 bis 1941 Mitglied des DJ und HJ-Kameradschaftsführer. Von 1941 bis 1944 Schüler einer faschistischen Lehrerbildungsanstalt in Rogasen. Teilnehmer am Zweiten Weltkrieg und in britischer Kriegsgefangenschaft. Mitglied der SED. Von 1946 bis 1948 „Neulehrer“ in Greifswald. Von 1958 bis 1961 Sekretär für Kultur und Volksbildung der SED Bezirksleitung Halle an der Saale. Mitglied der Kulturkommission beim Politbüro des Zentralkomitees (ZK) der SED. Von 1961 bis 1965 Minister für Kultur. Nach seiner Absetzung als Minister von 1966 bis 1975 Direktor des Verlages Neues Leben. Von 1975 bis 1977 Leiter der Hauptabteilung Funkdramatik. Ab 1977 stellvertretender Vorsitzender des Staatlichen Komitees für Fernsehen, wo er 1979 abgesetzt wurde. Danach arbeitete er in der Redaktion Publizistik des Deutschen Fernsehfunks (DFF). Von 1989 bis 1990 Generalintendant des DFF. 1959 mit der „Theodor-Neubauer-Medaille“, 1965 mit dem „Vaterländischen Verdienstorden“ in Silber und 1985 mit dem „Theodor-Körner-Preis“ ausgezeichnet.
Quellen: UFJ, Wikipedia, BStU, MfS, HA XX Nr. 5749, Bl. 73f., Der Spiegel Nr. 8/1963, S. 20.

Bergander, Rudolf, Prof.
* 22.05.1909 in Meißen, † 10.04.1970 in Dresden
Seit 1928 Mitglied der KPD. Seit 1929 Mitglied der „Assoziation revolutionär bildender Künstler“ (ASSO). Von 1933 bis 1940 freischaffender Künstler in Meißen. Als Kartenzeichner Teilnehmer am Zweiten Weltkrieg. Seit 1940 Mitglied der NSDAP. Mitglied der SED. Ab 1947 Mitglied der Künstlergemeinschaft „Das Ufer“ in Dresden. Ab 1951 Professor für Malerei an der Hochschule für Bildende Künstler in Dresden. Von 1952 bis 1958 und von 1964 bis 1965 Rektor der Hochschule für bildende Künste in Dresden. Seit 1961 Mitglied und Sekretär für Bildende Kunst der AdK. 1956 mit dem „Nationalpreis“ III. Klasse ausgezeichnet.
Quellen: Cerný, Barth u. a., BArch, Wikipedia, BStU, MfS, HA XX Nr. 5749, S. 36.

Bergmann, Charlotte, Dr. med., verheiratete Zieboltz
* 30.11.1920 in Breslau, Schlesien, †?
Seit September 1938 Mitglied der NSDAP. Mitglied der LDPD. Ärztin in Glogau und Leipzig. Ab 1950 Fachärztin für Sozialhygiene. Ab 1953 Referatsleiterin in der Abteilung für Gesundheitswesen beim Rat des Bezirks Leipzig. Von 1958 bis 1963 AdV. Von 1960 bis 1963 im ZV der LDPD. Ab 1960 Mitglied im „Komitee für die Solidarität mit den Völkern Afrikas“.
Quellen: UFJ, Wikipedia

Bergmann, Friedrich, Prof. Dr.-Ing.
* 05.03.1890 in Chemnitz, † 15.02.1960 in Leipzig
Von 1915 bis 1918 Teilnehmer am Ersten Weltkrieg. Von 1921 bis 1945 Inhaber eines Architekturbüros und ab 1921 zugleich wissenschaftlicher Assistent an der TH Dresden. Von 1922 bis 1933 Mitglied einer Freimaurerloge. Seine wiederholt gestellten Anträge auf Aufnahme in die NSDAP wurden, anscheinend auf Grund seiner früheren Logenmitgliedschaft, immer wieder abgelehnt. Von 1927 bis 1942 Mitglied im NS-Reichskriegerbund („Kyffhäuserbund“,) e. V. Ab 1934 Mitglied im RLB. Mitglied im NSDStB. Mitglied der NSV. Von 1935 bis 1940 Privatdozent und ab 1941 bis 1946 Professor für Landwirtschaftliches Bauwesen an der TH Dresden.

Von 1951 bis 1956 Professor für Agrarsiedlungswesen an der Landwirtschaftlich-Gärtnerischen Fakultät der Universität Leipzig. Mitglied der SPD bzw. SED. Mitglied im FDGB. Seit 1949 Mitglied der GDSF. Seit 1950 Mitglied im KB.
Quellen: Professorenkatalog Universität Leipzig

Berndt, Karl Ewald Erhard, Prof. Dr. phil.
* 08.05.1900 in Dresden, † nach 1954
Seit 1925 Assistent am Institut für Tierzucht an der Universität Leipzig. Seit 1930 Mitglied der NSDAP. Seit 1933 Mitglied der SA. Seit 1934 Mitglied des NSDDB. Seit 1932 Referent für Rassenfragen bei der kulturpolitischen Abteilung der NSDAP-Kreisleitung Leipzig. Von 1933 bis 1934 Geschäftsführer des Milchwirtschaftsverbandes Sachsen. Von 1933 bis 1934 Referent für Milchwirtschaft im Amt für Agrarpolitik bei der Gauleitung Sachsen und Beauftragter des Reichskommissars für die Milchwirtschaft in Sachsen. Seit 1933 Führer der Nicht-Ordinarien Leipzig. Im November 1933 unterschrieb er das „Bekenntnis der Professoren an den deutschen Universitäten und Hochschulen zu Adolf Hitler und dem nationalsozialistischen Staat". Von 1934 bis 1949 Professor an der Herder-Hochschule in Riga. Von 1940 bis 1943 im Beirat des deutschen Wissenschaftlichen Instituts zur Erforschung der Tierzucht und Milchwirtschaft des Landes an der Universität Sofia. Von 1929 erst Privatdozent, dann ab 1936 Professor für Landwirtschaft an der Mathematisch-Naturwissenschaftlichen Abteilung der Philosophischen Fakultät der Universität Leipzig. Seit 1942 Oberkriegsverwaltungsrat beim Wirtschaftsstab Ost. Nach 1945 als Privatgelehrter in Halle (Saale).
Quellen: Professorenkatalog Universität Leipzig, Professorenkatalog Universität Halle, Wikipedia.

Bernhard, Fritz, Prof. Dr. rer. nat. Dipl.-Ing.
* 14.12.1913 in Görlitz, Sachsen, † 08.04.1993 in Berlin
Von 1942 bis 1945 Mitglied der NSDAP und seit 1943 Blockleiter. Ab 1942 Mitarbeiter am Institut von Manfred Ardenne in Berlin-Lichterfelde. Von 1944 bis zum Ende des Krieges hatte Bernhard als Abwehrbeauftragter Verbindung zur Abwehr. Von 1945 bis 1955 Wissenschaftler in der

Sowjet-Union. Seit Februar 1953 Geheimer Informant „Federow“ des MfS. Im August 1955 erklärte er Mitarbeitern des MfS, dass er nicht mehr gewillt sei, für das MfS zu arbeiten. Vordergründig, um ihn „nicht zu unüberlegten Schritten zu veranlassen“ ging man auf seinen Wunsch ein. Unterleutnant Maye sollte Bernhard monatlich aufsuchen, um eventuell „auftretende Fragen zu klären“. Bei seiner Rückkehr von 1955 bis 1962 stellvertretender Direktor des Kernphysikalischen Instituts der AdW in Miersdorf bei Berlin. Von 1961 bis 1979 Professor bzw. Direktor des Physikalischen Instituts der Humboldt-Universität Berlin. Von 1964 bis 1979 Dekan der Mathematisch-Naturwissenschaftlichen Fakultät der Humboldt-Universität Berlin. 1958 mit dem „Nationalpreis“ III. Klasse für Wissenschaft und Technik, mit der „Medaille für ausgezeichnete Leistungen“ und 1975 als „Verdienter Hochschullehrer“ ausgezeichnet.
Quellen: Wikipedia, BStU, MfS, Allg. P. 9074/83, Bd. 1, Bl. 5, Bl. 64, BStU, MfS, P Nr. 2359/59, Bl. 15f., Bl. 33f., BStU, MfS, IX/11 Nr. AK 5449/76, Bd. 2, Bl. 28.

Berthold, Lothar, Prof. Dr.
* 30.08.1926 in Hindenburg, † 12.09.2007 in Berlin
Ab 1943 als Luftwaffenhelfer bzw. Unteroffizier Teilnehmer am 2. Weltkrieg. Ab 1944 beim RAD. Ab 1944 Mitglied der NSDAP. Ab 1946 Mitglied der SED. Von 1952 bis 1962 Dozent an der Parteihochschule der SED. Von1962 bis 1968 Chefredakteur der Zeitschrift „Beiträge zur Geschichte der Arbeiterbewegung“. Von 1962 bis 1968 am Institut für Marxismus-Leninismus Leiter der Abteilung Geschichte der Arbeiterbewegung. Von 1963 bis 1966 Sekretär des Autorenkollektivs zur Erarbeitung und Herausgabe der Geschichte der deutschen Arbeiterbewegung. Bis 1964 stellvertretender Direktor des Instituts und Mitglied der Ideologischen Kommission beim SED-Politbüro. Weil er 1968 gegen den Einmarsch der Truppen des Warschauer Paktes in Prag protestierte, musste er das Institut verlassen. Von 1969 bis 1972 wissenschaftlicher Mitarbeiter und ab 1976 Direktor des ZI für Geschichte an der AdW zu Berlin. Ab 1976 Direktor des Akademie-Verlags. Direktor für Verlags- und Druckereiwesen der AdW zu Berlin. Ab 1979 Direktor des Verlags Hermann Böhlaus Nachfolger in Weimar. Ab 1992 Mitglied der SED-PDS. Bis zu

seinem Tod schrieb er für Publikationen der wiedergegründete KPD. 1966 und 1979 mit dem „Nationalpreis“ I. Klasse für Wissenschaft und Technik, 1963 und 1965 mit dem „Vaterländischen Verdienstorden“ in Bronze und Silber, 1976 mit dem „Banner der Arbeit“ Stufe II und 1986 mit dem „Stern der Völkerfreundschaft“ in Silber ausgezeichnet. Er verschwieg seine Nazi-Vergangenheit.
Quellen: Wikipedia, BStU, MfS, HA IX/11, SV 3/82, Bd. 1a, Bl. 66.

Besseler, Heinrich, Prof. Dr. phil. Dr. h. c.
* 02.04.1900 in Dortmund-Hörde, † 25.07.1969 in Leipzig
Seit 1934 Mitglied der SA und dort SA-Oberscharführer. Seit 1935 Mitglied der NSV. Seit 1937 Mitglied der SA. Mitglied der NSDAP. 1945 wegen seiner Nazi-Vergangenheit von der Universität Heidelberg entlassen. 1949 an die Universität Jena berufen und dort Direktor des Instituts für Musikwissenschaften. Prodekan der Philosophischen Fakultät. Ab 1952 Mitglied im Wissenschaftlichen Beirat der für die Fachrichtung Musikwissenschaft beim Staatssekretariat für das Hoch- und Fachschulwesen. Seit 1957 als Musikwissenschaftler Ordinarius und Professor an der Universität Leipzig und dort Direktor des Instituts für Musikwissenschaften. Mitglied der SAW zu Leipzig. 1960 mit dem „Nationalpreis“ III. Klasse und 1969 als „Hervorragender Wissenschaftler und Hochschullehrer“ ausgezeichnet. 1967 verlieh ihm die University of Chicago den Ehrendoktortitel.
Quellen: Wikipedia, Klee II.

Bethig, Rudolf, Prof. Dr. phil.
* 04.04.1924 in Radeberg, † 11.08.1997 in Dresden.
Ab Oktober 1944 Mitglied der NSDAP. Von 1946 bis 1949 Lehrer an der Grundschule in Wachau. Von 1949 bis 1956 Stellvertretender Direktor an der EOS in Radebeul. 1956/57 wissenschaftlicher Mitarbeiter am Deutschen Pädagogischen ZI in Berlin. Ab 1962 Lehrstuhlleiter, ab 1965 Abteilungsleiter und von 1968 bis 1977 Leiter der Bezirksparteischule in Dresden. Ab Anfang Februar 1978 Hochschuldozent und ab September 1983 Professor für Wissenschaftlichen Kommunismus an der

Medizinischen Akademie Dresden. Ab 1983 Direktor des Instituts für Marxismus-Leninismus.
Quellen: Professorenkatalog Universität Dresden, Mertens, S. 27f., https://www.ua.tu-dresden.de/DFAprof_result_CD.asp?Bereich=Medizin, Heidel/Lienert, S. 55f.

Bethge, Heinz, Prof. Dr.
* 15.11.1919 in Magdeburg, † 09.05.2001 in Halle (Saale)
Seit 1940 Mitglied der NSDAP. Ab 1941 an der TH Berlin-Charlottenburg. Mitglied im RAD. Teilnehmer am Zweiten Weltkrieg und in Kriegsgefangenschaft. Ab 1948 Assistent bzw. ab 1954 Oberassistent und Lehrbeauftragter am Physikalischen Institut der Universität Halle. Ab 1960 Professor und Gründer der Arbeitsstelle für Elektromikroskopie. Bis 1985 Direktor des Instituts für Festkörperphysik und Elektronenmikroskopie der AdW zu Berlin. Seit 1969 Mitglied der AdW zu Berlin. Von 1974 bis 1990 Präsident der Leopoldina zu Halle. Mitglied der SAW zu Leipzig. Ab 1994 Ehrenmitglied der wiederbegründeten BBAW. 1967 mit dem „Nationalpreis", 1987 mit der „Gustav-Hertz-Medaille" der Physikalischen Gesellschaft, 1990 mit der „Helmholtz-Medaille" der Berlin-Brandenburgischen Akademie, 1984 als „Herausragender Wissenschaftler des Volkes", 1991 mit dem „Großen Verdienstkreuz mit Stern des Verdienstordens" der BRD, und 1999 mit dem „Nationalpreis" der Nationalstiftung ausgezeichnet. Die TH Karl-Marx Stadt verlieh ihm 1984 den Ehrendoktortitel. 2011 Gründung der „Heintz-Bethge-Stiftung" zur Förderung der angewandten Elektronenmikroskopie.
Quellen: Cerný, Herbst, Barth u. a., BArch, Baumgartner/Hebig, Wikipedia, Professorenkatalog Universität Halle.

Bethmann, Wolfgang Friederich Paul, Prof. Dr. med. Dr. med. dent.
* 25.07.1920 in Bornum, † 19.08.1990
Von 1938 bis 1945 Mitglied der NSDAP. Von 1939 bis 1945 Teilnehmer am 2. Weltkrieg. Von 1945 bis 1946 Hilfsarbeiter und Hilfslehrer. Seit 1946 Mitglied der KPD bzw. SED. 1956 Leiter einer medizinischen Delegation in Vietnam. Von 1958 bis 1985 Dozent bzw. Professor für Zahn-, Mund- und Kieferkrankheiten an der Medizinischen Fakultät der

Universität Leipzig. 1959 Stellvertreter des Prorektors für wissenschaftlichen Nachwuchs. Von 1961 bis 1974 Fachrichtungsleiter für Stomatologie. Von 1962 bis 1972 Senatsmitglied der Akademie für ärztliche Fortbildung. Präsident der Nationalen Vereinigung für den Wissenschaftlichen Film und Fernsehen. 1962 bis 1988 Chefredakteur der Zeitschriften „Deutsche Stomatologie“ und „Stomatologie der DDR“. 1961 mit dem „Rudolf-Virchow-Preis, mit der „Arthur-Becker-Medaille“ in Gold, 1965 mit dem Orden „Banner der Arbeit, 1966 als „Verdienter Arzt des Volkes“, 1967 mit der „Philipp-Pfaff-Medaille“ und mit der „Fritz-Gietzelt-Medaille“ ausgezeichnet. Zum Obermedizinalrat ernannt.
Quellen: Professorenkatalog Universität Leipzig.

Beyer, Hans, Prof. Dr.
* 06.10.1905 in Berlin, † 01.02.1971 in Berlin
Seit 1933 Mitglied der NSDAP und der SA. Mitglied im NSDDB, Mitglied im Korps der Politischen Leiter der NSDAP, Mitglied im NSLB. Mitglied der NSV. Mitglied im NSBDT, Mitglied im NSDDB. Mitglied im RAD. Als Oberleutnant Teilnehmer am Zweiten Weltkrieg. Ab 1943 in sowjetischer Kriegsgefangenschaft. Mitglied im NKFD. Er besuchte eine antifaschistische Schule. Als Nachfolger von G. Jander ab 1951 Professor für Organische Chemie an der Universität Greifswald. Direktor des Instituts für Organische Chemie. 1954 Rektor der Universität Greifswald. Von 1954 bis 1958 AdV. Seit 1955 Mitglied der Leopoldina zu Halle. Mitglied der NDPD. Mitglied der KdT. 1961 mit dem „Nationalpreis“ III. Klasse, 1956 mit dem „Vaterländischen Verdienstorden“ in Silber, mit der „Alexander-von-Humboldt-Medaille“, mit der „Ernst-Moritz-Arndt-Medaille“ und 1965 mit der „August-Kekulé-Medaille“ der Chemischen Gesellschaft der DDR ausgezeichnet.
Quellen: UFJ, Herbst, Wikipedia, Klee I, Baumgartner/Hebig, BStU, MfS, HA XX Nr. 5754, Bl. 219.

Beyer, Kurt Albert, Prof. Dr. sc. nat.
* 15.08.1907 Delitzsch, † 16.01.1956 Greifswald
Ab November 1933 Mitglied der SA und ab Mai 1937 Mitglied der NSDAP. 1938 Mitglied im NSDDB, Mitglied im RBD Mitglied im

NSRLB. Von 1934 bis 1937 Assistent an der preußischen geologischen Landesanstalt Berlin. 1937 zum Geologen, 1940 zum Bezirksgeologen im Reichsamt für Bodenforschung ernannt. Ab 1940 als Pionier Teilnehmer am Zweiten Weltkrieg, ab 1941/42 Technischer Kriegsverwaltungsrat und ab 1941/42 Geologe im Stab einer Armee an der Ostfront. 1942 erfolgte die Versetzung in die Mineralölstelle der Wehrwirtschaftsersatzabteilung, hier beim Reichsbeauftragten für Mineralöl, für den er Erkundungen von Erdgasfeldern in Estland und im hannoverschen Erdölgebiet durchführte. Ab 1944 Dozent für Allgemeine und Angewandte Geologie an der Universität Halle. Im Juni 1945, auf Betreiben von Johannes Weigelt, Assistent am Geologischen Institut der Universität Halle. Im Oktober 1945 wurde sein Gehalt um 20 Prozent gekürzt und im Dezember 1945 folgte die Entlassung. Er kehrte an die Geologische Landesanstalt Halle zurück und unterstützte dort das Lehmbauprogramm. In dieser Zeit untersuchte er auch die Trümmerfelder der Stadt Halle (Saale), um Lagerstätten der Braunkohle zu bestimmen. Im Sommer 1948 nebenamtlicher, im April 1949 regulärer Dozent an der Naturwissenschaftlichen Fakultät der Universität Halle. 1950 nahm er einen Ruf an die Universität Leipzig an und 1951 wechselte er an die Universität Greifswald.
Quellen: Professorenkatalog Universität Halle, Wikipedia.

Bielfeldt, Hans Holm, Prof. Dr. phil. Dr. h. c.
* 06.03.1907 in Lübeck, † 30.09.1987 in Berlin
Von 1931 bis 1941 wissenschaftlicher Mitarbeiter beim Deutschen Wörterbuch der Gebrüder Grimm an der Preußischen AdW. Seit Februar 1940 Mitglied der NSDAP. Blockwalter der NSV. Freiwilliger Teilnehmer am Zweiten Weltkrieg und in Kriegsgefangenschaft. Ab 1948 Professor für Slawistik in Potsdam und ab 1950 an der Humboldt-Universität Berlin. Von 1951 bis 1969 Direktor des Instituts für Slawistik der AdW zu Berlin, wo er seit 1953 Mitglied war. 1960 mit den „Vaterländischen Verdienstorden" in Silber und 1961 im Kollektiv mit dem „Nationalpreis" I. Klasse ausgezeichnet. Die Universität Warschau verlieh ihm 1973 den Ehrendoktortitel. Ein Inoffizieller Mitarbeiter eines Bulgarischen Sicherheitsorganes teilte dem MfS 1962 mit, dass es dort Zweifel gäbe an der „sozialistischen Ideologie" von Bielfeldt.

Quellen: Wikipedia, Cerný, Barth u. a., BArch, BBAW, Baumgartner/Hebig, BStU, MfS, Allg. P 16624/65, Bl. 3f., BStU, MfS, HA IX/11 AS Nr. 133/69, Bd. 11, Bl. 25, BStU, MfS, HA IX/11 AK Nr. 3069/86, Bl. 4f.

Bienert, Walter, Prof. Dr. phil. et Lic. theol.
* 26.08.1909 in Köln, † 22.03.1994 in Köln
Seit 1930 Mitglied der NSDAP. Die Mitgliedschaft wurde gestrichen wegen Nicht-Zahlung der Parteibeiträge. Ab 1937 wieder Mitglied der NSDAP. Seit 1931 Mitglied im „Stahlhelm, Bund der Frontsoldaten". Im Oktober 1933 Mitglied der SA, im Dienstgrad eines SA-Rottenführers. Nach 1930 Hilfskraft bei Ernst Barnikol an der Universität Halle. 1937 fiel er NS-Dozentenbundführer Wagner im Kampf gegen die „Bekennende Kirche" positiv auf. 1939 Angehöriger der Hilfspolizei, jedoch wegen gesundheitlicher Probleme bald wieder entlassen. Danach Pfarrer in Diemitz und Inspektor des Tholuck-Konviktes in Halle (Saale). Als Teilnehmer am Zweiten Weltkrieg diente er in einem Nachrichten-Ersatzbataillon, später als Kanonier. Ab 1942 Fahnenjunker und für Einsätze im Kaukasus und am Ladogasee mit der „Ostmedaille" ausgezeichnet. 1944 zum Leutnant befördert. 1945 von der Universität Halle entlassen. Im August 1946 Mitglied der CDUD und es folgte die Anerkennung seiner „antifaschistischen Haltung". Ab 1947 Pfarrer in Halle. 1950 siedelte er in die BRD über, wurde 1953 Dozent am Berufspädagogischen Institut Köln und 1955 Studienleiter der Melanchthon-Akademie Köln. Mitarbeiter des Sozialethischen Ausschusses der Evangelischen Kirche des Rheinlandes und (Evangelischer) Leiter der gemeinsamen Sozialarbeit der Konfessionen im Braunkohlenbergbau. Ab 1963 zugleich Dozent an der Höheren Fachschule für Sozialarbeit Rodenkirchen bei Köln.
Quellen: Professorenkatalog Universität Halle, Wikipedia.

Biermann, Kurt Reinhard, Prof. Dr.
* 05.12.1919 in Bernburg/Saale, † 24.05.2002 in Berlin
Mitglied im RAD. Von 1939 bis 1944 als Offizier Teilnehmer am Zweiten Weltkrieg. Bis 1949 in sowjetischer Kriegsgefangenschaft. Im Januar 1944 mit dem KVK II. Klasse und im Januar 1945 mit dem EK II. Klasse ausgezeichnet. Schüler einer Antifa-Schule. Seit 1949 Mitglied im FDGB.

Mitglied der GDSF. Arbeit beim ZV der Gewerkschaft Land und Forst. Ab 1952 zunächst als Hilfskraft, dann als Assistent und Doktorand an der AdW zu Berlin beschäftigt. Im August 1956 wurde ein Vorschlag erarbeitet, um ihn als Geheimen Informanten zu gewinnen, dessen Tarnnamen „Mack“ lauten sollte. Biermann lehnte eine solche Zusammenarbeit mit dem MfS aus Zeitgründen ab. Seit 1956 Mitarbeiter an der „Alexander-von-Humboldt-Kommission“ der AdW zu Berlin. Ab 1972 Mitglied der Leopoldina zu Halle. Ehrenmitglied der „Gauß-Gesellschaft“ in Göttingen. Von 1972 bis 1984 Professor für die Geschichte der Wissenschaften an der AdW zu Berlin. 1956 führte die HA VI/4 des MfS Ermittlungen gegen ihn durch.
Quellen: Wikipedia, BStU, MfS, AP Nr. 380/61, Bl. 3-6, 19-24, Bl. 31, BStU, MfS, HA IX/11 AK 3634/88, Bl. 3f., BStU, MfS, AP Nr. 15777/64, Bl. 8ff., BStU, MfS, HA II Nr. 34401, Bl. 43-50.

Biermann, Wolfgang, Prof. Dr. Dr.
* 29.11.1927 in Leipzig, † 18.07.2001 in Völklingen
Ab 1944 Mitglied der NSDAP. Von 1946 bis 1947 Mitglied der LDPD. Generaldirektor im VEB Werkzeugmaschinenkombinat „7. Oktober“ in Berlin. Von 1972 bis 1989 Mitglied der SED und von 1976 bis 1989 Mitglied im ZK der SED. Er hielt an der Universität Jena Vorlesungen. Von 1975 bis 1989 Generaldirektor des VEB Carl Zeiss Jena. Ab 1988 Leiter der Projektgruppe für territoriale Rationalisierung in Jena. 1966 als „Held der Arbeit“, 1977 mit dem „Vaterländischen Verdienstorden“ in Gold, 1987 mit dem „Karl-Marx-Orden“ und 1988 mit dem „Nationalpreis“ I. Klasse ausgezeichnet. 1980 verlieh ihm City University London den „Ehrendoktor“. 1989 war gegen ihn ein Gerichtsverfahren wegen „Untreue zum Nachteil sozialistischen Eigentums“ anhängig. Vor der Vollstreckung eines Haftbefehls floh Biermann nach Saarbrücken in die BRD. Mitarbeiter der Fluggesellschaft Germania Air in Köln. In der DDR wurde kein Material über die Zeit bis 1945 aufgefunden.
Quellen: Wikipedia, https://www.technikgeschichte-jena.de/wp-content/uploads/2017/03/Handzettel-Biermann-von-Dietmar-Remy.pdf, BStU, MfS, HA IX/11 AS 236/68, Bd. 1, Bl. 3.

Bilkenroth, Georg, Prof. Dr.-Ing.
* 24.02.1898 in Osendorf bei Halle (Saale), † 20.04.1982
Von 1915 bis 1918 Teilnehmer am 1. Weltkrieg. Leutnant d. R. Als Ingenieur und Werksleiter ab 1923 in verschiedenen Funktionen. Von Mai 1933 bis 1945 Mitglied des „Stahlhelm, Bund der Frontsoldaten“ bzw. SA. Von 1937 bis 1945 Mitglied der NSDAP. Von 1939 bis 1940 Teilnehmer am Zweiten Weltkrieg. Hauptmann d. R. Ab 1940 Direktor bei den Braunkohlewerken Salzdetfurth AG in Berlin. Von 1945 bis 1947 in Kriegsgefangenschaft. Nach 1945 Mitglied der HA Kohle der Deutschen Wirtschaftskommission Berlin. Beim VEB Kombinat „Schwarze Pumpe“ in leitender Funktion. Ab 1955 Leiter der Sektion Bergbau der AdW zu Berlin. 1957 stellvertretender Vorsitzender des Forschungsrates beim Ministerrat. 1959 legte das Staatsekretariat für Staatssicherheit gegen Bilkenroth u. a. einen Überprüfungs-Vorgang wegen „Auflehnung“ an. 1959 als „Verdienter Bergmann“, 1951 mit dem „Nationalpreis“ I. Klasse und 1978 als „Hervorragender Wissenschaftler des Volkes“ ausgezeichnet.
Quellen: UFJ, Cerný, Barth, u. a., Wikipedia, BStU, MfS, 627/61, Bl. 9f., BStU, MfS, Allg. P 10811/66, Bl. 5f., BStU, MfS, HA XX Nr. 5754, Bl. 1.

Birthler, Richard, Prof. Dr. tech.
* 07.02.1914 in Neuhänsel (Slowakei), † 15.06.1991 in Schwedt
Seit dem 1. April 1939 Mitglied der NSDAP. Mitglied der SS und dort SS-Oberscharführer. Von 1939 bis 1945 Mitglied der DAF. In der Chemischen Industrie in Hruschau (Mährisch Ostrau). Nach 1945 Betriebsleiter des Braunkohle-Benzinwerkes in Magdeburg. Ab 1961 Technischer Direktor des VEB Kombinats „Otto Grotewohl“ in Böhlen. Ab 1964 Direktor im VEB Erdölverarbeitungswerk in Schwedt/O. 1956 mit dem „Vaterländischen Verdienstorden“ in Bronze, 1964 mit dem „Nationalpreis“ und als „Held der Arbeit“ ausgezeichnet.
Quellen: UFJ, www.personen-wiki.slub-dresden.de, BStU, MfS, HA XX Nr. 5749, Bl. 85, B. 89.

Bischoff, Karl-Ernst, Prof. Dr.
* 19.05.1905 in Aken, † 25.11.1983 in Mainz
Nach 1932 Studienassessor in Halberstadt, Elbingerode Salzwedel und in Magdeburg. 1939 dort Studienrat. Ab 1935 arbeitete er für den Regierungsbezirk Magdeburg und Anhalt an einem „Mundartwörterbuch". Von 1933 bis 1937 Mitglied der SA. Ab Mai 1937 Mitglied der NSDAP. Mitglied im NSLB. Mitglied der NSV. Mitglied im VDA. Als Lehrer in Halberstadt und in Magdeburg. Von 1943 bis 1959 an der Universität Halle erst als Dozent und dann ab 1948 als Professor. Von 1945 bis 1952 Mitglied der CDUD. Im September 1945 vom Antifa-Ausschuss der Stadt Magdeburg überprüft und es wurden „keinerlei Bedenken" erhoben gegen seinen Verbleib im Schuldienst. Als Professor der Universität Halle jedoch entlassen. Ab Mai 1948 wieder Dozent und noch im selben Jahr Professor der Universität Halle. Ab 1955 Mitglied der SAW zu Leipzig. Ab 1957 Mitglied der AdW Göttingen. Ab 1965 Mitglied der Akademie der Wissenschaften und der Literatur in Mainz. 1972 Mitglied der Academie voor Taal- und Letterkunde in Gent (Belgien). Ende 1958 beging Bischoff „Republikflucht". In seinem Abschiedsbrief gab er an, er sei wegen der Auseinandersetzungen um den „Spirituskreis" in die BRD gewechselt. Von 1959 bis 1970 Professor für Deutsche Philologie und Volkskunde in Mainz.
Quellen: Wikipedia, Universität Halle, Biographisch-Bibliographisches Kirchenlexikon, Klee II, Magdeburger Biographisches Lexikon, BStU, MfS, Allg. S. 1956/67, Bl. 5ff., Bl. 57, Bl. 120.

Bittorf, Eduard August Alexander, Prof. Dr. med.
* 29.04.1876 in Leipzig, † 20.02.1949 in Leipzig
Von 1907 bis 1911 Privatdozent für Innere Medizin an der Universität Breslau. Von 1911 bis 1921 Professor für Innere Medizin und von 1921 bis 1945 Professor für Spezielle Pathologie an der Universität Breslau. Von 1925 bis 1933 Mitglied der DNVP. Von 1943 bis 1945 Mitglied der NSV. Von 1945 bis 1949 an der Universität Leipzig als Professor für Spezielle Pathologie und Therapie.
Quellen: Professorenkatalog Universität Leipzig

Blaschka, Anton, Prof. Dr.
* 07.10.1892 in Ober Prausnitz, † 30.07.1970 in Halle (Saale)
Von 1914 bis 1918 Teilnehmer am 1. Weltkrieg. Von 1919 bis 1922 Mitglied der Deutschen Christlichsozialen Volkspartei in der CSR. Ab 1921 im tschechoslowakischen Archivdienst tätig. Ab 1923 Beamter des Staatsarchivs des Innenministeriums der CSR. Seit 1929 Lehrbeauftragter und von 1933 bis 1935 Lektor für lateinische Sprache des Mittelalters an der Deutschen Universität in Prag. Ab 1938 Ministerialoberkommissar des Archiv- und Bibliotheksdienstes. Ab 1939 Leiter des Archivs der Deutschen Universität Prag. Ab April 1939 Mitglied der NSDAP. Ab 1940 Sektionsrat. Von 1941 bis 1945 Professor für lateinische Philologie des Mittelalters an der Deutschen Universität Prag. Von 1942 bis 1945 nomineller Leiter des Böhmischen Landesarchivs, effektiv war er als Soldat in der Heeresbücherei in Prag tätig. Ab 1944 Mitglied der DAW in Prag. 1945 wurde er interniert. Von 1945 bis 1952 Lehrbeauftragter, von 1952 bis 1955 Dozent und von 1955 bis 1959 Professor für historische Hilfswissenschaften. Ab 1958 Leiter der Abteilung Mittelalter am Institut für Allgemeine Geschichte an der Universität Halle (Saale). Seit 1965 Mitglied der SAW.
Quellen: Wikipedia, SAW, NDB.

Blohm, Georg Friederich, Prof. Dr.
* 25.10.1896 in Thürkow (Mecklenburg), † 09.95.1982 in Kiel
Kriegsfreiwilliger Teilnehmer am Ersten Weltkrieg. Als Leutnant schwer verwundet. Mit dem „Mecklenburgischen Verdienstkreuz“ I. und II. Klasse ausgezeichnet. Nach der Genesung im Fronteinsatz. Ab 1917 in Kriegsgefangenschaft. Von 1923 bis 1926 Bibliotheksassistent der Landwirtschaftlichen Institute. Von 1927 bis 1930 Oberassistent am Institut für Acker- und Pflanzenbau der Universität Halle. 1930 Leiter der betriebswirtschaftlichen Abteilung der Landwirtschaftskammer, später der Landesbauernschaft Pommern in Stettin, er blieb aber Angehöriger des Lehrkörpers der Universität Halle. 1931 Prokurist der Landberatung Pommern GmbH und 1933 dort Geschäftsführer. Von 1934 bis 1936 förderndes Mitglied der SS. Seit 1933 Mitglied der NSKOV. Von 1943 Mitglied im NSDDB. Ab 1936 Professor für Landwirtschaftliche Betriebslehre und Agrarpolitik der TH Danzig-Langfuhr berufen. Ab 1941 Professor für

Landwirtschaftliche Betriebs- und Arbeitslehre der Universität Posen. Nebenamtlich beriet er dort Fachverbände und Parteistellen zur künftigen Arbeitsverfassung eines Bauernhofes im Osten. Mitarbeiter des Planungsamtes beim Reichskommissar für die Festigung des deutschen Volkstums. Leiter einer Gruppe des Landwirtschaftlichen Stabes beim Oberverwaltungschef für die besetzten Gebiete Polens. Mitglied der CDUD. Im Juni 1945 erhielt er einen Ruf als Professor an die Universität Greifswald. 1949, als Nachfolger von Emil Woermann, Professor an der Universität Halle. Von 1951 bis 1965 Direktor des Institutes für landwirtschaftliche Betriebslehre an der Universität Kiel. Als Mitglied des Forschungsrates für die Wiedervereinigung Deutschlands beriet Blohm die Bundesregierung in der Frage, wie die Kollektivierung in der DDR rückgängig gemacht werden könnte. 1960 erhielt er von der TU München den Ehrendoktortitel. 1969 mit dem „Großen Bundesverdienstkreuz" und 1970 mit dem „Justus-Liebig-Preis" der Agrarwissenschaftlichen Fakultät der Universität Kiel ausgezeichnet.
Quellen: Professorenkatalog Universität Halle, Wikipedia, BStU, MfS, HA IX/11 PA 273 Nr. 2735, Bl. 12f., Bl. 19f., BStU, MfS, AOP 46/59 6, Bl. 45.

Bobeth, Wolfgang, Prof. Dr.-Ing.
* 15.02.1918 in Löbau (Sachsen), † 02.04.1996 in Dresden
Von 1934 bis 1936 Mitglied der HJ. Von 1938 bis 1940 Mitglied im NSDStB. Seit 1941 Mitglied der NSDAP. Seit 1942 Mitglied der NSV. Mitglied im NSAHB. Seit 1943 Mitglied im NSDDB. Mitglied im VDI. Von 1941 bis 1945 Assistent bzw. wissenschaftlicher Mitarbeiter für Faserstoffkunde an der TH in Dresden. Beteiligt an einer geheimen Forschungsarbeit des Reichsamtes für Wirtschaftsausbau. Von 1945 bis 1950 in Industriebetrieben in Löbau und Bautzen. Mitglied der SED. Von 1950 bis 1955 wissenschaftlicher Mitarbeiter und Abteilungsleiter am Institut für Technologie der Fasern der AdW in Pirna und Dresden. Ab 1955 wissenschaftlicher Mitarbeiter im Ministerium für Leichtindustrie. Von 1957 bis 1988 Professor für Textiltechnik an der Fakultät für Technologie bzw. Sektion für Verarbeitungs- und Verfahrenstechnik der TH bzw. der TU Dresden. Von 1959 bis 1981 zugleich Direktor des Instituts für Tech-

nologie der Fasern der AdW zu Berlin. 1960 Dekan der Fakultät für Technologie. Von 1962 bis 1984 Mitglied des Forschungsrates beim Ministerrat. Mitglied der AdW zu Berlin. 1961 als „Verdienter Techniker des Volkes“, 1964 mit dem „Nationalpreis“ III. Klasse für Wissenschaft und Technik und 1974 und 1988 mit dem „Vaterländischen Verdienstorden ausgezeichnet. Seit 1967 Mitglied der AdW zu Berlin.
Quellen: Baumgartner/Hebig, Buch, www.hu-berlin.de/leibniz-sozietät/nekrologe, Wikipedia, BStU, MfS, HA XVIII Nr. 31078, Bl. 205f., BStU, MfS, HA IX/11 AK 3557/86, Bl. 2, Bl. 6f.

Bock, Siegfried Hermann Arno, Dr. jur.
* 26.09.1926 in Meerane, † 01.01.2019 in Berlin
Seit April 1944 Mitglied der NSDAP. Von 1941 bis 1945 Hauptscharführer bei der Hitler-Jugend und von 1942 bis 1945 Jugendwalter in der DAF. Textilkaufmann. Von 1944 bis 1945 Teilnehmer am 2. Weltkrieg. Von 1938 bis 1941 Mitglied im „Deutschen Jungvolk“. Von 1942 bis 1944 Mitglied der DAF. Nach seinen Angaben „ehrenhalber Sturmführer des NSKK“. Mitglied der KPD. Mitglied der FDJ. Ab 1946 Mitglied im FDGB. Ab 1949 Mitglied der GDSF. Von 1951 bis 1961 Mitarbeiter im Ministerium für Auswärtige Angelegenheiten (MfAA). Leiter der Abteilung Rechts- und Vertragswesen. 1959 juristischer Berater der Delegation bei der Außenministerkonferenz in Genf. Von 1962 bis 1966 Botschaftsrat in Rumänien. Von 1966 bis 1977 Leiter der Abteilung Grundsatzfragen im MfAA. Von 1972 bis 1975 bei der Konferenz für Sicherheit und Zusammenarbeit (KSZE) in Helsinki und Genf. Von 1977 bis 1984 Botschafter in Rumänien. Von 1984 bis 1990 Leiter der Abteilung Süd-Osteuropa im MfAA. Von 1988 bis September 1990 Botschafter in Jugoslawien. Mit dem „Vaterländischen Verdienstorden“ in Bronze 1971, in Silber 1976 und in Gold 1986 ausgezeichnet. Seine Mitgliedschaft in der NSDAP gab er nicht an.
Quellen: UFJ, Wikipedia, Buch, Baumgartner, BStU, MfS, HA XX Nr. 5749, Bl. 99f., BStU, MfS, HA XX Nr. 5755, Bl. 85, Bl. 108, BStU, MfS, HA XX Nr. 5754, Bl. 2, BStU, MfS, 2936/58, Bl. 11f., Bl. 20f., Bl. 28f., Bl. 55f., BStU, MfS, HA IX/11 AS 236/68, Bd. 1, Bl. 3a.

Bockelmann, Rudolf, Prof.
* 02.04.1892 in Bodenteich, Lüneburger Heide, † 09.10.1958 in Dresden
Teilnehmer am Ersten Weltkrieg. Von 1921 bis 1926 Mitglied der Oper in Leipzig und er sang anschließend an der Oper in Hamburg. Von 1932 bis 1944 an der Staatsoper Berlin engagiert. Von 1928 bis 1942 als Bariton bei den Wagner-Festspielen. Ab 1937 Mitglied der NSDAP. Mitglied im Präsidialbeirat der „Kameradschaft der Künstler" und Obmann für die Fachschaft Bühne der RTK. 1944 in die „Liste der Gottesbegnadeten" aufgenommen, was ihn vor einem Kriegseinsatz bewahrte. 1944 als Lehrer für Gesang an der der Reichshochschule für Musik in Salzburg berufen. Von 1946 bis 1954 Gesangslehrer in Hamburg. Ab 1955 Professor an der Musikhochschule Dresden.
Quellen: Klee II, Wikipedia.

Boehm, Theodor Andreas, Prof. Dr. phil.
* 08.11.1892 in Antonienhütte, † 29.01.1969
Von 1914 bis 1918 Teilnehmer am Ersten Weltkrieg. Von 1924 bis 1942 Assistent am Pharmazeutischen Institut der Universität Berlin. Von 1933 bis 1942 Scharführer im NSKK. Seit 1937 Mitglied der NSDAP. Mitglied im NSDDB. Von 1931 bis 1942 als Privatdozent bzw. als Professor für Pharmazeutische Chemie an der Universität Berlin. Von 1942 bis 1945 und von 1950 bis 1959 Professor für Pharmazeutische Chemie an der Mathematisch-Naturwissenschaftlichen Fakultät der Universität Leipzig.
Quellen: Professorenkatalog Universität Leipzig.

Bögelsack, Ulrich, Prof. Dr. jur.
* 27.12.1915 in Berlin, † 19.11.1961
Von 1933 bis 1945 Mitglied und Blockleiter der NSDAP. Regierungsrat. Von 1934 bis 1945 Mitglied der NSV. Von 1937 bis 1945 Mitglied im NSRB. Mitglied der SED. Von 1948 bis 1961 Professor an der Wirtschaftswissenschaftlichen Fakultät der Humboldt-Universität Berlin, wo er Leiter des Seminars für Staats- und Rechtswissenschaften war. Justitiar im Finanzministerium. Vorsitzender der Betriebsgruppe der GDSF.

Quellen: UFJ, Wikipedia, BStU, MfS, HA XX Nr. 5749, Bl. 5, Bl. 101ff, BStU, MfS, HA XX Nr. 5754, Bl. 214, Bl. 219, http://hicks.wiwi.hu-berlin.de/history/start.php?type=person&id=95957.

Boenigk, Willi, Prof. Dr.
* 09.04.1915 in Altenlohne, †?
Seit dem 1. Mai 1937 Mitglied der NSDAP. Mitglied der SED. Stellvertretender Direktor des Instituts für Tierzuchtforschung der DAL in Dummerstorf. Stellvertretender Minister für Land- und Forstwirtschaft. Mit dem „Vaterländischen Verdienstorden" in Bronze ausgezeichnet. Im Januar 1966 wurde seine Nazi-Vergangenheit bekannt und deshalb als Direktor des Instituts abgelöst.
Quellen: UFJ, BStU, MfS, HA XX Nr. 5749, B. 109ff.

Bogs, Ulrich, Prof. Dr. phil.
* 10.12.1908, † 13.03.1984 in Halle (Saale)
Seit April 1932 Mitglied der NSDAP. Ab 1941 Apotheker in Halle. Nach 1945 Professor für Pharmazie und Prodekan der Mathematisch-Naturwissenschaftlichen Fakultät der Universität Halle. Mitglied der CDUD. Mit der „Hufeland-Medaille" ausgezeichnet.
Quellen: UFJ, BStU, MfS, HA XX Nr. 5754, Bl. 152, Buchholz, S. 352.

Bommer, Sigwald, Prof. Dr. med.
* 23.06.1893 in Dresden, † 11.08.1963 in Greifswald
Von 1925 bis 1931 an der Universitäts-Hautklinik und an der Lupusheilstätte in Gießen. Ab 1931 Arzt an der Charité Berlin. Von 1933 bis 1945 Mitglied der SA und SA-Sanitätssturmführer. Von 1937 bis 1945 Mitglied der NSDAP. Mitglied im NSDDB. Mitglied im NSÄB. Mitglied der NSV. Ab 1939 Professor an der Universität Berlin. KVK II. Klasse. Ab 1944 Mitglied im Wissenschaftlichen Beirat des Generalkommissars für das Sanitäts- und Gesundheitswesen (Karl Brandt). Von 1950 bis 1962 Professor für Dermatologie an der Universität Greifswald. Dekan der Medizinischen Fakultät und Direktor der Universitäts-Hautklinik. Mitglied der AdW zu Berlin. Ab 1959 Direktor für Klinische Physiologie des Instituts für Ernährung in Potsdam.

Quellen: Ernst, S. 218, Ft. 64, Klee I, Stockhorst, BStU, MfS, HA XX Nr. 5749, Bl. 119f.

Bongartz, Heinz, Prof.
* 31.07.1894 in Krefeld, † 02.05.1978 in Dresden
Ab 1919 Chordirigent. Ab 1923 Operndirektor des Stadttheaters in Mönchengladbach. Ab 1926 beim Berliner Sinfonieorchester, anschließend Leiter der Landeskapelle in Meiningen. Danach bis 1933 musikalischer Oberleiter in Gotha. Von 1933 bis 1937 Staatskapellmeister in Kassel. Von 1939 bis 1944 Generalmusikdirektor am Gau-Theater Westmark in Saarbrücken. Seit 1941 Mitglied der NSDAP. Ab 1945 Chefdirigent des Pfalzorchesters in Ludwigshafen. Von 1947 bis 1963 Chefdirigent der Philharmonie in Dresden. 1946 und 1947 zugleich Professor für Dirigieren an der Musikhochschule in Leipzig. Von 1950 bis 1952 für die SED Abgeordneter im Sächsischen Landtag. 1950 mit dem „Nationalpreis“, 1954 und 1969 mit dem „Vaterländischen Verdienstorden“ in Silber und Gold ausgezeichnet. Mitglied der AdK.
Quellen: Klee II, Wikipedia, Baumgartner/Hebig.

Boor, Hans Otto de, Prof. Dr. jur.
* 09.09.1886 in Schleswig, † 10.02.1956 in Göttingen
Von 1910 bis 1915 Referendar und von 1915 bis 1916 Assessor. 1916 Privatdozent an der Universität Greifswald. 1917 Privatdozent an der Universität Göttingen. 1917 auch an der Universität Greifswald. Von 1917 bis 1921 Privatdozent an der Universität Göttingen. Von 1921 bis 1934 Professor an der Universität Frankfurt/M. Von 1927 bis 1928 Mitglied der DVP. Mitglied im NSDDB. Ab 1933 Mitglied der NSV. Ab 1933 Mitglied im NSRB. Ab 1937 Mitglied im NSAHB. Mitarbeiter an der Nazi-Akademie für deutsches Recht in München. Von 1934 bis 1935 an der Universität Marburg und von 1935 bis 1949 an der Juristenfakultät der Universität Leipzig. Von 1944 bis 1946 Dekan der Juristischen Fakultät der Universität Leipzig. Seit 1949 Mitglied der AdW zu Berlin. Von 1950 bis 1954 an der Universität Göttingen.
Quellen: Professorenkatalog Universität Leipzig, Wikipedia, BBAW.

Born, Hans-Joachim, Prof. Dr.
* 08.05.1909 in Berlin, † 15.04.1987 in München
Von 1934 bis 1945 Assistent bei Otto Hahn am Kaiser-Wilhelm-Institut für Chemie in Berlin-Dahlem und für Hirnforschung in Berlin-Buch. Auch war er in der Abteilung Genetik im Kaiser-Wilhelm-Institut für Hirnforschung tätig. Wegen „kriegswichtiger Aufgaben" war er als u. k. eingestuft. Ab Ende 1933 bis 1938 Mitglied der SA. Ab 1937 Mitglied der NSDAP und anderer Nazi-Organisationen. Ab Oktober 1945 in der Sowjetunion in Kriegsgefangenschaft. Von 1946 bis 1955 Leiter eines radiochemischen Instituts und beteiligt an Forschungen im Rahmen des sowjetischen Atombombenprojekts. Danach von 1955 bis 1957 Mitarbeiter an der AdW zu Berlin und Direktor des Bereichs der Angewandten Isotopenforschung am Institut für Medizin und Biologie in Berlin-Buch. Leiter der Arbeitsgruppe Radiochemie des ZI für Kernphysik in Rossendorf bei Dresden. Professor an der Fakultät für Kerntechnik der TH Dresden. Seit 1957 Mitglied im Wissenschaftlichen Rat für die friedliche Anwendung der Atomenergie. Ab 1957 Professor und Direktor des Instituts für Radiochemie an der TH München. Im Dezember 1956 erwog die Abteilung VI/2 des MfS ihn „zu gegebener Zeit als GI" anzuwerben, da er „über interessante Verbindungen zu westdeutschen Wissenschaftlern" verfügte.
Quellen: Wikipedia, BStU, MfS, HA XVIII Nr. 15960, Bl. 39f.

Bornkamm, Heinrich, Prof. Dr. theol. Dr. h. c. mult.
* 16.06.1901 in Wuitz, † 21.01.1977 in Heidelberg
Von 1925 bis 1927 Privatdozent an der Universität Tübingen. Von 1927 bis 1935 als Professor für Kirchengeschichte an der Universität Gießen. Von 1933 bis 1934, durch Anweisung des Reichsstatthalters, Rektor der Universität Gießen. Mitglied der völkischen und antisemitischen „Deutschen Christen". Obmann der Hochschullehrerfachschaft des NSLB. 1934 Mitglied der SA. Mitglied der NSV. Seit 1938 Mitglied im NSDDB. Von 1935/36 bis 1963 Präsident des Evangelischen Bundes. Von 1935 bis 1945 lehrte er Kirchengeschichte an der Universität Leipzig. Von 1935 bis 1937 und von 1942 bis 1945 Dekan der Theologischen Fakultät der Universität Leipzig. Von 1945 bis 1947 kommissarischer Direktor des Kirchengeschichtlichen Seminars. Von 1948 bis 1976 Vorsitzender des Vereins für

Reformationsgeschichte. Von 1948 bis 1969 lehrte er Kirchengeschichte an der Universität Heidelberg. Ab 1950 Mitglied der AdW Heidelberg und von 1958 bis 1960 dort Präsident. Mit dem „Großen Verdienstkreuz“ der BRD ausgezeichnet. Der Evangelische Bund, Landesverband Baden e.V. vergibt einen „Heinrich-Bornkamm-Preis“ für wissenschaftliche Arbeiten aus dem theologischen Studium. Theologischen Fakultäten in Berlin, Debrecen (Ungarn), Uppsala (Schweden) und Montpellier (Frankreich) haben ihm jeweils einen Ehrendoktortitel verliehen.
Quellen: Klee I, Professorenkatalog Universität Leipzig, Wikipedia

Borriss, Heinrich, Prof. Dr. phil.
* 10.09.1909 in Vandsburg, Kreis Flatow (Westpreußen), † 04.09.1985 in Greifswald
Bis 1945 als Botaniker an den Universitäten Greifswald, Bonn und Posen. Seit 1937 Mitglied der NSDAP. Seit 1934 Mitglied der SA. Von 1938 bis 1945 Mitglied im NSDDB. Teilnehmer am Zweiten Weltkrieg. Bis 1948 in sowjetischer Kriegsgefangenschaft. Mitglied im NKFD. 1949 Mitglied der SED. Von 1949 bis 1973 Rektor und Professor mit Lehrstuhl für Botanik an der Universität Greifswald. Von 1957 bis 1959 Rektor der Universität Greifswald. Von 1954 bis 1957 Vorsitzender des Wissenschaftlichen Beirats für Biologie beim Staatssekretariat für das Hoch- und Fachschulwesen. Ab 1967 Mitglied der Leopoldina zu Halle. Mitglied des ZV der GDSF. Als „Verdienter Hochschullehrer der DDR“, mit der „Alexander-von-Humboldt-Medaille“ und mit dem „Vaterländischen Verdienstorden“ in Silber ausgezeichnet.
Quellen: UFJ, Herbst, Wikipedia, Baumgartner/Hebig, BStU, MfS, HA XX Nr. 5754, Bl. 220.

Braecklein, Ingo, Dr. h. c.
* 29.08.1906 in Eisenach, † 05.08.2001 in Triptis
Ab 1931 evangelischer Vikar in Jena, anschließend Pfarrer in Esperstedt und in Allendorf. Seit 1933 Mitglied der NSDAP und der SA. Freiwilliger Teilnehmer am Zweiten Weltkrieg. Danach in britischer Kriegsgefangenschaft. Von 1945 bis 1949 evangelischer Pfarrer in Weissenfels. Von 1950 bis 1959 Superintendent in Weimar. Von 1959 bis 1970 Oberkirchenrat

der Evangelisch-Lutherischen Kirche in Thüringen. Von 1968 bis 1970 Präsident der Generalsynode der Vereinigten Evangelisch-Lutherischen Kirche und 1969 Präses der Synode des Bundes Evangelischer Kirchen. Von 1970 bis 1978 Landesbischof von Thüringen und von 1973 bis 1977 stellvertretender Vorsitzender des Bundes der Evangelischen Kirchen in der DDR. Vor seiner Wahl zum Bischof 1970 protestierten Mitglieder der „Jungen Gemeinde“ in Eisenach durch einen Sprechchor: „Wir wollen keinen Nazi-Offizier zum Bischof“. Diese Forderung wiederholten sie sechs Mal. Von Mai 1959 bis Februar 1987 Inoffizieller Mitarbeiter (IMV bzw. IMB) „Ingo“ für das MfS. 1971 mit dem „Vaterländischen Verdienstorden in Gold ausgezeichnet. 1970 erhielt er den Ehrendoktortitel der Universität Jena. 1991 von der Landeskirche Thüringen mit der Aufarbeitung von Kontakten kirchlicher Mitarbeiter mit dem MfS betraut. 1996 wurden Dokumente aufgefunden, die seine Verbindung zum MfS offenlegten.
Quellen: BStU, MfS, AP, 4.448/92, Bl. 6, Bl. 61f., BStU, MfS, 24028/91, Teil I, Bl. 12, Bl. 25f., Bl. 104f., BStU, MfS, AIM 24028/91, Teil I, Bl. 10, Bl. 12, Bl. 93, Bl. 102f., BStU, MfS, AIM 24028/91, Teil II, Bl. 120f., Wikipedia, Herbst, Spiegel 35/1996, Baumgartner/Hebig, „Die Welt“, 18.03.2015.

Brand, Walter, Dr. med.
* 05.01.1900, †?
Von 1929 bis 1944 Facharzt für Psychiatrie und Neurologie in der Anstalt Hildburghausen. Mitglied der NSDAP und der SA. Ab August 1944 benutzt er das Blut von Hingerichteten zu Bluttransfusionen. Von 1950 bis 1967 Ärztlicher Direktor des Fachkrankenhauses für Psychiatrie und Neurologie in Teupitz. 1952 und 1961 entlastete er als Zeuge in einem Ermittlungsverfahren seinen früheren Chef Johannes Schottky. Er gibt an, 1944 selbst einen Krankentransport geleitet zu haben, ohne zu wissen was mit den Kranken geschehen sollte.
Quellen: Rose, S. 203, Ernst Klee: Irrsinn Ost ..., S. 103

Brandt, Artur Paul Oskar, Prof. Dr. med.
* 04.07.1905 in Mühlhausen, † 08.03.1989 in Dresden
Arzt in Altona und Dresden. Seit 1930 Referent für Gewerbehygiene in Hamburg. 1934 im Gewerbeaufsichtsamt in Leipzig und 1935 in Dresden. Von 1933 bis 1945 Mitglied der NSDAP. Mitglied im NSÄB. Ab 1946 Mitglied im FDGB. Von 1945 bis 1954 praktischer Arzt und Arzt der Volkspolizei in Mühlhausen. 1954 Direktor des Instituts für Arbeitshygiene an der Akademie für Sozialhygiene, Arbeitshygiene und Ärztliche Fortbildung in Berlin-Lichtenberg. 1957 Mitglied der Internationalen Kommission für Arbeitsmedizin. 1958 erhielt er einen Lehrauftrag an der Medizinischen Akademie Dresden und baute das Institut für Arbeitshygiene auf. 1959 Direktor für Arbeitshygiene an der Universität Halle. Ab 1963 Professor für Arbeitshygiene an der Universität Leipzig und zeitweise Dozent an der TU Dresden. Mitglied im Wissenschaftlichen Beirat beim Staatssekretariat für das Hoch- und Fachschulwesen. 1958 als „Verdienter Arzt des Volkes“ ausgezeichnet.
Quellen: Professorenkatalog Universität Leipzig, Raehlmann, S. 131f.

Brandt, Heinrich, Prof. Dr. phil.
* 08.11.1886 in Feudingen (Westfalen), † 09.10.1954 in Halle (Saale)
1913 Assistent an der TH Karlsruhe. Ab 1913 Militärdienst, dann Teilnehmer am Ersten Weltkrieg. Im Oktober 1914 verwundet und 1916, beinamputiert entlassen. Mit dem „Eisernen Kreuz“ II. Klasse ausgezeichnet. 1921 Professor für darstellende Geometrie und angewandte Mathematik an der TH Aachen. 1930 erhielt er einen Ruf auf den Lehrstuhl für Mathematik an der Universität Halle. Förderndes Mitglied der SS. Mitglied der NSKOV. Mitglied der NSV. 1950 emeritiert, lehrte er bis zu seinem Tod weiter. Nach 1945 zum Dekan gewählt. Seit 1949 Mitglied der SAW zu Leipzig.
Quellen: Professorenkatalog Universität Halle, Wikipedia

Brandweiner, Heinrich, Prof. Dr. jur.
* 20.03.1910 in Wien, † 22.04.1997
Seit Mai 1938 Mitglied der NSDAP. 1934 Mitglied der Vaterländischen Front. Vor 1945 als Jurist für Kirchen- und Völkerrecht in verschiedenen

Funktionen in Wien und in Groß-Glienicke bei Potsdam. Seit 1948 Professor für Kirchen- und Völkerrecht an der Universität Graz, wo er wegen seiner KPÖ-nahen Einstellung suspendiert wurde. Ab 1954 Gastprofessor an der Humboldt-Universität Berlin und an der DASR in Potsdam-Babelsberg. Ab 1956 an der Universität Leipzig. Mitglied der AdW zu Berlin. Von der Sowjet-Union mit dem internationalen „Lenin-Friedenspreis" ausgezeichnet.
Quellen: UFJ, Wikipedia, BStU, MfS, HA XX, Bl. 130.

Brauer, Rudolf, Dr. med. dent.
* 04.12.1907 in Briesen (Westpreußen), † 24.05.2006 in Bielefeld
Ab 1933 Mitglied der NSDAP und der SA. Von 1934 bis 1936 Assistent und von 1936 bis 1945 wissenschaftlicher Hilfsarbeiter an der Universitätszahn- und Kieferklinik der Universität Halle. Dort ab 1944 Dozent. Nebenbei betrieb er eine Privatpraxis. Im Oktober 1945 von der Universität Halle entlassen, jedoch anschließend in Leipzig politisch rehabilitiert und als „Antifaschist" anerkannt. Von 1946 bis 1956 in Leipzig niedergelassener Arzt. 1955 Facharzt für Kieferorthopädie. Ab September 1956 Professor für zahnärztliche Prothetik und Kieferorthopädie an der Medizinischen Hochschule Dresden. Dort von 1956 bis 1959 Leiter der Prothetischen und Kieferorthopädischen Abteilung der Stomatologischen Klinik. 1959 beging er „Republikflucht".
Quellen: Professorenkatalog Universität Halle, Heidel/Lienert, S. 63.

Braun, Ernst Carl Friedrich August, Prof. Dr. med.
* 09.01.1893 in Mohrin (Westpommern), † 10.05.1963 in Karlstadt am Main
Als kriegsfreiwilliger Feldhilfsarzt Teilnehmer am Ersten Weltkrieg. Von 1920 bis 1924 am Pathologischen Institut der Universität Rostock und 1924 an der Universität-Nervenklinik München. Von 1926 bis 1928 Oberarzt an der Universität Freiburg. Von 1928 bis 1936 an der Universität Kiel. Von 1936 bis 1946 Direktor der Heil- und Pflegeanstalt in Rostock-Gehlsheim. Von 1937 bis 1946 Professor für Psychiatrie und Neurologie der Universität Rostock und Direktor der Klinik. Von 1944 bis 1945 Dekan der Medizinischen Fakultät. Von 1939 bis 1940 und von 1944 bis 1945 als

Bataillonsarzt einer Einheit des Volkssturms Teilnehmer am Zweiten Weltkrieg. Von 1937 bis 1945 Mitglied der der NSDAP und ab 1934 als SA-Sanitätstruppführer Mitglied der SA. Mitglied im NS-Dozentenbund, Mitglied im NS-Ärztebund und Mitglied im NS-Studentenbund. Bis 1950 in sowjetischer Kriegsgefangenschaft. Danach aus dem Universität-Dienst entlassen, betrieb er eine eigene Praxis in Rostock. 1950 kam er in Untersuchungshaft, weil er als Leiter der „Irrenanstalt" Rostock-Gehlsheim „aktive Beihilfe zur Euthanasie" und psychisch Kranken aus Rostocker Kliniken in Tötungsanstalten deportieren ließ. Im selben Jahr aus Mangel an Beweisen freigesprochen. Seine Gutachten bei erbbiologischen Entscheidungen und als Direktor der Klinik, in der von 1934 bis 1944 Sterilisierungen nach dem Gesetz zur Verhütung erbkranken Nachwuchses durchgeführt wurden, wurden dabei nicht thematisiert. Nach dem Freispruch siedelte er in die BRD über und war von 1951 bis 1958 Medizinaldirektor und leitender Oberarzt am Niedersächsischen Landeskrankenhaus Königslutter und Professor für Psychiatrie und Neurologie an der Universität Göttingen. Quellen: BStU, MfS, Abt. XII / Archiv, ASt 156/83, Bd. I, Anklageschrift des VPKA Schwerin, Professorenkatalog Universität Rostock, Klee I, www.lichtblick99.de/do-eutha.pdf, www.psychiatrie.med.uni-rostock.de, Wikipedia.

Bredt, Heinrich Konrad, Prof. Dr. med.
* 29.01.1906 in Oberneudorf, † 01.11.1989 in Freiburg
Von 1933 bis 1945 Mitglied der NSDAP. Seit 1935 Mitglied der NSV. Mitglied im NSDDB. Mitglied im NSÄB. Von 1933 bis 1938 Arzt der Fliegergefolgschaft der HJ Leipzig. Von 1932 bis 1935 Assistent an der Berliner Charité und von 1935 bis 1945 an der Universität Leipzig, ab 1942 als Professor. Von 1941 bis 1944 als Luftwaffenpathologe-Sonderführer Teilnehmer am Zweiten Weltkrieg. Von 1944 bis 1946 in sowjetischer Kriegsgefangenschaft. Ein ehemaliger Nazi-Pathologe, Franz Büchner (1895-1991), „entnazifizierte" Bredt in einer Eidesstattlichen Versicherung vom Oktober 1947. 1948 Prosektor am Städtischen Krankenhaus Cottbus und Vertreter des Lehrstuhls für Gerichtsmedizin an der Universität Leipzig. Von 1949 bis 1959 Professor für Allgemeine Pathologie und Pathologische Anatomie an der Universität Leipzig, wo er von 1950 bis

1951 Prodekan und 1951 Dekan der Medizinischen Fakultät war. 1959 beging er „Republikflucht" in den Westen. Von 1959 bis 1974 an der Universität Mainz. Seit 1951 Mitglied der Leopoldina zu Halle. Seit 1952 Mitglied der SAW zu Leipzig. Von 1966 bis 1969 Mitglied der AdW zu Berlin. Von 1971 bis 1979 Präsident der Akademie der Wissenschaften und der Literatur in Mainz. Von 1972 bis 1989 auswärtiges Mitglied der AdW zu Berlin. 1954 mit dem „Nationalpreis", 1976 mit der „Gutenberg-Plakette" der Stadt Mainz und 1979 mit dem „Bundesverdienstkreuz" Erster Klasse der BRD ausgezeichnet.
Quellen: BStU, MfS, Allg. S. 1951/67, Bl. 3-11, Bl. 17f., Bl. 27f., Bl. 44ff., Bl. 53-62, BStU, MfS, Archivakte 196296, Bd. 1, Bl. 1, Bl. 3, Bl. 22-24, Bl. 39-40, Professorenkatalog Universität Leipzig, Wikipedia, BBAW, Ernst, S. 287.

Brekenfeld, Friedrich-Wilhelm, Prof. Dr. med.
* 13.09.1887 in Neubarnim, †?
Teilnehmer am 1. Weltkrieg. 1914 ausgezeichnet mit dem EK II und EK I und 1918 mit dem Verwundetenabzeichen. Mitglied im NSDDB. Mitglied im NSÄB. Mitglied im RAD. Mitglied der NSV. Mitglied im VDA. Mitglied im RdK. Ab 1934 Privatdozent an der Universität Königsberg. Seit 1937 Mitglied der NSDAP und mit dem „Goldenen Ehrenzeichen" der NSDAP ausgezeichnet. Ab 1937 Generalhauptführer des DRK und Führer der Landesstelle III des DRK. Nach 1945 Leiter der HA Hygieneinspektion des Ministeriums für Gesundheitswesen. Professor für Epidemiologie an der Humboldt-Universität Berlin. Mitglied der AeO. 1957 als „Verdienter Arzt des Volkes" und als „Obermedizinalrat" ausgezeichnet. Seine Nazi-Vergangenheit verschwieg er gegenüber den Behörden der SBZ bzw. DDR. In einem Bericht des MfS vom Juni 1973 wird angemerkt, er sei vom UfJ bereits früher „verleumdet" worden.
Quellen: UFJ, Der Spiegel 43/1996, BStU, MfS, HA XX Nr. 5755, Bl. 219, BStU, MfS, HA XX Nr. 5754, Bl. 153; BStU, MfS, Allg. P. 1872/61, Bl. 2-7, Bl. 14f., Bl. 19-22, Bl. 43, BStU, MfS, HA XX Nr. 5749, Bl. 136f., BStU, MfS, HA IX/11 AS 236/68, Bd. 1, Bl. 3a, https://www.forum.axishistory.com/viewtopic.php?t=107224#p947541

Bretschneider, Anneliese, Prof. Dr.
* 24.08.1898, † 20.11.1984
Von 1924 bis 1932 Mitarbeiterin am Deutschen Sprachatlas. Ab 1932 Mitglied der NSDAP und des Sicherheitsdienstes (SD). Im Kulturpolitischen Archiv im Amt Rosenberg und verfasste Gutachten über Kollegen. Sie arbeitete für das Nazi-Außenministerium. Nach 1945 arbeitete sie für das „Brandenburg-Berlinische Wörterbuch". 1957 erhielt sie einen Lehrauftrag an der Humboldt-Universität Berlin. Von 1952 bis 1955 Dozentin an der PH Potsdam. Mitglied der AdW zu Berlin.
Quellen: www.literaturport.de, www.zweitstimmen.de.

Bröcker, Walter, Prof. Dr. phil. habil.
* 19.07.1902 in Itzehoe, † 03.08.1992 in Kiel
Mitglied der NSDAP. Mitglied der SA. Von 1933 bis 1940 Assistent und ab 1937 Dozent an der Universität Freiburg. Von 1939 bis 1940 als Soldat einer Baukompanie Teilnehmer am Zweiten Weltkrieg. Von 1940 bis 1948 Professor für Philosophie an der Universität Rostock. Von 1941 bis 1948 Institutsdirektor und von 1942 bis 1945 Dekan. 1945 wegen seiner Nazi-Vergangenheit für kurze Zeit entlassen. Mitglied der SED. Ab 1948 Professor an der Universität Kiel.
Quellen: Wikipedia, Professorenkatalog Universität Rostock.

Brüel, Ludwig, Prof. Dr. phil.
* 08.01.1871 in Langen (Hessen), † 20.05.1949 in Halle (Saale)
1902 Assistent am Zoologischen Institut der Universität Halle. 1917/18 Mitglied der Deutschen Vaterlandspartei. 1918/19 vertrat er einen Lehrstuhl an der Universität Freiburg. Ab 1924 Kustos der Zoologischen Sammlungen der Universität Halle und zugleich Professor. Mitglied im NSLB. Ab 1940 Mitglied im NSDDB. Ab 1934 leitete er vertretungsweise das Zoologische Institut, im Oktober 1936 wurde Brüel in den Ruhestand versetzt und setzte seine Lehrtätigkeit bis zu seinem Tod fort. Nach 1945 mit der Hauptvorlesung Biologie betraut. 1948 erhielt er einen Forschungsauftrag.
Quellen: Professorenkatalog Universität Halle, Wikipedia.

Brugsch, Theodor, Prof. Dr. med.
* 11.10.1878 in Graz, † 11.07.1963 in Berlin
Von 1903 bis 1905 Sekundärarzt am Krankenhaus Altona. 1905 Assistent an der II. Medizinischen Klinik der Berliner Charité. Von 1909 bis 1927 Privatdozent an der Universität Berlin. Von 1914 bis 1919 als Stabsarzt Teilnehmer am Ersten Weltkrieg. Mit dem „Eisernen Kreuz" I. und II. Klasse ausgezeichnet. Ab 1919 wieder an der Charité. 1927 gegen das Votum der Medizinischen Fakultät zum Ordinarius an der medizinischen Universitätsklinik Halle eingesetzt. Wegen seiner jüdischen Ehefrau 1936 entlassen und trotz Scheidung nicht wieder eingestellt. Mitglied im NSKK. Mitglied der NSV. Förderndes Mitglied der SS. Von 1935 bis 1945 hatte er eine Privatpraxis in Berlin. Im Februar 1945 im Zusammenhang des 20. Juli 1944 kurzzeitig inhaftiert und von der Gestapo verhört. Von 1945 bis zu seiner Emeritierung 1957 Ordinarius für Innere Medizin der Charité und Professor der AdW zu Berlin. Von 1946 bis 1949 Vize-Präsident der Deutschen Zentralverwaltung für Volksbildung. Er prägte in dieser Funktion maßgeblich die Gesundheitspolitik der SBZ und hatte erheblichen Einfluss auf die personelle Erneuerung bzw. Nicht-Erneuerung der Hochschulmedizin. 1946 Mitbegründer des Clubs der Kulturschaffenden. 1947 Gründer und Präsident der Sozialhilfe von Groß-Berlin. 1948/49 Mitglied des Deutschen Volksrates. Ab 1949 Mitglied im NR der NF. Von 1949 bis 1954 AdV. 1957 Vize-Präsidenten und ab 1963 Ehrenpräsidenten des KB. 1949 als „Verdienter Arzt des Volkes", 1953 als „Hervorragender Wissenschaftler des Volkes", mit dem „Vaterländischen Verdienstorden", 1954 mit dem „Goethepreis" und 1956 mit dem „Nationalpreis" ausgezeichnet.
Quellen: Ernst, S. 267f., S. 346-353, Cerný, Barth u. a., Wikipedia, Professorenkatalog Universität Halle, Klee I, Nikitin, S. 68.

Brüske, Hermann, Prof. Dr. phil.
* 05.02.1883 in Stettin, † 22.04.1951 in Greifswald
Ab 1909 Hilfskraft am Russischen und Bulgarischen Institut der Universität Leipzig. Gleichzeitig arbeitete er als Lehrer. Ab 1915 kriegsfreiwilliger Teilnehmer am 1. Weltkrieg. Von 1921 bis Juli 1930 Mitglied der DVP. Ab 1922 Studienreferent und Lektor für Russisch an der Universität Greifswald. Ab 1923 zum Assessor und ab 1930 zum Studienrat befördert.

Ab März 1933 Vorsteher des Bürgerschaftlichen Collegiums. Von 1927 bis 1931 geheimes Mitglied der NSDAP. Ab Januar 1932 Führer der NSDAP-Sektion an der Universität Greifswald und Kreisschulungsleiter der NSDStB. Ab September 1932 Mitglied der SA. Dort ab 1933 Schulungsleiter beim SA-Standartenführer im Kreis II und in der NSBO. Im Juli 1933 wegen Überlastung von der SA beurlaubt. Ab Dezember 1933 Führer der NSDDB. 1935 verlor er alle Parteiämter. Ab November 1933 Honorarprofessor und Lehrbeauftragter. Ab 1934 Leiter des Slawischen Instituts. Ab Herbst 1940 mit der Neuordnung einer Bibliothek bzw. mit der Zusammenlegung mehrerer Büchereien am Institut für Deutsche Ostarbeit in Krakau beauftragt. Ab 1944 Lehrauftrag am Institut der Deutschen Arbeitsfront in Radawnitz.
Quellen: https://ns-zeit.uni-greifswald.de/projekt/personen/brueske-hermann/.

Buchalik, Ernst, Prof. Dr. med.
* 11. November 1905 in Rybnik; † 20. Jahrhundert
Ab 1931 an der Heil- und Pflegeanstalt Tost. Ab 1933 Mitglied der NSDAP, wo er Kreisleiter war. Mitglied der SA, wo er Sanitätssturmführer war. Mitarbeiter beim Rassenpolitischen Amt der NSDAP. 1938 zum Medizinalrat und 1940 zum Obermedizinalrat ernannt. Von September 1939 bis Mitte Januar 1945 Direktor der Heil- und Pflegeanstalt in Loben und Leiter der Abteilung B („Kinderfachabteilung). Ab Anfang September 1945 niedergelassener Nervenarzt in Greiz. Dort übernahm er 1950 die Leitung des Cäcilienchores. Ab Mitte Mai 1957 in der Bundesrepublik, wo er ab Mitte 1957 als leitender Arzt an der Westfälischen Klinik in Marsberg tätig war.
Quellen: Klee I, Wikipedia.

Buchda, Gerhard, Prof. Dr. jur.
* 22.10.1901 in Stadtroda, † 20.12.1977 ebenda
Ab 1933 Mitglied im NSRB. Ab 1934 Mitglied der NSV. Mitglied im RLB. Ab 1935 Mitglied im NSLB. Seit 1937 Anwärter auf eine Mitgliedschaft in die NSDAP, wo er 1939 aufgenommen wurde. Seit Juli 1937 Mit glied der SA. Von 1931 bis 1934 Assistent an der Rechts- und Wirt-

schaftswissenschaftlichen Fakultät der Universität Jena. Von 1934 bis 1937 Hilfsrichter in Kahla. 1937 erhielt er ein Extraordinariat für deutsche Rechtsgeschichte und das deutsche Bürgerliche Recht an der Universität Halle. 1938 kommissarischer Dekan und von 1939 bis 1945 Dekan der Rechts- und Staatswissenschaftlichen Fakultät. Von 1941 bis 1943 kommissarischer Prorektor. Ab März 1943 als Gefreiter des Heeres Teilnehmer am Zweiten Weltkrieg. 1945 von der Universität Halle entlassen. 1949 Professor mit Lehrstuhl an der Universität Jena. Dort leitete er das Institut für Staats- und Rechtsgeschichte. Wenig später wechselte er an die Humboldt-Universität Berlin. Seit 1946 Mitglied der LDPD. Ab 1958 Mitglied der SAW zu Leipzig.
Quellen: Professorenkatalog Universität Halle, Wikipedia, Hoßfeld u. a., S. 198.

Buhr, Manfred, Prof. Dr.
* 22.02.1927 in Kamenz, † 22.10.2008 in Berlin
Mitglied im RAD. Ab April 1944 Mitglied der NSDAP. Teilnehmer am 2. Weltkrieg. Ab 1945 Mitglied der KPD bzw. der SED. Wissenschaftlicher Mitarbeiter bei der AdW. Von 1952 bis 1957 Assistent von Ernst Bloch. Ab 1962 stellvertretender Direktor des Instituts für Philosophie un ab 1965 Professor für Philosophie an der Universität Greifswald. Ab 1965 als IM „Rehbein“ für das MfS tätig. Von 1970 bis 1990 Direktor des ZI für Philosophie an der AdW. Zusammen mit Klaus gab er 1964 das Philosophische Wörterbuch heraus, dass 1972 vom Rowohlt Verlag in der Bundesrepublik erschien und insgesamt eine Auflage von rund 750.000 Exemplaren erreichte. Seit 1971 Mitglied der AdW und Mitglied der AdW der UdSSR. 1969 mit dem „Friedrich-Engels-Preis“, 1973 mit dem „Nationalpreis“ III. Klasse, 1977 mit dem „Vaterländischen Verdienstorden“ in Bronze ausgezeichnet. 1991 Ehrendoktor der Universität Oulu (Finnland).
Quellen: Wikipedia.

Bülow, Kurd von, Prof. Dr. phil.
* 20.07.1899 in Allenstein (Ostpreußen), † 30.05.1971 in Rostock
Ab 1917 Teilnehmer am Ersten Weltkrieg. Ab 1921 an der Preußischen Geologischen Landesanstalt in Berlin. Von 1935 bis 1946 Professor an der

Universität Rostock. Seit Mai 1937 Mitglied der NSDAP und seit 1938 Blockleiter der NSDAP in Rostock. Als Wehrgeologe und Major beim Oberkommando des Heeres Teilnehmer am 2. Weltkrieg. Im Dezember 1945 zurückgekehrt aus britischer Kriegsgefangenschaft. Wegen seiner Nazi-Vergangenheit von der Universität Rostock im Januar 1946 entlassen. Nach 1945 bei der Firma Moorverwertung GmbH und bis 1969 Leiter des Geologisch-Paläontologische Instituts. Ab 1954 Mitglied der AdW zu Berlin. Ab 1961 Mitglied der Leopoldina zu Halle. 1954 mit dem „Nationalpreis" und 1971 mit der „Gustav-Steinmann-Medaille" der Geologischen Vereinigung der BRD ausgezeichnet.
Quellen: Professorenkatalog Universität Rostock, Wikipedia.

Bunnenberg, Werner, Prof. Dr. Dipl.-Ing.
* 05.11.1900 in Bremerhaven, † 03.09.1960 in Rostock
Von 1918 bis 1920 Praktikant bei der Schiffswerft Johann Tecklenborg AG in Bremerhaven. Dort von 1924 bis 1927 Konstrukteur und Prüffeldingenieur. Von 1929 bis 1931 Maschinendienst auf See für die Norddeutsche Lloyd. Von 1938 bis 1945 Mitglied der NSDAP. Von 1931 bis 1945 Dozent für Schiffsantriebsanlagen bei der Ingenieurschule in Stettin. Teilnehmer am 2. Weltkrieg, zuletzt beim Volkssturm. Danach in Kriegsgefangenschaft. Von 1945 bis 1951 Betriebsleiter beim Kraftwerk der Filmfabrik AGFA in Wolfen. Ab 1946 Mitglied der SPD bzw. SED. Von 1951 bis 1953 Chefkonstrukteur und Technischer Leiter bei der Warnowerft in Warnemünde. Von 1953 bis zur Emeritierung 1960 zuerst Dozent, dann Professor an der Universität Rostock.
Quellen: Professorenkatalog Universität Rostock

Bürger, Max Ferdinand, Prof. Dr. med.
* 16.11.1885 in Hamburg, † 05.02.1966 in Leipzig
Von 1918 bis 1929 an der Universität Kiel und von 1929 bis 1931 Chefarzt der Inneren Klinik des Städtischen Krankenhauses Osnabrück. Von 1938 bis 1965 Herausgeber der „Zeitschrift für Altersforschung". Von 1931 bis 1937 Direktor der Medizinischen Poliklinik der Universität Bonn. Seit 1937 Mitglied der NSDAP. Mitglied im NSDDB. Mitglied im NSAHB. Mitglied im NSLB. Mitglied der NSV. Mitglied im NSÄB. Von 1937 bis

1957 Ordinarius für Innere Medizin und Direktor der Medizinischen Universitäts-Klinik Leipzig. Nach 1945 wegen seiner Nazi-Vergangenheit von der Universität entlassen. 1948 wieder als Ordinarius an der Universität Leipzig eingesetzt, auf Anordnung der SMAD. Mitglied der SAW zu Leipzig. Seit 1950 Mitglied der Leopoldina zu Halle. Von 1956 bis 1960 Präsident der Deutschen Gerontologischen Gesellschaft. Mit dem „Nationalpreis" II. Klasse und 1960 als „Hervorragender Wissenschaftler des Volkes" ausgezeichnet.
Quellen: Ernst, S. 131f., Cerný, Barth u. a., Wikipedia, Klee I, Professorenkatalog Universität Leipzig

Burkert, Karl
* 11.05.1919 in Breslau (Schlesien), †?
Seit Juni 1937 Mitglied der NSDAP. Ab 1937 Mitglied der SS und SS-Unterscharführer. Ab 1937 als SS-Unterscharführer Angehöriger verschiedener SS-Nachrichteneinheiten. Teilnehmer am Zweiten Weltkrieg und bis 1947 in sowjetischer Kriegsgefangenschaft. Ab 1948 Mitglied der CDUD und stellvertretender Vorsitzender der CDUD im Bezirk Groß-Berlin. Von 1950 bis 1952 in der Richterausbildung und Richter am Kreisgericht Karl-Marx-Stadt. Von 1961 bis 1990 Präsident bzw. Vize-Präsident der „Deutsch-Lateinamerikanischen Gesellschaft". Außerdem Mitglied im Präsidium der „Liga für Völkerfreundschaft". Mit dem „Vaterländischen Verdienstorden" in Bronze und Silber, mit der „Ehrennadel" der NF und mit der „Verdienstmedaille" ausgezeichnet. Er verschwieg seine Nazi-Vergangenheit.
Quellen: UFJ, Herbst, Baumgartner/Hebig, BStU, MfS, HA XX Nr. 5755, Bl. 86, Bl. 109, Bl. 261, Bl. 415, BStU, MfS, HA XX Nr. 5749, Bl. 157ff; BStU, MfS, HA XX Nr. 5754, Bl. 5, Bl. 328.

Bunge, Hans, Dr. phil.
* 03.12.1919 in Arnsdorf, † 27.05.1990 in Berlin
Seit 1938 Mitglied der NSDAP. Mitglied im RAD. Teilnehmer am Zweiten Weltkrieg. Danach bis 1949 in sowjetischer Kriegsgefangenschaft. Von 1956 bis 1962 Leiter des „Bertolt-Brecht-Archiv". Als Dramaturg und Regisseur Mitglied der DAK, wo er 1965 entlassen wurde, weil er mit W.

Biermann, R. Havemann und mit Heiner Müller befreundet war. Von 1968 bis 1970 Regisseur und Dramaturg am Volkstheater in Rostock. Von 1970 bis 1978 am Deutschen Theater in Berlin.
Quellen: Barth u. a., Wikipedia

Burkhardt, Felix, Prof. Dr. phil. et rer. pol.
* 09.02.1888 in Herwigsdorf, † 28.04.1973 in Leipzig
Von 1915 bis 1919 Teilnehmer am Ersten Weltkrieg. Von 1919 bis 1920 Lehrer. Von 1920 bis 1938 Mitarbeiter des Sächsischen Statistischen Landesamtes. Von 1922 bis 1925 an der TH Dresden. Im November 1933 unterzeichnete er das „Bekenntnis der Professoren an den deutschen Universitäten und Hochschulen zu Adolf Hitler und dem nationalsozialistischen Staat“. Seit 1933 Mitglied der NSDAP. Von 1934 bis 1937 Mitglied im NSRB, ab 1935 Mitglied der NSV. Ab 1938 Mitglied im NSDDB. Ab 1939 Mitglied im NSAHB. Von 1926 bis 1945 an der Universität Leipzig. Von 1945 bis 1949 im Auftrag der Stadt Leipzig, der Landesregierung Sachsen, der Deutschen Wirtschaftskommission, der Regierung der DDR, des Statistischen Zentralamts und der Sowjetischen Kontrollkommission. Ab 1949 Lehrauftrag an der Wirtschaftswissenschaftlichen Fakultät und an der der Gesellschaftswissenschaftlichen Fakultät. Ab 1955 Lehrauftrag für Statistik an der Humboldt-Universität Berlin. Mitglied der CDUD. Von 1950 bis 1957 Mathematiker und Statistiker an der Universität Leipzig.
Quellen: Professorenkatalog Universität Leipzig, Wikipedia

Buszello, Arthur, Prof. Dr. med.
* 05.07.1890 in Angerburg, †?
Als Feldhilfsarzt Teilnehmer am Ersten Weltkrieg. Von 1919 bis 1931 zuerst Assistent, dann Privatdozent und schließlich Professor für Chirurgie an der Universität Greifswald. Am Institut für Hygiene und an der Landesfrauenklinik in Stettin. Von 1931 bis 1942 Chefarzt im Diakonissenkrankenhaus in Duisburg. Seit 1933 Mitglied der NSDAP. Ab 1942 als Stabsarzt Teilnehmer am Zweiten Weltkrieg und in sowjetischer Kriegsgefangenschaft. Danach Chirurg in Duisburg und Ärztlicher Berater des Landesverbandes der Gewerblichen Berufsgenossenschaften in Rheinland-

Westfalen. Mitglied im FDGB. Seit 1951 Direktor der Chirurgischen Universitätsklinik Leipzig.
Quellen: Professorenkatalog Universität Leipzig

Butting, Max, Dr. phil. h.c.
* 06.10.1888 in Berlin, † 13.07.1976 ebenda
Ab 1933 Mitglied der Preußischen Akademie der Künste. Seit 1940 Mitglied der NSDAP. Ab 1948 Cheflektor der Musikabteilung des Berliner Rundfunks. Mitglied im NR der NF. Mitglied der AdK und 1956 ihr Vize-Präsident. Mitglied im KB. 1961 und 1970 mit dem „Vaterländischen Verdienstorden in Silber und Gold und 1954 und 1973 mit dem „Nationalpreis“ II. Klasse für Kunst und Literatur ausgezeichnet. 1968 verlieh ihm die Philosophische Fakultät der Humboldt-Universität Berlin den Ehrendoktortitel.
Quellen: Cerný, Barth u. a., Wikipedia, Klee II, Baumgartner/Hebig.

Bux, Ernst Gustav August, Prof. Dr. phil.
* 24.05.1890 in Hohenstein, † 25.01.1951 in Leipzig
Von 1914 bis 1918 Teilnehmer am Ersten Weltkrieg. Von 1917 bis 1946 Lehrer am König-Albert-Gynasium in Leipzig. Seit 1921 Mitglied im VDA. Von 1924 bis 1926 Mitglied der DDP. Seit 1934 Mitglied der NSV. Mitglied im NSLB. Seit 1942 Mitglied im NSAHB. Seit 1946 Lektor für Latein und Griechisch an der Universität Leipzig. Von 1948 bis zu seinem Tod 1951 zuerst Privatdozent und danach Professor für Antike Bildungsgeschichte an der Philologisch-Historischen Abteilung der Philosophischen Fakultät der Universität Leipzig.
Quellen: Professorenkatalog Universität Leipzig, Wikipedia.

Carriere, Reinhard, Dr. med.
* 09.04.1891 in Straßburg, †?
Seit 1929 Facharzt der Heilstätten Festung Sonnenstein und Dösen bei Leipzig, sowie in Arnsdorf bei Dresden. Zum Regierungsmedizinalrat ernannt. Von Mai 1933 bis 1945 Mitglied der NSDAP. Von 1935 bis 1945 Block- und Zellenwart. Mitglied im NSÄB. Von 1935 bis 1945 Mitarbeiter im Rassenpolitischen Amt und bis 1936 Kreisamtsleiter. Wegen

Unregelmäßigkeiten seines Postens enthoben. Mitarbeiter der Zeitschrift „Volk und Rasse". 1935 verbeamteter Arzt beim Erbgesundheitsgericht Chemnitz beim OLG Dresden, wo er 1937 an einem Urteil zur Sterilisation beteiligt war. Besuch der Staatsakademie für Rassen- und Gesundheitspflege. Stabsarzt beim Reserve-Lazarett Westewitz bei Döbeln. Vom April 1937 bis Januar 1946 Mitarbeiter bei der Landesheilanstalt Leipzig-Dösen. Mitglied der CDUD. Im Juli 1946 in Dresden „entnazifiziert". Ab 1948 Assistenzarzt für Seuchendienst an den Landesheilstätten in Zschadraß, Kreis Grimma. Mitglied im Präsidium der „Deutsch-Nordischen Gesellschaft". Mit dem „Vaterländischen Verdienstorden" in Bronze und als „Obermedizinalrat" ausgezeichnet.
Quellen: UFJ, BStU, MfS, HA IX/11, SV 3/82, Bd. 7, Bl. 2-16.

Catel, Werner Julius Eduard, Prof. Dr. med.
* 27.06.1894 in Mannheim, † 30.04.1981 in Kiel
Von 1926 bis 1932 als Privatdozent bzw. als Professor für Kinderheilkunde an der Medizinischen Fakultät der Universität Leipzig. Von 1932 bis 1933 Professor an der Universität Berlin. Seit 1933 Mitglied im NSÄB, seit 1936 Mitglied im NSDDB, Mitglied im NSAHB. Von 1933 bis 1939 Mitglied im Opferring der NSDAP. Seit Mai 1937 Mitglied der NSDAP. Ab 1933 Ordinarius und Leiter der Universitätskinderklinik. In der „Kinderfachabteilung" in Leipzig-Dösen, unter der Leitung von Arthur Mittag, und später auch an der Kinderklinik Leipzig, tötete er Kinder, indem er sie als „lebensunwert" einstufte. Nach den letzten Erkenntnissen wird von etwa 500 getöteten Kindern in Leipzig ausgegangen werden. Von 1933 bis 1946 Professor für Kinderheilkunde an der Medizinischen Fakultät der Universität Leipzig. 1946 verließ er Leipzig und wurde 1947 in Wiesbaden als „unbelastet" eingestuft. Ab 1947 als Chefarzt Leiter der Landeskinderheilstätte Mammolshöhe im Taunus, in der Nähe von Kronberg. 1949 in Hamburg bei einem Entnazifizierungs-Tribunal freigesprochen. Von 1954 bis 1960 Professor für Kinderheilkunde an der Universität Kiel. Noch 1964 hatte er öffentlich die Tötung unheilbar behinderter Kinder gerechtfertigt. Unterlagen im Archiv der Bundesbeauftragten für die Staatssicherheit belegen seine Beteiligung an den Nazi-Massenmorden. Auf Grund des öffentlichen Drucks musste er 1960 vorzeitig emeritieren. Im August 1960 entschied

das Justizministerium von Schleswig-Holstein, dass gegen Catel nicht „mehr vorgegangen werden“ könnte, da „die Tat verjährt und er bisher nicht rechtskräftig verurteilt worden sei“.
Quellen: Professorenkatalog Universität Leipzig, Klee I, Wikipedia, BStU, MfS, Allg. P. 2114/66, Bl. 11, BStU, MfS, HA IX/11, PA 5536, Bl. 8-34, BStU, MfS, Allg. P. 2114/66, Bl. 2, Bl. 4, Bl. 21, Bl. 30f., Bl. 43.

Charisius, Eberhard, Dipl.-Militärhistoriker
* 02.10.1916, † 29.03.1980
Seit 1932 Mitglied im NS-Schülerbund. Mitglied der HJ. Seit 1943 Mitglied der SS. Seit Januar 1935 Mitglied der NSDAP. Mitglied im RAD. Als Offizier der Luftwaffe Teilnehmer am Zweiten Weltkrieg. EK I und EK II. Bis 1945 in sowjetischer Kriegsgefangenschaft. Mitbegründer und Mitglied im NKFD. Schüler einer antifaschistischen Schule in Oranki. Danach Polizeidirektor in Gera. Mitglied der KPD bzw. SED. Ab 1946 Abteilungsleiter und ab 1948 Stabschef der HA Grenzpolizei bei der Deutschen Verwaltung des Innern. Von 1949 bis 1953 Kommandeur der Hauptverwaltung Ausbildung der KVP. Von 1954 bis 1956 stellvertretender Kommandeur der II. mechanischen Bereitschaft der KVP. Ab 1956 stellvertretender Vorsitzender der GST. Von 1961 bis 1967 als Militärwissenschaftler Hochschullehrer in Dresden. Danach Berufsschullehrer für Staatsbürgerkunde und Politische Ökonomie in Dresden. 1965 mit dem „Vaterländischen Verdienstorden“ in Gold und 1970 mit dem sowjetischen „Orden des Vaterländischen Kriegs“ ausgezeichnet.
Quellen: UFJ, Lapp, Baumgartner/Hebig, Wikipedia, BStU, MfS, HA XX Nr. 5754, Bl. 154, BStU, MfS, HA IX/11 SV 29/79, Bd. 1, Bl. 26, BStU, MfS, Allg. P 12392/56, Bl. 5-12.

Chemin-Petit, Hans Helmuth, Prof.
* 24.07.1902 in Potsdam, † 12.04.1981 in Berlin
Von 1924 bis 1927 Cellist des Bruinier-Quartetts. Ab 1929 lehrte er an der Staatlichen Akademie für Kirchen- und Schulmusik in Berlin. 1936 wurde ihm der Titel „Professor“ verliehen. Mitglied im NSAHB. Mitglied der NSV. Bis 1938 Mitglied der NSBO. Ab 1936 Professor an der Musikhochschule Berlin. Von 1939 bis 1942 leitete er den Magdeburger Domchor

sowie bis 1959 den Magdeburger Reblingschen Gesangverein. 1944 Mitglied einer Einheit des „Volkssturms". 1945 wieder angestellt an der Berliner Musikhochschule und in Potsdam Leiter des Städtischen Chores. 1953 siedelte nach Berlin über. 1963 Mitglied der AdK und leitete von 1968 bis 1981 die Musikabteilung. 1965 stellvertretender Direktor der Musikhochschule. Den Philharmonischen Chor Berlin leitete er von 1943 bis 1981. Ab 1968 Leiter der Musiksektion der AdK in Berlin-West.
Quellen: Wikipedia, Universität Magdeburg, Klee II.

Cilensek, Johann, Prof.
* 04.12.1913 Großdubrau bei Bautzen, † 14.12.1998 in Erfurt
1933 Mitglied im RAD. Seit 1937 Mitglied der NSDAP. Während des Krieges dienstverpflichtet in der Rüstungsindustrie. Ab 1945 Mitglied der KPD bzw. SED. Seit 1947 Dozent bzw. Professor an der Hochschule für Musik in Weimar. Von 1966 bis 1972 dort Rektor. Ab 1961 Mitglied der AdK. Von 1978 bis 1990 Vize-Präsident. Mitglied im ZV des VKM. Mit dem „Vaterländischen Verdienstorden" in Bronze, Silber und Gold, mit der „Verdienstmedaille", 1973 mit dem „Kulturpreis" der Stadt Erfurt, 1975 mit dem „Kunst- und Literaturpreis" der Stadt Weimar, 1955, 1970 und 1978 mit dem „Nationalpreis", 1960 mit der Johannes-R.-Becher-Medaille", 1969, 1980 und 1983 mit dem „Vaterländischen Verdienstorden", 1988 mit der „Ehrenspange" des VVO in Gold ausgezeichnet.
Quellen: Herbst, Barth u. a., Klee II, Wikipedia, Baumgartner/Hebig, Buch.

Clasen, Karl-Heinz, Prof. Dr. phil.
* 09.07.1893 in Remscheid, 16.04.1979 in Mettmann
Von 1914 bis 1918 Teilnehmer am 1. Weltkrieg. Ab 1923 Privatdozent an der Universität Königsberg und ab 1930 dort Professor. Ab 1933 Mitglied im NSKK. Ab Mai 1937 Mitglied der NSDAP. 1940 Aufbau eines Lehrstuhls an der Universität Posen. Von 1940 bis 1945 Professor für Kunstgeschichte an der Universität Rostock. 1942 bis 1943 Lehrstuhlvertretung an der Universität Greifswald. 1945 Mitglied im Volkssturm. Wegen seiner Nazi-Vergangenheit 1945 entlassen. Ab 1946 erhielt er wieder besoldete Lehraufträge. In einem Schreiben Anfang Januar 1946 an die

Landesverwaltung Mecklenburg-Vorpommern, Abt. Kulturamt in Schwerin, stellt er sich als passives Mitglied der NSDAP vor, weil er sich dort als „unpolitischer Wissenschaftler" einstufte. Ab 1950 wieder Professor für mittelalterliche und neuere Kunstgeschichte an der Universität Greifswald. Ab 1949 Leiter des Caspar-David-Friedrich-Instituts. Gastprofessor an der Humboldt-Universität Berlin. 1951 Mitbegründer der Deutschen Bauakademie Berlin. 1968 mit dem „Vaterländischen Verdienstorden" in Silber ausgezeichnet. 1974 siedelte er in die Bundesrepublik über.
Quellen: Wikipedia, Professorenkatalog Universität Rostock, Mertens, S. 163.

Claus, Justus, Prof. Dr. med.
* 09.06.1922 in Taura-Chemnitztal (Burgstädt), † 28.04.2004 in Leipzig
Ab 1940 Mitglied der NSDAP. Teilnehmer am Zweiten Weltkrieg. In Kriegsgefangenschaft. 1945/46 „Neulehrer" und Schulleiter. Mitglied der LDPD. Von 1950 bis 1952 Mitglied des Landtags Sachsen. Von 1952 bis 1954 Mitglied des Bezirkstages Leipzig. 1954 Stationsarzt und 1956 stellvertretender Kreis- und Jugendarzt in Leipzig-Land. Von 1954 bis 1958 AdV. Von 1963 bis 1981 wieder Mitglied des Bezirkstages Leipzig. Ab 1974 Professor an der Universität Leipzig und dort Direktor bzw. Dekan des Bereichs Medizin. Mitglied im ZV der LDPD. 1967 als „Verdienter Arzt des Volkes" und 1975 mit dem „Vaterländischen Verdienstorden" in Bronze ausgezeichnet.
Quellen: Baumgartner/Hebig, Buch, Wikipedia, BStU, MfS, HA IX/11, SV 3/82, Bd. 1a, Bl. 63.

Clausen, Wilhelm, Prof. Dr. med.
* 23.12.1878 in Wahnebergen (Regierungsbezirk Hannover), † 28.04.1961 in Halle (Saale)
1904/05 Assistenzarzt in Essen. Von 1905 bis 1907 Assistent an der Augenklinik der Charité, wechselte jedoch an die Universität Königsberg, wo er Oberarzt an der Universitätsaugenklink wurde. Von 1914 bis 1918 zunächst als Frontarzt, dann als Leiter der Augenstation Wilna, im Dienstgrad eines Oberstabsarztes, Teilnehmer am Ersten Weltkrieg. Mit dem „Eisernen Kreuz" II. Klasse und mit dem Österreichischen „Ehrenzeichen" II.

Klasse mit Kriegsdekoration ausgezeichnet. Ab 1919 Oberarzt an der Universitätsaugenklinik Halle und ab 1921 Professor. 1924/25 vertrat er den vakanten Lehrstuhl an der Universität Würzburg und leitete kommissarisch die dortige Universitätsaugenklinik. 1925 Ordinarius an der Universität Halle. Ab 1933 Mitglied der NSDAP. Bis 1937 Mitglied im Rotary-Club. Von 1939 bis 1945 als Leiter verschiedener Reservelazarette in Halle (Saale) Teilnehmer des Zweiten Weltkrieges. Mit dem „Kriegsverdienstkreuz" 2. Klasse ausgezeichnet. Im September 1945 wurde Clausen von den amtlichen Pflichten entbunden. Anfang Oktober 1945 jedoch, beauftragt seine Lehrtätigkeit wieder aufzunehmen. Mitglied der CDUD. 1946 entließ ihn die Universität Halle auf Druck der Landesregierung, doch die SMAD ordnete seine Weiterbeschäftigung als „Spezialist" an, untersagte ihm jedoch die Lehrtätigkeit. Im April 1946 als Professor erneut berufen und als Direktor der Augenklinik eingesetzt. 1953 trat er aus gesundheitlichen Gründen zurück, vertrat sich selbst jedoch noch bis 1955. Mit dem „Nationalpreis" ausgezeichnet.
Quellen: Ernst, S. 280, Professorenkatalog Universität Halle, Wikipedia, Klee I,

Cobet, Rudolf, Prof. Dr. med.
* 02.03.1888 Laasphe, Westfalen, † 27.07.1964 in Halle (Saale)
Von 1914 bis 1918 als Arzt bzw. Oberarzt in verschiedenen Feldlazaretten Teilnehmer am Ersten Weltkrieg. Mit dem „Eisernen Kreuz" II. Klasse ausgezeichnet. Nach dem Krieg Assistenzarzt in Greifswald. 1921 wechselte er als Oberarzt und Dozent nach Jena. 1923 nichtbeamteter Professor. 1926 Oberarzt an der Universitätsklinik Breslau. Von 1930 bis 1934 ärztlicher Direktor der Lungenheilstätten Beelitz. 1933 Mitglied der NSDAP. Mitglied der NSV. Mitglied im NSÄB. Mitglied im NSDDB. Von 1934 bis 1936 Ärztlicher Direktor der Inneren Abteilung des Rudolf-Virchow-Krankenhauses Berlin. Ab 1936 vertrat er den vakanten Lehrstuhl für Innere Medizin an der Universität Halle. 1938 erhielt er die Ernennung zum Professor und Direktor der Medizinischen Universitätsklinik Halle. 1939 als Oberarzt im Reservelazarett Elbin Teilnehmer am Zweiten Weltkrieg. Im Oktober 1945 als Professor entlassen, 1946 erneut berufen und 1956 emeritiert. Mitglied der LDPD. Im Oktober 1946 versuchte er seinen

Kollegen von Wicht als Assistent an die Medizinische Universitätsklinik zu holen, jedoch verweigerte die SMAD ihre Zustimmung.
Quellen: Professorenkatalog Universität Halle, Wikipedia, Ernst, S. 280.

Coblenz, Werner, Prof. Dr.
* 24.05.1917 in Pirna, † 07.06.1995 in Kempten
Mitglied im RAD. Seit Januar 1940 Mitglied der NSDAP. Teilnehmer am Zweiten Weltkrieg. Bis 1945 in sowjetischer Kriegsgefangenschaft. Ab 1945 Wissenschaftlicher Hilfsarbeiter am Landesmuseum für Vorgeschichte in Dresden und dort bis zu seiner Pensionierung 1982 Direktor. Von 1980 bis 1982 lehrte er als Honorarprofessor an der Universität Leipzig. Im Wissenschaftlichen Beirat für Heimatforschung des Instituts für Geographie und Geoökologie der AdW zu Berlin. Ab 1953 Mitglied der Historischen Kommission der SAW zu Leipzig. Bis 1980 Vorsitzender des Beirates für Bodendenkmalpflege beim Ministerium für Hoch- und Fachschulwesen. 1986 Mitglied der Bayerischen AdW. Ab 1987 Mitglied der British Academy. Zu seinen Ehren wurde der „Werner-Coblenz-Preis" gestiftet.
Quellen: Wikipedia, BStU, MfS, Allg. P. Dresden 1185/64, Bl. 14.

Columbus, Arno, Prof. Dr. agr.
* 25.01.1907 in Neuhaus bei Paderborn, † 01.04.1960 Berlin-West
Von 1933 bis 1941 Rottenführer der Reiter-SA. Von 1934 bis 1941 Assistent am Institut für Tierernährungslehre an der Landwirtschaftshochschule Berlin. Seit 1937 Mitglied der NSDAP. Als Obergefreiter einer Pioniereinheit von 1941 bis 1943 Teilnehmer am Zweiten Weltkrieg und als dienstuntauglich entlassen. 1945 zum „Volkssturm" eingezogen. In sowjetischer Kriegsgefangenschaft. Danach erhielt er 1945 an der Humboldt-Universität Berlin einen Forschungsauftrag, den er 1946 wegen seiner Nazi-Vergangenheit wieder aufgeben musste. 1949 erhielt er einen Lehrauftrag an der Universität Halle, wo er 1951 Professor wurde und dort das Institut für Tierernährung aufbaute.
Quellen: Wikipedia, Professorenkatalog Universität Halle, BStU, MfS, HA IX Nr. 25974, Bl. 35f., Bl. 93f.

Comberg, Gustav, Prof. Dr. rer. nat.
* 28.12.1910 in Essen-Heidhausen, † 13.10.1984
Seit 1937 Mitglied der NSDAP. Ab 1938 Tierzuchtinspektor in Königsberg. Von 1939 bis 1945 Soldat der Wehrmacht, wo sein letzter Dienstgrad Hauptmann der Reserve war. Von 1946 bis 1947 Leiter des Tierzuchtamtes Halle. Ab 1951 Professor für Tierzucht und Milchwirtschaft an der Landwirtschaftlich-Gärtnerischen Fakultät der Universität Leipzig. Mitglied der DAL. Von 1960 bis 1973 Leiter des Instituts für Tierzucht und Vererbungsforschung der TH Hannover.
Quellen: Wikipedia, BStU, MfS, BV Leipzig, AP 1022 / 62, Bl. 26f., Professorenkatalog Universität Leipzig, http://library.vetmed.fu-berlin.de/vetbiogramm/24.html.

Comberg, Wilhelm, Prof. Dr. med.
* 19.05.1885 in Velbert-Neviges, † 23.05.1958 in Rostock
Ab 1904 Mitglied der Studentenverbindung „Burschenschaft Arminia Marburg". Von 1907 bis 1908 als „Einjährig-Freiwilliger" Arzt in Würzburg. Von 1909 bis 1910 Medizinalpraktikant in Karlsruhe und Heidelberg. 1911 als Unterarzt in einem Pionierbataillon in Berlin-Spandau. 1912 Schiffsarzt bei HAPAG in Hamburg. Von 1914 bis 1918 in verschiedenen Lazaretten Teilnehmer am 1. Weltkrieg. Von 1926 bis 1933 Professor für Augenheilkunde an der Universität Berlin. Von 1933 bis 1938 förderndes Mitglied der SS. Von 1933 bis 1957 Professor für Augenheilkunde an der Universität Rostock. 1945 wurde er wegen seiner Nazi-Vergangenheit entlassen, blieb aber weiterhin Direktor der Klinik. 1946 wurde er neu berufen. 1955 als „Hervorragender Wissenschaftler des Volkes" ausgezeichnet. Von 1948 bis 1954 Mitglied im Präsidium und Ehrenmitglied der Deutschen Ophthalmologischen Gesellschaft Heidelberg. Von 1952 bis 1955 Vorsitzender der Augenärztlichen Gesellschaft von Mecklenburg. Von 1955 bis 1958 Vorsitzender der Medizinisch-Wissenschaftlichen Gesellschaft für Augenheilkunde an den Universitäten Rostock und Greifswald.
Quellen: Wikipedia, Professorenkatalog Universität Rostock.

Crecelius, Wilhelm (Willy) Christian, Prof. Dr. med.
* 29.10.1898 in Niederlahnstein, † 27.09.1979 in Dresden
Ab 1924 im Stadtkrankenhaus Dresden-Johannstadt und dort ab 1929 Oberarzt. Von 1932 bis 1945 niedergelassener Arzt für Magen-, Darm- und Stoffwechselkrankheiten in Dresden. Während des 2. Weltkriegs medizinischer Gutachter bei der Luftwaffe. 1945 war er Oberstabsarzt der Reserve. Seit 1942 Mitglied der NSDAP. Von Juni bis November 1945 leitender Arzt in der Medizinischen Klinik des Heinrich-Braun-Krankenhauses in Zwickau. Dort ab Dezember 1946 Chefarzt und Direktor des Krankenhauses. Ab 1946 Mitglied der LDPD. Ab 1952 Dozent für Ernährungsphysiologie an der TH Dresden. Von 1954 bis zu seiner Emeritierung 1964 Professor und Direktor an der Medizinischen Akademie „Carl-Gustav-Carus" in Dresden und zugleich Chefarzt der Medizinischen Klinik des Stadtkrankenhauses in Dresden-Johannstadt. Danach arbeitete er in seiner Praxis in Dresden. 1952 als „Verdienter Arzt des Volkes" und mit dem „Vaterländischen Verdienstorden" in Silber und Gold ausgezeichnet. Die Medizinische Akademie ernannte ihn 1965 zum Ehrensenator und verlieh ihm zum 75. Geburtstag die „Carus-Plakette". Mitglied der Sektion Innere Medizin der AdW zu Berlin.
Quellen: Herbst, Wikipedia, Baumgartner/Hebig, Sächsische Biografie.

Dainas, Kurt, Dozent
* 29.06.1896 in Tessendorf (Westpreußen), †?
Von 1914 bis 1918 als Vizefeldwebel Teilnehmer am 1. Weltkrieg. Von 1920 bis 1926 Lehrer in Altfelde (Westpreußen). Von 1927 bis 1930 Turn- und Sportlehrer in Elbing (Ostpreußen). Von 1930 bis 1932 Turn- und Sportlehrer an der Universität Berlin. Von 1932 bis 1939 Sachverständiger und Leiter des staatlichen Instituts für Leibesübungen in Ankara (Türkei). Ab 1937 Mitglied der Deutschen Kolonialgesellschaft in Ankara. Mitglied der NSDAP. Von 1939 bis 1940 wissenschaftlicher Angestellter am Institut für Leibesübungen an der Universität Berlin. Von 1940 bis 1946 Sportlehrer, Lehrbeauftragter und von 1940 bis 1946 stellvertretender Leiter am Institut für Leibesübungen und körperliche Erziehung an der Universität Rostock. Von 1946 bis 1949 privater Sportlehrer in Rostock. Seit 1949 Mitglied im FDGB. Mitglied der FDJ. Im Vorstand der

Hochschulsportgemeinschaft (HSG-Wissenschaft). Von 1949 bis 1950 Lehrbeauftragter und danach bis zur Emeritierung 1961 Dozent für Köpererziehung an der Universität Rostock. Von 1949 bis 1961 Direktor des Instituts für Leibesübungen. Ab 1950 Mitglied der GDSF. Bis 1963 weiterhin Lehrtätig an der Universität Rostock. 1968 siedelte er legal nach Westdeutschland.
Quellen: Professorenkatalog Universität Rostock

Dallmann, Herbert Hans Henning, Prof. Dr. rer. nat.
* 26.04.1909 in Znin, Kreis Bromberg, † 13.01.1996 in Merseburg
Mitglied der HJ. Von 1933 bis 1945 Mitglied der NSDAP. Mitglied im NSLB. Dozent für Mathematik an der Ingenieurschule in Wismar. Teilnehmer am Zweiten Weltkrieg und in englischer Kriegsgefangenschaft. Ab 1946 Mitglied der SED. Ab 1947 Mitglied im FDGB. Ab 1946 erneut Dozent und von 1950 bis 1952 Direktor der Ingenieurschule in Wismar. Von 1952 bis 1953 Professor an der PH Potsdam. 1953 bis 1954 Pädagogisches Institut und ab 1954 Professor für Chemie und Direktor des Instituts für Mathematik an der TH für Chemie in Leuna-Merseburg. Seit 1954 IM und seit 1958 Geheimer Informant (GI) „Schneider“ des MfS. Gründungsmitglied und Präsident der Urania. Gründungsrektor der TH Leuna-Merseburg. 1952 und 1955 mit der „Medaille für ausgezeichnete Leistungen“, 1959, 1964 und 1988 mit dem „Vaterländischen Verdienstorden“ in Bronze, Silber, Gold und 1969 mit der „Johannes-R.-Becher-Medaille“ ausgezeichnet.
Quellen: UFJ, Cerný, Herbst, Barth u. a., Baumgartner/Hebig, BStU, MfS, ASt Halle 84/76, Reg. Nr. Halle / 625/60, Bl. 41f., Bl. 126f., Bl. 160f., Bl. 172-183, Bl. 264, BStU, MfS, Halle, 84/76, Bd. I., Bl. 7f., Bl. 41, BStU, MfS, ASt Potsdam, 1389, Allg. P. 1581/53, Bl. 10f.

Dallmann, Siegfried, Dr. rer. pol.
* 09.02.1915 in Rörchen (Pommern), † 29.07.1994 in Waldsieversdorf
Ab 1931 Mitglied der HJ. Ab 1933 freiwillig Mitglied im RAD. Ab 1937 Mitglied der NSDAP. Mitglied im NSDStB und Gaustudentenführer in Thüringen. Seit 1934 Mitglied der SA und SA-Sturmführer. Ab 1938 Referendar bzw. Assistent an der Universität Jena. Ab Juni 1942 als Leutnant

d. R. Teilnehmer am Zweiten Weltkrieg. Ab 1943 in sowjetischer Kriegsgefangenschaft. Mitglied im NKFD. Von 1947 bis 1948 Referent der juristischen Abteilung im Ministerium für Wirtschaft und Verkehr der Landesregierung Sachsen-Anhalt. Mitglied der NDPD und von 1948 bis 1990 Mitglied im HA und im Parteivorstand der NDPD. Mitglied im FDGB. Von 1950 bis 1952 Minister der Finanzen im Land Brandenburg. Von 1950 bis 1990 AdV und stellvertretender Vorsitzender des Justiz- und Rechtsausschusses. Von 1967 bis 1989 Fraktionsvorsitzender der NDPD in der Volkskammer. Mitglied im Präsidialrat des KB. Mit der „Ernst-Moritz-Arndt-Medaille“, mit dem „Vaterländischen Verdienstorden“ in Silber und Gold (1970), mit dem „Ehrenzeichen“ der NDPD, 1975 mit der „Ehrenspange“ zum „Vaterländischen Verdienstorden“ und 1980 mit dem Orden „Stern der Völkerfreundschaft“ ausgezeichnet. Seit 1990 Mitglied im „Bund Freier Demokraten“ (BFD) und Mitglied der FDP.
Quellen: UFJ, Cerný, Herbst, Wikipedia, Barth u. a., Stockhorst, Buch, Grüttner, BStU, MfS, HA XX Nr. 5749, Bl. 6, Bl. 173f., BStU, MfS, AP Nr. 2406/92, Bl. 2-9, BStU, MfS, AP Nr. 2406/92, Bl. 2-9, BStU, MfS, HA IX/11 AS 236/68, Bd. 1, Bl. 4, Der Spiegel Nr. 8/1963, S. 21.

Dammann, Ernst, Prof. Dr. theol. Dr. phil.
* 06.05.1904 in Pinneberg, † 12.07.2003 ebenda
Seit 1931 Mitglied der NSDAP. Von 1933 bis 1936 aktiv in der Auslandsorganisation (NSDAP-AO) in Tanganyka (Tansania). Ab 1940 Dozent in Hamburg. Bis 1946 in US-amerikanischer Kriegsgefangenschaft. Von 1946 bis 1948 zuerst Lehrer, dann Leiter der theologischen Schule für deutsche Kriegsgefangene in Groß-Britannien. 1949 Professor an der Universität Hamburg. Seit 1957 Professor für Afrikanistik an der Humboldt-Universität Berlin und gleichzeitig Lehrbeauftragter an der Universität Leipzig. Ab 1962 an der Theologischen Fakultät der Universität Marburg Afrikanist und Religionshistoriker. Ab 1977 Gastdozent an der Lutherischen Theologischen Hochschule in Oberursel. Mitherausgeber der „Zeitschrift der Deutschen Morgenländischen Gesellschaft“. 1982 mit dem „Verdienstkreuz am Bande des Verdienstordens“ der BRD ausgezeichnet.
Quellen: Klee I, Wikipedia, BBKL, BStU, MfS, Allg. P. 2101/63, Bl. 7.

Dathe, Heinrich, Prof. Dr. phil.
* 07.11.1910 in Reichenbach, † 06.01.1991 in Berlin-Friedrichsfelde
Vom September 1932 bis 1945 Mitglied der NSDAP und Blockwart in Leipzig. Ab 1934 Assistent im Leipziger Zoologischen Garten. Mitglied, Politischer Leiter und Hoheitsträger in der DAF. Als Feldwebel Teilnehmer am Zweiten Weltkrieg. In Italien in britischer Kriegsgefangenschaft. Er kehrte 1947 wieder nach Leipzig zurück, durfte aber nicht wieder forschen. Er arbeitete als Markthelfer und als Vogelstimmenimitator für den Rundfunk. 1950 wieder im Zoo angestellt und von 1955 bis 1957 zum kommissarischen Leiter ernannt worden, gleichzeitig lehrte er an der Universität Leipzig. Ab 1954 Direktor des Tierparks Berlin-Friedrichsfelde. Mitglied im Präsidium der „Deutsch-Afrikanischen Gesellschaft". Mitglied im Präsidialrat des KB. Mit dem „Vaterländischen Verdienstorden" in Silber und Gold, 1966 mit dem „Nationalpreis" III. Klasse, mit der „Medaille für ausgezeichnete Leistungen" und mit der „Verdienstmedaille" ausgezeichnet. Nach ihm wurde eine Schule in Berlin-Friedrichshain benannt und ein „Heinrich-Dathe-Förderpreis" für Kinder und Jugendliche wurde eingerichtet. Seit November 2010 ist seine Grabstätte ein „Ehrengrab" des Landes Berlin.
Quellen: UFJ, Cerný, Barth u. a., Wikipedia, Baumgartner/Hebig, Buch, BStU, MfS, HA XX Nr. 5749, Bl. 176, BStU, MfS, HA XX Nr. 5754, Bl. 5.

Deffke, Friedrich Wilhelm Heinrich, Prof.
* 23.04.1887 in Elberfeld, † 28.08.1950 in Woltersdorf bei Berlin
Von 1909 bis 1910 selbständiger Ateliermitarbeiter bei Peter Behrens in Neubabelsberg. Von 1910 bis 1912 an der Reimann-Schule. Von 1914 bis 1916 Teilnehmer am Ersten Weltkrieg. Von 1919 bis 1925 betrieb er eine eigene Praxis als Architekt, Werbeorganisator und Graphiker. Von 1925 bis 1935 Direktor der Kunstgewerbe- und Handwerkerschule in Magdeburg. Ab 1927 Professor. Ab 1933 Mitglied der NSDAP. Bis 1945 selbständiger Gebrauchsgrafiker in Berlin. Von 1946 bis 1950 wieder Direktor der Kunstgewerbe- und Handwerkerschule in Magdeburg.
Quellen: Universität Magdeburg, Wikipedia.

Dehnert, Max, Prof.
* 11.02.1893 in Freiberg, Sachsen, † 22.09.1972 ebenda
Seit Mai 1933 Mitglied der NSDAP. Komponist und Schriftsteller zunächst in Freiberg und ab 1936 in Leipzig. Seit 1948 an der Musikhochschule Leipzig und seit 1953 Professor für Theorie und Schulmusik.
Quellen: Wikipedia, Klee II.

Deiters, Ludwig, Prof. Dr.-Ing. Dipl.-Ing.
* 23.12.1921 in Berlin, † 26.04.2018 ebenda
Seit 1937 Mitglied der NSDAP in der Ortsgruppe (OG) Lengerich bzw. der Ortsgruppe (OG) Ahlen. Mitglied im RAD. Teilnehmer am Zweiten Weltkrieg. In Kriegsgefangenschaft. Ab 1946 Mitglied der SED. Mitglied im KB. 1949/50 in der Bauleitung des KB. Von 1950 bis 1952 Architekt am Institut für Bauwesen der AdW zu Berlin. Von 1954 bis 1957 Mitarbeiter an den Entwürfen für die antifaschistischen Gedenkstätten Buchenwald, Ravensbrück und Sachsenhausen. Von 1951 bis 1961 Konservator am Institut für Denkmalpflege für die Bezirke Potsdam und Frankfurt/O. Von 1961 bis 1986 Generalkonservator des Instituts für Denkmalpflege. Honorarprofessor an der Hochschule für Architektur und Bauwesen in Weimar und an der Hochschule für Bildende Künste Berlin. 1977 stellvertretender Vorsitzender des Rates für Denkmalpflege beim Minister für Kultur. Präsident des Nationalkomitees des Internationalen Rates für Denkmalpflege (ICOMOS). 1959 und 1980 mit dem „Nationalpreis" und 1975 mit dem „Vaterländischen Verdienstorden" ausgezeichnet.
Quellen: Cerný, Barth u. a., Buch, Herbst, Baumgartner/Hebig, Wikipedia.

Dengler, Gerhard, Prof. Dr. phil.
* 24.05.1914 in Rheinhausen, Kreis Göttingen, † 03.01.2007
Vor 1933 Mitglied im Jungstahlhelm. Seit Mai 1937 Mitglied der NSDAP. 1937 Mitglied der SA und dort Oberscharführer. Als Hauptmann Teilnehmer am Zweiten Weltkrieg und mit dem „Ritterkreuz" ausgezeichnet. In sowjetischer Kriegsgefangenschaft. Mitglied im NKFD. Mitarbeiter beim Radiosender „Freies Deutschland". 1945 Mitglied der KPD bzw. SED. Bei der „Sächsischen Zeitung" in Dresden. 1948 ging er nach Leipzig, wo er für kurze Zeit Chefredakteur der „Leipziger Volkszeitung" war. Von 1948

bis 1949 Chefredakteur der DEFA-Wochenschau „Der Augenzeuge". Anschließend arbeitete er für die Tageszeitung „Neues Deutschland". Mitarbeiter der Hauptverwaltung (HV) Aufklärung des Ministeriums für Staatssicherheit (MfS). Von 1953 bis 1958 Korrespondent des „Neuen Deutschland" in Bonn. 1959 stellvertretender Vorsitzender des Büros des Präsidiums des NR der NF und 1966 Vize-Präsident des NR der NF. Im ZV des VDJ. Von 1969 bis 1979 Leiter der Sektion Auslandsinformation der DASR in Potsdam-Babelsberg. 1949 und 1952 als „Aktivist", 1964 mit dem „Vaterländischen Verdienstorden" in Silber und mit der „Franz-Mehring-Ehrennadel" ausgezeichnet.
Quellen: UFJ, Wiesenthal, Wikipedia, Baumgartner/Hebig, BStU, MfS, HA XX Nr. 5749, Bl. 186f.

Dettmann, Fritz, Dipl.-Ing.
* 22.08.1921 in Kummerow, † 04.11.1972 in Bulgarien
Mitglied der HJ. Als Leutnant Teilnehmer am 2. Weltkrieg. Bis 1949 in sowjetischer Kriegsgefangenschaft. Im Kriegsgefangenenlager 7399 Schüler einer Antifa-Schule. Ab 1950 Mitglied der FDJ. Ab 1955 Mitglied der SED. Von 1953 bis 1957 Konstrukteur und bis 1960 Hauptkonstrukteur beim VEB Volkswerft Stralsund. Dort ab 1960 Direktor für Technik. Ebenso beim VVB Schiffbau Rostock. Von 1967 bis 1972 Generaldirektor der VVB Hochseefischerei in Rostock.
Quellen: Wikipedia, Nomenklaturkaderakten Personalakte BArch DC 20/8025.

Deubel, Fritz, Prof. Dr.
* 09.09.1898 in Weilar, † 16.12.1966 in Ilmenau
Ab 1938 Mitglied der NSDAP. Leiter der Reichsanstalt für Bodenuntersuchung. Ab 1945 Leiter der Geologischen Landesanstalt der DDR. Ab 1949 Professor für Geologie an der Universität Jena. Ab 1952 Professor an der Humboldt-Universität. Leiter des Geotektonischen Instituts der AdW zu Berlin. Von 1954 bis 1956 Vorsitzender der Geologischen Gesellschaft. Seit Februar 1953 Mitglied der AdW zu Berlin. Seit Februar 1957 Mitglied der SAW. 1952 mit dem „Nationalpreis" III. Klasse ausgezeichnet.

Ehrenmitglied der Tschechoslowakischen Gesellschaft für Mineralogie und Geologie.
Quellen: Wikipedia, SAW, BBAW. https://deacademic.com/dic.nsf/dewiki/2368793.

Dick, Julius, Prof. Dr.
* 04.12.1891 in Mannheim, †?
Ab 1922 Assistent und ab 1934 Observator an der Sternwarte in Berlin-Babelsberg. Seit 1934 Mitglied der SA. Seit 1937 Mitglied der NSDAP. Mitglied der NSV. Mitglied des RLB. 1946 Forschungsbeauftragter an der Universität Berlin. Ab 1948 Observator an der Sternwarte Potsdam-Babelsberg. Ab 1951 und ab 1955 wissenschaftlicher Leiter des Astronomischen Rechen-Instituts Potsdam-Babelsberg.
Quellen: BStU, MfS, HA IX/11 AS Nr. 133/69, Bd. 11, Bl. 52f., http://adsabs.harvard.edu/full/1959MitAG..11...61.

Dieckhoff, Joseph, Prof. Dr. med. habil.
* 21.03.1907 in Köln, † 15.10.1977 in Köln
Seit 1933 Mitglied der NSDAP. Von Dezember 1935 bis August 1944 wissenschaftlicher Assistent bzw. ab März 1941 Oberarzt an der Universitätskinderklinik Köln. Von 1944 bis 1946 an einer Klinik in der Schweiz. Von 1946 bis 1948 Privatdozent an der Universität Köln und von 1948 bis 1949 als Oberarzt und Dozent an der Medizinischen Akademie Düsseldorf. Von 1949 bis 1950 Professor für Pädiatrie an der Medizinischen Akademie Düsseldorf. Von 1950 bis 1958 Professor für Pädiatrie an der Universität Halle. Von 1958 bis 1960 Professor für Pädiatrie an der Medizinischen Fakultät der Universität Leipzig und Direktor der Universitätskinderklinik. Von 1960 bis 1972 Professor für Pädiatrie an der Charité Berlin und Direktor der Kinderklinik. 1963 mit dem „Nationalpreis“ 2. Klasse, mit der „Hufeland-Medaille“ und 1961 als „Verdienter Arzt des Volkes“ ausgezeichnet.
Quellen: Professorenkatalog Universität Leipzig, BStU, MfS, AKK 8673/78, Bl. 4, Bl. 7f.

Diener, Hermann, Prof.
* 25.01.1897 in Rostock, † 27.01.1955 in Berlin
Teilnehmer am 1. Weltkrieg. Von 1919 bis 1920 Erster Geiger am Stadttheater Freiburg i. Brsg. Dort von 1921 bis 1922 Lehrer am Konservatorium. Von 1925 bis 1928 Leiter seines Kammerorchesters. Ab 1928 als Geiger Leiter des Collegium Musicum in Berlin. Ab 1934 Professor der Akademie für Kirchen- und Schulmusik in Berlin und dort mit der Musikarbeit der HJ verbunden. Vom Reichsministerium für Volksaufklärung und Propaganda zur Betreuung von Soldaten der Wehrmacht eingesetzt. 1944 als Musiker auf der „Liste der Gottbegnadeten" geführt, einer Liste die vom Reichsministerium für Volksaufklärung und Propaganda zusammen mit A. Hitler 1944 erstellt worden war. Damit von jeglichem Kriegseinsatz freigestellt. Nach 1945 an einer Volksmusikschule in Berlin.
Quellen: Klee II, https://www.mgg-online.com/article?id=mgg03662&v=1.0&rs=mgg03662.

Doerne, Martin Bernhard Gotthelf Theobaldt, Prof. Dr. phil. Dr. theol. h. c.
* 20.03.1900 in Schönbach, Sachsen, † 02.09.1970 in Göttingen
Seit 1924 Pfarrer in Chemnitz und ab 1925 Pfarrer in Löbau. Von 1927 bis 1934 Studiendirektor am Predigerseminar in Lückendorf. Seit 1935 Mitglied im NSDDB. Seit 1933 Mitglied der NSV. Seit 1936 Mitglied im NSAHB. Von 1934 bis 1947 Professor für Praktische Theologie an der Theologischen Fakultät der Universität Leipzig. Seit 1947 Professor für Systematische Theologie an der Universität Rostock. 1952 folgte er einem Ruf an die Universität Halle. Ab 1954 Professor für Praktische Theologie an die Universität Göttingen. Das Staatssekretariat für Hochschul- und Fachschulwesen genehmigte die Übersiedlung. 1970 mit der Festschrift „Fides et commucatio" geehrt.
Quellen: Professorenkatalog Universität Leipzig, Professorenkatalog Universität Halle, Professorenkatalog Universität Rostock, Klee I, Stockhorst.

Döpel, Robert, Prof. Dr. phil.
* 03.12.1895 in Neustadt in Thüringen, † 02.12.1982 Ilmenau
Teilnehmer am Ersten Weltkrieg und 1918 schwer verwundet. Förderndes Mitglied der SS. Mitglied der NSV. Ab 1938 Professor und Abteilungsvorstand für Strahlenphysik am Physikalischen Institut in Leipzig. Für das Heereswaffenamt am deutschen Kernforschungsprojekt beteiligt. 1945 in einem Forschungsinstitut in der Sowjet-Union. Von 1952 bis 1957 Professor für Experimentalphysik an der Universität Woronesch. Von 1957 bis 1962 Professor an der Hochschule für Elektrotechnik in Ilmenau.
Quellen: Klee I, Wikipedia, Professorenkatalog Universität Leipzig.

Dorst, Werner, Prof. Dr. paed. Dr. paed. h. c.
* 06.01.1914 in Neundorf (Vogtland), † 07.12.1990
Von 1936 bis 1939 Lehrer. Ab 1937 Mitglied der NSDAP. Als Oberleutnant Teilnehmer am Zweiten Weltkrieg. Ab 1944 in sowjetischer Kriegsgefangenschaft, wo er eine antifaschistische Schule besuchte. Ab 1944 Mitarbeiter beim NKFD. Ab 1949 Mitglied der SED. Von Mai 1951 bis 1958 Direktor des ZI für Pädagogik. 1958 wegen „revisionistischer Tendenzen“ abberufen. Ab 1958 Hochschullehrer an der Universität Jena. Mitglied der APW, wo er als Erziehungswissenschaftler Sektionsdirektor war. Prorektor der Universität. Seit 1961 Professor für marxistisch-leninistische Erziehungstheorie. Mit dem „Vaterländischen Verdienstorden“ in Bronze und Silber ausgezeichnet. Ab 1970 Mitglied der APW. 1989 Ehrendoktor der APW.
Quellen: Baumgartner/Hebig, Cerný, Herbst, Buch, Wikipedia.

Dost, Friedrich Hartmut, Prof. Dr. med. Dr. h. c.
* 11.07.1910 in Dresden, † 02.11.1985 in Gießen
Von 1939 bis 1951 Assistenzarzt und Oberarzt an der Universitätskinderklinik Leipzig. Von 1937 bis 1945 Mitglied der NSDAP. Von 1933 bis 1939. Mitglied der SA. Mitglied im NSÄB. An der Kinderklinik der Universität Leipzig. Teilnehmer am Zweiten Weltkrieg. In US-amerikanischer, britischer bzw. sowjetischer Kriegsgefangenschaft bis 1946. Von 1946 bis 1951 Mitglied im FDGB. 1947 kehrte er an die Kinderklinik Leipzig zurück. 1951 übernahm er kommissarisch die Leitung der

Kinderklinik der Charité der Humboldt-Universität Berlin und 1953 dort Professor für Kinderheilkunde und Direktor der Kinderklinik. Mitherausgeber der „Zeitschrift für die gesamte innere Medizin“, der „Klinischen Wochenschrift“ und der „Monatsschrift für Kinderheilkunde“. 1960 an die Universität Gießen berufen. Mitglied der AdW zu Berlin. Mitglied der Leopoldina zu Halle. Mitglied der Deutschen Pharmakologischen Gesellschaft. Mitglied der Arbeitsgemeinschaft für pharmazeutische Verfahrenstechnik und Ehrenmitglied der Deutschen Gesellschaft für Kinderheilkunde. Mit dem „Curt-Adam-Preis“ der Kongressgesellschaft für ärztliche Fortbildung, mit dem „Otto-Heubner-Preis“ der Deutschen Gesellschaft für Kinderheilkunde, mit der „Schmiedeberg-Plakette“ der Deutschen Pharmakologischen Gesellschaft und mit der „Paul-Martini-Medaille“ in Gold ausgezeichnet. 1958 erhielt er den „Nationalpreis“ III. Klasse. Die Universität Frankfurt/M. verlieh ihm den Ehrendoktortitel. Die Medizinische Gesellschaft Gießen vergibt einen „Friedrich-Hartmut-Dost-Preis“ für besondere Leistungen in der akademischen Lehre am Fachbereich und die Deutsche Gesellschaft für Klinische Pharmakologie und Therapie e. V. vergibt einen Friedrich-Hartmut-Dost-Gedächtnispreis zu Förderung der Klinischen Pharmakologie. In Dresden wurde eine Straße nach ihm benannt.

Quellen: Klee I, Wikipedia, BStU, MfS, AS, Nr. 2122/67, Bl. 2ff., Bl. 12-20, Bl. 38, Bl. 46, Bl. 75, Bl. 84, BStU, MfS, AP Nr. 13402/65, Bl. 3ff, Bl. 15f., https://link.springer.com/content/pdf/10.1007/s00112-016-0057-3.pdf, S. 41-45.

Draeger, Max Emil Fritz, Prof. Dr. phil.

* 08.10.1895 in Berlin, † 1974 in Potsdam

Teilnehmer am Ersten Weltkrieg. Von 1918 bis 1919 Assistent am Mathematischen Institut der Universität Jena. Von 1919 bis 1949 im Schuldienst, ab 1921 an einer Realschule in Chemnitz. Seit 1924 Studiendirektor. Seit 1935 Mitglied der NSV. In der Zeitschrift „Deutsche Mathematik“ veröffentlichte er 1941 den Aufsatz „Mathematik und Rasse“. Mitglied der KPD bzw. SED. Mitglied im FDGB. Seit 1946 Mitglied im KB. Seit 1950 Mitglied der GDSF. Von 1949 bis 1950 Professor an der TH Dresden. Von 1950 bis 1951 Professor für die Methodik des mathematischen Unterrichts an der Pädagogischen Fakultät der Universität Leipzig. Von 1951 bis 1955 Professor für Methodik des Mathematikunterrichts an der TH Dresden. Quellen: Professorenkatalog Universität Leipzig, Wikipedia.

Dunken, Gerhard, Dr.
* 24.08.1908 in Bredereiche, Templin, †?
Von Februar 1932 bis 1945 Mitglied der NSDAP und stellvertretender Ortsgruppenleiter in Berlin und Gaureferent. Von 1934 bis 1945 Mitglied im NSLB. Er verschwieg nicht nur seine Nazi-Vergangenheit, sondern holte auch eidesstattliche Erklärungen ein, um diese Lüge zu tarnen. Mitglied der SED. Persönlicher Referent des Präsidenten der Protokollabteilung der AdW zu Berlin. Langjähriger Direktor des Archivs der AdW zu Berlin.
Quellen: UFJ, BStU, MfS, HA XX Nr. 5749, Bl. 206.

Dunken, Heinz, Prof. Dr.
* 12.12.1912 in Metz, † 14.01.1974 in Jena
Von November 1934 bis zum 12. Oktober 1935 Freiwilliger in der Reichswehr beim Infanterieregiment Konstanz. 1933 bis 1934 Mitglied der SA. Von 1938 bis 1945 Mitglied im NSDDB. Von 1938 bis 1944 zunächst Hermann-Göring-Stipendiat, dann Verwalter einer Assistentenstelle im Institut für Physikalische Chemie der Universität Halle, wo er später zum Assistenten ernannt wurde. Hier für wissenschaftliche Sonderaufgaben der Wehrmacht freigestellt. Von April 1944 bis Mai 1945 Abteilungsleiter im „Vierjahrplaninstitut für Grenzflächenforschung“ in Halle. Von 1937 bis 1945 Mitglied der NSDAP. Mitglied der NSV. Ab 1946 Mitglied im FDGB. Vom Oktober 1946 bis Dezember 1953 als Spezialist in der Sowjetunion. Von August bis Dezember 1954 Abteilungsleiter im ZI für Schweißtechnik Halle-Trotha. Ab 1955 zunächst Professor mit vollem Lehrauftrag, später mit Lehrstuhl an der Universität Jena. Zugleich Leiter des Instituts für Physikalische Chemie und ab 1967 Dekan. 1961 erhielt er den „Vaterländischen Verdienstorden“ in Bronze und 1964 den „Nationalpreis“ III. Klasse. Ab 1969 „Gesellschaftlicher Mitarbeiter Sicherheit“ (GMS) für das MfS.

Quellen: BStU, MfS, Handakte für GMS 207/74, Bl. 2-6, Bl. 38ff, Professorenkatalog Universität Halle.

Eckardt, Theo, Prof. Dr. sc. nat.
* 16.10.1910 in Treuchtlingen, † 20.01.1977 in Berlin
Ab 1933 Mitglied der SA. Ab 1934 Mitglied der NSV. Ab Mai 1937 Mitglied der NSDAP. Von 1937 bis 1939 Wissenschaftlicher Assistent. Von 1940 bis 1944 als Leutnant einer Artillerieeinheit Teilnehmer am Zweiten Weltkrieg. Danach von 1944 bis 1949 in sowjetischer Kriegsgefangenschaft. 1944 Mitglied im BDO. Lehrer an einer antifaschistischen Schule. 1949 ernannte ihn die Landesregierung Sachsen-Anhalts zum Dozenten für Biologie an der Universität Halle. Ab 1950 Professor mit Lehrauftrag an der Brandenburgischen Landeshochschule Potsdam. 1955 wechselte er an die FU Berlin, wo er zum Professor ernannt worden war. Ab 1964 Direktor des Botanischen Gartens Berlin und ab 1971 zugleich Leiter des Botanischen Museums.
Quellen: Professorenkatalog Universität Halle, Wikipedia.

Eckermann, Walther, Prof. Dr. phil.
* 30.11.1899 in Wittenberge, † 28.11.1978
Vom Juni 1925 bis 1926 und ab Mai 1937 Mitglied der NSDAP. Ab 1935 als Mitglied, Blockwalter und Karteiführer bei der NSV. Ab 1947 Mitglied der SED. Mitglied im FDGB. Mitglied im KB. Mitglied der GST. Mitglied der GDSF. Ab 1947 Dozent, später Professor an der Universität Rostock. Danach Professor für die Methodik des Geschichts- und Geographieunterrichts an der Universität Greifswald. Ab 1954 Mitglied der Urania. Ab 1955 Direktor des Pädagogischen Instituts. Prorektor für den wissenschaftlichen Nachwuchs an der PH Potsdam und dort Professor mit Lehrstuhl für Deutsche Geschichte. Direktor des Instituts für Deutsche Geschichte.
Quellen: UFJ, BStU, MfS, HA XX Nr. 5749, Bl. 214f., BStU, MfS, HA XX Nr. 5754, Bl.7, Bl. 322, Mertens, S. 27f.

Eckert-Möbius, Adolf, Prof. Dr. med.
* 04.12.1889 in Breslau, † 31.03.1976 in Halle (Saale)
Von 1914 bis 1919 als Truppenarzt und als Arzt im Kriegslazarett Damaskus Teilnehmer am Ersten Weltkrieg. Sein letzter Dienstgrad war Oberarzt. Mit dem „Eisernen Kreuz" I. und II. Klasse, mit dem „Hanseatenkreuz" sowie mit dem „Türkischen Halbmond" ausgezeichnet. Nach dem Krieg Volontär in Kiel, dann Assistent am Pathologischen Institut der Universität Hamburg. Von 1921 bis 1923 Assistent an der Universität Jena. Ab 1923 Assistent an der Universität Halle. Habilitierte 1924 für Hals-Nasen-Ohrenkrankheiten. Ab 1926 Oberarzt der Ohrenklinik. 1928 zum nichtbeamteten Professor ernannt. Im selben Jahr erhielt er den Ruf auf den Lehrstuhl der Hals-Nasen-Ohrenheilkunde und wurde zum Professor ernannt. Seit 1933 Mitglied der NSDAP. Mitglied im NSLB, Mitglied der NSV. Mitglied im NSDDB. Mitglied im NSAHB. Mitglied im RLB. Mitglied der Reiter-SS. Von 1928 bis 1958 Direktor der Hals-Nasen-Ohren-Klinik, außerdem fünf Mal Dekan der Medizinischen Fakultät. 1939 als Chefarzt des Feldlazaretts 275 Prag eingezogen. 1940 diente er drei Monate als beratender Otologe in Paris. 1941 vom Kriegsgeschehen freigestellt. 1945 von der Universität Halle entlassen, aber als „Spezialist" in Assistentenstellung weiterbeschäftigt, im Oktober 1948 erneut berufen und 1958 emeritiert. Ab 1946 Mitglied im FDGB. 1959 als „Hervorragender Wissenschaftler des Volkes" ausgezeichnet.
Quellen: Professorenkatalog Universität Halle, Wikipedia.

Ehwald, Ernst, Prof. Dr.
* 11.08.1913 in Thal, Ruhla, † 14.08.1986 während einer Reise in der Slowakei
Seit 1937 Mitglied der NSDAP. Teilnehmer am Zweiten Weltkrieg. Ab 1946 Leiter der Versuchsabteilung für Forstliche Stadtortkartierung in Jena. Von 1951 bis 1970 Leiter des Instituts für Forstliche Bodenkunde Eberswalde an der Forstwirtschaftlichen Fakultät der Humboldt-Universität Berlin bzw. der AdL, wo er aus „politischen Gründen" abberufen wurde. Von 1971 bis 1978 Professor für Pflanzenproduktion und Gartenbau der Humboldt-Universität Berlin. Mitglied der SED. Mitglied der

DAL. 1969 mit dem „Vaterländischen Verdienstorden“ in Bronze und der „Verdienstmedaille“ ausgezeichnet.
Quellen: Wikipedia, https://www.agrar.hu-berlin.de/de/institut/profil/personen_bio.

Eichhorn, Rudolf, Ing.
* 23.04.1921 in Dresden, †?
Seit April 1934 Mitglied der HJ. Ab September 1939 Mitglied der NSDAP. Ab 1944 Teilnehmer am Zweiten Weltkrieg. Danach in Kriegsgefangenschaft. Mitglied der CDUD und Abgeordneter im Bezirkstag von Dresden. Mitglied im FDGB. Mitglied der GDSF. Bis 1956 Bauingenieur. Ab 1958 Bezirksbaudirektor. Von 1958 bis 1963 AdV. Von 1965 bis 1970 stellvertretender Minister für das Bauwesen. Danach Direktor der Deutschen Bauausstellung in Dresden und stellvertretender Direktor des Instituts für Bauinformation und Mitglied der KdT. 1959 und 1981 mit dem „Vaterländischen Verdienstorden“ in Bronze und Silber, dreimal als „Aktivist“ und mit der „Verdienstmedaille“ ausgezeichnet. Seine Nazi-Vergangenheit wurde in offiziellen Darstellungen der DDR nicht angeführt. Im Juni 1973 fand das MfS einen Fragebogen aus der Stadtverwaltung Dresden vom Dezember 1945, worin Eichhorn seine Mitgliedschaft in der HJ und der NSDAP angegeben, hatte.
Quellen: UFJ, Buch, Wikipedia, BStU, MfS, HA XX Nr. 5754, Bl. 212, BStU, MfS, HA IX/11 AS 236/68, Bd. 1, Bl. 4.

Eichler, Ernst Heinrich, Prof. Dr. phil. Dr. h. c.
* 21.03.1900 in Bonn, † 05.11.1986 in Leipzig
Von 1920 bis 1933 Volksschullehrer in Eythra und Leipzig. Von 1927 bis 1929 Mitglied der KPD. Von 1929 bis 1934 Mitglied der KPD(O). Von 1936 bis 1941 Korrekturleser im Bibliographischen Institut Leipzig. Seit April 1941 Mitglied der NSDAP. Mitglied der RSK. Von 1941 bis 1945 Teilnehmer am Zweiten Weltkrieg. In US-amerikanischer Kriegsgefangenschaft. Seine Mitgliedschaft in der NSDAP verschwieg er vor den Behörden in der SBZ bzw. DDR. Von 1945 bis 1946 Lehrer und Schulleiter an der 46. Grundschule in Leipzig. Mitglied der KPD bzw. SED. Von 1946 bis 1948 Stadtschulrat für Neuorganisation und Entnazifizierung des

Schulwesens in Leipzig. Seit 1947 Mitglied der GDSF. Von 1948 bis 1949 als Kurator an der Universität Leipzig verantwortlich für die politische und organisatorische Arbeit beim Wiederaufbau der Universität. 1949/50 Abteilungsleiter im Ministerium für Volksbildung in Berlin. Seit 1952 Mitglied im KB. Von 1950 bis 1965 Leiter bzw. Direktor der Abteilung Geschichte der Pädagogik am Institut für Pädagogik der Universität Leipzig. Hier drei Mal Mitglied der SED-Parteileitung am Institut für Pädagogik. Von 1951 bis 1955 Prodekan der Pädagogischen Fakultät. Von 1961 bis 1963 Prodekan der Philosophischen Fakultät. Seit 1958 Mitglied der Bezirksleitung der Pionierorganisation „Ernst Thälmann". Vorsitzender der Kommission zur Erforschung der Pädagogischen Tradition der deutschen Arbeiterbewegung. Seit 1966 Mitglied der Kommission für Erziehungs- und Schulgeschichte bei der APW. 1960 und 1975 mit dem „Vaterländischen Verdienstorden" in Bronze und Silber und 1962 als „Verdienter Lehrer des Volkes" ausgezeichnet. Die Universität Leipzig verlieh ihm 1976 den Ehrendoktortitel.
Quellen: UFJ, Wikipedia, Professorenkatalog Universität Leipzig, BStU, MfS, HA XX Nr. 5749, Bl. 222ff., BStU, MfS, HA XX Nr. 5754, Bl. 9, Bl. 328, Mertens, S. 28.

Eickstedt, Egon von, Prof. Dr. rer. nat., Dr. med. h. c.
* 10.04.1892 in Jeseritz (Posen), † 20.12.1965 in Mainz
Von 1915 bis 1918 führte er, im Auftrag des Preußischen Kultusministeriums, sprach- und musikwissenschaftlichen Studien an kolonialen Kriegsgefangenen durch. Von 1920 bis 1921 Assistent am Institut für Menschenkunde Berlin. Von 1921 bis 1923 Assistent am Geographischen Institut der Universität Freiburg. 1924 Leiter der Anthropologischen Abteilung am Naturhistorischen Museum in Wien. 1924 Assistent an der Anthropologischen-Prähistorischen Staatssammlung in München. Von 1926 bis 1929 Leiter einer Forschungsexpedition nach Asien. 1935 begründete er die „Zeitschrift für Rassenkunde" Ab 1937 erneut Leiter einer Forschungsexpedition nach Asien. Obwohl er nicht Mitglied der NSDAP war, arbeitete er als Gutachter für das Reichssippenamt bzw. für das Rassenpolitische Amt der NSDAP. In strittigen Fällen hatte er zu klären, wer „Jude, Halbjude bzw. Vierteljude" gewesen sein sollte. Von 1929 bis 1945 Pri-

vatdozent bzw. Professor für Anthropologie bzw. Rassen- und Völkerkunde an der Universität Breslau. Ab 1946 Professor für Anthropologie an der Medizinischen Fakultät der Universität Leipzig. Von 1946 bis 1961 Professor für Anthropologie an der Universität Mainz. In der, 1985 in der DDR erschienen, „Geschichte der Biologie“ wird von Eickstedt als bedeutender Anthropologe und Rassentheoretiker gewürdigt. Seine Assistentin in Breslau, Ilse Schwidetzky, wurde in Mainz seine Nachfolgerin.
Quellen: Wikipedia, Professorenkatalog Universität Leipzig, Klee I, Stockhorst, Kapferer, S. 112.

Einsporn, Erich, Prof. Dr. phil
* 06.06.1890 in Birnbaum, † Oktober 1964
Seit Januar 1940 Mitglied der NSDAP. Von 1936 bis 1938 Regierungsrat in der Physikalisch-Technischen Anstalt in Berlin. Nach 1945 führendes Mitglied im Deutschen Friedensrat. Laborleiter beim Deutschen Amt für Maße und Gewichte in Weida. Mit dem „Vaterländischen Verdienstorden“ in Silber und mit der „Friedensmedaille“ ausgezeichnet.
Quellen: Kappelt, Baumgartner/Hebig.

Eisenhuth, Heinz Erich, Prof. Lic. theol. Dr. phil. Dr. theol. habil.
* 08.05.1903 in Frankfurt/M., † 26.07.1983 in Pferdsdorf an der Werra
Seit 1927 Vikar in einigen Landgemeinden. Seit 1928 Stadtvikar in Frankfurt/M. Von 1931 bis 1936 Privatdozent an der Universität Leipzig. Fürsorgewart des SA-Sturmes 7/2351 in Jena. Seit April 1933 Mitglied der NSDAP. Vertrauensmann der Dozentenschaft an der Universität Leipzig und bei der Fachschaft Hochschule des NSLB. Ab 1935 Lehrbeauftragter für Religionsphilosophie und Sozialethik an der Universität Leipzig. Ab 1937 Lehrstuhlvertreter für Systematische Theologie an der Theologischen Fakultät der Universität Jena. Mitglied der antisemitischen und völkischen „Deutschen Christen“. Ab 1938 Dekan der Theologischen Fakultät der Universität Jena. Seit 1943 leitender Mitarbeiter am „Institut zur Erforschung und Beseitigung des jüdischen Einflusses auf das deutsche kirchliche Leben“. Von 1943 bis 1945 Teilnehmer am Zweiten Weltkrieg. 1945 aus dem Universitätsdienst entlassen und wurde von der evangelischen Landeskirchenleitung Thüringen 1948 als Pfarrer in Jena-Zwätzen einge-

setzt. Ab 1952 Superintendent in Eisenach und leitete einige Jahre die Evangelische Akademie. Mitglied der Synode. 1967 ging er in den Wartestand und 1969 in den Ruhestand.
Quellen: Wikipedia, Klee I., Braun/Grünzinger, Weinreich, BStU, MfS, AP, Nr. 21672/92, Bl. 1f., BStU, MfS, AP Nr. 22243/92, Bl. 7, Bl. 45, Bl. 102f, Bl. 113, Bl. 116, BStU, MfS, HA IX/11, ZA VI 3322, Akte 20, Bl. 14,

Eisenkolb, Friedrich, Prof. Dr.-Ing.
* 05.01.1901 in Warnsdorf (CSR), † 29.09.1967 in Dresden
Von 1924 bis 1931 Leiter der Stoffwirtschaftsstelle des Chemischen Labors und der Technischen Versuchsanstalt des Werks Rothau der Eisenwerk AG. Von 1931 bis 1938 bei der Blechwalzwerke AG in Friedeck (CSR). Ab 1939 bei der Forschungs- und Versuchsanstalt bei den Eisen- und Hüttenwerken Thale, Harz. Von 1940 bis 1945 Mitglied der NSDAP. Mitglied im FDGB. Seit 1949 Professor mit Lehrstuhl für Werkstoffkunde an der TH Dresden. Ab 1951 Direktor des Instituts für metallische Spezialwerkstoffe. Ab 1953 Mitglied der AdW zu Berlin. 1959 mit dem „Nationalpreis“ und 1961 mit dem „Vaterländischen Verdienstorden“ in Silber ausgezeichnet.
Quellen: Cerný, BStU, MfS, BV Dresden, AP 770/56, Bl. 10ff., BBAW.de, Wikipedia.

Eißfeldt, Otto, Prof. Dr. phil. Lic. theol.
* 01.09.1887 in Northeim, † 23.04.1973 in Halle (Saale)
Von 1908 bis 1912 Inspektor am Studienhaus Johanneum Berlin. Von 1912 bis 1920 Prediger an der Berliner Jerusalems- und Neuen Kirche. Von 1923 bis 1928 Mitglied der DNVP. Ab 1921 Professor für Altes Testament an der Universität Halle. Seit 1934 Mitglied im NSLB. Bis 1937 Mitglied im Rotary-Clubs. Mitarbeiter beim Nazi-Kriegseinsatz der Geisteswissenschaften. Von 1920 bis 1945 persönlicher Ordinarius, danach Professor mit Lehrstuhl für das Alte Testament an der Universität Halle. 1920/30 und von 1945 bis 1948 Rektor der Universität Halle. 1922 Ehrenpromotion in Berlin, 1951 in Glasgow und 1955 in Budapest. Ab 1945 Mitglied der CDUD. Von 1936 bis 1950 gehörte er dem Konsistorium der Kirchenpro-

vinz Sachsen an. In den 1950er Jahren hatte er Gastvorlesungen an den Universitäten Hamburg, Kopenhagen, Mainz und Erlangen und war Gastprofessor in Tübingen. 1957 emeritiert, wurde Eißfeldt 1959 und 1962 reaktiviert. 1956 zum Ehrensenator der Universität Halle ernannt. Ehrenmitglied der AdW zu Berlin. Mitglied der SAW zu Leipzig. 1956 als „Ehrensenator", 1965 mit dem Orden „Banner der Arbeit" und 1967 mit dem „Vaterländischen Verdienstorden" ausgezeichnet.
Quellen: Herbst, Wikipedia, Professorenkatalog Universität Halle, Klee I, Biographisch-Bibliographisches Kirchenlexikon, Baumgartner/Hebig, Braun/Grünzinger, S. 69, BStU, MfS, BV Halle, Ref. XII / Archiv, AOp. 46/59, Band 2a, Bl. 40-50, BStU, MfS, BV Halle, AOP 46/59 4, Bl. 41ff., BStU, MfS, BV Halle, AOP 46/59 1, Bl. 7, Filippovich, S. 37.

Elliger, Walter, Prof. Dr. theol.
* 08.12.1903 in Heppens, Kreis Wittmund, † 23.05.1985 in Unna
Nach 1928 Vikar in Kreypau und Halle. 1929 bis 1934 Assistent bzw. Privatdozent an der Universität Halle. Ab 1933/34 Mitglied der SA. Mitglied der Deutschen Christen. An der Theologischen Fakultät der Universität Halle als Führer des NSDBB eingesetzt. Nach 1945 verheimlichte Elliger diese Periode seines Lebens. Von 1934 bis 1936 Professor der Universität Kiel und bis 1936 Dekan. Von 1936 bis 1939 Professor an der Universität Greifswald und dort von 1938 bis 1942 Dekan der Theologischen Fakultät. Als Oberleutnant von 1939 bis 1945 Teilnehmer am Zweiten Weltkrieg. Mit dem EK II ausgezeichnet. Von 1945 bis 1950 Professor der Theologie an der Universität Greifswald. Ab 1950 Professor für Kirchengeschichte und Dekan an der Humboldt-Universität Berlin. Von Januar 1964 bis zu seiner Emeritierung 1970 Professor und Dekan an der Universität Bochum. Ende 1961 wurde gegen ihn und seine Familie im Wohngebiet in Kleinmachnow durch das MfS verdeckt ermittelt.
Quellen: Professorenkatalog Universität Halle, Universität Kiel, Wikipedia, Braun/Grünzinger, S. 70, BStU, MfS, Allg. P. Nr. 2313/70, Bl. 34ff., BStU, MfS, AP Nr. 11840/92, Bl. 1f., Bl. 17f., BStU, MfS HA XX Nr. 26547, Bl. 83f., Bl. 88, Bl. 117f.

Elvert, Gerhard, Dr. agr.
* 1925 in Dambrau, Oberschlesien, † 31.08.2012 in Brüssow
HJ-Fähnleinführer. Ab August 1944 Mitglied der NSDAP, was er nach 1945 gegenüber den Behörden in der SBZ bzw. DDR verschwieg. Er gab an, er wäre nur von 1938 bis 1939 Mitglied der HJ und Jungzugführer gewesen. Mitglied der SED. Vom 1. April 1954 bis 1958 stellvertretender Landwirtschaftsminister. 1958 Direktor des Instituts für Agrarökonomie der AdL zu Berlin. Direktor des Volkseigenen Gutes Klockow und Vorsitzender einer LPG. Mitglied der PDS.
Quellen: BStU, MfS, HA XX Nr. 5749, Bl. 238f., UFJ, http://www.mv-taschenbuch.de/index.php?article_id=20&autorid=102

Emicke, Otto, Prof. Dr.-Ing.
* 27.04.1891 in Ratibor, † 19.10.1970 in Freiberg
Teilnehmer am Ersten Weltkrieg. Ab 1928 Professor an der BAF. 1942 Direktor des Instituts für Metallformung. Seit 1940 Mitglied der NSDAP. Im November 1933 unterzeichnete er das „Bekenntnis der Professoren an den deutschen Universitäten und Hochschulen zu Adolf Hitler und dem nationalsozialistischen Staat“. Von 1945 bis 1947 wieder an der BAF. Bis 1949 Direktor des Forschungsinstituts für Nichteisenmetalle. Mitglied des Forschungsrates beim Ministerrat. Seit 1955 Mitglied der AdW zu Berlin. 1961 mit dem „Vaterländischen Verdienstorden“ in Silber und mit dem Orden „Banner der Arbeit“ ausgezeichnet. 1961 ernannte ihn die BAF zum Ehrensenator.
Quellen: Wikipedia.

Emmrich, Josef-Peter, Prof. Dr. med.
* 05.01.1909 in Neunkirchen, Saar, † 28.11.1963 in Magdeburg
Seit 1927 Mitglied der HJ. Seit 1934 Mitglied der Marine-SA und dort Sanitätssturmführer der Marinestandarte I. Seit 1931 Mitglied der NSDAP. Mitglied im NSDStB in Tübingen. Seit 1936 zugelassener Arzt des Amtes für Volksgesundheit der NSDAP. 1934 Volontärarzt in der Pharmakologie. Von 1935 bis 1939 Assistenzarzt an der Universitätsfrauenklinik Hamburg-Eppendorf. Ab September 1939 an der Universitätsfrauenklinik Halle. Von 1939 bis 1942 als Chirurg in Frankreich und an der Ostfront

Teilnehmer am Zweiten Weltkrieg. Mit dem „Eisernen Kreuz" I. und II. Klasse ausgezeichnet. Nach einer Erkrankung trat er 1942 seinen Dienst an der Universität Halle an. Im Oktober 1945 entlassen, jedoch, unter Kürzung seines Gehalts, an der Universitätsfrauenklinik weiterbeschäftigt. Ab 1945 Mitglied im FDGB. Ab 1946 Mitglied der SED. 1947 zum Professor mit Lehrauftrag ernannt. 1948/49 kommissarischer Leiter der Universitätsfrauenklinik Halle. Ab 1950 Chefarzt der Landesfrauenklinik Magdeburg, lehrte aber weiter an der Universität Halle. 1960 als „Verdienter Arzt des Volkes" ausgezeichnet. Mitglied der AdW zu Berlin. Ab 1962 Vorsitzender der Medizinischen Akademie Magdeburg.
Quellen: Wikipedia, Professorenkatalog Universität Halle, Magdeburger Biographisches Lexikon, BStU, MfS, HA XX Nr. 5749, Bl. 244, BStU, MfS, BV Magdeburg, AP 14/70, Bl. 3-12, Bl. 20f., BStU, MfS, XV 4076/62, Bl. 11.

Emmrich, Rolf, Prof. Dr. med.
* 26.08.1910 in Freiberg, † 05.05.1974 in Leipzig
Ab 1927 Mitglied der HJ. Seit 1931 Mitglied des NSDStB. Mitglied der NSDAP. 1932 Führer der Tübinger Studentenschaft. 1933/34 Stabsleiter der Württembergischen Studentenschaft. Ab Juni 1937 Mitglied der NSV. Aktiv bei der NS-Studentenkampfhilfe. Mitglied im NSDDB. Ab 1933 Mitglied der SA und zum SA-Oberscharführer ernannt. Arzt an der Universitätskinderklinik in Tübingen. 1936 legte er an der Universität Tübingen seine Dissertation vor, mit der er Erbkrankheiten untersuchte. Danach Assistenzarzt am Pathologischen Institut der Universität München. Außerdem Assistent an der Universität Leipzig und der Universität Frankfurt/M. Von 1947 bis 1954 als Assistenzarzt, Oberarzt und als Dozent an der Universität Halle. Von 1954 bis 1959 Direktor der Medizinischen Klinik an der Medizinischen Akademie Magdeburg. Ab 1959 an der Universität Leipzig und dort Direktor der Medizinischen Universitätsklinik. Von 1961 bis 1963 Direktor des Instituts für Sportmedizin an der DHfK in Leipzig. Zur Leitung gehörten E. Strauzenberg und H. Bürger, die ebenfalls vor 1945 Mitglieder der NSDAP waren. Mitglied der Leopoldina zu Halle. Ab 1961 Mitglied der SAW zu Leipzig.

Quellen: UFJ, Ernst, S. 275, Wikipedia, http://www.saw-leipzig.de/mitglieder/emmrichr, BStU, MfS, HA XX Nr. 5754, Bl. 156, BStU, MfS, HA XX Nr. 5749, Bl. 244.

Engelke, Fritz, Prof. Dr. theol.
* 24.02.1878 in Schleswig, † 05.05.1956 in Schwerin
Ab 1925 Vorsteher des Rauhen Hauses in Hamburg-Horn. Von 1933 bis 1945 Mitglied der NSDAP. Ab 1934 „Reichsvikar der Deutschen Evangelischen Kirche“ des Nazi-Bischofs Ludwig Müller. Ab 1937 Professor für Praktische Theologie an der Universität Rostock. Ab 1939 Mitarbeiter im „Institut zur Erforschung und Beseitigung des jüdischen Einflusses auf das deutsche kirchliche Leben“. Er hat an allen Verhandlungen zwischen der Evangelischen Kirche und A. Hitler teilgenommen. Nach 1945 wirkte er als Pastor der Evangelisch-Lutherischen Landeskirche Mecklenburgs in Schwerin und war Leiter des Augustenstiftes in Schwerin. 1955 stellte das Staatsekretariat für Staatssicherheit, wegen des hohen Alters von Engelke, eine weitere Bearbeitung ein.
Quellen: BStU MfS BV Schwerin 93/55, Bl. 16, Wikipedia, BBKL, Braun/Grünzinger, S. 70f.

Erteld, Werner, Prof. Dr. rer. silv.
* 24.06.1907 in Altenkirchen, †?
Seit 1932 Mitglied der NSDAP. Forstreferendar, Forstassessor und als Forstmeister in Hessen-Nassau, Schlesien, Thüringen, Kurmark, Suhl, Friedrichswalde, Lehnin und in Eberswalde. Mitglied der SED. Professor für Forstnutzung und Direktor des Instituts für Forstnutzung Direktor der Forstlichen Versuchsanstalt Eberswalde der Humboldt-Universität Berlin. 1960 mit dem „Nationalpreis“ III. Klasse ausgezeichnet.
Quellen: Oestreich, S. 476f.

Ertel, Hans Richard Max, Prof. Dr. rer. nat.
* 24.03.1904 in Berlin, † 02.07.1971 ebenda
Von 1932 bis 1934 am Observatorium in Potsdam und anschließend Assistent und Observator am Meteorologischen Institut der Universität Berlin. Mitglied im NSFK. Mitglied im NSDDB. Von 1938 bis 1945 Mitglied

der NSV. Ab 1938 als Dozent bzw. Professor an der Universität Berlin. Von Oktober 1940 bis 1944 Mitglied der NSDAP, wo er wegen „passiven Verhaltens“ ausgeschlossen worden sei. Von 1942 bis 1943 Hauptobservator und Professor an der Zentralanstalt für Meteorologie und Geodynamik in Wien. Von 1943 bis 1945 Professor für Meteorologie und Geophysik an der Universität Innsbruck. Ab 1946 als Geophysiker und als Hydrograph Professor an der Humboldt-Universität Berlin. Mitglied im FDGB. Von 1948 bis 1969 Direktor des Instituts für Physikalische Hydrographie. Vize-Präsident der AdW zu Berlin. Mitglied im KB und dort bis 1963 im Präsidialrat. Mitglied der Leopoldina zu Halle. Seit 1956 Mitglied der AdW in Österreich. 1954 und 1959 mit dem „Vaterländischen Verdienstorden“ in Silber und Gold und 1950 mit dem „Nationalpreis“ II. Klasse ausgezeichnet. Nach ihm wurde das „Hans-Ertel-Zentrum“ für Wetterforschung benannt.
Quellen: BStU, MfS, HA XX Nr. 5749, Bl. 248, BStU, MfS, HA 5754, Bl. 132, UFJ, Cerný, www.geodz.com/deu/d/Ertel, Wikipedia.

Eßbach, Hasso Emil, Prof. Dr. med. Dr. h. c.
* 09.03.1909 in Kemnitz, Vogtland, † 03.11.1992 in Burg bei Magdeburg
Ab 1937 Assistenzarzt am Pathologisch-Bakteriologischen Institut des St.-Georg-Krankenhauses in Leipzig. 1939 wechselte er an das Institut für Pathologie der Universität Leipzig. Von 1937 bis 1945 Mitglied der NSDAP, wo er von der NSDAP-Ortsgruppe Leipzig-Osten, als „politisch einwandfrei“ eingeschätzt wurde. Von 1934 bis 1945 Mitglied der HJ, wo er die Funktion eines Ausbilders im Gesundheitsdienst innehatte. Von 1939 bis 1942 Mitglied im NSÄB. Ab 1943 Mitglied im NSDDB. Ab 1937 Mitglied im NSAHB. Ab 1945 Mitglied im FDGB. Von 1945 bis 1947 Oberassistent bzw. Prosektor am Pathologischen Institut Leipzig. Ab 1950 Professor an der Universität Leipzig. Ab 1952 Direktor des Instituts für Pathologie am Städtischen Gustav-Ricker-Krankenhaus in Magdeburg-Sudenburg. Von 1954 bis 1974 Professor für Pathologie an der Medizinischen Akademie Magdeburg, wo er von 1954 bis 1958 Rektor war. Professor für Pathologische Anatomie an der Akademie für Ärztliche Fortbildung in Berlin-Lichtenberg. 1960 mit dem „Vaterländischen Verdienstorden“ in Silber, 1961 mit dem „Rudolf-Virchow-Preis“ und als „Verdienter Arzt des

Volkes“ ausgezeichnet. Ab 1966 Mitglied der SAW zu Leipzig. 1973 erhielt er den Ehrendoktortitel der Medizinischen Akademie Magdeburg.
Quellen: UFJ, Herbst, Professorenkatalog Universität Leipzig, Wikipedia, Magdeburger Biographisches Lexikon, Baumgartner/Hebig, BStU, MfS, HA XX Nr. 5754, Bl. 220, BStU, AKK 1111/75, Bl. 3f, Bl. 10, Bl. 22, Bl. 30, BStU, MfS, Allg. P. 1256/56, Bl. 6f.

Eufinger, Heinrich, Prof. Dr. med.
* 29.01.1894 in Wiesbaden, † 11.03.1988 in Wilhelmshaven
Als Frontkämpfer Teilnehmer am Ersten Weltkrieg. Von 1920 bis 1935 Gynäkologe an der Universitäts-Frauenklinik in Frankfurt/M. Nach 1933 Amtsarzt d. R. Von 1937 bis 1945 Direktor der Frauenklinik in Dresden-Friedrichstadt. Von 1937 bis 1942 an der Universität Leipzig. Seit 1933 Mitglied der NSDAP. Seit 1935 Mitglied der SS, wo er zum SS-Obersturmbannführer ernannt wurde. Von 1933 bis 1935 Mitglied der SA. Seit 1933 Mitglied im NSÄB. Maßgeblich verstrickt in die Euthanasie. Verantwortlich für die in der Frauenklinik Dresden-Friedrichstadt durchgeführten ca. 900 Zwangssterilisationen. 1943, als Anerkennung für außerordentliche Verdienste, mit dem „Zivilabzeichen der SS“ ausgezeichnet. Von 1945 bis 1948 internierte ihn die SMAD im Lager Mühlberg in Sachsen. Von 1948 bis 1956 Chefarzt der Gynäkologischen Abteilung der Klinik Burgstädt bei Chemnitz. 1956 beging er „Republikflucht“. Von 1957 bis 1965 Chefarzt der Frauenklinik Sanderbusch bei Oldenburg.
Quellen: Wikipedia, Professorenkatalog Universität Leipzig.

Eversmann, Theodor, Dr.-Ing.
* 21.04.1901 in Essen, † 01.09.1969 in Eisleben
Seit Mai 1937 Mitglied der NSDAP. In Zechenbetrieben in Essen. Ab 1937 Werksmarkscheider in Eisleben. Teilnehmer am Zweiten Weltkrieg und in Kriegsgefangenschaft. Ab 1945 Mitglied der CDUD. Mitglied im FDGB. Seit 1946 Abteilungsleiter im VEB Kombinat „Wilhelm Pieck“ und Mitglied der KdT. Ab 1950 Mitglied der GDSF. Ab 1955 Mitglied der Urania. Von 1956 bis 1963 AdV. Als „Held der Arbeit“, 1951 als „Aktivist“, 1952 als „Held der Arbeit“, 1955 mit der Verdienstplakette des Friedensrates der DDR in Silber, 1957 mit der „Ehrennadel“ in Silber und Gold des Deut-

schen Friedensrates und 1961 mit dem „Vaterländischen Verdienstorden" in Bronze ausgezeichnet.
Quellen: UFJ, BArch, Wikipedia.

Falkenhagen, Hans Eduard Wilhelm, Prof. Dr. phil.
* 13.05.1895 in Wernigerode, † 26.06.1971 in Rostock
Von 1916 bis 1918 als Unteroffizier Teilnehmer am Ersten Weltkrieg. 1918 mit dem EK II, mit dem „Ehrenkreuz" für Frontkämpfer und 1944 mit dem KVK II. Klasse ausgezeichnet. 1921/22 Wissenschaftlicher Assistent an der TH Danzig. Von 1922 bis 1927 an der Universität Köln, wo er sich als Assistent von Karl Försterlings, mit Optik und Atomphysik beschäftigte. 1924 Lehrbeauftragter am Institut für Theoretische Physik. Ab 1930 Professor für Theoretische Physik an der Universität Köln. Von 1933 bis 1945 Mitglied der NSDAP. Von 1936 bis 1945 Professor für Theoretische Physik und Direktor des Instituts für Theoretische Physik an der TU Dresden. Als Unteroffizier ab 1939/40 zeitweise Teilnehmer am Zweiten Weltkrieg. Von 1945 bis 1948 freischaffender Schriftsteller in Radebeul. Ab 1947 Mitglied im FDGB. Von 1949 bis 1962 Professor für Theoretische Physik an der Universität Rostock und Gründer und Direktor des Instituts für Theoretische Physik. Seit 1955 Mitglied der AdW zu Berlin. Seit 1962 Mitglied der Leopoldina zu Halle. 1955 mit dem „Nationalpreis" III. Klasse ausgezeichnet. Mitglied im Vorstand der Deutschen Physikalischen Gesellschaft.
Quellen: Cerný, Wikipedia, Baumgarten/Hebig, Professorenkatalog Universität Rostock, SLUB, BStU, MfS, Abt. XII/Archiv, AKK 2550/76, Bd. 1, Bl. 3f., BStU, MfS, HA IX/11 FV 98/66 Bd.-Nr. 302, Bl. 26f.

Fanselau, Gerhard Rudolf, Prof. Dr.
* 30.04.1904 in Leipzig, † 28.04.1982 in Potsdam
Von 1940 bis 1943 Mitglied der NSDAP. Von 1934 bis 1950 Institutsleiter des Observatoriums in Niemegk bei Belzig und Leiter des Geophysikalischen Instituts in Potsdam. Ab 1942 Dozent an der Universität Berlin. Ab 1947 Mitglied im FDGB. Mitglied der LDPD. Ab 1950 Professor und Direktor des Geophysikalischen Instituts an der Humboldt-Universität Berlin und Professor an der Universität Leipzig. Von 1957 bis 1969 Direktor des

Geomagnetischen Instituts in Potsdam und des Geomagnetischen Instituts in Niemegk der AdW zu Berlin. Mitglied im ZV der Gewerkschaft Wissenschaft. 1960 mit dem „Vaterländischen Verdienstorden“ in Silber und 1969 mit dem Orden „Banner der Arbeit“ ausgezeichnet.
Quellen: Cerný, Baumgartner/Hebig, BStU, MfS, Allg. P 1279/56, Bl. 3f, Bl. 11, Bl. 14ff, Bl. 26

Farchmin, Günter, Prof. Dr. med.
* 09.06.1913 in Berlin, † 24.10.1997 ebenda
Von 1937 bis 1943 Stabsveterinär. Teilnehmer am Zweiten Weltkrieg. Seit 1944 Mitglied der NSDAP. Danach bis 1948 in sowjetischer Kriegsgefangenschaft. 1949 Referent in der Hauptverwaltung Gesundheitswesen der Deutschen Wirtschaftskommission (DWK). Danach stellvertretender Minister für das Gesundheitswesen. Ab 1957 Professor und Direktor des Instituts für Lebensmittelhygiene an der Humboldt-Universität Berlin. 1957 mit dem Ehrentitel „Verdienter Tierarzt“, 1961 mit der „Hufeland-Medaille“ in Gold und 1978 mit dem „Vaterländischen Verdienstorden“ in Bronze ausgezeichnet.
Quellen: UFJ, Baumgartner/Hebig, Wikipedia, BStU, MfS, HA XX Nr. 5755, Bl. 151, BStU, MfS, HA XX Nr. 5749, Bl. 266, BStU, MfS, HA XX Nr. 5754, Bl. 71, Bl. 212.

Fascher, Erich, Prof. Dr. theol.
* 14.12.1897 in Göttingen, † 23.07.1978 in Berlin
Von 1933 bis 1936 Mitglied der Deutschen Christen, einer von der NSDAP gegründete Organisation innerhalb der Evangelischen Kirche. Zur Bearbeitung der Katholischen Aktion vom Reichssicherheitsdienst SD-Hauptamt als Spitzel eingesetzt. Prof. Barnikol (Halle) behauptete, Fascher sei förderndes Mitglied der SS gewesen. Mitglied der CDUD. Vom März 1957 bis 1959 für die HA V/4 des MfS Geheimer Informator. Auf Grund von Protesten gegen die Dominanz der SED und die Willkür der SMAD verlor er im Februar 1950 alle Parteiämter und wurde nach Greifswald versetzt. 1954 nahm er einen Ruf an die Humboldt-Universität Berlin an, wo er bis zur Emeritierung 1964 lehrte. Von 1958 bis 1964 Dekan der Theologischen Fakultät der Humboldt-Universität.

Quellen: Wikipedia, BStU, MfS, HA XX Nr. 5749, Bl. 267f., BStU, MfS AIM Nr. 2455/69, Teil I, Bl. 6f., Bl. 25f., Bl. 33f., Braun/Grünzinger, S. 74.

Faßbender, Friedrich, Prof. Dr. med.
* 06.06.1893 in Köln, † 29.07.1981 in Halle (Saale)
Von 1914 bis 1917 Teilnehmer am Ersten Weltkrieg, wo er wegen einer Verwundung vorzeitig ausschied. Ab 1920/21 Arzt in verschiedenen Institutionen. Ab 1926 Mitglied im Arbeiter-Samariterbund (ASB) und im Arbeitersportkartell. Ab 1934 Vertrauensarzt der AOK in Berlin. Von 1934 bis 1937 Leiter der Tbc-Zentrale in Berlin. Von 1937 bis 1947 Landesvertrauens- und Beratungsarzt der Landes- und Sozialversicherungsanstalt Sachsen-Anhalt in Merseburg. Seit 1937 Mitglied der NSDAP. Mitglied der NSV. Von 1934 bis 1945 außerdem wissenschaftlicher Referent des Springer-Verlages. Ab 1945 Mitglied im FDGB. Ab 1946 Mitglied der SED. Ab 1947 Abteilungsleiter im Ministerium für das Gesundheitswesen der Landesregierung Sachsen-Anhalt. Danach erhielt er 1949 einen Lehrauftrag für Sozialhygiene an der Universität Halle. Ab 1949 Mitglied der GDSF. Ab 1950 Mitglied im KB. Ab 1957 dort Professor. 1958, auf eigenen Antrag hin, emeritiert. 1963 und 1973 mit dem „Vaterländischen Verdienstorden“ und 1969 als „Verdienter Arzt des Volkes“ ausgezeichnet.
Quellen: Professorenkatalog Universität Halle, Wikipedia.

Faulstich, Helmuth, Prof. Dr.-Ing.
* 12.11.1914 in Stralsund, † 21.06.1991 in Dresden
Von 1937 bis 1945 Mitglied der NSDAP. Ingenieur in Turin und in Zoppot. Für Forschungsarbeiten erhielt er 1944 das Kriegsverdienstkreuz II. Klasse für Forschungsarbeiten. Von 1946 bis 1956 dienstverpflichtet in der Sowjetunion. Mitglied der SED. Von 1964 bis 1970 Direktor des ZI für Kernforschung in Rossendorf bei Dresden. Mitglied des Forschungsrates beim Ministerrat. Ab 1974 Leiter der Zentralen Arbeitsgruppe für Forschungstechnologie bei der AdW zu Berlin. 1980 mit dem „Vaterländischen Verdienstorden“ in Bronze und 1974 als „Verdienter Techniker des Volkes“ ausgezeichnet.

Quellen: UFJ, Herbst, Baumgartner/Hebig, Buch, BStU, MfS, HA XX Nr. 5749, Bl. 269.

Feldmann, Wilhelm Robert, Dr. jur.
* 10.02.1910 in Köln-Deutz, † 07.04.1994 in Berlin
Ab 1930 Mitglied der Studentenverbindung „Corps Teutonia Bonn". Von 1932 bis 1935 Mitglied der SA. Ab 1933 Mitglied im „Stahlhelm, Bund der Frontsoldaten". Von 1937 bis 1944 Mitglied der NSDAP. Ab 1938 arbeitete er als Jurist in der Industrie. Als Leutnant Teilnehmer am 2. Weltkrieg. 1943 mit dem EK II, mit der „Nahkampfspange", mit der „Ostmedaille" 1941 und 1943 mit dem „Sturmabzeichen". In sowjetischer Kriegsgefangenschaft bis 1949. Schüler und Dozent an einer Antifa-Schule in Krasnogorsk. Ab 1949 Mitglied der NDPD, Mitglied im FDGB. Ab 1949 Mitglied in der GDSF. Mitglied im KB. Von 1950 bis 1963 AdV. Von 1950 bis 1958 Minister für Leichtindustrie. Von 1958 bis 1961 Abteilungsleiter für Leichtindustrie bei der SPK und dem Volkswirtschaftsrat. Von 1964 bis 1973 Vizepräsident des Amtes für Erfindungs- und Patentwesen. Ab 1975 Mitglied der Freundschaftsgesellschaft DDR-Afrika. 1956 mit dem „Vaterländischen Verdienstorden" in Silber und mit der „Ernst-Moritz-Arndt-Medaille" ausgezeichnet. 1963 mit der „Ehrennadel" der NF und mit der „Ehrennadel" in Gold der GDSF ausgezeichnet. Ab 1990 Mitglied im Bund Freier Demokraten und danach Mitglied der FDP.
Quellen: Herbst, Cerný, Wikipedia, Baumgartner/Hebig, BStU, MfS, Allg. P. 15747/73, Bl. 4f., Bl. 13f., Bl. 56f., Nomenklaturkaderakten Personalakte BArch DC 20/8060.

Felfe, Heinz, Prof. Dr. jur.
* 18.03.1918 in Dresden, † 08.05.2008 in Berlin
Ab 1931 Mitglied im NS-Schülerbund. Seit 1932 Mitglied der HJ. Ab 1936 Mitglied der NSDAP. Mitglied der SS im SS-Motorsturm. Mitglied im RAD. 1939 begann seine Mitarbeit als Personenschützer im SS-Reichssicherheitshauptamt (RSHA) und seine Ausbildung zu einem Beamten der Kriminalpolizei. Ab 1943 Mitglied des Sicherheitsdienstes (SD) der SS und Leiter des Referats Schweiz/Liechtenstein, wo er auch für gefälschte Pfundnoten zuständig war. 1944 zum SS-Obersturmführer befördert und

in den Niederlanden stationiert. Danach bis 1947 in britischer Kriegsgefangenschaft. Danach arbeitete er für den britischen Geheimdienst MI6. Mitarbeiter im Bundesministerium für Gesamtdeutsche Fragen und involviert in die Befragung von übergelaufenen Volkspolizisten. Ab 1950 als Agent des sowjetischen KGB für Spionage und Aufklärung aktiv. Ab 1951 für die „Organisation Gehlen“ (OG) bzw. später als Regierungsrat im Auslandsgeheimdienst (BND). Zuletzt Leiter des Referats „Gegenspionage Sowjet-Union“, wo er Zugang zu Geheimakten des Auswärtigen Amtes und des Bundeskanzleramtes hatte. Am 6. November 1961 festgenommen, vom Bundesgerichtshof 1963 zu 14 Jahren Haft verurteilt und 1969, durch einen Agentenaustausch, an die DDR übergeben. Danach Dozent und ab 1986 Professor an der Sektion Kriminalistik der Humboldt-Universität Berlin.
Quellen: Cerný, Buch, Wikipedia, Sächsische Biografie.

Feyl, Othmar, Prof. Dr.
* 30.04.1914 in Großlippen, † 17.05.1999 in Berlin
Von 1937 bis 1940 Referent bei der Arbeitsstelle für Auslanddeutsche Volksforschung am Deutschen Auslandsinstitut in Stuttgart. Im August 1940 schied Feyl aus dem Sicherheitsdienst (SD) des Reichsführers SS, SD-Abschnitt Stuttgart, aus. Von Oktober 1942 bis Mai 1945 in Prag wissenschaftlicher Mitarbeiter der Reinhard-Heydrich-Stiftung am Institut für Volkslehre und Nationalitätenkunde Osteuropas. Direktor war dort nach Heydrichs Tod, Prof. Dr. Hans-Joachim Beyer, der 1943 an der Deutschen Karls-Universität Prag die Professur für „Volkslehre und Nationalitätenkunde Osteuropas“ erhielt. Direktor des Instituts für europäische Völkerkunde und Völkerpsychologie der Reinhard-Heydrich-Stiftung. Dort arbeitete Feyl mit Prof. Dr. Eduard Winter zusammen. Nach 1945 war Feyl stellvertretender Direktor des Instituts für Bibliothekswissenschaft der Humboldt-Universität. Dort 1968 abgesetzt, wegen seines Protests gegen den Einmarsch von Truppen des Warschauer Paktes. Nach längerer Beurlaubung an die Universitätsbibliothek versetzt.
Quellen: BStU, MfS, HA XX Nr. 5749, Bl. 275f., BStU, MfS, HA IX/11 FV 143/69, Bd. 38, Bl. 14f., Bl. 24, https://www.hu-berlin.de/de/pr/nachrichten/august-2018/nr_180809_01.

Fickel, Gerhard, Dr. med.
* 18.03.1920 in Köppelsdorf, Kreis Sonneberg, † 16.08.1990 in Jena
Seit September 1938 Mitglied der NSDAP. Teilnehmer am Zweiten Weltkrieg. Ab 1946 Mitglied der CDUD. Mitglied im FDGB. Mitglied im KB. Mitglied der GDSF. Seit 1950 Chefarzt der Tbc-Heilstätten Weißeneck-Weißenburg, Kreis Rudolstadt. Von 1958 bis 1967 AdV. Mitglied im Präsidium der „Deutsch-Afrikanische Gesellschaft". Mitglied im Präsidium des Deutschen Friedensrates. Chefarzt der Poliklinik Rudolstadt. Als „Verdienter Arzt des Volkes", mit der „Medaille für ausgezeichnete Leistungen", mit der „Ernst-Moritz-Arndt-Medaille", 1980 und 1985 mit dem „Vaterländischen Verdienstorden" in Silber und Gold und mit dem „Oskar-Nuschke-Ehrenzeichen" in Gold ausgezeichnet.
Quellen: UFJ, Wikipedia, BStU, MfS, HA XX Nr. 5749, Bl. 279f., BStU, MfS, Beobachtungsvorgang Archiv Nr. 167/56, Bl. 67ff., BStU, MfS, AP Nr. 14989/92, Bl. 1, Bl. 4f., Bl. 8f.

Finck, Otto
* 28.04.1895 Hettstedt, † 07.09.1992 ebenda
Als Unteroffizier an der Westfront Teilnehmer am Ersten Weltkrieg. Von 1916 bis 1920 in französischer Kriegsgefangenschaft. 1923 arbeitete er auf dem Kohleplatz der Pfännerschaft in Halle. Im Herbst 1923 trat er seine erste Pfarrstelle in Breitenstein im Harz an. 1924 nach Saubach bei Eckartsberga versetzt. 1933 zum Leiter der Evangelischen Stadtmission in Halle (Saale) ernannt. Von 1933/34 bis 1935 sympathisierte er mit den völkischen und anti-semitischen „Deutschen Christen". Mitglied der NSV. Von 1938 bis 1950 Lehrauftrag für Musikalische Liturgik an der Universität Halle, der 1950 durch das Ministerium für Volksbildung widerrufen wurde.
Quellen: Professorenkatalog Universität Halle.

Fischel, Werner, Prof. Dr. phil.
* 21.10.1900 in Saarburg, † 08.12.1977 in Leipzig
Von 1941 bis 1945 Mitglied der NSDAP. Von 1941 bis 1945 Dozent für Tierpsychologie an der Universität Leipzig. Von 1950 bis 1954 Dozent

bzw. Professor an der Universität München. Von 1954 bis 1966 Professor an der Universität Leipzig. Dort von 1956 bis 1965 Direktor des Instituts für Tier-Psychologie. Mitglied der AdW zu Berlin. 1957 mit der „Medaille für ausgezeichnete Leistungen" und 1960 mit dem „Vaterländischen Verdienstorden" in Bronze ausgezeichnet. 1965 emeritiert.
Quellen: Wikipedia, Professorenkatalog Universität Leipzig.

Fischer, Hans, Dr. med.
* 02.10.1910 in Mildenau, Kreis Annaberg, †?
Seit 1933 Mitglied der NSDAP. Arzt an der Anstalt in Brandenburg-Görden. Er promovierte über ein geistig behindertes Zwillingspaar, das 1941 ermordet worden war. Von 1945 bis 1947 Direktor dieser Anstalt in Brandenburg-Görden. Danach Leiter der Poliklinischen Abteilung für Lungenkrankheiten und Tuberkulose in Brandenburg. Als „Verdienter Arzt des Volkes" ausgezeichnet. Wegen seiner Nazi-Vergangenheit juristisch nicht belangt.
Quellen: Hirschinger, Klee I, Zimmermann, Rose, S. 205, S. 208, Ernst Klee: Irrsinn Ost …, S. 89, S. 93 und S. 106

Fischer, Horst, Dr. med.
* 31.12.1912 in Dresden, † 08.07.1966 in Leipzig
Seit November 1933 Mitglied der SS. Ab Mai 1937 Mitglied der NSDAP. Als Truppenarzt der Waffen-SS in Oranienburg, Dachau und Stralau. Ab November 1942 zunächst Truppenarzt und ab November 1943 Lagerarzt im Arbeitslager und bei der I. G. Farben bzw. der Buna-Werke im KZ Auschwitz-Monowitz. Ab 1943 SS-Hauptsturmführer und bis 1945 im SS-Wirtschafts- und Verwaltungshauptamt. Nach 1945 Praktischer Arzt in Golzow und danach in Spreenhagen als Landarzt. 1964 entdeckte das MfS seine Nazi-Vergangenheit. Im Juni 1965 wurde Fischer inhaftiert und über mehrere Monate verhört und im März 1966 vor Gericht gestellt und zum Tod verurteilt.
Quellen: Wikipedia, Klee I.

Fischer, Rudolf Georg, Prof. Dr. phil.
* 18.12.1910 in Königsberg an der Eger, † 02.08.1971 in Erfurt
Von 1935 bis 1945 Lehrer. Seit 1939 Mitglied der NSV. 1946 siedelte er in die SBZ über. Von 1946 bis 1949 wieder Lehrer. Ab 1946 Mitglied im FDGB. Seit 1947 Mitglied der SED. Seit 1947 Mitglied der GDSF. Von 1950 bis 1953 zuerst Lehrbeauftragter und dann Professor für Slawistik an der Universität Jena. Von 1953 bis März 1970 Professor für Slawistik bzw. Bohemistik an der Philosophischen Fakultät der Universität Leipzig.
Quellen: Professorenkatalog Universität Leipzig, Wikipedia.

Flach, Willy, Prof. Dr. phil.
* 17.01.1903 in Greiz, † 17.03.1958 in Bonn
Ab 1931 Mitarbeiter im Archivwesen Thüringens. Von 1933 bis 1945 Mitglied der NSDAP. Von 1934 bis 1945 Mitglied der NSV. Ab 1934 Direktor des Staatsarchivs Weimar und der Thüringischen Staatsarchive. 1937 Gründer und Vorsitzender der Historischen Kommission Thüringens. Ab 1939 Mitglied der Akademie Gemeinnütziger Wissenschaften zu Erfurt. Ab 1940 Lehrbeauftragter und ab 1942 Professor an der Universität Jena. Ab 1945 Mitglied der LDPD. Wegen seiner Nazi-Vergangenheit seines Amtes enthoben. Von 1950 bis 1958 Dozent am Institut für Archivwesen in Potsdam. Von 1953 bis 1958 Professor an der Humboldt-Universität Berlin. Ab 1953 zugleich Direktor des Goethe- und des Schiller-Archivs. Mitglied im KB. Mitglied der GDSF. 1958 beging er „Republikflucht" in die BRD. Bis zu seinem Tod Professor für Historische Hilfswissenschaften und Rheinische Landesgeschichte an der Universität Bonn.
Quellen: BStU, MfS, Allg. S., Nr. 1717/67, Bl. 2-11, Bl. 22, Bl. 47f., Bl. 52f., Bl. 65, Wikipedia, Stockhorst, Klee II, Mertens, S. 28.

Fichtner, Kurt, Dr. rer. oec.
* 16.08.1916 in Breslau, 11.10.2003
1937 Mitglied im RAD. Ab 1939/40 bei der Wehrmacht und 1945 beim Volkssturm Teilnehmer am 2. Weltkrieg. Ab 1945 Mitglied der KPD bzw. SED. Von 1946 bis 1948 Redakteur der „Sächsischen Volkszeitung". 1948 Geschäftsführer des Sächsischen Industriekontor in Dresden und von 1948 bis 1950 Geschäftsführer der Deutschen Handelsgesellschaft in Berlin.

Von 1951 bis 1954 Leiter des VEB Leichtmetallwerk Rackwitz. Danach bis 1958 Leiter der Hauptverwaltung „Nichteisenmetallindustrie“ im Ministerium für Berg- und Hüttenwesen. Von 1958 bis 1961 Leiter des Sektors Berg- und Hüttenwesen in der SPK. Von 1967 bis 1977 Stellvertreter des Vorsitzenden des Ministerrates. Von 1974 bis 1979 stellvertretender Vorsitzender der SPK für die Koordinierung der Investitionen. Von 1971 bis 1981 Kandidat des ZK der SED. Von 1981 bis 1988 Präsident der Freundschaftsgesellschaft DDR-Belgien. Mit dem „Vaterländischen Verdienstorden“ in Bronze, (1965), in Silber (1970), in Gold (1976), mit der „Ehrenspange“ zum Vaterländischen Verdienstorden in Gold (1981) und dem Orden „Stern der Völkerfreundschaft“ in Gold (1986).
Quellen: Wikipedia, Baumgartner/Hebig.

Fleck, Anton, Prof. Dr. phil.
* 01.11.1884 in Kiel, † 19.02.1969 in Wiesbaden
Von 1914 bis 1915 als Leutnant Teilnehmer am 1. Weltkrieg. Ausgezeichnet mit dem EK II. Klasse. Ab 1915 volkswirtschaftlicher Hilfsarbeiter bei der Deutschen Zivilverwaltung in Brüssel. Ab 1916 Professor für Finanzwirtschaft an der Universität Istanbul. Ab 1919 an der Rechts- und Staatswissenschaftlichen Fakultät der Universität Kiel. Ab 1920 Archivar des Bankhauses Mendelsohn & Co. in Berlin. Von 1922 bis 1934 Direktoral-Dezernent am Institut für Weltwirtschaft in Kiel. Ab 1924 Honorarprofessor an der Universität Kiel. Ab 1935 Professor an der Universität Greifswald. Ab 1934 Mitglied der NSV. Von 1946 bis 1950 an der neuen Landwirtschaftlichen Fakultät der Universität Greifswald. Zugleich Vorlesungen an der Universität Rostock. Ab 1946 Mitglied der CDUD.
Quellen: https://ns-zeit.uni-greifswald.de/pl/projekt/personen/fleck-anton/.

Fleischhack, Curt Wilhelm, Prof.
* 07.12.1892 in Leipzig-Reudnitz, † 06.10.1972 in Leipzig
Kriegsfreiwilliger Teilnehmer am Ersten Weltkrieg und 1918 als Leutnant d. R. entlassen. 1915 Assistent and der Deutschen Bücherei in Leipzig. Mit dem „Eisernen Kreuz“ II. Klasse und dem „Albrechtskreuz“ 2. Klasse mit Schwertern ausgezeichnet. Von 1925 bis 1927 volontierte er an der Klinik

Charcot Salpetriere Paris. 1927 Assistent, später Oberarzt an der Psychiatrischen und Nervenklinik der Universität Leipzig wo er 1938 zum Professor ernannt wurde. Seit 1934 Mitglied der SA und Sanitätsoberscharführer. Seit 1933 Mitglied im NSKK. Mitglied der NSV. 1937 stellte er erfolglos einen Antrag auf Mitgliedschaft in der NSDAP. Von 1932 bis 1939 an der Universität Leipzig. Im Januar 1939 mit der Leitung der Nervenklinik der Stadt Chemnitz betraut und ab September 1939 Direktor der Universitätsnervenklinik der Universität Halle. Ab 1939 als beratender Psychiater im Wehrkreis IV Teilnehmer am Zweiten Weltkrieg. Mit dem „Kriegsverdienstkreuz" 1. und 2. Klasse ausgezeichnet. 1940 verfasste er für das Reichsministerium für Volksaufklärung und Propaganda eine „Bibliographie des jüdischen Schrifttums in deutscher Sprache für die Zeit von 1901 bis 1940". 1945 aufgrund seiner SA-Mitgliedschaft entlassen, allerdings im freien Arbeitsverhältnis weiterbeschäftigt worden, da er federführend mit der Erstellung der Liste der auszusondernden Literatur betraut war. In die CDU eingetreten, überstand er im April 1947 ein Entnazifierungsverfahren. In der Folge in verantwortlicher Position engster Mitarbeiter von Uhlendahl. Ab 1950/51 Direktor der Bibliographischen Abteilung. Mitglied im FDGB. Mitglied der CDUD. Mitglied der GDSF. Von 1955 bis 1961 Hauptdirektor und Leiter der Deutschen Bücherei in Leipzig. Ab 1954 Geheimer Informant (GI) des MfS und speziell eingesetzt zur Bespitzelung seines Vorgesetzten, Heinrich Uhlendahl. 1957 mit dem „Vaterländischen Verdienstorden" in Bronze ausgezeichnet.
Quellen: BStU, MfS, BV Leipzig, AP 3111/62, Bl. 16., Bl. 24-30, Bl. 50, Herbst, Wikipedia, Baumgartner/Hebig, Professorenkatalog Universität Halle, Professorenkatalog Universität Leipzig, Klee I.

Flemming, Herbert Rudolf, Prof. Dr.-Ing.
* 06.02.1903 in Globenstein (Erzgebirge), † 03.11.1966 in Dresden
Ab 1930 in der elterlichen Firma Carl Ludwig Flemming Holwarenfabrik in Breitenbrunn-Globenstein. Von 1934 bis 1939 Sicherheitsingenieur bei der Sächsischen und Norddeutschen Holzberufsgenossenschaft. Von 1937 bis 1945 Mitglied der NSDAP. AB 1945 Mitglied im FDGB. Ab 1951 Professor an der TH Dresden in Tharant. Ab 1952 Direktor des Instituts für Holztechnologie und Faserbaustoffe. Ab April 1955 Dekan der Fakultät

für Technologie. 1960 Gründer der Fachzeitschrift „Holztechnologie". Als „Verdienter Techniker des Volkes" ausgezeichnet. Seit 2003 wird alle zwei Jahre der Herbert-Flemming-Preis an herausragende Studenten vergeben.
Quellen: Wikipedia, Nomenklaturkaderakten Personalakte BArch DC 20/8064.

Flügel, Fritz Eugen, Prof. Dr. med.
* 20.03.1897 in Dresden, † 23.04.1973 in Erlangen
Freiwilliger Teilnehmer am Ersten Weltkrieg. 1918 als Leutnant d. R. entlassen. Mit dem „Eisernen Kreuz" II. Klasse und dem „Albrechtskreuz" 2. Klasse mit Schwertern ausgezeichnet. Von 1925 bis 1927 volontierte er an der Klinik Charcot Salpetriere Paris. 1927 Assistent, später Oberarzt an der Psychiatrischen und Nervenklinik der Universität Leipzig wo er 1938 zum Professor ernannt wurde. Seit 1933 Mitglied der SA, seit 1934 Sanitätsoberscharführer der SA. Seit 1933 Mitglied im NSKK. Mitglied der NSV. Seit Mai 1937 Mitglied der NSDAP. Von 1932 bis 1939 an der Universität Leipzig. Im Januar 1939 mit der Leitung der Nervenklinik der Stadt Chemnitz betraut. Ab September 1939 Direktor der Universitätsnervenklinik der Universität Halle. Ab 1939 als beratender Psychiater bzw. Oberfeldarzt im Wehrkreis IV Teilnehmer am Zweiten Weltkrieg. 1944 Angehöriger des wissenschaftlichen Beirates von Karl Brandt. Mit dem „Kriegsverdienstkreuz" 1. und 2. Klasse ausgezeichnet. Im Dezember 1945 verdächtigt, an der Tötung von Geisteskranken beteiligt gewesen zu sein. Trotz völliger Entlastung von diesen Vorwürfen im Januar 1946 wegen seiner Nazi-Vergangenheit als Professor und Klinikdirektor entlassen, aber als unentbehrlicher Fachmann weiterbeschäftigt. Seit 1946 Mitglied der CDUD. 1949 floh er nach Westdeutschland und war dort zunächst in Tübingen beschäftigt. Von 1951 bis 1965 Direktor der Nervenklinik der Universität Erlangen. Seit 1952 Mitglied der Leopoldina zu Halle.
Quellen: Professorenkatalog Universität Halle, Professorenkatalog Universität Leipzig, Klee I, Wikipedia, Zimmermann, S. 44, https://link.springer.com/article/10.1007/s00115-014-4218-0.

Foerster, Karl, Prof. Dr. h.c.
* 09.03.1874 in Berlin, † 27.11.1970 in Potsdam
1903 gründet er eine Staudengärtnerei in Berlin-Westend, die er 1910/11 nach Bornim bei Potsdam umsiedelt. Mitglied der DNVP. Seit 1940 Mitglied der NSDAP. Autor vieler Bücher zu Themen der Botanik veröffentlicht. 1959 zum „Ehrenbürger" der Stadt Potsdam ernannt. 1955 mit dem „Nationalpreis" und 1959 mit dem „Vaterländischen Verdienstorden" in Silber ausgezeichnet. 1950 verlieh ihm die Humboldt-Universität Berlin den Ehrendoktortitel. 1959 Ehrenbürger der Stadt Potsdam. Mit dem „Vaterländischen Verdienstorden" in Silber ausgezeichnet. 1964 zum Professor ernannt. Ab 1967 Mitglied der AdK in Berlin-West. Seine Staudengärtnerei wurde 1972 enteignet und als VEG Bornimer Staudenkulturen weitergeführt.
Quellen: Cerný, Baumgartner/Hebig, Wikipedia.

Forberger, Rudolf, Prof. Dr. rer. oec.
* 13.04.1910 in Carlsfeld, † 18.12.1997 in Dresden
Ab Mai 1937 Mitglied der NSDAP. Von 1934 bis 1942 in Dresden wissenschaftlicher Mitarbeiter bei der Girozentrale Sachsen. Ab 1941 Lehrbeauftragter bei der Sächsischen Gemeindeverwaltung- und Sparkassenschule in Dresden. Von 1942 bis 1945 bei der Bauindustrie in Dresden. Von 1946 bis 1948 bei den Vereinigten Ingenieurbau-Betrieben GmbH. Ab 1949 Aspirant an der TH Dresden. Ab 1951 an der Humboldt-Universität. Danach am Institut für Wirtschaftsgeschichte bei der AdW zu Berlin. Ab November 1963 Dozent und ab 1967 Professor für die Geschichte des Bergbaus und Hüttenwesens an der BAF. Seit 1975 Mitglied der SAW. Mitglied im KB. Mitglied im Redaktionsbeirat der „Sächsischen Heimatblätter".
Quellen: Wikipedia, Kalliope, Mertens, S. 28.

Forssman, Julius, Prof. Dr. phil.
* 08.09.1879, † 28.01.1952 in Leipzig
Ab 1908 an der Universität St. Petersburg/Rußland. Von 1915 bis 1918 Leiter der Abteilung für Frauen an der PH Sankt Petersburg. Mitglied im Deutsch-Baltischen Lehrerverband in Lettland. Seit 1941 Mitglied im

NSDDB. Mitglied im RKB. Von 1943 bis 1945 Mitglied der NSDAP. Von 1941 bis 1945 Professor für Indogermanistik und Nordische Philologie an der Reichsuniversität Posen. Von 1945 bis 1952 Privatdozent und später Professor für Russisch an der Universität Leipzig. Seit 1946 Mitglied im KB. Seit 1947 Mitglied im FDGB. Seit 1949 Mitglied der GDSF.
Quellen: Professorenkatalog Universität Leipzig, Wikipedia.

Forstmann, Albrecht, Prof. Dr. rer. pol.
* 26.08.1891 in Werden (Ruhr), † 04.02.1957 in Berlin
Ab 1917 Teilnehmer am 1. Weltkrieg. Arbeit beim Gerling Konzern in Köln und Berlin, zuletzt als Leiter der Transportabteilung. Ab 1932 Mitglied der NSDAP. Mitarbeiter im Wirtschaftspolitischen Amt der NSDAP. 1938 aus der NSDAP ausgeschlossen. Lehrtätigkeit an der Universität Greifswald. Wegen politischer Äußerungen im KZ Sachsenhausen inhaftiert und durch eine Amnestie 1939 entlassen. Ab 1945 Mitglied der SPD. Ab 1946 Professor an der Humboldt-Universität und dort 1947, wegen einer Denunziation, von der Lehre entbunden und 1948 entlassen. Danach arbeitete er als Schriftsteller.
Quellen: https://ns-zeit.uni-greifswald.de/pl/projekt/personen/forstmann-albrecht/.

Franke, Hans Heinrich Arthur, Prof. Dr. med.
* 20.10.1909 in Breslau, † 10.07.1955 in Berlin
Von 1930 bis 1932 Mitglied im Demokratischen Hochschulbund. Von 1934 bis 1935 Mitglied im DLV, der später in das NSFK umgewandelt wurde. 1936 Assistenzarzt an der Universität Breslau. Von 1937 bis 1939 Assistenzarzt an der Medizinischen Poliklinik der Universität Königsberg. Von 1939 bis 1940 Teilnehmer am Zweiten Weltkrieg. Von 1941 bis 1945 Anwärter auf eine Mitgliedschaft in der NSDAP. Von 1940 bis 1945 Oberarzt und Leiter der Röntgenabteilung an der Medizinischen Universitätspoliklinik in Königsberg. Von 1943 bis 1945 Privatdozent für Innere Medizin an der Universität Königsberg. Von 1945 bis 1948 Mitglied im „Antifaschistischen Deutschen Klub“ in Kaliningrad und Leiter der Röntgenabteilung am Deutschen Zentralkrankenhaus in Kaliningrad. Ab 1946 Mitglied der SED. Ab 1946 Mitglied im FDGB. Ab 1948 Mitglied der GDSF.

Ab 1948 Oberarzt im Stadtkrankenhaus St. Jacob in Leipzig. Von 1948 bis 1952 zuerst Privatdozent dann Professor für Innere Medizin an der Medizinischen Fakultät der Universität Leipzig. Von 1952 bis 1955 Professor an der FU Berlin.
Quellen: BStU, MfS, Allg. P., 2093, Bl. 6-19, Professorenkatalog Universität Leipzig.

Frankenberg und Proschitz, Wilhelm Erwin Egbert von, Prof. Dr. rer. pol.
* 20.03.1909 in Straßburg, † 15.03.2000 in Berlin
Von 1931 bis 1935 Mitglied der NSDAP. Seit 1932 Mitglied der SS. Major der Luftwaffe und 1938/39 Mitglied der Legion Condor. 1943 Kommodore des Kampfgeschwaders 51 „Edelweiß“. Mit dem EK I. Klasse, EK II. Klasse, mit zwei spanischen Orden, mit dem „Deutschen Spanienkreuz“ und mit der „Sudetenmedaille“ ausgezeichnet. Von 1943 bis 1948 in sowjetischer Kriegsgefangenschaft. Mitglied im NKFD. Mitglied im BDO. 1948 Antifa-Schule 999. 1948 in Dresden Referent in der Landesregierung Sachsen. Ab Dezember 1948 Mitglied der NDPD und dort Mitglied im HA. Ab 1948 Mitglied im FDGB. Ab Oktober 1949 Mitglied der GDSF. Ab 1949 Leiter der Abteilung Presse und Rundfunk der NDPD Sachsen. Mitglied der Deutsch-Polnischen Gesellschaft für Frieden und gute Nachbarschaft. Inoffizieller Mitarbeiter (IM) des MfS. Mitglied des Landesausschuss der NF. Militärpolitischer Kommentator des Staatlichen Komitees für Rundfunk, Radio DDR. Als Militärwissenschaftler Autor für verschiedene Zeitungen und Zeitschriften. Mitglied und im Vorstand der AeO. Von 1957 bis 1978 Präsident des Allgemeinen Deutschen Motor-Sportverbands (ADMV). 1965 und 1979 mit dem „Vaterländischen Verdienstorden“ in Silber und Gold, mit der „Medaille für Kämpfer gegen den Faschismus“ und 1984 mit der „Ehrenspange“ zum VVO in Gold ausgezeichnet.
Quellen: UFJ, Cerný, Herbst, Wiesenthal, Wikipedia, Baumgartner/Hebig, Buch, BStU, MfS, HA XX 5749, Bl. 292, BStU, MfS, AP 6097/60, Bl. 12-22, BStU, MfS, HA XX Nr. 22627, Bl. 16ff., BStU, MfS, HA IX Nr. 36585, Bl. 1, BStU, MfS, HA XVIII Nr. 19284, Bl. 290ff., Mertens, S. 28.

Franz, Friedrich, Dipl.-Ing.
* 25.08.1889 in Olbernhau, † 15.10.1969 in Braunschweig
Seit Mai 1933 Mitglied der NSDAP. Mitglied der DAF. Mitglied der KDF. Mitglied der NSV. Leitende Funktionen in der Eisen- und Stahlindustrie. Die SMAD ernannte ihn zum Betriebsleiter der Maxhütte in Unterwellenborn. 1947 wechselte er nach Thale ins Stahlwerk. Mitglied der SED. Vize-Präsident der KdT. Von 1950 bis 1956 technischer Direktor des VEB Stahl- und Walzwerks in Brandenburg. Mit dem „Vaterländischen Verdienstorden" in Silber, mit dem Orden „Banner der Arbeit, mit der „Ehrennadel" in Gold der KdT und als „Held der Arbeit" ausgezeichnet.
Quellen: UFJ, Wikipedia, BStU, MfS, HA XX Nr. 5754, Bl. 11.

Franz, Viktor Julius, Prof. Dr. phil.
* 05.04.1883 in Königsberg, † 16.02.1950 in Jena
Von 1906 bis 1910 Marinebiologe unter Friedrich Heinecke an der Biologischen Anstalt auf Helgoland. Teilnehmer am 1. Weltkrieg. Ab 1919 Professor an der Universität Jena. Von 1930 bis 1945 Mitglied der NSDAP. Rassentheoretiker der NSDAP. Von 1935 bis 1945 Direktor des „Ernst-Haeckel-Hauses". Im September 1945 wegen seiner Nazi-Vergangenheit entlassen.
Quellen: Wikipedia, Poliakov/Wulf, S. 425f., Hoßfeld/John/Lemuth/Stutz, S. 89f., S. 106.

Frauendienst, Werner, Prof. Dr. phil.
05.02.1901 in Berlin, † 24.08.1966 in Mainz
Von 1926 bis 1938 wissenschaftlicher Mitarbeiter im Auswärtigen Amt (AA). Nebenamtlich Privatdozent an der Universität Greifswald. Ab 1935 an der Universität Berlin und ab 1938 Professor für Neuere Geschichte an der Universität Halle. Von 1933 bis 1945 Mitglied der NSDAP. Ab 1939 Mitglied des Sachverständigenbeirates der Forschungsabteilung Judenfrage im Reichsinstitut für die Geschichte Deutschlands. Ab Oktober 1939 wieder im AA, wo er in der Deutschen Informationsstelle Material aus den Archiven der besetzten Länder zur Kriegsschuldfrage auswertete. Ab 1942 bis Anfang 1945 lehrte er das Fach Geschichte an der Auslandswissenschaftlichen Fakultät der Universität Berlin. Im Oktober 1945 wurde

Frauendienst von der sowjetischen Militärpolizei festgenommen und wurde in Torgau und Buchenwald interniert. Bei den Waldheimer Prozessen 1950 zu einer Zuchthausstrafe von 15 Jahren verurteilt, die er in Bautzen verbüßte. Bereits 1952 auf Grund einer Amnestie vorzeitig entlassen und ab Februar 1953 nahm er kurzzeitig einen Forschungsauftrag an der Universität Halle wahr. Kurze Zeit später beging er „Republikflucht". Von 1954 bis 1964 wissenschaftlicher Mitarbeiter am Institut für europäische Geschichte. 1959 emeritiert.
Quellen: Professorenkatalog Universität Halle, Wikipedia, Klee I, Eberle, S. 369.

Freitag, Kurt, Prof., Dr. phil.
* 23.01.1901 in Berlin-Charlottenburg, † 12.04.1977 in Berlin
Seit 1940 Mitglied der NSDAP. Ingenieur und als Betriebsleiter. Ab 1948 Mitglied der SED. Von 1951 bis 1952 Leiter der Abteilung Forschung im Staatssekretariat für Hoch- und Fachschulwesen. Ab 1952 Hochschullehrer und von 1957 bis 1966 Professor an der TH Dresden. 1954 bis 1956 Dekan der Fakultät Elektrotechnik an der TH/TU Dresden. Von 1961 bis 1963 zugleich Direktor des Instituts für Nachrichtentechnik Berlin. 1961 mit dem „Vaterländischen Verdienstorden" in Silber und als „Aktivist" ausgezeichnet.
Quellen: Professorenkatalog TU Dresden.

Freudl, Eligius, Prof. Dr. phil.
* 25.11.1875 in Olbersdorf, Kreis Landskron, Ostböhmen, † 30.11.1951 in Linz
Nach 1897 arbeitete er an der Samenkontrollstation der Landwirtschaftlich-Botanischen Versuchsstation in Wien. Von 1900 bis 1910 Beamter im Ministerium für Ackerbau in Wien. Ab 1911 Professor und Leiter der Landwirtschaftsakademie Tetschen-Bodenbach. Ab 1939 Mitglied im Opferring der NSDAP. Seit 1940 Mitglied im NSDDB. Bis 1939 Vorsitzender des Deutschen Saatzuchtvereins für die Tschechoslowakei. Mitglied im RKB. Mitglied im RLB. Mitglied im DRK. Von 1918 bis 1945 Leiter der Versuchsanstalt für Pflanzenzüchtung. Ab 1945 an der Lehr- und Forschungsanstalt für Gartenbau in Pillnitz bei Dresden. Von 1946/47 bis zu

seiner Emeritierung 1950 Professor für Pflanzenzucht an der Universität Halle. Danach verließ er die DDR und siedelte nach Linz (Österreich) über.
Quellen: Professorenkatalog Universität Halle, Wikipedia.

Fricke, Dieter, Prof. Dr.
* 21.06.1927 in Frankfurt/O., †?
Ab April 1944 Mitglied der NSDAP. Ab November 1944 Teilnehmer am 2. Weltkrieg. Bis November 1946 in französischer Kriegsgefangenschaft. Ab 1947 Mitglied der SED. Bis 1949 Neulehrer. Von 1952 bis 1957 Leiter der Abteilung Fernstudium für Historiker am der PH Potsdam und an der Humboldt-Universität. Ab 1953/54 wissenschaftliche Aspirantur an der Humboldt-Universität. Bis 1957 wissenschaftlicher Oberassistent und Dozent. Von 1957 bis 1961 Chefredakteur der „Zeitschrift für Geschichtswissenschaft“. Von September 1960 bis 1990 Professor für Deutsche Geschichte der Neuzeit und neuesten Zeit an der Universität Jena. Dort von 1960 bis 1970 auch Direktor des Historischen Instituts. Von 1966 bis 1968 Dekan der Philosophischen Fakultät. 1973 Gastprofessor in der Sowjetunion. 1963 mit dem „Vaterländischen Verdienstorden“ und 1967 mit dem „Nationalpreis“ I. Klasse im Kollektiv ausgezeichnet.
Quellen: Wikipedia, Mertens, S. 27f., BStU, MfS, Allg. P. 1148/76, Bl. 9f., Bl. 27f.

Friedrich, Johannes Karl Eduard Paul, Prof. Dr. phil.
* 27.08.1893 in Schönefeld bei Leipzig, † 12.08.1972 in Berlin
Von 1929 bis 1950 Professor für Orientalische Philologie an der Universität Leipzig. Seit 1936 Mitglied im NSDDB. Von 1948 bis 1949 Rektor der Universität Leipzig. Seit 1940 Mitglied der SAW zu Leipzig. Seit 1950 an der FU Berlin.
Quellen: Professorenkatalog Universität Leipzig, Wikipedia.

Friedrich, Walter, Prof. Dr. med.
* 25.12.1883 in Salbke, Magdeburg, † 16.10.1968 in Berlin
In München Mitglied des farbentragenden und pflichtschlagenden Corps Guestphalia. Ab 1914 an der Universitätsklinik in Freiburg i. Brsg. Dort ab 1917 Privatdozent und ab 1921 Professor für Physik. Ab 1923 Professor

und Direktor des Instituts für Strahlenforschung an der Universität Berlin. Ab 1929 Dekan der Medizinischen Fakultät der Universität Berlin. Mitglied im NSDDB. Mitglied im NSLB. Ab 1943 wurde sein Institut nach Niedersachsen verlagert. 1944 Mitglied im Wissenschaftlichen Beirat des Generalkommissars für das Sanitäts- und Gesundheitswesen (Karl Brandt). 1947 kehrte er zurück und wurde Direktor des Instituts für Strahlenforschung der Humboldt-Universität Berlin. Von 1949 bis 1951 Rektor der Humboldt-Universität Berlin. Von 1951 bis 1956 Präsident der AdW zu Berlin. Von 1950 bis 1968 Präsident des Deutschen Friedensrates. AdV. 1950 mit dem „Nationalpreis“, 1953 als „Hervorragender Wissenschaftler des Volkes“, 1954 mit dem „Vaterländischen Verdienstorden“ in Gold und 1958 mit dem „Goethepreis“ der AdW zu Berlin ausgezeichnet. In Hohenmölsen und in Aschersleben wurden Straßen nach ihm benannt. Aschersleben ernannte ihn zum Ehrenbürger. Von 1989 bis 2000 trug das Städtische Krankenhaus in Magdeburg seinen Namen. Straßen in Berlin-Buch, in Hohenmölsen und Aschersleben wurden nach ihm benannt. In Berlin-Buch befindet sich auf dem Campus eine ihn darstellende Büste.
Quellen: Cerný, Herbst, BArch, Klee I, Wikipedia, Baumgartner/Hebig, Buch, Bielka, S. 183f.

Frühauf, Hans, Prof. Dr.-Ing.
* 04.01.1909 in Pforzheim, † 29.10.1991
Von 1928 bis 1932 Assistent für Radiotechnik an der TH Stuttgart. Von 1932 bis 1934 Dozent und Laborleiter am Elektrotechnischen Institut der TH Stuttgart. Von Mai 1933 bis 1944 Mitglied der NSDAP. Mitglied der SA. Mitglied der DAF. Mitglied im NSBDT. Ab 1934 Mitglied im NSLB. Von 1935 bis 1938 Laborleiter bei der Fa. SABA in Villingen. Von 1938 bis 1945 Technischer Direktor der Firma Graetz AG Berlin. Er gab an, er sei von 1937 bis 1944 Mitglied der NSDAP gewesen. Von 1945 bis 1948 Chef-Ingenieur beim STERN-Radio in Rochlitz. Von 1948 bis 1950 Direktionsmitglied bei VVB RFT in Leipzig. Ab 1946 Mitglied der KPD bzw. SED. Mitglied im FDGB. Ab 1949 Mitglied der GDSF. Von 1956 bis 1959 als „Rembrandt“ Geheimer Informant (GI) der Abt. VI des MfS. Ende 1960 wurde bei der BVfS Dresden erwogen, Frühauf als GI zu aktivieren. Von 1961 bis 1962 Staatssekretär für Forschung und Technik.

Mitglied des Forschungsrates beim Ministerrat. Ab 1950 Professor für Hochfrequenztechnik und Elektroröhren und ab 1951 Prorektor der TH Dresden. Vize-Präsident der AdW zu Berlin. 1948 als „Aktivist“, 1954 mit dem „Vaterländischen Verdienstorden“ in Silber, 1959 mit dem Orden „Banner der Arbeit“ und 1951 und 1961 jeweils mit dem „Nationalpreis“ 2. Klasse ausgezeichnet.
Quellen: UFJ, Baumgartner/Hebig, BStU, MfS, HA XX Nr. 5749, Bl. 307, BStU, MfS, HA XX Nr. 5754, Bl. 133, Bl. 322, BStU, MfS, Personalakte Nr. 595/56, 1107/59, Bl. 7-10, Bl. 14f., Bl. 33, BStU, MfS, AP 3401/80, Bl. 71f.

Fülle, Hans, Prof. Dr. sc. oec.
* 29.09.1925 in Stollberg, †?
Seit dem 20. April 1943 Mitglied der NSDAP. 1943 in den SS-Heilkräuterkulturen in Dachau beschäftigt. Von 1938 bis 1943 Mitglied der DJ und der HJ. Von 1943 bis 1945 bei der Luftwaffe Teilnehmer am Zweiten Weltkrieg. Den Behörden der SBZ bzw. DDR verschwieg er seine Mitgliedschaft in der NSDAP. Ab 1945 Mitglied der KPD bzw. SED. Mitglied im FDGB. Von 1948 bis 1953 Mitglied der FDJ. Ab 1950 Mitglied der GDSF. Von 1949 bis 1962 an der Universität Leipzig und an der Hochschule für Ökonomie in Berlin-Karlshorst. Von 1956 bis 1959 Gründungsdirektor des Instituts für Materialwirtschaft und Logistik an der HfÖ Berlin. Von 1960 bis 1962 Chefredakteur der Zeitschrift „Wirtschaftswissenschaft“. Von 1962 bis 1965 Leiter der HA Methodik, Organisation- und Rechentechnik der Staatlichen Plankommission (SPK). Von 1966 bis 19692 stellvertretender Minister für Materialwissenschaft. Stellvertretender Vorsitzender der SPK. Professor an der Sektion Sozialistische Volkswirtschaft an der Hochschule für Ökonomie. 1982 mit der „Humboldt-Medaille“ in Gold ausgezeichnet. Das ZK hatte keine Einwände gegen seine Weiterbeschäftigung, nachdem seine Nazi-Vergangenheit bekannt wurde. 1960 mit der „Verdienstmedaille“ ausgezeichnet. 1953, 1956, 1959 und 1963 erhielt er die „Medaille für ausgezeichnete Leistungen“.
Quellen: UFJ, Buch, BStU, MfS, HA XX Nr. 5755, Bl. 223, BStU, MfS, HA XX Nr. 5749, Bl. 310, BStU, MfS, HA XX Nr. 5754, Bl. 157, BStU, MfS, AP Nr. 16887/92, Bl. 3-29, Bl. 40, Bl. 46-54, Bl. 72-75, Bl. 93f, Bl.

104-117, BStU, MfS, HA XX Nr. 6630, Bl. 68f., BStU, MfS, HA IX/11 AS 236/68, Bd. 1, Bl. 4a.

Funke, Heinz, Prof. Dr. med.
* 06.05.1911 in Waldenburg, Sachsen, † 04.04.1993 in Görlitz
Seit 1933 Mitglied der SS und SS-Oberscharführer. Seit 1937 Mitglied der NSDAP. Medizinischer Sachbearbeiter beim RAD. Er führte die SS-Sanitätsstaffel I/17 und ab 1939 bei der Sanitäts-Ersatz-Abteilung 11 in Bückeburg. Als Oberarzt Teilnehmer am Zweiten Weltkrieg. Ab 1951 Mitglied der SED. Ärztlicher Direktor des Bezirkskrankenhauses Görlitz. Von 1958 bis 1963 Abgeordneter des Bezirkstages Dresden. Von 1950 bis 1958 AdV. 1952 als „Verdienter Arzt des Volkes", mit der „Medaille für ausgezeichnete Leistungen" und als „Aktivist" ausgezeichnet.
Quellen: UFJ, Wikipedia, BStU, MfS, HA XX Nr. 5749, Bl. 7.

Gadamer, Hans-Georg, Prof. Dr. phil. Dr. h. c. mult.
* 11.02.1900 in Marburg, † 13.03.2002 in Heidelberg
1929 wurde er Privatdozent in Marburg. Seit 1933 Mitglied im NSLB. Mitarbeiter beim nationalsozialistischen „Kriegseinsatz der Geisteswissenschaften". Im November 1933 unterschrieb er das „Bekenntnis der Professoren an den deutschen Universitäten und Hochschulen zu Adolf Hitler und dem nationalsozialistischen Staat". 1934/35 Vertreter des vakanten Lehrstuhls von Richard Kroner, der wegen seiner jüdischen Herkunft abgesetzt worden war, an der Universität Kiel. Im Oktober 1935 Teilnehmer am Dozentenlager des NSDDB in Weichselmünde bei Danzig. Ab 1937 Professor an der Universität Marburg, wo er den vakanten Lehrstuhl von Erich Frank, der wegen seiner jüdischen Herkunft entlassen worden war. Ab 1939 Professor und Direktor des Philosophischen Instituts an der Universität Leipzig. Der Sicherheitsdienst der SS attestierte ihm eine „indifferente" Haltung gegenüber dem Nazismus. Ab 1945 Dekan und ab 1946 Rektor der Universität Leipzig. Mitglied im KB. Ab Oktober 1947 Professor an der Universität Frankfurt/M. Ab 1949 bis 1968 Nachfolger von Karl Jaspers an der Universität Heidelberg. Zusammen mit Helmut Kuhn war er 1953 Begründer der „Philosophischen Rundschau". 1962 Präsident der Allgemeinen Gesellschaft für Philosophie. Von 1969 bis 1972 Präsident

der AdW in Heidelberg. 1971 wurde ihm der Orden „Pour le Mérite“ und von der Stadt Pforzheim mit dem „Reuchlin-Preis“ ausgezeichnet. Die Bundesregierung verlieh ihm 1972 das „Große Verdienstkreuz mit Stern“ des Verdienstordens der Bundesrepublik. 1979 mit dem „Sigmund-Freud-Preis, dem „Hegel-Preis, 1986 mit dem „Jaspers-Preis“ und 1987 mit dem „Hanns-Martin-Schleyer-Preis ausgezeichnet.
Quellen: Herbst, Wikipedia, Klee I, Professorenkatalog der Universität Leipzig, Filippovich, S. 37.

Galling, Kurt, Prof. Lic. theol. Dr. phil.
* 08.01.1900 in Wilhelmshaven, † 12.07.1987 in Tübingen
Für kurze Zeit 1918 Teilnehmer am Ersten Weltkrieg. Von 1924 bis 1928 Assistent am Institut Judaicum der Universität Berlin. Ab 1928 Oberassistent und ab 1930 Professor am Theologischen Seminar der Universität Halle. Von 1933 bis 1934 Mitglied der SA. 1934 Unterführer der Dozentenschaft. Ab 1940 Mitglied der NSDAP. Mitglied im NSLB. Mitglied im RLB. Von 1939 bis 1940 freiwilliger Teilnehmer am Zweiten Weltkrieg. Als Ausbilder für Ballistik eingesetzt. Von 1940 bis 1943 wieder an der Universität Halle. Ab 1943 Hilfszollbetriebsassistent in Trzebinia, Oberschlesien und wieder Teilnehmer am Zweiten Weltkrieg. 1945 wegen seiner Nazi-Vergangenheit von der Universität entlassen, aber in der Bibliothek des Theologischen Seminars weiterbeschäftigt. Ein Antifaschistischer Ausschuss erklärte ihn für „politisch tragbar“. Nach 1945 Pfarrer in Thüringen, erhielt jedoch keinen Ruf an die Universität Halle. Ab 1946 Professor für Altes Testament und Palästinische Archäologie an die Universität Mainz. Ab 1962 Professor für Biblische Archäologie an der Universität Tübingen.
Quellen: Professorenkatalog Universität Halle, Biographisch-bibliographisches Kirchenlexikon, Wikipedia.

Gallwitz, Erich Walter Hans-Friedrich, Prof. Dr.
* 24.11.1896 in Sigmaringen, † 09.10.1958 in Leipzig
Von 1914 bis 1919 freiwillig Teilnehmer am 1. Weltkrieg. Ab 1926 Assistent am Mineralogisch-Geologischen Institut an der TH Dresden und dort ab 1935 Professor. 1934/35 freiwillig Mitglied der Studentengruppe

„Deutsche Freischar" in der SA. Mitglied der NSV. Mitglied im NSLB. Mitglied im NSDDB. Von 1939 bis 1945 Wehrgeologe und Professor an der TH Wien. Ab 1946 Mitglied der LDPD. Ab 1946 Mitglied im FDGB. Ab 1946 Professor an der Universität Halle und Direktor des Geologisch-Paläontologischen Instituts. Ab 1949 Gründer des Hallesche Jahrbuchs für mitteldeutsche Erdgeschichte". Mitherausgeber der „Geologica". Ab 1950 Mitglied der Leopoldina und dort ab 1952 Sekretär der naturwissenschaftlichen Abteilung. Von 1950 bis 1952 Dekan der Universität. Ab 1955 Mitglied der Geologischen Gesellschaft in Wien. 1957 wurde gegen ihn ein Disziplinarverfahren eingeleitet. Ab 1958 Angehöriger des verbotenen Spirituskreis.
Quellen: Wikipedia, Professorenkatalog Universität Halle, Leopoldina, BStU, MfS, BV Halle, AOP 46/59 2, Bl. 107-113, BStU, MfS, BV Halle, AOP 46/59 1, Bl. 7.

Geerdts, Hans-Jürgen, Prof. Dr.
* 16.02.1922 in Danzig, † 11.06.1989 in Greifswald
Von 1934 bis 1938 als Oberrottenführer Mitglied der HJ. Seit September 1940 Mitglied der NSDAP. Von 1940 bis 1941 Mitglied im RAD. Mitglied der SED. Ab 1947 Dozent am Deutschen Theaterinstitut in Weimar. Präsident der Deutsch-Nordischen Gesellschaft (mit Prof. Dr. Otto Meisser). 1958 Professor für Neuere deutsche Literaturgeschichte an der Universität Greifswald. Herausgeber der Zeitschrift „Geschichte der Deutschen Literatur". 1965 mit dem „Vaterländischen Verdienstorden" in Bronze, 1973 mit dem Lessing-Preis, 1976 mit dem „Nationalpreis" und 1982 als „Verdienter Hochschullehrer der DDR" ausgezeichnet. Er verschwieg seine Mitgliedschaft in der NSDAP.
Quellen: UFJ, Wikipedia, Buch, Wikipedia, BStU, MfS, HA XX Nr. 5754, Bl. 224, BStU, MfS, HA XX Nr. 5750, Bl. 15f., Der Spiegel Nr. 8/1963, S. 21.

Gehler, Willy, Prof. Dr.
* 05.09.1876 in Leipzig, † 13.04.1953 in Dresden
Seit 1933 Mitglied der NSDAP. Förderndes Mitglied der SS. Als Bauingenieur und als Wissenschaftler beteiligt an Schuß- und Brandbombenver-

suche. Von 1913 bis 1945 Professor an der TH Dresden. Trotz seiner Nazi-Vergangenheit konnte er nach 1945 seine Forschungsarbeiten und Gremienarbeit fortsetzen. Ab 1948 Leiter des Landesausschusses Sachsen für Normung und Typung im Bauwesen. Ehrendoktor der TH Brünn.
Quellen: Wikipedia.

Gehring, Hans, Prof. Dr. rer. pol.
* 22.08.1882 in Homberg, Hessen, † 28.03.1968 in Halle (Saale)
Ab 1905 Assistent an der Handelskammer in Magdeburg, 1906 wissenschaftlicher Hilfsarbeiter beim „Reichsarbeitsarbeitsblatt“. Ab 1907/08 Mitarbeiter des Kaiserlichen Statistischen Amtes. Ab 1911 Professor für Einführung in die Staats- und Wirtschaftslehre. Ab 1912 Professor für Volkswirtschaftslehre, Finanzwissenschaft und Politik an der TH Hannover. Von 1916 bis 1918 Mitglied der Politischen Abteilung des Generalgouvernements Brüssel. Danach baute er in Dresden ein Institut für Sozial- und Wirtschaftswissenschaften auf. Von 1919 bis 1930 Mitglied der DDP. Ab 1943 Mitglied der NSV. Mitglied im RLB. 1934 zwangsweise emeritiert. Im August 1945 setzte ihn die Landesregierung wieder als Professor ein. Mitglied der LDPD. Mitglied im FDGB. Mitglied im KB. Ab 1947 Professor an der Universität Halle und zugleich Direktor des Staatswissenschaftlichen Seminars. 1951 emeritiert.
Quellen: Professorenkatalog Universität Halle.

Gehring, Michael, Dr. med.
* 28.02.1918 in Schweinfurt, † 06.04.1969 in Berlin
Ab 1925 Mitglied im Katholischen Jugendverband. Von 1933 bis 1937 Mitglied der HJ. Ab 1937 als Feldarzt Angehöriger der Wehrmacht und Teilnehmer am 2. Weltkrieg. Von April bis Juni 1945 in US-amerikanischer Kriegsgefangenschaft. 1945 Arzt in der Infektionsabteilung des Krankenhauses in Neuruppin. Von Juli bis Dezember Mitglied der LDPD. Ab März 1947 Mitglied der SED. Ab 1947 Leiter des Krankenhauses im Heimkehrerlager in Gronenfelde. Ab 1948 Chefarzt der Städtischen Poliklinik in Frankfurt/O. Ab 1949 in der HV Gesundheitswesen der DWK, Danach im Ministerium für Arbeit und Gesundheitswesen bzw. im Ministerium für Gesundheitswesen. Ab 1950 Leiter der Abteilung Schulung.

Danach Leiter der HA Heilwesen sowie Sekretär der BPO der SED. Ab 1958 stellvertretender Minister für Gesundheitswesen. Ab 1961 Erster Vizepräsident des Komitees für gesunde Lebensführung und Gesundheitserziehung. Ab Februar 1964 Staatssekretär und Erster Stellvertretender des Ministers für Gesundheitswesen. Von 1963 bis 1967 Kandidat des ZK der SED. Zweimal mit der „Medaille für ausgezeichnete Leistungen“, 1964 mit dem „Vaterländischen Verdienstorden“ in Bronze, als „Verdienter Arzt des Volkes“, 1968 mit der „Hufeland-Medaille“ und 1969 als „Verdienter Meister des Sports“ ausgezeichnet.
Quellen: Wikipedia, Nomenklaturakten Personalakte BArch DC 20/8077.

Geisenheyner, Karl, Dr. jur.
* 30.07.1903 in Altenburg, †?
Seit Mai 1933 Mitglied der NSDAP. Rechtsanwalt in Gera. Mitglied der CDUD und später Mitglied im Hauptvorstand. Lehrbeauftragter an der Juristischen Fakultät der Universität Jena. Chefredakteur und ab 1960 Verlagsleiter des „Thüringer Tageblatt“. 1957 mit dem „Ehrenzeichen“ der CDUD ausgezeichnet.
Quellen: UFJ, BStU, MfS, HA XX Nr. 5754, Bl. 13.

Geißler, Charlotte, Dr. jur.
* 27.04.1908 in Bautzen, †?
Von 1935 bis 1945 Mitglied der NSF. Seit 1937 Mitglied der NSDAP. Mitglied im NSRB. Mitglied der NDPD und dort Abteilungsleiterin im Parteivorstand. Mitglied im Präsidium des Bundesvorstands des DFD. Mit der „Clara-Zetkin-Medaille“ und 1957 und 1962 mit der „Ernst-Moritz-Arndt-Medaille“ ausgezeichnet.
Quellen: UFJ, BStU, MfS, HA XX Nr. 5754, Bl. 19, Bl. 133.

Geist, Rudolf Richard, Prof. Dr. oec. Dr.-Ing.
* 27.01.1910 in Ottendorf-Okrilla, Sachsen, † 16.07.1988 in Dresden
Seit 1935 Mitglied im NSLB. Seit 1937 Mitglied der NSDAP. Berufsschullehrer. Als Feldwebel Teilnehmer am 2. Weltkrieg. Von 1945 bis 1950 in sowjetischer Kriegsgefangenschaft. Mitglied der SED. Mitglied im FDGB. Von 1950 bis 1954 Ingenieur und Technischer Direktor der

Warnow-Werft in Warnemünde. Ab 1955 Mitglied im Wissenschaftlichen Beirat für Ingenieurökonomik des Transport- und Nachrichtenwesens des Staatssekretariats für Hoch- und Fachschulwesen. Ab 1955 Dozent an der Universität Rostock. Von 1961 bis 1971 Professor an der TH Ilmenau sowie an der TU Dresden. Von 1971 bis 1973 Professor an der Ingenieurhochschule Mittweida. Ab 1974 Ehrenmitglied des Präsidiums der „Kammer für Technik“ (KfT). 1975 mit dem „Vaterländischen Verdienstorden“ in Silber ausgezeichnet.
Quellen: Baumgartner/Hebig, Professorenkatalog Universität Rostock.

Gellert, Johannes Fürchtegott, Prof. Dr. phil.
* 04.10.1904 in Leipzig, † 23.03.1994 in Potsdam
Seit März 1933 Mitglied der NSDAP und bis 1939 Politischer Leiter (Blockwart) einer NSDAP-Ortsgruppe. SA-Oberscharführer im Stab der Marine, SA-Standarte 2. Verfasser von Schriften des Kolonialpolitischen Amtes der NSDAP der Gauleitung Sachsen. Scharführer bei der Marine-SA. Von 1933 bis 1936 Mitglied im NSLB, Mitglied im NSRB. Von 1936 bis 1937 Mitglied im NSDDB. Mitglied im VDA. Mitglied im RKB, wo er im Internierungslager „Andalusia“ Fachredner. Seit 1937 Mitglied im NSAHB. Von 1933 bis 1934 Mitglied im NSV. Für die NSDAP/AO in Südafrika. Von 1940 bis 1944 in Südafrika interniert. 1944 Rückkehr nach Deutschland. Anfang 1945 Professor an der Universität Leipzig, wo er jedoch wegen seiner Nazi-Vergangenheit wieder entlassen wurde. 1949 Dozent am Geographischen Seminar der Universität Halle. Mitglied der NDPD. Mitglied im Präsidium der Deutsch-Afrikanischen Gesellschaft. 1. stellvertretender Vorsitzender des KB im Bezirk Potsdam. Von 1951 bis zu seiner Emeritierung 1970 Professor für Physische Geographie der PH Potsdam. Von 1959 und 1966 kommissarischer Leiter des Instituts für Mineralogie und Geologie der PH Potsdam. Von 1957 bis 1969 Mitglied des Wissenschaftlichen Beirats für Geographie beim Staatssekretariat für Hochschulwesen. Von 1959 bis 1964 der erste Präsident des Nationalkomitees für Geographie in der AdW zu Berlin. Mitglied im Präsidium der Urania. Mit der „Ernst-Moritz-Arndt-Medaille“ der NF, mit der „Johannes-R.-Becher-Medaille“ des KB und mit dem „Vaterländischen Verdienstorden“ in Bronze ausgezeichnet.

Quellen: UFJ, Herbst, Wikipedia, Sächsische Biografie, BStU, MfS, HA XX Nr. 5754, Bl. 15, BStU, MfS, HA XX Nr. 5750, Bl. 34, Bl. 37f., Bl. 45, Der Spiegel Nr. 8/1963, S. 21.

Gerhardt, Hans-Heinrich, Dr. med.
* 14.11.1896 in Güstrow, †?
Von Mai 1933 bis 1945 Mitglied der NSDAP. Ab 30. April 1935 als SA-Obersturmführer Sturmbannarzt. Angehöriger der Waffen-SS. Als Major und Oberstabsarzt Teilnehmer am Zweiten Weltkrieg beim Feldlazarett Warschau. 1938 stellvertretender Direktor der Landesheil- und Pflegeanstalt. 1949 Mitglied der NDPD. Chefarzt und Leiter der psychiatrischen Anstalt in Stralsund-Uchtspringe. Kreisarzt in Grimmen. Von 1954 bis 1958 AdV. Viermal mit der „Medaille für ausgezeichnete Leistung" ausgezeichnet.
Quellen: UFJ, BStU, MfS, HA XX Nr. 5755, Bl. 94, BStU, MfS, HA XX Nr. 5754, Bl. 134, BStU, MfS, HA IX/11, SV 3/82, Bd. 10, Bl. 232-240, BStU, MfS, HA XX Nr. 5750, Bl. 48f.

Gerhardt, Ulrich Karl Friedrich Kurt Eduard, Prof. Dr. med. Dr. phil.
* 11.10.1875 in Würzburg, † 08.06.1950 in Halle (Saale)
Von 1901 bis 1903 Assistent am Physiologischen Institut der Universität Breslau, wandte sich jedoch der Zoologie zu. Von 1903 bis 1905 am Zoologischen Institut der Universität Breslau. Als Arzt in verschiedenen Lazaretten und als Bataillonsarzt Teilnehmer am Ersten Weltkrieg. 1911 Professor, 1921 nichtbeamteten Professor in Breslau. Ab 1924 Ordinarius für vergleichende Anatomie und Physiologie der Haustiere an der Universität Halle. 1932 für zwei Monate Mitglied der Deutsch-Nationalen Front. Von 1934 bis 1939 förderndes Mitglied der SS. Ab 1934 Mitglied der NSV. Seit 1944 Mitglied einer Widerstandgruppe. Mitglied der LDPD. Aus Altersgründen 1945 in den Ruhestand versetzt, jedoch 1946 zum Ordinarius und zugleich Direktor des Instituts für Anatomie und Physiologie der Haustiere und Leiter der Tierklinik ernannt. Von 1946 bis 1948 amtierte er als Prorektor. 1948 emeritiert und zugleich mit der Vertretung seines Lehrstuhles und mit Vorlesungen über die Zoologie der Haustiere betraut. Mitglied der Leopoldina.

Quellen: Professorenkatalog Universität Halle, Wikipedia, Eberle, S. 412.

Gericke, Hans, Prof. Dr.
* 27.07.1912 in Magdeburg, † 15.02.2014 in Berlin
Seit Mai 1933 Mitglied der NSDAP. Mitglied im NSDStB. Bauleiter bei der Luftwaffe. Von Mai bis Juni 1945 in US-amerikanischer Kriegsgefangenschaft. Mitglied der NDPD. Ab 1951 persönlicher Referent von Lothar Bolz, Minister für Aufbau. Von 1951 bis 1953 Mitglied der Stadtverordnetenversammlung in Berlin. Von 1953 bis 1958 Direktor des Instituts für Theorie und Geschichte der Baukunst an der Deutschen Bauakademie. Von 1952 bis 1986 Vize-Präsident des Bundes Deutscher Architekten. Mitglied im HA der NDPD. Mitglied des Präsidiums der Deutsch-Lateinamerikanischen Gesellschaft. Autor der „National-Zeitung“. 1961 mit dem „Goethe-Preis“ der Stadt Berlin (Ost) und 1972 und 1977 mit dem „Vaterländischen Verdienstorden“ in Silber und Gold ausgezeichnet.
Quellen: UFJ, Buch, Wikipedia, BStU, MfS, HA XX Nr. 5750, Bl. 51ff., BStU, MfS, HA XX Nr. 5754, Bl. 17., BStU, MfS, HA II Nr. 30322, Bl. 18, Der Spiegel Nr. 8/1963, S. 21.

Gericke, Wolfgang, Dr. theol.
* 28.03.1914 in Fürstenwalde, † 22.10.1993 in Korbach
Teilnehmer am Zweiten Weltkrieg. Von 1933 bis 1937 Mitglied der SA. Ab 1933 Mitglied der „Deutschen Christlichen Vereinigung“. Teilnehmer am Zweiten Weltkrieg. Danach Hilfsprediger in Hohenmölsen, Grunau, Laucha und Morl. Ab 1946 Lehrauftrag für Kirchengeschichte an der Universität Halle und ab 1. Mai 1948 hauptamtlicher Dozent. Nach heftigen Auseinandersetzungen in der Theologischen Fakultät, wegen seiner Erkrankung und wegen seines Umzugs kündigte er die Dozentur und wurde 1950 Pfarrer in Finsterwalde.
Quellen: Professorenkatalog Universität Halle, Wikipedia.

Gertler, Wolfgang Johannes, Prof. Dr. phil., Dr. med.
* 0.1.12.1904 in Kiel, † 19.08.1982 in Berlin
Von 1937 bis 1945 Assistent an der Universität Breslau. Von 1939 bis 1941 als Arzt Teilnehmer am Zweiten Weltkrieg. Ab 1939 Mitglied der

NSV. 1945 betrieb er eine dermatologische Privatpraxis. Seit 1946 Mitglied der SED. Mitglied im FDGB. Seit 1948 Mitglied der GDSF. Seit 1947 Dozent an den Universitäten Jena und Berlin. Von 1950 bis 1963 Professor für Haut- und Geschlechtskrankheiten an der Medizinischen Fakultät der Universität Leipzig. Ab 1962 Professor für Haut- und Geschlechtskrankheiten an der Humboldt-Universität Berlin und Direktor der Hautklinik. Mitglied im Verein Sozialistischer Ärzte. Mitglied des Wissenschaftlichen Senats beim Ministerium für das Gesundheitswesen.
Quellen: BStU, MfS, Allg. P., 2093, Bl. 6, BStU, MfS, Allg. S., 1951/67, Bl. 59, Professorenkatalog Universität Leipzig.

Geyler, Friedrich Otto Ehrenfried, Prof. Dr. jur.
* 08.10.1879 in Treuen im Vogtland, † 11.12.1956
Von 1906 bis 1914 Hilfsrichter beim Amtsgericht Meissen, Frohburg und Oberwiesenthal. Richter beim Landgericht Dresden. Ab 1909 niedergelassener Rechtsanwalt. Von 1916 bis 1918 als wissenschaftlicher Mitarbeiter der volkswirtschaftlichen Abteilung, Stellv. Generalkommando XIX. Teilnehmer am Ersten Weltkrieg. Von 1920 bis 1933 Mitglied der Prüfungskommission für Diplom-Bücherrevisoren der Handelshochschule Leipzig. Ab 1930 Professor an der Handelshochschule Leipzig. Von 1938 bis 1945 Mitglied der NSDAP. Mitglied der NSV. Mitglied im NSDDB. Von 1945 bis 1950 wissenschaftlicher Mitarbeiter des Rechtsausschusses des Bezirksverbandes der LDPD Leipzig und Dozent an der Universität Leipzig. Von 1950 bis 1955 Professor für Finanz- bzw. Steuerrecht an der Juristischen Fakultät der Universität Leipzig. Ab 1949 Mitglied im KB. Ab 1948 Mitglied der GDSF. Mitglied des HA der LDPD. Inoffizieller Mitarbeiter (IM) für das MfS. Er bespitzelte Prof. Dr. Erwin Jacobi, Jurist und Rektor der Universität Leipzig.
Quellen: BStU, MfS, A. Op. 133/54, Bl. 57f., Professorenkatalog Universität Leipzig, Otto, S. 357.

Giesau, Hermann, Prof. Dr. phil.
* 30.04.1883 in Magdeburg, † 22.11.1949 in Halle (Saale)
Bis 1914 wissenschaftlicher Hilfsarbeiter beim Deutschen Verein für Kunstwissenschaft Berlin. Von 1914 bis 1918 als Leutnant Teilnehmer am

Ersten Weltkrieg. Mit dem „Eisernen Kreuz“ I. und II. Klasse ausgezeichnet. Von 1918 bis 1919 in Kriegsgefangenschaft. Ab 1920 Wissenschaftlicher Hilfsarbeiter beim Konservator der Provinz Sachsen. Ab1922 er Provinzialbaurat und ab 1930 Provinzialkonservator. Ab 1933 Mitglied der SA. Ab 1937 Mitglied der NSDAP. 1933 zum Professor ernannt. 1945 verhaftet, erhielt jedoch 1948 einen Forschungsauftrag von der Landesregierung.
Quellen: Professorenkatalog Universität Halle, Wikipedia.

Gießmann, Ernst-Joachim, Prof. Dr.-Ing. Dr. h. c.
* 12.02.1919 in Berlin, † 17.10.2004 in Neuhof
Ab Mai 1937 Mitglied der NSDAP. Mitglied im RAD. Von 1943 bis 1945 an der TH Berlin-Charlottenburg. Von 1945 bis 1948 Schuldirektor in Oranienburg und in Frankfurt/O. Seit 1946 Mitglied der SED. Mitglied im FDGB. Mitglied in der GDSF. Mitglied im KB. Von 1951 bis 1953 Dozent und Oberassistent an der PH Potsdam. Ab 1954 Mitglied der Urania. Von 1962 bis 1967 Staatssekretär und von 1967 bis 1970 Minister für Hoch- und Fachschulwesen. Ab 1970 Professor für Physik an der Ingenieur-Hochschule in Berlin-Wartenberg. Rektor der Hochschule für Schwermaschinenbau in Magdeburg. Mitglied der SED Bezirksleitung Magdeburg. Von 1958 bis 1963 AdV. Vize-Präsident des KB. Mit dem „Vaterländischen Verdienstorden“ in Silber, 1969 mit dem Orden „Banner der Arbeit“ und 1970 als „Verdienter Arzt des Volkes“ ausgezeichnet. 1989 verlieh ihm die AdL den Ehrendoktortitel. Er verschwieg seine Nazi-Vergangenheit.
Quellen: UFJ, Cerný, Herbst, Wikipedia, BArch, Baumgartner/Hebig, Buch, BStU, MfS, HA XX Nr. 5754, Bl. 17, Bl. 329, BStU, MfS, HA XX Nr. 5750, Bl. 32, Bl. 66, Nomenklaturkaderakten Personalakte BArch DC 20/8080, Der Spiegel Nr. 8/1963, S. 21.

Gißke, Erhardt, Dr. h. c. med.
* 02.03.1924 in Schönstedt, Kreis Mühlhausen, † 19.07.1993 in Berlin
Von 1935 bis 1943 Mitglied der HJ. Von 1941 bis 1943 Mitglied im NSDStB. Von 1943 bis 1945 Mitglied der NSDAP. Von 1943 bis 1945 Teilnehmer am 2. Weltkrieg. Angestellter im VEB Entwurfsbüro. Von

1952 bis 1956 Technischer Leiter bzw. Leiter des Aufbaustabes „Stalinallee“. Von 1956 bis 1958 stellvertretender Chefarchitekt. Von 1958 bis 1964 Mitglied der SED-Bezirksleitung. Von 1958 bis 1963 Stadtrat und Stadtbaudirektor in Berlin. Ab 1964 stellvertretender Direktor des VEB Typenprojektierung und Direktor des Instituts für Industriebau an der Bauakademie. Direktor der Aufbauleitung Sondervorhaben der Hauptstadt Berlin. Generaldirektor der Baudirektion Hauptstadt Berlin des Ministeriums für Bauwesen. 1948 Mitglied im FDGB. Ab 1949 Mitglied der SED. Mitglied der GDSF. Ab 1952 Mitglied der KdT und im BdA. Festliche Grundsteinlegung des Krankenhauses Berlin-Buch durch E. Gißke. 1976 mit dem „Kampforden der NVA“, 1979 mit dem „Vaterländischen Verdienstorden“ in Gold, 1976 mit dem „Nationalpreis“ I. Klasse, als „Verdienter Aktivist“ und 1984 mit dem „Karl-Marx-Orden“ ausgezeichnet.
Quellen: UFJ, Buch, BStU, MfS, AP 74870/92, BStU, MfS, HA II/Fo/308, Bl. 4f; BStU, MfS, HA XX Nr. 5754, Bl. 234; BStU, MfS, HA XX Nr. 5755, Bl.,153, BStU, MfS, AP Nr. 42180/92, Bl. 1-11, Bl. 37-41, Bl. 48, Bl. 50f; BStU, MfS, AP Nr. 42327/92, Bl. 1f, Bl. 6f, Bl. 16, Bl. 22, Bl. 25f, Bl. 37-73, Bl. 100ff, Bl. 155-162, Bl. 212-225, BStU, MfS, HA XX Nr. 5750, Bl. 62.

Glaser, Günther Theodor, Prof. Dr. sc. phil.
* 28.12.1922 in Rieschen (Bautzen), †?
Mitglied der DJ. Mitglied im NSRL. Mitglied der HJ und dort HJ-Scharführer. Ab September 1940 Mitglied der NSDAP. Mitglied im RAD. Ab 1941 als Unteroffizier der Luftwaffe Teilnehmer am Zweiten Weltkrieg. In sowjetischer Kriegsgefangenschaft. Mitglied im NKFD. Schüler einer antifaschistischen Schule. Von 1944 bis 1945 Fronthelfer des NKFD. Seit 1945 Mitglied der KPD bzw. SED. Seit 1945 Mitglied im FDGB. Mitglied der FDJ und dort Funktionär des antifaschistischen Jugendausschuss. 1949 Lektor an der Jugendhochschule der FDJ. 1949 Mitarbeiter der Hauptverwaltung Ausbildung des MdI. Politoffizier der Volkspolizei-See bzw. der Volksmarine. Professor für Militärpolitik und Militärgeschichte der sozialistischen Staaten am Militärgeschichtlichen Institut. Im Juni 1959 als Geheimer Informator (GI) „Klavier“ für das MfS angeworben. Nach der Emeritierung freischaffend als Autor zu Themen aus der Militärpolitik und zur

NVA. Im Mai 1951 entdeckte die VP, dass er seine Mitgliedschaft in der NSDAP verschwiegen hatte. Daraufhin wurde er als Mitglied der SED gestrichen. Im Dezember 1951 entschied H. Matern, er war der Vorsitzende der ZPKK der SED, dass er keine Bedenken hätte, wenn Glaser eine politische Funktion bei der HV Seepolizei innehabe. 1954 berichtete ein IM „Adam" über Gerüchte zur faschistischen Vergangenheit von Glaser, der zu dem Zeitpunkt Korvettenkapitän war.
Quellen: DRAFD Wiki, Wikipedia, Mertens, S. 28, BStU, MfS, Potsdam, 1505/89, Bl. 44f. Bl. 51-59, Bl. 72

Glawe, Walter, Prof. Lic. Theol.
* 18.07.1880 in Berlin, † 10.08.1967 in Ranis (Thüringen)
Ab 1909 Privatdozent und ab 1912 Professor an der Universität Rostock. Als Feldgeistlicher freiwilliger Teilnehmer am 1. Weltkrieg. Ab 1919 Professor in Münster. Ab 1921 Professor in Greifswald. 1919 Mitglied der rechtsradikalen „Organisation Escherich". Ab 1923 Mitglied im „Stahlhelm, Bund der Frontsoldaten", Mitglied im „Kyffhäuserbund". Mitglied der DNVP. Scharführer einer SA-Brigade. Ab Mai 1937 Mitglied der NSDAP. Mitglied der „Deutschen Christen". 1946 entlassen, erhielt er dennoch einen Forschungsauftrag an der Universität Rostock. Ab 1949 Mitglied der SED. Mitglied der GDSF. Ab 1949 Lehrauftrag in Rostock und ab 1950 auch in Greifswald. Ab April 1951 Professor für Kirchengeschichte an der Universität Greifswald. Nach seiner Emeritierung Lehrbeauftragter von 1953 bis 1959.
Quellen: Professorenkatalog Universität Rostock, Wikipedia, Braun/Grünzinger, S. 88.

Goerttler, Victor Günter Hinrich, Prof. Dr. med. vet. Dr. h. c.
* 05.01.1897 in Sondershausen, † 04.07.1982
Als Leutnant Teilnehmer am Ersten Weltkrieg. Mit dem EK II, dem „Ehrenkreuz", der „Ehrenmedaille" und dem „Verdienstorden" ausgezeichnet. Von Mai 1933 bis 1945 Mitglied der NSDAP. Mitglied der NSV. Von 1930 bis 1935 Herausgeber der Zeitschrift „Mitteilungen für Deutsche Fleischbeschauer und Trichinenschauer" und ab 1935 der „Rundschau auf dem Gebiet der gesamten Fleischbeschau und Trichinenschau". Ab 1935

als Oberregierungsrat Mitarbeiter im Reichsministerium des Innern. Ab 1936 Mitglied der Reichstierärztekammer und dort Mitglied des „Führerbeirates". Ab 1938 vom Führer und Reichskanzler A. Hitler zum Professor für Tierheilkunde und Direktor der Veterinäranstalt der Universität Jena ernannt. Nach 1947 erneut Professor für Tierheilkunde und Direktor der Veterinäranstalt an der Universität Jena. Ab 1945/46 Mitglied der SPD/SED. Mitglied im FDGB. Die Entnazifizierungskommission Jena entschied Anfang März 1948, dass die einschränkenden Bestimmungen wegen seiner Aktivitäten für den Nazi-Faschismus aufgehoben wurden. Ab 1955 Mitglied der AdW zu Berlin. Mitglied der Leopoldina zu Halle. 1958 Prodekan der Landwirtschaftlichen Fakultät. Die Universität Leipzig verlieh ihm den Ehrendoktortitel. 1953 mit dem „Nationalpreis" III. Klasse und 1958 mit dem „Vaterländischen Verdienstorden" ausgezeichnet. In Jena wurde 2007 eine Straße nach ihm benannt. 1958/59 wurde Goerttler von der Staatssicherheit beobachtet.
Quellen: BStU, MfS, Allg. P. 142/71, Bl. 14f., BStU, MfS, BV Gera, AOP 1727/65, Bd. 1, Bl. 3-34, Bl. 45, Bl. 55, Bl. 62f., BStU, MfS, 1727/65, Band Nr. IV, Bl. 97f., Bl. 223ff., Bl. 237, BStU, MfS, BV Gera, AOP 36/59, Bl. 4, Bl. 13f., Bl. 54f., https://www.deutsches-tieraerzteblatt.de/fileadmin/resources/PDFs/Altdaten/DTBl_6_2016_Thierarzneyschule-Jena-Teil5_Entsperrt.pdf.

Görlich, Paul Robert, Prof. Dr.-Ing.
* 07.10.1905 in Dresden, † 13.03.1986 in Jena
Von 1929 bis 1932 Assistent im Physikalischen Institut der TH Dresden. Von 1932 bis Oktober 1946 wissenschaftlicher Mitarbeiter der Firma Zeiss Ikon AG in Dresden. Von 1941 bis 1945 Mitglied bzw. Anwärter der NSDAP. Ab 1942 lehrte er an der TH Dresden. Ab 1945 Mitglied im FDGB. Von 1946 bis 1952 in der optischen Industrie in der Sowjetunion. Danach wissenschaftlicher Hauptleiter des VEB Carl Zeiss Jena. Seit 1952 Dozent bzw. Honorarprofessor an der Universität Jena. Ab 1952 Mitglied der GDSF. Mitglied der KDT. Von 1960 bis 1971 auch Direktor des Instituts für Optik und Spektroskopie der AdW zu Berlin. Mitglied der Leopoldina zu Halle. Mitglied der SAW. 1953 als „Verdienter Techniker des Volkes" und als „Aktivist", 1954 mit dem „Nationalpreis" II. Klasse für

Wissenschaft und Technik und 1970 mit dem „Vaterländischen Verdienstorden“ in Silber und ausgezeichnet.
Quellen: Cerný, Baumgartner/Hebig, SAW zu Leipzig, Wikipedia, BStU, MfS, HA XX Nr. 5750, Bl. 32, Bl. 66, Bl. 73f., BStU, MfS, HA XX Nr. 5754, Bl. 220, BStU, MfS, Zentral-Archiv, 14254/69, Bl. 4f., Bl. 46, Bl. 49f.,

Görner, Hans-Georg, Prof.
* 23.04.1908 in Berlin, † 20.02.1984 in Berlin
Tätig als Komponist, Chorleiter, Organist und Musikwissenschaftler. Überzeugter Nationalsozialist. Ab 1930 Mitglied der NSDAP. Leitung des Kammerchores des Deutschlandsenders und Gründer der Berliner Kantorei. Ab 1931 bzw. 1936 Organist und Kantor an St. Marien / St. Nikolai. Von 1937 bis 1945 Musikdirektor der Berliner Propsteikirche. Ab 1953 Hochschulkarriere in der DDR.
Quellen: http://www.marienkirche-berlin.de/pdf/BedeutendeMusikerpersoenlichkeiten.pdf

Gofferje, Karl, Prof.
* 10.06.1893 in Niederbreisig, Rhein, 23.08.1966 in Bockenem, Harz
Ab 1933 Mitglied der NSDAP. Von 1934 bis 1937 Führer in der HJ. Ab 1938 Mitglied der SS. Ab 1935 Dozent und ab 1937 Professor an der Hochschule für Lehrerbildung in Frankfurt/O. und ab 1943 in Lauenburg, Pommern. Leiter des Arbeitskreises Jugend- und Volksmusikpflege der RMK. Von 1947 bis 1958 Mitarbeiter an den Musikkonservatorien in Sondershausen im Bezirk Erfurt und in Gatersleben im Bezirk Halle. Nach dem Ruhestand siedelte er in die BRD über.
Quellen: Klee II.

Görner, Hans Georg, Prof.
* 23.04.1908 in Berlin, † 20.02.1984 ebenda
Ab 1930 Mitglied der NSDAP. Von 1933 bis 1943 Dirigent des Kammerchors des „Deutschlandsenders“. Komponist und Organist Fachleiter für Kirchenmusik im KfdK. Fachleiter der antisemitischen und völkischen „Deutschen Christen“. Nach 1945 Landeskirchenmusikdirektor in

Schwerin. Ab 1952 Dozent an der Humboldt-Universität Berlin. Ab 1953 an der Musikhochschule in Halle (Saale), wo er 1969 Professor wurde. Quellen: Klee II, http://www.marienkirche-berlin.de/pdf/BedeutendeMusikerpersoenlichkeiten.pdf.

Gossens, Hans
* 19.09.1921 in Bocholt, 15.05.1972
Ab September 1939 Mitglied der NSDAP. Teilnehmer am 2. Weltkrieg und in sowjetischer Kriegsgefangenschaft. Schüler einer Antifa-Schule und Gründungsmitglied des NKFD. Frontbevollmächtigter an der Brjansker und an der 1. Ukrainischen Front. Mitglied der KPD bzw. SED. Von 1946 bis 1955 Mitglied im FDJ-Zentralrat. 1948/49 Leiter der FDJ-Hochschule Bogensee. Von 1949 bis 1951 Mitarbeiter des Amtes für Information. Von 1951 bis 1955 im Staatssekretariat für Hoch- und Fachschulwesen. Ab 1956 Major der Deutschen Grenzpolizei und ab 1960 Oberst der NVA. Von 1963 bis 1972 Mitarbeiter bzw. Stellvertreter des Leiters der Polithauptverwaltung der NVA. Mit der „Verdienstmedaille" ausgezeichnet.
Quellen: DRAFD Wiki, BStU, MfS, HA XX Nr. 5754, Bl. 19.

Goy, Samuel Ludwig Carl, Prof. Dr.
* 20.05.1879 in Pitschen (Oberschlesien), † 18.05.1949 in Leipzig
Von 1912 bis 1937 Privatdozent bzw. Professor für Agrikulturchemie an der Universität Königsberg und Direktor der Landwirtschaftlichen Versuchsanstalt in Königsberg. Mitglied einer Freimaurerloge. Seit 1919 Mitglied im Freikorps Grenzschutz Ost. Seit 1919 Direktor der Landwirtschaftlichen Versuchsstation Königsberg und er lehrte an der Universität Königsberg. Von 1932 bis 1934 Mitglied im „Stahlhelm, Bund der Frontsoldaten". 1937 aus politischen Gründen entlassen. Mitglied der NSV. Mitglied im RLB. Von 1933 bis 1945 Mitglied im RDB. Nach 1945 leitete er die Staatliche Versuchsanstalt für Bodenkunde und Pflanzenernährung in Dresden. Von 1946 bis zu seinem Tod in Jahr 1949 leitete er die Forschungsanstalt für Pflanzenbau, Tierernährung und Bodenkunde in Leipzig-Möckern. Von 1946 bis 1949 Professor für Agrikulturchemie an

der Mathematisch-Naturwissenschaftlichen Abteilung der Philosophischen Fakultät der Universität Leipzig.
Quellen: Professorenkatalog Universität Leipzig, Wikipedia.

Grapow, Hermann, Prof. Dr. Dr.
* 01.09.1885 in Rostock, † 24.08.1967 in Berlin
Seit 1907 Hilfskraft für ein Wörterbuch der ägyptischen Sprache. Ab 1922 Wissenschaftlicher Beamter an der Berliner Akademie. Ab 1928 Honorarprofessor an der Universität Berlin. Ab 1934 übernahm er, zunächst stellvertretend, die Leitung des Ägyptologischen Seminars, wo er 1938 zum Professor ernannt wurde. Seit 1937 Mitglied der NSDAP. 1938 Mitglied der Preußischen AdW zu Berlin und kommissarischer Sekretär der Philosophisch-Historischen Klasse. Von 1943 bis 1945 Vize-Präsident. Von 1940 bis 1945 Dekan der Philosophischen Fakultät und 1943 Prorektor der Universität Berlin. Ab 1951 Abteilungsleiter im Institut für Orientforschung der AdW zu Berlin. 1953 und 1959 mit dem „Nationalpreis" ausgezeichnet.
Quellen: Cerný, Wikipedia, Klee II, www.bbaw.de, BStU, MfS, HA IX/11 FV 2/72, PA Bd. 9/1, Ordner II, Bl. 68f., Bott, S. 101.

Grasshoff, Kurt
* 04.03.1911, †?
Deutscher Meister im Hürdenlauf. Ab 1935 Mitglied der HJ. Ab 1937 Mitglied der NSDAP. Ab 1938 Hilfsassistent am Institut für Leibesübungen an der Universität Halle. Teilnehmer am Zweiten Weltkrieg. Ab 1945 Mitglied im FDGB. Mitglied der LDPD. Ab 1949 Mitglied der FDJ. Ab 1950 Mitglied der GDSF. Im Januar 1946 von der Universität Halle entlassen und im April 1946 für politisch tragbar erklärt. Er erhielt eine Stelle als Lehrer an einer Schule in Halle, zugleich Trainer der Hochschulgruppe Wissenschaft und Angehöriger des nationalen Trainerrates. Ab 1953 Lehrauftrag für Leichtathletik am Institut für Körpererziehung an der Universität Halle.
Quellen: Professorenkatalog Universität Halle.

Gräfe, Heinrich-Karl, Prof. Dr. rer. pol. Dr. paed. h. c.
* 23.09.1904, †?
Studienrat, Von Mai 1933 bis 1945 Mitglied der NSDAP. Mitglied im NSLB und dort Kreisfachschaftsleiter in Weimar. Mitglied des Direktoriums des Instituts für Ernährung und Leiter des Bereichs Soziologie der Ernährung im Institut für Ernährungsforschung (IfE). Mitglied der Sektion Ernährung der AdW zu Berlin. Mitglied der LDPD. Mitglied der ständigen Kommission des RGW für die wissenschaftlich-technische Zusammenarbeit der Leicht- und Lebensmittelindustrie. Seit Oktober 1954 Mitglied der Deutschen Gesellschaft für Ernährung (DGE) in der Bundesrepublik. Im Juni 1966 wurde er vom MfS operativ bearbeitet, wegen des Verdachts der „Spionage" und der „Schädlingstätigkeit".
Quellen: BStU, MfS, HA XVIII Nr. 15960, Bl. 112-119.

Grävinghoff, Walter, Prof. Dr. med.
* 01.06.1891 in Stroebeck, Kreis Halberstadt, Harz, † 18.03.1975 in Halle (Saale)
Von 1914 bis 1918 als Truppenarzt freiwilliger Teilnehmer am Ersten Weltkrieg. Mit dem „Eisernen Kreuz" I. und II. Klasse ausgezeichnet. 1918 verwundet und nach der Genesung Assistent am Pathologischen Institut Magdeburg. 1919 wurde Assistent, später Oberarzt an der Städtischen Kinderklinik Magdeburg. Seit 1921 Mitglied im „Stahlhelm, Bund der Frontsoldaten". Von 1924 bis 1933 Mitglied der Freimaurerloge „Ferdinand zur Glückseligkeit" in Magdeburg (III. Grad.). Von 1933 bis 1934 Mitglied der NSDAP und dort vorübergehend Politischer Leiter. 1933/34 Dozentenschaftsführer an der Universität Münster. Ab 1934 nichtbeamteter Professor. Maßgeblich beteiligt an dem Kesseltreiben gegen Paul Krause, den Direktor der Medizinischen Universitätsklinik Münster, dass mit Krauses Suizid endete. Wegen dieser Vorgänge als Dozentenschaftsführer abgesetzt. Ab 1937 Dozent an der Universität Halle. 1954 bat ihn der Dekan der Medizinischen Fakultät der Universität Halle um Wiederaufnahme der Lehrtätigkeit. Das Staatssekretariat für Hoch- und Fachschulwesen jedoch lehnte eine erneute Aufnahme in den Lehrkörper ab. Danach Leiter der Kinderklinik des Evangelischen Diakonissenkranken-

hauses und Leiter der Kinderabteilung des Martha-Maria-Krankenhauses in Halle.
Quellen: Professorenkatalog Universität Halle, Grüttner.

Greese, Karl, Prof. Dr. sc.
* 28.12.1922 in Lübz (Mecklenburg), †?
Ab Januar 1943 Mitglied der NSDAP. Dozent am Militärgeschichtlichen Institut in Potsdam. Dort ab September 1981 Professor. Hauptmann d. R. Im Kollektiv mit dem „Nationalpreis" III. Klasse für Wissenschaft und Technik ausgezeichnet.
Quellen: Mertens, S. 29.

Grell, Heinrich, Prof. Dr. phil.
* 03.02.1903 in Lüdenscheid, † 21.08.1974 in Berlin
Ab 1927/28 Hilfsassistent am Mathematischen Institut der Universität Göttingen, danach Stipendiat der Notgemeinschaft der Deutschen Wissenschaft. Von 1928 bis 1930 Assistent am Mathematischen Institut der Universität Jena. Seit 1933 Mitglied der NSDAP. Bezirksleiter der Dozentenschaft an der Universität Jena. Von Mai bis November 1933 im SA-Dienst, ab Dezember 1933 Scharführer im SA-Segelfliegersturm Jena und Stellvertreter des Ortsgruppenführers. 1934 trat er zum SA-Motorfliegersturm über. Flugreferent im HJ-Oberbann 1/17. Mitglied der NSV. Mitglied im RLB. Von 1930 bis 1934 Lehrauftrag an der Universität Jena inne. 1934 erhielt er einen Lehrauftrag für Analysis und analytische Geometrie. Am 26. Juli 1935 wegen unsittlicher Handlungen an Kindern aus der NSDAP Ortsgruppe Halle-Wittekind ausgeschlossen und für einige Monate inhaftiert wegen des Verstoßes gegen § 175 StGB. Gemäß § 18 der Reichshabilitationsordnung wurde ihm 1935 die Lehrbefugnis entzogen. Von 1935 bis 1939 arbeitslos. Von 1939 bis 1944 Arbeitsgruppenleiter im Entwicklungsbüro der Messerschmidt Flugzeugwerke in Augsburg. 1944/45 Mathematiker beim Reichsforschungsrat in Erlangen. Von 1945 bis 1948 arbeitete er als Wissenschaftlicher Assistent an der Universität Erlangen und an der Hochschule Bamberg. Im Dezember 1948 Professor mit Lehrauftrag an der Humboldt-Universität Berlin. Von 1959 bis 1962 Geschäftsführender Direktor des Instituts für reine Mathematik der AdW zu Berlin. Von

1964 bis 1972 stellvertretender Generalsekretär der AdW zu Berlin. 1968 emeritiert. Mitglied im Präsidium der Urania. Dekan der Mathematisch-Naturwissenschaftlichen Fakultät. 1960 mit dem „Vaterländischen Verdienstorden“ in Silber ausgezeichnet. Bis 1960 hat er seine Nazi-Vergangenheit verschwiegen.
Quellen: UFJ, Cerný, Wikipedia, Professorenkatalog Universität Halle, Baumgarten/Hebig, BStU, MfS, HA XX Nr. 5754, Bl. 158, BStU, MfS, HA XX Nr. 5750, Bl. 93f., Der Spiegel Nr. 8/1963, S. 21.

Grimm, Paul, Prof. Dr. phil.
* 18.08.1907 in Torgau, † 19.11.1993 in Berlin
Aktiv in der Jugendbewegung, zunächst im Wandervogel. Von 1922 bis 1926 Mitglied im völkischen Jugendbund „Adler und Falke“, zuletzt als Gauwart. Mitglied der „Mannus-Gesellschaft für arische Vorgeschichte“. Mitglied der Fachgruppe für deutsche Vorgeschichte des KdfK. Seit 1933 Mitglied der NSDAP. Ab 1933/34 Blockleiter. 1937 kommissarischer Schulungsleiter der Ortsgruppe der NSDAP in Giebichenstein. Mitglied der NSV. Mitglied im RLB. 1935 Kustos und Stellvertreter des Direktors der Landesanstalt für Vorgeschichte. Zugleich Schriftleiter der Zeitschrift „Mitteldeutsche Volkheit – Hefte für Vorgeschichte, Rassenkunde und Volkskunde“. Von 1939 bis 1945 Dozent an der Universität Halle. Von 1940 bis 1945 Teilnehmer am Zweiten Weltkrieg. Abkommandiert in die Ukraine, wo er das Bezirksamt für Vor- und Frühgeschichte in Kiew leitete. Mitglied im „Sonderstab Vorgeschichte“ im Einsatzstab Reichsleiter Rosenberg (ERR) zur „Sicherstellung von Kulturgütern“ in der Ukraine. 1945 an der Universität Halle entlassen. Von 1946 bis 1950 im sowjetischen Speziallager Buchenwald interniert. Ab 1951 wissenschaftlicher Mitarbeiter der Kommission für Vor- und Frühgeschichte der AdW zu Berlin. 1952 erhielt er einen Lehrauftrag an der Humboldt-Universität Berlin. 1955 Professor mit Lehrauftrag und zugleich stellvertretender Direktor des Instituts für Vor- und Frühgeschichte der AdW zu Berlin. Von 1956 bis 1972 Redakteur der Zeitschrift „Ausgrabungen und Funde, Nachrichtenblatt für Vor- und Frühgeschichte“. Von 1953 bis 1962 Mitglied des Redaktionsbeirates der Zeitschrift „Natur und Heimat“ und von 1967 bis 1973 der „Zeitschrift für Archäologie“. Als Referent Mitarbeiter im KB.

Quellen: Wikipedia, Professorenkatalog Universität Halle, Klee II, BStU, MfS, AP, Nr. 47181 / 92, Bl. 1f.

Grimmer, Andreas Eduard Otto Horst, Prof. Dr. phil.
* 18.05.1899 in Gröbzig, †?
Von 1917 bis 1919 bei der Artillerie Teilnehmer am Ersten Weltkrieg. Von 1919 bis 1945 Lehrer an verschiedenen Schulen. Mitglied der SPD von 1924 bis 1933. Von 1928 bis 1933 Mitglied im Reichsbanner „Schwarz-Rot-Gold“. Ab 1933 Lehrer an verschiedenen Schulen in Leipzig bzw. Markkleeberg. Seit 1934 Mitglied im NSLB. Seit 1935 Mitglied der NSV. Mitglied im RLB. Mitglied der SPD bzw. SED. Ab 1946 stellvertretender Direktor des Instituts für Praktische Pädagogik an der Pädagogischen Fakultät der Universität Leipzig. Seit 1947 Mitglied im Pädagogischen Rat des Ministeriums für Volksbildung im Land Sachsen. Von 1946 bis 1949 Professor für Pädagogik, Didaktik und Schulkunde an der Pädagogischen Fakultät der Universität Leipzig. Von 1948 bis 1949 Prorektor der Pädagogischen Fakultät der Universität Leipzig. Seit 1949 Professor für Allgemeine Didaktik an der Brandenburgischen Landeshochschule in Potsdam. Am 3. November 1948 wurde Grimmer von der SED-Betriebsgruppe an der Universität Leipzig aus der SED ausgeschlossen.
Quellen: BStU, MfS, Allg. P, 2538/63, Bl. 4, Bl. 9f., Bl. 42, Professorenkatalog Universität Leipzig.

Grobbecker, Karl, Prof. Dr. agr. Dipl.-Landwirt
* 07.11.1901 in Wesenberg (Mecklenburg), † 24.05.1974 in Gießen
Von 1923 bis 1925 Verwalter auf dem Rittergut Wendfeld bei Sanitz (Mecklenburg). Von 1930 bis 1931 Sachverständiger für die Landwirtschaftliche Beratungsstelle in Brandenburg. Ab 1931 an der Landstelle bzw. Industriebank Stettin. Ab 1935 Industriebank Königsberg. Ab 1937 Industriebank Rostock. Von 1937 bis 1943 Mitglied der NSDAP. Von 1938 bis 1941 Geschäftsführer der Landwirtschaftlichen Treuhandverbände für Grenzmark-Danzig-Westpreußen. Von 1941 bis 1945 Betriebswirtschaftlicher Hauptreferent der Reichsgesellschaft für Landbewirtschaftung in Berlin. Dort wurde er 1944 mit dem KVK 2. Klasse ausgezeichnet. Von 1945 bis 1946 Landarbeiter, Forstarbeiter,

landwirtschaftlicher Verwalter und Angestellter in Großfurra (Thüringen). Ab 1945 Mitglied der SPD bzw. SED. Ab 1946 Mitglied im FDGB. Von 1946 bis 1949 Leiter der Landesanstalt für landwirtschaftliche Betriebswirtschaft und Landarbeit in Steinbrücken bzw. Jena. Von 1953 bis 1959 Professor an der Universität Rostock. Von 1953 bis 1959 Institutsdirektor. Von 1956 bis 1957 Prodekan. Von 1957 bis 1959 Dekan. Vorsitzender der AG für Landarbeitsforschung der AdL. Im Mai 1959 „republikflüchtig". Von 1959 bis 1968 Professor für Landwirtschaftliche Arbeits- und Betriebslehre an der Universität Gießen.
Quellen: Professorenkatalog Universität Rostock.

Gross, Rudolf, Prof. Dr. phil.
* 22.10.1888 in Gaustadt bei Bamberg, † 12.07.1954 in Greifswald
Ab 1913 Assistent am Mineralogisch-Petrographischen Institut der Universität Leipzig. Ab 1918 an der Universität Greifswald. Ab 1919 Professor an der Universität Hamburg. Ab 1921 für die Studiengesellschaft für elektrische Beleuchtung tätig. Ab 1922 wieder Professor für Mineralogie und Petrographie an der Universität Greifswald. Ab 1929 Dekan der Philosophischen Fakultät. Ab 1934 förderndes Mitglied der SS. Ab 1939 Mitglied des NSKK. Während des 2. Weltkriegs wurden seine Forschungsarbeiten als kriegswichtig eingestuft. 1945/46 wegen seiner Nazi-Vergangenheit entlassen. Mit einem Forschungsauftrag zum Nährstoffgehalt der Böden jedoch weiterbeschäftigt. Ab 1946/47 wieder Professor und Direktor des Mineralogischen Instituts. Ab 1948 Mitglied der SED. 1948 Dekan der Philosophischen Fakultät. Von 1949 bis 1950 Rektor der Universität Greifswald. Von 1949 bis 1950 Mitglied des Wissenschaftlichen Senats für Volksbildung in Berlin. Ab 1952 stellvertretender Vorsitzender im Mineralogischen Beirat des Staatssekretariats für Hochschulwesen. Im Juli 1954 vorzeitig emeritiert.
Quellen: Wikipedia, https://ns-zeit.uni-greifswald.de/pl/projekt/personen/gross-rudolf/.

Großmann, Hermann, Prof. Dr. sc. pol.
* 05.10.1872 in Ober-Buchwald (Oberschlesien), † 21.02.1952 in Leipzig

Ab 1916 Professor an der Handelshochschule Leipzig. 1920 gründete er das Institut für Steuerkunde Leipzig. Mitglied der pflichtschlagenden und farbentragenden Verbindung „Corps Hermunduria Leipzig". Im November 1933 unterzeichnete er das „Bekenntnis der Professoren an den deutschen Universitäten und Hochschulen zu Adolf Hitler und dem nationalsozialistischen Staat". Ab 1933 Mitglied der NSDAP. Nach der Angliederung der Handelshochschule an die Universität Leipzig nach 1945 lehrte er noch einige Jahre.
Quellen: http://www.igghhl.de/grossmann.pdf, Wikipedia.

Grundmann, Walter, Prof. Dr. theol.
* 21.10.1906 in Chemnitz, † 30.08.1976 in Eisenach
Von 1930 bis 1932 Assistent von Gerhard Kittel. Ab 1930 Mitglied der NSDAP. Seit 1933 Mitglied der antisemitischen und völkischen „Deutschen Christen". Assistent des sächsischen Landesbischofs Friedrich Coch und zum Oberkirchenrat ernannt. Herausgeber des Monatsjournals „Christenkreuz und Hakenkreuz". Ab 1932 Leiter des nationalsozialistischen Pfarrerbundes in Sachsen. Ab 1934 förderndes Mitglied der SS. Ab 1937 arbeitete er mit Hilfe des NSDDB als Professor für das Neue Testament und für Völkische Theologie an der Universität Jena. Seine Ernennungsurkunde war von A. Hitler persönlich unterschrieben worden. Ab 1938 Geschäftsführer des Bundes „Deutscher Hochschullehrer". Ab 1939 Akademischen Direktor des antisemitischen „Instituts zur Erforschung und Beseitigung des jüdischen Einflusses auf das deutsche kirchliche Leben" in Eisenach. Die Gründung dieses Instituts entstand aus einer Zusammenarbeit zwischen der Evangelischen Kirche, dem Reichspropagandaministerium, dem Reichkirchenministerium, der Reichsleitung der NSDAP und dem Gauleiter J. Sauckel. Das Institut arbeitete eng zusammen mit der Abteilung Judenforschung des Reichsinstituts für die Geschichte des Neuen Deutschland und mit dem Institut zur Erforschung der Judenfrage in Frankfurt/M. Ab 1943 als Hauptmann Teilnehmer am Zweiten Weltkrieg. Danach in sowjetischer Kriegsgefangenschaft, aus der er aber bereits nach wenigen Monaten 1945 entlassen wurde. Wegen seiner Nazi-Vergangenheit verlor er seine Professur. Ab 1945 beim Hilfswerk der Evangelischen Kirche in Eisenach. 1947 bei der Inneren Mission in Waltershausen ange-

stellt. 1950 als Pfarrer und Dozent in Naumburg. 1954 erhielt er vom Katechetischen Oberseminar in Naumburg (Saale) einen Lehrauftrag und ebenso vom Theologischen Seminar Leipzig. Ab 1954 Rektor des Katechetenseminars in Eisenach, wo er zugleich Dozent für Bibelkunde war. In den 1960er Jahre berief ihn die Evangelische Kirche zum Berater der Evangelischen Verlagsanstalt Berlin. 1974 zum „Kirchenrat" ernannt. Von 1956 bis 1969 als Geheimer Informant (GI) „Berg" Mitarbeiter des MfS.
Quellen: Wikipedia, BBKL, Klee I, Stockhorst, Grüttner, Braun/Grünzinger, Weinreich, BStU, MfS, AIM Nr. 2455/69, Teil I, Bl. 6f., Bl. 25f., Bl.33f., BStU, MfS, HA IX/11, ZA VI 3322, Akte 20, Bl. 18, BStU, MfS, AP Nr. 22388/92, Bl. 1f.

Grüneberg, Theodor, Prof. Dr. med.
* 05.03.1901 in Halle (Saale), † 01.12.1979 in Saarbrücken
1920 Mitglied im Freikorps in Marburg und in Halle (Saale). 1921/22 3. Vorsitzender des „Hochschulringes deutscher Art" in Halle. 1926/27 Assistent an der Universitätshautklinik München, ab April 1927 in Halle. Von 1930 bis 1939 Oberarzt der Hautklinik. Wegen eines „Achtel jüdischen Bluteinschlags" nicht in die Universität aufgenommen. Ab 1939 Mitglied der NSDAP und der SA. Mitglied im NSDDB. Mitglied im NSDÄB. Mitglied der NSV. Mitglied im NSAHB. Sämtliche Mitgliedschaften wurden später für ungültig erklärt. Grüneberg ließ sich 1939 als Facharzt in Berlin nieder. Nach Fürsprache von Adolf Eckert-Möbius dennoch zum Dozenten ernannt und 1940 der Medizinischen Fakultät der Universität Berlin zugewiesen. Ab 1942 Professor. Ab September 1945 im Auftrag der Roten Armee Seuchenkommissar im Kreis Prenzlau. Im selben Monat bat er um die Wiederaufnahme an die Medizinische Fakultät der Universität Halle, was ihm wegen seiner Nazi-Vergangenheit nicht erlaubt wurde. Von 1946 bis 1949 niedergelassener Facharzt in Halle, zugleich Mitarbeiter des Gesundheitsamtes der Stadt. 1948 entnazifiziert, 1949 Direktor der Universitätshautklinik und zum Professor mit Lehrauftrag ernannt. 1966 emeritiert, siedelte er 1970 nach Saarbrücken.
Quellen: Professorenkatalog Universität Halle, BStU, MfS, HA IX/11 FV Nr. 143/69, Bd. 19, Bl. 165ff.

Gruner, Ernst Werner, Prof. Dr.-Ing.
* 07.06.1904 in Terpitzsch, Kreis Grimma, † 29.06.1995 in Dresden
Wissenschaftlicher Assistent an der TH Dresden. Von 1933 bis 1945 Mitglied der NSDAP. Von 1933 bis 1945 Mitglied der DAF. Von 1934 bis 1945 Funkwart. Von 1930 bis 1945 Abteilungsleiter der Firma Metall- und Lackwarenfabrik Johannes Großfuß in Döbeln in Sachsen. Konstrukteur des Maschinegewehrs MG 42. 1940 mit dem KVK I. Klasse, 1941 mit dem KVK II. Klasse (1942) und mit dem „Dr. Todt-Preis" in Silber ausgezeichnet. Von 1946 bis 1952 arbeitete er als Spezialist in der Sowjetunion. Mitglied der SED. Mitglied im FDGB. Mitglied der GDSF. Mitglied im KB. Professor für Landmaschinentechnik und von 1958 bis 1961 Rektor der TH Dresden. 1. Vorsitzender der Urania in Dresden. Mitglied des Forschungsrates beim Ministerrat und Mitglied der AdL. Mitglied der KdT. 1959 mit dem „Vaterländischen Verdienstorden" in Silber und 1961 mit dem „Nationalpreis" ausgezeichnet. 1961 wurde ein IM-Vorlauf abgelegt, da keine Perspektive als GI vorhanden gewesen sei.
Quellen: UFJ, Cerný, Herbst, Baumgartner/Hebig, Munzinger, TU Dresden, http://tudreden.de/die_tu_dresden/zentrale_einrichtungen/ua/navpoints/archiv/doku/vdr#index_Gruner,_Werner); http://www.munzinger.de/search/portrait/Werner+Gruner/0/9146.html, BStU, MfS, HA XX Nr. 5754, Bl. 221, BStU, MfS, HA XX Nr. 5750, Bl. 99f., BStU, MfS, P BV Dresden XII/377/63, Archiv-Nr. 869/68, Bl. 5, Bl. 7, Bl. 10ff., Bl. 19-29, Bl. 39, Bl. 45ff.

Grunke, Wilhelm, Prof. Dr. med.
* 05.06.1895 in Rostow, † 24.02.1975 in Halle (Saale)
Von 1914 bis 1918 Zivilgefangener in Russland. Von 1921 bis 1926 Assistent an der Städtischen Krankenanstalt Berlin-Moabit und 1926/27 Oberarzt. Ab 1927 Assistent an der Medizinischen Universitätsklinik Halle. Seit 1933 Mitglied der NSDAP. Von 1933 bis 1937 Mitglied der Motor-SA. Mitglied im NSKK und dort Obertruppführer und Staffelarzt. 1935 Oberarzt und leitete, nach der Entlassung von Brugsch, vertretungsweise die Klinik. 1937 Chefarzt der 1. Städtischen Medizinischen Klinik im Krankenhaus Allerheiligen in Breslau und gleichzeitig Professor an der Universität Breslau. 1945 siedelte er in die SBZ über und war zunächst

Seuchenkommissar und Leiter der Inneren Abteilung des Kreiskrankenhauses Burg bei Magdeburg. Mitglied im FDGB. 1954 Professor mit Lehrstuhl für Innere Medizin an der Universität Halle. Zugleich leitete er die II. Medizinische Universitätsklinik und –poliklinik. 1961 als „Verdienter Arzt des Volkes" ausgezeichnet. 1962 emeritiert, leitete er kommissarisch, nach der Emeritierung von Robert Marks, die I. Medizinische Universitätsklinik Halle.
Quellen: Professorenkatalog Universität Halle.

Gülzow, Martin, Prof. Dr. med.
* 10.05.1910 in Kemnitz bei Greifswald, † 05.10.1976 in Rostock
Ab 1933 Mitglied der SA und dort Sturmbandarzt. Ab 1936 Assistent an der Medizinischen Klinik der Universität Greifswald. Ab 1937 Mitglied der NSDAP. Mitglied im NSDDB. Mitglied im NSÄB. Mitglied im NSAHB. Mitglied im VDA. Mitglied im RKB. Ab 1939 als Unterarzt Teilnehmer am Überfall auf Polen. Ab Dezember 1939 u. k. gestellt. Ab 1942 Dozent für Innere Medizin und Röntgenologie an der Universität Greifswald. Ab 1945 wegen seiner Nazi-Vergangenheit entlassen. Ab 1945 Mitglied im FDGB. Jedoch erhielt er einen Forschungsauftrag zum Thema „Unterernährung". Ab 1949 Professor für Pathologische Physiologie und ab 1950 zugleich Chefarzt der Inneren Abteilung an der Universität Greifswald. Zugleich auch ab 1954 ärztlicher Direktor des Krankenhauses „Am Sund" in Stralsund. Ab 1956 Professor für Berufskrankheiten an der Akademie für Ärztliche Fortbildung in Berlin-Lichtenberg. Von 1957 bis 1973 Professor für Innere Medizin und Direktor der Medizinischen Klinik an der Universität Rostock. Ab 1962 Mitglied der Leopoldina. Ab 1964 Mitglied der AdW zu Berlin. Ab 1956 Mitglied des wissenschaftlichen Beirats des Ministeriums für Gesundheitswesen. Mitherausgeber der „Zeitschrift für die gesamte Innere Medizin und Grenzgebiete", der „Deutschen Zeitschrift für Verdauungs- und Stoffwechselkrankheiten" und der „Archive für klinische Medizin". 1953 mit der „Medaille für ausgezeichnete Leistungen", 1959 als „Verdienter Arzt des Volkes", 1969 als „Obermedizinalrat" und 1970 mit der „Verdienstmedaille" ausgezeichnet. Er verschwieg seine Nazi-Vergangenheit.

Quellen: Wikipedia, https://ns-zeit.uni-greifswald.de/pl/projekt/personen/guelzow-martin/, Professorenkatalog Universität Rostock.

Gummel, Hans, Prof. Dr. med.
* 03.08.1908 in Berlin, † 27.05.1973 ebenda
Seit Mai 1933 Mitglied der NSDAP. Ab 1942 als Oberbannführer der HJ Gebietsarzt. Ab Januar 1944 HJ-Oberbannführer im Gebiet 4. Von 1934 bis 1937 Assistenzarzt an der Charité, von 1937 bis 1939 Arzt in Breslau und Graz, von 1939 bis 1945 Oberarzt an der Universitätsklinik Breslau. Ab 1947 Mitglied der SED. Vize-Präsident des Rates für Planung und Koordinierung der Medizinischen Wissenschaft beim Ministerium für Gesundheitswesen. Ab 1955 Ärztlicher Direktor der Robert-Rössle-Geschwulstklinik der AdW in Berlin-Buch. Mitglied im Vorstand der Forschungsgemeinschaft der AdW zu Berlin. 1959 mit dem „Nationalpreis", mit dem „Vaterländischen Verdienstorden" in Gold, mit dem Orden „Banner der Arbeit" und als „Verdienter Arzt des Volkes" ausgezeichnet. Seit 1964 Mitglied der Leopoldina zu Halle. Das Gästehaus des Max-Delbrück-Centrums in Berlin-Buch erhielt seinen Namen. Gummel sollte im Februar 1963 als „Geheimer Informator" für das MfS gewonnen werden, was nicht gelang.
Quellen: UFJ, Cerný, Wikipedia, Stockhorst, Baumgartner/Hebig, BStU, MfS, HA XX Nr. 5754, Bl. 19, Bl. 325, BStU, MfS, HA XX Nr. 5750, Bl. 110f., Neue Deutsche Presse Nr. 42, Juli 1965 in: BStU, MfS, HA XX Nr. 5752, Bl. 362.

Gutenberg, Erich, Prof. Dr. Dr. h. c. mult.
* 13.12.1897 in Herford, † 22.05.1984 in Köln
Teilnehmer am Ersten Weltkrieg. Von 1924 bis 1930 Wissenschaftlicher Assistent und Dozent an der Universität Münster. Ab 1929 Angestellter der Deutschen Wirtschaftsprüfungs-AG und Leiter der Filiale in Dortmund. Seit 1937 Mitglied der NSDAP. Mitglied im NSDDB. Seit 1939 Mitglied der SA. Ab 1937 Lehrbeauftragter an der Universität Rostock. Von 1938 bis 1940 Professor an der Bergakademie Clausthal. Von 1941 bis 1947 Professor für Betriebswirtschaft an der Universität Jena. Von 1948 bis 1951 Professor für Betriebswirtschaft an der Universität Frank-

furt/M. Von 1951 bis 1966 Professor für Industriebetriebslehre an der Universität Köln. Er erhielt mehrere Ehrendoktortitel. In Bünde und in Köln-Buchheim wurden Schulen mit seinem Namen versehen (Erich-Gutenberg-Berufskolleg). In Herford und in Köln gibt es Vereine unter seinem Namen.
Quellen: Wikipedia, Klee I, Hoßfeld, S. 116ff. und S. 224f.

Güthert, Harry, Prof. Dr. med.
* 01.03.1912 in Graz, Steiermark, † 04.02.1989 in Erfurt
Ab 1933 Mitglied der SA. Seit 1937 Mitglied der NSDAP. Ab 1941 Mitglied im NSDDB. Seit 1938 Mitglied im NSÄB. Er sezierte als Pathologe im KZ Buchenwald. Dozent für Pathologie an der Universität Jena. Von 1941 bis 1945 Stabsarzt bei der Wehrmacht. Seit 1948 Mitglied der SED. Mitglied im FDGB. Ab 1950 Professor an der Medizinischen Akademie Erfurt und dort zuerst Prorektor und 1959 Rektor. Von 1951 bis 1954 Professor an der Universität Jena und anschließend bis 1977 Professor bzw. Leiter des Instituts für Allgemeine Pathologie und Pathologische Anatomie am Städtischen Krankenhaus bzw. der Medizinischen Akademie Erfurt. Bis 1985 Chefredakteur der Fachzeitschrift „Zentralblatt für allgemeine Pathologie und pathologische Anatomie". 1959 mit dem „Vaterländischen Verdienstorden" in Bronze und 1976 mit dem „Nationalpreis" II. Klasse ausgezeichnet.
Quellen: UFJ, Herbst, Klee, Wikipedia, Ernst, S. 281f., BStU, MfS, HA XX Nr. 5750, Bl. 104f., BStU, MfS, HA XX Nr. 5754, Bl. 17.

Güttner, Horst-Günther, Prof. Dr. med.
* 04.03.1912 in Kolmar i. Posen, † 11.07.1983 in Frankfurt/M.
Von 1926 bis 1928 Angehöriger des Wehrbundes „Ostmark". Seit 1933 Mitglied der SA. Seit 1937 Mitglied der NSDAP. Ab 1938 Assistent am Pathologischen Institut der Universität Greifswald. Ab 1946 Leiter des Pathologischen Instituts am Johannstädter Krankenhaus in Dresden. Ab 1954 Professor an der Medizinischen Akademie „Carl Gustav Carus" Dresden und von 1956 bis 1960 dort Rektor. Anschließend Leiter des Pathologischen Instituts des Bezirkskrankenhauses Zwickau. Von 1964 bis 1970 in

Aue. 1959 mit dem „Vaterländischen Verdienstorden" in Silber ausgezeichnet.
Quellen: UFJ, Herbst, Wikipedia, BStU, MfS, HA XX Nr. 5754, Bl. 224, BStU, MfS, HA XX Nr. 5750, Bl. 107f.

Haack, Hermann Otto, Prof. Dr. Dr. h. c.
* 29.10.1872 in Friedrichswerth, Kreis Gotha, † 22.02.1966 in Gotha
Seit 1933 Mitglied im NSLB. 1942 mit der „Goethe-Medaille" für Kunst und Wissenschaft ausgezeichnet. Mitglied der GDSF. Ab 1951 Mitherausgeber für die Zeitschrift „Sowjetwissenschaft". 1952 verlieh ihm die Universität Jena den Ehrendoktortitel. 1955 wurde die Geographische Anstalt in VEB „Hermann Haack", Geographisch-Kartographische Anstalt Gotha umbenannt. Die Geographische Gesellschaft vergibt seit 1960 die „Hermann-Haack-Medaille". 1957 mit dem „Vaterländischen Verdienstorden" und 1953 mit dem „Nationalpreis" ausgezeichnet. Ehrenbürger von Gotha und von Friedrichswerth, Landkreis Gotha.
Quellen: Cerný, Wikipedia, Baumgartner/Hebig.

Haagen, Eugen, Prof. Dr. med.
* 17.06.1898 in Berlin, † 03.08.1972 ebenda
Assistenzarzt an der Charité Berlin. Ab 1926 wissenschaftlicher Mitarbeiter am Reichsgesundheitsamt. Von 1928 bis 1929 Gastaufenthalt am Rockefeller-Institut in New York. Ab 1933 im Robert-Koch-Institut, wo er ab 1936 Leiter der experimentellen Zell- und Virusforschung war. Zugleich Professor und beratender Hygieniker beim Luftflottenarzt in Berlin. Seit 1939 Mitherausgeber des „Handbuchs der Viruskrankheiten". Seit 1937 Mitglied der NSDAP. Mitglied der NSV. Mitglied im RDB. Mitglied im RLB. Mitglied im NSFK. Ab 1944 Mitglied der Leopoldina. Ab Oktober 1941 Professor für Hygiene und Bakteriologie an der Universität Straßburg. Dort zugleich Direktor des Instituts für Hygiene. Zeitgleich war er Oberstabsarzt und beratender Hygieniker des Luftflottenarztes Reich. Im KZ Natzweiler unternahm er Menschenversuche an inhaftierten Polen und an Sinti und Roma. Kriegsbedingt verlegte Haagen das Hygieneinstitut 1944 nach Saalfeld (Saale). Die Versuche wurden von der DFG gefördert und im Auftrag der Luftwaffe durchgeführt. In US-amerikanischer

Kriegsgefangenschaft. Anschließend erhielt er von der SMAD das Angebot, das ehemalige Kaiser-Wilhelm-Institut für Hirnforschung in Berlin-Buch zu einem medizinischen Forschungsinstitut zu transformieren. Bei seinem Besuch im November 1946 in Berlin (West) wurde er von der britischen Militärpolizei verhaftet. Danach war er Zeuge beim Nürnberger Ärzteprozess und wurde anschließend nach Frankreich ausgeliefert. Im Mai 1954 wurde Haagen, zusammen mit O. Bickenbach, von einem Gericht in Lyon jeweils zu 20 Jahren Zwangsarbeit verurteilt. Bereits 1955, also nach einem Jahr Haftzeit, wurden sie amnestiert. Von 1956 bis 1965 an der Bundesforschungsanstalt für Viruskrankheiten der Tiere in Tübingen tätig. Danach zog er wieder nach Berlin.
Quellen: Wikipedia, Klee I.

Hadermann, Ernst, Prof. Dr. phil.
* 22.05.1896 in Schlüchtern, † 02.01.1968 in Halle (Saale)
Bei der Artillerie freiwilliger Teilnehmer am Ersten Weltkrieg. Als Leutnant entlassen und danach Mitglied im Arbeiter- und Soldatenrat Fulda. Ab 1920 Mitglied der USPD, trat aber im selben Jahr wieder aus. Ab 1924 Lehrer in Gymnasien in Marburg und Melsungen. 1933 Mitglied im „Stahlhelm, Bund der Frontsoldaten". Ab 1935 Mitglied im NSLB. Ab 1937 Mitglied der NSDAP. Von 1939 bis 1941 als Hauptmann der Artillerie Teilnehmer am Zweiten Weltkrieg. Mit der „Spange zum Eisernen Kreuz" I. Klasse ausgezeichnet. Danach in sowjetischer Kriegsgefangenschaft. Mitglied im NKFD. Mitglied im BDO. Mitglied der AeO. 1945 stellvertretender Leiter der Deutsche Zentralverwaltung für Volksbildung (DZV). Danach Leiter der Schulabteilung in der DZV für Volksbildung. Ab 1946 Mitglied der KPD bzw. SED, wo er 1952 austrat. Seit 1947 Mitglied im KB. 1948 zum Professor für Germanistik an der Landeshochschule bzw. PH Potsdam berufen, wo er auch Dekan der Allgemeinwissenschaftlichen Fakultät. Ab 1950 Direktor des Germanistischen Instituts. Zugleich Mitarbeiter an verschiedenen Wörterbuchprojekten der AdW zu Berlin. 1955 wechselte er an die Universität Halle, wo er 1957 zum Prodekan ernannt wurde. 1965 mit dem „Vaterländischen Verdienstorden" in Gold und 1961 in Silber ausgezeichnet. Nach mehreren „Aussprachen" kündigte er 1961/62 alle seine Ämter.

Quellen: UFJ, Professorenkatalog Universität Halle, Wikipedia, Lapp, BStU, MfS, HA XX Nr. 5754, Bl. 221, BStU, MfS, HA XX Nr. 5750, Bl. 124f.

Haendler, Otto, Prof. Dr. lic. theol. Dr. h. c.
* 18.04.1890 in Löwenhagen (Königsberg), † 12.01.1981 in Berlin
Ab 1918 Standortpfarrer in Stralsund. Ab 1919 Pfarrer in Gumtow. Ab 1925 Pfarrer an der St.-Nikolai-Kirche in Stralsund und zugleich Militärseelsorger. Mitglied im NSLB. Mitglied im NSDDB. Mitglied der SA-Reserve II. Ab 1927 Dozent am Institut für Praktische Theologie der Universität Greifswald. Ab 1931 Leiter des Predigerseminars in Stettin-Kückenmühle. Ab 1935 Pfarrer in Neuenkirchen bei Greifswald, einer Patronatskirche der Universität. Ab 1940 Dozent. Die Universität Berlin verlieh ihm 1943 den Ehrendoktor. Ab 1943 Lazarettseelsorger. Ab 1945 Professor für Praktische Theologie an der Universität Greifswald. Von 1951 bis zur Emeritierung 1959 Professor für Praktische Theologie an der Humboldt-Universität. Bis 1967 hielt er noch Vorlesungen an der Universität.
Quellen: https://ns-zeit.uni-greifswald.de/pl/projekt/personen/haendler-otto/.

Hämel, Joseph, Prof. Dr. med.
* 18.11.1894 in Straubing, † 09.04.1969 in München
Teilnehmer am Ersten Weltkrieg. Ab 1925 an der Universitätshautklinik Würzburg und dort ab 1928 Oberarzt. Von 1934 bis 1945 Mitglied der NSDAP. SA-Führer und SA-Sturmbannarzt. 1934 Professor an der Universität Würzburg. Mitglied des NSDDB, Mitglied der NSV. Mitglied im NSÄB. Von 1935 bis 1958 Professor für Dermatologie an der Universitätsklinik für Haut- und Geschlechtskrankheiten Jena. Während des 2. Weltkriegs Oberstabsarzt und zeitweise Führer der 2. Studentenkompanie. Kriegsverdienstkreuz ohne Schwerter. Mitglied im FDGB. Wegen seiner Nazi-Vergangenheit im Dezember 1945 entlassen und zum 4. Januar 1947 wieder auf seinem alten Posten eingesetzt. Von 1951 bis 1958 Rektor der Universität Jena. Seit 1957 Mitglied der Leopoldina zu Halle. Im März 1957 nahm er in Halle an einer „illegalen Zusammenkunft" von Mitgliedern der Leopoldina teil. 1958 beging er „Republikflucht" in die BRD.

1959 Professor an der Universität Heidelberg und Leiter der Universitätshautklinik. 1952 als „Verdienter Arzt des Volkes“ und mit dem „Vaterländischen Verdienstorden“ in Bronze ausgezeichnet. Zum 70. Geburtstag 1964 mit dem „Großen Bundesverdienstkreuz“ ausgezeichnet.
Quellen: Klee I, UFJ, Herbst, Baumgartner/Hebig, Ernst, S. 229, Wikipedia, Hoßfeld, u. a. S. 136, S. 142, S. 153, S. 163, BStU, MfS, HA XX Nr. 5754, Bl. 135, Bl. 324, BStU, MfS, HA XX Nr. 5750, Bl. 133f., BStU, MfS, BV Halle, AOP 3557/69, Bd. 1, Bl. 39.

Hanson, Horst, Prof. Dr. med.
* 05.06.1911 in Lauchhammer, † 03.07.1978 in Halle (Saale)
Von 1934 bis Oktober 1938 Mitglied der SA, zunächst als SA-Mann, dann als SA-Sanitätssturmführer. Seit Mai 1937 Mitglied der NSDAP. Von 1935 bis 1940 Mitglied der NSV. Von 1937 bis 1943 Mitglied im NSDÄB. Assistent am Physiologischen Institut der Universität Halle. Von 1937 bis 1939 Oberassistent. Von 1939 bis zu seiner Einberufung 1940, wissenschaftlicher Mitarbeiter der Abteilung Ernährungsphysiologie im Reichsgesundheitsamt. Als Oberarzt bei der Luftwaffe Teilnehmer am Zweiten Weltkrieg. Im Winter 1941/42 Truppenarzt in Russland und Finnland. 1942 Sachbearbeiter für Ernährungsphysiologie und Ernährungsfragen des fliegenden Personals am luftfahrtmedizinischen Forschungsinstitut des Reichsluftfahrtministeriums. 1945 arbeitete er für den Inspekteur für Truppenverpflegung im Oberkommando des Heeres (OKH). Ende Juni 1945 aus der Kriegsgefangenschaft zurückgekehrt, als Assistent am Physiologischen Institut der Universität Halle wiedereingestellt, jedoch im Dezember 1945 bereits wieder entlassen. Hanson war ein Schüler von Emil Abderhalden. Im Januar 1946 erneut, aber befristet, eingestellt. Danach erhielt er eine Lehrbefugnis und leitete kommissarisch das Physiologisch-Chemische Institut. Ab Juli 1946 Mitglied der LDPD. Im November 1948 ernannte ihn die Landesregierung zum Professor mit Lehrauftrag, wenig später zum Direktor des Instituts. 1958 trat er gemeinsam mit dem Leiter der Zahnklinik, Erwin Reichenbach, und Kurt Mothes dem SED-Generalsekretär Walter Ulbricht entgegen und verwahrte sich gegen Übergriffe der SED. 1969 mit dem „Carl-Gustav-Carus-Preis“ der Leopoldina zu Halle ausgezeichnet.

Quellen: BStU, MfS, Allg. P. Halle 2903/78, Band 1, Bl. 5ff, Bl. 11-15, Bl. 20, Professorenkatalog Universität Halle, Wikipedia.

Haring, Fritz, Prof. Dr. rer. nat.
* 11.01.1907 in Dessau, † 24.09.1990 in Göttingen
Ab 1929 Mitglied der Studentenverbindung „Corps Guestphalia" in Jena. Ab 1933 Mitglied der SA. Ab 1936 Mitglied der NSDAP. Ab 1934 wissenschaftlicher Mitarbeiter für die staatliche Schweinemastprüfung in Lettin bei Halle. Ab 1937 Hauptgeschäftsführer des „Reichsverbandes Deutscher Schweinezüchter e. V.", der dem Reichsnährstand angegliedert war. Außerdem Schriftleiter der Zeitschrift „Schweinezucht, Schweinemast und Schweinehaltung". Ab August 1944 bei der Volks-Grenadier-Division Teilnehmer am 2. Weltkrieg. Mitglied der SPD bzw. SED. Ab 1946 Referent für Tierhaltung und -zucht an der Universität Halle. Ab 1949 Dozent für Tierzucht und Fütterungslehre. Im April 1949 Professor und Leiter des Zentrums für Tierzucht in Dummerstorf bei Rostock. Ab August 1952 Professor an der Universität Göttingen. 1987 mit dem „Bundesverdienstkreuz" I. Klasse ausgezeichnet.
Quellen: Wikipedia, Professorenkatalog Universität Rostock,

Haring, Wilhelm, Prof. Dr. med.
* 01.01.1900 in Gerbstedt, † 16.06.1975 in Bautzen
Ab 1919/20 Mitglied im studentischen Freikorps Halle, unter General Maercker, und er kämpfte während der Unruhen in Mitteldeutschland gegen kommunistische Aufständische. Von 1923 bis 1926 Volontär am Pathologischen Institut der Universität Breslau. Ab 1927 Assistent an der Medizinischen Universitätsklinik Halle. Ab April 1933 Mitglied der NSDAP und der SA. 1937 Chefarzt eines Sanatoriums in Bad Godesberg. Ab 1939 Professor an der Medizinischen Fakultät der Universität Bonn. 1939 leistete er für drei Monate Kriegsdienst, danach als „unabkömmlich" (uk) eingestuft. Chefarzt des Sanatoriums Kreischa, einer Heilstätte der Reichsversicherungsanstalt für Angestellte. Ab 1941 wieder in Halle, wurde er bis zum Ende des Krieges von der Lehrtätigkeit freigestellt. 1943 zum Reservelazarett Dresden eingezogen. Mitte 1943 trat er die Nachfolge Georg Grunds als beratender Internist im Bereich der Sanitätsabteilung Leipzig an. Nach

1945 von der Universität Halle entlassen, aber zunächst in der Seuchenbekämpfung eingesetzt. Gleichzeitig baute er eine eigene Röntgenpraxis auf. Später Chefarzt der Städtischen Krankenanstalt Bautzen, und nach einer Neugliederung des Krankenhauses Direktor der Inneren Abteilung und der Poliklinik des Kreiskrankenhauses Bautzen.
Quellen: Professorenkatalog Universität Halle.

Harnapp, Georg Oskar, Prof. Dr. med. Dr. phil.
* 22.05.1903 in Berlin, † 10.09.1980 in Leipzig
Vom Juli 1919 bis Sommer 1920 Angehöriger des Zeitfreiwilligenregiments in Leipzig. Im März 1902 Mitglied des Stoßtrupps der 5. Kompanie des Bataillons B. Von 1928 bis 1935 Mitglied im „Hartmannbund - Verband der Ärzte Deutschlands". Im März 1935 erhielt Harnapp die Ehrenurkunde für Freikorpskämpfe. Von 1928 bis 1930 Praktischer Arzt in Leipzig. Seit 1929 Mitglied im Opferring der NSDAP. Seit September 1932 Mitglied der NSDAP. Seit Oktober 1933 Mitglied des NSLB. Mitglied des NSDDB. Seit Mai 1934 Mitglied im DLV und dort Kettenführer. Außerdem dort Sturmarzt verschiedener Fliegerstürme. Nach der Überführung des DLV in das NSFK war Harnapp dort Obersturmführer. Seit Januar 1938 Mitglied des NSÄB. Von 1933 bis 1943 Professor für Vorgeschichte an der Universität Königsberg. Von 1938 bis 1944 Privatdozent für Kinderheilkunde an der Universität Berlin. Von 1940 bis 1944 stellvertretender Direktor der Bonner Universitäts-Kinderklinik. Von 1944 bis 1945 als Chefarzt zum Notdienst in der Städtischen Kinderklinik in Posen verpflichtet. Nach 1945 niedergelassener Kinderarzt in Leipzig. Mitglied im FDGB. Von 1951 bis 1955 Professor für Kinderheilkunde an der Medizinischen Fakultät der Universität Leipzig. Seit 1955 Professor für Kinderheilkunde an der Medizinischen Akademie „Carl Gustav Carus" in Dresden. 1964 mit der „Hufeland-Medaille" in Gold ausgezeichnet.
Quellen: Professorenkatalog Universität Leipzig, Wikipedia, BStU, MfS, HA IX Nr. 20832, Bl. 28.

Härtig, Helmut, Prof. Dr.-Ing.
* 24.03.1902 in Pirna, † 12.11.1997 in Kassel
Von 1933 bis 1945 Mitglied der NSDAP. Kriegsverdienstkreuz II. Klasse. Ingenieur bei den Michelwerken „Gute Hoffnung". Ab 1953 Professor und Institutsdirektor an der Bergakademie Freiberg. Von 1957 bis 1959 Rektor der BAF. Ab 1961 Mitglied der AdW zu Berlin. 1956 und 1959 mit dem „Vaterländischen Verdienstorden" in Bronze und Silber, 1952 als „Verdienter Bergmann" und 1973 mit der „Verdienstmedaille" der Kohlenindustrie in Gold ausgezeichnet. 1973 Ehrensenator der BAF. 1979 Ehrenbürger der Stadt Freiberg. Nach ihm wurde ein Gebäude des Instituts für Tagebaukunde der BAF benannt.
Quellen: UFJ, Herbst, Wikipedia, Baumgartner/Hebig, BStU, MfS, HA XX Nr. 5750, Bl. 139f., BStU, MfS, HA XX Nr. 5754, Bl. 136.

Hartke, Werner Hermann, Prof. Dr. phil. Dr. phil. h.c.
* 01.03.1907 in Eschwege, † 14.06.1993 in Berlin
Von 1932 bis 1933 Wissenschaftlicher Assistent an der Universität Berlin. Von 1931 bis 1939 Lektor und Wissenschaftlicher Oberassistent an der Universität Königsberg. Ab 1944 Professor für Klassische Philologie und Direktor des Instituts für Altertumskunde an der Universität Königsberg. Seit 1934 Mitglied im NSLB. Seit 1937 Mitglied der NSDAP und Blockleiter. Mitglied der NSV. Mitglied im NSRLB. Mitglied im NSDDB. Mitglied im NSAHB. Von 1940 bis 1944 Teilnehmer am Zweiten Weltkrieg. Ab 1944 Hauptmann und NSFO in einer Canaris-Dienststelle der Abwehr in Stahnsdorf bei Berlin. Mit dem KVK II 1941, der Ostmedaille 1942, dem EK II 1941 dem EK I 1944 und dem KVK I 1942 ausgezeichnet. Von 1945 bis 1948 Wissenschaftlicher Assistent an der Universität Göttingen. Ab 1946 Mitglied der KPD bzw. SED und 1963 Mitglied der SED Bezirksleitung Berlin. Ab 1948 Mitglied der GDSF. Ab 1950 Mitglied im KB. Ab 1948 Professor mit Lehrauftrag für Klassische Philologie an der Universität Rostock. Von 1949 bis 1951 Dekan der Philosophischen Fakultät und seit 1950 kommissarischer Leiter des Lehrstuhls für Alte Geschichte. 1954 Prorektor für Forschungsangelegenheiten. Ab 1955 Professor für Lateinische Sprache und Literatur der Humboldt-Universität Berlin. Zugleich auch Direktor des Instituts für Altertumskunde an der Humboldt-

Universität Berlin. Bis 1957 Dekan der Philosophischen Fakultät. Von 1957 bis 1959 Rektor der Humboldt-Universität Berlin. 1955 Mitglied der AdW zu Berlin und zwischen 1958 und 1968 Präsident und von 1968 bis 1972 Vize-Präsident der AdW zu Berlin. Auswärtiges Mitglied der AdW der Sowjetunion und der Akademien in Bulgarien und Ungarn. Mitglied des Institut d'Egypte. Vize-Präsident der Deutsch-Arabischen Gesellschaft. Von 1955 bis 1968 Leiter des Instituts für Griechisch-Römische Altertumskunde. Für die wichtige althistorische Zeitschrift „Klio" fungierte er ab 1959, ebenso wie schon ab 1958 als Herausgeber für die „Deutsche Literaturzeitung". Ab 1963 Mitglied im Präsidialrates des KB. Mitglied der SED-BL Berlin. 1958 mit dem „Nationalpreis", mit dem „Vaterländischer Verdienstorden" in Gold und 1982 als „Hervorragender Wissenschaftler des Volkes" ausgezeichnet. Mitglied im KB und ab 1963 Mitglied im Präsidialrat des KB. Mitglied im Deutschen Friedensrat und Mitglied der Liga für Völkerfreundschaft. Das MfS führte ihn unter dem Decknamen „Heide" als „Geheimen Mitarbeiter Sicherheit" (GMS). 1961 Ehrendoktor der Universität Rostock.
Quellen: UFJ, Cerný, Baumgartner/Hebig, Buch, Wikipedia, Professorenkatalog Universität Rostock, www.spiegel.de/spiegel/printd-444418142.html., BStU, MfS, HA XX Nr. 5750, Bl. 158f., BStU, MfS, HA XX Nr. 5754, Bl. 221, BStU, MfS, AGMS 10736/85, Bd. 1, Bl. 2, Bl. 7, Bl. 14f., Bl. 22, Bl. 28ff., Bl. 56f, Nomenklaturkaderakten Personalakte BArch DC 20/8102.

Hasse, Helmut, Prof. Dr.
* 25.08.1898 in Kassel, † 26.12.1979 in Ahrensburg
Von 1915 bis 1917 bei der Reichsmarine freiwilliger Teilnehmer am Ersten Weltkrieg. 1922 Privatdozent an der Universität Kiel. Ab 1925 Ordinarius an der Universität Halle. Ab 1930 an der Universität Marburg. Ab 1934 an der Universität Göttingen. Im November 1933 unterzeichnete er das „Bekenntnis der Professoren an den deutschen Universitäten und Hochschulen zu Adolf Hitler und dem nationalsozialistischen Staat". Ab 1932 bzw. 1938 Mitglied der NSDAP. Während des Zweiten Weltkrieges Leiter eines Forschungsinstitutes des Reichsmarineamtes und befasst mit ballistischen Problemen. Im September 1945 von der britischen Mi-

litärregierung aus dem Staatsdienst entlassen. In den Entnazifizierungsakten ist vermerkt, dass Hasse der NSDAP ab 1938 angehört hatte. Wegen einer jüdischen Urgroßmutter wäre er jedoch nicht Mitglied der Partei gewesen. So vermerkte es auch die Dozentenkartei des Reichswissenschaftsministeriums. Die Kerblochkartei der Naturwissenschaftler im Bestand des Reichswissenschaftsministeriums führte ihn seit 1. März 1932 als Mitglied der NSDAP. Ab 1946 Direktor des Forschungsinstitutes für Mathematik an der AdW zu Berlin. Ab 1949 Professor an der Humboldt-Universität Berlin. Von 1950 bis zu seiner Emeritierung 1966 Professor für Mathematik an der Universität Hamburg. 1953 mit dem „Nationalpreis" für Wissenschaft und Technik ausgezeichnet. Von 1929 bis 1979 Herausgeber des „Journals für die reine und angewandte Mathematik".
Quellen: Wikipedia, Professorenkatalog Universität Halle, Klee I.

Häßler, Erich Fritz Otto, Prof. Dr. med.
* 22.04.1899 in Leipzig, † 02.12.2005 in Jena
Als Unterfeldwebel Teilnehmer am Ersten Weltkrieg. Von 1919 bis 1920 Mitglied im Leipziger Freikorps. Von 1923 bis 1927 Praktikant, dann Hilfsassistent an der Kinderheilstätte in Dresden. Von 1934 bis 1943 Mitglied der SA und dort Sanitätssturmführer. Vom Mai 1937 bis 1945 Mitglied der NSDAP und Sachbearbeiter und Schulungsredner beim Rassenpolitischen Amt Leipzig. Obmann beim NSDDB. Vom Januar 1927 bis April 1946 Assistent und Oberarzt und Stellvertreter des Klinikleiters W. Catel an der Kinderklinik Leipzig. Vom Mai 1946 bis Juni 1949 Oberarzt und Abteilungsleiter der Kinderklinik bzw. der Landesanstalt Hochweitzschen. Als Oberarzt und stellvertretender Direktor der Universitätskinderklinik Leipzig bis 1945, beteiligt an der Tötung von „Lebensunwerten" (Euthanasie). Mit dem EK II und dem Ehrenkreuz für Frontkämpfer ausgezeichnet. Ab 1945 Mitglied im FDGB. Vorsitzender des Betriebsfriedenskomitees. Von 1945 bis 1949 hauptamtlicher Leiter der Städtischen Kinderklinik Zeisigwald in Chemnitz. Ab Juli 1949 bis 1953 Chefarzt an der Kinderklinik Chemnitz. Von 1953 bis 1965 als Ordinarius Direktor an der Kinderklinik der Universität Jena und Nachfolger von J. Ibrahim. Mit anderen Kollegen unterschrieb er 2003/04 eine Solidaritätsadresse für die Jenaer Ärztin Prof. Dr. med. Rosemarie Albrecht, die wegen ihrer Beteili-

gung an der Tötung von „Lebensunwerten“ (Euthanasie) vor Gericht gestellt werden sollte. Wegen ihres hohen Alters kam es zu keiner Verhandlung. Ehrenmitglied der Deutschen Gesellschaft für Kinderheilkunde und der Gesellschaft für Pädiatrie. 1963 als „Verdienter Arzt des Volkes“ und mit der „Hufeland-Medaille“ ausgezeichnet. „Ehrenmitglied“ der Deutschen Gesellschaft für Kinderheilkunde und „Ehrenmitglied“ der Gesellschaft für Pädiatrie der DDR.
Quellen: Klee I, Wikipedia, Hirschinger, Professorenkatalog Universität Leipzig, Ernst Klee: Irrsinn Ost ..., BStU, MfS, 22383/92, Bl. 1ff, Bl. 17f., Bl. 27f., Bl. 33f., BStU, MfS, Allg. P. 1365/54, Karl-Marx-Stadt, Bd. I, Bl. 4f.

Hauenstein, Johann Wilhelm Karl, Prof. Dr. med. Dr. med. dent.
* 21.10.1887 in Günzersreuth, † 04.08.1952 in Leipzig
Teilnehmer am Ersten Weltkrieg. Bataillons- und Abteilungsarzt bei Fronttruppen als Chirurg. Von 1926 bis 1929 an der Universität Erlangen. Mitglied der NSV. Mitglied im NSDDB. Mitglied im NS-Reichskriegerbund („Kyffhäuserbund“) e. V. Seit 1933 Mitglied der NSDAP. Seit 1938 Mitglied im NSAHB. Als Oberstabsarzt und Leiter des Kieferlazaretts Leipzig Teilnehmer am Zweiten Weltkrieg. Von 1934 bis 1952 Professor für Zahnärztliche Chirurgie an der Medizinischen Fakultät der Universität Leipzig.
Quellen: Professorenkatalog Universität Leipzig.

Haufe, Friedrich Hermann, Prof. Dr. phil.
* 02.03.1899 in Leipzig, † 19.09.1970
Von 1924 bis 1945 Mitglied des Sächsischen Philologenvereins. Mitglied der Volkskonservativen Vereinigung von 1929 bis 1932. Seit 1933 Mitglied der NSDAP. Mitglied der NSV. Seit 1934 Mitglied der Bekennenden Kirche. Von 1925 bis 1945 Gymnasiallehrer. Von 1946 bis 1952 Pfarrer in Liemehna. Von 1952 bis 1964 Professor mit vollem Lehrauftrag für Praktische Theologie an der Theologischen Fakultät der Universität Leipzig.
Quellen: Professorenkatalog Universität Leipzig, Wikipedia.

Haupt, Günther, Prof. Dr. jur.
* 11.09.1904 in Neuruppin, † 14.07.1946 in Leipzig
Von 1930 bis 1933 Ausbildung bei der preußischen Justiz mit Assessorenexamen. 1933 Geschäftsführer der Fichte-Gesellschaft. Von 1933 bis 1937 Gerichtsassessor und Assistent am Institut für Luftrecht an der Universität Königsberg. Förderndes Mitglied der SS. Seit 1940 Mitglied der NSDAP. Seit 1937 Mitglied der NSV. Seit 1938 Mitglied im NSDDB. Von 1938 bis 1939 Mitglied im NSRB. Von 1937 bis 1938 Juristenfakultät der Universität Leipzig. Von 1941 bis 1942 Dekan der Universität Leipzig. Von 1938 bis 1939 an der Universität Jena. Von 1939 bis zu seinem Tod 1946 wieder Professor für Bürgerliches Recht, Handelsrecht, Wirtschaftsrecht, Versicherungsrecht und Luftfahrtrecht an der Juristenfakultät der Universität Leipzig.
Quellen: Professorenkatalog Universität Leipzig, Klee II.

Havemann, Gustav, Prof.
* 15.03.1882 in Güstrow, † 02.01.1960 in Schöneiche bei Berlin
Ab 1900 Konzertmeister in Lübeck. Ab 1905 Konzertmeister in Darmstadt und Hamburg. Ab 1911 am Leipziger Konservatorium. Von 1915 bis 1921 Konzertmeister an der Hofoper in Dresden. Von 1921 bis 1945 Professor an der Musikhochschule Berlin. Mitglied im völkischen und antisemitischen KfdK. Ab 1932 Mitglied der NSDAP. 1934 unterzeichnete er den „Aufruf der Kulturschaffenden für Adolf Hitler“. Von 1932 bis 1945 leitete er das Orchester des „Kampfbundes für deutsche Kultur“ in Berlin. 1934 wurde dieses Orchester in „Landesorchester des Gaues Berlin“ umbenannt. Nach 1942 schrieb er zahlreiche Beiträge für die von J. Goebbels herausgegebene Wochenzeitung „Das Reich“. Seit November 1933 Mitglied im Präsidialrat der Reichsmusikkammer. Dort Führer in der Reichsmusikerfachschaft. Ab 1950 lehrte er an der Musikfachschule Cottbus. Von 1951 bis 1959 an der Musikhochschule in Berlin.
Quellen: Wikipedia, Klee II.

Hebold, Otto, Dr. med.
* 27. 07.1896 in Berlin, † 04.01.1975 in Bautzen
Teilnehmer am 1. Weltkrieg und in Kriegsgefangenschaft. Ab 1926 Medizinalpraktikant im Landeskrankenhaus Karolinenstift in Neustrelitz. Assistenzarzt in Wolfenbüttel und an den Brandenburgischen Heil- und Pflegeanstalten Eberswalde sowie in der Landesanstalt in Teupitz, wo er Oberarzt war. Ab April 1933 Mitglied der NSDAP. Ab Oktober 1933 Mitglied der SA. Dort Sanitätssturmführer bzw. Sturmbannarzt der SA-Reserve. Ab 1935 Unterarzt und später Assistenzarzt der Reserve. Ab 1936 als Oberarzt an der Durchführung von Sterilisation in Eberswalde beteiligt. Ab 1940 als Arzt im Reservelazarett in Berlin-Buch, dass Teil der Klinik des Kaiser-Wilhelm-Instituts war. Ab April 1940 T4-Gutachter der Reichsarbeitsgemeinschaft für Heil- und Pflegeanstalten und dort von Mai 1940 bis April 1943 T4-Gutachter und Selektionsarzt der Zentraldienststelle T4 in Berlin. Ab November 1941 wählte er an der Anstalt Schussenried Geisteskranke zur Vernichtung aus. Ebenso begutachtete er in der Anstalt Hartheim, die als „Vernichtungsanstalt für Geisteskranke“ bekannt war. Im März 1943 reise er im Auftrag der Reichsarbeitsgemeinschaft an die Nervenklinik in Heidelberg. Ab 1943 Oberarzt und stellvertretender Direktor der Anstalt Eberswalde. Ab April 1944 war Hebold in der Neurologisch-Psychiatrischen Abteilung des Lazaretts Brandenburg-Görden. Nach 1945 praktischer Arzt in Schmetzdorf (Brandenburg). Ab 1952 in Lückstedt (Sachsen-Anhalt). Ab 1946 Mitglied im FDGB. Ab 1951 Mitglied der NDPD. Ab 1954 Leiter des Landabulatoriums in Falkenberg im Bezirk Cottbus. 1962 zum Sanitätsrat ernannt. Im Rahmen von Ermittlungen gegen August Dietrich Allers, ehemaliger Geschäftsführer der T4-Zentrale in Berlin, wurde Hebold im März 1964 von der Volkspolizei in Magdeburg vernommen. Erst durch ein Rechtshilfegesuch der hessischen Staatsanwaltschaft wurde Hebold 1964 verhaftet und vor dem Bezirksgericht Cottbus wegen „Verbrechen gegen die Menschlichkeit“ angeklagt und dort im Juli 1965 zu lebenslanger Haft verurteilt. Er war bis zu seinem Tod im Jahr 1975 im Zuchthaus Bautzen inhaftiert. Er war der einzige Arzt der an der Landes-Pflegeanstalt Brandenburg bzw. ab 1940 an der Landes-Heil- und Pflegeanstalt Bernburg an der Ermordung von Tausenden von „Lebensunwerten“ beteiligt war und dafür von einem deutschen Gericht verurteilt wurde.

Quellen: Hirschinger, Wikipedia, Rose, S. 233f., Klee I, Leide, Wikipedia, BStU, MfS, HA IX Nr. 20832, Bl. 36f., BStU, MfS, HA IX/11 ZUV Nr. 45, Bd. 2, Bl. 143f., Bl. 171f., BStU, MfS, HA IX/11 ZUV Nr. 45, Bd. 3, Bl. 237f, Bl. 262, BStU, MfS, HA IX/11 RHE-West 178/1, Bl. 2, Bl. 8, Harms, S. 408f.

Heckel, Johannes, Prof. Dr. jur.
* 24.11.1889 in Kammerstein bei Schwabach, † 15.12.1963 in Tübingen
Ab 1928 Professor für Öffentliches Recht an der Universität Bonn. Ab Ende 1933 Rechtsberater von Reichsbischof Ludwig Müller. Ab 1934 Professor für Öffentliches Recht an der Universität München. Mitglied der Akademie für Deutsches Recht. Ab 1936 Mitglied im Beirat der „Forschungsabteilung Judenfrage“ beim „Reichsinstitut für Geschichte des Neuen Deutschland“. Ab 1937 Mitglied der NSDAP. Mitglied im NSDDB. Ab 1951 Präsident des Verfassungs- und Verwaltungsgerichts der Vereinigten Evangelisch-Lutherischen Kirche in Deutschland.
Quellen: Wikipedia, Klee I, Ernst Klee: Von deutschem Ruhm, in: *Die Zeit* Nr. 40 v. 25.09.2003

Hedt, Karl vom, Oberingenieur
* 20.01.1900 in Hagen, †?
Seit Januar 1940 Mitglied der NSDAP. Nach 1945 Direktor des Amtes für Maße und Gewichte. Mitglied im IIA der KdT. Ab 1947 Mitglied im FDGB. Ab 1948 Mitglied der SED. Ab 1949 Mitglied der GDSF. Fünfmal als „Aktivist“ und mit der „Goldenen Ehrennadel“ der KdT ausgezeichnet. Er verschwieg seine Nazi-Vergangenheit.
Quellen: UFJ, BStU, MfS, Allg. P. Band, 362/65, Bl. 4-11, Bl. 97, BStU, MfS, HA XX Nr. 5754, Bl. 21, Bl. 329.

Heeger, Erich Fürchtegott, Prof. Dr. phil.
* 24.07.1907 in Marienberg (Sachsen), † 25.02.1959 in Leipzig
Ab 1932 Assistent am Institut für Pflanzenbau und Pflanzenzüchtung der Universität Leipzig. Ab 1935 Leiter der Sortenregistrierstelle in Probstheida. Von 1934 bis 1936 Mitglied im NSKK. Ab 1938 Mitglied der NSDAP. Von 1943 bis 1945 Teilnehmer am Zweiten Weltkrieg und an-

schließend in Kriegsgefangenschaft. Seit 1949 Mitglied im FDGB. Mitglied im KB. Mitglied der KdT. Von 1957 bis 1959 Professor für Sonderkulturen an der Landwirtschaftlich-Gärtnerischen Fakultät der Universität Leipzig. Von 1955 bis 1958 Dekan.
Quellen: Professorenkatalog Universität Leipzig, Wikipedia.

Heidebroek, Enno Wilhelm Tielko, Prof. Dr.-Ing. Dr. h. c.
* 15.11.1876 in Hannover, † 01.02.1955 in Dresden
Ab 1899 Assistent am Lehrstuhl für Maschinenelemente und Wasserkraftmaschinen an der TH Berlin-Charlottenburg. Ab 1911 Professor für Maschinenelemente, Getriebelehre und Kalkulation an die TH Darmstadt. Ab 1919 Mitglied der DDP. 1923/24 Rektor der TH Darmstadt. Mitglied im Hauptvorstand des Vereins Deutscher Ingenieure (VDI). 1931 erhielt er einen Ruf der TH Dresden. Ab 1939/40 in der Betriebsleitung der Heeresversuchsanstalt Peenemünde. Im November 1933 unterschrieb er das „Bekenntnis der Professoren an den deutschen Universitäten und Hochschulen zu Adolf Hitler und dem nationalsozialistischen Staat“. Seit 1934 Mitglied im NSLB. 1945 zum Rektor der TH Dresden gewählt. Mitglied der LDPD. Von 1946 bis 1949 Präsident der KdT. 1951 verlieh ihm die TH Darmstadt den Ehrendoktortitel. Mitglied der pflichtschlagenden Studentenverbindung „Corps Altsachsen Dresden“ im „Weinheimer Senioren Convent“ (WSC). Mitglied der SAW zu Leipzig. 1952 mit dem „Nationalpreis“ für Wissenschaft und Technik ausgezeichnet. Die Versuchshalle der Fördertechnik der TU Dresden trägt den Namen „Heidebroek-Bau“.
Quellen: Cerný, Wikipedia, BArch, Wapedia, Sächsische Biografie, Stockhorst, Baumgartner/Hebig.

Heidenreich, Robert Karl Hugo Arthur, Prof. Dr. phil.
* 08.09.1899 in Oppeln, † 20.11.1990 in Leipzig
Teilnehmer am Ersten Weltkrieg. Im Auftrag des SS-Reichsführers H. Himmler, organisierte er 1938/39 die Neuaufnahme des Theoderich-Grabes in Ravenna. Seit 1933 Mitglied der NSDAP. Von 1937 bis 1943 an der Universität Leipzig. Bis 1940 Teilnehmer am Zweiten Weltkrieg. Von 1940 bis 1943 Professor für Klassische Archäologie in Leipzig. Von 1940 bis 1941 vertrat er den Lehrstuhl in Bonn. Von 1943 bis 1945 erneut Teil-

nehmer am Zweiten Weltkrieg. Mit dem „Kriegsverdienstkreuz" ausgezeichnet. Danach in britischer Kriegsgefangenschaft. Von 1945 bis 1951 Privatgelehrter in Sondershausen. Von 1951 bis 1953 Privatlehrer in Groß-Ellenbach im Odenwald. Von 1953 bis 1959 Fachrichtungsleiter an der Universität Jena. Von 1955 bis 1959 Dekan an der Universität Jena. Von 1959 bis 1965 Professor und Direktor des Archäologischen Instituts an der Universität Leipzig. Von 1961 bis 1965 kommissarischer Direktor des Philologischen Instituts der Universität Leipzig.
Quellen: BStU, MfS, HA IX/11, AK 5068/79, Bl. 3f.; Professorenkatalog Universität Leipzig, Wikipedia.

Heidorn, Günther, Prof. Dr. phil. Dr. h. c.
* 23.08.1925 in Hamburg, † 23.09.2010 in Kritzmow bei Rostock
Von 1942 bis 1943 Mannschaftsführer im KLV-Lager. Seit September 1943 Mitglied der NSDAP. Mannschaftsführer in einem Lager der KLV. Als Fähnrich der Kriegsmarine Teilnehmer am 2. Weltkrieg. Mit dem EK II und dem „Zerstörerabzeichen" ausgezeichnet. In US-amerikanischer Kriegsgefangenschaft. Von 1945 bis 1946 Hospitant am Landgericht Limburg/Lahn. Mitglied der FDP von 1946 bis 1947. Bis 1947 Geschäftsführer einer FDP-Kreisgruppe in Köln/Land. Ab 1947 in Rostock. Ab 1948 Mitglied im FDGB. Von 1949 bis 1951 Mitglied der FDJ. Seit 1949 Mitglied der GDSF. Seit 1950 Mitglied im KB. Ab April 1952 Mitglied der SED. Ab 1953 Aspirant an der Humboldt-Universität. Ab 1958 Professor an der Universität Rostock. Von 1956 bis 1965 Prorektor für das Gesellschaftswissenschaftliche Grundstudium an der Universität Rostock. Von 1963 bis 1976 Professor für Geschichte der Arbeiterbewegung. Von 1965 bis 1977 Vize-Präsident der Historiker-Gesellschaft. Von 1965 bis 1976 Rektor der Universität Rostock. Von 1976 bis 1988 stellvertretender Minister für Hoch- und Fachschulwesen. Danach Professor für Allgemeine Geschichte an der Humboldt-Universität Berlin. Seit 1973 für die HA XX/8 des MfS als GMS „Günter" erfasst. 1960 mit der „Verdienstmedaille", 1969 und 1985 mit dem „Vaterländischen Verdienstorden" in Silber und Gold und 1976 mit dem Orden „Banner der Arbeit" der Stufe I ausgezeichnet. Er verschwieg seine Nazi-Vergangenheit. Im Juni 1988 erklärt die HA XX/8, dass die operativ-relevanten Hinweise zur Nazi-Vergangenheit von

Heidorn, die zur Operativen Personenkontrolle führten, „nicht bestätigt" werden konnten. Wie in solchen Fällen in der DDR üblich, überprüfte das MfS seine nächsten Verwandten (Vater, Mutter, Kinder, Brüder, Schwester, Schwiegereltern und Schwägerin).
Quellen: Buch, Wikipedia, Professorenkatalog Universität Rostock, BStU, MfS, HA XX, ZMA, 50716, Bl. 1ff., BStU, MfS, HA XX Nr. 2616, Bl. 40, BStU, MfS, HA XX Nr. 2762, Bl. 44f., Bl. 49ff., BStU, MfS, AOPK, Nr. 7271/88, Bd. 1, Bl. 1f., Bl 6f. Bl. 15, Bl. 26f., Bl. 90f., BStU, MfS, AOPK, Nr. 7271/88, Bd. 2, Bl. 5f., Bl. 15, Bl. 26f., Bl. 90f., Mertens, S. 27f.

Heilmann, Jakob-Adolf, Dr.-Ing.
* 29.10.1888, † 09.12.1949 in Berlin
Von 1920 bis 1933 Professor an der Universität Halle. Seit 1933 Mitglied der NSDAP. Von 1933 bis 1945 Chefredakteur der Zeitschrift „Der Gesundheitsingenieur". Ab 1945 Professor an der Universität Halle. Ab 1945 Baustadtrat in Halle. Ab April 1948 Mitbegründer und Mitglied der NDPD und seit September 1948 im Parteivorstand und stellvertretender Vorsitzender der NDPD. 1949 als Einzelpersönlichkeit Abgeordneter der Provisorischen Volkskammer.
Quellen: Wikipedia.

Hein, Franz, Prof. Dr. phil.
* 30.06.1892 in Götzingen, † 26.02. oder 26.03.1976 in Jena
Von 1917 bis 1923 Assistent bzw. Oberassistent am Chemischen Laboratorium der Universität Leipzig. Von 1921 bis 1942 Privatdozent, dann Professor für Anorganische Chemie an der Mathematisch-Naturwissenschaftlichen Abteilung der Philosophischen Fakultät der Universität Leipzig. Seit 1933 Mitglied der NSBO. Von 1933 bis 1939 Mitglied im NSLB. Seit 1934 Mitglied im RLB. Ab 1934 Mitglied der NSV. Von 1939 bis 1945 Mitglied im NSDDB. Von 1942 bis 1956 Professor für Anorganische Chemie. Von 1956 bis 1958 kommissarischer Direktor des Institutes für Anorganische Chemie der Universität Jena. 1952 mit den „Nationalpreis" III. Klasse für Wissenschaft und Technik und 1958 als „Hervorragender Wissenschaftler des Volkes" ausgezeichnet. Mitglied der Leopoldina zu Halle. Mitglied der SAW zu Leipzig.

Quellen: Professorenkatalog Universität Leipzig, Wikipedia.

Hein, Wolfgang, Prof. Dr. jur.
* 31.10.1883 in Schmiegel, Kreis Posen, † 16.05.1976 in Frankfurt/M.
Ab 1909 Gerichtsassessor. Ab 1916 Professor. 1918 erhielt er ein Extraordinariat und ab 1921 Professor an der Universität Halle. Von 1918 bis 1922 und von 1925 bis 1930 Mitglied der DVP. Mitglied im „Stahlhelm, Bund der Frontsoldaten", der in den NSDFB überführt wurde. Mitglied der NSV. Mitglied im NSRB. Mitglied im NSLB. Mitglied im NSAHB. Mitglied im RLB. Mitglied im VDA. Nach 1945 Dekan der Juristischen Fakultät der Universität Halle. 1950 emeritiert, siedelte er 1951 nach Frankfurt/M. über und setzte seine Vorlesungen an der Universität Frankfurt/M. fort.
Quellen: Professorenkatalog Universität Halle

Heinisch, Ottokar, Prof. Dr. agr. et techn. Dr. h. c.
* 23.04.1896 in Bergstedt (Mähren), † 03.05.1966 in Berlin
Von 1915 bis 1918 Teilnehmer am Ersten Weltkrieg. Von 1920 bis 1931 Leiter verschiedener Pflanzenzuchtstationen in Österreich und Ungarn. Seit November 1938 Mitglied der NSDAP. 1941 Professor an der TH Brünn. Ab 1946 Mitglied im FDGB. Ab 1946 Mitglied im KB. Von 1947 bis 1950 Professor an der Universität Greifswald. Von 1950 bis 1961 Professor an der Universität Leipzig und Direktor des Instituts für Pflanzenzüchtung der AdL. Von 1951 bis 1953 Dekan der Landwirtschaftlich-Gärtnerischen Fakultät der Universität Leipzig. Von 1961 bis 1962 Professor an der Humboldt-Universität Berlin. 1961 verlieh ihm die Universität Leipzig die Ehrendoktorwürde.
Quellen: Professorenkatalog Universität Leipzig, https://www.agrar.hu-berlin.de/de/institut/profil/personen_bio.

Heinroth, Otto, Prof. Dr. med. dent.
* 21.03.1892 in Eisleben, † 30.08.1961 in Halle (Saale)
Von 1914 bis 1919 als Artillerieoffizier Teilnehmer am Ersten Weltkrieg. Mit dem „Eisernen Kreuz" I. und II. Klasse, mit dem Bayerischen „Militärverdienstorden" und mit dem „Ritterkreuz" der Österreichischen Ehrenlegion ausgezeichnet. Nach Kämpfen gegen die Räterepublik in Bayern als

Kriegsbeschädigter entlassen. Ab 1921 Assistent am Zahnärztlichen Institut der Universität Halle. Ab 1928 Wissenschaftlicher Hilfslehrer mit der Dienstbezeichnung Oberarzt. Ab 1934 zum nichtbeamteten Professor ernannt. Seit 1935 Mitglied der NSDAP. Mitglied der SA in einem SA-Fliegersturm. 1937 Oberassistent und im Dezember Von 1937 bis 1945 Professor und 1945 durch die Universität Halle entlassen. Da er in der Nazizeit Juden und Kommunisten unterstützt habe, rehabilitierte ihn ein Ausschuss des Antifaschistischen Blocks in Halle (Saale). Ab 1954 Professor und Ordinarius für Zahnheilkunde an der Universität Leipzig. 1957 emeritiert.
Quellen: Professorenkatalog Universität Halle, Professorenkatalog Universität Leipzig.

Heinz, Rudolf, Prof. Dr. rer. nat.
* 26.12.1900 in Mülheim an der Ruhr, † 16.12.1960 in Leipzig
Teilnehmer am Ersten Weltkrieg. Seit 1932 Mitglied der NSDAP. Im November 1933 unterzeichnete er das „Bekenntnis der Professoren an den deutschen Universitäten und Hochschulen zu Adolf Hitler und dem nationalsozialistischen Staat“. Von 1926 bis 1936 Assistent, dann Privatdozent für Geologie und Paläontologie der Universität Hamburg. Von 1937 bis 1945 Professor für Geologie und Paläontologie an der Mathematisch-Naturwissenschaftlichen Abteilung der Philosophischen Fakultät der Universität Leipzig. Von 1941 bis 1944 Dekan der Mathematisch-Naturwissenschaftlichen Abteilung und zugleich Dekan der Philosophischen Fakultät der Universität Leipzig. Von 1943 bis 1945 Führer des Gaudozentenbundes in Sachsen. Danach Privatgelehrter in Leipzig.
Quellen: Grüttner, Professorenkatalog Universität Leipzig, Wikipedia, Klee I.

Heinzelmann, Gerhard, Prof. Lic. theol.
* 10.06.1884 in Coswig, † 21.12.1951 in Halle (Saale)
Von 1907 bis 1910 Inspektor am theologischen Studentenstift in Göttingen. Ab 1914 Professor an der Universität Basel. Ab 1917 Lazarettpfarrer in Kurland, Litauen und Berlin. 1918 von der Universität Basel zum Professor ernannt und 1927 zum Rektor gewählt. Von 1929 bis 1951 Professor für Dogmatik und Neues Testament an der Universität Halle. Mitglied der

NSV. Förderndes Mitglied der SS. Seit 1941 in der Leitung des „Gustav-Adolf-Werks“ der Evangelischen Kirche in Deutschland. Ab 1946 Mitglied der CDUD. Professor für Dogmatik und Neues Testament bis 1951. Quellen: Professorenkatalog Universität Halle, BBKirchenlexikon, Wikipedia, Braun/Grünzinger, S. 106.

Heisig, Bernhard, Prof.
* 31.03.1925 in Breslau, † 10.06.2011 in Strodehne (Brandenburg)
Ab 1942 in der 12. SS-Panzer-Division „Hitlerjugend“ kriegsfreiwilliger Teilnehmer am Zweiten Weltkrieg. Bis 1945 in sowjetischer Kriegsgefangenschaft. 1947 kam er von Breslau nach Zeitz. Dort 1947 Mitglied der SED. Von 1951 bis 1954 arbeitete er freiberuflich als Maler in Leipzig. Seine Schwerpunkt Themen waren die 1848er Revolution und die Pariser Kommune. Er illustrierte Bücher von Ludwig Renn, Johannes R. Becher oder Erich Maria Remarque. Ab 1954 Dozent und 1961 Professor an der Hochschule für Grafik und Buchkunst in Leipzig. Zum Rektor gewählt und Leiter der Abteilung Graphik und Malerei. Von 1956 bis 1959 Vorsitzender des Verbandes Bildender Künstler (VBK) im Bezirk Leipzig. Ab 1968 arbeitete er wieder freiberuflich als Maler. 1972 erneut Vorsitzender des VBK im Bezirk Leipzig. 1974 Vize-Präsident des VBK und von 1978 bis 1984 gleichzeitig 1. Stellvertreter des Präsidenten des VBK. Von 1978 bis 1984 Mitglied der SED Bezirksleitung Leipzig. Ab 1976 arbeitete er wieder an der Hochschule in Leipzig und wieder zum Rektor gewählt. 1982 als „Verdienter Hochschullehrer der DDR“ ausgezeichnet. 1989 gab er die ihm 1972 und 1978 verliehenen Nationalpreise wieder zurück. Er protestierte damit gegen die Politik der SED und trat im Dezember 1989 aus der SED aus. 1970 mit dem „Kunstpreis“ der Stadt Leipzig und 2010 mit dem „Brandenburgischen Kunstpreis“ (Ehrenpreis des Ministerpräsidenten des Landes Brandenburg) ausgezeichnet. Seit 1972 Mitglied der DAK.
Quellen: Wikipedia, Der Tagesspiegel v. 10.06.2011, Cerný.

Heißmeyer, Kurt, Dr. med.
* 26.12.1905 in Lamspringe, Hildesheim, † 29.08.1967 in Bautzen
1926 trat er der Burschenschaft „Arminia Marburg“ bei. Assistenzarzt in einem Lungensanatorium in Davos (Schweiz) und am Auguste-Viktoria-

Krankenhaus in Hohenlychen. Seit 1937 Mitglied der NSDAP. Von 1938 bis 1945 Oberarzt beim SS-Gruppenführer Prof. Dr. med. Karl Gebhardt in der Tuberkulose-Heilanstalt in Hohenlychen. Ab 1942 als Oberarzt Sonderführer der Wehrmacht. Ab April 1944 führte er Menschversuche durch, vorwiegend mit polnischen bzw. sowjetischen Gefangenen des Konzentrationslagers Neuengamme. Für seine Versuche forderte Heißmeyer im November 1944 vom KZ Auschwitz zwanzig jüdische Kinder für Versuche an. Am 20. April 1945 wurden sie, zusammen mit vier Häftlingen, sie hatten die Kinder betreut, in der Schule im Bullenhuser Damm im Hamburger Stadtteil Rothenburgsort ermordet. Nach dem Krieg Arzt in der Praxis seines Vaters in Sandersleben (Anhalt). 1946 eröffnete er unter seinem Namen als Lungenfacharzt in Magdeburg die einzige Tuberkulose-Privatpraxis in der DDR. Außerdem Direktor der privaten „Klinik des Westens" in Magdeburg. Durch einen Artikel in der Zeitschrift „stern", wurde die Öffentlichkeit 1959 auf ihn aufmerksam gemacht, doch erst im Dezember 1963 verhaftet. Am 30. Juni 1966 verurteilte ihn das Bezirksgericht Magdeburg wegen „Verbrechen gegen die Menschlichkeit" zu einer lebenslangen Strafe, die er im Zuchthaus Bautzen verbüßen sollte. Am 29. August 1967 verstarb Heißmeyer durch einen Herzinfarkt. Die Burschenschaft „Arminia Marburg" schloss ihn 2001 posthum aus ihrem Verein aus.
Quellen: Wikipedia, Klee I, http://media.offenes-archiv.de/ss1_2_3_bio_1986.pdf., http://www.kinder-vom-bullenhuser-damm.de/die_taeter.php, https://www.zeit.de/2005/15/A-Kinder/seite-2.

Heitz, Gerhard, Prof. Dr. sc. phil.
* 28.03.1925 in Burg bei Magdeburg, †?
Seit 1943 Mitglied der NSDAP. Von 1943 bis 1945 Teilnehmer am 2. Weltkrieg. Seit 1950 Assistent bzw. Oberassistent in Leipzig und Berlin. Seit 1959 Dozent und ab 1961 Professor am Historischen Institut an der Universität Rostock. Von 1961 bis 1965 Leiter des Bereichs Geschichte des Mittelalters des Instituts für Geschichte der AdW zu Berlin. Ab 1962 Mitglied der SED. Ab 1961 Professor für Regional- und Geschichte an der Universität Rostock. Von 1963 bis 1968 Prorektor für den wissenschaftlichen Nachwuchs. 1981 bis 1986 Prorektor der Gesellschaftswissenschaften. Vorsitzender der Gesellschaft für Heimatgeschichte im Bezirk

Rostock. Mitglied der Sektion Geschichte der DAK. Von 1961 bis 1990 Mitglied der Redaktion der „Zeitschrift für Geschichtswissenschaft". Von 1972 bis 1986 Herausgeber der Schriftenreihe „Agrargeschichte". Mitglied des Redaktionskollegiums der „Zeitschrift für Geschichtswissenschaft". Präsident der Historiker-Gesellschaft. 1963 mit der „Verdienstmedaille" und 1986 als „Verdienter Hochschullehrer der DDR" ausgezeichnet. 1990 emeritiert.
Quellen: Buch, Wikipedia, Professorenkatalog Rostock, Mertens, S. 27f., BStU, MfS, HA IX Nr. 20822, Bl. 9.

Heller, Bert, Prof.
* 30.03.1912 in Haaren bei Aachen, † 29.04.1970 in Berlin
Seit April 1940 Mitglied der NSDAP. Beteiligt an Architekturwerken. Von 1946 bis 1950 Dozent an der Kunstschule in Wernigerode. Mitglied der SED. Professor an der Hochschule für Bildende und Angewandte Kunst in Berlin-Weißensee. Von 1956 bis 1958 Rektor. Mitglied der AdK. 1963 mit dem „Kunstpreis" des FDGB und 1951 und 1964 mit dem „Nationalpreis" ausgezeichnet. Er verschwieg seine Nazi-Vergangenheit.
Quellen: UFJ, Cerný, Klee II, Wikipedia, Baumgartner/Hebig, BStU, MfS, HA XX Nr. 5750, Bl. 188f., BStU, MfS, HA XX Nr. 5754, Bl. 25, Bl. 329.

Heller, Ernst Carl Paul, Prof. Dr. med.
* 06.11.1877 in Eichenwalde, † 02.11.1964 in Leipzig
Von 1903 bis 1909 Assistenzarzt an der Chirurgischen Universitätsklinik Greifswald. Von 1908 bis 1910 Privatdozent für Chirurgie und Orthopädie an der Universität Greifswald. Von 1910 bis 1911 Privatdozent für Chirurgie an der Universität Königsberg. Von 1912 bis 1914 Privatdozent für Chirurgie an der Universität Leipzig. Seit 1938 Mitglied der NSV. Bis 1940 Mitglied im NSLB. Bis 1943 Mitglied im NSDDB. Von 1914 bis 1949 Professor für Chirurgie an der Universität Leipzig. Seit 1947 Dekan der Medizinischen Fakultät der Universität Leipzig. Von 1920 bis 1949 Leitender Arzt der Chirurgischen Abteilung des Krankenhauses St. Georg in Leipzig. 1953 mit dem „Nationalpreis" ausgezeichnet.
Quellen: Ernst, S. 235f., Wikipedia, Professorenkatalog Universität Leipzig.

Hemmert-Halswick, Cornelius Bernhard Alfred, Prof. Dr. med. vet.
* 21.09.1898 in Gahlen, † 21.04.1956 ebenda
Teilnehmer am Ersten Weltkrieg. Von 1925 bis 1928 Assistent am Pathologischen Institut der Tierärztlichen Hochschule Berlin. 1928 Stadttierarzt in Berlin. Ab 1938 im Reichsgesundheitsamt. Seit 1934 Mitglied der NSV. Von 1935 bis 1940 Mitglied im RDB. Von 1935 bis 1945 Mitglied im RLB. Von 1937 bis 1938 Mitglied im RKB. Von 1943 bis 1946 Professor für Veterinärmedizin an der Universität Berlin. Von 1946 bis 1950 Professor an der Universität Leipzig. Von 1949 bis 1950 dort Dekan. Nach der „Republikflucht“ zum 1. Oktober 1950 an die Universität Gießen berufen. Dort Direktor des Veterinär-Pathologischen Instituts.
Quellen: Professorenkatalog Universität Leipzig, Universität Gießen

Hempel, Eberhard, Prof. Dr.
* 30.07.1886 in Dresden, † 16.09.1967 in Dresden
Ab 1931 Professor an der Universität Graz. Ab 1933 Professor für Geschichte der Baukunst an der TH Dresden. Mitglied des NSDFB, ehemals „Stahlhelm, Bund der Frontsoldaten“, der in die SA überführt wurde. Im November 1933 unterzeichnete er das „Bekenntnis der Professoren an den deutschen Universitäten und Hochschulen zu Adolf Hitler und dem nationalsozialistischen Staat“. Von 1947 bis 1955 wieder Professor für die Geschichte der Baukunst. Ab 1949 hatte er einen weiteren Lehrauftrag an der Universität Leipzig. Seit 1949 Mitglied der SAW. Universität Graz und TU Hannover ernannten Hempel zum Ehrendoktor.
Quellen: Wikipedia, BStU, MfS, BV Karl-Marx-Stadt, AP 2439/65, Bl. 2-16

Hempel, Hans-Christoph, Dr. med. habil.
* 15.08.1912 in Pirna, † 1969
Seit Mai 1933 Mitglied der NSDAP. Von 1935 bis 1944 Mitglied der HJ. Mitglied im NSDStB. Seit seiner Staatsprüfung HJ-Arzt. 1937 in der Führerschule der deutschen Ärzteschaft in Alt-Rehse. Von 1943 bis 1963 Arzt an der Leipzig Universitätskinderklinik. In den Sommermonaten von 1938 bis 1942 Betreuer sächsischer Kinder im Kinderheim auf Rügen. Von 1938

bis 1944 Assistent bei Prof. Dr. med. Catel und Stationsarzt. Krankenschwestern bezeugten durch Aussagen, dass beide Ärzte an der Tötung von „Lebensunwerten“ beteiligt waren. Dokumente konnten dazu nicht aufgefunden werden. Eine Schwester an der Landes-Heil- und Pflegeanstalt Leipzig-Dösen hatte beobachtet, wie Hempel im März 1945 tagelang Akten und Röntgenfilme verbrannte. 1945 kurze Zeit am Reservelazarett Klingenthal interniert. Ab 1945 Mitglied im FDGB. Seit 1948 zum Oberarzt ernannt und ab 1963 Oberarzt und danach ärztlicher Direktor eines Krankenhauses und Chefarzt der Bezirkskinderklinik in Karl-Marx-Stadt. Ab 1960 untersuchte das MfS seine Vergangenheit. Er hatte einen Antrag gestellt, auf Aufnahme in die SED. Da seine „Republikflucht“ befürchtet wurde, sind die Untersuchungen eingestellt worden. Eine Beteiligung an den Massenmorden wurde ihm nicht nachgewiesen. 1967 als „Verdienter Arzt des Volkes“, 1959 mit der „Medaille für ausgezeichnete Leistungen“ und 1959 mit der „Hufeland-Medaille ausgezeichnet. Die Abteilung V der BVfS Leipzig berichtete im August 1960 über die Beteiligung von Hempel an den Euthanasiemorden. Unter den Maßnahmen, es wurden neun Punkte aufgelistet, mit denen Hempels Beteiligung an „faschistischen Verbrechen“ nachgewiesen werden sollten. Danach sollte entschieden werden, ob er inhaftiert werden sollte. Mitglied beim Fachausschuss für Mutter und Kind beim Ministerium für Gesundheit. Mitglied der Sektion für Geburtshilfe und Säuglingsfürsorge der AdW zu Berlin.
Quellen: BStU, MfS, BV Karl-Marx-Stadt, AP 2439/65, Bl. 2-16, BStU, MfS, Allg. P. 2114/66, Bl. 11f., Bl. 13, Bl. 18f., Bl. 24-28, Bl. 36f., Bl. 97ff., Bl. 125, Bl. 128-131, Bl. 155, Bl. 177, Hirschinger, Leide, S. 333f., http://www.die-wiese-zittergras.de/geschichte/orte/kinderklinik-in-der-oststrasse/.

Henneberg, Hermann, Dr. med.
* 31.08.1904 in Magdeburg † 01.04.1984 in Perleberg
Von 1933 bis 1939 Mitglied der HJ. Von 1936 bis 1945 Mitglied im NSÄB. Von 1936 bis 1937 Mitglied im NSV. Seit 1937 Mitglied der NSDAP. Mitglied der SS. Ab 1939 als Stabsarzt Teilnehmer am Zweiten Weltkrieg. Bis 1948 in sowjetischer Kriegsgefangenschaft. Danach ab 1948 Leiter der Chirurgischen Abteilung in Perleberg. Mitglied im FDGB,

Mitglied in der GDSF. Mitglied im DRK. 1. Vorsitzender der Urania im Bezirk Schwerin. Abgeordneter des Bezirkstages Schwerin. 1952 als „Verdienter Arzt des Volkes“, 1961 mit dem „Vaterländischen Verdienstorden“ in Bronze und 1972 mit dem „Großen Verdienstkreuz“ der BRD ausgezeichnet.
Quellen: UFJ, Wikipedia, Baumgartner/Hebig, BStU, MfS, HA XX Nr. 5754, Bl. 27, Bl. 323, BStU, MfS, HA XX Nr. 5750, Bl. 204f.

Henning, Norbert, Prof. Dr. med.
* 12.07.1896 in Hundeshagen, † 04.12.1985 in Erlangen
Kriegsfreiwilliger Teilnehmer am Ersten Weltkrieg. 1923 Assistent an der Inneren Abteilung im Krankenhaus St. Vinzentius Karlsruhe. Von 1923 bis 1926 Wissenschaftlicher Assistent an der Infektionen-Abteilung des Rudolf-Virchow-Krankenhauses Berlin. Von 1927 bis 1929 Assistent an der Medizinischen Universitätsklinik Leipzig. Ab 1929 Oberarzt im Krankenhaus St. Jacob. Von 1936 bis 1937 Leitender Arzt der Inneren Abteilung des Städtischen Krankenhauses Fürth. Seit 1933 Mitglied der NSDAP und SA-Sturmbannarzt. Von 1929 bis 1949 erst Privatdozent dann Professor für Innere Medizin an der Medizinischen Fakultät der Universität Leipzig. Von 1949 bis 1953 Professor an der Universität Würzburg. Von 1953 bis 1966 Professor an der Universität Erlangen. Mitglied der Leopoldina zu Halle.
Quellen: Professorenkatalog Universität Leipzig, Wikipedia.

Henseke, Hans, Prof. Dr. phil.
* 17.10.1925 in Camin, † 1976
Teilnehmer am 2. Weltkrieg. Vier Jahre in französischer Kriegsgefangenschaft auf Korsika. Ab April 1943 Mitglied der NSDAP. Mitglied der SED. Dozent und stellvertretender Direktor des Instituts für Lehrbildung und dort ab 1951 Direktor. Leiter der Abteilung Grundschulpädagogik. Ab 1951 gleichzeitig Assistent am Institut für Geschichte an der PH Potsdam. Ab 1967 Professor für Allgemeine Geschichte. Direktor des Instituts für Geschichte. Ab 1968 Prorektor und von 1973 bis 1976 Rektor der PH Potsdam. Ab 1965 Vorsitzender der Zentralen Fachkommission Geschichte des Ministeriums für Hoch- und Fachschulwesen sowie dem Ministerium für

Volksbildung. Von 1982 bis 1990 Vizepräsident der Historiker-Gesellschaft. Leiter der Fachkommission Geschichtsunterricht. 1970 mit dem „Vaterländischen Verdienstorden" in Bronze und 1989 mit dem „Nationalpreis" III. Klasse für Wissenschaft und Technik ausgezeichnet. 1990 emeritiert.
Quellen: Wikipedia, Mertens, S. 29, https://www.maz-online.de/Brandenburg/65.-Geburtstag-der-Paedagogischen-Hochschule-Potsdam.

Hentschel, Walter, Prof. Dr.
* 25.03.1899 in Zwickau, † 22.12.1970 in Dresden
Ab 1923 Assistent im Museum des Sächsischen Altertumsvereins. Ab 1925 Assistent beim Landesamt für Denkmalpflege in Sachsen. Ab Mai 1933 Mitglied der NSDAP. Ab 1945 Landesmuseumspfleger und Leiter des Wiederaufbaus nichtstaatlicher Museen in Sachsen. Ab 1948 freiberufliche Tätigkeit. Ab 1950 Oberassistent von E. Hempel am Institut für Kunstgeschichte der TH Dresden. Ab 1950 im geschäftsführenden Ausschuss der Baukammer des Landeskirchenamtes. Ab 1955 Professor für Kunstgeschichte an der TH Dresden. Ab 1957 zudem Direktor des Instituts für Kunstgeschichte und Leiter der Sammlung für Baukunst Ab 1961 Mitglied der SAW. 1966 emeritiert.
Quellen: Wikipedia, Mertens, S. 28, BStU, MfS, AOP 11412/65, Bd. 1, Bl. 127.

Henzel, Friedrich, Prof. Dr. rer. pol.
* 07.02.1891 in Ludwigshafen am Rhein, † 18.02.1984 in Frankfurt/M.
Als Leutnant Teilnehmer am 1. Weltkrieg. Ab 1926 Assistent am Institut für Wirtschaftswissenschaften an der Universität Frankfurt/M. Dort ab 1929 Privatdozent und von 1934 bis 1938 Professor für Betriebswirtschaftslehre. Ab 1933 Mitglied der NSDAP. Von 1940 bis 1945 Regierungsrat im Reichsluftfahrtministerium. Von 1938 bis 1945 Professor an der Wirtschaftshochschule Leipzig und dort wegen seiner Nazi-Vergangenheit entlassen. Danach erhielt er von der Landesregierung Sachsen Aufträge für die Erstellung von Gutachten. Von Juli 1948 bis September 1949 am Institut für Industriewirtschaft an der Universität Leipzig. „Republikflucht". In Hessen im Dezember 1949 als entlastet eingestuft. Von 1953

bis 1951 Leiter des Instituts zur Förderung der Produktivität in Frankfurt/M. Von 1954 bis 1960 Professor für Betriebswirtschaft an der Wirtschaftshochschule Mannheim. Im Februar wurde er mit dem „Großen Verdienstkreuz des Verdienstordens“ der Bundesrepublik Deutschland ausgezeichnet.
Quellen: Wikipedia, https://ns-reichsministerien.de/2020/04/06/friedrich-henzel/.

Herfert, Oskar Ernst, Prof. Dr. med. dent. Dr. med.
* 28.02.1908 in Breslau, † 20.03.1983 in Calvia (Mallorca)
Von 1931 bis 1939 eigene Zahnarztpraxis in Crimmitschau (Sachsen). Mitglied der NSDAP. Von 1940 bis 1942 und 1945 Teilnehmer am 2. Weltkrieg. Ab 1945 Schließung seiner Praxis wegen seiner Nazi-Vergangenheit und Verbot selbstständiger Berufsausübung. Von 1946 bis 1948 als angestellter Zahnarzt in Bautzen, Crimmitschau und Werdau tätig. Ab 1948 eigene Zahnarztpraxis in Crimmitschau. Von 1950 bis 1952 Oberarzt an der Kieferchirurgischen Klinik in Thallwitz (Wurzen). Von 1952 bis 1953 wissenschaftlicher Assistent an der HNO-Klinik der Universität Leipzig. Ab 1955 Dozent für Zahnheilkunde und Kieferchirurgie an der Universität Halle. Von 1955 bis 1960 Professor für Zahn-, Mund- und Kieferheilkunde an der Universität Rostock. Von 1955 bis 1960 Klinikdirektor. Von 1957 bis 1960 Fachrichtungsleiter für das Fach Zahn-, Mund- und Kieferheilkunde. Ab August 1960 „republikflüchtig“. Von 1960 bis 1969 Assistent und Oberarzt an der Universität Mainz. Dort von 1969 bis 1976 Professor für Kieferchirurgie.
Quellen: Professorenkatalog Universität Rostock, Professorenkatalog Universität Mainz.

Herneck, Friedrich, Prof. Dr. phil.
* 16.02.1909 in Brüx, † 18.09.1993 in Berlin
Von 1934 bis 1938 an verschiedenen Theatern. Seit 1940 Mitglied der NSDAP. Teilnehmer am Zweiten Weltkrieg. Mitglied der SED. Von 1946 bis 1952 Lehrer an der Landesparteischule der SED in Brandenburg. Von 1952 bis 1954 Dozent für Dialektischen Materialismus an der PH Potsdam. Ab 1954 lehrte er an der Humboldt-Universität Berlin, wo er 1958 wegen

„Revisionismus“ entlassen wurde. Die Entlassung wurde zurückgenommen und in einen Entzug der Lehrbefugnis umgewandelt. 1964 wurde ihm wieder erlaubt zu lehren. 1967 zum Professor für die Geschichte der Naturwissenschaften ernannt.
Quellen: Wikipedia.

Hertwig, Günther Karl Wilhelm, Prof. Dr. med.
* 10.03.1888 in Jena, † 04.08.1970 in Halle (Saale)
Prosektor am Institut für Anatomie der Universität Rostock. Mitglied im NSDDB. Mitglied der NSV. Mitglied im NSÄB. Mitglied im NSAHB. Mitglied im RLB. Mitglied der NSDAP. Er arbeitete mit Georg Wetzel und mit Hermann Stieve zusammen. Ab 1946 Direktor des Instituts für Anatomie an der Universität Halle. 1969 Ehrendoktor der Medizinischen Fakultät der Universität Halle.
Quellen: Professorenkatalog Universität Rostock, Wikipedia, Zwilling, S. 145f. http://deposit.d-nb.de.

Hertwig, Paula Julie Elisabeth, Prof. Dr. med.
* 11.10.1889, † 31.03.1983 in Villingen
Tochter von Oscar Hertwig, Schwester des Anatomen Günther Hertwig und Nichte des Zoologen Richard Wilhelm Karl Theodor Ritter von Hertwig. 1921 Assistentin am Institut für Vererbungslehre- und Züchtungsforschung der Landwirtschaftlichen Hochschule, wo sie bei Erwin Baur arbeitete. Mitglied der Deutschen Staatspartei und 1932 und 1933 in den Preußischen Landtag gewählt. Mitglied im NSDDB. Mitglied der NS-Studentenkampfhilfe. Von 1927 bis 1945 Professorin an der Medizinischen Fakultät der Universität Berlin. Ab 1937 arbeitete sie am Kaiser-Wilhelm-Institut für Hirnforschung. Sie wurde Schriftführer in der „Deutschen Gesellschaft für Vererbungswissenschaft“. 1941/42 war sie an einem Forschungsprojekt „Erbschädigungsversuche an Mäusen“ der Deutschen Forschungsgemeinschaft (DFG) beteiligt. 1940 wurde sie Leiterin der Zoologischen Abteilung des Instituts für Vererbungslehre. Von 1946 bis 1957 Professorin für Allgemeine Biologie und Vererbungslehre an die Medizinische Fakultät der Universität Halle. Mitglied der Leopoldina zu Halle. Seit 1946 Mitglied im FDGB. Mitglied im KB. Mitglied im DFD. 1956 mit

dem „Nationalpreis“ und 1959 als „Hervorragender Wissenschaftler des Volkes“ ausgezeichnet. 1972 übersiedelte sie nach Villingen (Baden-Württemberg).
Quellen: Ernst, S. 245f., Cerný, Wikipedia, Klee I, Baumgartner/Hebig, Professorenkatalog Universität Halle.

Herz, Heinz, Prof. Dr. rer. pol. Dr. jur.
* 24.06.1907 in Chemnitz, † 01.11.1983 in Jena
Mitglied der DDP in Leipzig. Von 1930 bis 1933 Mitglied des Deutschen Republikanischen Reichsbund. Von 1930 bis 1933 Mitglied im Reichsbanner Schwarz-Rot-Gold. Arbeit als Bankangestellter. Lehrer an der Sächsischen Gemeindeverwaltungs- und Sparkassenschule und Leiter des Statistischen Amtes Stettin. Von Mai 1937 bis 1944 Mitglied der NSDAP. Von 1934 bis 1937 Mitglied der DAF. Ab 1945 Mitglied im FDGB. Ab 1946 Mitglied der SPD bzw. der SED. Ab 1945 Dozent bzw. Professor für Staatsrecht und Geschichte an den Universitäten Greifswald und Rostock. In Rostock zwischenzeitlich Direktor der Universitätsbibliothek. Von 1958 bis zu seiner Emeritierung 1971 Professor für Geschichte an der Universität Jena. 1972 mit dem „Vaterländischen Verdienstorden“ in Bronze ausgezeichnet.
Quellen: BStU, MfS, BV Rostock, 89/60, Bl. 5, Bl. 8-14, Bl. 41, Bl. 73-75, Wikipedia, Professorenkatalog Universität Rostock, Mertens, S. 27f.

Herzberg, Kurt, Prof. Dr. med.
* 29.04.1896 in Berlin, † 15.11.1976 in Frankfurt/M.
Als Sanitätssoldat und Feldunterarzt Teilnehmer am 1. Weltkrieg. Nach 1921 wissenschaftlicher Mitarbeiter in der bakteriologischen Abteilung des Reichsgesundheitsamtes in Berlin-Dahlem. Ab 1927 Oberarzt am Hygiene-Institut des Städtischen Krankenhauses Düsseldorf. Danach Privatdozent und ab 1934 Professor für Hygiene. Zugleich leitete er das Medizinische Untersuchungsamt für Vorpommern. Im 2. Weltkrieg beratender Hygieniker der Wehrmacht in Polen und Lothringen. Mit dem KVK I. Klasse ausgezeichnet. Ab 1933 Mitglied der SA und dort Sanitätsobersturmführer. Mitglied der NSV. Mitglied im NSLB. Mitglied im NSÄB. Von 1936 bis 1951 Professor an der Universität Greifswald und Direktor

des Hygiene-Instituts. Von Oktober 1945 bis Oktober 1946 Seuchenkommissar für Mecklenburg-Vorpommern. Ab 1951 Professor für Hygiene und Direktor des Medizinal-Untersuchungsamtes an der Universität Marburg. Ab 1956 Professor für Hygiene und Bakteriologie an der Universität Frankfurt/M.
Quellen: Wikipedia, Klee I, https://www.lagis-hessen.de/pnd/123072514, https://ns-zeit.uni-greifswald.de/pl/projekt/personen/herzberg-kurt/.

Hesse, Walter Alfred, Prof. Dr. rer. nat.
* 06.08.1915 in Werdau, † 23.12.1979 in Leipzig
Von 1939 bis 1942 Mitglied des NSDStB. Seit 1942 Mitglied der NSV. Als Meteorologe bei der Luftwaffe Teilnehmer am Zweiten Weltkrieg. 1945 kurzfristig in US-amerikanischer Kriegsgefangenschaft. Von 1945 bis 1951 Assistent am Geophysikalischen Institut der Universität Leipzig, wo er von 1945 bis 1950 die Leitung innehatte. Seit 1946 Fachmitarbeiter beim Mitteldeutschen Rundfunk in Leipzig. Er lehrte an Volkshochschulen in Leipzig und Weißenfels. Seit 1947 Mitarbeiter beim Verlag Volk und Wissen. Von 1951 bis 1979 zuerst Privatdozent und dann Professor an der Landwirtschaftlich-Gärnterischen Fakultät der Universität Leipzig, wo er von 1957 bis 1961 Prodekan war. Von 1945 bis 1955 und wieder ab 1958 Mitglied im FDGB. Seit 1946 Mitglied und Funktionär der LDPD. Seit 1947 Mitglied der KdT. Seit 1955 Mitglied der GDSF.
Quellen: Professorenkatalog Universität Leipzig.

Hetschko, Alfred, Prof.
* 24.08.1898 in Bielitz (heute Polen), † 18.04.1967 in Halle (Saale)
Als Soldat des österreichischen Heeres Teilnehmer am 1. Weltkrieg. Danach Volksschullehrer in Kunzendorf bei Bielitz. Von 1921 bis 1923 Lehrer an der evangelischen Knabenschule Bielitz. Ab 1922 Lehrer am deutschen Realgymnasium in Lemberg. Ab 1922 Leiter von Männerchören in Lemberg. Von 1924 bis 1932 Musikdirektor, Organist und Dirigent des Bühnenorchesters in Graudenz. Von 1932 bis 1933 Chor- und Orchesterdirigent in Brünn. Danach Lehrer bzw. Direktor einer deutschen Schule in Kaschau. Ab Juli 1941 Mitglied der NSDAP in Böhmisch Trübau im Sudentenland. Mitglied im NSLB. Von 1946 bis 1948 Theaterkapellmeister

und Intendant in Aschersleben. Ab Juni 1948 Referatsleiter Musik und Oberregierungsrat im Volksbildungsministerium Sachsen-Anhalt. Ab 1949 Lehrauftrag an der Staatlichen Hochschule für Theater und Musik in Halle. Stellvertretender Vorsitzender des Friedensrates. Landesarbeitsrichter. Ab 1951/52 Hauptreferent für Musik im Ministerium für Volksbildung. 1951 Leiter der Musikabteilung der Staatlichen Kommission für Kunstangelegenheiten. Von April 1952 bis 1955 Direktor der Musikhochschule Halle. Danach bis 1963 Professor und Fachrichtungsleiter Musik. Von 1953 bis 1960 und von 1961 bis 1965 erster Vorsitzender der Gewerkschaft Kunst im Bezirk Halle. Mitglied des Vorstands im Klub der Intelligenz in Halle. Mitglied der SED. Von 1955 bis 1959 Mitglied des FDGB-Bundesvorstands. 1961 mit dem „Händelpreis“ des Bezirks Halle, 1963 mit dem „Vaterländischen Verdienstorden“ in Bronze und mit der „Fritz-Heckert-Medaille“ des FDGB ausgezeichnet.
Quellen: Wikipedia.

Hetz, Karl, Dr. h. c. Dipl. Ing.
* 30.10.1906 in Erlangen, † 23.06.1985 in Halle (Saale)
Seit 1932 Betriebsingenieur bei den Städtischen Verkehrsbetrieben in Wiesbaden. Ab 1933 Bauführer bei der DR. Ab 1937 Mitglied der NSDAP. Als Offizier Teilnehmer am Zweiten Weltkrieg. Ab 1943 in sowjetischer Kriegsgefangenschaft. Mitbegründer und Vize-Präsident des NKFD in Moskau. Ab 1948 Mitglied der SED. Werkleiter des RAW in Halle (Saale). Ab 1951 Wirtschaftsdirektor bei der Generaldirektion der DR. Ab 1953 Dozent an der Hochschule für Verkehrswesen in Dresden. Vorstandsmitglied der AeO. Von 1956 bis 1978 Präsident der Direktion der DR in Halle (Saale). 1976 von der Hochschule für Verkehrswesen mit einem Ehrendoktortitel ausgezeichnet. 1965 und 1969 mit dem „Vaterländischen Verdienstorden“ in Bronze und Silber, mit der „Verdienstmedaille“ der DR, mit der „Ernst-Moritz-Arndt-Medaille“, 1971 mit dem Orden „Banner der Arbeit“ und 1981 mit dem „Stern der Völkerfreundschaft“ in Silber ausgezeichnet.
Quellen: UFJ, Baumgartner/Hebig, Lapp, Wikipedia, DRAFD-Wiki.

Hetzar, Horst Emil Fritz, Jurist
* 18.07.1919 in Görlitz, †?
Seit September 1937 Mitglied der NSDAP. Ab 1939 Mitglied der DAF. Von 1939 bis 1944 als Unteroffizier Teilnehmer am 2. Weltkrieg. Ab 1945 Mitglied der CDUD. Ab 1947 Gerichtsreferendar bzw. Richter in Mühlhausen, Sonneberg, Gera und Erfurt. Ab 1949 Mitglied im FDGB. Ab 1950 Mitglied im VDJ. Mitglied der GDSF. Oberrichter am Obersten Gericht. 1959 mit der „Verdienstmedaille" ausgezeichnet. Er verschwieg seine Nazi-Vergangenheit. 1961 beging er „Republikflucht"
Quellen: UFJ, BStU, MfS, HA XX Nr. 5750, Bl. 226f., Nomenklaturkaderakten Personalakte BArch 20/8113.

Hey, Alfred, Prof. Dr.
* 13.01.1906 in Berlin, † 26.08.1980
Seit 1930 Mitglied der NSDAP. Wissenschaftlicher Mitarbeiter der Biologischen Reichsanstalt für Land- und Forstwirtschaft in Berlin. Ab 1951 Professor für Phytopathologie und Pflanzenschutz an der Landwirtschaftlich-Gärtnerischen Fakultät der Humboldt-Universität Berlin. Von 1962 bis 1972 Vize-Präsident der AdL. 1960 mit dem „Vaterländischen Verdienstorden" in Bronze und 1963 mit dem „Nationalpreis" II. Klasse ausgezeichnet.
Quellen: Kappelt, Baumgartner/Hebig, Tenorth, S. 586, https://www.tandfonline.com/doi/abs/10.1080/03235407609431723?journalCode=gapp20.

Heyde, Johannes Erich, Prof. Dr. phil.
* 22.05.1892 in Polkenberg bei Grimma, † 06.04.1974 in Berlin (West)
Von 1928 bis 1942 Professor für Philosophie und Psychologie an der Universität Rostock. Im November 1933 unterzeichnete er das „Bekenntnis der Professoren an den deutschen Universitäten und Hochschulen zu Adolf Hitler und dem nationalsozialistischen Staat". Mitglied im NSLB. Mitglied der NSV. Von 1942 bis 1945 Lehrbeauftragter in Rostock und Greifswald. Ab 1945 Dozent ab 1946 Professor an der Pädagogischen Fakultät der Universität Rostock, Institutsdirektor und Dekan. Nach seiner Übersiedlung in den Westen, lehrte er von 1950 bis 1960 an der TU Berlin. 1963 verlieh ihm die TU Berlin den Titel eines „Ehrensenators".

Quellen: Wikipedia, Professorenkatalog Universität Rostock.

Heyer, Ernst, Prof. Dr. phil.
* 20.04.1912 in Varel, Oldenburg, † 1987
Seit 1937 Mitglied der NSDAP. Mitglied der NDPD. Von 1954 bis 1964 stellvertretender Vorsitzender des KB im Bezirk Potsdam. Professor für physikalische Geographie an der PH Potsdam. Meteorologe und Klimaforscher Mitglied im NR der NF. Mitglied des Präsidiums der Urania. 1966 und 1977 mit dem „Vaterländischen Verdienstorden“ in Bronze und Silber und 1961 mit der „Verdienstmedaille“ ausgezeichnet. Von 1952 bis 1956 Mitherausgeber der „Zeitschrift für Meteorologie“.
Quellen: Baumgartner/Hebig, Wikipedia, Biographisches Handbuch SBZ/DDR, Bd. 11, 1996.

Heyns, Harald, Dr. jur.
* 21.11.1913, † 2004 in Berlin
Angehöriger der SS, Leiter der SD-Außenstelle in Caen und Mitglied der „Gruppe 633“ der Geheimen Feldpolizei. Verantwortlich für die Ermordung von ca. 90 Gefangenen in Caen am 6. Juni 1944 und er soll direkt beteiligt gewesen sein, an der Folterung von Gefangenen. Dafür in Frankreich, in Abwesenheit, zum Tode verurteilt. In Hamburg war gegen ihn, ebenfalls in Abwesenheit, vor einem britischen Militärgericht verhandelt worden, wegen der Ermordung von alliierten Fliegern und auch hier zum Tode verurteilt. Am 16. August 1948 flüchtete er aus dem Gerichtsgebäude und ging in die SBZ. Dort lebte er unter dem falschen Namen „Dr. Herbert Monath-Hartz“. Leiter der Rechtsabteilung des VEB Minol. 1964 verhaftet und seine wahre Identität aufgeklärt. Wegen des Verstoßes gegen die Personalausweisverordnung zu einer Freiheitsstrafe verurteilt, die durch die Untersuchungshaft (18 Monate) erledigt war. Danach konnte er wieder beim VEB Minol arbeiten. Den staatlichen Behörden der DDR war seit 1966 bekannt, dass Heyns wegen der Beteiligung an Massenmorden verurteilt worden war. Der „Zentralstelle zur Aufarbeitung von NS-Kriegsverbrechen im Land Nordrhein-Westfalen“ war 1981 bekannt, dass Heyns in Berlin (Ost) lebte. Die Ermittlungen wegen der Massenmorde in Caen wurden eingestellt. Durch die Veröffentlichung von H. Leyde „NS-

Verbrecher und Staatssicherheit“ wurde der „Fall Heyns“ einer breiten Öffentlichkeit bekannt.
Quellen: Wikipedia.

Hibler zu Lebmannsport von, Leo Nikolaus, Prof. Dr. phil.
* 18.12.1884 in Sillian, † 20.11.1956 in Wien
Von 1908 bis 1928 Lehrer an einer Mittelschule in Marburg, Steiermark. Von 1914 bis 1928 Lektor für deutsche Sprache an der TH Graz. Von 1928 bis 1929 Professor für Englische Philologie an der Deutschen Universität in Prag. Von 1929 bis 1932 Professor für Englisch-Amerikanische Wirtschaftssprache und Wirtschaftskunde an der Handelshochschule Leipzig. Von 1932 bis 1936 an der TH Dresden und von 1932 bis 1945 Honorarprofessor an der Handelshochschule Leipzig. Seit 1934 Mitglied im NSLB. 1946 Professor für Englisch-Amerikanische Wirtschaftssprache und Wirtschaftskunde an der Handelshochschule Leipzig. Von 1946 bis 1948 an der Universität Leipzig. Von 1948 bis 1954 Professor an der Universität Wien.
Quellen: Professorenkatalog Universität Leipzig, Wikipedia.

Hielscher, Margarete, Dr. med.
* 12.09.1899 in Arnsdorf, † 13.04.1985 in Stadtroda
Ab Mai 1928 bis März 1929 Volontärassistentin bei den Landesheilanstalten Stadtroda. Ab April 1929 Ärztin und Leiterin der „Kinderfachabteilung“ bei den Landesheilanstalten Stadtroda. Behinderte Kinder wurden von einem eigens eingerichteten Reichsausschuss erfasst und in „Kinderfachabteilungen“ konzentriert und ermordet. Ab 1944 war eine „Kinderfachabteilung“, von etwa 30 insgesamt in Nazi-Deutschland, in Stadtroda. Von 1938 bis 1945 Mitglied der NSDAP. Mitglied im NSÄB. Mitglied der NSV. 1938 zur Medizinalrätin ernannte und Beisitzerin beim Erbgesundheitsgericht Jena. Von 1945 bis zum Ruhestand 1965 Oberärztin der Anstalt Stadtroda und nach wie vor Leiterin der Kinderfachabteilung. Mitglied der SPD bzw. SED. Mitglied im DFD. Mitglied der GDSF. Mitglied im DRK. Ab 1965 war dem MfS anhand aufgefundener Akten bekannt, dass sie in das Programm zur Ermordung von „Lebensunwerten“ (Euthanasie) verwickelt war, zusammen mit ihrer Kollegin Prof. Dr. med. Rosemarie Albrecht, die in Stadtroda Leiterin der Frauenabteilung war. Wegen

„politischer Gründe“ blieben die Erkenntnisse beim MfS unter Verschluss, weil damit eine „Diskriminierung der DDR“ vermieden werden sollte.
Quellen: Zimmermann, S. 141f., Klee: Irrsinn Ost ..., S. 107, Hirschinger, www.spiegel.de/Panorama/0,1518,283790,00.html, Wikipedia, BStU, MfS, HA IX Nr. 20832, Bl. 121f.

Hilkenbäumer, Friedrich, Prof. Dr.
* 26.02.1909 in Dortmund-Wickede, † 17.06.1976 in Bonn
Ab 1933 Mitglied im „Stahlhelm, Bund der Frontsoldaten“ und Mitglied der SA, wo er SA-Scharführer wurde. Mitglied der NSV. Mitglied im NSAHB. Ab 1935 Mitglied der NSDAP. Hilfsassistent und später Assistent am Institut für Pflanzenbau der Universität Halle. Ab 1938 Assistent und Wissenschaftlicher Leiter der Obstversuchsstation Schraderhof der Universität Halle in Groß Ottersleben bei Magdeburg. 1943 zum Dozenten ernannt und 1945 von der Universität entlassen. Jedoch arbeitete er weiterhin auf den Gütern der Universität. 1946 zog er nach Prussendorf bei Halle (Saale) um und baute hier ein neues Versuchsgut auf. Im selben Jahr erhielt er, nach dem Eintritt in die SED 1946, einen Forschungsauftrag durch die SMAD zum Thema „Zwergobst“. 1947 zum Professor für Obstbau ernannt. 1951 siedelte er in die BRD über, wo er Professor für Obstbau an der der Universität Bonn wurde. Herausgeber der Zeitschrift „Der Erwerbsobstbau“.
Quellen: Professorenkatalog Universität Halle, Wikipedia.

Hinrichs, Carl, Prof. Dr. phil.
* 30.04.1900 in Emden, † 06.03.1962 in Berlin-Nikolassee
Von 1927 bis 1932 Mitarbeiter der Preußischen AdW. 1942 an das Königsberger Archiv versetzt und zugleich zum Dozenten an der Universität Königsberg ernannt. Ab 1944 vertrat er den vakanten Lehrstuhl für Neuere Geschichte an der Universität Halle. Seit Mai 1933 Mitglied der NSDAP. Seit 1934 Mitglied im NSDDB. Mitglied im RLB. Mitglied der NSV. Von 1939 bis 1941 Blockwart. 1938 Mitglied im VDA. 1944 diente er im „Volkssturm“. Im Oktober 1945 von der Universität Halle entlassen, die SMAD erteilte ihm einen Forschungsauftrag zu „Thomas Müntzer“. Ab 1946 Mitglied der CDUD. Eine Neuberufung auf einen Lehrstuhl für His-

torische Hilfswissenschaften scheiterte am Einspruch des Kurators bzw. später von der SED. Seit 1951 Ordinarius für Neue Geschichte an der FU Berlin und Direktor des Friedrich-Meinecke-Instituts.
Quellen: Professorenkatalog Universität Halle, Wikipedia, Baumgartner/Hebig, Mertens, S. 28.

Hinsche, Georg, Prof. Dr. phil. Dr. med.
* 25.09.1888 in Halle (Saale), † 17.11.1951 ebenda
Von 1910 bis 1912 Hilfskraft am Psychologischen Institut der Universität Halle. Chefarzt der Schülerheime der Franckeschen Stiftungen. 1933 Mitglied im NSLB. Mitglied der NSV. 1939 zum Dozenten ernannt. 1944 trat er als Dozent für Zoologie zur Naturwissenschaftlichen Fakultät über. Im Juni 1945 beantragte er seine Ernennung zum Professor und im August 1945 zum Professor für Biologie ernannt. Ab 1947 Direktor des Instituts für Schulhygiene und Hygiene der körperlichen Erziehung. Ab 1949 Professor für Pädagogik an der Universität Halle.
Quellen: Professorenkatalog Universität Halle, Wolfradt/Billmann/Stock (Hrsg.), S. 182f.

Hintzenstern, Herbert von, Dr. theol.
* 24.10.1916 in Magdeburg, † 22.01.1996 in Weimar
Von 1934 bis 1936 Pressereferent der HJ (Unterbannführer). Seit 1937 Mitglied der NSDAP. Seit 1939 Mitarbeiter beim antisemitischen „Institut zur Erforschung und Beseitigung des jüdischen Einflusses auf das deutsche kirchliche Leben". Vikar in Eisenach und in Jena, wo er auch zum Pfarrer ordiniert wurde. 1943 Hilfsprediger in Eisenach und von 1945 bis 1952 in Lauscha. Mitglied der CDUD. 1952 zum Landesjugendpfarrer der Evangelisch-Thüringischen Kirche berufen. Seit 1956 leitete er die Evangelische Akademie und die Pressestelle der Kirche. Zur gleichen Zeit Chefredakteur der Kirchenzeitung „Glaube und Heimat". Von 1962 bis 1986 Leiter des „Lutherhauses" in Eisenach.
Quellen: BStU, MfS, AP 4.448/92, Bl. 1f., Bl. 226f., Bl. 234, Bl. 238, Bl. 251, Bl. 258f., Wikipedia.

Hofmann, Heinz
* 23.06.1925 in Bleicherode, Kreis Nordhausen, †?
Polizeiangestellter. Als SS-Standartenoberfunker Teilnehmer am Zweiten Weltkrieg. Ab 1943 Mitglied der NSDAP. Nach 1945 Dramaturg und Theaterwissenschaftler. Mitglied und Funktionär im KB. Von 1950 bis 1955 Hilfsredakteur, Redakteur und Leiter der Kulturabteilung der „National-Zeitung". Seit 1955 freischaffender Publizist und Theater-, Film- und Fernsehkritiker. Ab 1949 Mitglied der NDPD. Von 1959 bis 1962 Dozent für Filmanalyse an der Hochschule für Filmkunst in Potsdam-Babelsberg. Von 1954 bis 1967 Mitglied im Vorstand des Clubs der Filmschaffenden. Seit 1972 Mitglied im Vorstand des Verbandes der Film- und Fernsehschaffenden. Seit 1978 AdV für die NDPD. Seit 1979 Vize-Präsident des KB. 1985 mit dem „Vaterländischen Verdienstorden" in Silber ausgezeichnet.
Quellen: Buch.

Hoffmann, Reinhold, Prof. Dr. phil.
* 08.10.1885 in Memel, † 09.01.1964 in Laubach
Von 1913 bis 1914 Assistent an der Universität Königsberg. Von 1914 bis 1918 als Leutnant Teilnehmer am Ersten Weltkrieg. Mit dem „Eisernen Kreuz" II. Klasse ausgezeichnet. Von 1919 bis 1945 Angestellter bei der Landwirtschaftskammer bzw. Landesbauernschaft Ost-Preußen. Ab 1927 lehrte er an der Universität Königsberg. Seit 1935 Mitglied der NSV. Seit 1938 Mitglied im NSDDB. Von 1945 bis 1955 kommissarischer Leiter des Instituts für Acker- und Pflanzenbau und lehrte an der Universität Halle. Ab 1945 Mitglied im FDGB. 1958 wurde es ihm erlaubt, zu seinen Kindern und Enkel in den Westen zu ziehen.
Quellen: Professorenkatalog Universität Halle.

Hoffmann, Walther, Prof. Dr.
* 15.08.1910 in Heidelberg, † 1974
1933 bis 1934 Assistent an der Universität Heidelberg. Ab Oktober 1934 in der Abteilung für Gerstenzüchtung am Kaiser-Wilhelm-Institut. Ab 1936 Leiter der neugegründeten Abteilung für Faserpflanzenzüchtung. Von 1936 bis 1945 Mitglied der NSV. Von 1937 bis 1945 Mitglied der NSDAP. Ab 1942 Abteilungsleiter für Landwirtschaft, Züchtung und

Genetik des Kaiser-Wilhelm-Instituts für Bastfaserforschung in Mährisch Schönberg. Für diese Aufgabe wurde er vom Kriegsdienst zurückgestellt. Ab 1946 Mitarbeiter am Versuchsfeld Hohenturm am Institut für Pflanzenzüchtung der Universität Halle. Ab 1947 Mitglied im FDGB. Ab 1949 Mitglied im KB. Mitglied in der Nationalen Front. Ab 1949 Professor und Direktor des Instituts für Pflanzenforschung. 1957 Dekan der der landwirtschaftlichen Fakultät. Im August 1958 „republikflüchtig". Ab 1958 Professor für Vererbungsforschung an der TU Berlin. Von 1958 bis 1974 Leiter des Instituts, dass 1972 dem Fachbereich Biologie an der FU Berlin angeschlossen wurde.
Quellen: Wikipedia, Professorenkatalog Universität Halle, https://www.agrar.hu-berlin.de/de/institut/profil/personen_bio.

Hoffmann-Axthelm, Walter, Prof. Dr. med. dent. Dr. med.
* 29.04.1908 in Friedenau bei Berlin, † 03.08.2001 in Berlin
Mitglied der pflichtschlagenden Verbindung „Burschenschaft Gothia". Von 1931 bis 1933 Assistent. Ab 1933 Zahnarztpraxis in Perleberg. Ab 1933 Mitglied im NSKK und dort Standartenzahnarzt. Von 1940 bis 1945 Kriegszahnarzt in der Abteilung für Kiefer- und Gesichtschirurgie des Reservelazaretts 122 in Berlin, Görden, Itzehoe und Hamburg. Von 1945 bis 1948 Assistenzarzt in der ehemaligen Lazarettabteilung in Hamburg und Lübeck. Ab 1948 Assistenzarzt an der Nordwestdeutschen Kieferklinik. Ab 1950 Oberarzt und Leiter der chirurgischen Abteilung der Universitätsklinik und der Poliklinik für Zahn-, Mund- und Kieferkrankheiten der Charité. Dort ab 1959 Professor für Zahn-, Mund- und Kieferheilkunde. Ab 1961 „republikflüchtig". Ab 1964 Assistent und Dozent am Institut für Geschichte der Medizin an der FU Berlin. Von 1967 bis 1978 Vorsitzender des Vereins für die Geschichte Berlins. Von 1971 bis zur Emeritierung 1973 Professor und geschäftsführender Direktor des Instituts für Geschichte der Medizin. Seine Tätigkeit als Institutsdirektor führte er fort bis 1977 fort. In seinen Veröffentlichungen verschwieg er sein Nazi-Vergangenheit. Von seinem Sohn, Dieter Hoffmann-Axthelm, wurde eine Stiftung nach seinem Vater benannt. 1989 wurde er Ehrenmitglied der Deutschen Gesellschaft für Mund-, Kiefer- und Gesichtschirurgie.
Quellen: Wikipedia.

Hoffmeister, Cuno, Prof. Dr.
* 02.02.1892 in Sonneberg, † 02.01.1968 ebenda
Von 1915 bis 1918 Hilfsassistent an der Sternwarte Bamberg. Später Hilfsassistent an der Universitätssternwarte Jena. Seit 1926 Leiter der Sternwarte Sonneberg auf dem Erbisbühl im Stadtteil Jena-Neufang. Ab 1936 Mitglied der Leopoldina zu Halle. Seit 1937 Mitglied der NSDAP. Ab 1943 Professor an der Universität Jena. 1946 wurde die Sternwarte Sonneberg als selbständiges Institut durch die AdW zu Berlin übernommen und zuerst zum Leiter dann zum Direktor ernannt. 1951 mit dem „Nationalpreis“ ausgezeichnet. Von 1951 bis 1967 Schriftleiter bzw. Herausgeber der Zeitschrift „Die Sterne“. 1960 Mitglied der SAW zu Leipzig. Mitglied der AdW zu Berlin. Die Stadt Sonneberg verlieh ihm 1964 die Ehrenbürgerschaft und benannte eine Straße nach ihm.
Quellen: BArch, Wikipedia, Baumgartner/Hebig.

Hoffmeister, Johannes, Prof. Dr. phil.
* 11.04.1894 in Rixdorf bei Berlin, † 19.02.1974 in Berlin
Von 1914 bis 1918 als Leutnant in einem Artillerieregiment Teilnehmer am Ersten Weltkrieg. Mit dem „Eisernen Kreuz“ II. Klasse ausgezeichnet. Ab 1922 Studienassessor in Eberswalde. Ab 1927 im Preußischen Meteorologische Institut, wo er 1932 Observator wurde. Als aktiver Beamter der Wehrmacht nicht Mitglied der NSDAP. Mitglied im NSDDB. Mitglied der NSV. Mitglied im RLB. Ab 1935 Regierungsrat beim Reichsamt für Wetterdienst im Luftfahrtministerium. 1936 zum Oberregierungsrat befördert und als Dozent der Universität Halle zugewiesen, wo er Meteorologie für Landwirte unterrichtete. Ab 1946 Dozent und ab 1949 Professor für Meteorologie und Klimatologie an der Humboldt-Universität Berlin. 1959 emeritiert.
Quellen: Professorenkatalog Universität Halle, Wikipedia.

Hohl, Ernst, Prof. Dr.
* 18.04.1886 in Stuttgart, † 24.02.1957 in Berlin
Von 1914 bis 1915 Assistent und Privatdozent an der Universität Straßburg. Ab 1915/16 Lehrstuhlvertreter an der Universität Tübingen. Ab

1918/19 an der Universität Greifswald. Von 1919 bis 1949 Professor für Alte Geschichte an der Universität Rostock. Von 1930 bis 1932 Dekan seiner Fakultät. Ab Januar 1934 Mitglied im NSLB. 1943 von der Universität Straßburg mit der „Ehrenmedaille" ausgezeichnet. 1946 erneut Dekan der Philosophischen Fakultät. Von 1950 bis zu seiner Emeritierung 1953 Professor für Alte Geschichte an der Humboldt-Universität Berlin. Gastprofessor an der Universität Jena. Seit 1920 Mitglied der Straßburger Wissenschaftlichen Gesellschaft an der Universität Frankfurt/M. Ab 1949 Mitglied der AdW zu Berlin.
Quellen: Professorenkatalog Universität Rostock, Wikipedia, Mertens, S. 34.

Holle, Johannes Gottfried, Prof. Dr. med. habil.
* 13.08.1912 Chemnitz, † 13.12.1991 in Leipzig
Seit 1937 Mitglied der NSDAP. 1937/38 Medizinalpraktikant in Crimmitschau, Sachsen. 1938/39 Assistenzarzt am Pathologischen Institut des Neuwerkhauses in Chemnitz. Von 1940 bis 1941 Teilnehmer am Zweiten Weltkrieg. Von 1945 bis 1947 kommissarischer Leiter des Pathologisch-Bakteriologischen Instituts des Krankenhauses Sankt Georg in Leipzig und Privatdozent für Allgemeine Pathologie und Pathologische Anatomie an der Medizinischen Fakultät der Universität Leipzig. Von 1947 bis 1949 wieder am Institut für Pathologie der Universität Leipzig. Seit 1948 Mitglied der LDPD. Von 1953 bis 1959 Professor für Pathologie an der Universität Greifswald und dort von 1955 bis 1959 Direktor des Instituts für Pathologie. Von 1959 bis 1977 Direktor des Instituts für Pathologie an der Medizinischen Fakultät der Universität Leipzig. Seit 1967 Mitglied der Leopoldina zu Halle und dort Mitglied des Senats.
Quellen: Professorenkatalog Universität Leipzig.

Hollweg, Günther, Prof. Dr.-Ing.
* 24.05.1902 in Hütte, † 07.06.1963
Seit Mai 1933 Mitglied der NSDAP und ab 1943 stellvertretender Blockleiter. Mitglied der DAF. Mitglied der NSV. Bis 1945 in leitender Funktion in der Industrie. Mitglied der CDUD. Technischer Direktor der Vereinigung Volkseigener Betriebe (VVB) Braunkohle in Senftenberg. Professor

an der BAF. Von 1961 bis 1963 dort Rektor. Mitglied des Forschungsrates beim Ministerrat. 1959 mit dem „Vaterländischen Verdienstorden“ in Silber und 1956 als „Verdienter Bergmann“ ausgezeichnet.
Quellen: UFJ, Baumgartner/Hebig, Wikipedia, BStU, MfS, HA XX Nr. 5754, Bl. 161, BStU, MfS, HA XX Nr. 5750, Bl. 253f.

Holtz, Peter Wilhelm Joseph, Prof. Dr. med. habil.
* 06.02.1902 in Stolberg, † 09.11.1970 in Bonn
Von 1933 bis 1945 Mitglied der NSDAP. Seit 1934 Mitglied im NSDDB. Mitglied der NSV. Von 1938 bis 1952 Professor für Physiologische Chemie an der Universität Rostock bzw. nach dem Zweiten Weltkrieg Professor für Pharmakologie. 1945 wegen seiner Nazi-Vergangenheit entlassen, und im Rahmen der Entnazifizierung durch einen Untersuchungsausschuss der Universität entlastet. Ab 1946 Mitglied der SED. Von 1946/47 bis 1952 Lehrauftrag an der Universität Rostock. Anschließend erhielt er einen Ruf auf den dortigen Lehrstuhl für Pharmakologie, den er bis 1952 innehatte. Dekan und Prodekan. Seit 1952 Mitglied der Leopoldina zu Halle. Seit 1953 Mitglied der AdW zu Berlin. 1952 mit dem „Nationalpreis“ ausgezeichnet, der ihm 1957 aberkannt. Er beging „Republikflucht“ und war von 1953 bis 1970 Lehrstuhlinhaber für Pharmakologie und Toxikologie an der Universität Frankfurt/M. Über seine eventuelle Beteiligung an den, von Professor August Hirt an Häftlingen aus dem KZ Natzweiler-Struthof, durchgeführten Menschenversuche an der Universität Straßburg, wird weiterhin gestritten.
Quellen: BStU, MfS, Allg. S., 1626/67, Bl. 2, Bl. 15f., Bl. 158, Professorenkatalog Universität Rostock, Wikipedia.

Holzmüller, Werner, Prof. Dr. phil.
* 15.12.1912 in Leipzig, † 28.02.2011
Seit 1937 Mitglied der NSDAP. Mitarbeiter am Institut für Kunststoffforschung am Kaiser-Wilhelm-Institut für Physikalische Chemie in Berlin-Dahlem. Von 1942 bis 1945 Privatdozent für Physikalische Chemie an der TH Aachen. Während des Zweiten Weltkriegs beim wissenschaftlichen Wetterdienst in Potsdam. Von 1946 bis 1952 als Spezialist in Gorki, in der Sowjet-Union. Von 1952 bis 1978 Professor für Technische Physik an der

Mathematisch-Naturwissenschaftlichen Fakultät der Universität Leipzig. Mitglied der GDSF und bis 1978 Vorsitzender der GDSF an der Sektion Physik der Universität Leipzig. 1962 mit dem „Vaterländischen Verdienstorden“ in Silber und 1959 mit dem „Nationalpreis“ ausgezeichnet. Die Universität Leipzig würdigte ihn 1978 als Ehrensenator.
Quellen: Wikipedia, Professorenkatalog Universität Leipzig, Baumgartner/Hebig, BStU, MfS, IX/11 Nr. AK 5449/76, Bd. 2, Bl. 2.

Homann, Heinrich, Prof. Dr. phil.
* 06.03.1911 in Bremerhaven, † 04.05.1994 in Berlin
Von 1932 bis 1934 SS-Anwärter. Seit Mai 1933 Mitglied der NSDAP. Korporierter Student beim „Corps Thuringia Jena“ und beim „Corps Brunsviga Göttingen“. Ab 1934 Offizier der Wehrmacht und Teilnehmer am Zweiten Weltkrieg. Von Februar 1943 bis September 1948 in sowjetischer Kriegsgefangenschaft. 1943 Mitbegründer des NKFD. Gründer und Schüler der antifaschistischen Schule in Krasnogarsk. Er blieb bis 1948 in der Sowjetunion. Mitglied im BDO. Autor der Zeitung „Freies Deutschland“. Mitglied der NDPD. Generalsekretär im Wirtschaftsministerium von Mecklenburg. Von 1949 bis 1989 AdV. Stellvertretender Vorsitzender des Staatsrates. Mitglied der AeO. 1951 Informator des MfS mit dem Decknamen „Horst“ und sein Status wurde umgewandelt in einen „Gewährsmann“ des MfS. Stellvertretender Präsident der Volkskammer. Von 1972 bis 1989 Vorsitzender der NDPD. Ab 1957 Mitglied im Präsidium des NR der NF. Von 1960 bis 1986 stellvertretender Vorsitzender des Ausschusses für Nationale Verteidigung in der Volkskammer. Ab 1971 Honorarprofessor an der DASR Potsdam. 1955 und 1964 mit dem „Vaterländischen Verdienstorden“ in Silber und Gold, 1975 mit dem „Stern der Völkerfreundschaft“ in Gold und 1969 mit der „Ehrenspange zum Vaterländischen Verdienstorden“ ausgezeichnet. Bei der DVP war seit 1949 seine Nazi-Vergangenheit bekannt.
Quellen: UFJ, Cerný, Wikipedia, Baumgartner/Hebig, Buch, BStU, MfS, AP 10435/92, Bl. 6f., BStU, MfS, AIM Nr. 168/51, P-Akte, Bd. 1, Bl. 2ff., BStU, MfS, HA IX/11 AS 236/68, Bd. 1, Bl. 7, Mertens, S. 28, Der Spiegel Nr. 8/1963, S. 21.

Hoppe, Johannes, Prof. Dr. phil. nat. habil.
* 30.04.1907 in Kriewen, Posen, † 20.04.1987
Rechner an der Sternwarte Sonneberg. Von 1937 bis 1939 Hilfsassistent bzw. Assistent an der Universitätssternwarte Jena. 1937/38 an der Volkssternwarte in Berlin-Treptow. 1937 Mitglied der NSDAP. Ab 1933 Mitglied des NSDStB. Ab 1938 Mitglied des NSFK. Von 1937 bis 1938 Mitglied der DAF. Als Meteorologe der Luftwaffe Teilnehmer am Zweiten Weltkrieg. Danach in US-amerikanischer Kriegsgefangenschaft. Zugleich während des Krieges Assistent an der Universitätssternwarte Jena. Ab 1945 wieder Assistent an der Universität Jena. Von 1945 bis 1946 Mitglied der CDUD. Ab 1945 Mitglied des FDGB. Von 1946 bis 1952 in der Sowjet-Union. Mitglied der SED. 1959 Professor für Astronomie. Von 1962 bis zu seiner Emeritierung 1966 Direktor der Sternwarte der AdW in Potsdam-Babelsberg. 1972 Direktor am Heinrich-Hertz-Institut der AdW zu Berlin. Als Astronom Mitglied der AdW zu Berlin. Von 1966 bis 1978 Präsident der „Deutschen Astronautischen Gesellschaft“. Von 1963 bis 1977 Redakteur und von 1968 bis 1973 Chefredakteur der Zeitschrift „Astronomie und Raumfahrt“.
Quellen: BStU, MfS, ASt Gera, AP 1271/65, Bl. 5f, Herbst, BArch, Baumgartner/Hebig.

Hub, Rudolf, Prof. Dr.
* 1921, † 23.10.1981
Mitglied der NSDAP. Als Offizier Teilnehmer am 2. Weltkrieg. In sowjetischer Kriegsgefangenschaft. Schüler einer Antifa-Schule. Mitglied der SED. Direktor der Sektion Marxismus-Leninismus an der PH Erfurt. Wissenschaftlicher Mitarbeiter an der Sektion Marxismus-Leninismus an der Universität Hall.
Quellen: Mertens, S. 28, https://www.l-iz.de/bildung/buecher/2019/05/Raedelsfuehrer-Die-dramatische-Geschichte-eines-inszenierten-Rauswurfs-an-der-PH-Erfurt-im-Jahr-1976-272728.

Hübner, Otto, Prof. Dr. med. dent. Dr. phil. Dr. med. h. c.
* 30.08.1876 in Braunschweig, † 16.06.1952 in Greifswald
Von 1898 bis 1900 Assistent am Zahnärztlichen Institut der Universität Breslau. Ab 1901 niedergelassener Zahnarzt. Ab 1924 wieder am Zahnärztlichen Institut der Universität Breslau und dort ab 1929 Professor. Bis 1937 förderndes Mitglied der SS. 1937 mit der „Großen Medaille" der Deutsche Gesellschaft für Zahn-, Mund- und Kieferheilkunde (DGZMK) ausgezeichnet. Während des 2. Weltkriegs von 1939 bis 1945 beratender Zahnchirurg am Kieferschusslazarett in Breslau. 1945 Leiter der stomatologischen Abteilung in Hohenwiese, einer Tbc-Heilstätte der Landesversicherungsanstalt Schlesien. Anschließend an Heilstätten in Schmiedeberg und Buchwald tätig. Ab 1947 Professor und Direktor der Universitätszahnklinik in Greifswald. Außerdem Leiter einer stationären Abteilung. Dort erhielt er 1951 den Ehrendoktor.
Quellen: Wikipedia.

Hübner, Otto, Prof. Dr. med.
* 10.05.1909 in Calbe (Sachsen), † 2007
Mitglied der SS. SS-Standortarzt in Jena. Assistent am Institut für Gerichtliche Medizin der Universität Jena. Ab 1943 Sektionen im KZ Buchenwald. Im September 1945 wurde er von Harry Güthert darüber informiert, dass auf eine Überprüfung seiner Nazi-Vergangenheit abgesehen werde, falls er freiwillig aus dem Amt scheidet. Ab 1. Oktober 1945 übernahm Hübner die Leitung der Pathologischen Abteilung, die Prosektur, der Städtischen Krankenanstalten Erfurt. Als Informationen zu seiner Tätigkeit im Nationalsozialismus bekannt wurden, wurde er bereit im November 1945 entlassen und von der SMAD vorübergehend inhaftiert. Danach verließ er die SBZ und siedelte nach Dillenburg (Hessen) über, wo er als Gehilfe für J. Hallervorden tätig war. Danach betrieb er in Celle sein eigenes pathologisches Institut.
Quellen: Klee I, http://matthias-blazek.eu/otto-hubner-war-pathologe-am-institut-fur-gerichtliche-medizin-in-jena/.

Hülse, Walter, Prof. Dr. med.
* 16.08.1887 in Guttenfeld, Kreis Groß Eylau, † 1958 in der Bundesrepublik
1914 Teilnehmer am Ersten Weltkrieg. Im Oktober 1914 verwundet und nach der Genesung bis 1918 Assistent am Pathologischen Institut Breslau. Mit dem „Eisernen Kreuz" ausgezeichnet. 1919 als Oberarzt der Reserve entlassen, von 1919 bis 1923 Assistenzarzt an der Medizinischen Universitätsklinik Halle. Von 1929 bis 1932 Mitglied der DVP. Seit 1933 Mitglied im „Stahlhelm, Bund der Frontsoldaten" bzw. Mitglied im NSDFB. Von 1923 bis 1932 Oberarzt und ab 1926 nichtbeamteter Professor. Seit 1933 leitete er die Innere Abteilung am Elisabethkrankenhaus Halle, wo er 1936 ärztlicher Direktor wurde. 1944 verhaftete ihn die Geheime Staatspolizei (Gestapo), da er Kontakte zu den Verschwörern vom 20. Juli 1944 hatte. 1945 an der „Rettung der Stadt Halle" beteiligt. Von der SMAD zum Vize-Präsidenten der Provinz Sachsen ernannt. 1946 schied er aus allen politischen Ämtern aus. Professor an der Universität Halle. 1951 beging er „Republikflucht" in die BRD. In Halle wurde eine Straße nach ihm benannt.
Quellen: Professorenkatalog Universität Halle, Wikipedia.

Hummeltenberg, Max, Dr. phil.
* 08.10.1913 in Remscheid, † 25.03.2004
Seit 1937 Mitglied der NSDAP. Als Offizier Teilnehmer am Zweiten Weltkrieg. Danach in sowjetischer Kriegsgefangenschaft. Mitglied im NKFD. Schüler einer antifaschistischen Schule. 1950 kehrte er zurück und wurde Mitglied der NDPD. Direktor der Landesparteischule in Sachsen-Anhalt. Chefredakteur des „Mitteilungsblattes" der AeO. Von 1956 bis 1959 Chef des Protokolls im Ministerium für Auswärtige Angelegenheiten (MfAA). Von 1958 bis 1978 wissenschaftlicher Mitarbeiter am Institut für Militärgeschichte in Potsdam. 1965 und 1978 mit dem „Vaterländischen Verdienstorden" in Bronze und Silber und 1988 mit dem Orden „Stern der Völkerfreundschaft" in Silber ausgezeichnet.
Quellen: UFJ, Herbst, Wikipedia, Baumgartner/Hebig, Buch, BStU, MfS, HA XX Nr. 5754, Bl. 214.

Hupe, Wolfgang, Prof. Dipl.-Ing.
* 24.07.1912 Radebeul, †?
Seit 1928 Mitglied der HJ. Mitglied im NS-Schülerbund. Seit 1931 Mitglied der NSDAP und Angehöriger der Auslandsorganisation (NSDAP AO). Seit 1934 Mitglied der SA und dort SA-Rottenführer. Mitglied im NSAHB. Seit 1932 Mitglied im NSDStB. 1936 Mitglied im Führerrat der Studentenschaft und stellvertretender Hochschulgruppenführer des NSDStB an der TH Dresden. Nach 1945 Professor an der Sektion Fahrzeugbau an der Hochschule für Verkehrswesen in Dresden.
Quellen: Kappelt.

Ilberg, Waldemar Georg Alphonse, Prof. Dr. phil.
* 29.01.1901 in Leipzig, † 01.11.1967 ebenda
Von 1924 bis 1929 Assistent am Physikalischen Institut der Universität Leipzig. Von 1929 bis 1945 als Physiker bei der Firma Telefunken GmbH Berlin. Von 1934 bis 1945 Mitglied des NSBDT. Mitglied der DAF. Ab 1949 Mitglied im FDGB. Ab 1950 Mitglied der NF. Mitglied im KB. Von 1947 bis 1966 Professor an der Mathematisch-Naturwissenschaftlichen Abteilung der Philosophischen Fakultät der Universität Leipzig. Von 1951 bis 1966 Direktor des Physikalischen Instituts und von 1951 bis 1953 Prodekan. Seit 1959 im Wissenschaftlichen Rat des Ministeriums für Volksbildung und seit 1960 Mitglied des Wissenschaftlichen Beirats für Physik beim Staatssekretariat für das Hoch- und Fachschulwesen. 1959 mit dem „Vaterländischen Verdienstorden" in Bronze und 1961 mit der „Dr.-Theodor-Neubauer-Medaille" in Gold ausgezeichnet.
Quellen: Professorenkatalog Universität Leipzig, Wikipedia.

Imig, Werner, Prof. Dr. phil.
* 21.03.1920 in Wülfrath, † 30.07.1988
Mitglied der HJ. Ab September 1938 Mitglied der NSDAP. Als Offizier Teilnehmer am Zweiten Weltkrieg. Danach in sowjetischer Kriegsgefangenschaft. Mitglied im NKFD. Schüler einer antifaschistischen Schule. Seit 1949 Mitglied der SED. Dozent für die Geschichte der deutschen Arbeiterbewegung an der Deutschen Verwaltungsakademie (DVA) in Forst-Zinna. Seit 1949 Hochschullehrer und von 1953 bis 1962 Prorektor der

DASR in Potsdam-Babelsberg. Ab 1963 Dozent und ab 1967 Professor an der Universität Greifswald. Mitglied im Autorenkollektiv „Geschichte der Deutschen Arbeiterbewegung“. Von 1965 bis 1970 Direktor der Sektion Marxismus-Leninismus. Von 1970 bis 1979 Rektor der Universität Greifswald. Herausgeber und Mitautor von Studien zur ideologischen Entwicklung der Kommunistischen Partei Deutschland (KPD). Mitglied des Hoch- und Fachschulrates. 1977 mit dem „Vaterländischen Verdienstorden“ in Bronze, Silber und Gold und mit der „Verdienstmedaille“ der NVA in Gold ausgezeichnet.
Quellen: Herbst, Baumgartner/Hebig, Buch, Wikipedia, Mertens, S. 27f.

Imig, Werner, Prof. Dr. phil.
* 21.03.1920 in Wülfrath, † 30.07.1988 in Halle (Saale)
Mitglied der HJ. Ab 1938 Mitglied der NSDAP. Als Offizier Teilnehmer am Zweiten Weltkrieg. Danach in sowjetischer Kriegsgefangenschaft. Dort Mitglied im NKFD. Schüler einer antifaschistischen Schule. Seit 1949 Mitglied der SED. Dozent für die Geschichte der deutschen Arbeiterbewegung an der Deutschen Verwaltungsakademie (DVA) in Forst-Zinna. Seit 1949 Hochschullehrer und von 1953 bis 1962 Prorektor der DASR in Potsdam-Babelsberg. Ab 1963 Dozent und ab 1967 Professor an der Universität Greifswald. Mitglied im Autorenkollektiv der „Geschichte der deutschen Arbeiterbewegung“. Von 1965 bis 1970 Direktor der Sektion Marxismus-Leninismus. Von 1970 bis 1979 Rektor der Universität Greifswald. Herausgeber und Mitautor von Studien zur ideologischen Entwicklung der Kommunistischen Partei Deutschland (KPD). Mitglied des Hoch- und Fachschulrates. Mit dem „Vaterländischen Verdienstorden“ in Bronze, Silber und Gold und mit der „Verdienstmedaille“ der NVA in Gold ausgezeichnet.
Quellen: Herbst, Baumgartner/Hebig, Buch, Wikipedia.

Irmscher, Johannes, Prof. Dr. phil.
* 14.09.1920 in Dresden, † 23.05.2000 in Rom
Seit September 1938 Mitglied der NSDAP. Ab 1940 Teilnehmer am Zweiten Weltkrieg. Von 1941 bis 1944 bei der Auslandstelegrammprüfstelle in Berlin. Von 1945 bis 1946 Leiter der Bibliothek der Kunstschaffenden in

Berlin. Seit 1953 lehrte er als Honorarprofessor mit Lehrauftrag Klassische Philologie, Byzantinistik und Neogräzistik an der Humboldt-Universität Berlin. Von 1955 bis 1963 Geschäftsführender Direktor. Von 1964 bis 1969 Direktor des Instituts für Griechisch-Römische Altertumskunde des ZI für Alte Geschichte und Archäologie an der AdW zu Berlin. Von 1958 bis 1968 Direktor des Instituts für Byzantinistik an der Universität Halle. Von 1969 bis 1985 Bereichsleiter am ZI für Alte Geschichte und Archäologie der AdW zu Berlin. Mitglied im FDGB und Mitglied im Bundesvorstand. Mitglied im KB. Mitglied der GEW. Seit 1973 Mitglied der AdW zu Berlin. Später Mitglied und Vize-Präsident der Leibniz-Sozietät der Wissenschaften Berlin, einer freien Vereinigung von Natur-, Geistes- und Sozialwissenschaftlern, eine inoffizielle Nachfolgerin der AdW der DDR. Mitglied des Präsidiums der Historiker-Gesellschaft und 1989 Ehrenmitglied. Mitglied im Deutschen Friedensrat. Präsident der „Winckelmann-Gesellschaft. Inoffizieller Mitarbeiter (IM) „Johannes“ für das MfS. Herausgeber und Autor des „Lexikons der Antike“. 1961 mit der „Verdienstmedaille“, 1966 mit dem „Vaterländischen Verdienstorden“ in Bronze und 1985 mit dem „Nationalpreis“ III. Klasse ausgezeichnet.
Quellen: Cerný, Wikipedia, Baumgartner/Hebig, Mertens, S. 28.

Jäckel, Hans, Prof. Dr. rer. nat.
* 31.05.1923 in Colmnitz, † 18.02.1994 ebenda
Seit September 1941 Mitglied der NSDAP. Teilnehmer am Zweiten Weltkrieg. Seit 1948 Mitglied der SED. Dozent an der Arbeit- und Bauernfakultät. Ab 1954 Assistent bzw. Wissenschaftlicher Oberassistent an der BAF. Ab 1958 Sektorenleiter für Mathematik im Staatssekretariat für Hoch- und Fachschulwesen. Ab 1960 Professor an der Hochschule für Maschinenbau in Karl-Marx-Stadt. Direktor des Mathematischen Instituts. Ab 1961 Prorektor für wissenschaftlichen Nachwuchs. Von 1963 bis 1969 Rektor der TH Karl-Marx-Stadt. Von 1963 bis 1964 Kandidat und von 1964 bis 1967 Mitglied des ZK der SED. Ab 1983 Vorsitzender des Komitees der Liga für Völkerfreundschaft im Bezirk Karl-Marx-Stadt. Mitglied der Urania. Im April 1983 Ehrensenator der TH Karl-Marx-Stadt. 1968 mit dem „Vaterländischen Verdienstorden“ ausgezeichnet. 1988 emeritiert. Er verschwieg seine Nazi-Vergangenheit.

Quellen: UFJ, Herbst, Baumgartner/Hebig, TU Chemnitz, Buch, Wikipedia, BStU, MfS, HA XX Nr. 5750, Bl. 274f., BStU, MfS, HA IX/11, SV 3/82, Bd. 1a, Bl. 63.

Jahn, Georg Johannes, Prof. Dr. phil.
* 22.11.1892 Orlandshof bei Posen, † 17.02.1976 Leipzig
Seit 1936 Mitglied im NSDDB. Seit 1936 Mitglied der NSV. Von 1927 bis 1964 Professor für Kunstgeschichte an der Universität Leipzig. Mitglied im KB. Seit 1946 Mitglied der LDPD. Von 1953 bis 1957 Prodekan. Seit 1962 Mitglied der SAW zu Leipzig. Ehrenmitglied im VBK. 1959 mit dem „Vaterländischer Verdienstorden" in Silber und 1967 mit dem Orden „Banner der Arbeit" ausgezeichnet.
Quellen: Baumgartner/Hebig, Professorenkatalog Universität Leipzig.

Jahn, Martin, Prof. Dr. phil.
* 20.09.1888 in Berlin, † 11.09.1974 in Buckenhof bei Erlangen
Teilnehmer am Ersten Weltkrieg. Ab 1920 Kustos am Museum in Breslau. Ab 1930 Privatdozent an der Universität Breslau. Ab 1931 Direktor des Landesamts für vorgeschichtliche Denkmalpflege in Breslau. Mitglied der NSV. Mitglied der NSKOV. Mitglied im NSLB. Mitglied im RLB. Von 1934 bis 1945 Professor an der Universität Breslau. Von 1945 bis zu seiner Emeritierung 1958 an der Universität Halle. Zugleich Direktor des Landesmuseums für Vorgeschichte in Halle. Seit 1948 Mitglied der SAW zu Leipzig. Seit 1955 Mitglied des Deutschen Instituts für Archäologie. Mitglied der AdW zu Berlin. Mitglied der Leopoldina zu Halle. 1958 siedelte er in die BRD über. An der Universität Nürnberg-Erlangen Lehrbeauftragter.
Quellen: Professorenkatalog Universität Halle, Wikipedia, Baumgartner/Hebig, Weinreich.

Jähner, Horst, Prof. Dr.
* 14.10.1918 in Berlin, † 30.12.2006 ebenda
Seit 1937 Mitglied der NSDAP. Textiltechniker. Teilnehmer am Zweiten Weltkrieg. Von 1945 bis 1947 in britischer Kriegsgefangenschaft. Bis 1949 war Kunstkritiker der „Berliner Zeitung". Mitglied der NDPD. Von

1952 bis 1955 Mitarbeiter der „National-Zeitung“. Von 1957 bis 1963 Redakteur der Wochenzeitung „Sonntag“. Von 1963 bis 1987 Verlagsleiter bzw. Direktor des VEB Verlag der Kunst in Dresden. Ab 1968 Mitglied im Präsidialrat und von 1968 bis 1972 im Präsidium des KB. Von 1978 bis 1985 Honorarprofessor an der Hochschule für Bildende Künste in Dresden. 1976 mit der „Wilhelm-Bracke-Medaille“, 1977 mit dem „Vaterländischen Verdienstorden“ in Bronze und 1987 mit dem „Kunstpreis“ ausgezeichnet.
Quellen: Cerný, Baumgartner/Hebig, Buch, Wikipedia.

Jancke, Hans, Prof. Dr.
* 12.03.1911 in Frankfurt (Oder), † 05.05.1982
Seit September 1932 Mitglied der NSDAP. Als Zellenleiter Funktionär der DAF. Mitglied im RKB. Wissenschaftlicher Gutachter im Kolonialpolitischen Amt der Reichsleitung der NSDAP. Von 1931 bis 1934 wissenschaftlicher Mitarbeiter in der Forschungsabteilung der Osram-Werke. Angehöriger des Korps der Politischen Leiter der NSDAP. Mitglied der NSV. Von 1946 bis 1952 dienstverpflichtet in der Sowjet-Union. Ab 1952 stellvertretender Direktor und ab 1956 Direktor des Instituts für Strahlenquellen der AdW zu Berlin. Ab 1961 Direktor des ZI für Automatisierung in Dresden. Stadtrat im Berliner Magistrat. Seit 1966 Hauptabteilungsleiter und Vize-Präsident des Deutschen Amtes für Material- und Warenprüfung (DAMW). Vize-Präsident des Anglerverbandes. 1961 mit dem „Nationalpreis“ III. Klasse, 1971 und 1976 mit dem „Vaterländischen Verdienstorden“ in Bronze und in Silber, 1959 mit der „Verdienstmedaille“ und 1960 mit dem „Goethepreis“ der Stadt Berlin ausgezeichnet. Er verschwieg seine Nazi-Vergangenheit.
Quellen: UFJ, Baumgartner/Hebig, Wikipedia, BStU, MfS, HA XX 5754, Bl. 163, BStU, MfS, HA XX Nr. 5750, Bl. 272f., Bl. 278.

Jander, Gerhart, Prof. Dr.
* 26.10.1892 in Altdöbern, Kreis Calau, † 08.12.1961 in Berlin
Von 1918 bis 1922 Assistent bzw. ab 1922 Oberassistent am Institut für Anorganische Chemie an der Universität Göttingen. 1922 Abteilungsleiter der Anorganischen Chemie und ab 1925 Professor an der Universität

Göttingen. 1923 zusammen mit seinem Bruder Wilhelm Jander Teilnehmer am „Hitler-Putsch“ in München. Ab März 1925 Mitglied der NSDAP. Ab 1931 Teilnehmer einer Besprechung über neue Kampfstoff-Forschung (Giftgas). Ab Oktober 1933 kommissarischer Direktor des Kaiser-Wilhelm-Instituts für Physikalische Chemie und Elektrochemie. Von 1935 bis 1951 Professor und Direktor des Chemischen Instituts an der Universität Greifswald. Wahrscheinlich führte er dort weiterhin Aufträge der Gasschutzabteilung des Heereswaffenamtes durch. Mitglied im NSLB. Mitglied im NSDDB. Von 1951 bis 1960 Professor und Direktor des Instituts für Anorganische Chemie an der TU Berlin.
Quellen: Wikipedia, Klee I, NDB, https://ns-zeit.uni-greifswald.de/pl/projekt/personen/jander-gerhart/.

Janert. Heinz Adolf, Prof. Dr. phil.
* 18.11.1897 in Prökuls, † 04.10.1973
Von 1914 bis 1920 als Offizier Teilnehmer am Ersten Weltkrieg. Von 1923 bis 1927 Assistent am Institut für Meliorationswesen und Moorkultur der Preußischen Landwirtschafts-, Versuchs- und Forschungsanstalten Landsberg an der Warthe. Von 1927 bis 1938 im Vorstand der Abteilung für Kulturtechnik am Landwirtschaftlichen Institut der Universität Leipzig. Von 1927 bis 1938 Privatdozent, dann Professor für Kulturtechnik an der Mathmatisch-Naturwissenschaftlichen Abteilung der Philosophischen Fakultät der Universität Leipzig. Seit 1930 Sekretär der Internationalen Bodenkundlichen Gesellschaft. 1933 unterzeichnete der das „Bekenntnis der Professoren der deutschen Universitäten und Hochschulen zu Adolf Hitler und dem nationalsozialistischen Staat“. Seit 1933 Mitglied der SA. Seit 1937 Mitglied im RKB. Von 1937 bis 1943 Mitglied der NSDAP. Von 1938 bis 1944 Professor für Kulturtechnik und Bodenkunde an der Universität Königsberg. Von 1944 bis 1945 inhaftiert und vor dem Volksgerichtshof wegen „Heimtücke, Wehrkraftzersetzung und Landesverrat“ angeklagt. Von 1946 bis 1947 Professor mit Lehrstuhl für Bodenkunde und Kulturtechnik an der Universität Rostock. Dort seit 1947 Direktor des Instituts für Bodenkunde und Kulturtechnik an der Universität Greifswald. Von 1948 bis 1964 Professor mit Lehrstuhl für Angewandte Bodenkunde

und Bodenmelioration an der Universität Greifswald. Nach Kriegsende vorübergehend Oberbürgermeister von Wismar.
Quellen: Professorenkatalog Universität Leipzig, Professorenkatalog Universität Rostock, Wikipedia.

Jensen, Hans Mathias Detlef, Prof. Dr. phil., Dr. phil. h. c.
* 28.08.1884 in Struvenhütten (Holstein), † 04.08.1973 in Rostock
Teilnehmer am Ersten Weltkrieg. Von 1909 bis 1927 Studienrat in Odenkirchen, Hildesheim und in Kiel. Von 1915 bis 1916 Dolmetscher im Kriegsgefangenlager Celle. Von 1927 bis 1943 zuerst als Dozent, dann als Professor für Allgemeine Sprachwissenschaft und Indogermanistik an der Universität Kiel. Mitglied der NSDAP. Von 1943 bis 1957 Professor für Vergleichende Sprachwissenschaft an der Universität Rostock. Von 1946 bis 1948 wegen seiner Nazi-Vergangenheit entlassen worden. Ab 1945 Mitglied im KB. Mitglied der GDSF. Seit Herbst 1946 Mitglied der SED. Im Januar 1948 von der Entnazifizierungskommission von Schwerin entnazifiziert. Von 1946 bis 1947 Dozent für russische Sprache an der Volkshochschule in Rostock. 1953 für drei Monate Professor an der Universität Greifswald. Ab 1952 Mitglied im wissenschaftlichen Beirat „Allgemeine Sprachwissenschaften" beim Staatssekretariat für das Hoch- und Fachschulwesen. 1959 mit der „Max-Planck Medaille" als Sprachwissenschaftler und als „Hervorragender Wissenschaftler des Volkes" ausgezeichnet. 1964 von der Universität Rostock mit dem Ehrendoktortitel ausgezeichnet.
Quellen: Professorenkatalog Universität Rostock, Wikipedia.

Jentsch, Karl-Heinz, Prof. Dr. rer. pol.
* 06.12.1921 in Lauterbach, Erzgebirge, † 16.06.2004
Ab 1940 Mitglied der NSDAP. Teilnehmer am Zweiten Weltkrieg. 1946 Mitglied der LDPD. Mitarbeiter der Chefdirektion der Landeseigenen Betriebe Sachsen-Anhalts. Später Mitarbeiter der Revisions- und Treuhandgesellschaft der Volkseigenen Betriebe (VEB). 1950 Abteilungsleiter für Finanzen im VEB Mansfeld Kombinat „Wilhelm Pieck" und von 1967 bis 1987 dort Generaldirektor. 1968 Professor an der BAF. Mitglied der GDSF im Kreisverband Eisleben und im Bezirksverband Halle. Von 1958 bis 1990 Mitglied im ZV der GDSF. Von 1963 bis 1970 AdV. 1961 mit dem

Orden „Banner der Arbeit“, 1977 mit dem „Vaterländischen Verdienstorden“ in Gold und 1979 mit dem „Stern der Völkerfreundschaft“ in Gold ausgezeichnet.
Quellen: UFJ, Cerný, Herbst, Baumgartner/Hebig, Buch, http://www.kupferspuren.eu/index.php?option=com_k2&view=item&id=245:prof-dr-habil-karl-heinz-jentsch&Itemid=425.

Jentsch, Otto, Prof. Dr.-Ing.
* 16.05.1898 in Seifhennersdorf, † 24.10.1978 in Radebeul
Nach 1924 Wissenschaftlicher Assistent an der TH Braunschweig und Reichsbahnbaumeister. Von 1927 bis 1952 zuerst Ingenieur, dann Werkleiter bei der Dresdner Wasser- und Elektrizitätswerken AG. Seit 1933 Mitglied der NSDAP. Ab 1952 Professor für Maschinenelemente und Strömungsmaschinen an der Hochschule für Verkehrswesen in Dresden. Von 1952 bis 1956 dort Rektor.
Quellen: Herbst, Wikipedia.

Jeske, Erich Julius, Dr. med.
* 19.03.1888 in Jutroschin, Posen, † 03.10.1956 in Magdeburg
Teilnehmer am Ersten Weltkrieg. 1918 schwer verwundet. Mit dem „Eisernen Kreuz“ I. Klasse ausgezeichnet. Ab 1919 am Hygiene-Institut in Posen. Danach Kreisarzt in Kattowitz, Königshütte, Breslau und Wolmirstedt. Als Kreismedizinalrat von 1935 bis 1946 Leiter des Gesundheitsamtes. Seit 1934 Mitglied des Erbgesundheitsgerichts in Magdeburg, wo er über Zwangssterilisationen mitentscheiden konnte. Ab 1937 Mitglied der NSDAP und dort Leiter einer Beratungsstelle für Sippenforschung im Gauamt für Volksgesundheit. Ab 1940 zum Obermedizinalrat ernannt. Nach 1945 konnte er, als Unbelasteter eingestuft, in einer eigenen Arztpraxis in Magdeburg arbeiten. Ab 1953 in den Vorstand der Gewerkschaftsgruppe Ärzte im Bezirk Magdeburg im FDGB gewählt. Ab 1954 Leiter der „Honorar-Abrechnungsstelle Ärzte“ im FDGB für den Bezirk Magdeburg. Vorsitzender der „Ärzte“ ebenfalls im Bezirksvorstand des FDGB Magdeburg.
Quellen: Universität Magdeburg.

Joachimi, Herbert, Prof. Dr. rer. pol.
* 09.10.1921 in Nordhausen, †?
Seit 1939 Mitglied der NSDAP. Im Afrika-Korps Teilnehmer am Zweiten Weltkrieg. Danach in britischer Kriegsgefangenschaft. Professor für Internationale und Ökonomische Beziehungen an der Universität Rostock. Direktor der Sektion Nordeuropawissenschaften. Vize-Präsident der Gesellschaft DDR-Nordeuropa. Redakteur der Zeitschrift „Deutsche Außenpolitik". 1971 mit dem „Vaterländischen Verdienstorden" in Bronze ausgezeichnet.
Quellen: Buch, Kappelt.

Jochmann, Horst, Prof. Dr.-Ing
* 10.04.1927 in Köthen, † 11.04.2020
Ab 1937 Mitglied im „Jungvolk" und am 1941 Mitglied der Flieger-HJ. Ab 1943 Luftwaffenhelfer. Ab Dezember 1944 Teilnehmer am 2. Weltkrieg im Luftnachrichtendienst. Ab April 1945 in US-amerikanischer Kriegsgefangenschaft. Von 1947 bis 1951 Studium der Geodäsie an der TH Dresden. Bis 1954 Mitglied der LDPD. Von 1952 bis 1955 wissenschaftlicher Mitarbeiter des geophysikalischen Dienstes Leipzig. Von 1955 bis 1961 wissenschaftlicher Mitarbeiter im Vermessungsgerätelabor. Ab 1962 Professor für Photogrammetrie an der TH/TU Dresden. 1966 wurde Jochmann wegen des Vorwurfs der Spionage inhaftiert. 1992 juristisch rehabilitiert.
Quellen: BStU, MfS, 747/69, Bd. 13 SV-Überwachungsheft Bd. 1, Bl. 3f., BStU, MfS, 747/69, Bd. 11, Bl. 26f., BStU, AU 747/69, Bd. 14, SV-Überwachungsheft, Bd. 2, Bl. 3f., BStU, MfS, 747/69, Bd. 12, HA/GA, Bl. 111ff., BStU, MfS, 747/69, Bd. VIII, Bl. 3, Bl. 91f., https://tu-dresden.de/bu/umwelt/geo/ipf/fern/die-professur/beschaeftigte/geschichte, Lienert, S. 206, Peschel, S. 418f.

Johannes, Kurt, Dr. jur.
* 13.07.1905 in St. Arnold, Lothringen, † 15.06.1981 in Dresden
Von 1937 bis 1945 Mitglied der NSDAP. Kreisamtsleiter der NSV. Leiter des NSRB in Pirna. Vor 1945 als Jurist im Kreisgericht in Grimmen. Teilnehmer am Zweiten Weltkrieg. Danach für kurze Zeit in US-amerika-

nischer Kriegsgefangenschaft. Ab 1947 Mitglied der Landessynode. Ab 1949 Jurist im Verwaltungsdienst der Evangelischen-Lutherischen Landeskirche in Sachsen. Ab 1960 Präsident des Evangelisch-Lutherischen Landeskirchenamts Sachsen. 1975 emeritiert.
Quellen: BStU, MfS, AP Nr. 20.453/92, Bl. 4f, Bl. 33f., Bl. 74f., Sächsische Biografie, www.saebi.isgv.de.

Jung, Friedrich Karl, Prof. Dr. med.
* 21.04.1915 in Friedrichshafen, † 05.08.1997 in Berlin-Buch
Mitglied im NSDStB. Mitglied im NSKK. Von 1940 bis 1945 Assistenzarzt in einer Forschungsgruppe der Militärärztlichen Akademie Berlin. Bei Kriegsende Oberarzt bei Einheiten der Finnlandarmee und der Armeesanitätsabteilung der Heeresgruppe G. Ab 1949 beim Institut Berlin-Buch Direktor des Instituts für Pharmakologie bei der AdW zu Berlin. Nebenamtlich Direktor des Instituts für Pharmakologie und Toxikologie und Professor an der Humboldt-Universität. Ab 1958 Mitglied im FDGB. Ab 1964 Mitglied der SED. Ab 1961 Mitglied der AdW zu Berlin in der Klasse Biowissenschaften. Von 1949 bis 1972 Professor für Pharmakologie und Toxikologie an der Humboldt-Universität Berlin. Ab 1956 Direktor des Instituts. Mitglied der SED-Kreisleitung der Humboldt-Universität und Vorsitzender der Hochschulgruppe des KB der HU Berlin. Seit 1972 Direktor des ZI für Molekularbiologie des Forschungszentrums für Molekularbiologie und Medizin der AdW zu Berlin. Seit 1955 für die HA XVIII/5/1 erfasst, wobei dem MfS keine Hinweise über Unehrlichkeit bekannt waren. Von 1959 bis 1990 Vorsitzender des Zentralen Gutachterausschusses für das Arzneimittelwesen (ZAG). Im September 1962 legte das MfS einen IM-Vorlauf an, um Jung als Geheimen Informanten zu gewinnen, weil seine Funktion als wichtig eingestuft wurde. 1957, 1965 und 1987 mit dem „Nationalpreis", 1962 mit dem „Vaterländischen Verdienstorden", 1962 „Johannes-R.-Becher-Medaille" in Gold, 1963 als „Verdienter Arzt des Volkes", 1979 „Verdienter Hochschullehrer der DDR" und 1985 als „Herausragender Wissenschaftler des Volkes" ausgezeichnet. Mitglied der Leibniz-Societät. Mitglied der AdW zu Berlin.
Quellen: Cerný, Wikipedia, Stockhorst, Baumgartner/Hebig, Klee I, Ernst, S. 365f., BStU, MfS, AP Nr. 55790/92, Bl. 3-23, Bl. 31f, Bl. 60ff, Bl. 146;

BStU, MfS, P, XV 4076/62, Archiv-Nr. 3989/63, Band 1, Bl. 11, BStU, MfS, AIM Nr. 3989/63, Teil I, Bl. 3, Bl. 7f.

Jung, Heinrich Wilhelm Ewald, Prof. Dr. phil.
* 04.05.1876 in Essen, † 12.03.1953 in Halle (Saale)
Privatdozent und ab 1908 Lehrer in Hamburg. Ab 1913 Professor für Mathematik an der Universität Kiel. 1917 zum „Landsturm“ eingezogen, nach kurzer militärischer Ausbildung an einer Dolmetscherschule in der Auswertungsstelle beim Nachrichtenchef A im Großen Hauptquartier. Mitglied im nationalistischen und militaristischen „Alldeutschen Verband“. Mitglied im „Stahlhelm – Bund der Frontsoldaten“ bzw. Mitglied im NSDFB. Ab 1918 Professor an der Universität Dorpat (Estland). 1920 erhielt er einen Ruf an die Universität Halle. Von 1936 bis 1945 Dekan der Naturwissenschaftlichen Fakultät war. Seit 1938 Mitglied der NSV. Ab 1939 Mitglied im NSAHB. Ab 1940 Mitglied im NSDDB. Ab 1945 Mitglied der CDUD. 1948 emeritiert, stellte er die Lehrtätigkeit 1951 ein.
Quellen: Professorenkatalog Universität Halle, Wikipedia.

Jungnickel, Heinz, Prof. Dr. rer. nat.
* 29.11.1914 in Radebeul, † 15.06.2006 ebenda
Seit 1938 Mitglied der NSDAP. Bis 1942 Regierungsrat des Marine-Observatoriums in Greifswald. Von 1942 bis 1945 Abteilungsleiter am August-Toepler-Institut der TH Dresden. Teilnehmer am Zweiten Weltkrieg. Ab 1952 Lehrbeauftragter für Kältetechnik an der TH Dresden. Von 1953 bis 1969 Chefkonstrukteur des VEB Projektierung und Anlagenbau Chemie in Dresden. Ab 1954 Professor im VVB NAGEMA. Ab 1958 Professor für Kältetechnik an der TU Dresden. Von 1959 bis 1964 Direktor des Instituts für Chemie- und Kälteausrüstung der VVB Chemie- und Kälteanlagen in Dresden. Von 1969 bis 1979 Direktor der Sektion Energieumwandlung der TU Dresden. 1959 mit dem „Nationalpreis“ III. Klasse für Wissenschaft und Technik ausgezeichnet. 1998 mit dem Bundesverdienstkreuz 1. Klasse ausgezeichnet.
Quellen: Wikipedia.

Junker, Heinrich, Prof. Dr. phil.
* 26.03.1889 in Offenbach (Main), † 03.04.1970 in Berlin
Im 1. Weltkrieg Dolmetscher in Kriegsgefangenlager. Von 1912 bis 1919 Privatdozent an der Universität Gießen. Von 1919 bis 1926 Professor für Vergleichende Sprachwissenschaft an der Universität Hamburg. Von 1926 bis 1945 Professor an der Universität Leipzig. Nach 1935 Leiter des Instituts für afrikanische Sprachen. Von Mai 1933 bis 1939 Mitglied der NSDAP. Vor 1933 Angehöriger einer Freimaurerloge. Im November 1933 unterschrieb er das „Bekenntnis der Professoren an deutschen Universitäten und Hochschulen zu Adolf Hitler und dem nationalsozialistischen Staat“. Ab 1942 Mitarbeiter der Gruppe Lebensmächte und Wesen des Indogermanentums beim „Kriegseinsatz der Geisteswissenschaften“. 1946 von der Universität Leipzig wegen seiner Nazi-Vergangenheit entlassen und emeritiert. Ab 1951 Direktor des Vorderasiatischen Instituts und Leiter der koreanischen Abteilung des Ostasiatischen Instituts der Humboldt-Universität Berlin. Von 1929 bis 1948 Mitglied der Philosophisch-Historischen Klasse der SAW zu Leipzig. Vorsitzender des Beirates für Sprachwissenschaft im Ministerium für das Hoch- und Fachschulwesen. Von 1965 bis 1966 Lehrauftrag an der Universität Leipzig. 1960 als „Hervorragender Wissenschaftler des Volkes“ ausgezeichnet.
Quellen: Klee I, Wikipedia, Professorenkatalog Universität Leipzig.

Just, Karl-Heinz, Dr. paed.
* 09.11.1920 in Dresden, †?
Seit September 1938 Mitglied der NSDAP. Teilnehmer am Zweiten Weltkrieg. Ab 1946 Mitglied im FDGB. Ab 1947 Mitglied der LDPD. Ab 1953 Mitglied der GDSF. Ab 1957 Mitglied der GST. Ab 1957 wissenschaftlicher Mitarbeiter am Institut für Berufsausbildung in Berlin. Von 1958 bis 1962 AdV. 1970 mit der „Wilhelm-Külz-Ehrennadel“ ausgezeichnet.
Quellen: UFJ, BStU, MfS, HA XX Nr. 5754, Bl. 25.

Kaemmel, Ernst, Prof. Dr. rer. pol.
* 21.09.1890 in Dresden, † 05.09.1970
Teilnehmer am Ersten Weltkrieg. Seit April 1933 Mitglied der NSDAP. Seit 1939 Mitglied im NSRB. Oberregierungsrat im Staatsdienst. Mitglied

der SED. Abteilungsleiter im Finanzministerium. Seit 1949 Professor für Finanzwirtschaft an der Humboldt-Universität Berlin. Von 1953 bis 1962 stellvertretender Leiter des Instituts für Finanzwesen. Von 1954 bis 1962 Abgeordneter der Stadtverordnetenversammlung von Berlin-Ost. Mitglied im KB. Mitglied im Verband der Schriftsteller. Mitglied im ZV der GDSF. Mitglied der „Pirckheimer-Gesellschaft", einer Vereinigung von Bibliophilen und Sammlern, die dem KB angehörte. 1959 mit der „Verdienstmedaille" und mit dem „Vaterländischen Verdienstorden" in Bronze und Silber ausgezeichnet.
Quellen: UFJ, BStU, MfS, HA XX Nr. 5754, Bl. 221, BStU, MfS, HA XX Nr. 5751, Teil 1 von 3, Bl. 1f., http://www.bundesarchiv.de/aktenreichskanzlei/1919-1933/00a/adr/adrhl/kap1_4/para2_22.html.

Kämmerer, Wilhelm, Prof. Dr. phil.
* 23.07.1905 in Büdingen, † 15.08.1994 in Jena
Ab 1930 im Höheren Schuldienst in Naumburg (Saale). Seit 1933 Mitglied der NSDAP. Ab 1943 in den Zeiss-Werken in Jena. Von 1946 bis 1953 in der Sowjet-Union. Danach von 1954 bis 1962 wieder bei den Zeiss-Werken. Konstrukteur von Rechenmaschinen. Er entwickelte die theoretischen Grundlagen für den Bau eines Computers, der für technische Betriebe und für die technische Ausbildung eingesetzt werden konnte. Ab 1960 Professor für Kybernetik an der Universität Jena. Von 1962 bis 1970 am ZI für Kybernetik und Informationsprozesse der AdW zu Berlin. Ab 1970 Mitglied der Leopoldina zu Halle. 1955 mit dem „Nationalpreis" und 1991 mit der „Konrad-Zuse-Medaille" ausgezeichnet.
Quellen: Cerný, BArch, Wikipedia.

Kaiser, Josef, Prof.
* 01.05.1910 in Celje (deutsch: Cilli), Slowenien, † 05.10.1991 in Altenberg
Von 1929 bis 1935 Architekt in Berlin und Weimar. Von 1936 bis 1941 Mitarbeiter der DAF bei Julius-Schulte-Frohlinde. Seit 1938 Mitglied der NSDAP. Danach bis 1945 Abteilungsleiter der Grundrisstypenplanung an der Deutschen Akademie für Wohnungswesen in Berlin. Architekt und Städtebauer. Nach einer Gesangsausbildung als Tenor am Theater am

Nollendorfplatz in Berlin. Ab 1951 wieder Architekt an der Deutschen Bauakademie. Ab 1952/53 Chefarchitekt in Stalinstadt. Von 1955 bis 1958 beim Chefarchitekten von Groß-Berlin. 1962 leitete er ein Entwurfskollektiv für den zweiten Bauabschnitt der Karl-Marx-Allee in Berlin. Von 1969 bis 1972 Professor an der Hochschule für Architektur und Bauwesen in Weimar. Ab 1973 Chefarchitekt und persönlicher Berater beim Direktor der Bauleitung für Sonderbauvorhaben in Berlin.
Quellen: Cerný, BArch, Wikipedia, Baumgartner/Hebig.

Karg-Gasterstädt, Klara Elisabeth, Prof. Dr. phil.
* 09.02.1886 in Gröditz, † 24.08.1964 in Leipzig
Von 1912 bis 1914 Lehrerin an der Prieser'schen Höheren Mädchenschule Stuttgart. Von 1918 bis 1933 Bibliothekarin bzw. Assistentin am Germanistischen Institut der Universität Leipzig. Seit 1935 Leiterin der Arbeitsstelle des „Althochdeutschen Wörterbuches". Seit 1936 Mitglied der NSV. Von 1946 bis 1951 Oberassistentin am Germanistischen Seminar. Seit 1950 Mitglied im KB. Mitglied im FDGB. Von 1952 bis 1955 Professorin für Deutsche Philologie an der Philosophischen Fakultät der Universität Leipzig. Ab 1955 Mitglied der SAW zu Leipzig.
Quellen: Professorenkatalog Universität Leipzig.

Katsch, Gerhardt, Prof. Dr. med.
* 14.05.1887 in Berlin, † 07.03.1961 in Greifswald
Ab Februar 1912 zuerst Assistent und später Oberarzt am Krankenhaus in Hamburg-Altona. Als Oberarzt Teilnehmer am Ersten Weltkrieg. Mit dem EK II. Klasse und dem „Verdienstkreuz" ausgezeichnet. Von Juli bis November 1918 Leiter einer Kriegslazarettabteilung. Ab 1918 Professor an der Universität Marburg. Ab 1920 Professor an der Universität Frankfurt/M. Ab 1926 Chefarzt der Medizinischen Klinik des Hospitals zum Heiligen Geist in Frankfurt/M. Ab 1928 bis 1957 Professor für Innere Medizin und Direktor der Medizinischen Klinik an der Universität Greifswald. Ab März 1933 Mitglied des „Stahlhelm, Bund der Frontsoldaten". Ab August 1943 förderndes Mitglied der SD. Seit Juli 1937 Mitglied der NSDAP. Von März 1933 bis 1939 Mitglied der SA und zum SA-Sturmbannarzt befördert. Ab 1934 förderndes Mitglied der SS. Mitglied des

NSFK. Mitglied im NSLB. Von 1934 bis 1945 Mitglied im NSV. Von 1934 bis 1945 Mitglied des NSDDB. Als Oberfeldarzt bzw. Oberstarzt Teilnehmer am Zweiten Weltkrieg. Im August 1939 Chefarzt des Reservelazaretts Greifswald. Von November 1941 bis Ende März 1942 auf dem Balkan und von Mai bis November 1943 an der Ostfront. Ende April beteiligte er sich als dienstältester Sanitätsoffizier an der kampflosen Übergabe der Stadt Greifswald an die sowjetische Armee. Wegen seiner Nazi-Vergangenheit wurde er entlassen. Ab 1950 wurde er als Professor weiterbeschäftigt. 1955 Rektor der Universität. Ab 1952 Mitglied im Wissenschaftlichen Beirat für Medizin beim Staatssekretariat für das Hoch- und Fachschulwesen. Von 1955 bis 1956 Rektor der Universität Greifswald. 1953 Mitglied der AdW zu Berlin. Ab 1955 Mitglied der Leopoldina zu Halle. Das Institut für Diabetes in Greifswald trägt seinen Namen. 1951 als „Verdienter Arzt des Volkes", 1957 als „Hervorragender Wissenschaftler des Volkes" und 1952 mit dem „Nationalpreis" II. Klasse ausgezeichnet.
Quellen: UFJ, Baumgartner/Hebig, Wikipedia, BStU, MfS, HA XX Nr. 5754, Bl. 139, BStU, MfS, Nr. 5751, Teil 1 von 3, Bl. 17f.; Ernst, S. 218, Ft. 65, https://ns-zeit.uni-greifswald.de/pl/projekt/personen/katsch-gerhart/.

Käubler, Rudolf, Prof. Dr. phil.
* 10.07.1904 in Niederdorf, Erzgebirge, † 16.08.1989 in Halle (Saale)
Ab 1925 Lehrer in Niederdorf. Assistent am Geographischen Institut der Universität Leipzig. Seit Januar 1933 Mitglied der NSDAP. Ab 1934 Mitglied im NSDDB. Von 1934 bis 1945 Mitglied der NSV. Ab 1934 Mitglied im NSLB. Mitglied im VDA. Von 1951 bis zur Emeritierung 1969 Professor für Geographie an der Universität Halle und dort Direktor des Geographischen Instituts. Von 1955 bis 1962 Dekan der Mathematisch-Naturwissenschaftlichen Fakultät. Bis 1961 außerdem Prodekan. Ab 1959 Mitglied der Leopoldina und dort im Präsidium. 1980 mit „Verdienstmedaille" der Leopoldina ausgezeichnet.
Quellen: Wikipedia, Professorenkatalog Universität Halle.

Kaufmann, Carl, Prof. Dr. med.
* 21.08.1900 in Malmedy, † 18.08.1980 in Köln
Von 1917 bis 1918 Teilnehmer am 1. Weltkrieg. Ab 1933 Mitglied der SA. Mitglied des NSKK. Von 1931 bis 1936 Privatdozent an der Universität Berlin. Ab 1936 Professor für Geburtshilfe und Frauenheilkunde an der Universität Berlin. Ab Mai 1945 vertretungsweise Leiter der Frauenklinik der Charité in Berlin. Ab Juni 1946 Professor für Geburtshilfe und Frauenheilkunde an der Universität Marburg. Dort Direktor der Universitäts-Frauenklinik nebst Hebammenlehranstalt. Von 1954 bis zur Emeritierung 1970 Professor für Geburtshilfe und Frauenheilkunde. Dort Direktor der Universitäts-Frauenklinik. Ab 1961 durch Bundespräsident Heinrich Lübke im Wissenschaftsrat.
Quellen: Professorenkatalog Universität Marburg bzw. Hessische Biografie.

Kaussmann, Bernhard Friedrich Anton, Prof. Dr.
* 02.02.1914 in Opeln (Oberschlesien), † 11.03.2002 in Rostock
Seit Mai 1934 Mitglied der NSDAP. Als Leutnant Teilnehmer am 2. Weltkrieg. Bis 1949 in sowjetischer Kriegsgefangenschaft. Mitglied im FDGB. Mitglied der FDJ. Mitglied im KG. Ab 1950 an der Universität Rostock. Dort ab 1956 Professor an der Mathematisch-Naturwissenschaftlichen Fakultät. Ab 1957 wechselte er an die Landwirtschaftliche Fakultät, wo er Leiter des Instituts für landwirtschaftliche Biologie war. Seit 1957 zuerst Prodekan und ab 1960 Dekan der gleichen Fakultät. Von 1962 bis 1979 Professor für Botanik. Mitglied des Präsidialrates des KB. 1954 und 1956 mit der „Medaille für ausgezeichnete Leistungen“ geehrt. 1979 erhielt er die „Ehrennadel“ der Universität Rostock. Er verschwieg seine Nazi-Vergangenheit.
Quellen: Professorenkatalog Universität Rostock, BStU, MfS, HA XX Nr. 5754, Bl. 31, Bl. 329, BStU, MfS, HA XX Nr. 5751, Teil 1 von 3, Bl. 20f.

Kehnscherper, Gerhard, Prof. Lic. Dr. phil. habil.
* 16.11.1903 in Bromberg, Westpreußen, † 04.08.1988
1920 Mitglied der „Danziger Einwohnerwehr“ beteiligt an völkischen Aktionen, u. a. gegen Walter Rathenau. Ab 1933 Mitglied der NSDAP, die

ihn 1935 wegen Disziplinmängel ausschloss. Mitglied der RSK. Mitglied im Bund nationalsozialistischer Pfarrer. Mitglied der NSV. Mitglied der DAF. Als Kriegspfarrer Teilnehmer am Zweiten Weltkrieg. Mitglied der CDUD. Von 1946 bis 1951 Pfarrer in Bad Freienwalde. Anschließend Hochschulprediger in Potsdam und dann Studentenpfarrer an der Arbeiter- und Bauernfakultät (ABF) der Landeshochschule in Potsdam. Von 1952 bis 1957 als GI „Jung" Mitarbeiter des MfS. Von 1958 bis 1969 Professor für Angewandte Theologie der Universität Greifswald. Abgeordneter des Bezirkstages Rostock. Mitglied der FDJ. Mitglied im Deutschen Friedensrat. Mitglied der GDSF. Mitglied der AeO. Mitglied im NR der NF. 1963 mit dem „Vaterländischen Verdienstorden" in Bronze, 1959 mit der „Verdienstmedaille" und mit der „Friedensmedaille" in Gold des Friedensrates der DDR ausgezeichnet.
Quellen: UFJ, Wikipedia, Stockhorst, Buch, BStU, MfS, HA XX Nr. 5751, Teil 1 von 3, Bl. 28f., BStU, MfS, ASt Potsdam, 82/57, Bl. 9, Bl. 12, Bl. 22-26, Bl. 30ff., Bl. 48, Bl. 61, BStU, MfS, AP Nr. 20943/92, Bl. 8ff.

Keller, Ott-Heinrich, Prof. Dr.
* 22.06.1906 in Frankfurt/M., † 05.12.1990 in Halle (Saale)
In Frankfurt Mitglied der farbtragenden und pflichtschlagenden Studentenverbindung „Corps Austria". Ab 1931 Assistent an der TH Berlin. Von 1935 bis 1945 Mitglied der NSV. Von 1938 bis 1945 Mitglied der NSDDB. Ab 1941 Professor. An der Marineschule Mürwik in Flensburg lehrte er Mathematik und Mechanik. Von 1939 bis 1940 und 1945 als Obermaat Teilnehmer am 2. Weltkrieg. Ab 1946 Professor in Münster. Ab 1947 Mitglied im FDGB. Ab 1947 Professor an der TH Dresden. Von 1952 bis 1971 Professor an der Universität Halle. 1960 mit dem „Nationalpreis" III. Klasse für Wissenschaft und Technik ausgezeichnet. Ab 1961 Präsident der Deutschen Mathematiker-Vereinigung. Mitglied der SAW. Seit Dezember 1958 Mitglied der Leopoldina zu Halle.
Quellen: Wikipedia, Professorenkatalog TU Berlin, Professorenkatalog Universität Halle.

Keller, Josef, Prof. Dr. med.
* 01.07.1898 in Pulheim, †?
Von 1929 bis 1931 Assistent an der Medizinischen Universitätsklinik Leipzig. Von 1931 bis 1945 Privatdozent bzw. Professor für Innere Medizin an der Medizinischen Fakultät der Universität Leipzig. Seit 1933 Mitglied der NSDAP. Von 1951 bis 1958 Chefarzt am Städtischen Klinikum St. Georg in Leipzig.
Quellen: Professorenkatalog Universität Leipzig, BStU, MfS, HA IX/11 AK 2956/88, Bl. 142f.

Kertscher, Florus, Prof. Dr., Dr. h. c.
* 15.10.1892 in Gimmel, Altenburg, † 05.05.1966 in Dresden
Als Leutnant Teilnehmer am 1. Weltkrieg an der Westfront. Mit beiden Klassen des Eisernen Kreuzes, dem Ritterkreuz des Albrechtsordens mit Schwertern, dem Ritterkreuz des Herzoglich Sachsen-Ernestinischen Hausordens sowie am 8. Dezember 1916 mit dem Ritterkreuz des Militär-St.-Heinrichs-Ordens ausgezeichnet. Ab 1923 Leitung des Gutes Gieshof in Neubarnim. Ab 1926 Assistent am Institut für Bodenkunde und landwirtschaftlichen Bakteriologie der Universität Leipzig. Seit 1933 Mitglied der NSDAP. Assistent am Institut für Bodenkunde und landwirtschaftliche Bakteriologie der Universität Leipzig. Von 1930 bis 1945 Mitarbeiter bzw. Direktor der Versuchs- und Forschungsanstalt für Bodenkunde und Pflanzenernährung in Dresden. Nach 1945 Direktor des Instituts für Landwirtschaftliches Versuchs- und Untersuchungswesen in Jena. Von 1953 bis 1959 Direktor des Instituts für Landwirtschaftliche Versuchs- und Untersuchungswesen Jena. Von 1955 bis 1962 Mitglied der Schriftleitung der „Zeitschrift für landwirtschaftliches Versuchs- und Untersuchungswesen". Mitglied der AdL. 1957 mit dem „Vaterländischen Verdienstorden" in Silber ausgezeichnet. 1959 verlieh ihm die Universität Leipzig den Ehrendoktortitel.
Quellen: Wikipedia.

Kertzscher, Günter, Dr. phil. Dr. h. c.
* 16.11.1913 in Leipzig, † 16.03.1995 in Berlin
Seit Mai 1937 Mitglied der NSDAP. Ab 1933 Mitglied der SA. Mitglied im NSLB. In seiner Dissertation begeisterte er sich für die Ästhetik der Sprache bei Hitlers „Mein Kampf". Teilnehmer am Zweiten Weltkrieg. Ab 1943 in sowjetischer Kriegsgefangenschaft. Gründungsmitglied des NKFD. Kertzscher kam mit der Gruppe Ulbricht nach Deutschland zurück. Mitglied der Redaktionskommission der NKFD-Zeitung „Freies Deutschland2. Ab 1945/46 Mitglied der KPD bzw. SED. Von 1949 bis 1955 Chefredakteur der „Berliner Zeitung". AdV. Mitglied im Präsidium des ZV des VDJ in Berlin. Von 1977 bis 1989 Vorsitzender des Redaktionsbeirates der Zeitschrift „Neue Deutsche Presse". Mitglied der GDSF. Mitglied im FDGB. 1955, 1959 und 1973 mit dem „Vaterländischen Verdienstorden" in Bronze, Silber und Gold, 1983 mit dem „Karl-Marx-Orden", mit der „Ernst-Moritz-Arndt-Medaille" und mit der „Franz-Mehring-Medaille" ausgezeichnet. 1983 verlieh ihm die Universität Leipzig den Ehrendoktortitel.
Quellen: UFJ, Cerný, Baumgartner/Hebig, Buch, www.wiki.drafd.org, BStU, MfS, HA 5751, Teil 1 von 3, Bl. 40ff., BStU, MfS, HA IX/11 SV 29/79, Bd. 1, Bl. 27.

Kettler, Louis-Heinz, Prof. Dr. med.
* 13.12.1910 in Halle (Saale), † 21.10.1976 in Berlin
Seit 1936 Assistent an der Hallischen Pathologie. 1936/37 Volontärarzt an der Charité. Seit 1933 Mitglied im NSKK. Bis zum Kriegsbeginn Sturmarzt bzw. Sanitäts-Obertruppführer beim NSKK-Motorsturm 1/1138. Seit 1937 Mitglied der NSDAP. Mitglied im NSÄB. Mitglied im NSDDB. Mitglied im NSAHB. Mitglied der NSV. Sanitätsoffizier Teilnehmer am Zweiten Weltkrieg. Mit dem „Kriegsverdienstkreuz" 2. Klasse mit Schwertern ausgezeichnet. Von 1943 bis 1948 Dozent an der Universität Halle. 1945 hospitierte er bei der CDUD. 1945 wegen seiner Nazi-Vergangenheit entlassen, erhielt aber nach der Aufnahme in die SED 1946, die Wiederzulassung als Dozent. Im November 1948 Professor mit vollem Lehrauftrag. 1949 absolvierte er einen Lehrgang (3 Monate) an der SED-Parteischule „Drei Annen Hohne". Anschließend Studentendekan der

Universität Halle. Vom März 1951 bis 1976 Professor für Pathologie an der Humboldt-Universität Berlin. Bis zu seiner Emeritierung 1976 Direktor des Pathologischen Instituts. Von 1958 bis 1960 Dekan der Medizinischen Fakultät der Humboldt-Universität Berlin. Mitglied der AdW zu Berlin. 1960 mit dem „Vaterländischen Verdienstorden“, 1964 mit dem „Nationalpreis“ III. Klasse und 1959 als „Verdienter Arzt des Volkes“ ausgezeichnet.
Quellen: Ernst, S. 277f., Cerný, Professorenkatalog Universität Halle, Wikipedia, BStU, MfS, HA IX/11 AK 694-696 / 80, Bl. 13, Bl. 29.

Ketz, Arthur Karl, Prof. Dr. med. vet.
* 04.05.1892 in Wittenberge, † 03.01.1973
Von 1914 bis 1918 Teilnehmer am Ersten Weltkrieg. Von 1920 bis 1928 hatte er eine tierärztliche Privatpraxis in Gartow. Ab 1928 Schlachthofdirektor in Waren (Müritz). Ab 1931 in Crimmitschau. Von 1932 bis 1935 Mitglied einer Freimaurerloge. Mitglied im Reichs-Kriegerverein. Seit 1933 Mitglied im RDB. Mitglied der NSV. Mitglied im RKB. Von 1943 bis 1945 Wissenschaftlicher Sachverständiger für die Fleischwirtschaft bei der Reichsstelle für Tiere und tierische Erzeugnisse in Berlin. Seit 1946 Mitglied im FDGB. Lehrauftrag für Schlachthofkunde und Schlachthofbetriebslehre an der Universität Berlin. Seit 1946 Referent der Deutschen Wirtschaftskommission. Von 1949 bis 1957 Professor für Tierärztliche Lebensmittelkunde an der Veterinärmedizinischen Fakultät der Universität Leipzig. Von 1952 bis 1973 Mitglied der DAL.
Quellen: Professorenkatalog Universität Leipzig.

Keyser, Paul, Prof. Dr.
* 18.06.1898 in Aschersleben, † 1960 in Stolberg (Harz)
Von 1915 bis November 1918 freiwilliger Teilnehmer am Ersten Weltkrieg, wo er zum Leutnant befördert wurde. Mit dem „Eisernen Kreuz“ I. Klasse ausgezeichnet. 1926 Pfarrer in Bräunrode, Kreis Hettstedt und ab 1930 Dompfarrer in Stendal. 1932 Studiendirektor am Predigerseminar Klein-Neuhof in Ostpreußen, wo er auch Mitglied der völkischen und antisemitischen „Deutschen Christen“ wurde. Seit Mai 1933 Mitglied der NSDAP. Ab Mai 1934 Professor für Praktische Theologie an der

Universität Königsberg. Ab 1935 Professor für Praktische Theologie an die Universität Halle. Ab 1939 Kriegspfarrer einer Division. Wegen seiner Nazi-Vergangenheit 1945 von der Universität entlassen. Hilfsprediger in Halle, später Pfarrer in Halle. Ab 1951 Pfarrer und Konsistorialrat in Roßla. Von 1956 bis 1960 Pfarrer in Lossa.
Quellen: Professorenkatalog Universität Halle, Braun/Grünzinger, S. 132.

Kirsten, Gerhard Hermann, Dr.
* 25.05.1913 in Meuselwitz, †?
Von 1937 bis 1945 Mitglied der NSDAP in Grimma. Von 1938 bis 1940 Studienreferendar bzw. Studienassessor am Carola-Gymnasium Leipzig. Von 1940 bis 1945 als Unteroffizier Teilnehmer am 2. Weltkrieg. 1945 in Österreich in Kriegsgefangenschaft. Ab 1945 Studienassessor am Gymnasium Dresden-West, wo er wegen seiner Nazi-Vergangenheit entlassen wurde. Von 1945 bis 1948 Umschulung zum Maurer-Gesellen in Klotsche. Ab 1947 Mitglied im FDGB. Ab 1949 Mitglied der FDJ. Mitglied der GDSF. Von 1949 bis 1951 Sportlehrer an der Sportschule Oppach. Ab 1950 Mitglied der SED in Oppach. Ab 1951 vom Deutschen Sportausschuss zur DHfK Leipzig abgestellt. Oberassistent in der Abteilung Fernstudium der DHfK und Dozent für theoretische Körpererziehung. 1958 inhaftiert wegen Vorbereitung zur Republikflucht.
Quellen: BStU, MfS, AU 1952/58, Bd. 1, Bl. 37f., Bl. 42f., BStU, MfS, 1952/58, Bl. 42, Bl. 44, BStU, MfS, AU Band 2, 1952/58, Bl. 14, BStU, MfS, AU 1952/58, Bd. 4, Bl. 37f., BStU, MfS, AU 1952/58, Bd. 4, Bl. 37f., BStU, MfS, AU 1952/58, Bd. 5, Bl. 53.

Klare, Hermann, Prof. Dr. rer. nat. Dr. h. c. mult.
* 12.05.1909 in Hameln, † 22.08.2003 in Dresden
Von 1936 bis 1945 Mitglied der NSDAP. Mitglied der SA. Von 1933 bis 1945 Mitglied der DAF. Von 1935 bis 1945 Mitglied der NSV. Von 1933 bis 1939 Betriebsleiter der Kunstseidenfabrik der IG Farben in Wolfen. Von 1939 bis 1943 Chemiker bei der Firma Aceta GmbH in Berlin. Von 1943 bis 1945 Betriebsleiter der Perlonfabrik in Landsberg. Von 1945 bis 1946 Betriebsleiter des Kunstseidenwerks Premnitz. Ab 1946 Leiter der Perlonfabrik in Schwarza. Ab 1946 Mitglied des FDGB. Ab 1949 Mitglied

der GDSF. Von 1947 bis 1949 im Kombinat Klein (Sowjetunion). Von 1949 bis 1951 Betriebsleiter Thüringer Kunstfaserwerk „Willhelm Pieck". Von 1955 bis 1961 Professor an der TH für Chemie in Leuna-Merseburg sowie von 1962 bis 1964 Professor an der Humboldt-Universität Berlin. Von 1961 bis 1969 Direktor des Instituts für Faserstoff-Forschung der AdW in Berlin-Teltow. Von 1963 bis 1984 Präsident bzw. Vize-Präsident der AdW zu Berlin. Ab 1962 Mitglied im Präsidium des Forschungsrates beim Ministerrat. Ab 1968 Mitglied der Leopoldina zu Halle. 1950 als „Verdienter Erfinder", 1959 und 1973 mit dem „Vaterländischen Verdienstorden" in Bronze bzw. in Gold, 1951 mit dem „Nationalpreis" III. Klasse, 1979 als „Hervorragender Wissenschaftler des Volkes", 1963 mit dem „Nationalpreis" II. Klasse, 1963 mit der „Fritz-Hecker-Medaille" des FDGB, 1976 mit der „Lomonossow-Goldmedaille" und 1979 mit der „Ehrenspange" zum VVO in Gold ausgezeichnet. 1978 verlieh ihm die Universität Sofia, 1979 die Universität Dresden und die TH Merseburg den Ehrendoktortitel.
Quellen: Cerný, Herbst, Wikipedia, Baumgartner/Hebig, Buch, BBAdW, BStU, MfS, AP Nr. 56577/92, Bl. 3f., Bl. 7f., Bl. 12f., Bl. 22f., Bl. 43f., Nomenklaturkaderakten Personalakte BArch DC 20/8159.

Kleber, Wilhelm, (Will) Prof. Dr. nat. habil.
* 15.12.1906 in Karlsruhe, † 27.08.1970 in Berlin
Seit Mai 1933 Mitglied der NSDAP und Blockleiter. Ab 1938 Privatdozent an der Universität Heidelberg. Ab 1943 Professor für Mineralogie, Kristallographie und Petrographie an der Universität Bonn. Teilnehmer am Zweiten Weltkrieg. Mitglied im NSDDB. Ab 1952 Professor an der Humboldt-Universität Berlin. Ab 1955 Mitglied der Leopoldina zu Halle. Ab 1961 Mitglied der AdW zu Berlin. 1960 mit dem „Nationalpreis" II. Klasse ausgezeichnet. Seit 2008 vergibt die Deutsche Gesellschaft für Kristallographie die „Will-Kleber-Gedenkmünze".
Quellen: Wikipedia, BStU, MfS, HA IX Nr. 20833, Bl. 65f.

Kleeberg, Rudolf Ehrhard, Prof. Dr. med. dent.
* 26.01.1892 in Plauen, † 18.08.1970 in Leipzig
Von 1916 bis 1918 als Lazarettarzt Teilnehmer am 1. Weltkrieg. Von 1920 bis 1939 Assistent an der Universität Leipzig. Von 1933 bis 1947 Privatdozent und Professor für Zahnheilkunde an der Medizinischen Fakultät der Universität Leipzig. Seit 1933 Mitglied im NSLB. Mitglied im Opferring der NSDAP. Seit 1936 Mitglied im NSDDB. Von 1939 bis 1945 Teilnehmer am 2. Weltkrieg. Von 1944 bis 1945 Leiter der Konservierenden Abteilung der Zahn- und Kieferklinik der Universität Leipzig. Von 1945 bis 1949 kommissarischer Leiter der Universitätsklinik für Zahn- und Kieferkrankheiten in Leipzig. Mit der „Hermann-Euler-Medaille und 1960 als „Verdienter Arzt des Volkes“ ausgezeichnet. Ehrendoktor der Medizinischen Fakultät der Universität Leipzig.
Quellen: BStU, MfS, Allg. S. 1951/67, Bl. 8, Bl. 27f., Ernst, S. 280, Professorenkatalog Universität Leipzig.

Kleinknecht, Hermann Martin, Prof. Dr. phil.
* 12.01.1901 in Marbach am Neckar, † 13.03.1960 in Münster in Westfalen
Ab 1931/32 Studienreferendar am Karlsgymnasium Stuttgart. Von 1932 bis 1935 Lektor für Griechisch an der Universität Tübingen. 1933 Anwärter auf die Mitgliedschaft der SA. Seit 1933 Mitglied im NSLB. Seit 1934 Mitglied der NSV und seit 1939 Blockwart. Von 1935 bis 1937 verwaltete er eine Oberassistentenstelle am Institut für Altertumswissenschaft an der Universität Halle. 1937 auch formal mit der Stelle betraut, habilitierte er 1939 und wurde zum Dozenten ernannt. Von September 1940 bis November 1941 Funker im Nachrichtenregiment 4 Dresden. 1941/42 vertrat er einen Lehrstuhl in Leipzig und 1943 einen in Rostock. Ab 1944 Professor an der Universität Rostock und ab 1947 Professor mit Lehrstuhl. In einem Entnazifizierungsverfahren von der SMAD als „politisch entlastet“ eingestuft. 1951 Wechsel an die Humboldt-Universität Berlin, wo er Nachfolger von Wolfgang Schadewaldt war. Danach von 1953 bis 1960 Professor der Klassischen Philologie, Dekan der Philosophischen Fakultät und Mitdirektor des Instituts für Klassische Philologie an der Universität Münster.

Quellen: Wikipedia, Professorenkatalog Universität Halle, Professorenkatalog Universität Rostock.

Klenner, Hermann, Prof. Dr. jur.
* 05.01.1926 in Erbach, †?
Seit 1936 Mitglied der HJ. Ab April 1944 Mitglied der NSDAP. Ab Oktober 1944 Teilnehmer am 2. Weltkrieg und für kurze Zeit in sowjetischer Kriegsgefangenschaft. Mitglied der SPD bzw. der SED. Ab 1951 Dozent an der Humboldt-Universität. Von 1953 bis 1954 Dozent und stellvertretender Direktor des Instituts für Theorie des Staates und des Rechts. Ab 1956 Professor und Prodekan der Juristischen Fakultät. 1957 hielt er eine Rede zum 40. Jahrestag der Oktoberrevolution, was 1958 zu einer „Rüge" der SED als Parteistrafe führte und als Professor abgesetzt. Außerdem bekam er Publikationsverbot. Bis 1960 Bürgermeister im Ort Letschin. Von 1960 bis 1967 Professor an der Hochschule für Ökonomie in Karlshorst. Von 1967 bis 1969 Leiter der Arbeitsstelle für Rechtswissenschaft an der AdW zu Berlin. Mitglied im Komitee für Menschenrechte. Wegen eines Buchmanuskripts 1969 von der Staatsführung der DDR als „rückfälliger Revisionist" verurteilt und seine Arbeitsstelle wurde geschlossen. Von 1969 bis 1991 war Klenner wissenschaftlicher Mitarbeiter am ZI für Philosophie der AdW zu Berlin. Von 1984 bis 1986 Leiter der DDR-Delegation bei der Menschenrechtskonferenz der UN in Genf. Dort verlas ein Vertreter Israels seine NSDAP-Mitgliedsnummer. Nach seiner Emeritierung von 1990 bis 1993 Honorarprofessor der Juristischen Fakultät an der Humboldt-Universität. Mitglied der Internationalen Vereinigung für Rechts- und Sozialphilosophie. Mitglied der Partei Die Linke und dort Mitglied im Ältestenrat. Seit 1993 Gründungsmitglied der Leibniz-Sozietät Berlin. Klenner war als „Klee" Inoffizieller Mitarbeiter (IMS/IMB) des MfS. Mit der „Hegel-Medaille" der AdW zu Berlin, mit der „Pufendorf-Medaille" und 1988 mit dem „Nationalpreis" III. Klasse ausgezeichnet. In der BRD 1998 mit dem „Hans-Litten-Preis", 2005 mit dem „Menschenrechtspreis" des Vereins „Gesellschaft für Bürgerrechte und Menschenwürde e. V.", sowie 2013 mit der „Jablonski-Medaille" der Leibniz-Sozietät ausgezeichnet. Mitglied des Kuratoriums der Rosa-Luxemburg-Stiftung.
Quellen: Wikipedia.

Kleyer, Hermann, Prof. Dr. jur.
* 19.08.1911 in Gelsenkirchen-Horst, †?
Ab 1935 Mitglied im NSRB. Mitglied der NSV. Seit Mai 1937 Mitglied der NSDAP. Von März 1939 bis 1943 Mitglied der SA und SA-Scharführer. Ab 1939 Teilnehmer am Zweiten Weltkrieg und bis 1948 in sowjetischer Kriegsgefangenschaft. Mit dem EK II und EK I ausgezeichnet. Mitglied im NKFD und Schüler einer antifaschistischen Schule. Ab 1949 Mitglied der SED. Mitglied der GDSF. Mitglied im FDGB. Dozent bzw. ab 1950 Professor an der Verwaltungsakademie in Forst-Zinna und anschließend an der DASR in Potsdam-Babelsberg, wo er von 1952 bis 1955 Rektor war. Ab 1950 Mitglied im Verein demokratischer Juristen. 1958 Leiter der Zentralstelle zum Schutz des Volkseigentums beim Büro des Ministerrates. 1957 mit der „Ernst-Moritz-Arndt-Medaille", 1959, 1964 und 1976 mit dem „Vaterländischen Verdienstorden" in Bronze, Silber und Gold, mit der „Ehrenspange" zum VVO, 1963 als „Verdienter Aktivist", 1965 mit der „Medaille für Verdienste in der Rechtspflege" in Silber, 1974 mit dem „Banner der Arbeit", 1982 als „Verdienter Jurist" und 1986 mit dem Orden „Stern der Völkerfreundschaft" in Gold ausgezeichnet. Seit Januar 1949 war den Behörden der SBZ bzw. DDR seine Nazi-Vergangenheit bekannt.
Quellen: UFJ, Herbst, Baumgartner/Hebig, Buch, BStU, MfS, HA 5751, Teil 1 von 3, Bl. 55ff., BStU, MfS, HA IX/11 AS 236/68, Bd. 1, Bl. 7, BArch DC 20/8156.

Klinkowski, Maximilian, Prof. Dr. agr. Dr. h. c.
* 24.05.1904 in Berlin, † 22.06.1971 ebenda
Von 1929 bis 1933 Mitglied der Zentrumspartei. Von 1929 bis 1939 an der Biologischen Reichsanstalt für Land- und Forstwirtschaft in Berlin-Dahlem. 1934 wechselte er in das Institut für Pflanzenzüchtung und Vererbungslehre. Als Unteroffizier der Schweren Artillerie Teilnehmer am Zweiten Weltkrieg. Ab 1942 leitete er das Institut für Pflanzenkrankheiten der Forschungsanstalt Riga. 1944 mit dem „Kriegsverdienstkreuz" 2. Klasse mit Schwertern ausgezeichnet. 1937 Mitglied der NSV und Hausverwalter. Ab 1939 Mitglied im RLB. Seit 1940 Mitglied der NSDAP. Nach eigenen Angaben beantragte er 1941 die Mitgliedschaft in der

NSDAP, die ihm jedoch, Soldat, nicht gestattet worden sei. Von 1939 bis 1941 Teilnehmer am Zweiten Weltkrieg. Im Sommer 1945 übernahm er die Leitung der Zweigstelle der Biologischen Zentralanstalt in Aschersleben, die er zum Institut für Phytopathologie ausbaute. Mitglied im FDGB. Von 1949 bis 1964 Professor an der Universität Halle. Ab 1952 Mitglied und Obmann der AdL. Mitglied der AdW zu Berlin. Seit 1958 Mitglied der Leopoldina zu Halle. Ab 1960 Mitglied der SAW zu Leipzig. 1960 mit dem „Nationalpreis" III. Klasse, 1964 mit der „Verdienstmedaille" und 1969 mit der „Erwin-Baur-Medaille" der AdL ausgezeichnet. Die Landwirtschaftliche Hochschule Stuttgart-Hohenheim verlieh ihm 1965 den Ehrendoktortitel. 1967 Mitglied der Polnischen AdW. 1969 als Direktor des Instituts zurückgetreten.
Quellen: Cerný, Professorenkatalog Universität Halle, Wikipedia, Baumgartner/Hebig, BStU, MfS, HA IX Nr. 20833, Bl. 82, https://www.agrar.hu-berlin.de/de/institut/profil/personen_bio.

Klose, Heinrich, Prof. Dr. med.
* 31.08.1879 in Ibbenbüren, † 19.11.1968 in Bad Eilsen
Während des Studiums an der Universität Göttingen Mitglied eines Vereins im farbentragenden, nichtschlagenden und nationalistisch ausgerichteten „Verband der Vereine Deutscher Studenten". Als Stabsarzt und Chef einer Sanitätskompanie Teilnehmer am 1. Weltkrieg. Mit dem EK 1. Klasse und im August 1939 mit dem „Danziger Kreuz" ausgezeichnet. Ab 1924 Chefarzt der Chirurgischen Klinik des Städtischen Krankenhaus von Danzig. Mitglied des NSFK. Von 1940 bis 1945 Professor an der Medizinischen Akademie Danzig. Von 1935 bis 1945 Beratender Chirurg der Wehrmacht. Ab 1945 am Hufeland-Krankenhaus Berlin-Buch. Ab 1946/47 Chefarzt am Martin-Luther-Krankenhaus. Von 1948 bis 1960 Ärztlicher Direktor am Klinikum in Berlin-Friedrichshain. Ab Februar 1953 Mitglied des Berliner Magistrats. Von 1954 bis 1958 Mitglied der Stadtverordnetenversammlung und dort Alterspräsident. Seit 1951 Mitglied der AdW zu Berlin. 1949 als „Verdienter Arzt des Volkes", 1953 mit dem „Goethepreis" der Stadt Berlin, 1954 mit dem „Vaterländischen Verdienstorden" in Silber und 1959 als „Held der Arbeit" ausgezeichnet.
Quellen: Wikipedia.

Klostermann, Erich, Prof. Dr. phil.
* 14.02.1870 in Kiel, † 18.09.1963 in Halle (Saale)
Ab 1901 Privatdozent. Ab 1907 Professor für Theologie an der Universität Kiel. Ab 1911 an der Universität Straßburg. Ab 1919 an der Universität Münster. Ab 1923 an der Universität Königsberg. Ab 1928 an der Universität Halle. Ab 1911 Mitglied der preußischen „Freikonservativen Partei". Mitbegründer einer „rechts vom Liberalismus stehenden Partei" im Elsaß, die in Folge des Kriegsausbruchs nicht zur Wirkung kam. Bis 1928 Mitglied der DNVP. Mitglied der NSV. Mitglied im „Stahlhelm, Bund der Frontsoldaten" und 1933 in den NSDFB überführt. 1936 emeritiert, lehrte er weiter und betreute die Patristische Sammlung der Universität Halle. Ab 1945 Mitglied der CDUD. 1945 noch einmal reaktiviert, setzte er die Lehre an der Universität Halle bis 1954 fort. Korrespondierendes Mitglied der Preußischen AdW.
Quellen: Professorenkatalog Universität Halle, Braun/Grünzinger, S. 137.

Klughardt, Adolf Flamin, Dr. med. Dr. phil. Dr. med. dent
* 26.09.1886 in Neustadt an der Waldnaab, † 18.06.1950 in Jena
Ab 1906 Mitglied der pflichtschlagenden Studentenverbindung „Corps Makaria". Teilnehmer am 1. Weltkrieg als Leiter des Kieferlazaretts des VI. Armee-Korps. Ab 1914 Leiter der Abteilung Prothetik und Kieferorthopädie. Ab April 1921 Professor für Prothetik und Orthodontie an der Universität Jena. Förderndes Mitglied der SS. Ab 1937 Mitglied der NSDAP. Mitherausgeber der „Monatszeitschrift für Zahnheilkunde". Von der SMAD in Weimar inhaftiert. Später wissenschaftlicher Mitarbeiter der Staatssicherheit. Sein Jagdschloss im Thüringer Wald blieb sein Eigentum.
Quellen: Klee I, Wikipedia, Hoßfeld u.a., S. 162.

Kneise, Otto, Prof. Dr. med.
* 09.08.1875 in Hamma bei Heringen, † 04.01.1953 in Halle (Saale)
1901 Assistent an der Universitätsfrauenklinik Halle. 1905 gründete er eine Privatklinik, aus der 1911 die Heilanstalt Weidenplan hervorging. Von 1914 bis 1918 als Stabsarzt der Marine Teilnehmer am Ersten Weltkrieg in der Türkei. Mit dem „Eisernen Kreuz" II. Klasse ausgezeichnet.

1918 habilitiert, erhielt der Chirurg und Urologe 1922 den Professorentitel. Bis 1933 Mitglied der Deutsch-Nationalen Volkspartei (DNVP). Seit 1922 Mitglied im „Stahlhelm, Bund der Frontsoldaten“, wo er 1934 in die SA-Reserve II überführt wurde. Nach eigenen Aussagen „Feind des Nazi-Regimes“, wurde mehrfach von der Gestapo verhört, „wegen Heimtücke gegen den Führer angeklagt“ und er sei „nur um Haaresbreite am Konzentrationslager vorbeigegangen“. 1947 erneuerte die Universität Halle seinen Lehrauftrag. Ab 1949 erhielt er eine Ehrenpension.
Quellen: Professorenkatalog Universität Halle.

Kneschke, Alfred, Prof. Dr.-Ing.
* 15.06.1902 in Altlöbau, † 24.11.1979 in Freiberg
Von 1926 bis 1930 Assistent an der TH Dresden. Ab 1930 im Schuldienst und gleichzeitig Privatdozent an der TH Dresden. Im November 1933 unterzeichnete er das „Bekenntnis der Professoren an deutschen Universitäten und Hochschulen zu Adolf Hitler und dem nationalsozialistischen Staat“. Lehrer für Mathematik und Physik an der Höheren Versuchsschule in Dresden. Danach Dozent für Mathematik an der Staatlichen Akademie für Technik in Chemnitz. Oberstudiendirektor an der Oberrealschule in Meerane. Mitglied der NSDAP. Ab 1938 Professor an der TH Dresden. Von 1939 bis 1945 als Kryptoanalytiker beim OKH Teilnehmer am 2. Weltkrieg. In US-amerikanischer Kriegsgefangenschaft. Wegen seiner Nazi-Vergangenheit wurde er 1945 aus dem öffentlichen Dienst Sachsens entlassen. Danach lernte er Elektromonteur und arbeitete als Geselle. Von 1950 bis 1951 Mathematiker beim VEB Carl Zeiss Jena. Ab 1952 Professor an der BAF. Von 1952 bis 1955 Leiter des Instituts für Technische Mechanik. Von 1953 bis zur Emeritierung 1967 Leiter des Instituts für Angewandte Mathematik. 1953 Dekan der Fakultät für Mathematik und Naturwissenschaften.
Quellen: Wikipedia, https://tu-dresden.de/ua/dokumentationen/alumni/das-alumni-projekt-des-universitaetsarchivs-der-tu, https://tu-freiberg.de/sites/default/files/media/fakultaet-fuer-mathematik-und-informatik-fakultaet-1-9277/poster/kneschke.pdf.

Knobel, Johannes Christoph, Prof. Dr. rer. pol. habil.
* 09.10.1911 in Arnsdorf, Oberlausitz, † 02.12.1980 in Rostock
Von 1933 bis 1934 Mitglied der SA. Seit 1938 Mitglied der DAF. 1938 bis 1939 Steuerassistent bei der Deutschen Apotheken-Buchstelle Joh. Schultze in Magdeburg. Ab 1940 Mitglied der NSV. Mitglied im RLB. Mitglied der SED. Von 1939 bis 1948 Assistent am Institut für Verkehrswissenschaft der Universität Leipzig. Ab 1949 Professor für Politische Ökonomie an der Gesellschaftswissenschaftlichen Fakultät der Universität Leipzig. Von 1949 bis 1972 Professor für Politische Ökonomie an der Universität Rostock. Von 1951 bis 1953 kommissarischer Dekan. Von 1954 bis 1956 Prodekan der Wirtschaftswissenschaftlichen Fakultät. Wegen Erkrankung vorzeitig emeritiert.
Quellen: Professorenkatalog Universität Rostock, Professorenkatalog Universität Leipzig.

Knöll, Hans, Prof. Dr. med.
* 07.01.1913 in Wiesbaden, † 26.06.1978 in Stralsund
Ab 1932 Mitglied der NSDAP. Von 1932 bis 1935 Mitglied der SA. Ab 1938 Leiter des Instituts für Mikrobiologie und experimentelle Therapie der Jenaer Glaswerke Schott. Ab 1950 Professor der Bakteriologie an die Universität Jena. Von 1950 bis 1953 gleichzeitig Werkdirektor beim VEB Jenapharm. Ab 1955 Mitglied der AdW zu Berlin. Von 1956 bis 1976 Direktor des Instituts bzw. ZI für Mikrobiologie und Experimentelle Therapie der AdW in Jena. Mitglied der Leopoldina zu Halle. 1978 mit dem „Vaterländischen Verdienstorden“ in Silber und 1949 und 1952 mit dem „Nationalpreis“ ausgezeichnet.
Quellen: Cerný, Wikipedia, Baumgartner/Hebig, BStU, MfS, Allg. P. 1258/56, Bl. 7f., BStU, MfS, Allg. S. 229/56, Band 5, Bl. 313f.

Knorr, Heinz Arno, Prof. Dr. phil.
* 09.06.1909 in Kiel, † 22.10.1996 in Halle (Saale)
Seit Mai 1932 Mitglied der NSDAP. Seit 1940 Mitglied der DAF. Teilnehmer am Zweiten Weltkrieg. Mit der „Ostmedaille“ der Wehrmacht (1941), mit dem „Eisernen Kreuz“ I. Klasse und dem „Eisernen Kreuz“ II. Klasse sowie mit dem „Pionierabzeichen“ ausgezeichnet. Von 1945 bis 1950 Lan-

deskonservator und Landesmuseumspfleger in Halle (Saale). Von 1950 bis 1953 Direktor der Staatlichen Galerie Moritzburg in Halle (Saale). Von 1951 bis 1954 Leiter der Landesfachkommission der Natur- und Heimatfreunde und von 1952 bis 1960 Vorsitzender der Zentralen Fachkommission. Von 1954 bis 1961 Direktor der Fachstelle für Heimatmuseen beim Ministerium für Kultur mit Sitz in Halle (Saale). Von 1957 bis 1961 Lehrbeauftragter für Vor- und Frühgeschichte und Museumskunde an der Universität Halle. Von 1961 bis 1974 Professor für Ur- und Frühgeschichte und von 1966 bis 1974 Direktor des Instituts für Ur- und Frühgeschichte der Universität Leipzig. Seit 1947 Mitglied der SED. Mitglied im FDGB. Ab 1949 Mitglied der GDSF. Mitglied im KB, wo er von 1954 bis 1960 Mitglied im Präsidialrat war. Seit 1959 Mitglied der Deutschen Historiker Gesellschaft. Seit 1965 Mitglied im Nationalkomitee für Ur- und Frühgeschichte bei der AdW zu Berlin.
Quellen: Professorenkatalog Universität Leipzig, Wikipedia, Mertens, S. 28.

Knudsen, Hans, Prof. Dr. phil.
* 02.12.1886 in Posen, † 04.02.1971 in Berlin
Ab 1918 Mitglied des Vorstands der Vereinigung künstlerischer Bühnenvorstände. Redaktionsleiter der Zeitschrift „Die Scene". Ab 1920 Theaterkritiker für die „Preußischen Jahrbücher", für die „Rheinisch-Westfälische Zeitung" und für die „Deutsche Tageszeitung". Von 1923 bis 1931 Assistent am Theaterwissenschaftlichen Institut der Universität Berlin. Von 1923 bis 1945 zugleich Generalsekretär der Berliner Gesellschaft für Theatergeschichte. Ab 1926 Dozent an der Schauspielschule des Deutschen Theaters Berlin. Im November 1933 unterzeichnete er das „Bekenntnis der Professoren an den deutschen Universitäten und Hochschulen zu Adolf Hitler und dem nationalsozialistischen Staat". 1935 Gründer der Zeitschrift „Die Bühne". 1936/37 Schriftleiter der „Deutschen-Theater-Zeitung". Seit 1940 Mitglied der NSDAP. Ab 1944 Professor für Theaterwissenschaft an der Universität Berlin und zugleich Direktor des Instituts für Theaterwissenschaft. Von 1948 bis 1956 Professor für Theaterwissenschaft an der FU Berlin. Mitglied im Vorstand der Freien Volksbühne Berlin. Mitglied der Jury des Dramatiker-Preises der Christlich-Jüdischen Gesellschaft. 1958

mit dem „Verdienstkreuz“ 1. Klasse des Verdienstordens der BRD ausgezeichnet.
Quellen: Wikipedia, Munzinger Biographie, Klee II.

Koblitz, Josef, Prof. Dr. phil.
* 13.04.1913 in Nixdorf-Schluckenau (CSR), † 1989
Seit 1938 Mitglied der NSDAP. In Hertersdorf und in Freiwaldau im Sudetenland. Nach 1945 stellvertretender Direktor der Wissenschaftlichen Redaktion der Zentralblätter der AdW zu Berlin. Ab 1966 Leiter der neugegründeten Abteilung des Instituts Gesellschaftswissenschaftliche Information und Dokumentation. Das Institut wurde später in Institut für Bibliothekswissenschaft und wissenschaftliche Information umbenannt.
Quellen: http://www.ib.hu-berlin.de/about/gesch/index.html.

Koch, Arthur, Dr. phil.
* 24.12.1914 in Chemnitz, †?
Seit 1940 Mitglied der NSDAP. Mitglied der KPD bzw. SED. Von 1953 bis 1963 Rektor des Pädagogischen Institut Erfurt. Ab 1963 stellvertretender Direktor der Nationalen Forschungs- und Gedenkstätte der klassischen Deutschen Literatur in Weimar. 1969 mit dem „Nationalpreis“ II. Klasse und 1979 mit dem „Vaterländischen Verdienstorden“ in Silber ausgezeichnet.
Quellen: https://de.linkfang.org/wiki/P%C3%A4dagogische_Hochschule_Erfurt.

Koch, Friedrich Wilhelm, Dr. jur.
* 11.12.1903 in Mühlhausen, † 10.09.1989 in Haar über Neuhaus/Elbe
Ab 1934 niedergelassener Rechtsanwalt und ab 1937 Notar in Mühlhausen. Mitglied der NSDAP. Teilnehmer am Zweiten Weltkrieg. Wegen seiner Nazi-Vergangenheit verlor er seine Zulassung als Rechtsanwalt und Notar. Da ihn ein Überprüfungsausschuss des Propstsprengels Erfurt als „tragbar“ einstufte, konnte er juristischer Mitarbeiter im Kirchenkreis Mühlhausen werden. Von dort aus kam er zu Synode der Evangelischen Kirche der Kirchenprovinz Sachsen, die ihn in die Leitung wählte. 1951 wechselt er in das Konsistorium in Magdeburg, wo er bis 1971 Jurist und

zuletzt Konsistorialpräsident war. Gesandter Synodaler bei Tagungen der Evangelischen Kirche der Union und der Evangelischen Kirche in Deutschland.
Quellen: Universität Magdeburg.

Koch, Helmut, Prof.
* 05.04.1908 in Wuppertal-Barmen, † 26.01.1975 in Berlin
Ab 1931 Leiter des Berliner Schubertchores. Musikalischer Aufnahmeleiter bei der Firma Schallplatten AG Carl Lindström. Mitglied der NSDAP. Nach 1945 Aufnahmeleiter beim Berliner Rundfunk. Ab 1951 Professor an der Deutschen Hochschule für Musik in Berlin. Ab 1963 Generalmusikdirektor und zugleich Direktor der Berliner Singakademie. Ab 1956 Mitglied der DAK. Seit 1960 ständiger Gastdirigent an der Deutschen Staatsoper Berlin. Seit 1963 Dirigent der Berliner Singakademie. 1949 und 1959 mit dem „Nationalpreis" und 1968 und 1973 mit dem „Vaterländischen Verdienstorden" in Silber und Gold ausgezeichnet.
Quellen: Baumgartner/Hebig, Cerný, Wikipedia.

Koch, Rudolf Robert Max, Prof. Dr. med.
* 02.04.1909 in Berlin-Wilmersdorf, † 02.06.1963 in Bamberg
Mitarbeiter am Gerichtsmedizinischen Institut der Universität Münster und Befürworter der Kastration bei Sittlichkeitsverbrechern. Von 1928 bis 1933 Mitglied der Zentrumspartei. Ab 1935 Mitglied im NSÄB. Ab 1937 Mitglied der NSV. Ab 1942 als Mitglied Sturmmann und Arzt im NSFK. Mitglied im RKB. Ab 1935 Volontär und Assistent am Gerichtsärztlichen Institut der Universität Berlin. Ab 1938 Gerichtsarzt der Stadt Münster. Als Unterarzt bzw. Truppenarzt einer Panzerabteilung Teilnehmer am Zweiten Weltkrieg. Aus US-amerikanischer Kriegsgefangenschaft zurückgekehrt, ab 1947/48 Professor für Gerichtliche Medizin und Grenzgebiete an der Universität Halle. 1958 kehrte er von einer Dienstreise nach Köln nicht zurück. 1959 zum Landgerichtsrat und zum Oberregierungsmedizinalrat in Coburg ernannt. Suizid.
Quellen: Klee I, Professorenkatalog Universität Halle, Wikipedia, BStU, MfS, Allg. S. 1631/67, Bl. 6ff.

Koch, Tankred, Prof. Dr. med. vet.
* 06.12.1908 in Wien, † nach 1987
Seit August 1934 Mitglied der NSDAP. Von 1934 bis 1937 Mitglied im SA-Sturm 2/4 in Wien. Mitglied im NSDDB. Von Juli bis November 1936 Assistent an der Lehrkanzel für Huf- und Klauenkunde. Danach bis Februar 1937 an der Lehrkanzel für Pharmakologie. 1942 zum Schulleiter ernannt. Mitglied der Reichsärztekammer. Mitglied der RSK. Assistent bzw. Oberassistent am Institut für Veterinäranatomie der Universität Berlin. Teilnehmer am Zweiten Weltkrieg. Ab 1946 Mitglied der SED. Mitglied im FDGB. Von 1950 bis 1974 Hochschullehrer bzw. Professor an der Humboldt-Universität Berlin. Direktor des Instituts für Veterinäranatomie. Von 1958 bis 1962 Präsident der Gesellschaft für Veterinärmedizin. Mitglied im ZV der Gewerkschaft Wissenschaft. 1969 mit dem „Vaterländischen Verdienstorden" in Bronze und als „Verdienter Tierarzt" ausgezeichnet. Die HA IX/11 des MfS erwähnte in einem Schreiben vom 9. November 1988, dass Koch „durch westliche Medien" mehrfach „angegriffen" worden wäre, die seine Nazi-Mitgliedschaften veröffentlichten.
Quellen: BStU, MfS, HA II Nr. 29879, Bl. 1, BStU, MfS, HA IX/11, SV 3/82, Band 19, Bl. 55-63; Herbst, Baumgartner/Hebig.

Koelwel, Eduard, Prof.
* 14.05.1882 in Zweibrücken, † 17.10.1966 in Berlin-Pankow
Teilnehmer am Ersten Weltkrieg. Ab 1927 in Berlin wo er Geschäftsführer des Sprachpflegeamtes war. Geschäftsführer der RSK. Ab 1947 Wissenschaftliche Lehrkraft, dann Dozent an der Humboldt-Universität Berlin. Später Professor an der Akademie der Pädagogischen Wissenschaften. 1952 verlieh ihm die Stadt Zweibrücken die Ehrenplakette und 1959 mit dem „Ehrenpreis" der Rheinpfalz ausgezeichnet. Als Schriftsteller und Maler 1954 und 1957 mit der „Medaille für ausgezeichnete Leistungen" und 1957 mit dem „Vaterländischen Verdienstorden" ausgezeichnet. 1959 mit dem „Ehrenpreis" der Rheinlandpfalz ausgezeichnet.
Quellen: Wikipedia.

Koepp, Wilhelm, Prof. Dr. theol.
* 01.11.1885 in Zoppot, † 27.12.1965 in Kleinmachnow
Von 1910 bis 1911 Mitglied des Berliner Domkandidatenstiftes. Danach Schlossprediger in Österreich. Ab 1912 Hilfsprediger in Berlin-Lichtenberg und Pfarrer in Strenz-Naundorf bei Belleben (Provinz Sachsen). Von 1917 bis 1918 als Lazarettpfarrer Teilnehmer am Ersten Weltkrieg in Halle. Mit der „Rot-Kreuz-Medaille" 3. Klasse und dem EK II ausgezeichnet. 1919 Inspektor am Schlesischen Konvikt in Halle. Ende der 1920er Jahre Leiter der Zweigstelle Pommern der Gesellschaft für Evangelische Pädagogik. 1920 Professor an der Universität Halle. Von 1921 bis 1952 Professor an der Universität Greifswald, wo er Direktor des Theologischen Seminars war. Sein Spezialgebiet war die Germanische Religionsgeschichte. Mitglied der völkischen und antisemitischen „Deutschen Christen". Ab 1939 Mitarbeiter am antisemitischen „Institut zur Erforschung und Beseitigung des jüdischen Einflusses auf das deutsche kirchliche Leben". Mitglied im Opferring der NSDAP. Mitglied im NSLB. Mitglied der NSV. Mitglied im Bund nationalsozialistischer evangelischer Geistlicher, Mitglied im RLB. Mitglied im NSDFB bzw. Mitglied im „Stahlhelm, Bund der Frontsoldaten". Ab 1945 Mitglied der CDUD. Von 1952 bis 1954 Professor und Direktor des Instituts für Systematische Theologie der Universität Rostock, wo er auch emeritiert wurde.
Quellen: BStU, MfS, HA IX/11, ZA VI 3322, Akte 20, Bl. 22, Wikipedia, Professorenkatalog Universität Halle, Professorenkatalog Universität Rostock, Klee I, Weinreich, https://ns-zeit.uni-greifswald.de/pl/projekt/personen/koepp-wilhelm/.

Koeppe, Leonhard, Prof. Dr. med. Dr. h. c.
* 20.11.1884 in Torgau, † 18.03.1969 in Halle (Saale)
Nach 1912 Volontärassistent in Breslau und Leipzig. Praktischer Arzt in Dommitzsch. Ab 1914 Assistent an der Universitätsaugenklinik Halle. Ab 1921 Professor h. c. an der Universität Madrid. Ab 1921 Professor an der Medizinischen Fakultät der Universität Halle. Von 1923 bis 1925 wissenschaftlicher Mitarbeiter der Firma Bausch and Lomb Optical Co. in Rochester, USA. 1926 kehrte er nach Halle zurück. 1930/31 Research-Professor für Ophtalmo-Mikroskopie an der State University Iowa, USA. Seit

Mai 1933 Mitglied der NSDAP. Ende der 1930er Jahre arbeitete er zusammen mit der Physikalischen Abteilung der Heeres-Nachrichtenschule an der Lösung von optischen Problemen für die Luft- und die Unterseebootwaffe. Im Dezember 1945 von der Universität Halle entlassen. Mitglied der CDUD. Er betrieb eine augenärztliche Praxis. Mitglied der Leopoldina zu Halle.
Quellen: Professorenkatalog Universität Halle, Wikipedia.

Köhler, Hans Ehrhard Franz, Prof. Dr. phil. Lic. theol.
* 05.12.1911 in Leipzig, †?
Von 1935 bis 1940 Mitglied der NSV. Ab 1938 Mitglied im NSAHB. Von 1939 bis 1940 Mitglied im RLB. Seit 1935 Pfarrer. Als Dolmetscher Teilnehmer am Zweiten Weltkrieg. Von 1946 bis 1951 Professor für Systematische Theologie an der Universität Leipzig. Seit 1946 Mitglied der CDUD. Seit 1949 Mitglied im FDGB. 1951 beging er „Republikflucht". Professor für Theologie an der FU Berlin.
Quellen: BStU, MfS, ASt Leipzig, AU 24 /56, Bd. 1, Bl. 101, Bl. 225, Bl. 265, Bl. 275, Professorenkatalog Universität Leipzig.

Köhler, Johannes Ernst, Prof.
* 24.06.1910 in Meran, Südtirol, † 12.09.1990 in Weimar
1932/33 Organist an der Berliner Philharmonie. Ab 1933/34 an der Pauluskirche in Berlin-Lichterfelde. Von 1934 bis 1975 Stadtorganist und Dozent an der Musikhochschule in Weimar. Seit 1938 Mitglied der NSDAP. Teilnehmer am Zweiten Weltkrieg. Mitglied der CDUD. Ab 1950 Kirchenmusikdirektor der Landeskirche Thüringen. Von 1958 bis 1962 Mitglied im ZV der GDSF. Kirchenmusikdirektor der Herder-Kirche in Weimar. Leiter des Bach-Kreises im KB. Mitglied des Hauptvorstands der CDUD. Von 1950 bis 1980 Professor für Orgelspiel an der Hochschule für Musik in Weimar. Mitglied des Musikrates. 1975 mit dem „Vaterländischen Verdienstorden" in Bronze und 1955 mit dem „Nationalpreis" III. Klasse ausgezeichnet.
Quellen: Wikipedia, UFJ, Baumgartner/Hebig, Buch, BStU, MfS, HA Nr. 5751, Teil 1 von 3, Bl. 69f.

Köhler, Otto, Prof. Dr.-Ing.
* 10.03.1902 in Berlin, † 23.03.1967 in Rostock
1927 Assistent am Institut für industrielle Psychotechnik und Arbeitsethik an der TH Berlin. Von 1927 bis 1932 Technischer Angestellter bei der Firma AEG in Berlin. Von 1932 bis 1934 Assistent am Institut für industrielle Psychotechnik und Arbeitsethik an der TH Berlin. Ab 1933 Mitglied der NSDAP. Von 1934 bis 1938 Abteilungsleiter für technische Verwaltung bei der Deutschen Versuchsanstalt für Luftfahrt in Berlin. Von 1938 bis 1945 zuerst Personalführer und ab 1942 stellvertretender Werkführer. Ab 1943 Betriebsführer der Heinkel-Werke in Rostock und damit zuständig für den Aufbau des KZ-Außenlager Barth, die Beschaffung der Arbeitskräfte sowie die Planung und Kontrolle des Betriebsablaufes. Außerdem war Köhler zuständig für ein weiteres KZ-Außenkommando in der Rostocker Heide, wo die Heinkel-Werke über einen Verlagerungsstandort verfügten. Im März 1944 befanden sich unter den rund 50.000 Beschäftigten der Heinkel-Werke, über 9.100 KZ-Häftlinge, über 3.200 Kriegsgefangene und rund 9.000 zivile Zwangsarbeiter*innen. Von April 1946 bis 1952 war er interniert in Neubrandenburg und im Sowjetischen Speziallager Nr. 7 / Nr. 1 Sachsenhausen. 1950 wurde er an die Justiz der DDR übergeben und im April vom Landgericht Chemnitz wegen seiner Nazi-Vergangenheit zu 18 Jahren Zuchthaus verurteilt. Auf Grund eines Gnadenaktes des DDR-Präsidenten, wurde Köhler 1952 vorzeitig aus der Haft entlassen. Von 1952 bis 1956 Sachbearbeiter und danach Leiter der Abteilung Betriebsorganisation des VEB Warnow-Werft in Warnemünde. Von 1954 bis 1955 Lehrbeauftragter für mechanische und chemische Technologie an der Universität Rostock. Ab 1955 Inoffizieller Mitarbeiter des MfS. Von 1956 bis 1967 dort Professor und Direktor des Instituts für Ökonomik der Industrie. 1963/64 wurde Köhler als Zeuge vom MfS befragt. Vor Gericht ging es lediglich um den ehemaligen SS-Lagerführer und drei SS-Aufseherinnen. Die Verhandlungen wurden unter Ausschluss der Öffentlichkeit durchgeführt und die Urteile (1966) blieben geheim. Von 1963 bis 1967 Prodekan. Im Mai 1955 als „Aktivist“ ausgezeichnet.
Quellen: Wikipedia, Professorenkatalog Universität Rostock, https://www.beirat-fuer-geschichte.de/fileadmin/pdf/band_17/Demokratische_Geschichte_Band_17_Essay_10.pdf, https://duepublico2.uni-

due.de/servlets/MCRFileNodeServlet/duepublico_derivate_00038237/04_Froehlich_Heinkel.pdf.

Kohlmey, Gunter, Prof. Dr. rer. pol. Dr. h. c.
* 27.07.1913 in Berlin, † 25.12.1999 ebenda
Von 1934 bis 1943 Mitglied der SA. Von 1937 bis 1943 Mitglied der NSDAP. Als Leutnant Teilnehmer am Zweiten Weltkrieg. In sowjetischer Kriegsgefangenschaft. Schüler und Assistent an der zentralen Antifaschismus-Schule in Krasnogorsk. Ab 1948 Mitglied der SED. Gründungsdekan an der Wirtschaftswissenschaftlichen Fakultät und Direktor des Instituts für Politische Ökonomie des Sozialismus an der Verwaltungsakademie Forst-Zinna. Ab 1953 Hochschullehrer an der DASR in Potsdam-Babelsberg. Abteilungsleiter im Institut für Wirtschaftswissenschaften der AdW zu Berlin. Chefredakteur der Zeitschrift „Wirtschaftswissenschaft". Von 1961 bis 1969 Professor für Internationale Handels- und Valutabeziehungen an der Hochschule für Ökonomie in Berlin-Karlshorst. Von 1978 bis 1983 Vorsitzender des Nationalkomitees für Wirtschaftswissenschaften. Wirtschaftsberater der kubanischen Revolutionsregierung zu Zeiten von Che Guevara. 1978 emeritiert. 1955 mit dem „Nationalpreis" III. Klasse und 1978 mit dem „Vaterländischen Verdienstorden" in Gold ausgezeichnet. Die Hochschule für Ökonomie verlieh ihm den Ehrendoktortitel. Mitglied der PDS.
Quellen: UFJ, Cerný, Baumgartner/Hebig, Buch, Wikipedia, BStU, MfS, HA XX Nr. 5754, Bl. 222, BStU, MfS, HA XX Nr. 5751, Bl. 72f.

Kohlrausch, Eduard, Prof. Dr. jur.
* 04.02.1874 in Darmstadt, † 22.01.1948 in Berlin
Ab 1903 Privatdozent an der Universität Heidelberg. 1904 Professor für Rechtswissenschaften an der Universität Königsberg. Seit 1905 Mitherausgeber der „Zeitschrift für die gesamte Strafrechtswissenschaft". Ab 1913 bis 1918 Professor an der Universität Straßburg. Ab 1919 Professor an der Universität Berlin. Von 1933 bis 1936 Mitglied der Strafrechtskommission des Reichsjustizministeriums. Von 1936 bis 1939 Mitglied der Großen Strafprozesskommission. Ab 1934 Mitglied im BNSDJ. Mitglied der Akademie für Deutsches Recht. 1944 von Adolf Hitler mit der „Goethe-

Medaille“ für Kunst und Wissenschaft ausgezeichnet. Strafrechtslehrer an der Humboldt-Universität Berlin. Mitglied der AdW zu Berlin. 1947 wurde ein Ausschuss an der Humboldt-Universität Berlin eingerichtet, der seine Nazi-Vergangenheit untersuchen sollte. Bevor die Untersuchung abgeschlossen werden konnte, verstarb er.
Quellen: Wikipedia, Klee I, Grüttner.

Kollath, Werner Georg, Prof. Dr. med.
* 11.06.1892 in Gollnow, Kreis Naugard (Pommern), † 19.11.1970 in Porza (Schweiz)
Teilnehmer am Ersten Weltkrieg. Ab 1923 Assistent und ab 1932 Professor am Hygiene-Institut an der Universität Breslau. Seit 1933 Mitglied der NSDAP. Förderndes Mitglied der SS. Seit 1933 Mitglied im NSLB. Mitglied im NSDDB. Mitglied der NSV. Mitglied im RLB. Als nebenamtlicher Maler und Grafiker Mitglied der RKK. Ab 1935 als Bakteriologe und Hygieniker an der Universität Rostock. Von 1936 bis 1937 Leiter der Gemeinschaftsvorlesung über Erb- und Rassenfragen für Mediziner über „Rassengesetzgebung und über Ursachen der Rasseverschlechterung“. Stellvertretender Beisitzer am Erbgesundheitsgericht in Rostock. 1937/38 Dekan der Medizinischen Fakultät. Teilnehmer am Zweiten Weltkrieg. Wegen seiner Nazi-Vergangenheit 1945 von der Universität Rostock entlassen. Ab 1945 Mitglied der KPD bzw. SED. Von 1946 bis 1947 Leiter der Hygienischen-Epidemiologischen Station in Rostock. Anfang 1947 siedelte er nach Hannover über, wo er als Ernährungswissenschaftler bzw. als Chemiker für den Keksfabrikanten Bahlsen arbeitete. 1948 erhielt er seinen Entnazifizierungsbescheid. Von 1948 bis 1949 arbeitete er am Pathologischen Institut in Stockholm. Ab 1949 Lehrauftrag an der Universität Freiburg i. Brsg. Von 1952 bis 1956 führte er an der Universität München Tierversuche durch. 1966 mit der „Hufeland-Medaille“ des Zentralverbands der Ärzte für Naturheilverfahren ausgezeichnet.
Quellen: Klee I, Wikipedia, Professorenkatalog Universität Rostock.

König, Helmut, Prof. Dr.
* 20.11.1920 in Nowawes bei Potsdam, † 17.05.2005 in Birkenwerder
Mitglied der HJ. Seit 1939 Mitglied der NSDAP. Als Artillerist Teilnehmer am Zweiten Weltkrieg. Ab 1953 Dozent und ab 1956 Professor für die Geschichte der Pädagogik an der Humboldt-Universität Berlin. Vorsitzender des Wissenschaftlichen Rates beim Ministerium für Volksbildung. Vorsitzender der Sektion Pädagogik der Urania. 1961 mit dem „Vaterländischen Verdienstorden" in Bronze, 1964 mit der „Dr.-Theodor-Neubauer-Medaille" in Gold, 1974 mit dem „Nationalpreis" III. Klasse für Wissenschaft und Technik und 1980 mit als „Verdienter Lehrer des Volkes" ausgezeichnet.
Quellen: Wikipedia.

König, Walter, Prof. Dr.-Ing. Dr. h. c.
* 26.09.1878 in Annaberg, † 02.02.1964 in Radebeul
Arbeit in der Farbenfabrik Bayer & Co. in Elberfeld. Ab 1908/09 Dozent an der TH Dresden, wo er von 1913 bis 1957 Professor und Direktor des Instituts für Farbenchemie war. Mitglied der NSDAP. Im November 1933 unterzeichnete er das „Bekenntnis der Professoren an den deutschen Uni versitäten und Hochschulen zu Adolf Hitler und dem nationalsozialistischen Staat". Seit 1941 Chemiker in den Buna-Werken in Schkopau. Wegen seiner Nazi-Vergangenheit wurde er 1945 gegen den Willen der Hochschulleitung von der sächsischen Landesregierung entlassen. Danach Laborleiter bei der Dresdner Pharmafabrik Gehe & Co. Im Frühjahr 1945 Mitglied des Antifa-Ausschuss' des Werks. Von November 1945 bis 1967 Leiter der VEB Chemische Werke Buna in Schkopau. Ab 1947 arbeitete er für den VEB Heilchemie. Ab 1949 Mitglied der SAW zu Leipzig. Ab 1956 Professor für Chemie an der TH Leuna-Merseburg. Danach konnte er wieder auf seinen Lehrstuhl zurückkehren. Seit Februar 1953 Mitglied der BBAW. Nach Differenzen mit der Führung der SED trat König im Januar 1967 von der Werkleitung zurück. 1953 ernannte ihn die Universität Halle zum Ehrendoktor. 1949 und 1951 mit dem „Nationalpreis", 1953 als „Hervorragender Wissenschaftler des Volkes", 1954 mit der „August-Keulé-Medaille" der Chemischen Gesellschaft, 1958 mit der „Emil-Fischer-Medaille" der Gesellschaft Deutscher Chemiker ausgezeichnet. Zum

50-jährigen Professorenjubiläum stiftete die TU Dresden 1963 die „Walter-König-Medaille“ für hervorragende Leistungen. Sein Geburtsort Annaberg ernannte ihn zum Ehrenbürger.
Quellen: Wikipedia, Sächsische Biografie, Deutsche Biographie, Universität Halle.

Konwitschny, Franz, Prof. Dr. h.c.
* 14.08.1901 in Fulneck (Nordmähren), † 28.07.1962 in Belgrad, während einer Konzertreise
Seit 1923 Mitglied der NSDAP in Fulneck und wieder seit 1937. Ab 1938 Generalmusikdirektor in Frankfurt/M. Ab 1942 Gastdirigent in Litzmannstadt bzw. Lodz. Nach 1945 Chef der Oper in Hannover und in Hamburg. Von 1949 bis 1962 Gewandhauskapellmeister in Leipzig. Von 1953 bis 1955 Generalmusikdirektor der Staatsoper Dresden. Ab 1955 Generalmusikdirektor an der Deutsche Staatsoper Berlin. 1956 Mitglied der AdK. Die Universität Leipzig verlieh ihm 1960 den Ehrendoktortitel. 1952, 1956 und 1960 mit dem „Nationalpreis“ II. und I. Klasse, mit dem Orden „Banner der Arbeit“ und 1954 mit dem „Vaterländischen Verdienstorden“ ausgezeichnet.
Quellen: Wikipedia, Klee II.

Korfes, Otto, Prof. Dr. rer. pol.
* 23.11.1889 in Wenzen, bei Braunschweig, † 24.08.1964 in Potsdam
Als Offizier und Militärwissenschaftler Teilnehmer am Ersten Weltkrieg. Mit dem „Eisernen Kreuz“ II. und I. Klasse ausgezeichnet. Mitglied im „Stahlhelm, Bund der Frontsoldaten“. Von 1920 bis 1937, zuletzt als Oberregierungsrat, beim Reichsarchiv in Potsdam. Als Generalmajor der Wehrmacht Teilnehmer am Zweiten Weltkrieg. Mit dem „Deutschen Kreuz“ in Gold und mit dem „Ritterkreuz des Eisernen Kreuzes“ ausgezeichnet. Danach in sowjetischer Kriegsgefangenschaft. Mitglied im NKFD. Mitglied im BDO. Leiter der Haupt-Verwaltung Archivwesen im MdI. Mitglied des HV der NDPD. Generalmajor der KVP. Er lehrte an der Universität Leipzig. Mitglied im NR der NF. Mitglied der Sektion Geschichte der AdW zu Berlin. Vorsitzender der AeO. 1959 mit dem „Vaterländischen Verdienstorden“ in Silber ausgezeichnet.

Quellen: Cerný, Wikipedia, Lapp, Stockhorst, Baumgartner/Hebig, Buch.

Kortum, Herbert, Prof. Dr. phil.
* 15.09.1907 in Gelting (Schleswig-Holstein), † 28.09.1979 in Jena
Seit 1930 Mitglied NSDAP. Seit 1931 Mitglied der SS und ab 1942 SS-Obersturmführer. Ab 1934 wissenschaftlicher Assistent. Ab 1941 Leiter einer Entwicklungsabteilung für elektronische Rechengeräte und Navigationsinstrumente bei Carl Zeiss Jena. 1939 mit dem „SS-Totenkopfring" ausgezeichnet. Er betrieb militärtechnische Forschung bei den Zeiss-Werken Jena. 1943 mit dem „Kriegsverdienstkreuz" I. Klasse ausgezeichnet. Nach 1945 1. Vorsitzender der Messtechnischen Gesellschaft und Entwicklungshauptleiter im VEB Carl Zeiss Jena. 1946 von der SMAD entnazifiziert und bis 1953 als Spezialist in der Sowjet-Union. Ab 1953 beim VEB Carl Zeiss Jena Entwicklungshauptleiter. Seit 1960 Direktor der Forschungsstelle für Automatisierung und Messtechnik in Jena. Ab 1960 Professor für Elektrotechnik an der TH Ilmenau. Ab 1962 Leiter einer Forschungsstelle der AdW zu Berlin. 1971 vorzeitig pensioniert. Ab 1959 Mitglied im Forschungsrat. 1955 mit dem „Nationalpreis" II. Klasse, 1967 mit der „Verdienstmedaille", 1971 als „Verdienter Techniker des Volkes ausgezeichnet. 1971 wurde ihm die Goldmedaille für eine seiner Forschungserfolge verliehen
Quellen: UFJ, Stockhorst, Wikipedia.

Kötzschke, Rudolf Karl, Prof. Dr. phil.
* 08.07.1867 in Dresden, † 03.08.1949 in Leipzig
Ab 1890 Lehrer an einem Dresdner und danach an einem Leipziger Gymnasium. Ab 1896 Hilfsarbeiter in der Königlich Sächsischen Kommission für Geschichte. Von 1899 bis 1945 zunächst als Privatdozent, später als Professor für Mittlere und Neuere Geschichte an der Universität Leipzig. Ab 1906 Leiter des Instituts für Landesgeschichte und Siedlungskunde. Mitglied der NSV. Mitglied im RLB. Mitglied im RKB. Im November 1933 unterzeichnete er das „Bekenntnis der Professoren an deutschen Universitäten und Hochschulen für A. Hitler und den nationalsozialistischen Staat". Mitglied der SAW zu Leipzig. Von 1946 bis 1949 erneut mit der

Leitung des Instituts für deutsche Landes- und Volksgeschichte betraut. Kötzschke lehrte bis kurz vor seinem Tod 1949 an der Universität Leipzig. Quellen: Professorenkatalog Universität Leipzig, Wikipedia, Mertens, S. 34.

Kraatz, Helmut Richard Willy, Prof. Dr. sc. med. Dr. h. c.
* 06.08.1902 in Wittenberg, † 13.06.1983 in Berlin
Nach 1928 Medizinpraktikant und danach Assistenzarzt am St. Georg Krankenhaus in Hamburg. Von 1933 bis 1939 Mitglied der SA und SA-Scharführer. Von 1937 bis 1945 Mitglied der NSDAP. Mitglied der NSV. Mitglied im NSDDB. Mitglied im NSAHB. Mitglied der NS-Studentenkampfhilfe. Als Marinestabsarzt Teilnehmer am Zweiten Weltkrieg, wo er mit dem „Kriegsverdienstkreuz" 2. Klasse ausgezeichnet wurde. Seit 1949 Gynäkologe an der Universität Halle. Von 1952 bis zu seiner Emeritierung 1970 an der Humboldt-Universität Berlin. Mitglied der AdW zu Berlin. Mitglied im FDGB. Mitglied im KB. Herausgeber der Zeitschrift „Zentralblatt für Gynäkologie". Seit 1972 Mitglied im Präsidium des KB. Seit 1980 Ehrenpräsident des Rates für Medizinische Wissenschaften. Mitglied des Forschungsrates beim Ministerrat. 1962 und 1972 mit dem „Vaterländischen Verdienstorden" in Silber und Gold, 1950 als „Verdienter Arzt des Volkes", 1960 mit dem „Nationalpreis" II. Klasse, mit dem „Stern der Völkerfreundschaft" und 1967 als „Hervorragender Wissenschaftler des Volkes" ausgezeichnet. Ab 1985 wurde der „Helmut-Kraatz-Preis" vergeben. Quellen: Ernst, S. 353ff., Klee I, Cerný, Wikipedia, Baumgartner/Hebig, Buch, BStU, MfS, Allg. P 656/54, Bl. 4-12.

Krah, Elisabeth, Dr. phil.
* 27.09.1893 in Neuruppin, †?
Seit 1933 Mitglied der NSDAP. Ab 1946 Mitglied der CDUD. Mitglied im Kreisvorstand der CDU Greifswald. Mitglied des Bezirksvorstands Rostock der CDU. Mitglied im Demokratischen Frauenbund Deutschlands (DFD). Mitglied im Sekretariat der Gesellschaft „Neue Heimat". Ab 1963 Lehrbeauftragte für Methodik des Lateinunterrichts an der Universität Greifswald. Abgeordnete des Bezirkstages (AdB) Rostock. Mitglied im

„Deutschen Frauenrat". 1968 mit dem „Vaterländischen Verdienstorden" in Bronze und mit der „Verdienstmedaille" ausgezeichnet.
Quellen: UFJ, CDU, S. 142.

Krätzig, Helmut, Ing.
* 30.05.1917, †?
Von Mai 1937 bis 1945 Mitglied der NSDAP. Ab Juni 1938 Mitglied der SS. Ab April 1943 SS-Oberschütze und eingesetzt zur „Sicherung des Generalgouvernements und zur Bandenbekämpfung" im Osten Europas. In sowjetischer Kriegsgefangenschaft. Von 1946 bis 1954 in der Sowjet-Union. Bei seiner Rückkehr Mitglied der NDPD. Bis 1959 Mitglied des Direktoriums des Instituts für Medizin und Biologie an der AdW zu Berlin. Von 1958 bis 1963 Nachfolgekandidat der Volkskammer. Laboringenieur im Institut für Biophysik an der AdW zu Berlin. Mit der „Ehrennadel" der NF ausgezeichnet.
Quellen: UFJ, BStU, MfS, HA XX Nr. 5754, Bl. 31, Bl. 324, BStU, MfS, HA XX Nr. 5751, Teil 1 von 3, Bl. 114ff.

Kraus, Karl von, Dr. med.
* 12.09.1905 in Prag, † 1968
Mitglied im Freikorps Oberland (Sturmbataillon Teja). Mitglied der SS, seit 1933 Mitglied der SA und seit Mai 1937 Mitglied der NSDAP. Seit 1942 SS-Hauptsturmführer. Mitglied im NSRL. Mitglied im RKB. Führer im Sicherheitsdienst (SD) des SS-Reichssicherheits-Hauptamt (RSHA). Inhaber des „Julleuchters" und Mitglied der Gemeinschaft „Lebensborn". Mitglied NSDDB. Mitglied der DAF. Mitglied der NSV. Teilnehmer am Zweiten Weltkrieg und wurde 1940 mit dem „Eisernen Kreuz" II. Klasse und 1943 mit dem „Kriegsverdienstkreuz" I. Klasse ausgezeichnet. Generalführer der Landesstelle VII des DRK. Bis 1948 in Moosburg und Dachau interniert. Im November 1958 aus München in die DDR übergesiedelt. Oberarzt an der Dresdner Poliklinik am Sternplatz. Propagandist der NF. Von 1962 bis 1967 als Geheimer Informator „Sternberg" Mitarbeiter des MfS und traf sich alle vier bis sechs Wochen mit einem Hauptamtlichen des MfS in einer Konspirativen Wohnung. Ab 1963 am Krankenhaus Berlin-Friedrichstadt.

Quellen: UFJ, BStU, MfS, HA XX 5754, Bl. 164, BStU, MfS, HA XX Nr. 5751, Teil 1 von 3, Bl. 122, https://www.bstu.de/informationen-zur-stasi/themen/beitrag/vom-v-mann-des-sd-zum-stasi-spitzel/.

Krause, Alfred, Prof. Dr.-Ing.
* 06.01.1907 in St. Petersburg, † 20.01.1971 in Rostock
Von 1927 bis 1929 und 1934 bis 1935 Konstrukteur beim Schiffbaubüro der Firma Schichau in Danzig. Von 1935 Konstrukteur und ab 1940 Leiter der Projekt- und Konstruktionsabteilung der Bremer Vulkan Werft. Seit 1940 Mitglied der NSDAP. Von 1947 bis 1949 im Wissenschaftlich-Technischen Büro in Warnemünde, dass dem sowjetischen Ministerium der Schiffsbauindustrie angehörte. Von 1949 bis 1950 Technischer Leiter der Warnowwerft und anschließend Technischer Direktor der VVB Hochseeschiffbau in Warnemünde. Von 1952 bis 1966 Professor an der Universität Rostock. Von 1953 bis 1954 Prodekan. Von 1953 bis 1966 Institutsdirektor. Von 1954 bis 1957 und von 1964 bis 1965 Dekan. Von 1958 bis 1961 Vorsitzender der KdT. Von 1957 bis 1963 Mitglied im Präsidialrat des KB. Von 1953 bis 1966 Institutsdirektor. 1957 mit dem „Vaterländischen Verdienstorden“ in Bronze und 1963 mit der „Krylow-Plakette“ der Sowjetischen Wissenschaftlichen Gesellschaft für Schiffbau ausgezeichnet. 1963 mit der „Ehrennadel“ der Universität Rostock ausgezeichnet. 1966 emeritiert.
Quellen: Professorenkatalog Universität Rostock.

Krebs, Walter, Prof. Dr. phil. Dipl.-Ing.
* 12.08.1890 in Berlin, † 23.11.1977 in Rostock
Von 1914 bis 1918 Teilnehmer am 1. Weltkrieg. Von 1919 bis 1931 Verkäufer und Bauleiter für elektrische Industrieanlagen bei der Firma Siemens-Schuckertwerke in Dresden, Berlin und in Frankfurt/O. Von 1931 bis 1934 eigenes Installations- und Rundfunkgeschäft in Ballenstedt. Ab November 1933 Mitglied im NSKK. Ab Dezember 1937 Mitglied der NSDAP. Von 1934 bis 1938 Betriebsingenieur bei den Firmen Junkers Motorenbau und Junkers Flugzeugwerken in Dessau. Ab 1938 in der Hauptverwaltung der Junker-Flugzeug- und Motorenwerke in Dessau. Von 1938 bis 1940 Betriebsingenieur beim Verein für Gussstahlfabrikation in

Bochum. Von 1940 bis 1945 Betriebschef des Energiebetriebes und ab 1943 Handlungsbevollmächtigter der Spandauer Stahlindustrie GmbH in Berlin. Teilnehmer am 2. Weltkrieg. 1945 in sowjetischer Kriegsgefangenschaft. Von 1945 bis 1949 Holzbildhauer und in der Firma Beleuchtungskörperfabrik in Ballenstedt. Ab 1946 Mitglied im FDGB. 1950 bis 1955 Gruppenleiter für Großschiffbau beim VEB Schiffselektrik. 1955 Gruppenleiter für Großschiffbau beim VEB Warnowerft in Warnemünde. Von 1951 bis 1963 an der Schiffbautechnischen Fakultät am Institut für elektrische Anlagen auf Schiffen. Von 1955 bis zur Emeritierung 1961 Professor an der Universität Rostock. Von 1955 bis 1961 kommissarischer Institutsdirektor.
Quellen: Wikipedia, Professorenkatalog Universität Rostock.

Krefft, Siegfried Bruno Erich, Prof. Dr. med. habil.
* 06.04.1916 in Bobau (Polen), † 16.10.1981 in Fürstenfeldbruck
Von 1930 bis 1945 Mitglied der HJ in Oranienburg und Träger des goldenen HJ-Abzeichens sowie Mitglied des NSFK. Von 1939 bis 1945 Mitglied der Deutschen Studentenschaft. Teilnehmer am Zweiten Weltkrieg in einer Studentenkompanie in Halle. Als Doktorand bei Gerhard Schrader am Institut für Gerichtliche und soziale Medizin der Universität Halle, Teilnehmer bei der Hinrichtung von „Ostarbeitern". Für kurze Zeit in US-amerikanischer Kriegsgefangenschaft. Von 1945 bis 1948 Hilfskraft am Institut für Gerichtliche und Soziale Medizin bei Gerhard Schrader. Von 1945 bis 1953 Mitglied im FDGB. Ab 1950/51 Mitglied im KB. Am 8. April 1946 in Halle mit einer Dissertation „Über die Genese der Halsmuskelblutungen beim Tod durch Erhängen" promoviert und legte 1948 die Prüfung zum Amtsarzt ab. Ab Mai 1948 Oberarzt und kommissarischer Leiter des Instituts für Gerichtliche Medizin und Kriminalistik an der Universität Leipzig. 1951 „Für ausgezeichnete Leistungen" geehrt. Ab 1954 Professor mit Lehrauftrag und ab 1956 Ordinarius und Direktor des Institutes für Gerichtliche Medizin und Kriminalistik an der Universität Leipzig. 1958 beurlaubt, nach Einsicht in seine Dissertation fristlos entlassen und der Professorentitel wurde aberkannt. Er sollte sich als Oberarzt am Küchwald-Krankenhaus in Karl-Marx-Stadt bewerben oder bei anderen Stellen in den Bezirken Schwerin, Gera oder Magdeburg. Im Rahmen

seiner „Forschungen“ im Sommer 1944 bei Hinrichtungen von politischen Häftlingen und Soldaten der sowjetischen Armee anwesend, die in einer Baracke in der Mansfelder Straße stattfanden. Es handelte sich dabei „um ein verhältnismäßig langsames Hochziehen durch einen Flaschenzug“. Krefft durfte, als Doktorand, während der Tötung „die Differenz der Muskelspannung […] durch Fingerdruck“ selbst feststellen. Krefft verschwieg seine Mitgliedschaft in der NSDAP. Er beging „Republikflucht“. Ab 1961 Oberstabsarzt der Bundeswehr. Von 1964 bis 1976 Leiter der Abteilung Flugunfallmedizin am Flugmedizinischen Institut der Luftwaffe in Fürstenfeldbruck. 1976 in den Ruhestand versetzt. 1951 mit dem „Abzeichen für ausgezeichnete Leistungen“ in der DDR geehrt. 1973 in der BRD mit dem „Verdienstkreuz“ 1. Klasse des Verdienstordens der BRD ausgezeichnet. Mitglied der Deutschen Gesellschaft für Anthropologie, der Deutschen Gesellschaft für Hygiene, der Deutschen Gesellschaft für gerichtliche und soziale Medizin und der Ungarischen Gesellschaft für Blutforschung. Die Abteilung XX der BVfS Halle verlangte Anfang Oktober 1974 von der HA IX/11 eine „Personenüberprüfung“ zu Krefft. Weshalb das geschah, Krefft war zu diesem Zeitpunkt bereits 13 Jahre in der Bundesrepublik, ist aus den vorliegenden Unterlagen nicht ersichtlich.
Quellen: Scherriebe, BStU, MfS, A. Op. 31/58, Bd. 1, Bl. 10ff., Bl. 23, Bl. 28f., Bl. 38f., BStU, MfS, A. Op. 31/58, Bd. 2, Bl. 140ff., BStU, MfS, Allg. S. 1861/67, Bl. 8-15, BStU, MfS, HA IX/11 AK 5267/74, Bl. 3, BStU, MfS, A – SKS Nr. 31726, Bl. 6ff., Professorenkatalog Universität Leipzig, Professorenkatalog Universität Halle, Wikipedia, Klee I.

Kress, Bruno, Prof. Dr. phil.
* 11.02.1907 in Selz, Lothringen, † 15.10.1997 in Greifswald
Seit März 1934 Mitglied der NSDAP. Mitarbeiter für Germanenkunde der SS-Forschungsgemeinschaft Deutsches Ahnenerbe e. V. Teilnehmer am Zweiten Weltkrieg. Ab 1942 in britischer Kriegsgefangenschaft. Mitglied der SED. Von 1945 bis 1956 Lehrer an Dorfschulen in Nordwestmecklenburg. Ab 1956 Hochschullehrer und von 1963 bis 1972 Professor an der Universität Greifswald. Stellvertretender bzw. Direktor des Nordischen Instituts. Mitglied im Präsidium und Sekretariat der Deutsch-Nordischen Gesellschaft.

Quellen: UFJ, Wikipedia, BStU, MfS, HA XX 5754, Bl. 164, BStU, MfS, HA XX Nr. 5751, Teil 1 von 3, Bl. 126, Bl. 130.

Kress, Heinz, Prof. Dr.
* 03.03.1913 in Saarbrücken, † 02.11.1996 in Gülzow bei Güstrow
Seit November 1935 Mitglied der NSDAP. Teilnehmer am 2. Weltkrieg. Mit dem Eisernen Kreuz II. Klasse und dem Verwundetenabzeichen in Silber ausgezeichnet. Mitglied der DBD und dort Mitglied im Parteivorstand. Mitglied im NR der NF. Ab 1951 Hochschullehrer und später Professor für Methoden der sowjetischen Pflanzenzüchtung der Universität Rostock. Direktor der Forschungsstelle für Agrobiologie und Pflanzenzüchtung der DAL in Gülzow-Güstrow. 1955 mit dem „Nationalpreis“ III. Klasse, mit der „Ernst-Moritz-Arndt-Medaille“ und 1954 mit dem „Vaterländischen Verdienstorden“ in Silber ausgezeichnet. Er verschwieg seine Nazi-Vergangenheit.
Quellen: UFJ, Buch, Baumgartner/Hebig, BStU, MfS, HA XX Nr. 5754, Bl. 35, Bl. 330, BStU, MfS, HA XX Nr. 5751, Teil 1 von 3, Bl. 127f., Professorenkatalog Universität Rostock.

Kretzschmar, Robert Walter Hellmut, Prof. Dr.
* 12.07.1893 in Stolpen, † 02.12.1965 in Dresden
Ab März 1922 Archivar am Staatsarchiv Magdeburg. 1927 Staatsarchivar. Ab 1928 Archivar am Hauptstaatsarchiv Dresden. 1936 zum Oberstaatsarchivrat und ab 1937 zum Archivdirektor ernannt. Ab Mai 1937 Mitglied der NSDAP. Ab 1942 Professor für neuere Landesgeschichte und ab 1949 für Historische Hilfswissenschaften an der der Universität Leipzig. Von 1936 bis 1945 Vorsitzender des Sächsischen Altertumsvereins. Von 1957 bis 1962 Vorsitzender der Historischen Kommission der SAW. Von 1937 bis 1942 Schriftleiter des „Neuen Archivs für sächsische Geschichte“. Von 1958 bis 1963 Schriftleiter des „Neuen Archivs für sächsische Geschichte“.
Quellen: Wikipedia, Professorenkatalog Universität Leipzig, Mertens, S. 28, S. 34.

Kröger, Herbert, Prof. Dr. jur. Dr. h.c.
* 15.07.1913 in Dortmund, † 19.09.1989
Von November 1933 bis 1936 Mitglied der SA im Sturm 3/7. Seit Mai 1937 Mitglied der NSDAP. Seit Juli 1938 Mitglied der SS, wo er SS-Oberscharführer in einer Einheit des SD-Hauptamtes war. Mitglied der NSV. Mitglied im NSRB. 1941 zum Landgerichtsrat ernannt. Als Oberleutnant Teilnehmer am Zweiten Weltkrieg und in sowjetischer Kriegsgefangenschaft. Mitglied im NKFD. Schüler der antifaschistischen Schule in Krasnogorsk bis 1947. Ab 1948 Mitglied der SED. Ab 1947 Mitarbeiter bei der Deutschen Zentralverwaltung für Volksbildung. Von 1948 bis 1951 Professor und Dekan an der DASR Potsdam. Rektor des Instituts für Internationale Beziehungen der DASR in Potsdam-Babelsberg. Autor der Zeitschrift „Deutsche Außenpolitik". Von 1950 bis 1963 AdV. Von 1965 bis 1989 Vizepräsident der Gesellschaft für Völkerrecht. Verteidiger der KPD im Prozess vor dem Bundesverfassungsgericht (BVerfG) in Karlsruhe. Mitglied der Redaktion der Theorie-Zeitschrift „Einheit". Mitglied im Deutschen Friedensrat. Er rechtfertigte den Einmarsch der Truppen des Warschauer Vertrages 1968 in die CSSR. Mitglied der Urania. 1956 und 1973 mit dem „Vaterländischen Verdienstorden" in Silber und Gold, mit der „Ernst-Moritz-Arndt-Medaille", mit der „Medaille für ausgezeichnete Leistungen" und 1978 als „Verdienter Hochschullehrer der DDR" ausgezeichnet. Die Universität Leipzig verlieh ihm den Ehrendoktortitel. Er hatte seine Nazi-Vergangenheit angegeben.
Quellen: UFJ, Herbst, Stockhorst, Baumgartner/Hebig, Wikipedia, BStU, MfS, HA IX/11, AS 236/68, Band 1, Bl. 141, BStU, MfS, HA XX Nr. 5751, Teil 1 von 3, Bl. 131-137, BStU, MfS, HA IX/11 AS 236/68, Bd. 1, Bl. 8.

Krohs, Alfred, Dr.
* 02.11.1912 in Wien, †?
Seit August 1936 Mitglied der NSDAP. Ab 1942 Wissenschaftler in Dresden. Von 1932 bis 1946 Laborleiter bei der Firma Zeiss Ikon AG. Im Rahmen der „Aktion Ossawakim" von 1946 bis 1952 in der Sowjetunion dienstverpflichtet. Ab 1952 wissenschaftlicher Abteilungs- bzw. Abschnittsleiter der VEB Carl Zeiss in Jena. Ab 1953 Dozent und ab 1954

Professor für Festkörper an der Universität Jena. Im Präsidium der Urania. Seit 1969 Vorsitzender der NF im Bezirk Gera. Mitglied im KB. 1954 für „Ausgezeichnete Leistungen", 1957 mit der „Ernst-Moritz-Arndt-Medaille", 1960 mit dem „Banner der Arbeit", mit dem „Vaterländischen Verdienstorden", als „Verdienter Erfinder" und 1974 als „Verdienter Aktivist" ausgezeichnet.
Quellen: Buch, Poggendorff, S. 224.

Krummacher, Friedrich-Wilhelm, Dr. theol. Dr. h. c.
* 03.08.1901 in Berlin-Wilmersdorf, † 19.06.1974
Von 1926 bis 1928 Provinzvikar in der Kurmark. Pfarrer in Essen-Werden. Seit 1933 Mitglied der NSDAP. Von 1933 bis 1939 Personalchef und Oberkonsistorialrat im Kirchlichen Außenamt. Teilnehmer am Zweiten Weltkrieg. Danach in sowjetischer Kriegsgefangenschaft. Mitglied im NKFD. Er arbeitete mit dem sowjetischen Geheimdienst KGB zusammen. 1945 kehrte er mit der Gruppe Ulbricht nach Berlin zurück. Ab 1945 erneut Pfarrer, u. a. Gemeindepfarrer in Berlin-Weißenseee. Ab 1946 Superintendent von Berlin. Von 1947 bis 1949 Mitglied im Präsidialrat des KB. Von 1955 bis 1972 Bischof der Pommerschen Evangelischen Landeskirche in Greifswald. Die Humboldt-Universität Berlin verlieh ihm den Ehrendoktortitel.
Quellen: Wikipedia, Stockhorst, Baumgartner/Hebig, Buch, Braun/Grünzinger, S. 146.

Kuckhoff, Armin-Gerd, Prof. Dr. phil.
* 13.03.1912 in München, † 19.06.2002 in Glienicke/Nordbahn
Seit 1936 Mitglied der NSDAP und Ortsgruppenleiter für Schulung. Von 1933 bis 1945 Mitglied der SA. Mitglied in der NSV. Mitglied im NSLB. Teilnehmer am Zweiten Weltkrieg. Mitglied der KPD bzw. SED. Chefdramaturg beim Theater am Schiffbauerdamm. Ab 1949 Abteilungsleiter am Theaterinstitut Weimar. Anschließend an der Theater-Hochschule „Hans Otto" in Leipzig, wo er auch Rektor war. Mitglied im ZV der Gewerkschaft Kunst und Mitglied im Bundesvorstand des FDGB. 1965 wurde mit dem „Lessing-Preis" und 1988 mit dem „Vaterländischen Verdienstorden" in Gold ausgezeichnet.

Quellen: UFJ, Baumgartner/Hebig, Buch, Wikipedia, BStU, MfS, HA XX 5754, Bl. 165, BStU, MfS, HA XX Nr. 5751, Teil 1 von 3, Bl. 142f.

Kuckuck, Hermann, Prof. Dr. agr. Dr. h. c.
* 07.09.1903 in Berlin, † 22.12.1992 in Großburgwedel bei Hannover
Als Assistent, später als Abteilungsleiter, Mitarbeiter am Kaiser-Wilhelm-Institut für Züchtungsforschung in Müncheberg (Märkisch-Oderland). Von 1934 bis 1945 Mitglied der NSV. Von 1935 bis 1940 Mitglied der DAF. Von 1934 bis 1935 förderndes Mitglied der SS. Wegen „Störung des Betriebsfriedens“ 1936 entlassen. Danach bis 1940 als Saatzuchtleiter bei der Fa. A. Haubner in Eisleben. 1940 Leiter der Ost-Preußischen Saatzuchtgesellschaft „Nordost“. Wegen einer Erkrankung nicht Teilnehmer am Zweiten Weltkrieg. Anfang 1945 zum „Volkssturm“ eingezogen. Mitglied der SPD bzw. SED. Seit Juni 1945 arbeitete er wieder bei der Fa. A. Haubner. Ab 1946 Professor und Direktor des Instituts für Pflanzenzüchtung. 1948 Leiter der Zentralforschungsanstalt für Pflanzenzucht (Erwin-Baur-Institut) in Müncheberg. Im selben Jahr wurde Professor an der Humboldt-Universität Berlin. Ab 1950 verblieb er in Schweden und kehrte nicht mehr in die DDR zurück. Ab 1952 arbeitete er im Iran als Experte der Ernährungs- und Landwirtschaftsorganisation der Vereinten Nationen (FAO) für Getreidezüchtung. Danach Gastwissenschaftler in Svalöf (Schweden) und Gastdozent an der FU Berlin sowie an der Landwirtschaftlichen Hochschule in Stuttgart-Hohenheim. Von 1954 bis zu seiner Emeritierung 1960/61 Dekan der Fakultät für Gartenbau der TU Hannover. 1969 Ordinarius an der TH Hannover, wo er das Institut für gärtnerische Pflanzenzüchtung zu einem Institut für angewandte Genetik umwandelte. Von 1971 bis 1977 Vorsitzender des Genbank-Ausschusses der deutschen Kulturpflanzen-Genbank in Braunschweig-Völkenrode. Von 1976 bis 1978 leitete er die Abteilung Pflanzengenetik der Gesellschaft für Strahlen- und Umweltforschung im bayerischen Grünbach. 1978 verlieh ihm die TU München den Ehrendoktortitel.
Quellen: Professorenkatalog Universität Halle, Wikipedia, https://www.agrar.hu-berlin.de/de/institut/profil/personen_bio.

Kühne, Erich Ludwig, Prof. Dr. phil. habil.
* 12.02.1908 in Wittkowitz (Mährisch Ostrau), † 20.04.1983 in Rostock
Von 1933 bis 1935 freier Mitarbeiter beim Rundfunk Ostrava und München sowie bei verschiedenen Zeitschriften. Von 1935 bis 1936 Hochschulreferent und Mitglied im VDA in Berlin. 1936 erhielt er die deutsche Staatsbürgerschaft. Von 1936 bis 1937 Lektor in der Parteiamtlichen Prüfungskommission zum Schutz des Schrifttums in der Kanzlei des Führers der NSDAP (Dienststelle Bouhler) in Berlin. Von 1938 bis 1939 Referent in der Schrifttumsabteilung des Reichspropagandaministeriums in Berlin. Von 1941 bis 1945 Referent im Lehrlingsausbildungswesen des Reichsluftfahrtministeriums. Referent beim Interradio-Steglitz. 1941 Dolmetscher in Berlin. Von 1944 bis 1945 beteiligt an Einsätzen in Frankreich und auf dem Balkan, zuletzt als Feldwebel. 1945 ausgezeichnet mit dem EK II. Von 1946 bis 1947 Lektor beim Pontesverlag in Berlin-Wilmersdorf. Von 1947 bis 1951 Mitglied der SED. Seine Mitgliedschaft wurde gestrichen, als bekannt wurde, dass er seine Mitarbeit im Nazi-Propagandaministerium verschwiegen hatte. Ab 1961 erneut Mitglied der SED. Seit 1948 Mitglied im FDGB. Von 1948 bis 1951 Wissenschaftlicher Aspirant an der Humboldt-Universität Berlin. Von 1951 bis 1954 Dozent für Germanistik an der Universität Halle. Von 1955 bis 1958 Professor an der Universität Rostock. Von 1958 bis 1959 hatte er einen Forschungsauftrag an der Humboldt-Universität Berlin. Von 1959 bis 1973 Universität Rostock als Institutsdirektor und als Dekan. Von 1963 bis 1968 Abteilungsleiter für „Sozialistische Literatur" am Germanistischen Seminar. 1965 mit der „Ehrennadel" in Gold der NF und 1969 und 1973 mit der „Pestalozzi-Medaille" in Bronze und Silber ausgezeichnet.
Quellen: BStU, MfS, Abt. XII, AIM 324/61, Bd. 1, Teil 1, Bl. 33f., Bl. 37f., Bl. 112-118, Bl. 119-125, BStU, MfS, BV Rostock, AIM 324/61, Teil 1, Bd. 1, Bl. 13ff., Bl. 56f., Bl. 110-118, Bl. 128f., BStU, MfS, HA XX Nr. 5266, Bl. 83, Bl. 86f., Professorenkatalog Universität Rostock.

Kulessa, Georg-Josef, Diplom-Wirtschaftler
* 18.04.1918 in Hohenlinde, Kreis Ohlau, Schlesien, †?
Von 1934 bis 1936 Mitglied der HJ. Von 1936 bis 1939 Mitglied der DAF. Seit 1938 Mitglied der NSDAP. Von 1939 bis 1940 Mitglied des RAD.

Von 1940 bis 1941 Teilnehmer am Zweiten Weltkrieg. In sowjetischer Kriegsgefangenschaft. Von 1943 bis 1945 Mitglied im NKFD. Schüler der antifaschistischen Schule in Krasnogorsk. Ab 1948 Mitglied der SED. Ab 1948 Mitglied im KB. Mitglied der Deutsch-Polnischen Gesellschaft. Mitglied der GST. Hauptabteilungsleiter bei der Deutschen Wirtschaftskommission in der Hauptverwaltung Finanzen. Ab 1949 in leitender Funktion im Finanzministerium tätig. Von 1950 bis 1952 Instrukteur beim ZK der SED. Von 1953 bis 1955 wissenschaftlicher Mitarbeiter beim Ministerium für Maschinenbau. Fernstudium an der DASR in Potsdam. Von 1955 bis 1963 Präsident und Direktor der Deutschen Notenbank der DDR. Von 1963 bis 1965 Mitglied des Direktoriums der Internationalen Bank für wirtschaftliche Zusammenarbeit in Moskau. Von 1966 bis 1968 Präsident der Aussenhandelsbank und anschließend im Auswärtigen Dienst tätig. Von 1969 bis 1972 Handelsrat an der Botschaft in Jugoslawien. Im Januar 1953 wurde vom MfS ein Ermittlungsauftrag angeordnet, der „äußerst konspirativ" geführt werden sollte.
Quellen: Baumgartner/Hebig, https://kommunismusgeschichte.de/biolex/article/detail/kulessa-georg-14/, https://www.rosalux.de/fileadmin/rls_uploads/pdfs/Manuskripte_53_2.pdf, BStU, MfS, BV Halle AOP 46/59 1, ohne Paginierung, BStU, MfS, HA IX/11 AK 5471/76 bzw. 5472/76, Bl. 1, Bl. 4, BStU, MfS, Allg. P. 6084/70, Bl. 4-11.

Kunitz, Wilhelm, Prof. Dr. sc. nat.
* 02.06.1894 in Halle-Giebichenstein, † 27.06.1983 in Aachen
Als Kriegsfreiwilliger an der West- und Ostfront Teilnehmer am 1. Weltkrieg. Zum Offizier befördert. Von 1919 bis 1921 Zeitfreiwilliger in der Einwohnerwehr Halle, wo er an den Kämpfen in Mitteldeutschland teilnahm. Ab 1922/23 Chemiker in einer Fabrik in Ammendorf bei Halle und danach in einem Bergwerksbetrieb in Sondershausen. Von 1923 bis 1926 Assistent am Chemischen Institut der Bergakademie Clausthal. Von 1924 bis 1927 Mitglied im „Stahlhelm, Bund der Frontsoldaten". Ab April 1933 Mitglied der NSDAP. Ab 1933/34 Politischer Leiter und Block- und Schulungswart. Ab 1935 Mitglied der NSV. 1926/27 Volontärassistent am Mineralogischen Institut Halle. Von 1927 bis 1935 Assistent. 1939 zum Zweiten Weltkrieg eingezogen, lehrte er Sprengstoffkunde an der

Feuerwerkerschule des Heeres. 1940 Batterieführer und wurde zum Hauptmann befördert. Nach einem Unfall lehrte er als Dozent an der Waffentechnischen Schule des Heeres. 1945 wegen seiner Nazi-Vergangenheit entlassen und war dann in der Landwirtschaft. 1946/47 hatte er einen Forschungsauftrag des Bauministeriums der Sowjet-Union. 1949 erhielt er einen Forschungsauftrag der Landesregierung Sachsen-Anhalt. 1958 siedelte er nach Westdeutschland über und wurde 1961 mit den Bezügen eines Professors pensioniert.
Quellen: Professorenkatalog Universität Halle.

Küntscher, Wolfgang, Prof. Dr.-Ing.
* 27.05.1902 in Zwickau, † 21.05.1966 in Rostock
Ab 1924 bei Firma Meier & Weissel in Leipzig. Ab 1926 Mitarbeiter der Materialprüfungsanstalt der Ammoniakwerke Merseburg GmbH. Ab Oktober 1926 im Leunawerk. Seit August 1930 Mitglied der NSDAP. Ab 1933 Mitglied in der NSV. Mitglied der DAF. 1942 erhielt er das KVK 2. Klasse. In Leuna, Kattowitz und Labant in der Industrie tätig. Ab Sommer 1943 Werksleiter des Stahlwerks Cogne in Italien. Ab 1944 Chefmetallurge der Reichswerke Göring in Lothringen und später in Firmen in Österreich. Bis Ende 1945 stellvertretender Leiter der Versuchsanstalt der VOEST. Ab Ende 1946 wieder an seiner alten Arbeitsstelle bei den Leunawerken. Von 1949 bis 1953 Technischer Leiter des Wissenschaftlich-Technischen Zentrums Hennigsdorf der VEB Stahl- und Walzwerke. Anschließend Institutsdirektor an der BAF. Seit 1947 Mitglied im FDGB. Mitglied der GDSF. Ab 1951 Lehrbeauftragter an der BAF. Ab Juni 1953 Professor für Eisenkunde und Direktor des Instituts für Eisenhütten. Ab 1956 Direktor des Instituts für Sonderstahlkunde. Von 1957 bis April 1959 Regierungsberater in der VR China. Von Januar 1960 bis 1964 Direktor des Instituts für Eisenforschung. Mit dem „Nationalpreis“ III. Klasse, als „Aktivist“, als „Verdienter Aktivist“ und mit dem „Vaterländischen Verdienstorden“ in Silber ausgezeichnet.
Quellen: UFJ, Wikipedia, BStU, MfS, HA XX Nr. 5754, Bl. 35, BStU, MfS, HA XX Nr. 5751, Teil 1 von 3, Bl. 154f.

Kurth, Friedrich, Prof. Dr.-Ing., Dr. techn. h. c.
* 04.05.1911 in Tanndorf, Kreis Grimma, † 15.05.1988 in Belgrad (Jugoslawien)
Seit Mai 1933 Mitglied der NSDAP. Seit November 1933 Mitglied der SA. SA-Rottenführer. Von 1939 bis 1946 bei der Dortmunder Union. Nach 1945 Mitarbeiter in Büros von Professor Berger und Dozent der Fachrichtung Stahlbau an der Ingenieur-Schule für Fördertechnik in Roßwein in Sachsen. Ab 1955 Professor an der TH Magdeburg und dort von 1962 bis 1966 Rektor. Seit 1968 Mitglied im Präsidialrat des KB. Vorsitzender des „Klubs der Intelligenz". 1959 als „Verdienter Techniker des Volkes", 1964 mit dem „Vaterländischen Verdienstorden" in Bronze, 1969 mit der „Johannes-R.-Becher-Medaille" in Silber, 1970 mit der „Pestalozzi-Medaille" in Silber, 1976 mit der „Alexander-Humboldt-Medaille" in Gold und mit der „Medaille für ausgezeichnete Leistungen" ausgezeichnet. Die TH Graz verlieh ihm die Ehrenpromotion zum Dr. techn.
Quellen: UFJ, Herbst, Baumgartner/Hebig, Universität Magdeburg, Wikipedia, BStU, MfS, HA XX Nr. 5754, Bl. 165, BStU, MfS, HA XX Nr. 5751, Teil 1 von 3, Bl. 165f.

Kurzbach, Paul
* 13.12.1902 Hohndorf (Sachsen), † 02.08.1997 in Chemnitz
Mitglied im NSLB. Seit 1939 Mitglied der NSDAP. Teilnehmer am Zweiten Weltkrieg. Danach in Kriegsgefangenschaft. Mitglied der SED. Mitglied im FDGB. Mitglied im KB. Direktor der Volksmusikschule in Chemnitz. Von 1951 bis 1975 Vorsitzender des VKM im Bezirk Karl-Marx-Stadt. 1968, 1972 und 1974 mit dem „Vaterländischen Verdienstorden" in Bronze, Silber und Gold, 1982 mit der „Ehrenspange" zum VVO in Gold, mit der „Johannes-R.-Becher-Medaille", mit der „Ehrennadel" des VKM und mit der „Verdienstmedaille", 1987 mit dem Orden „Stern der Völkerfreundschaft" in Gold und mit dem „Preis für künstlerisches Volksschaffen" ausgezeichnet. Ehrenbürger von Karl-Marx-Stadt.
Quellen: UFJ, Baumgartner/Hebig, Buch, Sächsische Biografie, Wikipedia.

Küstner, Heinz (Heinrich), Prof. Dr. med.
* 16.01.1897 Breslau, † 1963
Von 1916 bis 1919 als Feldarzt im Sanitätsdienst Teilnehmer am Ersten Weltkrieg. Mit dem EK II ausgezeichnet. Von 1919 bis 1923 Volontär, dann Assistent an der Universitätsfrauenklinik Breslau. Von 1923 bis 1926 Assistent an der Universitätsfrauenklinik Halle. Von 1933 bis 1939 Mitglied der NSDAP. Mitglied im NSKK. Mitglied im NSÄB. Von 1926 bis 1936 1. Oberarzt an der Frauenklinik der Medizinischen Fakultät der Universität Leipzig. Seit 1936 niedergelassener Frauenarzt in Dommnitzsch bei Leipzig. Von 1939 bis 1945 Oberarzt des Lazarettzuges 618 Teilnehmer am Zweiten Weltkrieg. Von Mai 1945 bis 1949 praktischer Arzt in Dommitzsch, Kreis Torgau und Lagerarzt für ein Umsiedlerlager. Von Dezember 1949 bis Juli 1958 Ärztlicher Direktor des Kreiskrankenhauses Weißenfels und Leiter der Krankenpflegeschule. Im April 1958 wurde Küstner wegen „Vorkommnissen" am Krankenhaus entlassen. Seit 1946 Mitglied im FDGB. Mitglied der SPD bzw. SED. Im April 1947 wurde Küstner vom Antifa-Ausschuss Dommitzsch „entnazifiziert". Seit 1950 Mitglied der GDSF. Seit 1952 Mitglied des DRK. Ehrenamtlicher Vorsitzender des DRK im Bezirk Halle. Stadtverordneter und Kreistagsabgeordneter der SED und Vorsitzender der ständigen Kommission des Kreistages für das Gesundheitswesen und für Sozialfürsorge. Mitglied der Leopoldina zu Halle. 1954 als „Verdienter Arzt des Volkes" ausgezeichnet. 1958 ermittelte das MfS gegen Küstner.
Quellen: Professorenkatalog Universität Leipzig, Professorenkatalog Universität Halle, Wikipedia, BStU, MfS, Allg. P. 1113/59, Bl. 3ff., Bl. 33f.

Laabs, Hans-Joachim, Prof. Dr. paed.
* 01.04.1921 in Regenwalde, Hinterpommern, † 08.07.2009 in Schöneiche bei Berlin
Von 1938 bis 1939 Mitglied der HJ. 1939 Mitglied der NSDAP. Mitglied im RAD. Wegen kommunistischer Umtriebe zur „Frontbewährung" verurteilt. Von 1940 bis 1944 bei einer Luft-Nachrichten-Abteilung Teilnehmer am 2. Weltkrieg. Von 1944 bis 1945 In US-amerikanischer Kriegsgefangenschaft. Von 1946 bis 1947 Neulehrerausbildung in Grabow. Als „Neulehrer" in Hornkaten in Mecklenburg. Ab 1946 Mitglied der SED, Mitglied

im FDGB. Mitglied der GDSF. Von 1947 bis 1948 Schulleiter in Grabow in Mecklenburg. 1948 Schulrat des Kreises Ueckermünde. Ab 1949 Schulrat in Schwerin. Ab 1950 Hauptabteilungsleiter für Erziehung und Unterricht beim Ministerium für Volksbildung in Mecklenburg, wo er zugleich auch Minister für Volksbildung war. 1952 Staatssekretär im Ministerium für Volksbildung der DDR. Von 1955 bis 1964 „Kämpfer" einer Kampfgruppe. 1958 wegen „Revisionismus" seines Amtes enthoben. Bis 1963 Bezirksschulrat in Frankfurt/O. Von 1966 bis 1981 stellvertretender Hauptdirektor bzw. Hauptdirektor im Verlag Volk und Wissen. Zugleich Leiter des Bereichs Internationale Bildungspolitik der APW. Ab 1983 Abteilungsleiter in der HA IV bzw. Internationale Verbindungen im Ministerium für Volksbildung. 1950 als „Verdienter Lehrer des Volkes", 1954 mit der „Carl-Friedrich-Wilhelm-Wander-Medaille", 1970, 1979 und 1986 mit dem „Vaterländischen Verdienstorden" in Bronze, Silber und Gold, 1976 mit der „Wilhelm-Bracke-Medaille" in Gold und 1977 mit dem Ehrentitel „Verdienter Verleger der UdSSR" ausgezeichnet. 1981 zum Professor für Internationale Bildungspolitik der APW ernannt.
Quellen: Wikipedia, Baumgartner/Hebig, Buch, BStU, MfS, AP 2192/88, Bl. 6, 16f., Bl. 34, Bl. 125, Bl. 134, BStU, MfS, BV Frankfurt, AOPK 303/89, Bd. I, Bl. 8f., Bl. 55f.

Ladendorf, Heinz Karl, Prof. Dr. phil.
* 29.06.1909 in Leipzig, † 15.08.1992 in Köln
Von 1936 bis 1939 Angestellter der Schlösserverwaltung in Berlin. Von 1935 bis 1944 Mitglied der DAF. Von 1938 bis 1944 Mitglied der NSV. Von 1940 bis 1945 Teilnehmer am Zweiten Weltkrieg und anschließend in Kriegsgefangenschaft. Ab 1945 Dozent für Politik, Geschichte und Deutsch bei der Lehrerausbildungsanstalt Hildburghausen. Von Mai 1946 bis 1958 Assistent, Dozent und später Professor am Archäologischen Institut bzw. Kunstgeschichtlichen Institut der Universität Leipzig. Ab 1948 Mitglied im KB. Ab 1950 Mitglied im FDGB. Seit 1950 Mitglied der SAW zu Leipzig. 1958 wurde ihm Doktor- und Professorentitel aberkannt, weil er „Republikflucht" beging. Von 1958 bis 1977 Professor für Kunstgeschichte an der Universität Köln. Mitglied des Deutschen Archäologischen

Instituts in Rom. Am 7. Juni 1990 entschuldigte sich der Rektor der Universität Leipzig für die Annullierung der akademischen Titel.
Quellen: Professorenkatalog Universität Leipzig, Wikipedia, BStU, MfS, Allg. S. 2351/67, Bl. 1ff., Bl. 38, Bl. 96f., BStU, MfS, Archivakte A/16353, Bl. 8ff., BStU, MfS, BV Leipzig, AP 4048, Bl. 49f., BStU, MfS, AOP 11413/65, Bd. 1, Bl. 129.

Lahr, Horst, Dr. theol.
* 02.09.1913 in Halle (Saale), † 26.06.2008 in Potsdam
Ab 1932 Mitglied der pflichtschlagenden und farbentragenden Studentenverbindung des „Corps Guestphalia Berlin“. Seit 1933 Mitglied der NSDAP. Nach 1945 Pfarrer in Brumby bei Haldensleben (Sachsen). Ab 1951 Dozent am Predigerseminar in Naumburg. Von 1963 bis 1979 Generalsuperintendent der Evangelischen Kirche in Potsdam.
Quellen: Wikipedia, Baumgartner/Hebig, https://www.pnn.de/potsdam/diener-des-evangeliums-horst-lahr/21982018.html.

Lampeter, Franz-Wilhelm, Prof. Dr. agr. Dr. h. c.
* 22.01.1916 in Grafenfeld bei Gotschee, Slowenien, † 01.01.2003 in Leipzig
Mitglied der HJ und dort HJ-Bannführer. Ab Mai 1939 Fuhrer des Freiwilligenverbandes der Gottscheer Mannschaft. Seit dem 9. November 1941 Mitglied der Allgemeinen SS, SS-Sturmbannführer und Mitglied der Waffen-SS. Wahrscheinlich eingesetzt bei der Bekämpfung jugoslawischer Partisanen. 1942/43 Teil der SS-Panzergrenadier-Regiments 4 „Der Führer“ und im Januar 1943 an der Ostfront verwundet. SS-Mann im KZ Weimar-Buchenwald. Ab April 1943 Mitglied der NSDAP. Ende August 1944 zum SS-Untersturmführer der Reserve befördert. Vom 1. Januar bis Kriegsende 1945 in Berlin beim SS-Hauptamt, Amt C I eingesetzt, wo er den Aufbau des Volkssturmes in Gottscheer leiten sollte. Lampeter verschwieg nach 1945 alle Angaben zu seiner „volkstumspolitischen Tätigkeit“ sowie seine aktive Beteiligung am Überfall auf Jugoslawien, bei der „Bandenbekämpfung und die Allgemeine- und Waffen-SS betreffenden Abschnitten seiner Biografie. Hingegen machte er falsche Angaben über seine Zeit als landwirtschaftlicher Berater in Jugoslawien, zu einer

Einberufung zum 131. Infanterieregiment sowie zu einer Internierung als Kriegsgefangener im Mai 1945. Ab 1945 in Hainichen Abteilungsleiter bzw. Leiter der Futterpflanzenzüchtung und Futterpflanzensaatzuchterzeugung. Seit 1946 Mitglied im FDGB. Mitglied der VdgB. Seit 1951 Mitglied der GDSF. Ab 1953 Assistent bei Prof. Dr. Ottokar Heinisch am Institut für Pflanzenzüchtung an der Universität Leipzig. Ab 1955 Promotion zum Dr. agr. Ab 1962 Professor und 1965 Institutsdirektor an der Landwirtschaftlichen Fakultät der Universität Leipzig. Von 1969 bis 1981 Professor für Saatgutproduktion an der Universität Halle. 1965 bis 1967 Prodekan der Agrarwissenschaftlichen Fakultät der Universität Leipzig. 1956 als „Aktivist“ ausgezeichnet. 1989 mit der „Ehrenmedaille“ der Gottscheer Landsmannschaft ausgezeichnet. Die Universität Halle-Wittenberg verlieh ihm 1978 den „Forschungspreis“, 1981 die „Julius-Kühn-Medaille“ und 1996 den „Theodor-Römer-Preis“. 1996 verlieh ihm die Universität Stuttgart-Hohenheim den Ehrendoktortitel und die Mendel-Universität in Brünn ehrte mit einer Gedenkmedaille. Auf der Website der Universität Leipzig zu Lamperts Biografie gibt es keine Hinweise zu seiner Mitgliedschaft in der Allgemeinen- und Waffen-SS. Das MfS wusste spätestens seit 9. April 1975 von den umfangreichen Tätigkeiten von Lampeter während des Nazi-Faschismus – ließ ihn jedoch gewähren. Das MfS führte vom 4. April 1972 bis zum 31. Januar 1976 über Lampeter eine Personenkontrollakte. Am 3. Dezember 1975 erklärte die HA XX/3 des MfS, dass er „nur als ideeller Straftäter (Zugehörigkeit zur faschistischen Organisation) belastet“ werden könne, da das erarbeitete Material keine Hinweise ergeben hatte, nach denen er „strafrechtlich relevante Handlungen“ begangen hätte. Weiterhin war festgestellt worden, dass keine Beweise erarbeitet werden konnten, nach denen er an „Verbrechen gegen den Frieden, die Menschlichkeit und die Menschenrechte beteiligt war oder selbständig solche Verbrechen“ begangen habe. Dieser Abschlussbericht endet mit dem Hinweis, dass Lampeter zukünftig „unter operativer Kontrolle durch das IM/GMS-System der Abteilung XX“ bearbeitet wurde. 1978 mit dem „Forschungspreis“ der Universität Halle, 1981 mit der „Julius-Kühn-Medaille“ der Landwirtschaftlichen Fakultät der Universität Halle, 1996 mit dem „Theodor-Römer-Preis“ der Gesellschaft der Freunde der Landwirtschaftlichen Fakultät der Universität Halle und 1996 mit der „Gedenkme-

daille“ der Mendel-Universität Brünn ausgezeichnet. 1996 verlieh ihm die Universität Hohenheim die Ehrendoktorwürde.
Quellen: Wikipedia, Professorenkatalog Universität Leipzig, BStU, MfS, HA IX/11, SV 3/82, Bd. 22, Bl. 14-46, BStU, MfS, HA XX Nr. 4084, Teil 1 von 2, Bl. 97-103, BStU, MfS, ASt Leipzig, Allg. P 2531/63, Bl. 4, Bl. 19, BStU, MfS, AOPK Halle 256/76, Teil 1, Bl. 4, Bl. 47f, Bl. 56-63, Bl. 186ff, Bl. 203f; Teil 2, Bl. 106, 111; Teil 3, Bl. 6-11, Bl. 15f, Bl. 40.

Lang, Otto, Prof.
* 24.08.1906 in Frankfurt/M., † 24.06.1984
Engagements in Remscheid, Herford, Frankfurt/M. und in Bamberg. Ab April 1933 Mitglied der NSDAP. Von 1934 bis 1939 am Theater in Hildesheim. Spielleiter am Schauspielhaus in Gleiwitz. Mitglied der Fachschaft Bühne der RTK. Mitglied der KPD bzw. SED. Leiter der Schauspielabteilung der Musikhochschule in Weimar und Mitarbeiter am Deutschen Theaterinstitut in Weimar. Von 1958 bis 1973 Generalintendant des Deutschen Nationaltheaters in Weimar. Von 1953 bis 1958 Rektor der Theaterhochschule in Leipzig. Vize-Präsident der Deutschen-Shakespeare-Gesellschaft. 1966 und 1971 mit dem „Vaterländischen Verdienstorden“ in Bronze und Silber, 1961 mit der „Artur-Becker-Medaille“ in Gold und 1960 mit dem „Kunstpreis“ ausgezeichnet.
Quellen: UFJ, Wikipedia, Herbst, Buch, Baumgartner/Hebig, BStU, MfS, HA XX Nr. 5751, Teil 2 von 3, Bl. 173f.

Lange, Max Gustav, Prof. Dr.
* 10.09.1899, † 1963 in Berlin
Vor 1933 in der „Lebensgemeinschaft Rütli“ in Berlin. Mitglied der USPD bzw. der SPD. Ab 1940 Mitglied der NSDAP. Von 1940 bis 1943 Teilnehmer am 2. Weltkrieg. Mitglied der KPD bzw. SED. Von 1946 bis 1950 Chefredakteur der „Zeitschrift für Pädagogik“ in Berlin. Oberschulrat und Ausbilder in Kursen für Neu-Lehrer in Brandenburg. Ab 1946 Professor für Soziologie und Theoretische Pädagogik an der Universität Halle. Ab 1950 Dozent für Politik am Otto-Suhr-Institut und Professor an der PH Berlin (West).
Quellen: Wikipedia, Horn, S. 100f.

Lange, Richard Karl Gustav, Prof. Dr. jur.
* 29.04.1906 in Wittstock, Dosse, † 14.09.1995 in Köln
Mitglied des NSDDB. Ab 1934 Mitglied der NSDAP. Ab 1933 Assistent an der Juristischen Fakultät der Universität Berlin. Als Mitautor Kommentator zum Strafgesetzbuch und zu den Nürnberger Rassegesetzen wie das „Gesetz zum Schutze des deutschen Blutes und der deutschen Ehre“ sowie das „Heimtückegesetz“. Als Staatsanwalt tätig. Von 1943 bis 1949 Professor an der Universität Jena. Nach 1945 Dekan und ab 1946 Präsident der Thüringischen Landesversammlung. Ab 1949 Professor für Rechtswissenschaft und Kriminologie an der FU Berlin. Von 1951 bis zur Emeritierung 1974 Professor an der Universität Köln.
Quellen: Klee II, Wikipedia, Stockhorst, Hoßfeld u.a., S. 114ff., S. 216f., S. 222ff., BStU, MfS, HA IX/11 Nr. AB 1178, Bl. 2f.

Lange, Wilhelm, Prof. Dr. med.
* 21.10.1875 in Dresden, † 12.01.1954 in Leipzig
Mitglied der Studentenverbindung „Studentisch-Wissenschaftlicher Verein Fridericiana“. Danach am pathologisch-anatomischen Institut am Stadtkrankenhaus Dresden-Friedrichstadt. Ab 1902 an der Ohrenklinik der Charité Berlin. Von 1913/14 bis 1919 Professor für Ohrenheilkunde an der medinischen Fakultät der Universität Greifswald. Von 1919 bis 1922 Professor an der Universität Göttingen. Von 1922 bis 1924 Professor an der Universität Bonn. Mitglied der NSDAP. Bis 1951 Ordinarius an der Medizinischen Fakultät der Universität Leipzig. Mitglied der CDUD. Seit 1940 Mitglied der Leopoldina.
Quellen: Wikipedia, Professorenkatalog Universität Leipzig.

Langenbeck, Wolfgang, Prof. Dr.
* 21.06.1899 in Göttingen, † 26.03.1967 in Rostock
Von 1933 bis 1940 Professor für Organische Chemie an der Universität Greifswald. Seit 1937 Mitglied der NSDAP und der SA. Von 1940 bis 1945 Professor für Organische und Anorganische Chemie an der TH Dresden. Ab 1947 Professor an der Universität Rostock. Ab 1951 Professor für Organische Chemie an der Universität Halle. Direktor des Instituts für

Katalyseforschung. Ab 1953 Mitglied der AdW zu Berlin. Seit 1952 Mitglied der Leopoldina zu Halle. Ab 1954 Mitglied der SAW. Seit 1963 Mitglied der AdW Heidelberg. 1955 mit dem „Nationalpreis“ und 1960 mit der „August-Kekulé-Medaille“ der Chemischen Gesellschaft ausgezeichnet.
Quellen: Professorenkatalog Universität Rostock, Klee I, Wikipedia.

Langer, Gottfried, Prof. Dr. jur.
* 18.03.1896 Dresden, † 02.08.1979 Halle (Saale)
Teilnehmer am Ersten Weltkrieg. 1924 Regierungsassessor in Bautzen. 1925 zum Regierungsrat ernannt, daraufhin übernahm er Tätigkeiten in den Finanzämtern Dresden, Freital und Leipzig. Von 1925 bis 1933 Mitglied der DNVP. Von 1928 bis 1936 Privatdozent und Professor an der Universität Leipzig. Von 1931 bis 1937 Professor an der Herder-Hochschule in Riga. Von 1939 bis 1940 als Oberleutnant zur besonderen Verfügung (z.b.V.) zum „Amt Ausland-Abwehr“ abgeordnet. Von 1937 bis 1945 Professor für Staatsrecht, Kirchenrecht, Deutsche Rechtsgeschichte und Völkerrecht an der Universität Halle. Ab 1933 Mitglied der NSDAP. Mitglied der NSV. Mitglied im „Stahlhelm, Bund der Frontsoldaten“ und 1934 von der SA-Reserve übernommen. Mitglied im VDA. Mitglied im RKB. Mitglied im NSRB. Mitglied im NSDDB. Mitglied im NSKOV. Mitglied des Nationalitätenausschusses der Akademie für Deutsches Recht. Gaubeauftragter für das militärische Vortragswesen im Wehrkreis IV, Mitarbeiter der Gaupropagandaleitung und Mitarbeiter des Gaurechtsamtes der NSDAP. Von 1945 bis 1951 Mitherausgeber des von der Provinzial- bzw. Landesregierung herausgegebenen Loseblattwerkes „Das Recht in der Provinz Sachsen / im Land Sachsen-Anhalt“. Weiterbildung von Mitarbeitern des Finanzamtes Halle. Von 1946 bis 1950 Mitarbeiter der Universitätsbibliothek und Gutachter der Landesregierung. Ab 1951 erneut Mitarbeiter der Universitäts- und Landesbibliothek Halle. Mitglied im FDGB. Von 1946 bis 1951 Mitglied der SED. Seit 1950 Mitglied der GDSF.
Quellen: Professorenkatalog Universität Halle, Professorenkatalog Universität Leipzig

Langlet, Joachim-Friedrich, Prof. Dr. sc. nat.
* 12.06.1906 in Berlin, † 02.09.1979 in Kiel
Mitglied im „Jungstahlhelm“ und bis 1934 Mitglied der SA. Ab 1936/37 erneut Mitglied der SA. Mitglied der pflichtschlagenden und farbentragenden Studentenverbindung „Corps Franconia Jena“. Assistent am Institut für Tierzucht und Molkereiwesen der Universität Halle. Ab 1938 Geschäftsführer und Zuchtleiter eines Schafzuchtverbandes in der britischen Kolonie Südwestafrika. 1940 interniert und kam im Rahmen eines Gefangenenaustauschs nach Deutschland zurück. Ab Oktober 1944 leitete er den bayerischen Schafzuchtverband. Ab Dezember 1944 Hauptgeschäftsführer des Reichsverbandes Deutscher Schafzüchter, dessen Sitz er in das vom Krieg nicht zerstörte Halle verlegen konnte. Im Juni 1945 vertretungsweise Direktor des Instituts für Tierzucht. Gleichzeitig Dozent und von 1946 bis Mai 1950 Professor für Tierzucht. Im Mai 1950 verließ er die DDR und war von 1954 bis zu seiner Emeritierung Professor und Direktor des Instituts für Tierzucht und Tierhaltung an der Universität Kiel. Geschäftsführer der Vereinigung Deutscher Landesschafzuchtverbände. 1957 bis 1958 und von 1965 bis 1966 Dekan der Naturwissenschaftlichen Fakultät.
Quellen: Professorenkatalog Universität Halle, Wikipedia.

Lau, Franz Christian Karl Bernhard, Prof. Lic. theol. Dr. theol. h. c.
* 18.02.1907 in Leipzig, † 06.06.1973 ebenda
Von 1930 bis 1931 Mitglied des Predigerkollegs St. Pauli in Leipzig. Von 1931 bis 1933 Assistent an der Universität Leipzig. Seit 1933 Mitglied der NSV. Ab 1935 Mitglied im RLB. Von 1933 bis 1936 Vikar und Pfarrer in Regis-Breitingen bei Leipzig. Ab 1938 Studiendirektor am Predigerseminar in Lückendorf. Von 1939 bis 1946 Pfarrer der Martin-Luther-Kirche in Dresden. Seit 1939 Mitglied im DRK. Von 1945 bis 1947 Superintendent am Landeskirchenamt in Dresden. Von 1946 bis 1947 Pfarrer der Kreuzkirche in Dresden. Ab 1947 Direktor des Instituts für Kirchengeschichte der Universität Leipzig. Von 1947 bis 1972 Professor für Kirchengeschichte an der Theologischen Fakultät der Universität Leipzig. Ab 1965 Mitglied der SAW zu Leipzig. Von 1952 bis 1971 Präsident des Gustav-Adolf-Werks e. V., dem ältesten evangelischen Hilfswerk, mit Sitz in Leipzig.

Quellen: Professorenkatalog Universität Leipzig.

Laur, Otto, Prof. Dr. med.
* 03.04.1905 in Pfullendorf (Baden), †?
Ab 1924 Mitglied der pflichtschlagenden und farbentragenden Verbindung „Corps Suevia Freiburg“. Von 1930 bis 1932 Assistenzarzt beim Waldsanatorium in Davos (Schweiz). Von Ab 1933 Mitglied im NSRLB. Ab 1933 Mitglied, Gesundheitsverwalter und Vorstandsmitglied der NSV. Ab 1933 Mitglied im NSÄB. 1933 bis 1935 Mitglied der SA und Sanitäts-Obertruppführer und Sturmbannarzt. Von 1933 bis 1938 Mitglied und Sturmarzt im NSFK. Von 1932 bis 1938 praktischer Arzt in Sohland an der Spree. Ab 1939 Mitglied im NSDDB. 1939 wissenschaftlicher Assistent an der Medizinischen Universitätsklinik Rostock. Von 1939 bis 1944 bei der Luftwaffe als Stabsarzt Teilnehmer am 2. Weltkrieg. 1944 Assistenzarzt und Leiter der Tbc-Station der Heil- und Pflegeanstalt Domjüch bei Neustrelitz. Von 1945 bis 1948 Facharzt für Innere Medizin, wissenschaftlicher Assistent und wieder Stationsarzt. Ab 1946 Mitglied im FDGB. Von 1946 bis 1951 Mitglied der LDPD. Von 1947 bis 1948 kommissarischer Klinikdirektor. 1949 Leiter des Tbc-Aktionsausschusses in Schwerin. 1952 Professor und Oberarzt für Innere Medizin an der Medizinischen Universitätsklinik Rostock. 1953 „republikflüchtig“.
Quellen: Professorenkatalog Universität Rostock.

Lauterbach, Robert, Prof. Dr. rer. nat.
* 25.02.1915 in Leipzig, † 19.08.1995 ebenda
Von 1937 bis 1945 Mitglied der NSDAP. 1938 bis 1939 Mitarbeiter am Oberbergamt Freiberg. Von 1939 bis 1945 bei der Gesellschaft für praktische Lagerstättenforschung in Berlin. Teilnehmer am 2. Weltkrieg. 1945 bis 1951 beratender Geologe und Hydrologe für Landesregierungen und andere Dienststelle. 1951 Mitbegründer des VEB Geophysik in Leipzig. Mitarbeiter der Geologischen Kommission. Von 1951 bis 1980 Professor und Direktor des Geologischen Instituts an der Universität Leipzig. Von 1965 bis 1969 Dekan der Mathematisch-Naturwissenschaftlichen Fakultät. Mitherausgeber und Chefredakteur der Zeitschrift „Geophysik und Geologie“ sowie der „Zeitschrift für geologische Wissenschaft“. Ab 1967

Mitglied des Forschungsrates beim Ministerrat. Mitglied der AdW zu Berlin. 1959 mit dem „Vaterländischen Verdienstorden" in Bronze, 1962 als „Verdienter Aktivist", 1966 „Ehrennadel" in Gold der GDSF, 1967 mit dem „Nationalpreis" III. Klasse für Wissenschaft und Technik, 1974 mit dem „Karl-Marx-Orden" im Kollektiv der Sektion Physik, 1978 mit der „Ehrennadel" in Gold der Urania und 1980 mit dem „Vaterländischen Verdienstorden" in Silber ausgezeichnet.
Quellen: Wikipedia, Herbst, Baumgartner/Hebig, Professorenkatalog Universität Leipzig.

Lax, Herbert August Wilhelm, Prof. Dr. med.
* 26.01.1909 in Radebeul, † 05.07.1987
Bis 1936 Assistent an der Medizinischen Klinik in Dresden-Johannstadt. Von 1936 bis 1937 unbezahlter Volontär-Assistent am pathologischen Institut der Berliner Universitäts-Frauenklinik. Von 1937 bis 1945 Anwartschaft in der Reiter-SA. Mitglied der NSV. Mitglied im NSÄB. Von 1937 bis 1945 Mitglied der NSDAP. Von 1937 bis 1949 Assistent und später Oberarzt an der Universitäts-Frauenklinik in Leipzig. Von 1939 bis 1943 als Stabsarzt Truppenarzt des 1. Flak-Regiments 14. Mit dem „Eisernen Kreuz" I. und II. Klasse ausgezeichnet. Ab Oktober 1949 als Oberarzt an der Universitäts-Frauenklinik in Berlin. Ab 1950 kommissarischer Leiter der Frauenklinik. Ab 1955 Oberarzt in der Frauenklinik der FU Berlin in Moabit. Von 1956 bis 1959 Chefarzt der Frauenklinik des Auguste-Victoria-Krankenhaus in Berlin-Schöneberg. Von 1962 bis 1979 Professor und Direktor der Universitäts-Frauenklinik im Klinikum Berlin-Charlottenburg in der Pulsstraße. Von 1969 bis 1970 Dekan der Medizinischen Fakultät der FU Berlin. Von 1970 bis 1974 1. Vizepräsident für den medizinischen Bereich der FU Berlin. Im Mai 1979 mit der „Ernst-Reuter-Plakette" ausgezeichnet
Quellen: David/Ebert, S. 283-299, https://www.researchgate.net/publication/303342949_Zum_Tode_von_Herbert_Lax_2611909-571987_-_Obituary_-_Ordinarius_und_Direktor_der_Universitatsfrauenklinik_der_Freien_Universitat_Berlin_-_Head_of_the_University_Hospital_for_Gynaecology_Free_Universit

Ledderboge, Otto-Heinrich, Prof. Dr.
* 30.05.1906 in Zeitz, † 31.08.1971
Seit Mai 1937 Mitglied der NSDAP. Diplom-Ingenieur in der Industrie. Mitarbeiter der Bauakademie in Berlin und dort Leiter des Instituts für Bautechnik. Ab 1957 Professor und von 1962 bis 1966 Rektor der Hochschule für Bauwesen in Leipzig. 1976 als „Verdienter Techniker des Volkes", 1964 mit dem „Vaterländischen Verdienstorden" in Bronze und 1971 mit dem Orden „Banner der Arbeit" ausgezeichnet. 1968 Ehrendoktor der TU Dresden.
Quellen: UFJ, Herbst, Baumgartner/Hebig, BStU, MfS, HA XX Nr. 5751, Teil 2 von 3, Bl. 182f, BStU, MfS, HA XX Nr. 5754, Bl. 166.

Lehmann, Arno, Prof. Dr.
* 23.05.1901 in Dresden, † 21.04.1984 in Halle (Saale)
1925/26 Vikar in Corbach (Waldeck). Von 1933 bis 1945 Mitglied im NSV. Von 1934 bis 1950 Pfarrer und Missionsinspektor in Dresden. Ab 1935 Missionsinspektor im sächsischen Hauptmissionsverein. Von 1939 bis 1941 Studentenpfarrer in Dresden. Von 1950 bis 1966 Professor für Religions- und Missionswissenschaft an der Theologischen Fakultät der Universität Halle. Dort von 1950 bis 1952 und von 1960 bis 1966 Prodekan. Von 1952 bis 1960 Dekan der Theologischen Fakultät. 1957 Ehrendoktor der Universität Jena. 1966 Ehrendoktor des Concordia Seminary der Lutheran Church – Missouri Synod in St. Louis (USA).
Quellen: Wikipedia, Professorenkatalog Universität Halle.

Lehmann, Edgar Theodor, Prof. Dr. phil. Dr.-Ing. h. c.
* 25.03.1905 in Berlin, † 24.11.1990 in Ladenburg
Von 1930 bis 1932 Hilfsassistent an der Universität Berlin. Von 1931 bis 1950 Mitarbeiter des Bibliographischen Instituts in Leipzig. Seit 1934 Mitglied der DAF. Ab 1935 Mitglied der NSV. Seit 1940 Mitglied der NSDAP. Von 1939 bis 1945 Mitglied des Forschungsbeirats für Vermessungstechnik und Kartographie beim Reichsamt für Landesaufnahme. Mitglied im FDGB. Mitglied im KB. Von 1950 bis 1968 Professor an der Mathematisch-Naturwissenschaftlichen Fakultät der Universität Leipzig. Von 1950 bis 1953 Leiter der Kartographischen Anstalt des VEB Buch- und

Landesdruckerei in Leipzig. Seit 1953 Mitglied der Historischen Kommission der SAW zu Leipzig. Von 1959 bis 1990 Mitglied der AdW zu Berlin. 1955 erhielt er den Ehrendoktortitel von der Eidgenössischen Technischen Hochschule (ETH) Zürich. Mitglied der KdT. Mit dem „Vaterländischen Verdienstorden" in Silber, 1983 mit dem „Nationalpreis" und 1989 mit der „Ehrenspange" der AdW zu Berlin ausgezeichnet.
Quellen: Cerný, Wikipedia, Professorenkatalog Universität Leipzig, Baumgartner/Hebig.

Lehmann, Gerhard, Dr. phil. habil.
* 10.07.1900 in Berlin, † 18.04.1987 ebenda
Ab 1918 Studium der Philosophie an der Universität Berlin. 1934 Besuch der SA-Sportschule in Borna. Übersetzer und Tätigkeit beim Verlag de Gruyter. Engagiertes Eintreten für die nationalsozialistische Ideologie. Ab 1930 bei der Preußischen AdW. Mitglied der DAF. Seit 1933 Mitglied der RSK. Mitarbeiter für das Amt Rosenberg. Prof. Dr. A. Baeumler verschaffte ihm ab April 1940 eine Dozentenstelle an seinem Institut für politische Pädagogik an der Universität Berlin.
Quellen: Wikipedia, BStU, MfS, HA IX Nr. 25975, Bl. 20.

Lehmann, Johann Carl, Prof. Dr. med.
* 07.02.1885 in Rostock, † 16.06.1950 ebenda
Von 1910 bis 1914 Assistenzarzt am Universitätsklinik Rostock. Als Oberarzt Teilnehmer am Ersten Weltkrieg. Von 1919 bis 1928 Privatdozent bzw. Professor für Chirurgie der Universität Rostock. Von 1929 bis 1933 Chefarzt und Chirurg an der Provinzial-Krankenpflegerinnen-Lehranstalt „Clementinenhaus" in Hannover. Von 1933 bis 1945 Schriftführer der Vereinigung Nordwestdeutscher Chirurgen. Von 1933 bis 1935 Direktor der Chirurgischen Abteilung des Allgemeinen Krankenhauses in Lübeck. Ab 1933 Mitglied im „Stahlhelm, Bund der Frontsoldaten" und der SA. Sanitäts-SA-Rottenführer. Ab 1937 Mitglied der NSDAP. Von 1939 bis 1945 als Oberstabsarzt Teilnehmer am Zweiten Weltkrieg. Ab 1943 Beratender Chirurg des Wehrkreises 2. Von 1936 bis 1945 Professor für Chirurgie und Orthopädie an der Universität Rostock. Von 1945 bis 1947 wegen seiner Nazi-Vergangenheit als Professor entlassen worden. Von 1947

bis 1950 weiterhin als Arzt und kommissarischer Direktor der Chirurgischen Klinik tätig. Ab 1948 konnte er seine Lehrtätigkeit wieder aufnehmen. Von 1948 bis 1950 Professor für Chirurgie und Orthopädie der Universität Rostock. Dort Dekan und Klinikdirektor.
Quellen: Professorenkatalog Universität Rostock, Wikipedia.

Lehmann, Theodor, Dr. rer. nat.
* 15.10.1891 in Bruchsal (Baden), † 16.03.1967 in Bad Doberan
1914 Hauslehrer in Paris (Frankreich). Von 1914 bis 1918 als Leutnant Teilnehmer am 1. Weltkrieg. Von 1921 bis 1925 Studienrat am König-Wilhelm-Gymnasium in Breslau. Von 1925 bis 1927 Mitglied der Arbeitsgemeinschaft für wissenschaftliche Pädagogik am ZI für Pädagogik in Potsdam. Von 1927 bis 1929 Technischer Mitarbeiter in Breslau. Von 1929 bis 1930 Studienrat am König-Wilhelm-Gymnasium in Breslau. Ab 1930 Studiendirektor am Gymnasium und Aufbauschule in Preußisch Friedland (Pommern). Ab Mai 1937 Mitglied der NSDAP. Von 1939 bis 1940 als Hauptmann Teilnehmer am 2. Weltkrieg und danach u. k. gestellt. Von 1940 bis 1945 Studienrat in Königsberg. Von 1945 bis 1946 Schulleiter einer Grundschule in Hanstorf bei Rostock. 1946 kurzzeitig Oberschullehrer in Bad Doberan. Von 1946 bis 1951 Referent für Lehrerausbildung beim Kreisschulamt Rostock/Land. Von 1951 bis 1955 Dozent bzw. Fachgruppenleiter für Deutsch an der Arbeiter- und Bauern-Fakultät der Universität Rostock. Von 1955 bis zur Emeritierung 1957 Dozent für Methodik des altsprachlichen Unterrichts am Institut für Pädagogik an der Universität Rostock. Danach bis 1959 weiterhin als Lehrbeauftragter an der Universität Rostock tätig. 1951 mit der „Medaille für ausgezeichnete Leistungen“ ausgezeichnet.
Quellen: Professorenkatalog Universität Rostock.

Leick, Erich, Prof. Dr. phil.
* 14.01.1882 in Greifswald, † 23.04.1956 in Kloster auf Hiddensee
Ab 1903 Hilfsassistent an der Universität Greifswald. Ab 1907 Studienrat am Gymnasium in Greifswald. Von 1914 bis 1915 Teilnehmer am 1. Weltkrieg als Gefreiter bzw. Sanitätsunteroffizier. Professor an der Universität Istanbul. Ab 1918 Professor an der Abteilung für Pflanzenökologie der

Universität Greifswald. 1919 Vorsitzender des Greifswalder Bürgerrates. Vorübergehend Mitglied des Freikorps Plehwe, das im Baltikum eingesetzt war. Ab 1920 Mitglied der Deutsch-Völkischen Freiheitspartei. Mitglied im Opferring der NSDAP. 1934 Ratsherr in Greifswald. Mitglied im Kriegerverein. Mitglied im Verein der Baltikumkämpfer. Seit 1934 Mitglied der SA. Ab 1937 Mitglied der NSDAP. Mitglied im NSDDB. 1940 vorübergehend Ortsgruppenschulungsleiter. Ab 1937 Provinzialrat der Provinz Pommern. Von 1939 bis September 1940 Regierungsrat und Meteorloge am Fliegerhorst Greifswald. Für die Lehre wurde er u. k. gestellt. Von 1940 bis 1945 Vertretung als Rektor. 1945 wegen seiner Nazi-Vergangenheit entlassen. Ab 1947 erhielt er von der Landesregierung Mecklenburg einen Forschungsauftrag.
Quellen: https://ns-zeit.uni-greifswald.de/pl/projekt/personen/leick-erich/.

Lembcke, Werner, Prof. Dr. med.
* 30.03.1909 in Rostock, † 10.08.1989 in Schönebeck (Elbe)
Während des Studiums Mitglied beim Verein Deutscher Studenten Rostock und München. Von 1935 bis 1938 Assistenzarzt an der Nervenklinik der Universität Jena. Von 1938 bis 1953 Chirurg an der Universität Rostock. Als Stabsarzt der Luftwaffe Teilnehmer am 2. Weltkrieg. Mitglied der NSDAP. In Österreich in Kriegsgefangenschaft. 1946 rehabilitierte ihn der Block antifaschistischer Parteien als lediglich „nominelles" Parteimitglied der NSDAP. Ab 1952 Professor für Chirurgie an der Universität Rostock. Von 1953 bis 1974 Professor an der Medizinischen Akademie Magdeburg und er war Direktor an der Chirurgischen Klinik des Gustav-Ricker-Krankenhauses. 1960 mit dem „Vaterländischen Verdienstorden" in Bronze und 1963 als „Verdienter Arzt des Volkes" ausgezeichnet. Ab 1968 Mitglied der Leopoldina. 1983 Ehrenmitglied der Gesellschaft für Anästhesiologie und Intensivtherapie. 1983 mit der „Ferdinand-Sauerbruch-Medaille" ausgezeichnet.
Quellen: Professorenkatalog Universität Rostock, Biografien Universität Magdeburg, Wikipedia.

Lemke, Rudolf, Prof. Dr. med.
* 06.04.1906 in Gollnow, † 27.10.1957 in Jena
Volontärassistent an der Medizinischen Klinik und am Pathologischen Institut der Universität Jena. Ab 1931 Assistenzarzt an der Psychiatrischen und Nervenklinik der Universität Jena und dort anschließend Oberarzt und Privatdozent und ab 1942 Professor. Ab 1934 ehrenamtlich am Erbgesundheitsgericht und danach am Erbgesundheitsobergericht in Jena und Mitarbeiter am Amt für Volksgesundheit. Ab 1937 Parteianwärter und ab 1939 Mitglied der NSDAP. Mitglied im NSLB. Mitglied im NSÄB. Er forschte auch zur Ursache und Entstehung der Homosexualität, deren Bekämpfung er als vordringlich ansah und trat auch als Sachverständiger in Strafverfahren gegen Homosexuelle auf. Ab 1945 kommissarischer Direktor der Psychiatrie und Neurologie der Universität Jena und wurde 1950 zum Ordinarius ernannt. Ab 1956 Vorsitzender der Gesellschaft für Psychiatrie und Neurologie der DDR. Als „Verdienter Arzt des Volkes" ausgezeichnet.
Quellen: Wikipedia, Klee I, Zimmermann, S. 100, www.stern.de/panorama/euthanasie-archivierter-mord.html.

Lemp, August
* 07.08.1894, † 17.08.1960
Von 1908 bis 1914 und von 1919 bis 1933 Mitglied im Metallarbeiterverband. Als Unteroffizier Teilnehmer am Ersten Weltkrieg. Von 1923 bis 1931 Schlosser in den Leuna-Werken. Von 1931 bis 1933 ohne Arbeit. Ab 1933 Mitglied der NSDAP, von 1936 bis 1944 Blockleiter. 1944/45 vertretungsweise Leiter der NSDAP-Ortsgruppe Halle-Steintor. Von 1933 bis 1936 Mitglied der SA. Seit 1933 Mitglied der DAF. Ab 1934 Heizer und später Institutsgehilfe im Tierzuchtinstitut der Universität Halle. Ab 1942 verbeamtet und 1945 entlassen. Wegen „Unentbehrlichkeit" wieder eingestellt. Ab 1945 Mitglied im FDGB. Mitglied der SPD bzw. SED. 1946 zum Hofarbeiter herabgestuft, wenig später zum Hausmeister befördert. Von 1947 bis 1954 Parteiorganisator der SED. Von 1950 bis 1954 Mitglied der GDSF. Am 12. Februar 1954 verhaftet und zu einer Strafe von 1 ½ Jahren, auf Grund der Kontrollratsdirektive 38, verurteilt. 1955 wegen guter Arbeitsleistung vorzeitig aus der Haft entlassen worden. Das Tierzuchtinstitut

stellte ihn als Landarbeiter wieder ein. 1956 dort Heizer, später betreute er die Skelettensammlung des Instituts.
Quellen: Professorenkatalog Universität Halle.

Lehnert, Martin, Prof. Dr. phil.
* 20.06.1910 in Berlin-Neukölln, † 04.03.1992 in Berlin-Köpenick
Ab April 1933 Mitglied beim „Stahlhelm, Bund der Frontsoldaten". Von Juli 1937 bis 1945 Mitglied der NSDAP. Von 1937 bis 1945 Mitglied der SA. Mitglied im NSDStB. Mitglied im NSDDB. Von 1936 bis 1937 wissenschaftlicher Mitarbeiter und Oberassistent für Anglistik an der Universität Berlin. Ab 1937 Professor an der Universität Greifswald. Schulungsreferent im SA-Sportlager in Berlin-Adlershof. Von 1948 bis 1951 wieder Professor für Anglistik an der Universität Greifswald. Von 1950 bis 1951 dort Dekan der Philosophischen Fakultät. Von 1951 bis 1975 Professor für Anglistik an der Humboldt-Universität Berlin. Von 1957 bis 1961 dort Dekan der Philosophischen Fakultät. Bis 1975 Direktor des Instituts für Anglistik. Mitglied der AdW zu Berlin. Dort von 1961 bis 1969 Leiter der Arbeitsstelle Anglistik bzw. der Arbeitsgruppe Anglistik im ZI für Sprachwissenschaften. Von 1963 bis 1985 Präsident der Deutschen Shakespeare Gesellschaft. Mitherausgeber und Mitbegründer der „Zeitschrift für Anglistik und Amerikanistik". Kollektiv 1964 mit dem „Nationalpreis" II. Klasse und 1960 und 1975 mit dem „Vaterländischen Verdienstorden" in Silber und Gold ausgezeichnet. Die Shakespeare-Gesellschaft vergibt seit 1997 den „Martin-Lehnert-Preis". Den Behörden gab er an, er sei lediglich Mitglied in Nazi-Organisationen gewesen, „um seine Eltern und Geschwister absichern zu können". Außerdem wäre bei seiner Familie illegal tätige „Genossen" verkehrt, von denen „Bürgschaften" für ihn vorlegen hätten.
Quellen: Herbst, Baumgartner/Hebig, Wikipedia, BStU, MfS, HA IX/11 AS 7/65, Bl. 10f., BStU, MfS, HA IX Nr. 25975, Bl. 23.

Leithold, Gerhard, Prof. Dipl.-Ing.
* 11.09.1909 in Berlin, † 2004
Seit Januar 1931 Mitglied der NSDAP. Von Mai 1931 bis November 1937 Mitglied der SA und dort Sturmführer. Ab Dezember 1937 Mitglied im

NSFK und dort Obersturmführer. Mitglied Als Leutnant bei der Luftwaffe und Fluglehrer an der Fliegerschule Kopenhagen Teilnehmer am 2. Weltkrieg. Mit dem EK I und EK II ausgezeichnet. Mitglied der SED. Ab 1948 Leitungsaufgaben beim Kupferschieferbergbau. Werkleiter bei der Saigerhütte in Hettstadt. Ab 1953 technischer Direktor des VEB Mannsfeld-Kombinats „Wilhelm Pieck". Von September 1956 bis 1974 Direktor der Berg- und Hütteningenieursschule „Fritz Hempel" in Eisleben. Ab 1958 Vorsitzender der KdT im Bezirk Halle und Mitglied im Präsidium im HA der KdT. Von 1969 bis 1974 Professor der BAF. 1961 mit dem „Vaterländischen Verdienstorden" ausgezeichnet. Er verschwieg seine Nazi-Vergangenheit.
Quellen: BStU, MfS, HA IX/11 AS Nr. 133/69, Bd. 11, Bl. 296f, http://www.risom-tradition.de/TVB/Mitteilungsblatt/mitteilungsblatt_oktober_2009.pdf, S. 4.

Lengerken, Hanns von, Prof. Dr. phil.
* 10.10.1889 in Belleville, Illinois, USA, † 25.12.1966 in Weingarten, Württemberg
Von 1914 bis 1918 als Leutnant in einem Infanterieregiment der Landwehr Teilnehmer am Ersten Weltkrieg. Mit dem „Eisernen Kreuz" II. Klasse ausgezeichnet. Wegen einer Verwundung arbeitete er nur noch als Depotverwalter. Ab 1932 Mitglied der NSDAP. 1937 Mitglied im NSDDB. Mitglied der NSV. Mitglied im RLB. Von 1919 bis 1945 lehrte er als Assistent und später als Professor für Zoologie an der Universität Berlin. Gleichzeitig Mitherausgeber der „Bibliothek der Landwirte" und Direktor des Instituts für Landwirtschaftliche Zoologie und Verwaltungsdirektor des Naturkundemuseums. Zugleich leitete er das Zoologische Museum der Universität Berlin. Ab 1935 mehrfach Dekan der Landwirtschaftlichen Fakultät. Bis 1945 amtierte er als Dekan und wurde zunächst als kommissarischer Leiter im Amt belassen. Dann aber von der Deutschen Verwaltung für Volksbildung entlassen, aber zugleich mit einem dotierten Forschungsauftrag ausgestattet. Von 1949 bis 1958 Professor für Zoologie an der Universität Halle und zugleich Direktor des Instituts für Landwirtschaftliche Zoologie und Haustierkunde. Ab 1952 Prodekan der Naturwissenschaftlichen Fakultät. 1959 siedelte er nach Berlin-West über.

Quellen: Professorenkatalog Universität Halle.

Lerche, Martin, Prof. Dr.
* 19.05.1892 in München, † 25.10.1980 in Berlin
1914 und 1916 bis 1918 Teilnehmer am 1. Weltkrieg. Als Student Mitglied der Studentenverbindung „Burschenschaft Obotitria Berlin“. Ursprünglich war diese Verbindung an der kaiserlichen Veterinär-Akademie des Militärs beheimatet. Später dort im Altherrenvorstand. Ab 1920 an bakteriologischen Instituten der Universitäten Halle und Breslau. Ab 1933 Mitglied des NSLB. Ab 1933 Professor für Nahrungsmittelkunde und Fleischbeschau an der Tierärztlichen Hochschule in Berlin. Ab 1936 Professor für Fleischbeschau, Lebensmittelhygiene und Milch. Ab 1951 beteiligt am Neuaufbau seines Instituts an der Veterinärmedizinischen Fakultät der FU Berlin. Gründungsmitglied der Deutschen Veterinärmedizinischen Gesellschaft. Die Deutsche Landwirtschaftsgesellschaft vergibt seit 1967 die „Martin-Lerche-Medaille“ und ab 2016 den „Martin-Lerche-Wissenschaftspreis“.
Quellen: Wikipedia, BStU, MfS, HA IX Nr. 25975, Bl. 47.

Letsch, Franz, Dr. med.
* 28.02.1909 in Berlin, †?
Von Mai 1937 bis 1945 Mitglied der NSDAP. Ab 1937 Arzt in Leipzig. 1941 zum Medizinalrat ernannt. Nach 1945 Mediziner in Würzburg. Danach siedelte er in die DDR über und wurde Chefarzt eines Krankenhauses. Ab 1947 Mitglied der SED. Mitglied der GDSF. Mitglied im FDGB. Bis 1958 Angehöriger des Bezirkstages Leipzig. AdV. Facharzt für Neurologie und Psychiatrie. Leiter der psychiatrischen Anstalt in Hochweitzschen. Mitglied der CDUD. Mitglied im KB. Als „Verdienter Arzt des Volkes“ ausgezeichnet.
Quellen: UFJ, BStU, MfS, HA XX Nr. 5754, Bl. 140, BStU, MfS, Allg. P 2114/66, Bl. 152.

Leucht, Kurt Walter
* 08.06.1913 in Ellefeld (Sachsen), † 04.09.2001 in Dresden
Seit Mai 1933 Mitglied der NSDAP. Von 1942 bis 1945 als Regierungsbau-Inspektor Teilnehmer am Zweiten Weltkrieg. Danach in britischer

Kriegsgefangenschaft. Ab 1945/46 Mitglied der KPD bzw. SED. Von 1952 bis 1964 Chefarchitekt an der Deutschen Bauakademie. Als Architekt und Stadtplaner lehrte er an der Humboldt-Universität Berlin. Chefarchitekt der Wohnstadt von Stalinstadt des „Eisen-Hütten-Kombinats Ost“, heute Eisenhüttenstadt. 1954/59 Hundertschaftskommandeur einer Kampfgruppe in Dresden. Von 1964 bis 1966 Abteilungsleiter im Ministerium für Bauwesen. Von 1966 bis 1969 Stadtarchitekt von Dresden. Ab 1969 wissenschaftlichere Mitarbeiter an der TU Dresden. Mitglied im FDGB. Mitglied im KB. Mitglied der GDSF. Seit 1952 Mitglied im BDA. 1952 mit dem „Nationalpreis“ 1. Klasse, 1959 mit der „Goldenes Ehrenzeichen“ der NF, 1962 mit der „Schinkel-Medaille“, 1965 mit der „Verdienstmedaille“, 1965 mit dem „Goldenen Ehrenzeichen“ des Ministeriums für Volksbildung, 1968 mit der Medaille „Erbauer der Stadt Dresden“ und 1974 mit dem „Vaterländischen Verdienstorden“ in Bronze ausgezeichnet. Als „Semper“ arbeitete Leucht als Inoffizieller Mitarbeiter (IMS) für das MfS. Ehrenmitglied des Bundes der Architekten der DDR.
Quellen: Cerný, BArch, Wikipedia, Baumgartner/Hebig, BStU, MfS, 17829/92, Bl. 40ff, Bl. 48ff, Bl. 166ff, Bl. 180ff.

Lichtenheldt, Willibald, Prof. Dr.-Ing., Dr. h. c.
* 30.01.1901 in Werdau (Sachsen), † 01.11.1980 in Dresden
Seit 1933 Mitglied der NSDAP. 1938 wissenschaftlicher Assistent an der TH Berlin und ab 1943 als Professor für Getriebelehre an der TU Dresden. Nach 1945 arbeitete er bei der Firma Carl Zeiss Jena und ab 1950 wieder als Professor an die TH Dresden berufen. Von 1951 bis 1955 Dekan der Fakultät für Maschinenwesen. Die TH Magdeburg verlieh ihm den Ehrendoktortitel. Mitglied der AdW zu Berlin. 1961 und 1962 mit dem „Nationalpreis“ III. Klasse und 1978 als „Hervorragender Wissenschaftler des Volkes“ ausgezeichnet. Zu seinem 100. Geburtstag erhielt der Große Hörsaal der TU Dresden den Namen „Lichtenheldt-Hörsaal“.
Quellen: Wikipedia.

Liebenberg, Otto, Prof. Dr. sc. nat.
* 07.07.1913 in Magdeburg, † 03.09.1993 in Leipzig

Mitglied der SA. Seit Mai 1937 Mitglied der NSDAP. Von 1939 bis 1950 Mitarbeiter des Institutes für Tierzuchtforschung in Dummerstorf, Kreis Bad Doberan bei Rostock. Seit 1946 Mitglied der SPD bzw. SED. Von 1953 bis 1957 wieder Direktor des Institutes in Dummerstorf und gleichzeitig Professor an der Universität Rostock. Von 1957 bis 1960 Professor an der Humboldt-Universität Berlin. Von 1960 bis zur Emeritierung 1978 Professor für Allgemeine und Spezielle Tierzucht an der Universität Leipzig. Präsident der Agrarwissenschaftlichen Gesellschaft. Ab 1962 Mitglied der DAL. Ehrensenator der Universität Leipzig. Mit dem „Vaterländischen Verdienstorden" in Bronze und Silber, als „Verdienter Züchter" und 1975 als „Verdienter Hochschullehrer der DDR" ausgezeichnet.
Quellen: UFJ, Cerný, Professorenkatalog Universität Leipzig, Professorenkatalog Universität Rostock, Baumgartner/Hebig, Buch, BStU, MfS, HA XX Nr. 5751, Teil 2 von 3, Bl. 190f., BStU, MfS, HA XX Nr. 5754, Bl. 167.

Liebmann, Arthur, Prof. Dr. rer. pol.
* 01.08.1900 in Leipzig, † 28.11.1963 in Magdeburg
Banklehre. Seit 1933 Mitglied der NSDAP. Von 1956 bis 1963 1. Vorsitzender des Bezirksausschusses der NF in Magdeburg. Ab 1956 Professor an der TH Magdeburg. Leiter des Instituts für Ökonomie des Maschinenbaus. Später verantwortlich für die Hauptabteilung Fernstudium. 1960 mit dem „Vaterländischen Verdienstorden" in Bronze und mit der „Verdienstmedaille" ausgezeichnet.
Quellen: UFJ, BStU, MfS, HA XX Nr. 5754, Bl. 167, Universität Magdeburg.

Lieser, Theodor, Prof. Dr.-Ing. Dr. phil.
* 30.08.1900 in Ferschweiler bei Trier, † 06.08.1973 in Darmstadt
1918 als Kanonier Teilnehmer am Ersten Weltkrieg. Von 1925/26 bis 1934 Assistent an der TH Darmstadt und am Chemischen Institut der Universität Königsberg. Seit 1934 Mitglied der SA, wo er 1938 in das NSKK überführt wurde. Im selben Jahr Mitglied der NSV. Ab 1937 Mitglied der NSDAP. Seit 1937 an der Universität Halle, 1938 zum nichtbeamteten Professor ernannt. Seit Anfang 1939 forschte er zu Spreng- und natürlichen

Faserstoffen, Hochpolymeren und zur Herstellung von Kunstfasern. Mit dem „Kriegsverdienstkreuz“ 2. Klasse ausgezeichnet. Im Mai 1945 zum Oberbürgermeister von Halle (Saale) ernannt und nach Auseinandersetzungen im Oktober bereits wieder abgesetzt. Im März 1946 ernannte ihn die Landesregierung zum Professor der Universität Halle und zum Direktor des Instituts für Technische Chemie. Da er sich den Demontagen und Plünderungen der Universität durch die SMAD widersetzte, im Juni 1946 verhaftet. Im Juli 1946 gelang ihm die Flucht aus dem Polizeigewahrsam und wurde noch im selben Jahr Professor an der TH Darmstadt. Später Professor an der Universität Frankfurt/M.
Quellen: Professorenkatalog Universität Halle.

Lindh, Max, Prof.
* 01.06.1890 in Königsberg, † 14.01.1971 in Berlin
Von 1906 bis 1919 Schreibhilfe bei der Reichsbahn und Zeichner beim Vermessungsamt in Königsberg. Von 1924 bis 1934 freischaffender Maler. Von 1930 bis 1934 Kunsterzieher im Schuldienst in Ostpreußen bzw. Königsberg. Bis 1933 Mitglied der SPD. Ab 1934 Dozent für Kunsterziehung an der Kunstakademie. Mitglied im NSLB. Ab Mai 1937 Mitglied NSDAP. Von 1937 bis 1945 Professor an der Hochschule für Lehrerbildung in Schwerin. Ab 1945 Mitglied der SED. Von 1945 bis 1946 Professor für Kunsterziehung am Pädagogischen Institut in Schwerin. Von 1946 bis zur Emeritierung 1955 Professor für Kunsterziehung an der Pädagogischen Fakultät der Universität Rostock. Dort Direktor des Instituts für Kunsterziehung und Leiter der Abteilung Atelier der Universität.
Quellen: Wikipedia, https://kulturportal-west-ost.eu/biographien/lindh-max-2 Professorenkatalog Universität Rostock.

Lindrath, Hermann, Dr.
* 29.06.1896 in Eisleben, † 27.02.1960 in Mannheim
Freiwilliger Teilnehmer am 1. Weltkrieg. Mit dem EK I ausgezeichnet. Von 1916 bis 1920 in französischer Kriegsgefangenschaft. Von 1925 bis 1945 nebenberuflich Dozent und Lehrbeauftragter für Revisionswesen, Finanzrecht und Buchführung an der Handelsfachschule, an der Verwaltungsakademie und an der Universität Halle. Hauptberuflich als

Devisenhändler in Halle tätig. Von 1928 bis 1933 Mitglied der DVP. Ab 1933 Mitglied im „Stahlhelm, Bund der Frontsoldaten“. Ab 1937 Mitglied der NSDAP. Von 1929 bis 1939 Direktor der Städtischen Steuerverwaltung. Bis 1941 Stadtoberverwaltungsrat und bis 1945 hauptamtlicher Stadtrat. Ab 1945 Stadtkämmerer und bis 1951 freiberuflich als Wirtschaftsprüfer und Steuerberater in Halle tätig. Ab 1945 Mitglied der CDUD. Bis 1948 Leiter der Fachausschüsse für Wirtschaftspolitik, für Finanz-, Handwerks- und Versicherungsfragen sowie für Handel und Versorgung des Landesverbandes Sachsen-Anhalt. 1951 „republikflüchtig“. Ab 1951 Abteilungsleiter bei der Firma Portland-Zementwerke Heidelberg AG. Mitglied beim Forschungsbeirat für Fragen der Wiedervereinigung. Mitglied im Verwaltungsbeirat der Lastenausgleichsbank. Ab 1952 stellvertretender Vorsitzender des CDU-Kreisverbandes Heidelberg. Ab 1956 Mitglied im CDU-Bundesvorstand. Von 1953 bis 1960 MdB als direkt gewählter Abgeordneter des Wahlkreis Mannheim-Land. Ende Oktober 1957 Bundesschatzminister für den wirtschaftlichen Besitz des Bundes im zweiten Kabinett von Bundeskanzler K. Adenauer.
Quellen: Professorenkatalog Universität Halle, Wikipedia, Eberle, S. 296f.

Linser, Karl, Prof. Dr. med.
* 10.09.1895 in Pforzheim, † 27.04.1976 in Berlin
Teilnehmer am 1. Weltkrieg. 1922 bis 1924 Assistenzarzt an der Hautklinik der Universität Tübingen. Von 1924 bis 1926 Hautarzt in Breslau, Wien und Paris. Von 1926 bis 1933 niedergelassener Hautarzt in Dresden. Danach Leiter der Abteilung Hautkrankheiten am Waldparkkrankenhaus und an der Kinderpoliklinik in Dresden-Johannstadt. Seit 1933 Mitglied im „Stahlhelm, Bund der Frontsoldaten“. Von 1934 bis 1945 Mitglied der NSV. 1945/46 Chefarzt am Krankenhaus in Dresden-Friedrichstadt. 1946 Landesbeauftragter für die Bekämpfung von Geschlechtskrankheiten. Ab April 1947 Professor für Dermatovenerologie der Universität Leipzig. Von August 1947 bis November 1948 Präsident der Deutschen Zentralverwaltung für das Gesundheitswesen in der SBZ. Ab 1950 Mitglied des NR. Mitarbeiter am Deutschen Hygiene Museum. Von 1950 bis 1962 Professor für Dermatovenerologie an der Humboldt-Universität Berlin und Direktor der Charité. Darüber hinaus ab 1951 ärztlicher Direktor des Klinikums

Berlin-Buch und Chefarzt der Hautklinik. 1960 als „Verdienter Arzt des Volkes“, 1959 mit dem „Goethepreis“ der Stadt Berlin, 1965 als „Hervorragender Wissenschaftler des Volkes“, 1970 mit dem „Vaterländischen Verdienstorden“ in Gold und 1975 mit der „Ehrenspange“ ausgezeichnet. Quellen: Professorenkatalog Universität Leipzig, Wikipedia.

Lintzel, Martin, Prof. Dr. phil.
* 28.02.1901 in Magdeburg, † 15.07.1955 in Halle (Saale)
Während seines Studiums der Geschichte an der Universität Halle 1919/20 Mitglied in einem Zeitfreiwillgenregiment. Ab 1919 Mitglied der Studentenverbindung der fakultativ schlagenden „Sängerschaft Fridericiana Halle“. Ab 1931 vertrat er den Lehrstuhl für Mittelalterliche Geschichte an der Universität Halle. Seit 1934 Mitglied der NSV. Seit 1936 Mitglied im RLB. Von 1935 bis 1936 Professor für Mittelalterliche und Neuere Geschichte an der Universität Kiel. Von 1936 bis 1955 Professor für Mittelalterliche und Neuere Geschichte an der Universität Halle. 1944 diente er in einem „Landesschützenbataillon“. Mitglied der SAW. Mitglied der AdW zu Berlin. Korrespondierendes Mitglied der Göttinger AdW. Mitglied der Historischen Kommission für Niedersachsen. Mitglied des Wissenschaftlichen Beirats beim Staatssekretariat für Hochschulwesen. Suizid.
Quellen: Professorenkatalog Universität Halle, Wikipedia, Mertens, S. 34, BStU, MfS, BV Halle, AOP 46/59 1, Bl. 7.

Litt, Theodor, Prof. Dr. phil.
* 27.12.1880 in Düsseldorf, † 16.07.1962 in Bonn
Von 1906 bis 1918 Oberlehrer in Köln. 1918 Mitarbeiter im Preußischen Kultusministerium. Von 1918 bis 1920 Professor für Pädagogik an der Universität Bonn. Von 1920 bis 1937 und von 1945 bis 1947 Professor für Philosophie und Pädagogik an der Philologisch-Historischen Abteilung der Philosophischen Fakultät der Universität Leipzig. Von 1926 bis 1927 Dekan der Fakultät und von 1931 bis 1932 Rektor der Universität Leipzig. Im November 1933 unterzeichnete er das „Bekenntnis der Professoren an den deutschen Universitäten und Hochschulen zu Adolf Hitler und dem nationalsozialistischen Staat“. Ab 1940 Mitglied der NSV. Von 1947 bis

1952 Professor für Philosophie und Pädagogik an der Universität Bonn. Mitglied der SAW zu Leipzig.
Quellen: Professorenkatalog Universität Leipzig, Wikipedia, Bott, S. 171.

Loeffler, Friedrich Karl Georg, Prof. Dr. med.
* 13.09.1885 in Berlin, † 28.05.1967 in Berlin
Von 1911 bis 1912 Schiffsarzt. Von 1912 bis 1914 Assistent an einer Orthopädischen Privatklinik in Halle (Saale). Von 1914 bis 1923 Assistent an der Chirurgischen Universitätsklinik Halle, gleichzeitig leitender Arzt der Orthopädischen Abteilung dieser Klinik. Von 1914 bis 196 als Marinearzt in Flandern Teilnehmer am Ersten Weltkrieg, wo er mit dem „Eisernen Kreuz" II. Klasse ausgezeichnet wurde. Von 1921 bis 1922 Leiter der Privatklinik in Merseburg. Ab 1923 nichtbeamteter Professor an der Universität Halle. Von 1917 bis 1923 beratender Arzt des Regierungspräsidenten zur Behandlung von Kriegsverletzten. Seit April 1936 Mitglied der NSDAP. Mitglied im NSDFB, Mitglied im NSLB, Mitglied im RLB. Förderndes Mitglied der SS. Von 1932 bis 1945 Durchgangsarzt für die Mitteldeutschen Berufsgenossenschaften. 1945 von der Universität entlassen, jedoch 1950 erneut zum Professor mit Lehrauftrag für Orthopädie ernannt. Von 1951 bis 1957 Professor an der Humboldt-Universität Berlin, wo er 1957 emeritiert wurde. Von 1953 bis 1955 kommissarischer Direktor der Orthopädischen Klinik Leipzig. Von 1958 bis 1961 Chefarzt der Orthopädischen Klinik Berlin-Kaulsdorf. 1954 als „Verdienter Arzt des Volkes" ausgezeichnet. 1954 wurde ihm der „Ehrendoktor" der Medizinischen Fakultät der Universität Leipzig und 1965 der „Ehrendoktor" der Medizinischen Fakultät der Universität Greifswald verliehen. Loeffler war „Ehrenmitglied" der Deutschen Orthopädischen Gesellschaft und „Ehrenmitglied" der Gesellschaft für Orthopädie der DDR.
Quellen: Professorenkatalog Universität Halle, Professorenkatalog Universität Leipzig, Wikipedia.

Löffler, Fritz, Prof. Dr.
* 12.09.1899 in Dresden, † 15.05.1988 ebenda
Teilnehmer am Ersten Weltkrieg. Ab 1927 als Kunsthistoriker Assistent am Stadtmuseum Dresden. Von 1932 bis 1937 Sekretär der Dresdner

Sezession. Danach beim „Heimatwerk Sachsen“ für sächsisches Schrifttum zuständig. Ab 1934 Mitglied der SA. Ab 1937 Mitglied der NSDAP. Teilnehmer am Zweiten Weltkrieg. Ab 1942 organisierte er im Generalgouvernement, in Krakau, im Auftrag der Reichsregierung Kunstausstellungen. Von 1945 bis 1947 organisierte er für die Stadt Dresden die Betreuung und Rückführung evakuierter Kunstschätze in Bad Muskau. 1946 und 1949 organisierte er die noch gesamtdeutsche 1. und 2. Kunstausstellung deutscher Künstler in Dresden. Bis 1957 bei den Staatlichen Kunstsammlungen Dresden. Danach, bis zu seiner Pensionierung 1967 am Landesamt für Denkmalpflege. 1983 mit dem „Martin-Andersen-Nexö-Kunstpreis“ der Stadt Dresden ausgezeichnet. 1993 wurde die Juri-Gagarin-Straße in Dresden in Fritz-Löffler-Straße umbenannt. Auch ein Platz in Dresden erhielt seinen Namen. Von 1993 bis 2007 trug das Fritz-Löffler-Gymnasium in Dresden seinen Namen. Seit 1999 erinnert eine Gedenktafel an seinem Wohnort in der Liebigstraße in Dresden an ihn.
Quellen: Wikipedia, Weinreich.

Löhlein, Walther, Prof. Dr. med.
* 05.01.1882 in Berlin, † 14.09.1954 in Essen
Seit 1900 Burschenschaft Alemannia Bonn und Burschenschaft Alemannia Münster. Als Arzt freiwilliger Teilnehmer am Ersten Weltkrieg. Ab 1921 Professor an der Universität Greifswald. Ab 1924 Direktor der Augenklinik der Universität Jena. Ab 1932 Universität Freiburg i. Brsg. und 1933/34 Dekan. Ab 1940 Mitglied der NSDAP. Ab 1934 Lehrstuhl für Ophthalmologie an der Universität Berlin. Augenarzt von A. Hitler und ab 1942 Berater für Ophthalmologie beim Heeressanitätswesen. 1944 Mitglied im Wissenschaftlichen Beirat von Karl Brandt. Im Dezember 1945 musste er die Leitung der Universitätsklinik für Augenkrankheiten ausgeben. Jedoch wurde Von Ende Januar 1946 bis 1949 jedoch wieder Direktor der Augenklinik der Humboldt-Universität. Danach bis 1953 Honorarprofessor für Augenheilkunde an der FU Berlin.
Quellen: Klee I, Wikipedia.

Lohmann, Anne-Marie, Dr. med.
* 08.04.1909 in Coswig, † 29.12.2000
Seit Mai 1937 Mitglied der NSDAP. Ab 1938 Mitglied im NSÄB. Mitglied der SED. Chefärztin an der Poliklinik „Dr. Hoch“ in Dessau. Leiterin der Ständigen Kommission für das Gesundheits- und Sozialwesen im Bezirk Halle. Ab 1962 Leiterin der Neurologischen Abteilung des Instituts für Luftfahrtmedizin in Dresden. Oberstleutnant der NVA. 1954 als „Verdienter Arzt des Volkes“ und 1962 mit der „Ernst-Moritz-Arndt-Medaille“ ausgezeichnet. Mitglied der PDS.
Quellen: UFJ, BStU, MfS, HA XX 5754, Bl. 167.

Lösche, Artur, Prof. Dr. Dr. h. c.
* 20.10.1921 in Leipzig, † 12.02.1995 ebenda
Von 1935 bis 1940 Mitglied der HJ. Seit 1940 Mitglied der NSDAP. Teilnehmer am Zweiten Weltkrieg. 1944 mit dem „Verwundetenabzeichen“ ausgezeichnet. Ab 1946 Mitglied der SPD bzw. SED. Ab 1948 Assistent, Oberassistent, Dozent und ab 1955 Professor für Physik am Physikalischen Institut der Universität Leipzig. Von 1964 bis 1987 Mitherausgeber der Zeitschrift „Fortschritte der Physik“. Von 1966 bis 1970 Direktor des Instituts. Ab 1965 Mitglied der AdW zu Berlin. Ab 1965 Mitglied der SAW und dort Vize-Präsident von 1984 bis 1991. Ab 1975 Mitglied der Leopoldina zu Halle. 1954 mit der „Medaille für ausgezeichnete Leistungen“, 1958 mit dem „Nationalpreis“ für Wissenschaft und Technik II. Klasse, 1979 als „Verdienter Hochschullehrer“, 1981 mit dem „Gustav-Hertz-Preis“ der Universität Leipzig und 1986 mit dem „Vaterländischen Verdienstorden“ in Silber ausgezeichnet. 1986 verlieh ihm die Universität Jena den Ehrendoktortitel. 1989 „Ehrensenator“ der Universität Leipzig.
Quellen: Wikipedia, Professorenkatalog der Universität Leipzig, Mitteilungen der Leibniz-Sozietät8 (1995) 8/9, Nachrufe, S. 132.

Lotz, Rudolf Richard Hugo, Dr. jur.
* 16.08.1901 in Meinigen, † 28.10.1973 in Eisenach
Ab 1920 Mitglied der nichtschlagenden Studentenverbindung „A. V. Igel Tübingen“. Ab 1926 Rechtsanwalt in Eisenach. Ab 1932 auch Notar. Ab 1937 Mitglied der NSDAP. Von Anfang April bis Mai 1945 übernahm er

von Köhler, Kreisleiter der NSDAP, das Amt des Oberbürgermeisters von Eisenach. Am 6. April 1945 übergab er die Stadt kampflos an die einrückende US-Army. Von 1954 bis 1972 Präsident der Synode der evangelisch-lutherischen Kirche in Thüringen. Vorsitzender des Verwaltungsrates der Diakonissenhausstiftung in Eisenach.
Quellen: Wikipedia, https://www.eisenach.de/leben/geschichte/ober-buergermeister/lotz.

Lüdemann, Karl-Friedrich, Prof. Dr.-Ing.
* 07.06.1912 in Lennep, † 29.05.1967 in Dresden
Mitglied der pflichtschlagenden und farbentragenden Studentenverbindung „Corps Saxo-Borussia". Seit 1937 Mitglied der NSDAP. Ab 1940 Leiter des Werks Königshütte der Königs- und Bismarckhütten AG in Königshütte. Von 1942 bis 1944 als Offizier Teilnehmer am 2. Weltkrieg. Nach 1945 wissenschaftlicher Mitarbeiter am Eisenhütteninstitut in Freiberg. Ab 1946 wissenschaftlicher Mitarbeiter im sowjetischen „Technischen Büro Eisen" in Freiberg. Ab 1947 Hauptingenieur im Stahlwerk Silbitz. Ab 1950 Leiter der Abteilung Metallurgie und Wärmetechnik im Institut für Eisenforschung Hennigsdorf. Nebenamtlich ab 1951 Lehrbeauftragter und später Honorarprofessor an der Humboldt-Universität. Ab 1956 Professor und Direktor des Instituts für Eisenhüttenkunde an der BAF. Von 1957 bis 1960 Direktor des Instituts für Sonderstahlkunde. Von 1957 bis 1958 und von 1960 bis 1962 kommissarischer Direktor des Instituts für Ökonomie, Organisation und Planung des Hüttenwesens. Ab 1961 Mitglied der AdW zu Berlin. Von 1958 bis 1963 Prodekan der Fakultät für Ingenieurökonomie. Von 1965 bis 1967 Rektor der BAF. Ab 1963 Mitglied der SED. Mitglied des Forschungsrates beim Ministerrat. 1954 mit dem „Nationalpreis" II. Klasse und 1952 als „Verdienter Techniker des Volkes" ausgezeichnet. 1951 wurde Lüdemann mit dem „Band" seiner Studentenverbindung von der RWTH Aachen ausgezeichnet.
Quellen: Herbst, Baumgartner/Hebig, Weinreich, Wikipedia.

Ludwig, Werner, Prof. Dr. med.
* 15.12.1914 in Mühlheim an der Ruhr, † 11.12.2001 in Dresden
Nach einem Studium an der Militärärztlichen Akademie in Berlin Militärchirurg. Als Oberarzt, später Stabsarzt Teilnehmer am Zweiten Weltkrieg. Danach in sowjetischer Kriegsgefangenschaft. Mitglied im NKFD. Ab 1948 zunächst als Kreisarzt in Grimma. Mitglied der SED. Ab 1950 Abteilungsleiter im Ministerium für Gesundheitswesen. 1952 Vorsitzender des Gründungskomitees des DRK. Von 1953 bis 1957 Vorsitzender des Zentralausschusses des DRK, bis 1981 Präsident und schließlich ehrenamtlicher Vize-Präsident. Mitglied im NR der NF. Ab 1965 Professor für Sozialhygiene an der Medizinischen Akademie Dresden. Von 1971 bis 1976 Präsident des Nationalen Komitees für Gesundheitserziehung. Zugleich Professor für Gesundheitserziehung an der Akademie für Ärztliche Fortbildung in Berlin-Lichtenberg. 1973 Vize-Präsident der Liga der Rotkreuz- und Rothalbmond-Gesellschaften. Ab 1991 Ehrenmitglied des Präsidiums des gesamtdeutschen DRK.
Quellen: Cerný, Herbst, Wikipedia.

Lukas, Gerhard, Prof. Dr. phil.
* 21.05.1914 in Sedlitz in der Niederlausitz, † 09.03.1998 in Halle (Saale)
Seit 1937 Mitglied der NSDAP. Mitglied im NSLB. Mitglied im RAD. Teilnehmer am Zweiten Weltkrieg. Mitglied der SPD bzw. SED. Ab 1945 in Halle wieder Lehrer an der „Hans-Schemm-Oberschule“, die in „Thomas-Müntzer-Schule“ umbenannt worden war. Ab 1948 lehrte er an der Universität Halle Sportwissenschaft. Ab 1951 Direktor des Instituts für Körpererziehung. Ab 1952 Professor für Körpererziehung. Von 1957 bis 1963 Präsident des Studentensports. 1968 mit dem „Vaterländischen Verdienstorden“ in Bronze und 1961 mit der „Verdienstmedaille“ ausgezeichnet.
Quellen: Wikipedia, Baumgartner/Hebig.

Marchand, Hans, Dr. med.
* 10.01.1919 in Niederhelmsdorf, Kreis Sebnitz, † 1983
Seit April 1939 Mitglied der NSDAP. Teilnehmer am Zweiten Weltkrieg. Ab 1946 Mitglied der LDPD. Ab 1948 Mitglied im FDGB. Von 1946 bis

1948 Wissenschaftlicher Assistent an der Universität Jena. Von 1948 bis 1950 Assistenzarzt am Waldkrankenhaus in Halle-Dölau. Von 1951 bis 1983 Oberarzt bzw. Chefarzt der Tbc-Heilstätte Ballenstedt, Kreis Quedlinburg. Von 1958 bis 1967 AdV. Mitglied der NF. 1958 mit der „Hufeland-Medaille“, als „Aktivist“ und mit der „Medaille für ausgezeichnete Leistungen“ ausgezeichnet. Er verschwieg seine Nazi-Vergangenheit.
Quellen: UFJ, Geyer, S. 143, BStU, MfS, HA XX Nr. 5751, Teil 2 von 3, Bl. 216f., BStU, MfS, HA XX Nr. 5754, Bl. 41, Bl. 330.

Madlener, Max, Prof. Dr. med.
* 13.11.1898 in Kempten, † 28.08.1989 in Berlin
Von 1916 bis 1918 als kriegsfreiwilliger Teilnehmer am 1. Weltkrieg. Mit dem „Eisernen Kreuz“ II. und I. Klasse, mit dem „Bayerischen Militärverdienstorden“, mit der „Ostmedaille“ und mit dem „Kriegsverdienstkreuz“ I. und II. Klasse mit Schwertern ausgezeichnet. Als Leutnant ab 1919 Mitglied des Freikorps Schwaben. Mitglied der Studentenverbindung „Sängerverbindung Gotia München“. Ab 1925 Volontärassistent an der Chirurgischen Universitätsklinik und dem Bürgerhospital Köln. 1934 habilitierte ihn die Dozentenakademie Kitzeberg bei Kiel. Ab 1940 Professor der Medizinischen Akademie Düsseldorf. Chefarzt der Chirurgischen Klinik der Städtischen Krankenanstalten Düsseldorf. Als Oberfeldarzt Teilnehmer am 2. Weltkrieg. 1939 mit dem KVK I. und II. Klasse mit Schwertern, der „Ostmedaille“ und der „Wiederholungsspange“ zu den beiden EK. Von 1933 bis 1945 Mitglied der NSDAP. Ab 1934 Mitglied der SS. 1942 zum SS-Obersturmführer ernannt. Mitglied im NSDÄB. 1945 wegen seiner Nazi-Vergangenheit in Düsseldorf entlassen. Er betrieb dann kurz eine Arztpraxis auf dem Land. 1946 ging Madlener an die Charité in Berlin. Ab 1948 Oberarzt und Vertreter des erkrankten Sauerbruchs. Ab 1949 kommissarischer Direktor. Ab Mai 1950 Chefarzt am Urban-Krankenhaus, wo er Sauerbruch bis zu seinem Tod betreute.
Quellen: Wikipedia, Klee I.

Maennel, Kurt, Prof. Dr. phil.
* 04.02.1887 in Halle (Saale), † 29.06.1976 in Hofheim
1916/17 als Funker der Station Nauen Teilnehmer am Ersten Weltkrieg. Von 1917 bis 1946 Studienrat am Christian-Thomasius-Gymnasium in Halle. Nebenamtlich engagierte er sich in der Lehrerfortbildung für die Fächer Physik und Chemie. Von 1925 bis 1933 Mitglied der DVP. Mitglied einer Freimaurerloge. Seit 1936 Mitglied der NSV. Seit 1937 Mitglied im NSDDB und dort Referent für Mathematik in der Ortsgruppe Halle. 1944 Soldat beim „Volkssturm". Da er als unbelastet galt, 1946 zum Direktor der Thomasius-Schule ernannt. Ab 1945 Mitglied der CDUD und dort kurze Zeit im Landesvorstand. Mitglied im FDGB. Ab 1948 im Vorstand des Stadtbezirks der NF. Ab 1950 Mitglied der GDSF. Von 1947 bis 1949 Oberstudiendirektor bzw. Oberreferent für das Ministerium für Volksbildung des Landes Sachsen-Anhalt. Seit 1947/48 Lehrbeauftragter bzw. Dozent für Methodik des Physik- und Chemieunterrichts an der Universität Halle. 1953 zum Professor mit Lehrauftrag ernannt. Nach seiner Emeritierung 1954, siedelte er in die BRD über.
Quellen: Professorenkatalog Universität Halle.

Maetzing, Rudolf Heinz, Prof. Dr.
* 10.07.1923 in Sensburg, †?
Von 1936 bis 1941 Mitglied der HJ. Ab 1943 Mitglied der NSDAP. Von 1942 bis 1945 Infanteriesoldat beim Infanterie-Regiment 176. Im Juli 1944 mit EK II ausgezeichnet. Ab 1946 Mitglied der FDJ. Mitglied im FDGB. Ab 1947 Mitglied der SED in Berlin-Pankow. Ab 1949 Mitglied der GDSF. Von 1962 bis 1965 Studium an der Universität Moskau. Direktor der Arbeiter-Bauern-Fakultät an der Humboldt-Universität Berlin. Ab Januar 1968 Prorektor für Studienangelegenheiten. Direktor des Instituts für Marxismus-Leninismus. Im August 1954 wurde konspirativ vom Staatssekretariat für Staatssicherheit u. a. wegen seiner Nazi-Vergangenheit gegen ihn ermittelt. Im Mai 1987 wurde er für eine Tätigkeit als Inoffizieller Mitarbeiter als „nicht geeignet" beurteilt. Er verschwieg seine Nazi-Vergangenheit.

Quellen: BStU, MfS, 5327/64, Bl. 9-20, Bl. 106ff, BStU, MfS, HA IX Nr. 25975, Bl. Ermittlungsauftrag vom 4.12.1962, BStU, MfS, HA IX/11, SV 3/82, Bd. 1a, Bl. 66.

Magon, Leopold, Prof. Dr. phil.
* 05.04.1887 in Düsseldorf, † 05.02.1968 in Berlin
Von 1906 bis 1934 Mitglied im Verband katholischer Studenten. Von 1914 bis Januar 1919 Teilnehmer am 1. Weltkrieg. Mit dem EK II. Klasse ausgezeichnet. Ab 1919 Privatdozent. Von 1928 bis 1933 Professor für Deutsche und Nordische Philologie an der Universität Greifswald. Ab August 1939 als Major Teilnehmer am 2. Weltkrieg und zugleich an der Universität Greifswald. Seit 1940 Mitglied der NSDAP. Ab 1945 Mitglied der CDUD. Mitglied im FDGB. Mitglied im KB. Von Juni 1945 bis 1946 Dekan der Philosophischen Fakultät und kommissarischer Leiter mehrere Institute. Ab 1950 Professor an der Humboldt-Universität Berlin. Ab 1960 Direktor des Instituts für Theaterwissenschaft. Ab 1952 leitete er eine Abteilung im Germanistischen Seminar. Mitglied im Wissenschaftlichen Beirat beim Staatssekretariat für das Hoch- und Fachschulwesen. 1957 mit dem „Vaterländischen Verdienstorden“ in Silber ausgezeichnet.
Quellen: Wikipedia, https://ns-zeit.uni-greifswald.de/pl/projekt/personen/magon-leopold/.

Maier, Wilhelm, Prof. Dr. phil. habil.
* 04.01.1896 in Neuenbürg, † 10.04.1990 in Winnenden
Teilnehmer am Ersten Weltkrieg. Von 1927 bis 1929 an der Universität Frankfurt/M. Von 1930 bis 1935 Research Fellow of the International Education Board Chicago. Ab 1931 Gastprofessor an der Purdue Universität Lafayette (USA). Von 1935 bis 1937 Professor für Mathematik an der Universität Freiburg. Von 1937 bis 1946 Professor für Mathematik an der Universität Rostock. Als Offizier Teilnehmer am Zweiten Weltkrieg. Von 1937 bis 1945 Mitglied der NSDAP und dort Kreisleiter im Gau Württemberg-Hohenzollern. Mitglied im NSDDB. Von 1946 bis 1948 wegen seiner Nazi-Vergangenheit aus der Universität ausgeschlossen worden. Von 1948 bis 1949 Professor an der Universität Rostock. Von 1949 bis 1961

Professor an der Universität Jena, wo er jeweils auch Institutsdirektor war. Ab 1961 Mitglied der SAW zu Leipzig.
Quellen: Professorenkatalog Universität Rostock, BStU, MfS, HA IX/11 MSK 3631, Bl. 1, Bl. 4.

Mark, Robert, Prof. Dr. med.
* 27.09.1898 in Wien-Hütteldorf (Österreich), † 12.05.1961 in Münster
Von 1924 bis 1927 Assistenzarzt in Wien und in Halle (Saale) und danach wechselte er nach Würzburg. Ab 1934 Assistent an der Universität Breslau. Ab 1936 als Vertretung in Glogau und in Weimar. Ab 1937 Oberarzt und Professor an der Universität Münster. Ab 1933 Mitglied im „Stahlhelm, Bund der Frontsoldaten" und 1934 in die SA-Reserve überführt, wo er bis 1936 SA-Sanitätsführer war. Mitglied der NSV. Von 1939 bis 1945 als Leitender Arzt der Inneren Abteilung am Standortlazarett Münster Teilnehmer am Zweiten Weltkrieg. Zeitgleich beratender Internist beim Wehrkreisarzt VI. Danach in Italien in Kriegsgefangenschaft. Von dort nach Münster zurückgekehrt, wo er wieder Oberarzt und Leiter der Poliklinik wurde. Ab 1948 Professor für Innere Medizin an der Universität Rostock. Ab 1957 Ordinarius und Leiter der Medizinischen Universitätsklinik an der Universität Halle. 1962 bat er das Staatssekretariat für Hoch- und Fachschulwesen um vorzeitige Emeritierung. Im selben Jahr siedelte er nach Recklinghausen über. Mitglied der AdW zu Berlin. Mitglied der Leopoldina zu Halle.
Quellen: Professorenkatalog Universität Halle, Wikipedia.

Markwardt, Bruno, Prof. Dr. phil.
* 19.04.1899 in Göhren auf Rügen, † 17.03.1972 in Stralsund
Ab 1927 Lehrbeauftragter für Stilkunde und Theaterwissenschaft an der Universität Greifswald. Dort ab 1932 Professor. Von November 1933 bis Mai 1935 Mitglied der SA. Ab 1935 Mitglied im RLB bzw. SA-Fliegersturm. Ab 1936 förderndes Mitglied des NSFK. 1944 Lehrstuhlvertretung an der Universität Kiel. Ab 1945 Mitglied der CDUD. Mitglied im FDGB. Mitglied im KB. Wegen seiner Nazi-Vergangenheit kündigte die Landesregierung Mecklenburg-Vorpommern seine Professur. Jedoch erhielt er einen Forschungsauftrag und wurde wissenschaftliche Hilfskraft am

Germanischen Seminar. Von 1949 bis 1950 Dozent an der Volkshochschule. Ab 1951 erneut Dozent und ab 1952 Professor für Germanistik am Institut für Deutsche Philologie an der Universität Greifswald. 1964 emeritiert.
Quellen: Wikipedia, https://ns-zeit.uni-greifswald.de/projekt/personen/markwardt-bruno/.

Martienssen, Carl Adolf, Prof.
* 06.12.1881 in Güstrow, † 01.03.1955 in Berlin
Seit 1914 als Klavierlehrer. Ab 1932 Professor am Konservatorium in Leipzig. Ab 1933 Mitglied der NSDAP. Ab 1935 Professor an der Musikhochschule in Berlin. Von 1946 bis 1950 Professor an der Musikhochschule Rostock. Ab 1950 Professor am Staatlichen Konservatorium Berlin, heute Hochschule für Musik „Hans Eisler".
Quellen: Klee II, Wikipedia.

Matschak, Hans, Prof. Dr.-Ing.
* 28.04.1901 in Elbogen (Österreich-Ungarn), † 07.12.1979 in Freiberg
Studium an der Bergakademie Freiberg. Ab 1919 Mitglied der pflichtschlagenden und farbentragenden Studentenverbindung „Corps Saxo-Borussia". Von 1934 bis 1945 Mitglied der DAF. Ab 1934 Mitglied des NSDStB. Ab 1938 Mitglied der SA. Von Oktober 1938 bis 1945 Mitglied der NSDAP. Ab 1938 Direktionsassistent bei den Bleichertschen Kohlewerken in Neukirchen bei Borna. Dort von 1941 bis 1945 Oberingenieur. Von 1944 bis 1945 Zugführer beim Volkssturm. Danach von September 1945 Werkleiter beim Werk Impuls in Senftenberg. Als der Betrieb zum VEB Brandenburgischer Bergbau wurde, wurde Matschak zum Gruppendirektor der Zentralgruppe West. Ab 1948 bei der Abteilung Kohle der Deutschen Wirtschaftskommission (DWK). Ab 1946 Mitglied des FDGB. Ab Januar 1950 Mitglied der GDSF. 1952 und 1953 als „Aktivist" ausgezeichnet. Ab 1953 wissenschaftlich-technischer Mitarbeiter der HV Braunkohle. 1961 mit dem „Vaterländischen Verdienstorden" und 1964 mit dem „Nationalpreis" ausgezeichnet. Auf Vorschlag von Minister R. Steinwand, Minister für Berg- und Hüttenwesen, wurde Matschak ab 1956 Professor an der Bergakademie Freiberg.

Quellen: Wikipedia, BStU, MfS, 627/61, Bd. 3, Bl. 8-16, Bl. 35, Bl. 107f.

Matthies, Hansjürgen, Prof. Dr. med.
* 06.03.1925 Stettin, † 22.08.2008 in Magdeburg
Von 1943 bis 1945 Mitglied der HJ und Feldscher. Seit April 1943 Mitglied der NSDAP. Teilnehmer am Zweiten Weltkrieg. Danach in britischer Kriegsgefangenschaft. Mitglied der SED. Ab 1951 Assistent an der Humboldt-Universität Berlin. 1957 Professor an der Medizinischen Akademie in Magdeburg. Ab 1959 dort Ordinarius für Pharmakologie. Mitglied der Ärztekommission des SED-Politbüros. Von 1962 bis 1967 und von 1973 bis 1979 Rektor der Medizinischen Akademie. Ab 1971 Mitglied der AdW zu Berlin. Ab 1981 Direktor des Instituts für Neurobiologie und Hirnforschung der AdW in Magdeburg. Mitglied des Forschungsrates beim Ministerrat. 1968 mit dem „Nationalpreis" III. Klasse, 1965 mit dem „Vaterländischen Verdienstorden" in Bronze und 1983 als „Verdienter Hochschullehrer der DDR" ausgezeichnet. 1985 Ehrendoktor der Universität Leipzig und 1986 der Semmelweis-Universität Budapest. Er verschwieg seine Nazi-Vergangenheit.
Quellen: UFJ, Baumgartner/Hebig, Herbst, BBAW, Wikipedia, Buch, BStU, MfS, HA XX Nr. 5754, Bl. 43, Bl. 330, BStU, MfS, HA XX Nr. 5751, Teil 2 von 3, Bl. 228.

Matzke, Horst, Prof. Dr. phil. Dr. rer. nat.
* 03.08.1918 in Breslau, †?
Seit 1936 Mitglied der NSDAP. Teilnehmer am Zweiten Weltkrieg. Mitglied der SED. Von 1947 bis 1956 stellvertretender Leiter des Meteorologischen Observatoriums in Greifswald. Ab 1951 lehrte er an der Hochschule für Architektur und Bauwesen in Weimar. Ab 1960 Lehrstuhlinhaber und Direktor des Instituts für Mathematik an der Hochschule für Architektur und Bauwesen. Von 1963 bis 1968 Rektor der Hochschule für Architektur und Bauwesen in Weimar. 1978 mit dem „Vaterländischen Verdienstorden" in Bronze und 1963 mit der „Verdienstmedaille" ausgezeichnet.
Quellen: Wikipedia, Herbst, Baumgartner/Hebig, Buch.

Mauersberger, Erhard, Prof. Dr. h. c. mult.
* 29.12.1903 in Mauersberg bei Marienberg (Sachsen), † 11.12.1982 in Leipzig
Ab 1925 Organist und Künstlerischer Leiter des Aachener Bachvereins. Von 1928 bis 1930 Dozent an der Musikhochschule in Mainz. Ab 1930 Kantor an der Georgenkirche in Eisenach und zugleich an der Kirchenmusikschule der Evangelisch-Lutherischen Kirche Thüringens. Ab 1932 Dozent und ab 1946 Professor für Chorleitung an der Staatlichen Hochschule für Musik in Weimar. Seit 1939 Mitarbeiter des antisemitischen „Instituts zur Erforschung und Beseitigung des jüdischen Einflusses auf das deutsche kirchliche Leben". Ab 1933 Mitglied der NSDAP. Mitglied der CDUD und zeitweise Mitglied im Hauptvorstand. Ab 1950 leitete er die Kirchenmusikhochschule in Eisenach. Von 1961 bis 1972 Thomaskantor in Leipzig und von 1963 bis 1982 Vorstands- und Ehrenmitglied der Neuen-Bach-Gesellschaft. Von 1964 bis 1982 Präsident des Bach-Komitees. 2001 wurde eine Straße im Leipziger Stadtteil Stötteritz und eine Straße im Dresdner Stadtteil Striesen nach ihm benannt. Die Humboldt-Universität Berlin und die Universität Marburg (1959) verliehen ihm jeweils den Ehrendoktortitel. 1972 mit dem „Vaterländischen Verdienstorden" in Silber, 1972 mit dem „Kunstpreis" der Stadt Leipzig und 1973 mit der „Ehrennadel" des VKM ausgezeichnet.
Quellen: Wikipedia, Klee II, Braun/Grünzinger.

Mauersberger, Rudolf, Prof.
* 29.01.1889 in Mauersberg bei Marienberg, Sachsen, † 22.02.1971 in Dresden
Teilnehmer am Ersten Weltkrieg. Von 1919 bis 1925 Kantor und Organist an der Annenkirche in Aachen sowie am Städtischen Konzerthaus in Aachen. 1925 Landeskirchenmusikwart der Evangelischen Landeskirche Thüringens und Kantor an Bachs Taufkirche St. Georg in Eisenach. Dort gründete er einen Bach- und einen Knabenchor (Georgenchor). Ab 1930 Leiter des Dresdner Kreuzchores. 1931 zum Kirchemusikdirektor ernannt. Seit 1933 Mitglied der NSDAP. Mitglied im NSLB. Mitglied der RMK. Zum 20. April 1938 von A. Hitler zum „Professor" ernannt. Mitglied der CDUD und später Mitglied des Hauptvorstandes. Mitglied im Deutschen

Friedensrat. Leiter des Dresdner Kreuzchores. 1955, 1964 und 1969 mit dem „Vaterländischen Verdienstorden“ in Bronze, Silber und Gold, 1950 mit dem „Nationalpreis“ II. Klasse und mit der „Ehrennadel“ des Deutschen Friedensrates ausgezeichnet. Im Dresdner Stadtteil Striesen wurde eine Straße nach ihm benannt.
Quellen: Wikipedia, Klee II, Baumgartner/Hebig.

Maurer, Eduard, Prof. Dr.-Ing. Dr. h. c. mult.
* 03.11.1886 in Königsstein (Hessen), † 21.02.1969 in Berlin
1909 Assistent und später Abteilungsleiter der Physikalisch-chemischen Versuchsanstalt der Gussstahlfabrik in Essen. Ab 1919 Dozent und ab 1925 Professor und Direktor des Instituts für Eisenhüttenkunde an der BAF. Im November 1933 unterzeichnete der das „Bekenntnis deutscher Professoren von Universitäten und Hochschulen zu Adolf Hitler und dem nationalsozialistischen Staat“. Seit Mai 1937 Mitglied der NSDAP in Freiberg. Von 1945 bis 1948 Wissenschaftler in der Sowjetunion. Von 1950 bis 1959 Direktor des Eisenforschungsinstituts in Hennigsdorf. Ab 1951 Professor an der Humboldt-Universität Berlin. Ab 1951 Mitglied der AdW zu Berlin. Ab 1956 Ehrenmitglied der Gesellschaft Deutscher Berg- und Hüttenleute. 1959 mit dem „Vaterländischen Verdienstorden“ in Silber, 1950 und 1954 mit dem „Nationalpreis“ und 1960 als „Hervorragender Wissenschaftler des Volkes“ ausgezeichnet. TH Aachen und die Humboldt-Universität verliehen ihm die Ehrendoktorwürde. Ab 1956 Ehrenmitglied der Gesellschaft Deutscher Berg- und Hüttenleute. 2007 wurde ein Oberstufenzentrum in Hennigsdorf in „Eduard-Maurer-Oberstufenzentrum“ umbenannt. In den Orten Gröditz und Hennigsdorf wurden Straßen nach Maurer benannt.
Quellen: Wikipedia, Baumgartner/Hebig, BBAW.

Mecklinger, Ludwig, Prof. Dr. sc. med.
* 14.11.1919 in Buchdorf bei Donauwörth, † 22.06.1994
Ab 1938 Mitglied im RAD. Teilnehmer am Zweiten Weltkrieg. Danach in US-amerikanischer Kriegsgefangenschaft. 1945 Mitglied der SPD bzw. SED. Ab 1946 Mitglied im FDGB. Mitglied der GDSF. Mitglied im DRK. 1949 Kreisparteischule. Von 1952 bis 1955 stellvertretender Leiter des

Zentralausschusses des DRK. Von 1955 bis 1957 stellvertretender Chef des Medizinischen Dienstes der KVP bzw. der NVA. Von 1957 bis 1964 Leiter der Militärmedizinischen Sektion der Universität Greifswald. Oberst. Von 1971 bis 1989 Minister für Gesundheitswesen (Nachfolger von Max Sefrin). Von 1981 bis 1990 AdV. Von 1986 bis 1989 Mitglied im ZK der SED. 1965, 1969 und 1979 mit dem „Vaterländischen Verdienstorden“ in Bronze, Silber und Gold, 1959 als „Verdienter Arzt des Volkes“, 1974 „Kampforden für Verdienst um Volk und Vaterland“ in Gold und 1976 „Ehrenmedaille“ des Komitees der antifaschistischen Widerstandskämpfer“ ausgezeichnet.
Quellen: Cerný, Herbst, Wikipedia, Baumgartner/Hebig, Buch, BStU, MfS, AP Nr. 35651/92, Bl. 1ff., Bl. 14f.

Mehlmack, Friedrich, Dr. med.
* 08.04.1908 in Nürnberg, † 28.05.1969
Seit 1939 Mitglied der NSDAP. Teilnehmer am Zweiten Weltkrieg. Danach ab 1943 in sowjetischer Kriegsgefangenschaft. Mitglied im NKFD. 1948 kehrte er zurück und wurde Mitglied der SED. Ab 1949 Chefarzt an der Poliklinik Köthen. Ab 1950 Angehöriger der DVP bzw. der KVP. Von 1952 bis 1953 Generalsekretär des DRK. Ab 1953 Ärztlicher Direktor und Facharzt für Augenkrankheiten an der Poliklinik in Heidenau (Sachsen). 1957 als „Verdienter Arzt des Volkes“ ausgezeichnet.
Quellen: Wikipedia.

Meier, John, Prof. Dr.
* 14.06.1864 in Vahr, † 03.05.1953 in Freiburg i. Brsg.
1899 Ordinarius für Deutsche Philologie an der Universität Basel. Von 1905 bis 1912 Obmann der Schweizerischen Gesellschaft für Volkskunde. 1906 gründete er das Schweizerische Volksliedarchiv. Ab 1911 leitete er den Verband deutscher Vereine für Volkskunde. 1912 Ordinarius für Volkskunde an der Universität Freiburg. 1914 gründete er dort das Deutsche Volksliedarchiv. Als Volkskundler Mitarbeiter der „Forschungsgemeinschaft Ahnenerbe der SS“. 1934 mit der „Goethe-Medaille“ für Kunst und Wissenschaft ausgezeichnet. 1952 mit dem „Nationalpreis“ der DDR und 1952 mit dem „Großen Verdienstkreuz“ der BRD ausgezeichnet.

Quellen: Wikipedia, NDB, Professorenkatalog Universität Halle.

Meisner, Heinrich Otto, Prof. Dr. phil.
* 01.04.1890 in Berlin, † 26.11.1976 in Potsdam
Ab August 1913 Archivvolontär am Staatsarchiv in Stettin. Ab April 1914 Archivaspirantenprüfung am Preußischen Geheimen Staatsarchiv. Von 1914 bis 1918 Teilnehmer am 1. Weltkrieg. Ab 1922 Dozent für Archivkunde am Preußischen Institut für Archivwissenschaft in Berlin-Dahlem. Von 1923 bis 1927 als Kommissar und ab 1925 Leiter des Brandenburgisch-Preußischen Hausarchivs in Berlin. Ab 1928 wieder am Staatsarchiv und delegiert zum Studium des Archivwesens in der Sowjetunion. Ab 1930 Dozent am Institut für Archivwissenschaft und geschichtswissenschaftliche Fortbildung. Von 1935 bis 1945 Oberarchivrat im Reichsarchiv Potsdam. Ab 1937 Leiter des Staatlichen Archivguts im Reichsarchiv. Ab Januar 1937 Mitglied der NSDAP und dort ab 1938 Politischer Leiter. Ab 1948 Justitiar des Landtags von Brandenburg. Von 1950 bis 1953 Dozent und ab 1953 bis 1961 Professor am Institut für Archivwissenschaft in Potsdam. Von 1953 bis 1961 Professor an der Humboldt-Universität. Seit 1961 Mitglied der AdW zu Berlin. 1960 mit dem „Vaterländischen Verdienstorden“ ausgezeichnet. Anfang April 1980 ordnete die HA IX/11 eine Überprüfung der Personalunterlagen von 1941/42, die beim Reichsministerium für Wissenschaft, Erziehung und Volksbildung geführt worden waren. Außerdem sollten seine Entnazifizierungsunterlagen von 1947/48 überprüft werden.
Quellen: BStU, MfS, HA IX/11 AK Nr. 1685-1687/80, Bl. 2, Bl. 7, BStU, MfS, HA IX Nr. 25975, Bl. 126, Mertens, S. 28.

Meißer, Otto, Prof. Dr. phil.
* 19.06.1899 in Apolda, † 23.07.1966 in Freiberg
Seit Mai 1933 Mitglied der NSDAP. Seit 1941 SA-Sturmführer im Sturm N 235. Mitglied im NSLB. Mitglied im NSDDB. Ab 1935 Professor für Geophysik an der Universität Jena. Von 1940 bis 1945 Professor und Direktor des Instituts für Angewandte Geophysik an der BAF. Als Offizier Teilnehmer am Zweiten Weltkrieg. Mit dem „Eisernen“ Kreuz ausgezeichnet. Ab 1950 freischaffender Wissenschaftler in Göttingen. 1951 siedelte

er in die DDR über. Erneut Professor für Geophysik an der BAF. Von 1955 bis 1957 Rektor der BAF. Mitglied des Forschungsrates beim Ministerrat. Sekretär der Klasse für Bergbau, Hüttenwesen und Montangeologie der AdW zu Berlin. Mitglied im Präsidium der Deutsch-Nordischen Gesellschaft (zusammen mit Prof. Dr. Hans-Jürgen Geerdts). 1966 zum „Ehrensenator" der Bergakademie ernannt. Mit dem „Vaterländischen Verdienstorden" in Silber und 1964 als „Hervorragender Wissenschaftler des Volkes" ausgezeichnet. Das Gebäude des physikalischen Instituts trägt seinen Namen: „Otto-Meißer-Bau".
Quellen: UFJ, Baumgartner/Hebig, Wikipedia, BStU, MfS, HA XX Nr. 5754, Bl. 168, BStU, MfS, HA XX Nr. 5751, Teil 2 von 3, Bl. 236f., Der Spiegel Nr. 8/1963, S. 21.

Meister, Walter
* 01.09.1912 in Chemnitz, †?
Seit 1939 Mitglied der NSDAP. In den SED-Unterlagen gibt er an, dass er nach Rücksprache mit SPD- und KPD-Genossen Mitglied der NSDAP wurde. Von 1935 bis 1945 Mitglied der DAF. Von 1937 bis 1946 Mitglied der NSV. Mitglied der SED. Mitglied im HA der KdT. Bis 1965 Leiter des Amtes für Standardisierung. Mitglied im KB. Mitglied der GDSF. Ab 1972 wissenschaftlicher Mitarbeiter beim ZI für Information und Dokumentation. Ab 1972 stellvertretender Direktor des Internationalen Zentrums für Wissenschaftliche und Technische Information in Moskau. 1962 und 1972 mit dem „Vaterländischen Verdienstorden" in Bronze und Silber ausgezeichnet.
Quellen: UFJ, Baumgartner/Hebig, BStU, MfS, HA XX Nr. 5755, Bl. 235, BStU, MfS, HA XX Nr. 5754, Bl. 169, BStU, MfS, Zentral-Archiv 8928/71, Bl. 3-10.

Mellerowicz, Konrad, Prof. Dr. rer. pol.
* 24.12.1891 in Jersitz (Poznan), † 25.01.1984 in Berlin
Teilnehmer am 1. Weltkrieg. Ab 1929 Professor für Allgemeine Betriebswirtschaftslehre an der Handelshochschule Berlin. Ab 1936 wurde die Handelshochschule zur Wirtschaftshochschule und ab 1946 in die Humboldt-Universität integriert. Mitglied der SA. Mitglied der NSDAP. Im

November 1933 unterzeichnete er das „Bekenntnis der Professoren an den deutschen Universitäten und Hochschulen zu Adolf Hitler und dem nationalsozialistischen Staat“. 1936 veröffentlichte er den ersten Beitrag eines deutschen Betriebswirtes zu Militärökonomik. Bis 1950 Professor für Betriebswirtschaft an der Humboldt-Universität. Von 1950 bis zu seiner Emeritierung 1963 Professor für Allgemeine Betriebswirtschaftslehre an der TU Berlin. 1961 mit dem „Großen Verdienstkreuz des Verdienstordens“ der Bundesrepublik Deutschland ausgezeichnet. 1965 Ehrensenator der TU Berlin. 1976 mit dem „Goldenen Ehrenring für Betriebswirtschaft“ von der Deutschen Gesellschaft für Betriebswirtschaft ausgezeichnet. Die Universität Linz verlieh ihm die Ehrendoktorwürde. Alle zwei Jahre wird ein „Konrad-Mellerowicz-Preis“ vergeben.
Quellen: Wikipedia, NDB, https://link.springer.com/chapter/10.1007/978-3-642-18916-6_26.

Melsheimer, Ernst, Prof. Dr. jur.
* 09.04.1897 in Neunkirchen, Saarland, † 25.03.1960
Teilnehmer am Ersten Weltkrieg. Mit dem „Eisernen Kreuz“ und dem „Ehrenkreuz für Frontkämpfer“ ausgezeichnet. Ab 1924 Landgerichtsrat. Ab 1933 Landgerichtsdirektor. Ab 1937 Kammergerichtsrat. In der Zwischenzeit für das Reichsjustizministerium tätig. Von 1928 bis 1932 Mitglied der SPD. Mitglied der NSDAP. Ab 1935 Mitglied der NSV. Seit 1936 Mitglied im NSRB. 1944 zum Reichsgerichtsrat ernannt. Ab 1946 Mitglied der KPD bzw. SED. Von 1946 bis 1949 Vize-Präsident der Zentralverwaltung für Justiz in der SBZ. Von 1949 bis 1960 Generalstaatsanwalt und verantwortlich für ca. 800 Todesurteile. Ab 1952 Mitglied der AdW zu Berlin. 1955 und 1959 mit dem „Vaterländischen Verdienstorden“ ausgezeichnet. Anfang September 1974 wandte sich der Leiter der Abteilung Agitation an den B. Beater, Stellvertreter von E. Mielke, mit der Bitte um eine Entscheidung, wie mit der Nazi-Vergangenheit von E. Melsheimer umgegangen werden sollte. Konkret ging es darum ob in einer Veröffentlichung zur Geschichte der Justiz der DDR seine Mitgliedschaft in der NSDAP erscheinen soll oder nicht.
Quellen: Die Woche, Cerný, Herbst, Wikipedia, Munzinger, Baumgartner/Hebig, Buch, BStU, MfS, HA IX/11 SV 6/74, Bl. 2, Bl. 6f.

Menne, Fritz, Prof. Dr. med.
* 05.11.1910 in Allenstein, † 30.12.1979 in Münster
Seit 1933 Mitglied der NSDAP. 1944 Dozent an der Universität Münster. Ab 1951 Professor für Physiologische Chemie an der Universität Münster. Von 1954 bis 1956 an der Universität Rostock. Ab 1961 Leiter der Abteilung Stoffwechselforschung an der Universität Münster. Dort ab 1962 Wissenschaftlicher Rat und ab 1964 Professor. 1975 emeritiert.
Quellen: Klee I, https://www.medizin.uni-muenster.de/physiolchem/institute-das-institut/bisherige-professoren/.

Menner, Erich Richard Georg, Prof. Dr. phil. Dr. rer. nat. habil.
* 27.09.1900 in Schneidemühl, † um 1975
1927/28 verwaltete er eine Assistentenstelle am Zoologischen Institut der Universität Halle, wo er 1928 Assistent wurde. Truppführer im NSKK. 1938 Wehrsportreferent im Stab der Motorstandarte 38/11 (Saalkreis). Von 1941 bis 1945 als Unteroffizier der Luftwaffe Teilnehmer am Zweiten Weltkrieg. Technischer Inspektor bei der Fliegerschule Dresden-Klotzsche. 1945 in US-amerikanischer Kriegsgefangenschaft. Nach der Rückkehr kam er wieder an die Universität Halle und leitete vertretungsweise das Zoologische Institut. Ab 1945 Mitglied im FDGB. Mitglied im KB. Ab 1946 Professor und Leiter des zur Universität gehörigen Instituts für Praktische Biologie Schloss Ostrau, Kreis Saale. Ab 1946 Mitglied der CDUD. Ab 1947 Professor mit vollem Lehrauftrag. Ab 1953 Professor mit Lehrstuhl an der Allgemeinwissenschaftlichen Fakultät der PH Potsdam. Direktor des Instituts für Zoologie. 1965 emeritiert.
Quellen: Professorenkatalog Universität Halle, BStU, MfS, BV Halle, AOP 46/59 4, Bl. 150.

Menz, Gerhard Max Heinrich, Prof. Dr. phil.
* 10.02.1885 in Kreuzburg, Oberschlesien, † 16.01.1954 in Leipzig
Ab 1912 Chefredakteur der „Weimarischen Zeitung“. Von 1913 bis 1915 Journalist der „Tsintauer (Kriegs-)Nachrichten“. Von 1915 bis 1919 Leiter der staatlichen Kaiser-Wilhelm-Schule in Shanghai. Von 1920 bis 1925 Mitarbeiter des Börsenvereins des Deutschen Buchhandels in Leipzig. Von

1921 bis 1933 Chefredakteur des „Börsenblatts für den deutschen Buchhandel". Im November 1933 unterzeichnete er das „Bekenntnis der Professoren an den deutschen Universitäten und Hochschulen zu Adolf Hitler und dem nationalsozialistischen Staat". Kommentator der Gesetzgebung zur Reichskulturkammer. Seit 1936 Mitglied der NSV. Ab 1939 Mitglied des DRK. Ab 1942 Mitglied im NSDDB. Ab 1944 Lehrbeauftragter zur Erforschung der Frühgeschichte der Presse. Von 1925 bis 1946 Professor für Buchhandelbetriebslehre an der Handelshochschule in Leipzig. Von 1946 bis 1951 Professor für Betriebswirtschaftslehre und Publizistik an der Universität Leipzig. Erster Direktor des Instituts für Publizistik an der Universität Leipzig.
Quellen: Professorenkatalog Universität Leipzig, Klee II, Wikipedia.

Menzer, Paul, Prof. Dr. phil.
* 03.03.1873 Berlin, † 21.05.1960 Halle (Saale)
Von 1906 bis 1908 Professor an der Universität Marburg. 1908 Professor an der Universität Halle. Von 1920 bis 1921 Rektor der Universität Halle. 1919 aktives Mitglied der Einwohnerwehr in Halle-Nord gegen „Kommunistenaufruhr in Mitteldeutschland". Ab 1934 Mitglied der NSV. Von 1945 bis 1948 wieder Professor für Philosophie an der Universität Halle. Nach Krawallen kommunistischer Studenten bat Menzer 1948 um seine Emeritierung, die der Minister für Volksbildung, Kunst und Wissenschaft des Landes Sachsen-Anhalt am 22. Oktober 1948 bestätigte. Am 19. Oktober 1948 hatten von über 200 Studenten der Universität Halle, 120 Studenten für die Entlassung von Menzer gestimmt. Sechs Studenten waren dagegen und 96 Studenten enthielten sich. Bei einer Vorlesung am 18. Oktober 1948 soll sich Menzer „antidemokratisch" geäußert haben. Danach beschlossen die Mitglieder der VVN der Universität, dass Menzer abgesetzt werden sollte.
Quellen: Wikipedia, Professorenkatalog Universität Halle, BStU, MfS, BV Halle, AOP 46/59 2, Bl. 183, Bl. 185, Bl. 187, BStU, MfS, BV Halle, AOP 46/59 1, Bl. 7.

Merrem, Georg, Prof. Dr. med.
* 21.09.1908 in Königsberg, † 08.07.1971 in Leipzig

Seit Juni 1931 Mitglied der NSDAP. Mitglied der SA und dort SA-Sanitätssturmführer. Mitglied der NSV. Mitglied im NSÄB. Von 1939 bis 1946 Chirurg bei Lazaretten der Wehrmacht und leitender Hirnchirurg. Nach der Kriegsgefangenschaft ab 1947 erster Oberarzt am Stadtkrankenhaus Dresden-Johannstadt. Ab 1955 Professor für Neurochirurgie. Ab 1960 Direktor der Neurochirurgischen Klinik in Leipzig. Ab 1961 Prodekan bzw. Dekan der Medizinischen Fakultät der Universität Leipzig. Ab 1960 Mitglied der SAW zu Leipzig. Mitglied der AdW zu Berlin in der Sektion Chirurgie. Ab 1963 Mitglied der Leopoldina zu Halle. 1961 als „Verdienter Arzt des Volkes", 1960 mit der „Hufeland-Medaille" und 1969 mit der „Fedor-Krause-Medaille" ausgezeichnet. Er verschwieg seine Nazi-Vergangenheit.
Quellen: UFJ, Baumgartner/Hebig, Professorenkatalog Universität Leipzig, Wikipedia, BStU, MfS, HA XX Nr. 5754, Bl. 169, BStU, MfS, HA XX Nr. 5751, Teil 2 von 3, Bl. 240f.

Mertins, Helmut
* 08.04.1916 in Jastrow, Westpreußen, †?
Seit Februar 1935 Mitglied der NSDAP. Von 1933 bis 1945 Beauftragter Gefolgschaftsführer der HJ. Teilnehmer am Zweiten Weltkrieg. Danach in sowjetischer Kriegsgefangenschaft. Mitglied der NDPD und später Mitglied im Parteivorstand. Seit 1954 an der Hochschule für Nationale Politik in Waldsieversdorf, Kreis Strausberg. Ab 1960 Sekretär bzw. Rektor der Hochschule für Nationale Politik. Lehrstuhlleiter. Stellvertretender Direktor der Oberschule in Reichenberg bei Strausberg. Ab 1965 Lehrer für Geschichte und Staatsbürgerkunde an der Polytechnischen Oberschule (POS) in Strausberg. Direktor der Oberschule. Mitglied im ZV der GDSF. 1958 mit dem „Vaterländischen Verdienstorden" in Silber ausgezeichnet.
Quellen: UFJ, Baumgartner/Hebig, BStU, MfS, HA XX Nr. 5754, Bl. 43, BStU, MfS, HA XX Nr. 5751, Teil 2 von 3, Bl. 242ff.

Mestwerdt, Gustav, Prof. Dr. med.
* 06.01.1910 in Hamburg, † 28.12.1979 in Hamburg
Von 1933 bis 1936 SA-Rottenführer. 1938 Mitglied im NSÄB. 1935 Assistenzarzt an der Frauenklinik in Hamburg-Altona und wo er 1938 zum

Sekundararzt befördert wurde. Als Stabsarzt Teilnehmer am Zweiten Weltkrieg. Mit dem EK 2. Klasse, mit dem KVK 2. Klasse und mit der „Ostmedaille“ ausgezeichnet. Ab 1943 bis 1948 Oberarzt, Dozent und Professor an der Universitätsfrauenklinik der Universität Halle. Ab 1945 Mitglied im FDGB. Von 1948 bis 1952 Professor an der Universität Greifswald. 1952 wechselte er an die Universität Halle. Ab 1956 siedelte er, mit der Genehmigung des Staatssekretariats für Hochschul- und Fachschulwesen, nach Hamburg über. Bis 1975 an der Universität und als Chefarzt der Geburtshilflich-Gynäkologischen Abteilung des Krankenhauses Barmbek.
Quellen: Professorenkatalog Universität Halle, Universität Hamburg.

Mette, Alexander, Prof. Dr. med.
* 15.01.1897 in Lübeck, † 04.12.1985
Freiwilliger Teilnehmer am Ersten Weltkrieg. Mitglied im NSKK. Mitglied der RKK. Mitarbeiter des „Deutschen Ärzteblattes“. Mitarbeiter der Zeitschrift „Das Deutsche Wort“. Mitarbeiter der Zeitschrift „Imago2. Mitglied der „Union Nationaler Schriftsteller“, die 1934 anstelle des PEN-Clubs gegründet worden war. Mitglied des Instituts für Psychologische Forschung und Psychotherapie. Facharzt für Nerven- und Geisteskrankheiten. Teilnehmer am Zweiten Weltkrieg. Mitglied der KPD bzw. der SED. Mitglied im Präsidialrat des KB. 1949 Hauptabteilungsleiter im Ministerium für Arbeit und Gesundheit des Landes Thüringen. Ab 1954 Professor für Psychotherapie an der Humboldt-Universität Berlin. Von 1950 bis 1963 AdV. Von 1959 bis 1962 Ordinarius für die Geschichte der Medizin an der Medizinischen Fakultät der Humboldt-Universität Berlin. Cheflektor im VEB Verlag Volk und Gesundheit. Von 1958 bis 1963 Mitglied des ZK der SED. 1956 und 1962 mit dem „Vaterländischen Verdienstorden“ in Silber und Gold, mit der „Johannes-R.-Becher-Medaille“ in Gold und 1955 als „Verdienter Arzt des Volkes“ ausgezeichnet.
Quellen: Ernst, S. 386ff., Baumgartner/Hebig.

Metzner, Paul, Prof. Dr.
* 18.01.1893 in Bad Warmbrunn (Schlesien), † 05.05.1958 in Gatersleben
Von Juli 1916 bis 1918 Teilnehmer am 1. Weltkrieg. Ab 1922 Assistent am Pflanzenphysiologischen Institut der Universität Berlin. Ab 1929

Professor für Pharmakologie an der Universität Tübingen. Ab 1930 Professor für Botanik an der Universität Greifswald. Von 1932 bis 1933 Gastprofessor an der Universität Honolulu. Ab 1933 Mitglied im „Stahlhelm, Bund der Frontsoldaten". Mitglied der SA. Ab 1935 Mitglied der NSV. Mitglied im RLB. Ab 1937 Mitglied im NSFK. Ab 1937 Mitglied der NSDAP. Mitglied im NSDDB. Von 1938 bis 1945 Dekan der Philosophischen Fakultät, wo er die Anstellung von Nationalsozialisten aktiv betrieb. Von 1939 bis 1940 Sanitätssoldat in Lubmin. Danach wurde er von der Universität u. k. gestellt. 1946 wurde er wegen seiner Nazi-Vergangenheit entlassen. Über projektmäßige Forschungsaufträge wurde er weiterbeschäftigt. Ab 1949 Leiter der physikalisch-physiologischen Abteilung am Institut für Kulturpflanzenforschung in Gatersleben.
Quellen: Wikipedia, https://ns-zeit.uni-greifswald.de/projekt/personen/metzner-paul/.

Meusel, Gerhard, Dr. med.
* 17.07.1913 in Aue, Sachsen, †?
Ab 1. Mai 1937 Mitglied der NSDAP. Teilnehmer am Zweiten Weltkrieg. Danach in Afrika in Kriegsgefangenschaft. Ab 1946 Angestellter beim Rat der Stadt Leipzig. Ab 1947 Mitglied der CDUD. Ab 1951 Chefarzt und Kreis- und Bezirkstuberkulosearzt in Leipzig. 1957 Vorsitzender der NF im Bezirk Leipzig. 1961 mit der „Hufeland-Medaille" in Gold, 1973 mit dem „Vaterländischen Verdienstorden" in Silber, 1975 mit dem „Otto-Nuschke-Ehrenzeichen" und viermal mit der „Medaille für Ausgezeichnete Leistungen" ausgezeichnet.
Quellen: UFJ, Buch, BStU, MfS, HA XX Nr. 5755, Bl. 273, BStU, MfS, HA XX Nr. 5754, Bl. 243, BStU, MfS, HA XX Nr. 5751, Teil 2 von 3, Bl. 245f.

Meusel, Hermann, Prof. Dr. phil.
* 02.11.1909 Coburg, † 03.01.1997 Halle (Saale)
Ab Mai 1933 Mitglied der SA. Seit Mai 1937 Mitglied der NSDAP. Mitglied des NSDDB. Ab 1937 Mitglied der NSV. Mitglied im RLB. Von 1942 bis 1944 Teilnehmer am Zweiten Weltkrieg. Von 1945 bis 1975 Direktor des Botanischen Gartens der Universität Halle. Mitglied der SED.

Ab 1946 Professor mit vollem Lehrauftrag. Ab 1952 Direktor des neu gegründeten Instituts für Systematische Botanik und Pflanzengeographie. Von 1953 bis 1963 Direktor des neu gegründeten Instituts für Landwirtschaftsforschung und Naturschutz der DAL. Mitglied der Leopoldina zu Halle.
Quellen: Professorenkatalog Universität Halle, Wikipedia, BStU, MfS, HA IX/11, AK 801-818/82, Bl. 9, Bl. 86.

Michel, Paul, Prof. Dr. phil. habil.
* 08.10.1918 in Greiz, Thüringen, † 09.11.1986
Seit 1937 Mitglied der NSDAP. Teilnehmer am Zweiten Weltkrieg. Ab 1946 Mitglied der SED. Kreisreferent für Lehrerbildung und Schulrat in Greiz. Mitarbeiter des ZI für Pädagogik in Berlin. Seit 1951 Hochschullehrer an der Musikhochschule in Weimar. Von 1958 bis 1963 Mitglied im Präsidialrat des KB. Ab 1960 Direktor des Instituts für Pädagogik und Methodik an der Hochschule für Musik in Weimar. 1969 und 1978 mit dem „Vaterländischen Verdienstorden" in Bronze und Silber, mit der „Johannes-R.-Becher-Medaille", mit dem „Stern der Völkerfreundschaft" in Silber und mit der „Verdienstmedaille" ausgezeichnet.
Quellen: Baumgartner/Hebig, Buch.

Misgeld, Gerhard, Prof. Dr. med.
* 25.12.1913 in Recklinghausen, † 13.04.1991
Von 1924 bis 1931 Mitglied des Bundes der Neudeutschen. 1933 Mitglied der Freischar. Von 1933 bis 1936 Mitglied der HJ. Von 1936 bis 1938 Mitglied der SA. Ab Mai 1937 Mitglied der NSDAP. Von 1939 bis 1943 Assistenzarzt und Oberarzt der Pathologisch-Anatomischen Abteilung des Stadtkrankenhauses in Berlin-Moabit. Von 1943 bis 1945 als Militärarzt Teilnehmer am Zweiten Weltkrieg. Von 1945 bis 1949 in sowjetischer Kriegsgefangenschaft. Ab 1950 Mitglied der SED. Mitglied der GDSF. Chefarzt und stellvertretender Direktor Pathologisch-Anatomischen Abteilung des Volkspolizeikrankenhauses in Berlin. Im November 1954 ermittelte das Staatssekretariat für Staatssicherheit wegen „operativer Bearbeitung" gegen ihn. Von 1958 bis 1987 Chefredakteur der Zeitschrift „Deine Gesundheit". Ab 1963 Professor an der Humboldt-Universität Berlin. Von

1960 bis 1967 Leiter der Abteilung Wissenschaft im Ministerium für das Gesundheitswesen. Ab 1965 Leiter des Lehrstuhls für medizinische Zeitgeschichte des Instituts für Geschichte der Medizin an der Humboldt-Universität. Mitglied des Forschungsrates beim Ministerrat. Mitglied im Präsidium des Nationalen Komitees für Gesundheitserziehung. 1975 mit der „Hufeland-Medaille“ in Gold und 1963 als „Verdienter Arzt des Volkes“ ausgezeichnet.
Quellen: Baumgartner/Hebig, Buch, BStU, MfS, Allg. P. 409/80, Bl. 5-12, Bl. 165, Bl. 188f., https://kommunismusgeschichte.de/biolex/article/detail/misgeld-gerhard-14/, Mertens, S. 28, BStU, MfS, BV Halle, AOP 46/59 1, ohne Paginierung, BStU, MfS, Allg. P. 409/80, Bl. 5-12, Bl. 165, Bl. 188f.

Mitscherlich, Eilhard Alfred, Prof. Dr.
* 29.08.1874 in Berlin, † 03.02.1956 in Paulinenaue, Landkreis Havelland
Ab 1899 wissenschaftlicher Assistent und dann Privatdozent am Landwirtschaftlichen Institut der Universität Kiel. Von 1906 bis 1941 Professor und Direktor des Instituts für Pflanzenbau an der Universität Königsberg. 1915/16 und 1930 bis 1932 dort Rektor. Seit 1937 Mitglied der NSDAP. Von 1946 bis 1950 Professor für Bodenkunde und Direktor des Instituts für Kulturtechnik der Universität Berlin. 1949/50 Dekan der Landwirtschaftlich-Gärtnerischen Fakultät. Von 1947 bis 1951 Präsident der Deutschen Landwirtschafts-Gesellschaft. Ab 1947 Mitglied der AdW zu Berlin. Seit 1925 Mitglied der Leopoldina zu Halle. Von 1949 bis 1956 Direktor des Instituts zur Steigerung der Pflanzenerträge Paulinenaue der AdW zu Berlin bzw. der DAL. Ab 1950 Vorsitzender des Gesamtdeutschen Arbeitskreises der Land- und Forstwissenschaft. 1949 mit dem „Nationalpreis“ I. Klasse und 1954 mit dem „Vaterländischen Verdienstorden“ in Gold ausgezeichnet. Ehrendoktor der Universität Kiel, der Universität Gießen und der Humboldt-Universität. Seit 1964 vergibt die Universität Gießen den „Eilhard-Mitscherlich-Preis“.
Quellen: Baumgartner/Hebig, Wikipedia, https://www.agrar.hu-berlin.de/de/institut/profil/personen_bio, Nikitin, S. 61.

Mitscherlich, Waldemar, Prof. Dr. phil.
* 22.03.1877 in Hannoversch Münden, † 31.07.1961 in Bad Godesberg
Ab 1908 Professor für wirtschaftliche Staatswissenschaften an der königlichen Akademie zu Posen. Ab 1915 Professor an der Universität Greifswald. 1917 wechselte er an die Universität Breslau und 1928 ging er an die Universität Göttingen. Mitglied der NSV. Mitglied im NSRB. Mitglied im RLB. Förderndes Mitglied der SS. Nach einem Studentenboykott beurlaubt und 1934, im Austausch mit Gustav Aubin, an die Universität Halle versetzt. Im November 1933 unterzeichnete er das „Bekenntnis der Professoren an den deutschen Universitäten und Hochschulen zu Adolf Hitler und dem nationalsozialistischen Staat". 1941, nach Zusammenstößen mit nationalsozialistischen Studenten nach Leipzig versetzt und 1942 emeritiert. Er verzog nach Freiburg, dann nach Coburg und später nach Marburg. 1946 kehrte er nach Halle zurück, eine Wiederberufung scheiterte jedoch am Einspruch des neuen Universitätskurators Friedrich Elchlepp, der Mitscherlich eine „kapitalistisch-reaktionäre" Haltung vorwarf. Vertretungsweise hielt Mitscherlich bis 1947, als fast 70-Jähriger, Vorlesungen und Übungen an der Universität Halle ab. 1949 siedelte er nach West-Deutschland über.
Quellen: Klee, Wikipedia, Professorenkatalog Universität Halle.

Moede, Walter, Prof. Dr. phil.
* 03.09.1888 in Sorau, † 30.05.1958 in Berlin
Zusammen mit Georg Schlesinger Gründer des Instituts für industrielle Psychotechnik an der TH Berlin. Ab 1919 Dozent und von 1921 bis 1945 Professor an der Fakultät für Maschinentechnik. Ebenfalls Leiter des Instituts für Wirtschaftspsychologie an der Handelshochschule Berlin. 1919 Gründer bis 1923 Herausgeber der Zeitschrift „Praktische Psychologie". Von 1924 bis 1944 Herausgeber der nachfolgenden Zeitschrift „Industrielle Psychotechnik". Ab 1933 Mitglied der NSDAP. Von 1950 bis 1951 Professor für Arbeitspsychologie an der Humboldt-Universität. Von 1951 bis 1958 lehrte er an der Verwaltungsakademie Berlin-West. Von April 1956 bis Mai 1958 lehrte er als Emeritus Wirtschaftspsychologie an der TU Berlin.
Quellen: Wikipedia, Professorenkatalog der TU Berlin.

Möglich, Friedrich, Prof. Dr.
* 12.10.1902 in Berlin-Schöneberg, † 17.06.1957 ebenda
Von 1932 bis zu seinem Ausschluss 1938 Mitglied der NSDAP. Mitglied der SA. Von 1937 bis 1945 wissenschaftlicher Berater für Firmen wie z. B. Siemens und Osram. Mitarbeiter im Reichsluftfahrtministerium in einer militärischen Verwendung. 1938 wegen „Rassenschande" aus der NSDAP ausgeschlossen. Danach freischaffender Mitarbeiter der Studiengesellschaft für elektrische Beleuchtung der Osram GmbH. Nach 1945 Referent bei der Deutschen Zentralverwaltung für Volksbildung. 1946 Professor und Leiter der physikalischen Abteilung des Instituts für theoretische Physik an der der Humboldt-Universität Berlin. Von 1947 bis 1957 Direktor des Instituts für Festkörperforschung der AdW zu Berlin. Vorsitzender des Wissenschaftlichen Beirats für Physik beim Staatssekretariat für das Hoch- und Fachschulwesen. 1953 mit dem „Nationalpreis" ausgezeichnet.
Quellen: Wikipedia, Cerný, Baumgartner/Hebig, Grüttner, Bielka, S. 49f., BStU, MfS, IX/11 Nr. AK 5449/76, Bd. 2, Bl. 2, Nikitin, S. 68, Bott, S. 99.

Möllenberg, Walter, Prof. Dr. phil.
* 01.06.1879 in Warsleben, † 29.12.1951 in Heiligenstadt/Eichsfeld
Von 1902 bis 1905 Volontärassistent an den Staatsarchiven Magdeburg und Marburg. 1905/06 arbeitete er als Archivar eines Bergbaubetriebes (der späteren Mansfeld AG) in Eisleben. Von 1906 bis 1912 Hilfsarbeiter und Assistent an Staatsarchiven in Münster und Königsberg. 1912 zum Staatsarchivar in Magdeburg ernannt und ab 1923 Leiter. Seit 1933 Mitglied der NSDAP. Mitglied der NSV. Mitglied im RLB. Mitglied im NSDDB. 1937 erhielt er einen Lehrauftrag für Geschichtliche Hilfswissenschaften an der Universität Halle. 1938 zum Honorarprofessor ernannt und zugleich Leiter der Historischen Kommission für die Provinz Sachsen. Wegen seiner Nazi-Vergangenheit 1945 aus dem Archivdienst entlassen und der Lehrauftrag wurde aufgehoben. Bei seiner tatsächlichen Amtsniederlegung im Januar 1946 über 66 Jahre alt. Über viele Jahre leitete er die Historische Kommission für die Provinz Sachsen.
Quellen: Professorenkatalog Universität Halle, Universität Magdeburg, Wikipedia.

Möller, Otto, Prof. Dr. Dr. agr. h. c.
* 26.08.1892 in Retterode (Hessen), † 14.01.1978 in Rostock
Teilnehmer am Ersten Weltkrieg. Bis 1914 Assistent bei der Landwirtschaftskammer Halle. Von 1919 bis 1945 Leiter der Abteilung Kulturtechnik und Grünland der Landwirtschaftskammer Rostock. Mitglied der DDP. Von 1932 bis 1933 Mitglied im „Stahlhelm, Bund der Frontsoldaten". Als Leutnant Teilnehmer am 2. Weltkrieg. Von 1945 bis 1948 Mitglied der CDUD. Danach ab 1948 Mitglied der NDPD. Zunächst Landrat, dann Landwirtschaftsminister im Land Mecklenburg. Ab 1948 Professor für Landeskultur an der Universität Rostock. Auch an der Humboldt-Universität. Ab Februar 1950 Leiter der HA Wasserwirtschaft des Ministeriums für Land- und Forstwirtschaft. Von 1950 bis 1952 HA der SPK. Danach leitete er bis 1955 das Amt für Wasserwirtschaft. Danach bis 1960 das Institut für Meliorationswesen der Universität Rostock. Von 1950 bis 1963 AdV. Von 1954 bis 1958 Mitglied im NR der NF. Von 1956 bis 1968 Mitglied des BA der NF in Rostock. Mit dem „Vaterländischen Verdienstorden" in Silber 1957 und in Gold 1972, 1960 mit der „Ernst-Moritz-Arndt-Medaille", 1960 mit dem Orden „Banner der Arbeit" und 1977 mit der „Ehrenspange" zum Vaterländischen Verdienstorden ausgezeichnet. 1967 Dr. arg. h. c. und 1972 die „Ehrennadel" der Universität Rostock. Im August 1954 legte das Staatssekretariat für Staatssicherheit einen Einzelvorgang „Freimaurer" an. Vordergründig ging es um Möllers mangelnde berufliche Qualifikation. Im März 1955 wurde dieser Vorgang als erledigt betrachtet, da Möller „seit Ende 1954 an Magenkrebs" und an „schwerer Zuckerkrankheit" litt. Das SfS wollte abwarten, wie sich sein Gesundheitszustand entwickelte und wollte zu gegebener Zeit über eine Wiederaufnahme entscheiden. Im Februar 1956 wurde der Einzelvorgang „Freimaurer" im Archiv der Abteilung XII abgelegt, da Möller infolge schwerer Krankheit als „haftunfähig" bestimmt wurde.
Quellen: Herbst, Wikipedia, Baumgartner/Hebig, BStU, MfS, 112/56, Bl. 8, Bl. 11f., Bl. 255-259.

Mohrmann, Auguste Luise
* 01.03.1891 in Essen, † 01.04.1967 in Berlin
Ab 1910 beim Kaiserwerther Verband Ausbildung zur Kleinkind- und zur Volksschullehrerin. 1925 gründete sie den Verein „Reichsverband evangelischer Kindergärtnerinnen, Hortnerinnen und Jugendleiterinnen Deutschland", den sie bis 1953 leitete. Ab 1927 Referentin für Kinderpflege und -fürsorge im „Kaiserwerther Verband evangelischer Mutterhäuser" (KWV). Ab 1932 Schriftleiterin der Fachzeitschrift „Christliche Kinderpflege". Von 1933 bis 1945 Mitglied der NSDAP. Mitglieder der NSF. Mitglied der DAF. Mitglied der NSV. Mitglied der RKK. Mitglied im RLB. 1939 ernannte sie die Diakoniegemeinschaft zur „Oberin". In ihren Schriften wurden ihre Übereinstimmungen mit der Politik der Nazis deutlich. Nach 1945 arbeitete sie weiterhin als „Oberin" in Berlin für die KWV und 1946 wurde sie Betreuerin der Mutterhäuser in der SBZ/DDR.
Quellen: Wikipedia, Berger.

Moldenhauer, Walter, Prof. Dr. med.
* 27.06.1915 in Grimmen, † 19.01.1999 in Rostock
Ab Mai 1939 Mitglied des NSKK. Als Oberarzt Teilnehmer am 2. Weltkrieg. Bis 1948 in sowjetischer Kriegsgefangenschaft und dort Lagerarzt. Ab 1953 Lehrer an der Fachschule für medizinisch-technisches Personal in Rostock. Ab 1953 Mitglied im FDGB. Ab 1954 Facharzt und ab 1956 Oberarzt für Röntgenologie an der Hautklinik der Universität Rostock. Von 1956 bis 1968 Leiter der Röntgenabteilung. Dort ab 1965 Dozent und von 1968 bis zur Emeritierung 1980 Professor. Ab 1968 Direktor des Röntgendiagnostischen Zentrums. 1961 mit der „Medaille für ausgezeichnete Leistungen" ausgezeichnet. 1976 erhielt er die „Ehrenplakette" der Slowakischen Gesellschaft für Medizin. 1985 erhielt er die „Ehrenplakette" der Universität Rostock und die „Hufeland-Medaille" in Silber.
Quellen: Professorenkatalog Universität Rostock.

Mommsen, Friedrich, Prof. Dr. med.
* 05.04.1885 in Meldorf, † 1976
Von 1911 bis 1914 praktischer Arzt in Halle (Saale) und Berlin. Von 1914 bis 1918 Truppenarzt und orthopädischer Lazarettarzt in Berlin-Dahlem

Teilnehmer am Ersten Weltkrieg. Von 1920 bis 1936 Leitender Arzt am Oskar-Helene-Heim in Berlin-Dahlem. Von 1942 bis 1945 als Lazarettarzt Teilnehmer am Zweiten Weltkrieg. Mitglied der NSV. Seit 1933 Mitglied der NSDAP. Von 1946 bis 1949 Oberarzt am Stadtkrankenhaus in Spandau. Seit 1948 Mitglied im FDGB. Seit 1950 Mitglied der GDSF. Von 1950 bis 1952 Professor für Orthopädie an der Medizinischen Fakultät der Universität Leipzig.
Quellen: Professorenkatalog Universität Leipzig.

Morenz, Siegfried Kurt Karl, Prof. Dr. phil., Dr. theol., Dr. h.c.
* 22.11.1914 in Leipzig, † 14.01.1970 ebenda
Von 1933 bis 1945 Mitglied der NSDAP. Seit 1939 Mitarbeiter beim völkischen und antisemitischen „Institut zur Erforschung und Beseitigung des jüdischen Einflusses auf das deutsche kirchliche Leben“. Von 1941 bis 1942 Schreiber beim Wehrbezirkskommando 2. Ab Februar 1942 wissenschaftliche Hilfskraft am Institut für Ägyptologie und Museum. Mitglied im NKFD. Von 1945 bis 1950 Mitglied der CDUD. Ab Januar 1952 Direktor der ägyptischen Abteilung der staatlichen Museen in Berlin. Von 1946 bis 1961 Privatdozent und später Professor für Ägyptologische und Hellenistische Religionsgeschichte an der Philologisch-Historischen Abteilung der Philosophischen Fakultät der Universität Leipzig. Von 1961 bis 1966 Professor an der Universität Basel. Von 1966 bis 1970 wieder Professor an der Universität Leipzig. Von 1952 bis 1961 und von 1966 bis 1970 Direktor des Ägyptologischen Instituts der Universität Leipzig. Von 1966 bis 1970 Vize-Präsident der SAW zu Leipzig. 1953 mit dem „Nationalpreis“ III. Klasse für Kunst und Literatur ausgezeichnet. 1959 verlieh ihm die Universität Tübingen den Ehrendoktortitel.
Quellen: Wikipedia, Klee I, Professorenkatalog Universität Leipzig, BStU, MfS, AP Nr. 20.278/92, Bl. 1f.

Mothes, Kurt Albin, Prof. Dr. phil. Dr. h. c. mult.
* 03.11.1900 in Plauen, † 12.02.1983 in Ribnitz-Damgarten
Ab 1920 Mitglied in einem Zeitfreiwilligenregiment und Teilnehmer am Kampf gegen den Aufstand von Arbeitern in Mitteldeutschland („Hölz-Aufstand)“. 1920/21 Apothekergehilfe in Plauen. 1924 studentischer Vor-

sitzender der Leipziger Mensa academica. Mitglied der „Deutschen Freischar“ (Großdeutscher Bund). Ab 1925 Gauführer und Mitglied der Bundesführung bis zur Auflösung 1933. Mitglied im VDA. 1933 Referent für das studentische Werkhalbjahr im Arbeitsamtsbezirk Erfurt-Halle. Von 1925 bis 1934 Assistent am Botanischen Institut der Universität Halle. 1932/33 initiierte er, zusammen mit dem Volkswirt Gerhard Mackenroth, den Freiwilligen Arbeitsdienst der Universität Halle. 1933 übernahm er den Vorsitz des Hallischen Studentenwerkes und im selben Jahr erhielt er einen Lehrauftrag für Pflanzenphysiologie. Ab Mai 1933 Mitglied der NSDAP. Ab Oktober 1933 Mitglied der SA. Von 1935 bis 1945 Professor für Botanik am Botanischen Institut und dem Botanischen Garten der Universität Königsberg. Ab 1939/40 als Feldapotheker Teilnehmer am Zweiten Weltkrieg. Letzter Dienstgrad war Stabsapotheker. Anfang 1945 im freiwilligen Sanitätsdienst zuständig für die Versorgung Königsbergs mit Arzneimitteln und Verbandszeug. Soldat im „Volkssturm“. Im April 1945 in sowjetischer Kriegsgefangenschaft, wo er zunächst als Waldarbeiter und später als Apotheker in einem Hospital arbeitete. Im September 1949 in die SBZ entlassen. Von 1949 bis 1957 Abteilungsleiter für Chemische Physiologie am Institut für Kulturpflanzenforschung der AdW zu Berlin in Gatersleben. Von 1951 bis 1963 Direktor des Institutes für Pharmakognosie. Ab 1963 Professor für Biochemie der Pflanzen, den ersten dieser Art in Deutschland. Gegen ihn und die Leopoldina zu Halle wurde vom MfS ein „Operativer Vorgang Komet“ eingeleitet. Im Zuge dieser, von der SED sanktionierten Ermittlungen, sollte dem „feindlichen Zentrum Leopoldina“ „Staatsverrat“, „staatsgefährdende Propaganda und Hetze“ sowie „Schädlingstätigkeit und Sabotage“ nachgewiesen werden. 1958 gründete er das Institut für Biochemie der Pflanzen der AdW in Halle, dass er bis 1967 leitete. In enger Zusammenarbeit von Akademie und Universität entstand am Weinbergweg ein Biowissenschaftliches Zentrum, dass sich durch die enge Zusammenarbeit von Genetikern, Biologen, Chemikern und Pharmazeuten auszeichnete und weltweite Anerkennung genoss. Von 1954 bis 1974 Präsident der Leopoldina zu Halle. 1957 Ehrensenator der Universität Halle. 1953 mit dem „Nationalpreis“, 1959 und 1960 mit dem „Vaterländischen Verdienstorden“ und 1965 als „Hervorragender Wissenschaftler des Volkes“ ausgezeichnet. Sechsmal wurde ihm ein Ehrendoktortitel ver-

liehen. 1985 wurde eine Apotheke in Plauen-Chrieschwitz nach ihm benannt.
Quellen: Wikipedia, Klee I, Professorenkatalog Universität Halle, Herbst, Baumgartner/Hebig, Buch, Ernst, S. 230, Ft. 134, https://www.spektrum.de/lexikon/biologie/mothes-kurt-albin/44128.

Mückenberger, Joachim
* 11.08.1926 in Chemnitz, † 19.03.2020 in Potsdam
Seit April 1944 Mitglied der NSDAP. Er gab an, lediglich von 1936 bis 1943 im DJ und der HJ die Funktion eines Jungenschaftsführers ausgeübt zu haben. Mitglied der SED. Direktor des Spielfilmstudios der Deutschen Film AG (DEFA). Von 1950 bis 1961 Mitarbeiter, dann stellvertretender Leiter der Abteilung Kultur des ZK der SED. Von 1961 bis 1966 Generaldirektor der DEFA. Von 1967 bis 1990 Generaldirektor der Staatlichen Schlösser und Gärten Potsdam. 1979 mit dem „Vaterländischen Verdienstorden" ausgezeichnet. Bruder des Mitglieds des Politbüros der SED, Erich Mückenberger. Er verschwieg seine Mitgliedschaft in der NSDAP.
Quellen: UFJ, BStU, MfS, HA IX/11, SV 3/82, Band 25, Bl. 108f, BStU, MfS, HA XX Nr. 5755, Bl. 256, Bl. 475, BStU, MfS, HA XX Nr. 5754, Bl. 190, BStU, MfS, HA IX/11, AS 236/68, Band 1, Bl. 141, BStU, MfS, HA XX Nr. 5751, Teil 2 von 3, Bl. 262f., Bergien, S. 145.

Mühlpfordt, Günter, Prof. Dr.
* 28.07.1921 in Halle (Saale), † 04.04.2017 ebenda
1939 Mitglied im RAD. Seit 1940 Mitglied der NSDAP. Bei der Kriegsmarine Teilnehmer am Zweiten Weltkrieg. In kanadischer Kriegsgefangenschaft. Ab 1946 Mitglied der SPD bzw. SED. 1947 Dozent an der Volkshochschule in Halle und ab 1947 auf Angebot von Eduard Winter, Assistent und später Lehrbeauftragter an der Universität Halle. Von 1950 bis 1951 als Historiker Lehrbeauftragter an der Humboldt-Universität Berlin. Von 1951 bis 1954 kommissarischer Leiter von 1954 bis 1958 Leiter des Instituts für Osteuropäische Geschichte an der Universität Halle. 1958 wegen „Objektivismus und Revisionismus" von allen Universitätsämtern abberufen und aus der SED ausgeschlossen. Von 1983 bis 1990 hatte er einen Forschungsauftrag bei der Forschungsstelle Akademie-Geschichte

des ZI für Geschichte der AdW zu Berlin. Mitglied der AdW zu Berlin. 1986 Mitglied der Historischen Kommission der SAW zu Leipzig. 1990 Mitglied der der Erfurter Wissenschaftsakademie. 1990 von der Universität Halle rehabilitiert und als Professor emeritiert. 1999 mit dem „Eike-von-Repgow-Preis der Stadt Magdeburg und der Universität Magdeburg ausgezeichnet. 2001 von der Universität Halle mit dem „Diamantenen Doktordiplom“ ausgezeichnet.
Quellen: Wikipedia, BArch, Mertens, S. 27f.

Müller, Horst, Prof. Dr. phil.
* 07.11.1900 in Hartmannsgrün, † 24.06.1991 in Dittersdorf, Kreis Chemnitz
Von 1925 bis 1928 Tierzuchtinspektor und Saatzuchtleiter auf Rittergut Glambeck (Schorfheide). Von 1932 bis 1945 Leiter der Geflügel-Zucht-Lehranstalt Schlobachshof, seit 1936 Praktikumshof der Universität Leipzig für das Fach Kleintierzucht. Von 1937 bis 1945 Lehrbeauftragter an der Universität Leipzig. Von 1937 bis 1945 Mitglied der NSDAP. 1943 zum Landwirtschaftsrat ernannt. Ab 1949 Mitglied der VdgB. Ab November 1953 Oberassistent am Institut für Tierzucht und Milchwirtschaft, Abt. Kleintierzucht an der Landwirtschaftlich-Gärtnerischen Fakultät der Universität Leipzig. Von 1959 bis 1955 Professor und Direktor des Instituts für Kleintierzucht an der Universität Leipzig.
Quellen: Professorenkatalog Universität Leipzig.

Müller, Joachim, Prof. Dr. phil.
* 12.07.1906 in Oberwiesenthal, † 07.03.1986 in Jena
Referendar an der Thomasschule in Leipzig. Seit 1933 Mitglied der NSDAP. Teilnehmer am Zweiten Weltkrieg. Wegen seiner Nazi-Vergangenheit 1945 aus der Thomasschule entlassen. Danach kaufmännischer Angestellter in Oberwiesenthal. Von 1949 bis 1951 Leiter des KB im Landkreis Annaberg. Von 1950 bis 1960 Mitglied der NDPD. 1951 hatte er als Germanist einen Lehrauftrag für Literaturgeschichte an der Universität Jena. Von 1952 bis 1968 Direktor des Germanistischen Instituts. Von 1969 bis 1971 Professor für Deutsche Literatur an der Universität Jena. Ab 1957 Mitglied der SAW zu Leipzig. Mit der „Johann-Heinrich-Pestlozzi-

Medaille“ und mit der „Schiller-Plakette“ der deutschen Schillerstiftung der Universität Jena ausgezeichnet.
Quellen: Wikipedia, Baumgartner/Hebig.

Müller, Richard, Prof.
* 28.07.1874 in Tschirnitz in Böhmen, † 07.05.1954 in Dresden
Von 1900 bis 1935 Professor für Zeichnen an der Akademie in Dresden. Ab 1933 dort Rektor. 1935 abgesetzt. Von 1933 bis zu seinem Ausschluss 1935 Mitglied der NSDAP. Als Kunstmaler 1944 auf der „Liste der Gottbegnadeten“ aufgeführt. Das war eine Liste die vom Reichsministerium für Volksaufklärung und Propaganda zusammen mit A. Hitler erstellt worden war. Damit von jeglichem Kriegseinsatz freigestellt. Einige seiner Werke wurden auf den „Großen Deutschen Kunstausstellungen“ in München im Haus der Kunst gezeigt. Nach 1945 lebte und arbeitete er in Dresden.
Quellen: Klee II, Wikipedia, http://www.saxonia.com/rmbio.pdf.

Müller-Hegemann, Dietfried, Prof. Dr. med.
* 05.05.1910 in Laibach, † 28.07.1989 in Essen
Von 1927 bis 1933 Mitglied im KJVD. Ab 1930 Mitglied der KPD. Von 1933 bis 1944 Mitglied der HJ. Von 1935 bis 1939 Mitglied im NSDStB. Nach seinen eigenen Angaben soll er an der Charité Mitglied einer konspirativ tätigen kommunistischen Widerstandsgruppe gewesen sein. Von 1936 bis 1943 am Deutschen Institut für Psychologische Forschung und Psychotherapie in Berlin. Ab 1937 Assistenzarzt an der Nervenklinik der Charité in Berlin. Ab 1939 als Stabsarzt und Lazarettarzt in Berlin Teilnehmer am Zweiten Weltkrieg. Von 1944 bis 1948 in sowjetischer Kriegsgefangenschaft. Dort Leiter eines Antifakomitees. Als Verfolgter des Naziregimes anerkannt. Ab November 1948 Mitglied der SED. Mitglied im FDGB. Mitglied im KB. Mitglied in der GDSF. Mitglied der VVN. Von 1951 bis 1964 erst Privatdozent und danach Professor für Psychiatrie und Neurologie an der Medizinischen Fakultät der Universität Leipzig. Leiter der HA Wissenschaft im Ministerium für Gesundheit. Von 1951 bis 1953 Chefarzt der Landesanstalt Leipzig/Dösen. Ab Mai 1953 Professor. Von 1965 bis 1971 Ärztlicher Direktor des psychiatrischen Wilhelm-Griesinger-Fachkrankenhauses in Berlin-Wuhlgarten. Wegen Todesfällen in

seiner Klinik gab es eine juristische Untersuchung, die aber mit einem Freispruch endete. Im Mai 1971 beging er „Republikflucht“ in die BRD. Daraufhin wurde ihm der Status als „Verfolgter des Naziregimes“ aberkannt. Von 1973 bis 1975 Chefarzt der Psychotherapeutischen Abteilung des Knappschaftskrankenhauses in Essen-Steele. Von 1975 bis 1988 Nervenarzt in Essen. 1954 als „Verdienter Arzt des Volkes“, 1955 mit dem „Vaterländischen Verdienstorden“ in Bronze, 1960 mit dem Orden „Banner der Arbeit“ und mit der „Medaille für Kämpfer gegen den Faschismus“ ausgezeichnet. Mitglied der staatlichen „Pawlow-Kommission“ der DDR. Mitglied im „Verband der Psychiater“ der DDR.
Quellen: Professorenkatalog Universität Leipzig, Baumgartner/Hebig, Wikipedia, Ernst, S. 314ff., S. 324ff., S. 378, S. 389, BStU, MfS, Ast 150/85 HA Bd. 1, Bl. 14, Bl. 36f., BStU, MfS, Allg. P 10407/56, Bl. 2f. Bl. 7, BStU, MfS, AP Nr. 33.192/92, Bl. 4f., Bl. 14ff., Bl. 212f., BStU, MfS, HA XX Nr. 20817, Bl. 64f., BStU, MfS, AKK 14543/75, Bl. 5f., Bl. 12f.

Müller-Lenhartz, Wilhelm Heinrich Otto, Prof. Dr. phil.
* 26.05.1873 in Gut Marienthal, † 08.11.1952 Leipzig
Während des Ersten Weltkriegs Von 1916 bis 1919 Leiter des Viehhandelsverbandes Sachsen. Nach 1918/19 Reichskommissar für die Einhaltung der Ablieferungsbestimmungen für Nutzvieh des Versailler Vertrages. Mitglied der DNVP und von 1932 bis 1933 Abgeordneter des Reichstags. Mitglied im „Stahlhelm, Bund der Frontsoldaten“. Mitglied im NSLB. Bis 1921 Administrator der Versuchswirtschaft des Landwirtschaftlichen Instituts der Universität Leipzig. Ab 1917 Privatdozent und 1921 Professor für Landwirtschaftslehre an der Tierärztlichen Hochschule in Dresden. Im November 1933 unterzeichnete der das „Bekenntnis der Professoren an den deutschen Universitäten und Hochschulen zu Adolf Hitler und den nationalsozialistischen Staat. Von 1923 bis 1938 und von 1948 bis 1950 Professor für Landwirtschaftslehre und Landwirtschaftliche Betriebslehre an der Veterinärmedizinischen Fakultät der Universität Leipzig. Mitglied der Deutschen Landwirtschafts-Gesellschaft.
Quellen: Wikipedia, Professorenkatalog Universität Leipzig.

Müller-Stoll, Wolfgang R., geb. Müller, Prof. Dr. phil. (Doppelname ab 1935)
* 21.04.1909 in Karlsruhe, † 16.04.1994 in Potsdam
Ab 1933 Wissenschaftliche Hilfskraft an den Badischen Landessammlungen für Naturkunde in Karlsruhe. Im selben Jahr Wissenschaftlicher Assistent am Botanischen Institut der Universität Gießen. Von 1934 bis 1938 Botaniker am Badischen Weinbauforschungsinstitut in Freiburg im Breisgau. Seit 1937 Mitglied der NSDAP. Während einer Forschungsreise nach Südwest-Afrika 1940 interniert und kam 1944 wieder nach Deutschland zurück. Von 1944 bis 1946 Wissenschaftlicher Assistent am Institut für Forstbotanik an der TH Dresden in Tharandt. Von 1946 bis 1949 Professor und stellvertretender Leiter des Forstbotanischen Instituts und Gartens in Tharandt. Von 1946 bis 1949 hatte er zugleich auch einen Forschungsauftrag des Sächsischen Ministeriums für Volksbildung. Ab 1949 Professor für Botanik an der Brandenburgischen Landshochschule in Potsdam, die ab 1951 in PH Potsdam umbenannt wurde. Dort auch Direktor des Instituts für Botanik. Als 1961 die „Berliner Mauer“ errichtet wurde, äußerte er sich in der Öffentlichkeit kritisch dazu. Daraufhin von seinen Ämtern enthoben und er erhielt Lehrverbot. Von 1962 bis zu seiner Pensionierung 1970 in der Abteilung für Ökologische Pflanzenphysiologie in Potsdam, die zum Institut für Kulturpflanzenforschung der AdW in Gatersleben gehörte. Mit dem „Vaterländischen Verdienstorden“ ausgezeichnet. Mitglied der DAL. 1991 durch ein „Ehrenkolloquium“ der Universität Potsdam rehabilitiert. Quellen: BArch, Wikipedia.

Munkwitz, Günter, Dr. med.
* 13.03.1912 in Leipzig, † 1970
Von Mai 1933 bis 1945 Mitglied der NSDAP. Mitglied des NSÄB. Mitglied im NSDStB. Von 1936 bis 1938 Praktikant und Volontär-Assistent an Kliniken in Leipzig und Dresden. Von 1939 bis 1942 Assistenzarzt an der Universitäts-Nervenklinik in Würzburg. Ab Oktober 1942 Anerkennung als Facharzt für Nerven- und Geisteskrankheiten. Ab 1939 Assistent bei Professor Werner Heyde, der sich ab Ende 1949 „Dr. Fritz Sawade“ nannte und Sportarzt in Flensburg war. Ab 1940 Gutachter der Zentraldienststelle der „Kanzlei des Führers“ in der Tiergartenstraße 4 (T4). Dort

beteiligt an der Planung, Organisation und der Ermordung von Kranken und Behinderten, die als „Lebensunwerte“ betrachtet und deshalb ermordet wurden. Als Assistenzarzt in Würzburg beteiligt an Verbrechen bei der Durchführung der „Euthanasie“. Als Stabsarzt Mitglied der SS und dort SS-Hauptsturmführer. Ab Mai 1944 in der SS-Panzer-Grenadierdivision „Götz von Berlichingen“. Ab 1946 Mitglied der SED. Ab Oktober 1947 Mitglied im FDGB. Von 1946 bis 1957 frei praktizierender Nervenarzt. Beratungsarzt bei der Sozialversicherungskasse (SVK) des Kreises Delitzsch. Dort 1947 wegen seiner Nazi-Vergangenheit entlassen. Ab April 1949 Arzt am Städtischen Gesundheitsamt Eilenburg. Ab 1964 stellvertretender Ärztlicher Direktor und leitender Arzt der Inneren Abteilung am Kreiskrankenhaus Eilenburg im Bezirk Leipzig. Arzt in der Bezirksklinik in Borna. 1964 zum Medizinalrat ernannte. Nach 1945 verschwieg er seine Nazi-Vergangenheit. Bis zu seinem Suizid 1970 gab es keinerlei Strafverfolgung.
Quellen: Klee I, BStU, MfS, HA XX, Nr. 3828, Bl. 30-67, BStU, MfS, BV Leipzig, Ref. XII/Archiv, A. Op. Archiv-Nr. 143/55, Band 9, Bl. 157ff., BStU, MfS, HA IX/11 RHE-West 178/2, Bl. 5, Bl. 111, Bl. 113, Henry Leide: NS-Verbrecher und Staatssicherheit. Die geheime Vergangenheitspolitik der DDR, 2011 Göttingen, S. 339f., Ingo Harms: Die Gutachter der Meldebogen. Kurzbiografien, in: Maike Rotzoll et. al. (Hrsg.): Die nationalsozialistische „Euthanasie“-Aktion „T4“ und ihre Opfer. Geschichte und ethische Konsequenzen für die Gegenwart, Paderborn 2010, S. 412.

Münnich, Richard Karl Emil, Prof. Dr.
* 07.06.1877 in Berlin, † 04.07.1970 in Weimar
Von 1902 bis 1905 Musikerzieher an der Obrecht-Gesamtausgabe bzw. an den „Denkmälern deutscher Tonkunst“. Von 1904 bis 1908 unterrichtete er Musikgeschichte am Riemannschen Konservatorium in Berlin. Ab 1908 unterrichtete er Klavier, Musiktheorie und Gehörbildung am Klindworth-Scharwenka-Konservatorium. Von 1908, ab 1913 festangestellt, bis 1934 Musik- und Gesangslehrer an einer Realschule in Berlin. Von 1918 bis 1921 Mitherausgeber der „Monatsschrift für Schulmusikpflege“ und von 1928 bis 1934 Mitherausgeber der „Zeitschrift für Schulmusik“. Ab 1934 Mitherausgeber von Vaterlands- und Marschliedern für die deutsche

Jugend. Von 1935 bis 1949 Professor und Leiter der Schulmusikabteilung der Musikhochschule Weimar. Nach 1945 Dozent und Fachpolitiker für Schulmusik.
Quellen: Klee II, Wikipedia.

Musterle, Theodor, Prof. Dr.-Ing.
* 02.02.1900 in Bad Buchau, Württemberg, † 19.06.1969 in Cottbus
Als Teilnehmer am 1. Weltkrieg 1918 mit dem Kriegsehrenzeichen ausgezeichnet. Von Mai 1937 bis 1945 Mitglied der NSDAP. Mitglied der DAF. Mitglied der NSV. Mitglied im NSBDT. Ingenieur und Betriebsleiter der Saaletalsperre in Thüringen. Als Teilnehmer am 2. Weltkrieg 1942 mit dem KVK ausgezeichnet. Seit 1946 Mitglied der SPD bzw. SED. Mitglied im FDGB. Mitglied im KB. Mitglied der GDSF. Im August 1947 beschloss der „Reinigungsausschuss" des Landkreises Saalfeld, dass Musterle lediglich „nur nominell" Nazi gewesen sei. Als Plangebietsleiter Mitarbeiter der SPK. Vorsitzender des Wissenschaftlichen Beirates für Bauingenieurwesen beim Staatssekretariat für Hoch- und Fachschulwesen. Leiter des Amtes für Wasserwirtschaft. Ab 1954 Professor für konstruktiven Wasserbau und Wasserwirtschaft an der Hochschule für Bauwesen in Cottbus. Dort von 1954 bis 1958 Rektor. Ab 1952 wohnhaft in Berlin-Pankow. 1949 als „Aktivist" ausgezeichnet. 1958 trat Musterle aus der SED aus und legte sein Amt als Rektor nieder.
Quellen: UFJ, Baumgartner/Hebig, BStU, MfS, Allg. P. 6295/61, Bl. 5f., Bl. 20ff., Bl. 34f., Bl. 79-87, BStU, MfS, HA XX Nr. 5754, Bl. 222, Bl. 243; BStU, MfS, HA IX/11, SV 3/82, Band 25, Bl. 138-155, BStU, MfS, Abteilung XII / Archiv AP. 2004/62, Band 1, Bl. 4-15, Bl. 21-28, BStU, MfS, HA XX Nr. 5751, Teil 2 von 3, Bl. 274ff.

Nagel, Fritz, Prof. Dr. phil.
* 18.05.1890 in Breslau, † 26.06.1962 in Halle (Saale)
Gutsinspektor in Buckow, Kreis Jerichow II. Ab 1914 am Seminar für Landwirtschaftslehrer in Hildesheim. Ab 1917 Leiter der Landwirtschaftlichen Winterschule in Tostedt, Kreis Harburg. Ab 1919 Direktor der Landwirtschaftsschule in Uslar/Solling. Ab 1925 als Oberlandwirtschaftsrat Schulaufsichtsbeamter in der Landwirtschaftskammer Hannover. Ab

1934 Mitglied der NSV. Ab 1937 in der Funktion eines Schulaufsichtsbeamten an das Regierungspräsidium Magdeburg versetzt. Seit 1946 Mitglied im FDGB. Seit 1948 Professor für Landwirtschaftspädagogik an der Pädagogischen Fakultät der Universität Halle.
Quellen: Professorenkatalog Universität Halle, Horn, S. 101f.

Nauck, Ernst Theodor, Prof. Dr. med.
* 27.05.1896 in St. Petersburg, † 08.12.1970 in Freiburg i. Brsg.
Seit 1933 Mitglied der NSDAP und seit 1934 Blockleiter. Mitglied im NSLB. Mitglied im NSÄB. Mitglied im NSAHB. Ab 1934 Professor an der Universität Marburg. Ab 1935 Professor für Anatomie an der Universität Freiburg. Ab 1939 Mitglied des Sicherheits-Dienstes (SD). Ab 1940 Mitglied der SS, wo er zum Oberscharführer ernannt wurde. Von 1941 bis 1943 Dekan. Nach 1945 Mitglied im „Verband der amtsverdrängten Hochschullehrer". Mitglied der Leopoldina zu Halle. 1950 in Ruhestand versetzt.
Quellen: Klee I, Deutsche Biografie.

Nebel, Willy, Prof. Dr.-Ing.
* 18.10.1897 in Oetzsch (Sachsen), † 29.03.1985
Teilnehmer am Ersten Weltkrieg. Seit 1933 Mitglied der Marine-SA. Seit Mai 1937 Mitglied der NSDAP. Ab 1935 Kapitän-Leutnant (Ing.) der Reserve. Er wurde nicht zum Kriegsdienst eingezogen. Ab 1946 Mitglied der SED. Ab 1947 Leiter des technologischen Sektors in einem sowjetischen Wissenschafts-Technik-Büro. Mitarbeiter bei der Vereinigung Volkseigener Betriebe Werkzeugmaschinenwerke. Ab 1954 Professor an der Hochschule für Maschinenbau in Karl-Marx-Stadt. Dort von 1961 bis 1963 Rektor. Von 1954 bis 1956 Prorektor für Forschung. Von 1956 bis 1961 Dekan der Fakultät für Technologie. Mitglied im Wissenschaftlichen Beirat des Staatssekretariats für Hoch- und Fachschulwesen. Angehöriger des Fachverbandes der KdT. 1962 mit dem „Vaterländischen Verdienstorden" in Silber und als „Verdienter Techniker des Volkes" ausgezeichnet.
Quellen: UFJ, Herbst, Baumgartner/Hebig, Wikipedia, BStU, MfS, HA XX Nr. 5754, Bl. 170, BStU, MfS, HA XX Nr. 5751, Teil 3 von 3, Bl. 279f., https://www.tu-chemnitz.de/tu/geschichte/rektoren.php?detail=18.

Nedden, Otto August Carl zur, Prof. Dr. phil.
* 18.04.1902 in Trier, † 23.10.1994 in Dortmund
Ab 1931 Mitglied der NSDAP. Von 1933 bis 1944 Chefdramaturg am Deutschen Nationaltheater in Weimar. Zusätzlich ab 1936 Dozent am Theaterwissenschaftlichen Institut der Universität Jena. 1945 Generalsekretär der Deutschen Shakespeare-Gesellschaft und Professor in Jena. Ab 1957 Professor an der Universität Köln. Herausgeber von „Reclams Schauspielführer".
Quellen: Klee II, Stockhorst.

Neef, Ernst, Prof. Dr. phil.
* 16.04.1908 in Dresden, † 07.07.1984 ebenda
Seit 1933 Mitglied der NSDAP. Von 1933 bis 1934 Mitglied der SA. Mitglied im NSAHB. Seit 1935 Mitglied im NSLB. Seit 1938 Mitglied der NSV. Von 1935 bis 1936 Privatdozent für Geographie an der TH Dresden. Von 1936 bis 1945 Professor für Geographie an der TH Danzig. Als Meteorologe Teilnehmer am Zweiten Weltkrieg. Von 1947 bis 1949 Angestellter des Statistischen Landesamtes Sachsen. 1951/52 kommissarischer Leiter des Geographischen Seminars der Universität Halle. Von 1949 bis 1959 Professor für Geographie an der Landwirtschaftlich-Gärtnerischen Fakultät der Universität Leipzig. Von 1955 bis 1959 Dekan. Von 1959 bis 1973 Professor für Geographie an der TH bzw. TU Dresden. Seit 1957 Mitglied der SAW zu Leipzig. Seit 1959 Mitglied der Leopoldina zu Halle. Ab 1959 Mitglied der AdW zu Berlin, wo er Herausgeber der Reihe „Werte unserer Heimat" war. Mitglied der GDSF. Mitglied im KB. 1964 mit der „Hermann-Haack-Medaille", 1958 mit der „Verdienstmedaille" und 1958 mit der „Medaille für ausgezeichnete Leistungen" ausgezeichnet.
Quellen: Professorenkatalog Universität Leipzig, Wikipedia, Herbst, Baumgartner/Hebig, Deutsche Biographie, BStU, MfS, HA IX/11 Nr. AK 5449/76, Bd. 3, Bl. 93, BStU, MfS, IX/11 Nr. AK 5449/76, Bd. 2, Bl. 90, Bl. 93.

Nehring, Kurt, Prof. Dr. phil. Dr. h. c. mult.
* 29.05.1898 in Posen, † 29.04.1988
Teilnehmer am Ersten Weltkrieg. Von 1921 bis 1923 Assistent am Agrikulturchemischen Institut der Universität Königsberg. Danach von bis 1925 wissenschaftlicher Hilfsarbeiter am Pharmakologischen Institut der Universität Amsterdam. Danach für ein Jahr Assistent am Kulturtechnischen Institut der Universität Königsberg. Dort ab Mai 1926 wieder Assistent am Agrikulturchemischen Institut. Nach 1928 Privatdozent am Agrikulturchemischen Institut der Universität Königsberg. Ab 1933 Mitglied der NSDAP. Ab 1935 Professor und Leiter der Landwirtschaftlichen Versuchsstation der Universität Jena. Von 1936 bis 1945 Direktor der Landwirtschaftlichen Versuchsstation der Universität Rostock. Im November 1945 wegen seiner Nazi-Vergangenheit entlassen. Im Januar 1948 wurde er von der Landesentnazifizierungskommission in Schwerin entnazifiziert und konnte von 1947/48 bis 1963 Professor für Agrikulturchemie an der Landwirtschaftlichen Fakultät der Universität Rostock und Direktor des Instituts für Agrikulturchemie und Bodenkunde sein. Parallel dazu leitete er von 1952 bis 1964 das von ihm gegründete „Oskar-Kellner-Institut". Ab 1951 Mitglied der AdL. Ab 1957 Mitglied der Leopoldina zu Halle. Chefredakteur der „Zeitschrift für landwirtschaftliches Versuchs- und Unterrichtswesen". 1959 mit dem „Vaterländischer Verdienstorden" in Silber, 1963 mit der „Erwin-Baur-Medaille" und 1952 mit dem „Nationalpreis" II. Klasse ausgezeichnet. 1964 von der Landwirtschaftlichen Fakultät der Universität Göttingen mit dem „Henneberg-Lehmann-Preis" ausgezeichnet. Die Universitäten Göttingen, Rostock und Berlin (Humboldt-Universität) verliehen ihm jeweils den Ehrendoktortitel.
Quellen: Professorenkatalog Universität Rostock, Wikipedia, Baumgartner/Hebig, BStU, MfS, HA IX Nr. 25976, Bl. 14.

Neseni, Raimund, Prof. Dr. med. vet. Dipl.-Tierarzt Dr. agr. h. c.
* 19.04.1888 in Böhmisch Kamnitz (Kreis Tetschen-Bodenbach), † 23.12.1970 in Rostock
Von 1911 bis 1918 Militärtierarzt in der österreichisch-ungarischen Armee. Von 1919 bis 1920 Gemeindetierarzt in Tartlau (Siebenbürgen). Von 1920 bis 1942 Stadttierarzt und Schlachthofdirektor in Böhmisch Kamnitz.

Von 1939 bis 1945 Mitglied der NSDAP. Mitglied im NSKK und dort Referent für Verkehr. Mitglied im NSDDB und dort Referent für Nachwuchsförderung. Von Juli 1942 bis 1945 Professor an der Landwirtschaftlichen Hochschule in Tetschen-Liebwerd. Von 1945 bis 1948 niedergelassener Tierarzt in Böhmisch Kamnitz und in Bützow (Mecklenburg). Ab 1946 Mitglied im FDGB. Ab 1947 Mitglied der LDPD. Von 1948 bis 1953 Abteilungsleiter für Ernährungsphysiologie und Veterinärwesen beim Institut für Tierzuchtforschung in Dummerstorf. Ab 1949 Lehrbeauftragter an der Universität Rostock. Dort von 1952 bis 1955 Professor für Anatomie und Physiologie der Haustiere. Von 1953 bis zur Emeritierung 1955 Institutsdirektor. Danach von 1955 bis 1962 kommissarischer Institutsdirektor. 1959 als „Verdienter Tierarzt" ausgezeichnet. Seit 1961 Oberveterinärarzt. 1961 mit dem „Goldenen Tierärztediplom" und 1963 mit dem „Goldenen Doktordiplom" der Tierärztlichen Hochschule Wien ausgezeichnet. Die Universität Rostock verlieh ihm 1963 den Ehrendoktortitel.
Quellen: Professorenkatalog Universität Rostock.

Neubert, Karl, Prof. Dr.-Ing. Dipl.-Ing.
* 14.06.1900 in Planitz, Sachsen, † 03.05.1972 in Freiberg
Ab 1925 beim Gruhl-Werk als Steiger angestellt. Ab 1926/27 dort auch Projektingenieur für markscheiderische Arbeiten. Von 1927 bis 1938 Chefmarkscheider in Indonesien. Seit 1936 Mitglied der NSDAP. Von 1940 bis 1942 bei den Rheinischen Stahlwerken in der Abteilung Bergbau. Von 1943 bis 1949 Gründer und Leiter einer Vermessungssteiger-Klasse an der Bergschule in Zwickau. Von 1945 bis 1951 Gruppenmarkscheider im Zwickauer Steinkohlebergbau. Ab 1949 Professor und Direktor des Instituts für Markscheidewesen und Bergschadenkunde an der BAF. Von 1951 bis 1955 Dekan der Fakultät für Bergbau und Hüttenwesen. Von 1956 bis 1967 Leiter der Lehrgrube Alte Elisabeth. Im Januar 1966 emeritiert. Mitglied der AdW zu Berlin. 1961 als „Verdienter Bergmann" und als „Verdienter Techniker des Volkes" ausgezeichnet. Das Institut für Markscheidewesen und Geodäsie der TU Bergakademie erhielt 2006 seinen Namen.
Quellen: Wikipedia, http://www.deutsche-biographie.de/sfz71258.html.

Neubert, Rudolf, Prof. Dr. med.
* 31.01.1898 in Dresden, † 13.05.1992
Teilnehmer am Ersten Weltkrieg. Assistent im Kreiswohlfahrtsamt in Lennep und in der Tbc-Heilstätte Hohwald. Von 1924 bis 1943 wissenschaftlicher Mitarbeiter am Deutschen Hygienemuseum in Dresden. Ab 1933 Mitglied der NSDAP. Von 1933 bis 1939 niedergelassener Arzt in Dresden-Hellerau. Als Militärarzt Teilnehmer am Zweiten Weltkrieg. 1945/46 stellvertretender Dezernent für das Gesundheitswesen in Dresden. Danach als Wissenschaftlicher Direktor wieder am Hygiene-Museum. 1947 wegen seiner Nazi-Vergangenheit entlassen. Von 1948 bis 1952 Dozent für Anatomie an der Hochschule für Bildende Künste in Dresden. Von 1952 bis 1963 Direktor des Instituts für Sozialhygiene an der Universität Jena, parallel dazu leitete er die Medizinische Akademie in Erfurt. Von 1956 bis 1965 leitete er die Internationale Union für Schul- und Universitätshygiene und -medizin. Mitglied im Präsidium des DRK. Vize-Präsident, dann Ehrenvorsitzender des Komitees für Gesundheitserziehung. Mit der „Hufeland-Medaille", mit der „Verdienstmedaille" und 1964 als „Arzt des Volkes", ausgezeichnet. 1991 wurde er vom MfS überprüft.
Quellen: Klee I, Wikipedia, Baumgartner/Hebig, Ernst, S. 283, S. 286, S. 288, S. 293, S. 303, BStU, MfS, HA IX/11 AK 6152/85, Bl. 4f.

Neubert, Willi, Prof.
* 09.11.1920 in Brandau, Sudetenland, † 07.08.2011 in Ballenstedt
Seit 1938 Mitglied der NSDAP. Mitglied der SED. Ab 1957 Mitglied der Kommission für Bildende Kunst beim Rat des Bezirkes Halle. Professor an der Kunsthochschule Burg Giebichenstein. Von 1960 bis 1962 und 1970/71 Lehrer an der Hochschule für Industrielle Formgestaltung in Halle. Von 1963 bis 1967 AdV. Mitglied im KB. Maler und Graphiker. Mitglied im ZV des Verbandes Bildender Künstler (VBK). Seit 1964 Mitglied der AdK. Ab 1970 Leiter des von ihm gegründeten Instituts für Architektur in Thale, das der Universität Halle angeschlossen war. 1981 mit dem „Vaterländischen Verdienstorden" in Gold, 1965 mit dem „Nationalpreis" III. Klasse, 1974 als „Held der Arbeit" und mit dem „Karl-Marx-Orden" ausgezeichnet. 2006 ernannte ihn die Stadt Thale zum Ehrenbürger.

Quellen: UFJ, Wikipedia, Baumgartner/Hebig.

Neuhaus, Rudolf, Prof.
* 03.01.1914 in Köln, † 07.03.1990 in Dresden
Seit 1937 Mitglied der NSDAP. Mitglied der Fachschaft Bühne der RTK. Von 1934 bis 1944 Kapellmeister des Landestheaters in Neustrelitz. Von 1939 bis 1940 Teilnehmer am Zweiten Weltkrieg. Von 1945 bis 1953 Dirigent am Staatstheater Schwerin. Ab 1951 Generalmusikdirektor und ab 1959 Professor. Ab 1953 Generalmusikdirektor der Staatskapelle in Dresden. Ab 1959 Professor an der Hochschule für Musik in Dresden. Mitglied der GDSF. Mitglied im Hauptvorstand der CDUD. Mitglied im Präsidium des KB. 1964 mit dem „Kunstpreis", 1974, 1979 und 1984 mit dem „Vaterländischen Verdienstorden" in Bronze, Silber und Gold, mit der „Johannes-R.-Becher-Medaille", mit der „Verdienstmedaille", mit der „Verdienstplakette" des Deutschen Friedensrates, 1987 mit dem „Martin-Andersen-Nexö-Kunstpreis und 1989 mit der „Otto-Nuschke-Plakette" ausgezeichnet.
Quellen: Wikipedia, Baumgartner/Hebig, https://www.musik-in-dresden.de/2014/01/03/er-forderte-klarheit-und-deutlichkeit/.

Neumann, Gotthard Arno Ernst, Prof. Dr.
* 08.06.1902 in Schwabsdorf, † 29.04.1972 in Jena
Ab 1927 Wissenschaftlicher Hilfsarbeiter am Staatlichen Museum für Mineralogie, Geologie und Vorgeschichte in Dresden. Ab 1929 Assistent am Institut für Mineralogie und Geologie an der TH Dresden. Auf Anordnung des Ministers des Inneren und Volksbildung in Thüringen, Wilhelm Frick (NSDAP), 1930 zum Vorstand des Germanischen Museums für Vor- und Frühgeschichte der Universität Jena ernannt. 1932 zum ehrenamtlichen Vertrauensmann für Kulturgeschichtliche Denkmale bzw. 1934 zum Staatlichen Vertrauensmann für die Vor- und Frühgeschichtlichen Bodenaltertümer Thüringens bestellt. Ab 1933 im „Kampfbund für Deutsche Kultur" und dort Leiter der „Fachgruppe Vorgeschichte" in Jena. Ab 1934 zum beamteten Professor für Vorgeschichte an der der Universität Jena. Ab 1935 ehrenamtlich die Kuratel des Städtischen Museums für Urgeschichte in Weimar. Ab 1937 Mitglied der Historischen Kommission Thüringens. Ab

1941 Teilnehmer am Zweiten Weltkrieg und nach seinen eigenen Angaben beteiligt im „Sonderstab Vorgeschichte“ im „Einsatzstab Reichsleiter Rosenberg“. Von 1933 bis 1941 Mitglied im NSLB und auch hier Gausachbearbeiter für Vorgeschichte. Ab April 1934 förderndes Mitglied der SS. Von 1937 bis 1941 Parteianwärter der NSDAP. Von 1934 bis 1941 und von 1953 bis 1967 Professor für Ur- und Frühgeschichte an der Universität Jena, 1953 als Direktor. Im Februar 1945 ernannte ihn das Reichsministerium für Wissenschaft, Erziehung und Volksbildung zum Ordinarius, was jedoch nicht mehr wirksam wurde. Die SMAD bestätigte ihn im November 1945 als Wissenschaftler, als jedoch seine Nazi-Vergangenheit bekannt geworden war, entlassen. Ab Dezember 1945 Mitglied der LDPD. Aktiver Synodaler der evangelischen Kirche in Thüringen. 1947 konnte er als „Präparator“ wieder an die Universität Jena zurückkehren und wurde dort 1950 Wissenschaftlicher Assistent und 1953 Wissenschaftlicher Oberassistent. Im selben Jahr wurde Professor mit vollem Lehrauftrag für Ur- und Frühgeschichte und Direktor des Vorgeschichtlichen Museums. Fachrichtungsleiter für Ur- und Frühgeschichte und Mitglied des Wissenschaftlichen Beirates beim Staatssekretariat für das Hoch- und Fachschulwesen. 1967 emeritiert. Mitglied in der Sektion für Vor- und Frühgeschichte Mitglied der AdW zu Berlin. Mitglied der SAW zu Leipzig. Mitglied der Berliner Gesellschaft für Anthropologie, Ethnologie und Urgeschichte.
Quellen: Wikipedia, Klee I.

Neun, Walter, Dr. med.
* 1911, †?
Seit 1931 Mitglied der NSDAP. Oberbannführer und Amtschef in der Reichsjugendführung der NSDAP. Mitglied im NSÄB. Mitglied der NSV. Mitglied im NSAHB. Mitglied im RKB. Mitglied im KB. Ab 1958 Kreisarzt in Oschersleben. Ab 1963 Bezirksarzt von Magdeburg. Von 1963 bis 1964 Abgeordneter des Bezirkstages Magdeburg. 1961 zum Obermedizinalrat befördert. Ab 1974 Vorsitzender der „Volkssolidarität“ im Bezirk Magdeburg. Ab 1978 stellvertretender Vorsitzender des Bezirkskomitees des DRK. 1962 als „Verdienter Arzt des Volkes“ ausgezeichnet.
Quellen: UFJ, Neue Deutsche Presse Nr. 42, Juli 1965 in: BStU, MfS, HA XX Nr. 5752, Bl. 362.

Neunhoeffer, Otto, Prof. Dr.
* 17.10.1904 in Stuttgart, † 02.10.1998 in Berlin
Ab 1929/30 Assistent an der Universität Freiburg i. Brsg. Von 1930 bis 1935 Assistent bzw. Dozent an der Universität Greifswald. Von 1935 bis 1945 Dozent bzw. Prof. an der TH Breslau. Von 1937 bis 1945 Mitglied der NSDAP. Von 1933 bis 1942 Mitglied der SA. Mitglied im NSDDB. Mitglied der NSV. Mitglied im RLB. Von 1939 bis 1940 als Oberfunker in einer Nachrichtenabteilung Teilnehmer am 2. Weltkrieg. Die Entnazifizierungskommission Greifswald-Stadt stufte ihn am 9. Dezember 1947 als nur „nominell belastet" bzw. als „Mitläufer" ein, der „im Amt verbleiben" konnte. Von 1945 bis 1948 Hauptreferent bei der Stadtverwaltung Greifswald. Von 1949 bis 1951 Abteilungsleiter bei der AdW zu Berlin. Von 1949 bis 1951 in Berlin-Buch. Ab 1945 Hauptreferent an der Humboldt-Universität und später Professor am II. Institut für Organische Chemie. Mitte Juli traf sich Neunhoeffer mit etwa 15 wissenschaftlichen Mitarbeitern zu einem geselligen Beisammensein in den Räumen des Instituts. Dabei wurde das „Deutschlandlied", das „Schlesier-Lied", das „Horst-Wessel-Lied" und „Siegreich woll'n wir Frankreich schlagen" gesungen. 1960 kehrte Neunhoeffer von einer Tagung in Westdeutschland nicht in die DDR zurück. Danach Professor für Chemie an der Universität Saarland. In den 1950er Jahren Professor für Chemie an der Universität Karlsruhe. Im Februar 1957 hatte die Staatssicherheit eine Überprüfung wegen seiner „negativen Einstellung zur DDR" beschlossen, doch für die „Schädlingstätigkeit" konnten keine konkreten Beweise erarbeitet werden.
Quellen: Klee, Wikipedia, BStU, MfS, 11350/62, Bd. 1, Bl. 8f., Bl. 14f., Bl. 51-58, BStU, MfS, 11350/62, Bd. 2, Bl. 10f., Bl. 132f., Bl. 177f., Bl. 184.

Neuß, Erich, Prof. Dr.
* 11.02.1899 in Frankfurt/M., † 28.12.1982 in Halle (Saale)
Nach 1924 bei der Industrie- und Handelskammer in Halle. Ab 1928 Direktor des Stadtarchivs und zugleich der Städtischen Bibliothek. Seit Mai 1937 Mitglied der NSDAP in Halle-Nietleben. Wissenschaftliche Hilfskraft im Amt für Wirtschaft, Verkehr und Statistik. Später Preiskommissar

für Mieten und Grundstückspreise der Stadt Halle. Als Offizier Teilnehmer am Zweiten Weltkrieg. Ab 1944 NSFO. Ab August 1945 wieder Direktor des Stadtarchivs Halle und Leiter des Händelhauses. Ab 1952 Dozent für Landesgeschichte, dann von 1963 bis 1964 Professor für Landesgeschichte an der Universität Halle.
Quellen: Wikipedia, Baumgartner/Hebig, BStU, MfS, HA IX/11 AK 4300/79, Bl. 4, Mertens, S. 28.

Neye, Walter, Prof. Dr. jur.
* 24.07.1901 in Arnsberg, † 12.08.1989
Ab 1919 Mitglied im militärischen Grenzschutz Oberschlesien. Seit Mai 1933 Mitglied der NSDAP. Von 1933 bis 1945 Mitglied im NSRB. Mitglied der NSV. Ab 1928 Rechtsanwalt in Berlin-Wannsee. Von 1939 bis 1945 Referent in der Industrieabteilung des Reichsluftfahrtministeriums. Von Oktober 1941 bis 1942 wieder Notar. 1944 in den besetzten Niederlanden und in der Verwaltung des Philips-Konzerns eingesetzt. Von 1945 bis 1947 in Berlin als Rechtsanwalt und Notar. 1946/47 hatte er einen Lehrauftrag an der Humboldt-Universität. Ab 1948 Hochschullehrer und Professor für Zivilrecht und Zivilprozess an der Humboldt-Universität Berlin. 1950 wurde Neye Dekan der Juristen Fakultät. Von 1952 bis 1956 dort Rektor. 1954/55 Beisitzer für den Prozess des Verbots der KPD in Karlsruhe. Von 1953 bis 1956 Präsident der VdJ. Ab 1963 Mitglied der SED. Ab 1963 Vorsitzender der Kommission für die Unesco in der DDR. Mitglied des „Weltfriedenrates“. Ab 1966 Direktor des Instituts für Westdeutsches und Ausländisches Zivilrecht an der Humboldt-Universität Berlin. 1954 und 1960 mit dem „Vaterländischen Verdienstorden“ in Silber und Gold ausgezeichnet.
Quellen: UFJ, Herbst, Baumgartner/Hebig, Wikipedia, BStU, MfS, HA XX Nr. 5754, Bl. 222, BStU, MfS, HA XX Nr. 5751, Teil 3 von 3, Bl. 291f.

Nierade, Kunz
* 07.11.1901 in Wohlau, † 02.12.1976 in Berlin
Seit 1931 Architekt in Leipzig. Ab 1931 Mitglied der NSDAP. Von 1939 bis 1945 Projektant in Schlesien und im besetzten Polen (Poznan und

Lodz). Von 1951 bis 1962 an der Deutschen Hochschule für Körperkultur in Leipzig. Von 1954 bis 1960 am Opernhaus in Leipzig. 1966/67 projektierte er den Umbau der Komischen Oper in Berlin. Von 1967 bis 1969 Berater des Karl-Liebknecht-Forums in Potsdam.
Quellen: Wikipedia.

Niggeling, Willi, Prof.
* 03.02.1900 in Iserlohn, † 09.04.1973 in Frankfurt/M.
Von 1931 bis 1944 Mitglied der NSDAP. Teilnehmer am 2. Weltkrieg. Von 1944 bis Dezember 19547 in sowjetischer Kriegsgefangenschaft. Schüler einer Antifa-Schule in Krasnogorsk. Seit April 1951 Mitglied der SED. Mitglied der GDSF. Mitglied im FDGB. Mitglied im KB. Ab 1949 Programmgestalter beim Deutschlandsender. Ab 1950/51 Leiter der Musikabteilung im Ministerium für Volksbildung. Von Dezember 1951 bis 1955 Direktor der Hochschule für Musik „Franz Liszt" in Weimar. Er beging 1957 „Republikflucht. Ab 1959 an der Musikhochschule in Hannover. Ab 1961 in Frankfurt/M.
Quellen: Klee II, BStU, MfS, AP Nr. 4695/59, Bl. 4-9, Bl. 22.

Nikisch, Arthur Philipp, Prof. Dr. jur.
* 25.11.1888, † 17.06.1968
Von 1915 bis 1923 Regierungsassessor bzw. Regierungsrat im Sächsischen Ministerium des Innern. Von 1923 bis 1933 Vorsitzender des Verbandes der Sächsischen Metallindustriellen in Dresden. Von 1922 bis 1924 Mitglied der DDP. Seit 1934 Mitglied im NSRB. Seit 1935 Mitglied im RKB. Seit 1936 Mitglied im NSAHB. Seit 1936 Mitglied im RLB. Von 1926 bis 1938 an der TH Dresden. Im November 1933 unterschrieb er das „Bekenntnis der Professoren an den deutschen Universitäten und Hochschulen zu Adolf Hitler und dem nationalsozialistischen Staat". Von 1938 bis 1941 an der Universität Kiel. Von 1944 bis 1945 Vertretung der Professur für Arbeitsrecht sowie Direktor des Juristischen Seminars und Direktor des Instituts für Arbeitsrecht in Leipzig. Seit 1949 Mitherausgeber „Archiv für civilistische Praxis". Von 1945 bis 1950 an der Universität Leipzig. 1947/48 Dekan der Juristenfakultät der Universität Leipzig. 1950

beging er „Republikflucht“ in die BRD. Von 1950 bis 1957 an der Universität Kiel.
Quellen: Klee I, Professorenkatalog Universität Leipzig, Wikipedia, Munzinger Biographie.

Nißler, Karl Ludwig, Prof. Dr. med. habil.
* 13.02.1908 in Elkershausen, Oberlahnkreis, † 10.08.1987 in Magdeburg
Von 1934 bis 1936 und von 1937 bis 1938 Arzt in Berlin-Lichtenberg. Von 1936 bis 1937 Schiffsarzt bei HAPAG. Von Juni 1937 bis 1945 Mitglied der NSDAP. Von November 1933 bis 1945 Mitglied der SA und dort Rottenführer. Von 1939 bis 1945 Mitglied im NSDDB. Von 1938 bis 1945 Oberarzt an der Universitäts-Kinderklinik in Halle. Ab 1939 Leiter der Schwesterschule und von 1945 bis 1953 Chefarzt der Kinderklinik des St.-Barbara-Krankenhauses Halle. Arzt am Kinderkrankenhaus in Berlin-Lichterfelde und an der Universitätskinderklinik in Halle. Von 1946 bis 1953 Chefarzt der Universitäts-Kinderklinik in Halle, wo er 1950 zum Professor ernannt wurde. Ab 1953 Professor und Klinikdirektor für Kinderheilkunde an der Medizinischen Akademie Magdeburg. Ab 1946 Mitglied der SED. Von 1954 bis 1958 Prorektor und von 1958 bis 1962 Rektor der Medizinischen Akademie Magdeburg. 1959 als „Verdienter Arzt des Volkes“ und mit der „Hufeland-Medaille“ ausgezeichnet. Der Förderverein „Karl Nißler“ der Kinderklinik der Universität Magdeburg trägt seinen Namen.
Quellen: UFJ, Baumgarten/Hebig, Wikipedia, Universität Magdeburg, BStU, MfS, HA XX Nr. 5754, Bl. 222, BStU, MfS, HA XX Nr. 5751, Teil 3 von 3, Bl. 293f., BStU, MfS, AKK 1114/75, Bl. 3ff., Bl.11f., Bl. 73f., Bl. 82f., BStU, MfS, Allg. P. 2016/58, Bl. 2-6.

Nitschke, Willi, Prof. Dr. phil.
* 04.01.1912 in Prinzdorf, Kreis Bunzlau, Schlesien, † 13.06.1981
Seit Mai 1937 Mitglied der NSDAP. 1933 Mitglied im RAD. Ab 1934 Mitglied im NSKK. Schulamtsbewerber in Schönau und Sagan, beide Orte in Schlesien. Als Leutnant Teilnehmer am Zweiten Weltkrieg. Ab 1941 bei der Nachrichtenabteilung (NA) 443 und später bei NA 435. Ab 1944 in sowjetischer Kriegsgefangenschaft. Mitglied im NKFD. Schüler einer

antifaschistischen Schule. Mitglied der SED. Hochschullehrer und bis 1953 Direktor des Instituts für Marxismus-Leninismus der Universität Greifswald. Anschließend Prorektor für Gesellschaftswissenschaften. Von 1956 bis 1957 Rektor der DHfK in Leipzig. Ab 1959 Professor für Dialektischen Materialismus und Direktor des Instituts für Marxismus-Leninismus an der DHfK. Von 1955 bis 1972 1. Vorsitzender der NF in Leipzig. 1971 mit dem „Vaterländischen Verdienstorden“ in Bronze, mit der „Theodor-Neubauer-Medaille“ und mit der „Verdienstmedaille“ ausgezeichnet.
Quellen: UFJ, Herbst, Baumgartner/Hebig, BStU, MfS, HA XX Nr. 5751, Teil 3 von 3, Bl. 295f.

Nottrodt, Rolf-Dietrich, Dr. rer. pol.
* 17.05.1927 in Plauen, † 02.04.2017
Seit April 1944 Mitglied der NSDAP. Mitglied im RAD. Mitglied der KPD bzw. SED. Vorsitzender des „Antifaschistischen Jugendausschusses“ in Erfurt. Von 1952 bis 1954 Sekretär für Agitation und Propaganda der SED in Erfurt. Von 1961 bis 1969 Oberbürgermeister von Erfurt. Danach Sekretär des wissenschaftlichen Rates der DASR in Potsdam-Babelsberg. Von 1972 bis 1990 Dozent für Staats- und Verwaltungsrecht an der Fachschule für Staatswissenschaft „Edwin Hoernle“ in Weimar. 1959 mit der „Verdienstmedaille“, 1966 mit der „Ehrennadel der GDSF“ in Gold und 1969 mit dem Ehrentitel „Verdienter Aktivist“ ausgezeichnet.
Quellen: UFJ, Buch, BStU, MfS, HA XX Nr. 5754, Bl. 172, Wikipedia.

Nürnberger, Ludwig, Prof. Dr. med.
* 17.07.1884 in Aschbach bei Bamberg, † 03.04.1959 in München
Ab 1910/11 Assistent am Pathologischen Institut Erlangen. Von 1911 bis 1919 Assistent an der Universitätsfrauenklinik München. Von 1914 bis 1919 als Truppen- und Lazarettarzt, Dienstgrad Oberarzt, Teilnehmer am Ersten Weltkrieg. Mit dem „Eisernen Kreuz“ II. Klasse, mit dem „Bayerischen Militärverdienstorden mit Schwertern“ und mit der „Prinzregent-Luitpold-Medaille“ ausgezeichnet. Von 1919 bis 1926 Sekundärarzt an der Universitätsfrauenklinik Hamburg. Bis 1930 Mitglied der DNVP. Seit 1938 Mitglied der NSDAP. Von 1926 bis 1945 Leiter der Universitätsfrauenklinik in Halle. Im Oktober 1945 wegen seiner Nazi-Vergangenheit ent-

lassen, jedoch erhielt er bereits im April 1946, auf Befehl der SMAD, seine Lehrbefugnis wieder. Ab 1945 Mitglied der LDPD. Im Juni 1947 schrieb er aus Köln einen Abschiedsbrief, wo er dann bis zu seiner Emeritierung 1957 die Universitätsfrauenklinik leitete.
Quellen: Professorenkatalog Universität Halle, Wikipedia.

Oelsner, Oscar Walter, Prof. Dr.-Ing.
* 13.02.1902 in Trier, † 13.08.1963 in Freiberg
Von 1928 bis 1939 in verschiedenen Städten in der Türkei tätig. Seit Mai 1933 Mitglied der NSDAP. Von 1940 bis 1945 Mitglied der NSV. Von 1939 bis 1945 Mitglied der DAF. Von 1940 bis 1945 Mitglied der NSBDT. Von 1937 bis 1945 Mitglied im NSAHB. Mitglied der NSV und dort kommissarischer Zellenwalter. Assistent an der BAF. 1939 kehrte er aus der Türkei nach Freiberg zurück. Bis 1945 Montangeologe beim Oberbergamt für Sachsen. Seit 1948 Mitglied im FDGB. Seit 1947 Mitglied der SED. Ab 1951 Lehrtätigkeit am Bergtechnikum der Wismut AG in Freiberg. Ab 1958 Direktor des Instituts für Lagerstättenkunde und Mineralogie. Von 1953 bis 1956 Rektor der BAF. Dort Mitglied der Hochschulparteileitung der SED. Mitglied der Sektion Bergbau und Angewandte Geologie an der AdW zu Berlin. Kommissionsmitglied beim Rat für gegenseitige Wirtschaftshilfe. Mit dem „Vaterländischen Verdienstorden" in Silber, als „Verdienter Bergmann" und mit der „Serge-Bubnoff-Medaille" ausgezeichnet.
Quellen: UFJ, Baumgartner/Hebig, Wikipedia, BStU, MfS, HA XX Nr. 5754, Bl. 225, BStU, MfS, HA XX Nr. 5751, Teil 3 von 3, Bl. 313f.

Oesterle, Paul, Prof. Dr. med.
* 18.10.1900 in Hechingen, † 1971
Ab 1933 Mitglied der NSDAP. Mitglied der SA. Mitglied des NSÄB. Ab 1935 Mitglied im NSDDB. Ab 1937 Dozent an der Universität Würzburg. Ab 1941 Professor an der Universität Berlin. Stabsarzt. Ab 1944 Mitglied im Wissenschaftlichen Beirat des Generalkommissars für das Sanitäts- und Gesundheitswesen (Karl Brandt). 1949 Professor für Medizin an der Humboldt-Universität Berlin, wo er auch Direktor des Hygiene-Instituts war.

Von 1954 bis 1964 Präsident der Gesellschaft für die Gesamte Hygiene. Vorsitzender der Sektion Hygiene der AdW zu Berlin.
Quellen: BArch, Klee I, Herbst, Baumgartner/Hebig, https://www.sammlungen.hu-berlin.de/objekte/-/17199/, https://hygiene.charite.de/fileadmin/user_upload/microsites/m_cc05/hygiene/Brosch_Hygiene_VS.pdf.

Oschatz, Hermann
* 09.02.1900 in Leipzig, † 27.10.1980
Von 1920 bis 1928 Lehrer. Ab 1928 Dozent am Pädagogischen Institut der Universität Leipzig. Seit 1937 Mitglied der NSDAP. Von 1941 bis 1945 Teilnehmer am Zweiten Weltkrieg. In sowjetischer Kriegsgefangenschaft. Seit 1949 Mitglied der NDPD und später auch Mitglied im HA. Mitglied im KB. Von 1954 bis 1958 AdV. Ab 1956 Cheflektor beim Verlag der Nation in Berlin. Lektor für Sprache und Körperkultur an der DHfK in Leipzig. Redakteur beim Mitteldeutschen Rundfunk im Sender Leipzig. 1965 Leiter der Deutschen Bücherstube der NDPD. Mit dem „Vaterländischen Verdienstorden“ in Silber und mit der „Medaille für ausgezeichnete Leistungen“ ausgezeichnet. Von 1954 bis 1958 AdV. Er verschwieg bis 1956 seine Nazi-Vergangenheit.
Quellen: UFJ, BStU, MfS, HA Nr. 5754, Bl. 326, BStU, MfS, HA XX Nr. 5751, Teil 3 von 3, Bl. 316ff.

Oschmann, Hans, Dr.
* 20.03.1915 in Heldrungen, † 1999
Seit Oktober 1931 Mitglied der NSDAP. Hauptamtlicher Führer beim RAD. Ab 1956 Direktor der Lehr- und Forschungsanstalt für Bienenzucht der DAL in Thälermühle, Kreis Stadtroda, Thüringen. Er veröffentlichte Bücher zur Imkerei.
Quellen: UFJ, BStU, MfS, HA XX Nr. 5751, Teil 3 von 3, Bl. 321.

Pagel, Karl, Prof. Dr.
* 30.10.1914 in Krolow, Pommern, † 16.03.2013 in Lobetal
Von März 1933 bis 1935 Mitglied der SS. Seit 1934 Mitglied im NSDStB. Mitglied im RAD. Evangelischer Vikar in Stralsund und Prädikant in Patzig auf Rügen. Als Leutnant Teilnehmer am Zweiten Weltkrieg. Mit dem

EK I und EK II ausgezeichnet. Von 1944 bis 1947 sowjetischer Kriegsgefangenschaft. Ab 1947 bis 1954 evangelischer Pfarrer in Patzig und Pasewalk. Ab 1954 Mitglied der CDUD. Ab 1947 Mitglied im KB. Bürgermeister von Lobetal bei Bernau und dort von 1954 bis 1981 Leiter der „Hoffnungstaler Anstalten". Ab 1974 Evangelischer Kirchenrat. Ab 1960 Mitglied im Hauptvorstand der CDUD. Mitglied des HA der Inneren Mission bzw. Mitglied der Hauptversammlung des Diakonischen Werkes. Mit dem „Vaterländischen Verdienstorden" in Bronze und Silber, 1959 mit der „Verdienstmedaille" und mit der „Ehrennadel" in Gold der GDSF ausgezeichnet. Als „Karl" Geheimer Mitarbeiter (GM bzw. IMF) des MfS von November 1962 bis April 1987.
Quellen: Baumgartner/Hebig, BStU, MfS, HA IX/11, SV 3/82, Bd. 27, Bl. 11-26, BStU, MfS, 679/87, Bl. 26-34, Bl. 91-108, Bl. 135, Bl. 143, Bl. 154, Bl. 158, Bl. 163ff., Bl. 188-195, BStU, MfS BV Frankfurt, XII/Archiv, 679/87, Bd. I, Bl. 71ff., BStU, MfS BV Frankfurt, XII/Archiv, 679/87, Bd. III, Bl. 45f.

Pallaske, Georg, Prof. Dr. med. vet. Dr. med. vet. h. c.
* 14.04.1898 in Herzogswaldau, † 27.05.1970 in Gießen
Von 1917 bis 1918 Wachtmeister. Von 1923 bis 1928 Assistent am veterinärmedizinisch-pathologischen Institut Breslau und am bakteriologischen Institut Dresden. Ab 1936 Direktor des staatlichen Veterinär-Untersuchungsamtes in Landsberg (Warthe). Im November 1933 unterzeichnete er das „Bekenntnis der Professoren an den deutschen Universitäten und Hochschulen zu Adolf Hitler und dem nationalsozialistischen Staat". Ab 1934 Amtsleiter des NSDDB für die Veterinärmedizinische Fakultät. Mitglied der NSDAP. Mitglied der SA und Scharführer einer SA-Standarte. Ab 1939 Professor. Von 1945 bis 1948 selbständiger Tierarzt in Quedlinburg. Von 1948 bis 1950 Abteilungsleiter am Veterinärhygienischen Institut der Universität Greifswald. Ab 1950 Professor an der Landwirtschaftlichen Fakultät der Universität Rostock. Von 1951 bis 1958 Professor für Allgemeine Pathologie und Pathologische Anatomie an der Veterinärmedizinischen Fakultät der Universität Leipzig. Von 1958 bis 1968 Professor an der Universität Gießen. 1970 Ehrendoktor der FU Berlin.
Quellen: Wikipedia, Professorenkatalog Universität Leipzig.

Palme, Franz, Prof. Dr. med.
* 23.06.1907 in Rumburg, † 23.03.1960 in Leipzig
Mitglied der DAF. Mitglied der NSV. Ab 1940 Luftwaffenmediziner des Reichsministeriums für Luftfahrt. Im Oktober 1942 Teilnehmer an einer „Tagung Seenot", bei den medizinischen Versuchen an Häftlingen des KZ Dachau thematisiert wurden. 1944 zum Dozenten der Universität Berlin ernannt. 1947 als Professor an die Universität Halle berufen. Dort leitete er das Institut für Experimentelle Pathologie.
Quellen: Klee I, Professorenkatalog Universität Halle, Wikipedia.

Paterna, Erich, Prof. Dr. phil. Dr. h. c.
* 19.02.1897 in Genschmar, † 22.04.1982 in Berlin
Als Feldwebel von 1916 bis 1918 Teilnehmer am Ersten Weltkrieg. Von 1927 bis 1932 Mitglied der SPD. Seit 1932 Mitglied der KPD. Von 1933 bis 1936 Mitglied der SA und dort SA-Rottenführer in der SA-Brigade 122 und im SA-Reitersturm 7/122. Bis 1936 Rektor einer Mittelschule. Von 1936 bis 1940 wegen „Vorbereitung zum Hochverrat" im Zuchthaus Brandenburg-Görden inhaftiert. Von 1940 bis 1945 Aushilfsbuchhalter bei der Molkerei Brenkenhofsfleiss in Oststenberg. 1945/46 wissenschaftlicher Mitarbeiter beim Parteivorstand der KPD. Von 1946 bis 1953 an der Parteihochschule „Karl Marx". Dort Lehrstuhlinhaber für die Geschichte der deutschen Arbeiterbewegung und Leiter der Fakultät. Seit 1946 Mitglied der SED. Seit 1945 Mitglied der VVN. Seit 1949 Mitglied der GDSF. Ab 1952 Mitglied der GST. Von 1953 bis 1958 Professor und von 1953 bis 1963 Direktor des Instituts für deutsche Geschichte an der Humboldt-Universität Berlin. Er promovierte 1955 und habilitierte sich 1958. 1963 emeritiert. Die Humboldt-Universität Berlin verlieh ihm 1977 den Ehrendoktortitel. 1957 und 1972 mit dem „Vaterländischen Verdienstorden" in Silber und Gold, mit dem Orden „Banner der Arbeit" und 1982 mit dem „Karl-Marx-Orden" ausgezeichnet. Er verschwieg seine Nazi-Vergangenheit.
Quellen: UFJ, Wikipedia, Baumgartner/Hebig, Bergien, S. 144, BStU, MfS, HA XX Nr. 5754, Bl. 49, BStU, MfS, HA XX Nr. 5751, Teil 3 von 3, Bl. 345f.

Peck, Joachim, Prof. Dr. jur. habil.
* 30.11.1915 in Bromberg, Westpreußen, † 04.12.1979
Von 1939 bis 1943 Gerichtsreferendar. Seit 1933 Mitglied der SA. Mitglied im NSDStB. Ab 1936 Referent der Reichsjugendführung, wo er Landesjugendleiter war. Von 1942 bis 1945 Mitglied der NSDAP. 1946 persönlicher Referent des Rektors der Universität Berlin. Mitglied und Mitbegründer der NDPD und ab 1951 Abteilungsleiter im Parteivorstand der NDPD. 1949 Leiter der Personalabteilung der „National-Zeitung". Von 1964 bis 1969 Professor für Völkerrecht an der Humboldt-Universität Berlin. Mitglied im Präsidium des Deutschen Friedensrates und Mitglied im Präsidium der Liga für die Vereinten Nationen. Ab 1948 Mitglied im KB. Ab 1949 Mitglied der GDSF. Ab 1953 Redakteur beim Verlag der Nation. 1954 wurde Peck als Geheimer Informator (GI) des MfS angeworben. Ab 1961 verdächtigt, mit einem USA-Geheimdienst in Kontakt zu stehen. Von 1964 bis 1979 Vize-Präsident der Deutsch-Belgischen Gesellschaft. Seit 1965 Vize-Präsident der Gesellschaft für Völkerrecht. Leiter der Arbeitsstelle Völkerrecht an der AdW zu Berlin. 1966 mit dem „Vaterländischen Verdienstorden" in Bronze ausgezeichnet. Er galt als einer prominentesten Völkerrechtler der DDR.
Quellen: UFJ, Baumgartner/Hebig, BStU, MfS, HA XX Nr. 5751, Teil 3 von 3, Bl. 348, Bl. 351f.; BStU, MfS, AP Nr.10221/92, Bl. 1-9, Bl. 13ff., Bl. 22ff., Bl. 39f., Bl. 52ff., BStU, MfS, HA XX Nr. 5751, Teil 3 von 3, Bl. 348., Bl. 351f., Professorenkatalog Universität Leipzig,

Peek, Werner, Prof. Dr. phil.
* 06.06.1904 in Bielefeld, † 13.02.1994 ebenda
Seit Januar 1934 Mitglied der NSDAP. Mitglied der HJ. Mitglied der NSV. Mitglied im NSDDB. Mitglied im NSLB. Landesjugendleiter der HJ in Griechenland. Mitglied des Stabes der Reichsjugendführung der NSDAP. Ab 1937 Dozent und ab 1944 Professor an der Universität Berlin. 1948 wechselte er an die Brandenburgische Landeshochschule in Potsdam. Von 1951 bis 1969 Professor für Klassische Philologie (Latinistik) und Direktor des Instituts für Klassische Philologie an der Universität Halle. Seit 1964 Mitglied der AdW zu Berlin. Seit 1959 Mitglied der SAW zu Leipzig. 1961

mit dem „Nationalpreis" III. Klasse ausgezeichnet. 1982 siedelte er nach Bielefeld über und war dort Honorarprofessor an der Universität Bielefeld. Quellen: UFJ, Wikipedia, BStU, MfS, HA XX Nr. 5754, Bl. 172, BStU, MfS, HA XX Nr. 5751, Teil 3 von 3, Bl. 351f., Neue Deutsche Presse Nr. 42, Juli 1965 in: BStU, MfS, HA XX Nr. 5752, Bl. 362.

Peiper, Albrecht Georg Rudolf Samuel, Prof. Dr. med. Dr. med. h. c. mult.
* 23.10.1889 in Greifswald, † 07.10.1968 in Leipzig
Als Stabsarzt im Feldlazarett 9 des I. Armeekorps des Infanterieregiments 43 Teilnehmer am Ersten Weltkrieg. Mit dem EK I und EK II und dem Frontkämpferabzeichen ausgezeichnet. Von 1919 bis 1933 Assistent der Kinderheilkunde an der Universität Berlin. Von 1930 bis 1943 Professor für Pädiatrie an der Universität Berlin. Von 1943 bis 1945 Professor an der Universität Greifswald und stellvertretender Leiter der Universitätskinderklinik Greifswald. Von 1934 bis 1936 Mitglied der Reichsdozentenschaft. Von 1935 bis 1945 Mitglied im RDB. Von 1935 bis 1945 Mitglied im RLB. Von 1934 bis 1945 Mitglied der DAF. Von 1935 bis 1945 Mitglied im VDA. Seit 1935 Mitglied im RKB. Von 1936 bis 1945 Mitglied im NSÄB. Von 1937 bis 1945 Mitglied der NSDAP. Von 1934 bis 1945 Mitglied der NSV. Als Schiffsarzt Teilnehmer am Zweiten Weltkrieg. 1943 Angehöriger der Heeressanitätsstaffel. Mit dem „Eisernen Kreuz" I. und II. Klasse ausgezeichnet. Wegen seiner Nazi-Vergangenheit wurde er seines Postens enthoben. Von 1946 bis 1948 wissenschaftlicher Assistent an der Universitäts-Kinderklinik Greifswald. Im Dezember 1947 wurde er zum Mitläufer bestimmt und entnazifiziert. Ab 1947 Mitglied im FDGB. Von 1948 bis 1958 Professor für Pädiatrie an der Universität Leipzig. Von 1955 bis 1968 Mitglied der AdW zu Berlin. Seit 1943 Mitglied der Leopoldina zu Halle. Von 1946 bis 1948 Assistent an der Universität Greifswald. Anschließend von 1948 bis 1958 Professor für Pädiatrie an der Medizinischen Fakultät der Universität Leipzig. 1951 mit der „Robert-Koch-Medaille", 1951 als „Verdienter Arzt des Volkes", 1964 als „Hervorragender Wissenschaftler des Volkes" und 1953 mit dem „Nationalpreis" ausgezeichnet. Aufgrund seiner Tadellosigkeit wurde er von der HA PS, Abteilung IV, stand seiner nebenamtlichen Tätigkeit als Arzt im

Regierungskrankenhaus nichts entgegen. Er verschwieg seine vielfältigen Mitgliedschaften in Nazi-Organisationen. In einem Fragebogen vom März 1953 führt mit drei Professoren an, die seine Angaben bestätigen konnten. Neben Prof. Dr. Georg Mayer waren das die beiden ehemaligen vielfältig organisierten Nazis Prof. Heinrich Bredt und Prof. Robert Schröder
Quellen: Professorenkatalog Universität Leipzig, Wikipedia, Baumgartner/Hebig, BStU, MfS, ASt Leipzig, LPZ AP 2536/63, Bl. 3, Bl. 6, BStU, MfS, HA IX/11 Nr. ZB II 1941, Akte 3, Bl. 10f., Bl. 13f., Bl. 45f., Bl. 53f.

Peschel, Karl Horst, Prof. Dr.-Ing.
* 29.09.1909 in Dresden, † 11.04.1989 in Dresden
Von Mai 1937 bis 1945 Mitglied der NSDAP. Von 1939 bis 1945 öffentlich bestellter Vermessungs-Ingenieur. Von 1938 bis 1941 Lehrbeauftragter an der TH Dresden. Von 1939 bis 1945 als Unteroffizier Teilnehmer am Zweiten Weltkrieg. Ab 1945 in US-amerikanischer Kriegsgefangenschaft. 1949 Mitglied im FDGB Ab 1950 Mitglied im KB. Mitglied der Urania. Mitglied der GDSF. Ab 1950 Professor für Landvermessung an der TH Dresden. Mitglied der Redaktion der Zeitschrift „Vermessungstechnik“. Von 1959 bis 1974 Präsident der KdT. Von 1953 bis 1956 Rektor der TH Dresden. Von 1962 bis 1971 Mitglied im Präsidium des Deutschen Friedensrates. Ab 1969 Professor für Geodäsie an der TU Dresden. Von 1963 bis 1984 Leiter des Nationalkomitees für Geodäsie und Geophysik der AdW zu Berlin. 1956 mit dem „Vaterländischen Verdienstorden“ in Silber und 1974 in Gold und 1984 mit Ehrenspange, 1969 als „Verdienter Techniker des Volkes“, 1961 mit dem Orden „Banner der Arbeit“ und 1973 mit dem „Nationalpreis“ III. Klasse für Wissenschaft und Technik ausgezeichnet. 1982 „Ehrensenator“ der TU Dresden. 1984 mit der „Johannes-Stroux-Medaille der AdW zu Berlin und mit der „Ernst-Abbe-Medaille“ der KdT ausgezeichnet.
Quellen: UFJ, Herbst, Baumgartner/Hebig, Wikipedia, BStU, MfS, HA XX Nr. 5754, Bl. 49, BStU, MfS, HA IX/11 AS 236/68, Bd. 1, Bl. 11, BStU, MfS, HA XX Nr. 5751, Teil 3 von 3, Bl. 354f., Der Spiegel Nr. 8/1963, S. 21.

Peschke, Erhard Max Richard, Prof. Dr. Dr. h. c.
* 21.07.1907 in Berlin, † 19.01.1996 in Halle
Von 1929 bis 1931 Assistent am Kirchhistorischen Seminar der Universität Berlin. Von 1932 bis 1935 Assistent bei der Deutschen Forschungsgemeinschaft. Von 1933 bis 1934 Mitglied der Deutschen Christen. Von April 1933 bis 1945 Mitglied der NSDAP. 1934 bis 1938 Studieninspektor am Sedlnitzky'schen Johanneum in Breslau. Von 1936 bis 1937 Dozent an der Universität Breslau. Von 1937 bis 1945 Mitglied im NSDDB. Von 1937 bis 1945 Professor für Kirchengeschichte an der Universität Breslau. Ab 1938 Mitglied des theologischen Prüfungsamtes beim Evangelischen Konsistorium in Breslau. Von 1939 bis 1945 Teilnehmer am 2. Weltkrieg. Für seine Archivarbeit wurde er 1943 mit dem KVK II. Klasse ausgezeichnet. Von 1945 bis 1951 Pfarrer in Apollensdorf bei Wittenberg. Im September 1947 durch „Säuberungsauschuss“ in Wittenberg wegen seiner Zeit im Nazismus überprüft und für „tragbar“ erklärt. Seit 1946 Mitglied der VdgB. Von 1951 bis 1959 Professor für Kirchen- und Dogmengeschichte an der Universität Rostock. Von 1955 bis 1959 Dekan. Von 1959 bis zu seiner Emeritierung 1972 Professor an der Universität Halle. 1959 Ehrendoktor der Universität Halle. 1994 mit dem „August-Hermann-Francke-Preis“ ausgezeichnet. Von Januar 1958 bis Juni 1960 Geheimer Informant „Schumacher“ des MfS. In einem Personalfragebogen vom 28. Dezember 1951 zu seiner Tätigkeit als Inoffizieller Mitarbeiter des MfS, gab er seine Mitgliedschaft in der NSDAP und dem NSDDB an. Mit Prof. E. Winter und Prof. C. Steuernagel nannte er zwei Kollegen, die ebenfalls ehemalige Mitglieder der NSDAP waren und die für ihn Auskunft geben könnten. 1956 wurde er von zwei Mitarbeitern der HA V/4/A (Überwachung) wegen eines Theologiestudenten befragt. Ab März 1959 wurden sieben Personen in seinem Umkreis von der Abt. XII des MfS überprüft. Darunter befanden sich Personen aus seiner Familie sowie die drei Professoren M. Meichßner, C. Steuernagel und E. Winter.
Quellen: Wikipedia, Professorenkatalog Universität Rostock, BStU, MfS, Archiv 383/60, Bl. 2, Bl. 7ff., Bl. 15, Bl. 31, Bl. 42, Bl. 60f., Bl. 64, Bl.71, BStU, MfS Zentralarchiv 11200/92, Bl. 2ff., Mertens, S. 28.

Petersen, Peter, Prof. Dr.
* 26.06.1884 in Großenwiehe, Flensburg, † 21.03.1952 in Jena
Ab 1912 Mitglied im Vorstand des „Bundes für Schulreform“. Bis 1919 Oberlehrer am Johanneum-Gynasium in Hamburg. Ab 1919 Leiter der Lichtwarkschule in Hamburg. Mitarbeiter beim Institut für Jugendkunde. 1932/33 kandidierte er für den „Christlich-Sozialen Volksdienst“ (CSVD) dreimal erfolglos für den Reichstag. Seit 1934 Mitglied im NSLB. 1933 und 1941 Autor von antisemitischen und rassistischen Texten in der Zeitschrift „Blut und Boden“ des „Bundes der Artamanen“. Von 1923 bis 1952 an der Universität Jena. Gemeinsam mit Karl Astel, als antisemitischer und rassistischer Erziehungswissenschaftler 1944 Dozent für norwegische Lagerinsassen des Konzentrationslagers (KZ) Buchenwald. Er lehrte an der „Staatsschule für Führertum und Politik“. 1939 von A. Hitler mit dem „Treuedienst-Ehrenzeichen“ in Silber ausgezeichnet. Von 1946 bis 1948 Mitglied der SPD bzw. SED. Er siedelte in den Westen über. Schulen in Köln, Hamburg, Frankfurt/M., Berlin oder Hannover wurden nach ihm benannt. In Jena wurde 1991 der „Karl-Marx-Platz“ in „Petersenplatz“ umbenannt.
Quellen: BBKL, Wikipedia, Klee I, taz v. 12.01.2010

Petzsch, Hans, Prof. Dr. rer. tech.
* 27.03.1910 in Pesterwitz, † 10.10.1974 in Halle (Saale)
Mitglied der NSDAP. Ab April 1937 wissenschaftlicher Assistent im Zoo Dresden und von 1939 bis 1945 Direktor. Ab 1939 Teilnehmer am 2. Weltkrieg. Bis 1946 in sowjetischer Kriegsgefangenschaft. Danach arbeitete er wegen seiner ehemaligen Mitgliedschaft in der NSDAP zunächst in der Landwirtschaft. Ab 1949/50 als freischaffender Autor und Gutachter. Ab August 1950 wissenschaftlich-technischer Leiter beim VEB Ernährungsschutz und Schädlingsbekämpfung in Dresden. Von Februar 1951 bis 1959 als Nachfolger von Hans Voß Direktor des Zoos in Halle. Ab 1956 Professor an der Universität Halle. Im Juni 1959 fristlos entlassen, weil er sich über W. Ulbricht in der Öffentlichkeit kritisch geäußert hatte. Danach in Halle freischaffender Autor.
Quellen: Wikipedia.

Pfeifer, Richard Arwed, Prof. Dr. phil. Dr. med.
* 21.11.1877 in Brand bei Freiberg, † 15.03.1957 in Leipzig
Von 1892 bis 1898 im Hilfslehrerseminar in Nossen. Von 1898 bis 1901 Lehrer in Meißen. Teilnehmer am Ersten Weltkrieg in einer Hirnverletztenabteilung. Seit 1914 Hilfsassistent des Hirnforschungslabors der Universität Leipzig. Mitglied der NSV. Von 1920 bis 1945 Privatdozent bzw. Professor für Psychiatrie und Neurologie an der Medizinischen Fakultät der Universität Leipzig. Von 1946 bis 1952 Leiter der Nervenklinik der Universität Leipzig. 1946 bis 1957 Direktor des Hirnforschungsinstitutes der Psychiatrischen und Nervenklinik der Universität Leipzig. 1952 wurde ihm die Lehrtätigkeit entzogen, weil er nicht Mitglied der SED wurde. 1954 mit dem „Nationalpreis“ ausgezeichnet. Mitglied der SAW zu Leipzig. Mitglied der Leopoldina zu Halle.
Quellen: Professorenkatalog Universität Leipzig, Baumgartner/Hebig.

Pfeifer, Walter, Prof. Dr. agr.
* 10.07.1912 in Trünzig bei Werdau, † 28.11.1969
Seit 1935 Mitglied des SS. Mitglied im RAD. Von 1936 bis 1937 Inspektor des Fürstengutes Rosenau in Liegnitz. 1946 Mitglied SED. Seit 1953 Professor für Tierzucht und Fütterungslehre. Bis 1965 Rektor der Hochschule für Landwirtschaftliche Produktionsgenossenschaften in Meißen. Von 1960 bis 1967 Mitglied der SED Bezirksleitung Dresden. Mitglied im ZV der VdgB. 1959 mit dem „Vaterländischen Verdienstorden“ in Bronze ausgezeichnet.
Quellen: Herbst, Baumgartner/Hebig.

Pflücke, Maximilian Clemens, Prof. Dr.
* 26.05.1889 in Potsdam, † 19.11.1965 in Potsdam
Von 1916 bis 1919 Militärbeamter im Offiziersrang Teilnehmer am 1. Weltkrieg. Zwischen 1923 und 1945 sowie zwischen 1946 und 1959 Leitender Redakteur bzw. Herausgeber des „Chemischen Zentralblatts“. Von 1920 bis 1923 Redakteur der „Zeitschrift der deutschen Öl- und Fett-Industrie“ und ab 1923 Herausgeber und Berater. Von Mai 1933 bis 1945 Mitglied der NSDAP. Mitglied der Freimaurerloge „Teutonia zur Weisheit“. 1934 „nationalsozialistischer Vertrauensmann“ der Fachgruppe für

Fettchemie des Vereins Deutscher Chemiker. Seit 1943 Herausgeber des „Zentralnachweis‘ für ausländische Literatur“ in Zusammenarbeit mit der Deutschen Gesellschaft für Dokumentation, dem Reichsforschungsrat und dem Reichssicherheitshauptamt der SS. Im März 1945 mit dem „Kriegsverdienstkreuz“ 1. Klasse ausgezeichnet. Vom Oktober 1945 bis Juni 1947 Sachbearbeiter im Technischen Büro des Ministeriums der Chemischen Industrie der Sowjet-Union. Im August 1947 beantragte er die Mitgliedschaft in der SED, was abgelehnt wurde. Ab 1947 Mitherausgeber und Chefredakteur des „Technischen Zentralblattes“. Seit 1949 Professor für Dokumentation der Naturwissenschaften und Technik an der Humboldt-Universität. Von 1956 bis 1958 Direktor des Instituts für Dokumentation an der AdW zu Berlin. 1951 mit dem „Nationalpreis“ III. Klasse und später mit dem „Vaterländischen Verdienstorden“ in Silber ausgezeichnet
Quellen: Wikipedia, http://archiv.bbaw.de/archiv/archivbestaende/abteilung-nachlasse/nachlasse/pfluecke_maximilian, http://archiv.bbaw.de/archiv/archivbestaende/abteilung-nachlasse/nachlasse/pfluecke_maximilian.

Pflüger, Gerhard, Prof.
* 09.04.1907 in Dresden, † 24.10.1991 in Weimar
Seit 1940 Mitglied der NSDAP. Chordirigent und Kapellmeister in verschieden Orten Thüringens. Ab 1946 Mitglied der SED. Von 1948 bis 1955 Generalmusikdirektor und Intendant an den Städtischen Bühnen Rostock. Von 1949 bis 1957 Chefdirigent des Rundfunk-Sinfonieorchesters Leipzig. Seit 1962 Professor und Leiter der Dirigentenklasse der Hochschule für Musik „Franz Liszt“ in Weimar. Gleichzeitig von 1957 bis 1973 Generalmusikdirektor des deutschen Nationaltheaters in Weimar. Leiter der Staatskapelle Weimar. 1972 mit dem „Kunstpreis“ ausgezeichnet.
Quellen: Wikipedia, Baumgartner/Hebig.

Pfuhl, Wilhelm, Prof. Dr. med.
* 29.01.1889 in Berlin, † 28.04.1956 in Regensburg
Von 1917 bis 1922 Mitglied der DVP. Ab 1923 Lehrauftrag für Anthropologie und ab 1926 zum Professor an der Universität Greifswald. Ab Mai 1933 Mitglied der NSDAP. Ab November 1933 Mitglied der SA. Mitglied

im NSLB. Mitglied im RLB. Mitglied im DLV. Ab 1934 Mitglied im Von 1934 bis 1938 Ordinarius an der Universität Frankfurt/M. 1935 eröffnete er das Institut für Rassenhygiene. In der Nachfolge von August Hirt übernahm er von 1938 bis 1946 die Leitung des Anatomischen Instituts der Universität Greifswald. Ab März 1946 entlassen. Ab 1946 Mitglied der CDUD. Im April 1946 ging er nach Lübeck. Bis 1952 hatte er einen Lehrauftrag an der Philosophisch-Theologischen Hochschule in Regensburg. Danach übernahm er bis zum Oktober 1952 an der Universität Würzburg den Lehrstuhl für Anatomie.
Quellen: Klee I, https://ns-zeit.uni-greifswald.de/projekt/personen/pfuhl-wilhelm/.

Pichotka, Josef, Prof. Dr. med.
* 07.11.1911 in Gelsenkirchen, † 05.06.1991
Ab 1934 Mitglied der „Studenten-SA“. Von Oktober 1939 bis Mai 1940 Volontärassistent am Pathologischen Institut der Universität Freiburg i. Brsg. Von Juni 1940 bis August 1945 Stabsarzt bei der Sanitäts-Inspektion der Luftwaffe. Von Juni 1940 bis Juli 1944 Mitarbeiter am Institut für Luftfahrtmedizinische Pathologie des Reichsluftfahrtsministeriums. Von Juli 1944 bis Mai 1947 Abteilungsleiter am Helmholtz-Institut für Gaswellenphysik in Brannenburg am Inn. Abteilungsleiter von Mai 1947 bis April 1950 Abteilungsleiter and er Scool of Aviation Medicine der USAF. Ab Mai 1950 Oberassistent am Physiologischen Institut der Universität Freiburg i. Brsg. Ab 1956 Professor an der Universität Freiburg. Von Mai 1958 bis 1961 Ordinarius und Direktor des Physiologischen Instituts der Humboldt-Universität Berlin. Er beging „Republikflucht“. Ab 1962 Ordinarius an der Universität Bonn.
Quellen: Klee I, http://Institut für Neurophysiologie.charite.de/institut/geschichte/1958_1989/, BStU, MfS, Allg. S, Zentral-Archiv 1723/67, Bl. 8ff., Bl. 69, Bl.72, Bl. 75.

Picht, Karl Wihelm Johannes, Prof. Dr. phil. Dr. rer. nat. habil.
* 25.01.1897 in Rathenow, † 23.06.1973
1924 mit dem „Staatspreis“ der Universität Berlin ausgezeichnet. Seit 1933 Mitglied der NSDAP. Ab 1932 Hochschullehrer und Professor für

Theoretische Physik an der Wehrtechnischen Fakultät der TH Berlin. Nach 1925 wissenschaftlicher Mitarbeiter am Observatorium Potsdam, am Einstein-Institut Potsdam und bei den Askania-Werken. Von 1945 bis 1950 wissenschaftlicher Mitarbeiter bzw. Kurator für optische Forschung in Rathenow der Deutschland Zweigstelle der AdW der Sowjetunion. Von 1949 bis zu seiner Emeritierung 1962 Direktor des Physikalischen Instituts der PH Potsdam und Professor für Theoretische Physik. Anfang der 1950er Jahre wurde er vom MfS überwacht. 1960 mit der „Pestalozzi-Medaille“ und 1972 mit dem „Kunstpreis“ ausgezeichnet.
Quellen: Kürschners Gelehrtenkalender 1966, Wikipedia.

Pillewizer, Wolf, Prof. Dr.
* 04.07.1911 in Steyr, Österreich, † 08.02.1999 in Wien
Seit Januar 1932 Mitglied der NSDAP. Von 1932 bis 1937 Mitglied der SA. Ab 1939 Mitglied im NSDDB. Blockwalter in der NSV. Ab 1937 hatte er eine Lehrbefugnis für Geographie und Kartographie an der TH Hannover. 1940 für kurze Zeit Teilnehmer am Zweiten Weltkrieg. Als Angehöriger des Sonderkommandos Dora nahm er an einer Expedition in Nordafrika teil. Anschließend vom SS-Untersturmführer Otto Schulz-Kampfhenkel in die „Forschungsstaffel zur besonderen Verwendung des OKW“ übernommen. Dort Kartograph in der Ukraine, in Lappland und in der Zentrale. Ab 1948 Technischer Leiter der Geographisch-Kartographischen Anstalt in München. 1954 erfolgte seine Übersiedlung in die DDR, wo er von 1958 bis 1970 Professor für Kartographie an der TU Dresden war. Er baute die Kartographie als eigenständiges Studienfach mit Lehrstuhl und Institut auf. 1960 Direktor des Instituts für Kartographie. Von 1971 bis 1981 Professor am Institut für Kartographie und Reproduktionstechnik der TU Wien.
Quellen: UFJ, Baumgarten/Hebig, Wikipedia, BStU, MfS, HA XX Nr. 5754, Bl. 173, BStU, MfS, HA XX Nr. 5751, Bl. 366f.

Poethke, Walter Adalbert Theodor, Prof. Dr. phil. Dr. rer. nat. h. c.
* 30.05.1900 in Leipzig, † 30.01.1990
1918 Teilnehmer am Ersten Weltkrieg. Von 1934 bis 1935 Mitglied der SA. Von 1934 bis 1936 Mitglied im NSLB. Seit 1937 Mitglied der NSV.

Mitglied im NSDDB. Seit 1938 Mitglied im NSAHB. Seit 1940 Mitglied der NSDAP. Von 1938 bis 1945 Privatdozent für Pharmazeutische Chemie an der Mathematisch-Naturwissenschaftlichen Abteilung der Philosophischen Fakultät der Universität Leipzig. Seit 1950 Professor für Pharmazeutische Chemie an der Universität Jena. 1960 mit der „Hufeland-Medaille“ und 1965 mit dem „Nationalpreis“ für Wissenschaft und Technik ausgezeichnet. Die Universität Kiel verlieh ihm den Ehrendoktortitel.
Quellen: Professorenkatalog Universität Leipzig, NDB, Baumgartner/Hebig.

Pohle, Konrad, Prof. Dr. med.
* 06.09.1899 in Leipzig, † 01.02.1988 in Halle (Saale)
Von 1918 bis 1919 Teilnehmer am Ersten Weltkrieg. Mit dem „Eisernen Kreuz“ II. Klasse ausgezeichnet. 1919 Mitglied der „Brigade Reinhard“ und im Kampf gegen den „Spartakusaufstand“. 1920 Mitglied im Zeitfreiwilligenregiment Leipzig und beteiligt am „Kapp-Putsch“. 1923 erneut Mitglied im Zeitfreiwilligenregiment Leipzig. 1923 Teilnehmer an der „Reichsexekution“ gegen Sachsen. Von 1924 bis 1926 Assistent an der Medizinischen Poliklinik der Universität Würzburg und von 1926 bis 1929 am Physiologischen Institut der Universität Frankfurt/M. als Stipendiat der Notgemeinschaft. 1929 arbeitete er als Arzt in einer Lungenheilstätte und 1930 Assistent am Pharmakologischen Institut der Universität Halle. Ab 1930/31 Mitglied der NSDAP. Ab 1934 Mitglied der NSV und aktiv als Organisationsleiter. Ab 1939 Professor. Ab 1939 als Pharmakologe in Polen, Frankreich, Russland, Rumänien und Ungarn Teilnehmer am Zweiten Weltkrieg. Sein letzter Dienstgrad war Oberstabsarzt. Mit dem „Kriegsverdienstkreuz“ 2. Klasse mit Schwertern ausgezeichnet. 1945 in US-amerikanischer Kriegsgefangenschaft. In Halle Leiter des Pharmakologischen Instituts. 1946 entließ ihn die Universität Halle und nach heftigen Auseinandersetzungen mit dem Vorsitzenden des Hauptbetriebsrates, jedoch später wiedereingestellt. 1949 vertrat er zugleich den vakanten Lehrstuhl in Leipzig. 1950 dreimal verhaftet und wegen seiner „militaristischen Einstellung“ verhört. 1951 ernannte ihn die Landesregierung zum Professor.
Quellen: Ernst, S. 280, Professorenkatalog Universität Halle, Wikipedia, BStU, MfS, HA IX Nr. 25976, Bl. 123.

Pohler, Georg, Dr.-Ing. Dr.-Ing. h. c.
* 23.11.1913 in Kamenz, † 28.03.1997
Von 1932 bis 1934 Mitglied des NSDStB. Von 1933 bis 1945 Mitglied der NSDAP. Ab 1937 Mitglied der NSBDT. Ab 1934 Meßingenieur bei der H. Römmler AG in Spremberg. Ab 1935 Laboringenieur beim AEG-Kabelwerk Oberspree (KWO) in Berlin. Von 1932 bis 1942 Teilnehmer am 2. Weltkrieg. Ab 1946 Mitglied im FDGB. Mitglied der GDSF. Mitglied der KDT. Von 1945 bis 1949 Betriebsleiter der Wickeldrahtfabrik. Von 1949 bis 1952 Technischer Direktor des KWO. Danach bis 1966 Direktor des VEB KWO. Von 1967 bis 1982 Generaldirektor des Kombinats KWO. Seit 1973 Mitglied der SED. 1953, 1956 und 1959 als „Verdienter Aktivist“, 1963 als „Verdienter Techniker des Volkes“ und mit dem „Vaterländischen Verdienstorden“ in Bronze, 1965 als „Aktivist“ mit der „Medaille der bewaffneten Kräfte“ des MdI, 1966 mit der „Medaille der NVA“ in Silber, 1970 mit dem „Nationalpreis“ II. und III. Klasse, 1973 als „Held der Arbeit“, 1977 als „Verdienter Metallarbeiter“ und 1978 mit dem „Vaterländischen Verdienstorden“ in Gold und der „Ernst-Abbe-Medaille“ ausgezeichnet. Vorsitzender der KDT in Berlin. 1978 Ehrendoktor der TU Dresden.
Quellen: Wikipedia, Nomenklaturkaderakten Personalakte BArch DC 20/8299.

Pommer, Kurt. Prof. Dr.-Ing.
* 05.05.1904 in Schmölln bei Gera, † 13.08.1993 in Dresden
Seit 1937 Mitglied der NSDAP. Assistent an der TH Darmstadt. Ab 1937 stellvertretender Chefkonstrukteur und Leiter der Versuchsabteilung des Sachsenwerkes in Niedersedlitz, Dresden. Seit 1946 Mitglied der SED und Mitglied im FDGB. 1946 Werkdirektor des VEB Sachsenwerk in Niedersedlitz. Seit 1949 Mitglied der GDSF. Mitglied der KdT. Ab 1952 Hochschullehrer und von 1956 bis 1958 Rektor der TU Dresden. Mitglied der AdW zu Berlin. 1964 Vorsitzender des Wissenschaftlichen Beirates für Technik im Staatssekretariat für das Hoch- und Fachschulwesen. 1950, 1951, 1952 als „Aktivist“, 1959 mit dem „Vaterländischen Verdienstorden“ in Silber, 1964 mit dem Orden „Banner der Arbeit“ und 1975 mit der

„Humboldt-Medaille“, ausgezeichnet. Er verschwieg seine Nazi-Vergangenheit.
Quellen: UFJ, Herbst, Baumgartner/Hebig, Wikipedia, BStU, MfS, HA XX Nr. 5754, Bl. 142, Bl. 326, BStU, MfS, HA XX Nr. 5751, Bl. 369.

Pönitz, Karl, Prof. Dr. med.
* 27.02.1888 in Leipzig, † 04.10.1973 in Gundelfingen
Ab 1913 Assistent an der Universitätsnervenklinik der Universität Halle. Von 1915 bis 1919 als Kriegsassistenzarzt Teilnehmer am Zweiten Weltkrieg in Lazaretten und Gefangenenlagern in Polen, Galizien und im Reservelazarett Halle. Mit der „Rot-Kreuz-Medaille“ und mit dem „Verdienstkreuz für Kriegshilfe“ ausgezeichnet. Ab 1921 Oberarzt an der Universitätsnervenklinik. Ab 1925 Professor. Ab 1933 Mitglied der NSDAP, Mitglied der SA. Mitglied des DLV, wo er Sturmarzt war. Von 1935 bis 1937 leitete er kommissarisch die Universitätsnervenklinik Halle. 1937 zum „Medizinalrat“ der Stadt Halle ernannt. Leiter des Erbbiologischen und Psychiatrisch-Neulogischen Abteilung im Gesundheitsamt und Inspekteur der Provinzial-Heilanstalten, Obergutachter für Schwangerschaftsabbrüche sowie Obergutachter in Erbgesundheitsfragen. Im Oktober 1945 von der Universität entlassen. Er blieb im Dienst der Stadt und wurde 1946 durch einen antifaschistischen Ausschuss in Halle (Saale) für politisch „tragbar“ erklärt. Ab 1946 Mitglied der LDPD. 1950 auf den Lehrstuhl für Psychiatrie und Neurologie berufen und zum Leiter der Universitätsnervenklinik bestellt. 1955 wurde er verdächtigt, er habe Verbindung mit dem „Untersuchungsausschuss freiheitlicher Juristen“ in Berlin (West). Da die Untersuchungen zu keinem Ergebnis gekommen waren, sollte ein „geeigneter“ Geheimer Mitarbeiter angeworben werden. 1956 emeritiert, gab er die Klinikleitung jedoch erst 1958 ab. 1961 ging er nach München. Danach zog er in den Schwarzwald, dann nach Würzburg und schließlich nach Gundelfingen bei Freiburg i. Brsg.
Quellen: Ernst, S. 280, Klee I, Professorenkatalog Universität Halle, Wikipedia, BStU, MfS, 255/55, Bd. 1, Bl. 7, Bl. 11f., Bl. 22f.

Pose, Heinz, Prof. Dr. sc. nat.
* 10.04.1905 in Königsberg, † 13.11.1975 in Dresden
Von 1928 bis 1930 Volontärassistent. Von 1930 bis 1934 Assistent am Physikalischen Institut der Universität Halle. 1934 erhielt er einen Lehrauftrag für Atomphysik, als besonderes Forschungsgebiet gab er in der Dozentenkartei „Kernphysik, Atomzertrümmerung" an. Seit November Ab November 1933 Mitglied der SA. Ab Mai 1937 Mitglied der NSDAP. 1939 ernannte ihn das Reichsministerium für Wissenschaft zum Professor an der Universität Halle. Ab 1940 am Kaiser-Wilhelm-Institut in Berlin-Dahlem. Er wurde 1942, zusammen mit Ernst Rexer, zur Physikalisch-Technischen Reichsanstalt an der Versuchsstelle des Heereswaffenamtes in Gottow abgeordnet. 1943 mit dem „Kriegsverdienstkreuz" 2. Klasse ausgezeichnet. 1943 wurde er mit dem KVK 2. Klasse ausgezeichnet. Im Juni 1944 am Physikalischen Institut der Universität Leipzig. Ab 1946 in der Sowjet-Union, wo er eine Forschungsgruppe leitete. Ab 1955 Mitarbeiter am sowjetischen Kernforschungszentrum in Dubna. Von 1957 bis 1970 Professor für experimentelle Kernphysik an der TH Dresden. Ab 1959 Direktor des Instituts für Allgemeine Kerntechnik an der TH Dresden. 1961 und 1975 mit dem „Vaterländischen Verdienstorden" in Silber und Gold ausgezeichnet.
Quellen: Wikipedia, https://physik.cosmos-indirekt.de/Physik-Schule/Heinz_Pose, Professorenkatalog Universität Halle, „Die Uranforscher von Gottow – exemplarische Lebensläufe", in: „Neues Deutschland", 18./19.09.1999, S. 15.

Potthoff, Gerhard, Prof. Dr.-Ing.
* 09.05.1908 in Frankenthal (Sachsen), † 25.09.1989 in Dresden
Seit 1933 förderndes Mitglied der SS. Mitglied der NSV, wo er Blockwart war. Mitglied des RDB. Mitglied des NDBT. Seit 1942 als Sturmmann Mitglied der SA. Ab 1936 Reichsbahnassessor beim Reichsbahnbetriebsamt Pirna. 1939 zum Reichsbahnrat und 1943 zum Dozenten ernannt. Teilnehmer am 2. Weltkrieg. Bis 1949 in Kriegsgefangenschaft. Von 1950 bis 1973 Professor für Betriebstechnik der Verkehrsmittel an der TH Dresden. Ab November 1956 Direktor des Instituts für Eisenbahnbetriebstechnik. Im September 1965 erhielt er die Ehrendoktorwürde von der TU

Budapest. 1955 als „Verdienter Eisenbahner“ und 1963 mit dem „Vaterländischen Verdienstorden“ in Bronze ausgezeichnet. Der Hauptbau der Fakultät Verkehrswissenschaften an der TU Dresden trägt seit 1993 seinen Namen.
Quellen: Wikipedia, BStU, MfS, HA IX Nr. 25976, Bl. 124f.

Preiser, Erich, Prof. Dr., Dr. h. c.
* 29.08.1900 in Gera, † 16.08.1967 in München
Ab 1934 Mitglied der SA. Ab 1937 Mitglied der NSDAP. Vertretungen an der TH Stuttgart und an der Universität Rostock, wo er 1937 zum Extraordinarius und im Jahr darauf zum Ordinarius berufen wurde. Ab 1939 Teilnehmer am Zweiten Weltkrieg. Er erhielt einen Ruf an die Universität Jena, wo er Mitherausgeber der „Jahrbücher für Nationalökonomie und Statistik“ war. 1946 erhielt er einen Ruf als Ordinarius für Sozialwissenschaften an der Universität Heidelberg als Nachfolger von Alfred Weber. Bis zu seinem Tod Mitglied des Wissenschaftlichen Beirats beim Bundesministerium für Wirtschaft. 1956 an die Universität München berufen, wo er bis zu seinem Tod lehrte. Mitglied der Bayerischen AdW. 1964 verlieh ihm die Juristische Fakultät der Universität Bonn den Ehrendoktortitel.
Quellen: Wikipedia.

Pretzel, Ulrich, Prof. Dr.
* 14.07.1898 in Berlin, † 20.11.1981 in Hamburg
Teilnehmer am Ersten Weltkrieg. Ab 1931 Hilfskraft bei der „Deutschen Kommission“ der Preußischen AdW zu Berlin. Hier arbeitete er für das „Deutsche Wörterbuch“ der Gebrüder Grimm. Redakteur für den „Anzeiger für deutsches Altertum“. Seit 1937 Mitglied im NSDDB. 1941 Dozent am Germanischen Seminar der Universität Berlin. Seit 1938 Mitarbeiter im Auslandsamt der Dozentenschaft. Ab 1944 Teilnehmer am Zweiten Weltkrieg. Nach 1945 Professor an der Humboldt-Universität Berlin. Von 1947 bis 1968 Professor für Germanistische Mediävistik an der Universität Hamburg. Mitglied der AdW zu Berlin.
Quellen: Wikipedia, Neue Deutsche Biographie.

Prinzhorn, Fritz Adolf Albert, Prof. Dr. phil.
* 15.10.1893 in Berlin, † 21.08.1967 in Bonn
Seit 1926 Bibliotheksrat. Seit 1929 Direktor der Bibliothek der TH Danzig. Seit 1933 Mitglied der NSDAP. Seit 1934 Mitglied der NSV. Seit 1938 Mitglied im RKB. Seit 1939 Mitglied im RDB. Mitglied im NSDDB. Von 1932 bis 1939 Lehrbeauftragter bzw. Professor für Buchwissenschaft an der TH Danzig. Von 1939 bis 1945 Direktor der Universitätsbibliothek Leipzig. Ab 1949 mit dem Aufbau der Bibliothek des Auslandskundlichen Instituts in Bremen beschäftigt. Ab 1951 Leiter, ab 1955 Direktor der Bibliothek des Auswärtigen Amtes in Bonn. Suizid.
Quellen: Professorenkatalog Universität Leipzig, Klee II.

Pusch, Friederike-Christine, Prof. Dr. med.
* 20.06.1905 in Staßfurt, † 09.12.1980 in Beckendorf
Von 1933 bis 1945 Mitglied der NSDAP. Von 1935 bis 1938 gemeinsam mit Dr. Werner Röhricht Leiterin der Sondererziehungsabteilung der Landesanstalt Potsdam. Nach deren Auflösung war sie als Oberärztin Leiterin der „Fürsorgeabteilung" sowie der „Säuglingsstation" an der Heilanstalt Brandenburg-Görden. Von 1938 bis 1947 Oberärztin bzw. Medizinalrätin der Anstalt Brandenburg-Görden. Ab 1942 dort Leiterin der Kinderfachabteilung. Im Rahmen der T4-Aktion wählte sie aus, welche Kinder getötet werden sollten („Reichsausschusskinder"). Danach an der Universitätsnervenklinik der Universität Halle. Mitglied der NDPD. Mitglied im FDGB. Von 1953 bis 1968 an der Neuropsychiatrischen Abteilung am Allgemeinen Krankenhaus in Blankenburg im Harz. Bis Ende der 1970er Jahre versorgte sie die Psychiatrische Beratungsstelle in Wernigerode. Sie wurde juristisch nicht belangt. Wegen eines Rechtshilfeersuchens des Landgerichts Frankfurt/M. empfahl im September 1965 die Abt V des MfS der Abteilung I A, dass Pusch wegen ihrer Nazi-Vergangenheit überprüft werden sollte. Anfang November 1965 informierte die HA XX die HA IX/10 über die Ermittlungsergebnisse zur Biografie von F. Pusch.
Quellen: „freitag" vom 25.04.2008, Rose S. 204f., Ernst Klee: Irrsinn Ost ..., S. 93, Klee I, www.zukunft-braucht-erinnerung.de, Wikipedia, Schweizer-Martinschek, S. 256, BStU, MfS, HA IX/11 RHE-West 178/1,

Bl. 8, Bl. 16f., BStU, MfS, HA IX/11 RHE-West 178/2, Bl. 118ff., Bl. 145f., BStU, MfS, HA XX Nr. 4245, Bl. 21-30.

Radant, Hans Heinz Richard, Prof. Dr.
* 16.05.1923 in Berlin, †?
Ab 1937 Mitglied der HJ und dort Oberscharführer. Von 1939 bis 1943 Mitglied der DAF. Von 1943 bis 1944 Mitglied des NSDStB. Von 1939 bis 1942 Kaufmännischer Lehrling und ab 1943 Kaufmännischer Angestellter bei der Firma C. Lorenz AG in Berlin-Tempelhof. Ab 1942 Mitglied der NSDAP. Ab 1945 Mitglied der KPD bzw. SED. Diplom-Volkswirt am Deutschen Wirtschaftsinstitut Berlin. Ab 1946 Mitglied im FDGB. Ab 1949 Mitglied in der GDSF. Von 1949 bis 1953 Referent am Deutschen Wirtschaftsinstitut. Von 1952 bis 1955 Mitglied der GST. Von 1953 bis 1955 Aspirant an der Wirtschaftswissenschaftlichen Fakultät der Humboldt-Universität. Ab 1956 am Institut für Geschichte der AdW zu Berlin. Ab 1962 Dozent für Wirtschaftsgeschichte an der wirtschaftswissenschaftlichen Fakultät der Humboldt-Universität. Lehr- und Vortragstätigkeiten an der Hochschule für Ökonomie und an der Fachschule für Archivwesen. Ab 1973 Professor für Wirtschaftsgeschichte am Institut für Wirtschaftsgeschichte der AdW zu Berlin. Ab 1974 dort Leiter der Abteilung für Betriebsgeschichte. Ab 1968 Mitglied der Historikerkommission (VR Bulgarien), wo er später den Vorsitz dieser Abteilung übernahm. Seit 1972 Mitglied der Redaktion des zweibändigen „Handbuchs für Wirtschaftsgeschichte“. Ab 1972 Mitglied im Präsidium der Historiker-Gesellschaft. Von 1972 bis 1987 Vorsitzender der Zentralen Revisionskommission der Gewerkschaft Wissenschaft. 1956 mit der „Medaille für ausgezeichnete Leistungen, 1965 mit der „Verdienstmedaille“, 1984 mit dem „Banner der Arbeit“ Stufe II und 1987 mit der „Wilhelm-Friedrich-Hegel-Medaille“ der AdW zu Berlin ausgezeichnet. Ab Februar 1965 bis Februar 1985 als Inoffizieller Mitarbeiter „Cornelius“ für das MfS tätig.
Quellen: Wikipedia, Baumgartner/Hebig, Mertens, BStU, MfS, AP Nr. 52554/92, Bl. 7f., BStU, MfS, 2648/65, Bd. 1, Bl. 21ff., Bl. 32ff., Bl. 80, Bl. 91f.

Radig, Werner, Prof. Dr. phil.
* 29.08.1903 in Wurzen, † 12.08.1985 in Berlin
Seit 1933 Mitglied der SA. Mitglied im NSLB, Mitglied im NSDDB. Seit 1938 Mitglied der NSDAP. 1935 Dozent an der Hochschule für Lehrerbildung in Dortmund. 1933 Landesleiter des Reichsbundes für Deutsche Vorgeschichte in Sachsen. Bis 1945 Professor an der Hochschule für Lehrerbildung Elbing. Ab 1941 Sektionsleiter für Vorgeschichte am Institut für Deutsche Ostarbeit im besetzten Krakau (Außenstelle Lemberg), wo er rassistische und antisemitische Inhalt vertrat. Von 1943 bis 1945 Teilnehmer am 2. Weltkrieg und bis 1945 in Kriegsgefangenschaft. Von 1945 bis 1949 Kreismuseum Hohenleuben. Von 1947 bis 1950 am Städtischen Museum Gera. Seit 1948 Dozent an den Volkshochschulen Gera und Greiz. Mitglied im KB. Seit 1946 Mitglied der LDPD. Seit 1950 Mitglied der GDSF. Seit 1952 Mitglied im FDGB. Seit 1946 Mitarbeiter der SED-Zeitung „Das Volk". Von Dezember 1951 bis August 1955 wissenschaftlicher Mitarbeiter im Forschungsinstitut für Theorie und Geschichte der Baukunst bei der Deutschen Bauakademie. Als Prähistoriker, Archäologe und Volkskundler Mitglied der AdW zu Berlin. Mehrere seiner Schriften waren in der SBZ auf die „Liste der auszusondernden Literatur" gesetzt worden. Ab 1952 Professor für Ur- und Frühgeschichte und Mitglied im Wissenschaftlichen Beirat für Heimatforschung im Institut für Geographie und Geoökologie der AdW zu Berlin. Im Oktober 1963 wollte Radig für die Stadtverordnetenversammlung von Berlin kandidieren. Diese Kandidatur wurde von der Betriebsparteiorganisation (BPO) der SED beim Landesmuseum für Vorgeschichte Halle (Saale) abgelehnt, mit Hinweisen auf Radigs Nazi-Vergangenheit. Dem Wahlleiter von Groß-Berlin wurde mitgeteilt, dass eine Kurzversammlung der BPO diesen Protest „einstimmig beschlossen" hatte. 1978 mit dem „Vaterländischen Verdienstorden" ausgezeichnet.
Quellen: Wikipedia, Klee II, BStU, MfS, 479/78, Bl. 7f., Bl. 17f., Bl. 38ff., Bl. 87ff., Bl. 107f., Bl. 176, Bl. 214

Raestrup, Gottfried Georg Josef, Prof. Dr. med.
* 03.05.1889 in Borghorst, † 26.09.1955 in Frankfurt/M.
Von 1915 bis 1918 Teilnehmer am Ersten Weltkrieg. Danach in französischer Kriegsgefangenschaft. Von 1919 bis 1922 Assistent am Patholo-

gisch-Anatomischen Institut des St. Georg Krankenhauses in Leipzig und der Universität Leipzig. Von 1923 bis 1931 Assistent am Institut für gerichtliche Medizin der Universität Leipzig. Von 1927 bis 1931 Privatdozent für Gerichtliche Medizin an der Medizinischen Fakultät der Universität Leipzig. Von 1931 bis 1934 Professor für Gerichtliche Medizin an der Universität Frankfurt/M. Mitglied der NSV. Von 1938 bis 1940 Mitglied im NSDDB. Mitglied im NSAHB. Mitglied im RKB. Von 1934 bis 1946 Professor für Gerichtliche Medizin und Kriminalistik an der Medizinischen Fakultät der Universität Leipzig. Wegen seiner Beteiligung am gerichtsmedizinischen Gutachten über die exhumierten Toten des Massakers von Winnizja verhaftet. Die Ermordeten waren 1937/38 Opfer einer „stalinistischen Säuberung" geworden. Nach drei Jahren Haft ging er 1950 nach Göttingen.
Quellen: Professorenkatalog Universität Leipzig.

Ramdor, Paul, Prof. Dr. Dr. h. c. mult.
* 01.01.1890 in Überlingen, † 08.03.1985 in Hohensachsen, Weinheim
Teilnehmer am Ersten Weltkrieg. Privatdozent für Mineralogie und Petrografie in Clausthal. Ab 1926 Professor für Mineralogie, Petrografie und Lagerstättenlehre an der TH Aachen. Ab 1934 Professor an der Humboldt-Universität Berlin. Seit 1941 Mitglied der NSDAP. Nach 1945 Mineraloge an der Humboldt-Universität Berlin. Ab 1951 Professor für Mineralogie an der Universität Heidelberg. Anlässlich seines 100. Geburtstages wurde im Mineralogischen Institut in Aachen eine Bronze-Büste eingeweiht, die ihn darstellte. Seit 1992 wird ein Paul-Ramdohr-Preis für junge Wissenschaftler vergeben, der von der Paul-Ramdohr-Stiftung finanziert wird. Die TU Berlin, die TH Aachen, die Universität Nancy, die TU Clausthal und die Universität Madrid haben ihm jeweils den Ehrendoktortitel verliehen. Ab 1937 Mitglied der Preußischen AdW zu Berlin. Von 1936 bis 1947 Mitglied der Deutschen Mineralogischen Gesellschaft. Ab 1951 Mitglied der Heidelberger AdW.
Quellen: Wikipedia.

Ramin, Günther, Prof. Dr. h. c.
* 15.10.1898 in Karlsruhe, † 27.02.1956 in Leipzig
Ab 1918 Organist an der Thomaskirche in Leipzig. Ab 1920 Organist des Gewandhauses und unterrichtete als Orgellehrer am Konservatorium. 1932 erhielt er einen Ruf an die Musikhochschule Berlin, er gab diese Professur recht bald wieder auf. Von 1922 bis 1935 Chor-Dirigent des Leipziger Lehrergesangvereins. Ab 1933 Mitherausgeber der Zeitschrift „Musik und Kirche". 1935 spielte er auf der Hochzeit von Hermann Göring. 1936 spielte er auf einer großen Walcker-Orgel auf dem Reichsparteitag der NSDAP in Nürnberg. 1937 überführte er den Leipziger Thomaner-Chor in die HJ. Organist der Bachfeier der Reichsmusiktage der HJ in der Thomaskirche. Von 1940 bis 1956 Thomaskantor der Leipziger Nikolaikirche. Mitglied der Nazi-Kameradschaft deutscher Künstler. 1944 als Organist auf der „Liste der Gottbegnadeten", einer Liste die vom Reichsministerium für Volksaufklärung und Propaganda zusammen mit A. Hitler 1944 erstellt worden war. Damit von jeglichem Kriegseinsatz freigestellt. Von 1945 bis 1951 leitete er den Chor des Gewandhauses. Mitglied der DAK. 1949 verlieh ihm die Universität Leipzig den Ehrendoktortitel. 1950 mit dem „Nationalpreis" und 1954 mit dem „Vaterländischen Verdienstorden" ausgezeichnet.
Quellen: Cerný, Wikipedia, Klee II, Baumgartner/Hebig, Braun/Grünzinger.

Rammler, Erich, Prof. Dr.-Ing.
* 09.07.1901 in Tirpersdorf, Vogtland, Sachsen, † 06.11.1986 in Freiberg
Versuchsingenieur im Hütten- und Blaufarbenwerk in Freiberg. Ab 1933 Mitglied im „Stahlhelm, Bund der Frontsoldaten". Von 1934 bis 1945 in die SA überführt. SA-Rottenführer. Ab 1935 Abteilungsleiter im Braunkohleforschungsinstitut der BAF. Ab 1937 Mitglied der NSDAP. Mitglied in der NSV. Mitglied im RLB. Mitglied im NSAHB. Ab 1941 Mitarbeiter beim Deutschen Braunkohle-Industrie-Verein. Nach 1945 konnte er am Institut für Brikettierung an der Bergakademie Freiberg als Assistent von Karl Kegel die Arbeiten zur Kohleforschung fortsetzen. Mitarbeiter im Technischen Büro des sowjetischen Kohleministeriums und Mitarbeiter an der BAF. Ab 1949 Professor für Wärmewirtschaft und Brennstofftechnik

sowie ab 1951 Direktor seines Instituts an der Bergakademie Freiberg. Ab 1953 Mitglied der AdW zu Berlin. Ab 1959 Mitglied der SAW zu Leipzig. Mitglied im NR der NF. 1958 Ehrendoktor der TH Aachen. 1971 Ehrensenator der BAF. 1951 mit dem „Nationalpreis“ 1. Klasse für Wissenschaft und Technik, 1961 und 1978 mit dem „Vaterländischen Verdienstorden“ in Silber und Gold, 1981 mit der „Ehrenspange“ zum „Vaterländischen Verdienstorden“ in Gold, 1966 als „Hervorragender Wissenschaftler des Volkes“ und 1960 als „Verdienter Bergmann des Volkes“ ausgezeichnet.
Quellen: Cerný, Baumgartner/Hebig, Wikipedia, BStU, MfS, Allg. P Nr. 1164/66. Bl. 13ff., Bl. 23.

Rasch, Kurt, Prof.
* 03.11.1902 in Weimar, † 31.07.1986 in Berlin
Ab 1933 Referent im Deutschlandsender. Ab 1933 Mitglied der SS. Ab 1939 Mitglied im NSKK. Mitglied im RAD. Verfasser völkischer und nationalistischer Lieder und Texte. Von 1945 bis 1947 Professor an der Musikhochschule in Weimar. Danach beim Rundfunk im Amerikanischen Sektor (RIAS) in Berlin-West.
Quellen: Klee II.

Rassow, Berthold Leopold Peter, Prof. Dr.
* 02.10.1866 in Bergen auf Rügen, † 28.12.1954 in Leipzig
Von 1896 bis 1900 Privatdozent und ab 1901 Professor für Chemie an der Philosophischen Fakultät der Universität Leipzig. Von 1901 bis 1937 Professor für Chemische Technologie an der Philosophischen Fakultät der Universität Leipzig. Mitglied der Leopoldina. Von 1914 bis 1916 und von 1920 bis 1922 Geschäftsführender Sekretär der Gesellschaft Deutscher Naturforscher und Ärzte. Von 1914 bis 1917 Teilnehmer am 1. Weltkrieg. Mit dem „Ritterkreuz“ I. Klasse des Albrechtsordens, mit der „Landwehr-Dienstauszeichnung I. Klasse und mit dem EK II. Klasse ausgezeichnet. Von 1904 bis 1923 Redakteur der „Zeitschrift für angewandte Chemie“. Herausgeber der „Jahrbücher der chemischen Technologie“ und des „Journals für praktische Chemie“. Mitglied der NLP. Im November 1933 unterzeichnete er das „Bekenntnis der Professoren an deutschen Universitäten

und Hochschulen zu Adolf Hitler und dem nationalsozialistischen Staat". Mitglied im NSLB. Bis 1952 Lehrtätigkeit an der Universität Leipzig.
Quellen: Wikipedia, Professorenkatalog Universität Leipzig, DBE.

Rathmann, Lothar Werner, Prof. Dr. phil. Dr. phil. h. c. mult.
* 16.02.1927 in Werdau, †?
Von 1941 bis 1944 Kaufmännische Lehre und danach Kaufmännischer Angestellter. Ab April 1944 Mitglied der NSDAP. Ab 1944 Mitglied des RAD. Teilnehmer am 2. Weltkrieg. In sowjetischer Kriegsgefangenschaft. Von 1945 bis 1948 Neulehrer an der Zentralschule in Neumark. Ab 1947 Mitglied der SPD bzw. SED. Ab 1952 Aspirant und Wissenschaftlicher Assistent am Institut für Allgemeine Geschichte der Neuzeit. Ab 1958 Dozent und ab 1963 Professor für Geschichte an der Universität Leipzig. Dort ab 1964 Leiter des Orientalischen Instituts. Von 1965 bis 1967 Dekan der Philosophischen Fakultät. Von 1973 bis 1975 Direktor der Sektion Afrika- und Nahostwissenschaften. Von 1975 bis 1987 Rektor der Universität Leipzig. Ab 1975 Mitglied der AdW zu Berlin. Ab 1977 Mitglied der SAW. Ab 1979 Vorsitzender des Nationalkomitees für Asien-, Afrika-, und Lateinamerikawissenschaften. 1980, 1985 und 1988 Ehrendoktor der San-Marcos-Universität Lima, Ehrendoktor der Universidad Nacional de San Augustin de Arequipa (Peru) und Ehrendoktor der Nationalen Taras-Schwetschenko-Universität Kiew. Mitglied des Friedensrates. Mitglied des Präsidiums des Solidaritätskomitees DDR-Arabische Länder.
Quellen: Professorenkatalog Universität Leipzig, Baumgartner/Helbig, Wikipedia, Mertens, S. 29.

Ratka, Victor, Prof. Dr. med.
* 27.11.1895 in Oberlazisk, † 05.04.1966 in Heitersheim
Ab 1928 als Volksdeutscher Oberarzt der Anstalt Lublinitz. Ab 1934 Direktor der Anstalt Dziekanka in Gnesen, dass nach der Okkupation durch die Wehrmacht 1939 in Tiegenhof umbenannt wurde. Während des Krieges war Tiegenhof eine „reine Mordanstalt". Ab 1941 Mitglied der SA. Ab September 1941 bis 1943 zeitweise Gutachter der T4-Zentrale bei der Selektion von Patienten und KZ-Häftlingen. Ab 1943 Mitglied der NSDAP. Von 1945 bis März 1949 an der Landesheil- und Pflegeanstalt

„Ökumenisches Hainich-Klinikum“ in Pfaffenrode bei Mühlhausen (Thüringen). Danach im nordhessischen Wabern. In Kassel lediglich als „Mitläufer“ der Nazis eingestuft. Er galt als „haftunfähig“ und das Ermittlungsverfahren wegen der Morde in Tiegenhof der Staatsanwaltschaft Freiburg i. Brsg. wurde nach seinem Tod eingestellt.
Quellen: Wikipedia, Klee I, https://www.eddywieand-sinedi.de/euthanasie-shoah-dokus/doku-t%C3%A4ter-dr-victor-ratka/, BStU, MfS, HA IX/11 RHE-West 178/1, Bl. 2, Harms, S. 414.

Ratschow, Max Paul Gustav, Prof. Dr. med.
* 07.08.1904 in Rostock, † 08.11.1963 in Darmstadt
Als Schüler gehörte er einem Freiwilligenverband an, nahm jedoch nicht an Kämpfen teil. Ab 1921 Mitglied im nationalistischen und antisemitischen „Deutsch-Völkischen Schutz- und Trutzbund“. 1936 wurde die Mitgliedschaft in der NSDAP abgelehnt. Mitglied im NSÄB. Mitglied der NSDDB. Ab 1941 Leiter der Auslandsarbeit der Dozentenschaft an der Universität Halle. Von 1930 bis 1932 Assistent an der Medizinischen Universitätsklinik Frankfurt/M. Ab 1932 Assistenz- und ab 1934 Oberarzt am Stadtkrankenhaus Hamburg-Altona. Zugleich Mitglied des Hansischen Erbgerichtes. 1939 Assistent und 1941 Oberarzt an der Medizinischen Universitätsklinik Halle und ab 1943 als Professor. Von 1939 bis 1940 und von 1943 bis 1945 als Sanitätssoldat in Eilenburg sowie als Truppenarzt in Zittau und Rouen Teilnehmer am Zweiten Weltkrieg. Im Oktober 1945 entließ ihn die Universität. Auf Anweisung der SMAD jedoch wiedereingestellt. Mitglied der CDUD. Im August 1946 übertrug ihm die Landesregierung die Leitung der Medizinischen Universitätspoliklinik Halle. Ab 1948 Professor der Pathologischen Physiologie. 1952 siedelte er in die BRD über, wo er in NRW eine Forschungsklinik für Gefäßkrankheiten einrichtete. Ab 1953 Gastprofessor an der Universität Köln. Professor für Innere Medizin und Direktor der Medizinischen Klinik Darmstadt. Seit 1950 Mitglied der Leopoldina zu Halle. Das Klinikum Darmstadt hat eine Abteilung und die Stadt Darmstadt hat eine Straße nach ihm benannt. Seit 1968 vergibt die Deutsche Gesellschaft für Angiologie den „Max-Ratschow-Preis“.

Quellen: Professorenkatalog Universität Halle, Wikipedia, BStU, MfS, AOP Nr. 301/55, Bl. 9, Bl. 12, BStU, MfS, Allg. S. Zentral-Archiv 2241/67, Bl. 2ff., Bl. 18f., Bl. 32f.

Recke, Wilhelm, Dr. med.
* 24.08.1907 in Zittau-Pethau, †?
Von Januar 1935 bis Ende 1941 Mitglied der HJ und Truppenarzt beim Jungvolkstamm. Von 1937 bis 1945 Mitglied der NSDAP. Von Mai 1933 bis Juli 1934 Mitglied des NSDStB. Von 1936 bis 1941 Mitglied der NSV. Von 1938 bis 1945 Mitglied des NSÄB. Facharzt für Kinderkrankheiten. Von 1938 bis 1941 Mitglied im RLB. Ärztlicher Direktor des Kreiskrankenhauses und der Poliklinik in Mittweida. 1. Vorsitzender des Bezirksausschusses Chemnitz der NF. Mit dem „Vaterländischen Verdienstorden" in Bronze ausgezeichnet.
Quellen: BStU, MfS, BStU, HA XX Nr. 5751, Teil 3 von 3, Bl. 397f., Bl. 400.

Reckzeh, Paul, Dr. med.
* 04.11.1913 in Berlin, † 31.03.1996 in Hamburg
Seit Mai 1933 Mitglied der NSDAP. Von 1939 bis 1942 Referent der Reichsärztekammer. Assistenzarzt im Krankenhaus Birkenwerder. Mitglied im NSDStB. Mitglied im NSAHB. Seit 1939 wissenschaftlicher Angestellter für das Reichsministerium für die besetzten Ostgebiete und für das Reichsgesundheitsamt. Von 1943 bis 1945 Mitarbeiter der Geheimen Staatspolizei (Gestapo) gegen Antifaschisten. In den Waldheimer Verfahren 1950 zu 15 Jahren Zuchthaus verurteilt. 1952 amnestiert und kehrte in die BRD zurück. Dort wurde 1955 gegen ihn ein Haftbefehl erwirkt, dem er sich durch die Flucht in die DDR entziehen konnte und wo er politisches Asyl erhielt. Von 1955 bis 1958 Oberarzt des Kreisambulatoriums in Perleberg. Ab 1958 leitender Arzt in der Poliklinik des VEB Schwermaschinenbaus „Heinrich Rau" in Wildau. Chefarzt eines Kreisambulatoriums. Die DDR verweigerte seine Auslieferung an die West-Berliner Justiz. 1964 forderten Antifaschisten das MfS dazu auf, Reckzeh wegen seiner Nazi-Vergangenheit mit Berufsverbot zu belegen, doch dieser Antrag wurde abgelehnt. Auch vor den Nachforschungen eines US-amerikanischen

Historikers (Paul Hoffmann) beschützt. 1978 verriet er seine Tochter Barbara an das MfS, als sie nach Hamburg fliehen wollte.
Quellen: UFJ, Wikipedia, BStU, MfS, HA XX Nr. 5754, Bl. 53, BStU, MfS, HA XX Nr. 5751, Teil 3 von 3, Bl. 366f., Bl. 399, Bl. 401.

Reichardt, Hans, Prof. Dr.
* 02.04.1908 in Altenburg, † 04.04.1991 in Berlin
Seit 1933 Mitglied der NSDAP. 1934 Assistent an der Universität Frankfurt/M. und 1935 Assistent an der Universität Jena. Ab 1937 an der Universität Leipzig und ab 1940 Dozent. Ab 1943 bei Firma Telefunken AG in Berlin. Von 1946 bis 1952 als Raketenforscher in der Sowjet-Union. Von 1952 bis zu seiner Emeritierung 1973 Professor an der Humboldt-Universität Berlin. Ab 1955 Direktor des 1. Mathematischen Instituts. Seit 1962 Mitglied der AdW zu Berlin. Mitglied der Leopoldina zu Halle. Ab 1959 Direktor des Instituts für reine Mathematik der AdW zu Berlin, wo er die Forschungsgruppe Zahlentheorie leitete. Im September 1962 wurde eine IM-Vorlaufakte angelegt. Im März 1963 wurde die IM-Vorlaufakte eingestellt, da lediglich ein „offizieller Kontakt" mit Reichardt unterhalten wurde. Mit dem „Vaterländischen Verdienstorden" in Bronze und 1961 und 1966 mit dem „Nationalpreis" für Wissenschaft und Technik ausgezeichnet. Mitherausgeber des „Journals für die reine und angewandte Mathematik".
Quellen: BArch, Wikipedia, Baumgartner/Hebig, BStU, MfS, P XV 4159/62, Archiv-Nr. 4789/63, Bl. 4, Bl. 8-18.

Reichel, Ludwig, Prof. Dr.
* 21.05.1900 in Weißenburg, Bayern, † 02.04.1982 in Berlin
Ab 1934 Dozent an der TH in Dresden. Ab 1937 Mitglied der NSDAP. Ab 1938 Abteilungsleiter am Kaiser-Wilhelm-Institut für Lederforschung. Ab 1947 Leiter des Labors für Organische Chemie der AdW zu Berlin. Ab 1951 Professor für Landwirtschaftliche Chemie an der Humboldt-Universität Berlin.
Quellen: Klee I.

Reichenbach, Erwin, Prof. Dr. med. Dr. med. dent. Dr. h. c. mult.
* 01.08.1897 in Augsburg, † 24.01.1973
Teilnehmer am Ersten Weltkrieg. Von 1930 bis 1936 Professor an der Universität München. Von 1936 bis 1947 Professor an der Universität Leipzig. Ab 1933 Mitglied der NSDAP. Mitglied im NSÄB. Seit 1933 Mitglied der SA. Seit 1937 Mitglied im NSDDB. Mitglied im Wissenschaftlichen Beirat des Generalkommissars für das Sanitäts- und Gesundheitswesen (Karl Brandt). Teilnehmer am Zweiten Weltkrieg. 1945 wegen seiner Nazi-Vergangenheit entlassen, wurde jedoch als Hilfsarzt weiter beschäftigt. Von 1947 bis 1962 Leiter der Klinik und der Poliklinik für Zahn-, Mund- und Kieferkrankheiten sowie Direktor der städtischen Jugendzahnklinik in Halle. Von 1956 bis 1958 Dekan der Medizinischen Fakultät der Universität Halle. 1962 zwangsweise emeritiert. Ehrendoktor 1962 durch die Universität Hamburg und 1967 durch die Medizinische Fakultät der Universität Halle. 1957 Vize-Präsident der Leopoldina zu Halle. Mitglied der AdW zu Berlin. Von 1961 bis 1972 Mitglied der AdW zu Berlin. 1956 mit dem „Nationalpreis" II. Klasse ausgezeichnet.
Quellen: Klee I (2011), Professorenkatalog Universität Leipzig, Professorenkatalog Universität Halle, Wikipedia, Baumgartner/Hebig, Ernst, S. 157, Ft. 51, BStU, MfS, HA XX, Nr. 4120, Bl. 25.

Reinhardt, Karl, Prof. Dr. phil.
* 14.02.1886 in Detmold, † 09.01.1958 in Frankfurt/M.
Von 1916 bis 1918 Professor für Klassische Philologie an der Universität Marburg. Von 1919 bis 1923 Professor für Klassische Philologie an der Universität Hamburg. Seit 1938 Mitglied im NSAHB. Seit 1933 Mitglied der NSV. Von 1923 bis 1941 Professor für Klassische Philologie an der Universität Frankfurt/M. Von 1942 bis 1946 Professor für Klassische Philologie an der Philologisch-Historischen Abteilung der Philosophischen Fakultät der Universität Leipzig. Von 1946 bis 1951 Professor für Klassische Philologie an der Universität Frankfurt/M. Seit 1942 Mitglied der SAW zu Leipzig. Mitglied der Bayerischen AdW zu München, Mitglied der Preußischen AdW bis 1945. Von 1946 bis 1958 Mitglied der AdW zu Berlin. Von 1935 bis 1963 Mitglied der Heidelberger AdW.
Quellen: Professorenkatalog Universität Leipzig, Wikipedia, BBAW.

Reinhold, Johannes, Prof. Dr. phil
* 15.06.1897 in Zoppot, Westpreußen, † 22.08.1971 in Kleinmachnow
Ab 1925 Leiter des Versuchsfeldes für Gemüseanbau in Großbeeren der Dahlemer Lehr- und Forschungsanstalt für Gartenbau. Ab 1930 Privatdozent für Gemüseanbau und Gärtnerische Betriebslehre an der Landwirtschaftlichen Hochschule in Berlin. Von 1937 bis 1945 Direktor der Sächsischen Versuchs- und Forschungsanstalt für Gartenbau in Pillnitz bei Dresden. Ab 1938 Professor an der Landwirtschaftlich-Gärtnerischen Fakultät der Universität Berlin. Seit 1941 Mitglied der NSDAP. Mitarbeiter im Forschungsrat des RNST. Ab 1946 Mitglied der SED. Von 1946 bis 1950 Abteilungsleiter. Von 1952 bis 1955 kommissarischer Direktor der Forschungsanstalt für Gartenbau in Pillnitz. Von 1950 bis 1964 Direktor des Instituts für Gemüseanbau der AdL in Großbeeren. Seit 1950 Professor an der Humboldt-Universität Berlin und von 1958 bis 1960 Dekan der Landwirtschaftlichen und Gärtnerischen Fakultät. Mitarbeiter im Deutschen Friedensrat. Von 1953 bis 1965 Chefredakteur des „Archivs für Gartenbau“ und Begründer der Zeitschrift „Der deutsche Gartenbau“. 1959 mit dem „Vaterländischen Verdienstorden“ in Silber und 1961 mit dem „Nationalpreis“ für Wissenschaft und Technik III. Klasse ausgezeichnet.
Quellen: Wikipedia, Baumgartner/Hebig, https://www.agrar.hu-berlin.de/de/institut/profil/personen_bio.

Reinmöller, Johannes Albert, Prof. Dr. med. Dr. med. dent. h. c.
* 25.05.1877 in Bebra, † 01.03.1955 in Heidelberg
Ab 1898 Mitglied der Studentenverbindung „Corps Hasso-Nassovia“ und ab 1899 Mitglied der Studentenverbindung „Corps Hassia“. Ab 1907 Gründung einer privaten Fachkrankenanstalt in Rostock. Zugleich Lektor für Zahnmedizin an der Universität Rostock. Dort wurde ab 1910 für ihn ein Extraordinariat eingerichtet. Ab 1909 Privatdozent für Zahnheilkunde an der Medizinischen Fakultät. Als Stabsarzt der Landwehr Teilnehmer am 1. Weltkrieg. Mit dem EK I und EK II ausgezeichnet. Mit dem Militär-Sanitäts-Orden I. Klasse und mit dem Königlichen Kronen-Orden Preußens ausgezeichnet. Ab 1917 Professor für Stomatologie. Von 1920 bis 1921 für die DNVP im Landtag von Mecklenburg-Schwerin. Ab 1921

Professor an der Universität Erlangen. Dort Dekan der Medizinischen Fakultät und von 1933 bis 1935 Rektor. Ab 1935 Professor an der Universität Würzburg. Dort von 1935 bis 1937 Rektor. Ab April 1938 emeritiert und lebte dann auf seinem Landsitz in Ahrenshoop. Ab 1937 Mitglied der NSDAP. Mitglied der SA und dort Standartenführer. Mitglied der SS. Im Sommer 1946 wurde er verhaftet und bis 1949 in Lagern in der Sowjetunion inhaftiert. 1909 mit der Bandverleihung des „Corps Visigothia Rostock ausgezeichnet. Ehrenmitglied des „Corps Hasso-Nassovia". 1920 verlieh ihm die Universität Rostock den Ehrendoktor. 1928 als Corpsschleifenträger der Verbindung „Corps Baruthia" und 1933 mit der Bandverleihung ausgezeichnet.
Quellen: Wikipedia, Professorenkatalog Universität Rostock, Klee I.

Reinmuth, Ernst, Prof. Dr. phil.
* 11.03.1901 in Kohlhof bei Heidelberg, † 30.08.1986 in Rostock
Ab 1933 förderndes Mitglied der SS. Von 1936 bis 1966 Phytopathologe an der Universität Rostock. Ab 1938 Mitglied der NSDAP. 1945 wegen seiner Nazi-Vergangenheit entlassen und 1948 wiedereingestellt. Von 1955 bis 1957 Prorektor und von 1957 bis 1959 Rektor. Ab 1952 Mitglied des Wissenschaftlichen Beirates Landwirtschaft beim Staatssekretariat für das Hoch- und Fachschulwesen. Ab 1959 Mitglied der DAL. 1959 mit der „Alexander-von-Humboldt-Medaille", 1961 mit dem „Vaterländischen Verdienstorden" in Bronze und 1966 mit dem „Nationalpreis" und ausgezeichnet.
Quellen: Professorenkatalog Universität Rostock, Wikipedia, Herbst, Baumgartner/Hebig.

Reintanz, Gerhard, Prof. Dr. jur.
* 01.03.1914 in Cuxhaven, † 1977 in Halle (Saale)
Seit Januar 1940 Mitglied der NSDAP. Als Zahlmeister bzw. Hauptmann Teilnehmer am Zweiten Weltkrieg. Mit dem EK I, EK II, Sturmabzeichen und Afrika-Abzeichen ausgezeichnet. Bis 1947 in sowjetischer Kriegsgefangenschaft. Seit 1948 Mitglied der CDUD und dort später Mitglied im Hauptvorstand. Seit 1948 Mitglied in der GDSF. Mitglied im FDGB. Seit 1954 Mitglied im KB. Mitglied der Urania. Ab 1958 Professor für Völker-

, See- und Luftrecht an der Universität Halle. 1. Vorsitzender des Bezirksausschusses Halle der NF. Von 1958 bis 1961 Direktor der Zentralen Schulungsstätte der CDUD in Burgscheidungen. Hauptabteilungsleiter im Ministerium für Auswärtige Angelegenheit (MfAA). 1960 gehörte er zu den Anklägern eines Schauprozesses, bei dem Theodor Oberländer als Kriegsverbrecher verurteilt werden sollte. 1962 Dekan der Juristischen Fakultät der Universität Halle. Mitglied der Liga für Völkerfreundschaft. Präsident der Deutsch-Italienischen Gesellschaft und Mitglied im Präsidium der Deutsch-Afrikanischen Gesellschaft. Mitglied im Deutschen Friedensrat. 1956 mit der „Aufbaunadel Berlin“, 1955 mit dem „Ehrenzeichen“ der NF, 1956 mit der „Medaille für ausgezeichnete Leistungen“, 1957 mit der „Ernst-Moritz-Arndt-Medaille“, 1959 und 1964 mit dem „Vaterländischen Verdienstorden“ in Bronze und Silber und 1959 mit dem „Goldenen Ehrenzeichen“ der GDSF ausgezeichnet. Er verschwieg seine Nazi-Vergangenheit.
Quellen: UFJ, Wikipedia, Buch, Baumgartner/Hebig, BStU, MfS, HA XX Nr. 5754, Bl. 53, Bl. 331, BStU, MfS, HA XX Nr. 5751, Teil 3 von 3, Bl. 410ff.

Reisch, Günter
* 24.11.1927 in Berlin, † 24.02.2014 ebenda
Seit April 1944 Mitglied der NSDAP. Teilnehmer am Zweiten Weltkrieg. Danach in US-amerikanischer Kriegsgefangenschaft. Mitglied der SED. Ab 1948 arbeitete er als Regieassistent. Danach inszenierte ab 1955 Spielfilme für die DEFA. Von 1967 bis 1988 Vize-Präsident des Verbandes der Film- und Fernsehschaffenden. 1983 Mitglied der AdK. Mitglied im Künstlerischen Rat der DEFA. Mentor an der Filmhochschule in Potsdam-Babelsberg. Nach 1990 unterrichtete er weiter an der Hochschule für Film und Fernsehen „Konrad Wolf“ in Potsdam, an der Hochschule für Fernsehen und Film in München, an der Hochschule für Theater und Musik in Graz, an der Hochschule in Bozen, Italien, an der Filmklasse der Universität Kassel und an der Kunsthochschule für Medien in Köln. Von 1997 bis 2002 Lehrbeauftragter an der Fakultät Film der Bauhaus-Universität Weimar, wo er 2003 Honorarprofessor für Filmgestaltung in den neuen Medien war. Mitglied der Akademie der Künste und Mitglied der Deutschen

Filmakademie. 1958 mit der „Erich-Weinert-Medaille“ und fünfmal mit dem „Nationalpreis“ ausgezeichnet.
Quellen: Wikipedia, UFJ, BStU, MfS, HA XX Nr. 5751, Teil 3 von 3, Bl. 414.

Reitzenstein, Erich, Prof. Dr. phil.
* 30.08.1897 in Straßburg, † 27.02.1976 in Mainz
Von 1916 bis 1919 als Leutnant Teilnehmer am Ersten Weltkrieg. Mit dem „Eisernen Kreuz“ II. Klasse ausgezeichnet. Von 1924 bis 1926 arbeitete er als Lektor für die deutsche Sprache an der Universität Bologna. Ab 1926 Hilfsassistent an der Universität Bonn und 1933 Oberassistent am Philologischen Seminar. Mitglied der NSV. Mitglied im NSLB. Mitglied im RLB. 1937 zum nichtbeamteten Professor ernannt und vertrat als Gräzist 1937/38 einen Lehrstuhl für Klassische Philologie an der Universität Halle, wo er 1938 zum Ordinarius berufen wurde. Als Leutnant Teilnehmer am Zweiten Weltkrieg von 1939 bis 1940 und von 1941 bis 1944. Mit dem „Kriegsverdienstkreuz“ 2. Klasse ausgezeichnet. Als Sachbearbeiter in verschiedenen Kommandanturen in Rumänien und Italien. Von 1945 bis 1958 Mitglied der CDUD, aus der er, nach den staatlichen Verfolgungsmaßnahmen gegen den „Spirituskreis“, ausgetreten war. Er lehnte jedoch 1948 einen Ruf an die Universität Leipzig ab. Ab 1952 Mitglied im Wissenschaftlichen Beirat beim Staatssekretariat für Hoch- und Fachschulwesen. Nach einer Aussprache mit Staatssekretar Girnus beging er 1958 „Republikflucht“. An der Universität Mainz, nach einiger Zeit, zum persönlichen Professor ernannt.
Quellen: Wikipedia, Professorenkatalog Universität Halle.

Renker, Karlheinz, Prof. Dr. sc. med.
* 10.05.1921 in Pirna-Copitz, † 06.01.1982 in Halle
Mitglied im RAD. Ab 1940 Mitglied der NSDAP. Ab 1945 Mitglied der SPD bzw. SED. Ab 1952 Chefarzt an der Betriebspoliklinik der „Volkswerft Stralsund“. Von 1956 bis 1958 Oberarzt am Institut für Sozialhygiene der Humboldt-Universität. Ab 1958 Professor und Leiter des Instituts für Sozialhygiene und des Instituts für Sozialmedizin an der Universität Halle. Ab 1962 Vorsitzender der Gesellschaft für Rehabilitation.

Chefredakteur der „Zeitschrift für die gesamte Hygiene und ihre Grenzgebiete“. Von 1964 bis 1970 Präsident der Gesellschaft für die gesamte Hygiene. Von 1972 bis 1977 Dekan der Medizinischen Fakultät. 1965 als „Verdienter Arzt des Volkes“, 1974 mit dem „Vaterländischen Verdienstorden“ in Bronze und 1981 als „Verdienter Hochschullehrer der DDR“ ausgezeichnet.
Quellen: Herbst, Baumgartner/Hebig, https://www.dvfr.de/die-dvfr/geschichte-der-dvfr/historische-persoenlichkeiten/karlheinz-renker/.

Reuter, Albin, Prof. Dr. phil.
* 23.08.1888 in Kirchberg bei Zwickau, † 28.08.1960 in Leipzig
Von 1913 bis 1915 als Lehrer an der Ackerbauschule in Badersleben. Von 1915 bis 1919 an der Landwirtschaftsschule in Chemnitz. Von 1919 bis 1936 Leiter der Landwirtschaftsschule in Döbeln. Seit 1933 Mitglied der NSDAP. Seit 1935 Mitglied der NSV. Von 1936 bis 1939 Mitarbeiter am Landwirtschaftlich-Pädagogischen Seminar in Lauenburg (Pommern). Von 1939 bis 1941 Mitarbeiter am Landwirtschaftlich-Pädagogischen Seminar in Braunschweig. Von 1941 bis 1945 am Institut für Landwirtschaftlichen Unterricht in Danzig. Seit 1946 Berater der VdgB in Döbeln. Ab 1948 Dozent an der Landwirtschaftsschule in Pommritz, bei Kamenz. Außerdem Dozent an der Landwirtschaftsschule in Oranienburg. Seit 1949 Mitglied der SED. Mitglied der GDSF. Mitglied der FDJ. Ab 1949 Dozent für Landwirtschaftliche Pädagogik an der Universität Greifswald. 1951 an die Universität Halle versetzt, wo er 1956 emeritiert wurde. Danach nahm er noch Lehraufträge an den Universitäten in Halle und in Leipzig wahr.
Quellen: Professorenkatalog Universität Halle.

Reuter, Fritz, Prof. Dr. phil.
* 09.09.1896 in Dresden-Löbtau, † 04.07.1963 ebenda
1917/18 arbeitete er als Kapellmeister. Von 1921 bis 1933 Lehrer für Theorie und Komposition am Konservatorium in Leipzig. Seit 1933 Mitglied der NSDAP. Seit 1934 Mitglied der NSV. Mitglied im NSLB. Von 1933 bis 1937 Lehrer an der Rudolf-Hildebrand-Schule für Musik in Leipzig. Ab 1937 im Sächsischen Ministerium für Volksbildung in Dresden. Ab 1944 Oberstudienrat. Von 1937 bis 1945 Berater für Schulmusik im Gau

Sachsen. Wegen seiner Nazi-Vergangenheit ab 1945 aus dem Schuldienst entlassen. Von 1945 bis 1948 Dirigent und Dramaturg an der Volksoper Dresden. Mitglied im FDGB. Ab 1949 leitete er als Professor an der Pädagogischen Fakultät das Institut für Musikerziehung an der Universität Halle. Zusätzlich ab 1950 unterrichtete er Musiktheorie und Komposition an der Staatlichen Hochschule für Theater und Musik in Halle. Von 1955 bis 1962 leitete das Institut für Musikerziehung an der Humboldt-Universität Berlin. Vorsitzender des Wissenschaftlichen Beirats für Musikerziehung beim Staatsekretariat für das Hoch- und Fachschulwesen und des Wissenschaftlichen Rats beim Ministerium für Volksbildung. 1955 mit dem „Musikpreis“ für Komposition der Stadt Halle (Saale) und 1961 mit dem „Vaterländischen Verdienstorden“ in Silber ausgezeichnet. An der Humboldt-Universität Berlin wurde ein Raum nach ihm benannt.
Quellen: Wikipedia, Professorenkatalog Universität Halle, Klee II, Baumgartner/Hebig.

Rexer, Ernst, Prof. Dr.
* 02.04.1902 in Stuttgart, † 14.05.1983 in Dresden
Von 1921 bis 1923 Arbeiter und Büroangestellter in der Holzwirtschaft. Von 1926 bis 1929 arbeitete er in den glastechnischen Laboratorien der Osram-Werke in Weißwasser und Berlin. Ab 1929 Assistent am Institut für Theoretische Physik der Universität Halle. Von 1932 bis 1945 Mitglied der NSDAP. Ab November 1933 Mitglied der SA und dort SA-Scharführer. Ab 1935 Stellvertreter des Dozentenschaftsleiters der Universität Halle, später Gaudozentenbundführer Halle-Merseburg. Leiter der Dozentenschaft an der Naturwissenschaftlichen Fakultät. Ab 1934 Mitglied einer paramilitärischen Organisation als Teil der „Schwarzen Reichswehr“. Ab 1938 arbeitete er für die Rüstungsindustrie, vor allem untersuchte er Kunststoffe. Als Leutnant ab 1939 Teilnehmer am Zweiten Weltkrieg. Er wurde u. k. gestellt und 1942, gemeinsam mit Heinz Pose, zur Physikalisch-Technischen Reichsanstalt abgeordnet. Dort forschte er zur Ausnutzung der Atomspaltung für die Wehrmacht. Von 1941 bis 1943 Physiker am Kaiser-Wilhelm-Institut Berlin. Von 1943 bis 1946 Physiker am staatlichen Physikalisch-Technischen-Institut in Berlin und Ronneburg. Ab 1944 Professor am Physikalischen Institut der Universität Leipzig. Von 1946 bis 1955

bei der „Aktion Ossoawiachim“ in der Sowjet-Union tätig, wo er in Obninsk bei Moskau kernphysikalische Forschungen durchführte. Ab 1956 Professor mit vollem Lehrauftrag und Direktor des Instituts für die Anwendung radioaktiver Isotope an der der TU Dresden. Außerdem dort Professor für Werkstoffe der Kerntechnik. Mitarbeiter am Forschungsinstitut „Manfred-von-Ardenne“ in Dresden-Weißer Hirsch. 1958 Inoffizieller Mitarbeiter der Abteilung VI/2 des MfS. Ab 1962 Mitglied des Wissenschaftlichen Rates für die friedliche Anwendung der Atomenergie. Mit dem „Vaterländischer Verdienstorden“ in Silber und mit dem Orden „Stern der Völkerfreundschaft“ in Silber ausgezeichnet. Im Dezember 1965 wurde von der Abteilung XVIII/1 der BVfS Dresden ein Auskunftsbericht erstellt. Hier wurde der Einsatz von Rexer für geheime Forschungen aus „operativen Gründen“ abgelehnt. Diese Entscheidung wurde erstens begründet mit seiner Nazi-Vergangenheit und zweitens mit seinen „aktiven Verbindungen zu Wissenschaftlern aus Westberlin, Westdeutschland und dem kapitalistischen Ausland“.
Quellen: UFJ, Professorenkatalog Universität Halle, „Die Uranforscher von Gottow – exemplarische Lebensläufe“, in: „Neues Deutschland“ v. 18./19.09.1999, S. 15, Wikipedia, BStU, MfS, HA XX Nr. 5754, Bl. 174, BStU, MfS, HA XX Nr. 5751, Teil 3 von 3, Bl. 422f., Überprüfungsvorgang Nr. 185/55 mit der Archiv Nr. 230/58, Bl. 6f, Bl. 18f., Bl. 44f., Bl. 68f., BStU, MfS, BV Dresden, AOP 258/67, Bl. 72, BStU, MfS, XII 652/65 „Kristall“, Band 2, Nr. 258/67, Bl. 24f.

Richter, Albert, Prof. Dr.-Ing.
* 06.05.1909 in Loßnitz, Sachsen, † 02.08.2007 in Eberswald
Seit 1937 Mitglied der NSDAP. Ab 1942 als Offizier der Wehrmacht Teilnehmer am Zweiten Weltkrieg. Danach in US-amerikanischer Kriegsgefangenschaft. Ab 1953 Mitglied der AdL. Ab 1964 Direktor des Instituts für Forstwissenschaften in Eberswalde und 1970 vorzeitig in den Ruhestand versetzt. Ab 1960 Mitglied im Präsidium der Urania. Von 1952 bis 1963 Professor und Direktor des Instituts für Forsteinrichtung an der Forstwirtschaftlichen Fakultät der Humboldt-Universität Berlin. 1955 mit dem „Nationalpreis“ III. Klasse ausgezeichnet.
Quellen: Wikipedia, Baumgartner/Hebig.

Rieche, Alfred, Prof. Dr. phil. Dr. h. c. mult.
* 28.04.1902 in Dortmund, † 06.11.2001 in Berlin
Bis 1927 Privatdozent an der Universität Greifswald und bis 1933 Abteilungsleiter des Universitätslaboratoriums. Von 1930 bis 1933 Privatdozent für Chemie an der Universität Erlangen. Von 1935 bis 1938 Privatdozent an der Mathematisch-Naturwissenschaftlichen Abteilung der Philosophischen Fakultät der Universität Leipzig, wo er ab 1939 Professor war. Ab 1937 Mitglied der NSDAP. Mitglied im NSLB. Von 1938 bis 1945 Wissenschaftlicher Leiter der I.G. Farben-Fabrik in Wolfen. Von 1945 bis 1951 arbeitete er in der Sowjet-Union. Ab 1951 Wissenschaftlicher Leiter des VEB Farbenfabrik Wolfen. Ab 1952 Professor für Technische Chemie an der Universität Jena. Ab 1954 Direktor des Instituts für organische Chemie der AdW zu Berlin. Ab 1959 Mitglied der Leopoldina zu Halle. Mitglied der AdW zu Berlin. Seit 1960 Professor für Technische Chemie an der Humboldt-Universität Berlin. Ab 1964 korrespondierendes Mitglied der AdW Heidelberg. 1957 mit der „Adolf-von-Baeyer-Denkmünze" der Gesellschaft Deutscher Chemiker, 1959 mit dem „Nationalpreis" II. Klasse, 1962 mit der „August-Kekulé-Medaille" der Chemischen Gesellschaft und 1962 mit dem „Vaterländischen Verdienstorden" in Silber ausgezeichnet. Von den Universitäten Hannover und Erlangen sowie von der TH Leuna-Merseburg wurde ihm jeweils ein Ehrendoktortitel verliehen. Im Februar 1969 wurde gegen Rieche u. a. ein „Vorlauf-Operativ" von der HA XVIII/6/3 wegen Straftaten gegen die Volkswirtschaft angelegt. Im Januar 1970 wurde gegen Rieche von der HA XVIII/6/3 wegen Straftaten gegen die Volkswirtschaft ein „Operativ-Vorgang" angelegt.
Quellen: BArch, Wikipedia, Klee I, Professorenkatalog Universität Leipzig, Leibniz-Sozietät, BBAW, Baumgartner/Hebig, BStU, MfS, 14505/76, Bd. I, Sammelakte, Bl. 8-15, BStU, MfS, HA IX/11 AS 46/69, Bl. 7f., BStU, MfS, Allg. P. 15671/78, Bl. 5, BStU, MfS AKK 2573/87, 3f., Bl. 19f.

Ring, Friedrich Wilhelm, Dr. med.
* 23.10.1915 in Neunkirchen, † 01.05.1964 in Greifswald
Seit 1932 Mitglied der HJ. Seit Mai 1937 Mitglied der NSDAP. Als Major Teilnehmer am Zweiten Weltkrieg. In sowjetischer Kriegsgefangenschaft. Schüler und später Lehrer an der antifaschistischen Schule in Rjasan. Einer seiner Schüler war Hans Modrow. Ab 1949 Mitglied der NDPD. Von 1952 bis 1954 stellvertretender Vorsitzender des Rates des Bezirks Potsdam. Anschließend Leitender Arzt der KVP. Von 1957 bis 1962 Kapitän zur See und Chefarzt der Seestreitkräfte. Direktor des Instituts für Organisation und Taktik des militärischen Dienstes. Leiter der Abteilung für Geschichte der Militärmedizin. Chefredakteur der „Zeitschrift für Militärmedizin". 1959 als „Verdienter Arzt des Volkes", mit der „Verdienstmedaille für hervorragende Leistungen", mit der „Medaille für treue Dienste in der NVA" und mit der „Ernst-Moritz-Arndt-Medaille" ausgezeichnet.
Quellen: UFJ, Lapp, Baumgartner/Hebig, BStU, MfS, HA XX Nr. 5754, Bl. 143, BStU, MfS, HA XX Nr. 5751, Teil 3 von 3, Bl. 446f.

Rinow, Willi, Prof. Dr. phil.
* 28.02.1907 in Berlin, † 29.03.1979 in Greifswald
Hilfsassistent an den Universitäten Berlin und Rostock. Von 1933 bis 1937 Mitarbeiter am „Jahrbuch über die Fortschritte der Mathematik". Ab 1937 Mitglied der NSDAP. Von 1937 bis 1950 Dozent an der Universität Berlin bzw. Humboldt-Universität Berlin. Als Unteroffizier bzw. Kryptoanalytiker für das OKH Teilnehmer am 2. Weltkrieg. Von 1946 bis 1949 Mathematiker am Oberspreewerk Berlin war. Von 1950 bis 1971 Dozent und Professor an der Universität Greifswald, wo er auch Direktor des Mathematischen Instituts war. Ab 1959 Direktor des Instituts für reine Mathematik der AdW zu Berlin. Präsident der Mathematiker-Vereinigung. Ab 1966 Mitglied der Leopoldina zu Halle. 1964 mit dem „Nationalpreis" III. Klasse für Wissenschaft und Technik ausgezeichnet.
Quellen: Wikipedia, Baumgartner/Hebig.

Ritschl, Rudolf, Prof. Dr. phil.
* 07.12.1902 in Bonn, † 08.11.1982

Bis 1928 wissenschaftlicher Mitarbeiter der Physikalisch-Technischen Reichsanstalt in Berlin. SA-Führer. Ab 1937 Mitglied der NSDAP. Ab 1937 Dozent und ab 1942 Professor für Experimentalphysik an der Universität Berlin. Als Mitarbeiter beim Reichswetterdienst Teilnehmer am Zweiten Weltkrieg. Nach 1945 Mitarbeiter eines Konstruktionsbüros der sowjetischen Kriegsmarine. Ab 1948 beim optischen Laboratorium der AdW zu Berlin. Von 1949 bis 1960 Direktor des Physikalischen Instituts der Humboldt-Universität Berlin. Mitherausgeber der Zeitschrift „Fortschritte der Physik". Mit dem „Vaterländischen Verdienstorden" in Bronze und mit der „Verdienstmedaille" ausgezeichnet.
Quellen: Cerný, Wikipedia, Baumgartner/Hebig.

Ritter, Kurt, Prof. Dr. agr.
* 13.04.1894 in Berlin, † 21.02.1984
Teilnehmer am Ersten Weltkrieg. Von 1920 bis 1928 Oberlandwirtschaftsrat an der Preußischen Hauptlandwirtschaftskammer. Von 1928 bis 1935 Professor und Institutsdirektor für Volkswirtschaftslehre an der Landwirtschaftlichen Hochschule in Berlin. 1938 Mitglied der NSDAP. Als Hauptmann Teilnehmer am Zweiten Weltkrieg. Ab 1947 Mitglied der SED. Von 1945 bis 1948 Leiter der Abteilung Planung und Statistik in der Zentralverwaltung für Handel und Versorgung. Von 1948 bis 1949 Hauptabteilungsleiter bei der Deutschen Wirtschaftskommission. Von 1949 bis 1950 Minister für Planung. Von 1950 bis 1957 Hochschullehrer und Professor für Agrarpolitik und Agrargeschichte an der Humboldt-Universität Berlin. Von 1950 bis 1953 Professor an der Hochschule für Ökonomie und Direktor des Instituts für Landwirtschaftsplanung. Ab 1951 Mitglied der AdL. Von 1961 bis 1954 Sekretär der Sektion Agrarökonomik. 1956 mit dem „Nationalpreis" II. Klasse ausgezeichnet. 1962 emeritiert.
Quellen: Cerný, Baumgartner/Hebig, Mertens, S. 27f.

Ritter, Otto, Prof. Dr. phil.
* 09.01.1876 in Berlin, † 17.04.1963 in Halle (Saale)
Ab 1912 Lehrbeauftragter an der Universität Halle. Er vertrat mehrfach Lehrstühle, so 1908/09 in Halle, 1918/19 in Marburg, Ab 1921/22 in Königsberg. Ab 1928/29 wieder in Halle. 1921 zum nichtbeamteten Professor

ernannt. Mitglied der NSV. Mitglied im VDA. 1941 verlängerte das Reichsministerium für Wissenschaft seine Professur über die Altersgrenze hinaus. Nach 1945 Professor für Anglistik an der Universität Halle. 1953 entpflichtet.
Quellen: Professorenkatalog Universität Halle.

Robitzsch, Max, Prof. Dr. phil.
* 02.02.1887 in Höxter, † 10.06.1952 in Brotterode, Thüringen
Von 1910 bis 1914 Assistent am Physikalischen Institut zu Marburg. Von 1912 bis 1914 parallel dazu Leiter des Geophysikalischen Instituts in Spitzbergen. Als Feldwetterwart von 1917 bis 1918 Teilnehmer am Ersten Weltkrieg. Von 1914 bis 1935 Wissenschaftlicher Assistent am Meteorlogischen Observatorium Lindenberg bei Beeskow. Von 1928 bis 1935 Privatdozent und dann von 1935 bis 1943 Professor für Meteorologie an der Universität Berlin. 1935 ins Reichsamt für Wetterdienst berufen. Seit 1937 Mitglied der NSDAP. Von 1945 bis 1948 in US-amerikanischer und danach in sowjetischer Kriegsgefangenschaft. Danach kehrte wieder an das Observatorium Lindenberg zurück. Von 1950 bis zu seinem Tod 1952 Professor für Meteorologie an der Universität Leipzig. Gleichzeitig Direktor des Geophysikalischen Instituts und des angeschlossenen Observatoriums in Collm, Sachsen.
Quellen: Wikipedia, Professorenkatalog Universität Leipzig.

Rödel, Wolfgang, Prof. Dr.
* 27.06.1924 in Gersdorf, (Erzgebirge), † 21.07.2007 in Berlin
Seit September 1942 Mitglied der NSDAP. Mitglied der SED. In den 1950er Jahren leitender Mitarbeiter des Staatlichen Rundfunkkomitees. Leiter der HA Dramaturgie. Ab 1962 Professor für Rundfunkjournalistik und Dekan der Fakultät für Journalistik an der Universität Leipzig. Mit dem „Vaterländischen Verdienstorden“ ausgezeichnet. Er verschwieg seine Nazi-Vergangenheit.
Quellen: UFJ, Baumgartner/Hebig, Professorenkatalog Universität Leipzig, Wikipedia, BStU, MfS, HA XX Nr. 5754, Bl. 175, BStU, MfS, HA XX Nr. 5751, Teil 3 von 3, Bl. 455.

Röhrer, Heinz, Prof. Dr. Dr. h. c. mult.
* 23.03.1905 in Leipzig, † 13.06.1992 in Rathenow
Von 1930 bis 1932 wissenschaftlicher Assistent der Abteilung für Schweinepest auf der Insel Riems. Ab 1931 Mitglied der NSDAP. Seit 1934 Mitglied im NSLB. Ab 1935 an der Universität Freiburg. Von 1935 bis 1941 an verschiedenen Veterinärämtern. Von 1942 bis September 1945 Professor und Abteilungsleiter. Ab 1944 Direktor der Forschungsanstalt auf Riems. Ab 1944 Veterinärmediziner und Virologe auf der Insel Riems. Von 1946 bis 1948 Leiter der Produktionsstätte in Rottenau. Von 1948 bis 1970 Präsident Forschungsanstalt für Tierseuchen auf der Insel Riems. Ab 1951 Mitglied der CDUD und ab 1954 Mitglied im HV. Von 1954 bis 1963 AdV. Mitglied der AdW zu Berlin. Von 1960 bis 1970 Professor für Virologie an der Universität Greifswald. Die Universitäten Leipzig und Greifswald verliehen ihm den Ehrendoktortitel. Mit dem „Nationalpreis“ I. Klasse, 1956 mit dem „Vaterländischen Verdienstorden“ in Silber und 1960 mit dem Orden „Banner der Arbeit“ ausgezeichnet.
Quellen: Cerný, BArch, Baumgartner/Hebig, Wikipedia, https://ns-zeit.uni-greifswald.de/projekt/personen/roehrer-heinz/.

Roemer, Theodor, Prof. Dr. phil.
* 20.11.1883 in Pfrondorf, † 03.09.1951 in Halle (Saale)
Von 1908 bis 1910 Assistent an der Universität Jena. Von 1910 bis 1912 Sachverständiger für Landwirtschaft im Kaiserlichen Gouvernement Deutsch-Ostafrika in Daressalam. In Myombo bei Kylossa errichtete er eine Baumwollversuchsstation. 1913/14 leitete er das Gregor-Mendel-Institut in Eisgrub in Mähren. Von 1914 bis 1918 Abteilungsleiter für Pflanzenzüchtung am Kaiser-Wilhelm-Institut in Bromberg. 1917/18 Teilnehmer am Ersten Weltkrieg an der Westfront bei der Flugabwehrartillerie. Mit dem Eisernen Kreuz II. Klasse ausgezeichnet. Ab 1919 Direktor einer Saatgutwirtschaft in Schlanstedt bei Halberstadt. Ab 1920 Professor für Pflanzenbau und Pflanzenzüchtung an der Universität Halle. Von 1932 bis 1934 Mitglied im „Stahlhelm, Bund der Frontsoldaten“ in Halle. Ab 1934 förderndes Mitglied der SS. Ab 1938 Mitglied der NSDAP. Ab 1941 Mitglied im NSDDB. Während des Zweiten Weltkrieges Mitglied der deutsch-rumänischen und der deutsch-ungarischen Saatgutkommission. Für das

Reichsministerium für Ernährung erstellte er ab 1941 Anbaupläne für die besetzten Gebiete in Ost-Europa. 1944 mit dem „Kriegsverdienstkreuz" 2. Klasse ausgezeichnet. Ab 1945 in Bieberau bei Darmstadt, dann an der Landwirtschaftshochschule Hohenheim bei Stuttgart. Von 1946 bis 1951 in Halle und erneut Direktor des Instituts für Pflanzenbau und Pflanzenzüchtung.
Quellen: Professorenkatalog Universität Halle, Wikipedia.

Rosenfeld, Max, Prof. Dr. med.
* 25.08.1871 in Königsberg, † 26.08.1956 in Berlin
Von 1897 bis 1899 Assistent an der Medizinischen Universitätsklinik Straßburg. Dort von 1908 bis 1914 Professor für Psychiatrie. Von 1914 bis 1919 als Bataillonsarzt, Feldarzt und Chefarzt des Festungslazaretts in Straßburg. Ab 1919 Chefarzt des Nervenlazaretts in Frankfurt/M. Von 1920 bis 1936 Direktor der Heil- und Pflegeanstalt Rostock-Gehlsheim. Von 1920 bis zur Emeritierung 1936 Professor an der Universität Rostock. Von 1922 bis 1923 Dekan. Von 1923 bis 1924 Rektor. Von 1924 bis 1925 Prorektor. Ab 1926 Obermedizinalrat. Bis 1933 Mitglied der DVP, Ab 1933 förderndes Mitglied der SS. Ab 1934 Mitglied im NSLB. Ab 1937 Vertragsarzt der Versorgungsärztlichen Untersuchungsstelle in Berlin. Gleichzeitig wissenschaftlicher Hilfsarbeiter beim „Zentralblatt für die gesamte Neurologie und Psychiatrie. Ab 1941 als Oberstabsarzt bzw. Facharzt für Nervenkranke in Berlin Teilnehmer am 2. Weltkrieg. Ab 1947 Vorlesungen zu Themen der Psychiatrie an der VHS Berlin-Steglitz. Von 1948 bis 1949 Vertrauensarzt und Obergutachter der Landesversicherungsanstalt Berlin.
Quellen: Wikipedia, Professorenkatalog Universität Rostock.

Rosenkranz, Otto, Prof. Dr. rer. techn.
* 03.02.1911 in Bromberg, † 22.11.2007 in Leipzig
Von 1925 bis 1939 polnischer Staatsbürger. Von 1932 bis 1937 Mitglied der Vereinigung ausländischer Studenten an der TH Danzig. Ab 1936 Mitglied beim Reichsbund Deutscher Diplomlandwirte. Von 1938 bis 1945 Mitglied im NSAHB. 1940 wurde Rosenkranz zu Allgemeinen SS gemustert. Es gibt keine Unterlagen, die eine SS-Mitgliedschaft belegen. Seit

1941 Anwärter auf eine Mitgliedschaft in der NSDAP. Bis 1941 Assistent bzw. Dozent bei einem Institut der TH Danzig. Nebenbei noch von 1940 bis 1941 und von 1943 bis 1945 Assistent und Privatdozent an der Reichsuniversität Posen. Ab 1931 als Fähnrich Soldat der polnischen Armee. Von 1941 bis 1943 als Leutnant Teilnehmer am Zweiten Weltkrieg. 1945 Soldat im „Volkssturm" in Polen. Von Februar 1945 bis März 1949 in sowjetischer Kriegsgefangenschaft, wo er „nach eigenen Angaben aktiv im Antifaaktiv" gewesen sein soll. Ab 1949 Mitarbeiter der Forschungsstelle für Agrarwissenschaft und Agrarpolitik der VdgB in Berlin. Von September 1950 bis 1969 dort Direktor. Mitglied im FDGB. Mitglied der GDSF. Von 1950 bis 1976 Professor an der Landwirtschaftlich-Gärtnerischen Fakultät der Universität Leipzig. Gleichzeitig Direktor des Instituts für Betriebswirtschaftslehre der Universität Leipzig. Prodekan der landwirtschaftlichen Fakultät. Mitglied der DAL. 1955 mit dem „Nationalpreis" II. Klasse, 1958 und 1959 mit dem „Vaterländischen Verdienstorden" in Bronze und Silber und mit dem „Banner der Arbeit" ausgezeichnet. 1965 wurde von der DE XVIII/3 Leipzig ein Operativer-Vorlauf angelegt, wegen des Verdachts „der Verbindung zu feindlichen Organisationen". Im August 1975 wurde von der HA I/8 ein Ermittlungsbericht erstellt.
Quellen: BArch, Professorenkatalog Universität Leipzig, Baumgartner/Hebig, BStU, MfS, Op. Leipzig 1771/66, Bl. 38f., BStU, MfS, Leipzig Op. Nr. 1771/66, Bd. 1, Bl. 7f., Bl. 13-20, Bl. 80f., BStU, MfS, GH 1/77 1, Bl. 516f.

Röhrer, Heinz, Prof. Dr. med. vet.
* 23.03.1905 in Leipzig, † 13.06.1992 in Rathenow
Ab Juli 1928 wissenschaftlicher Hilfsarbeiter am Institut für Tierhygiene der Preußischen Landwirtschaftlichen Versuchs- und Forschungsanstalt auf der Insel Riems. Ab Dezember 1931 Mitglied der NSDAP und dort Ortsgruppenamtsleiter. Ab 1932 Oberassistent am Tierhygienischen Institut der Universität Freiburg. Ab 1935 Leiter des Staatlichen Veterinäruntersuchungsamts in Berlin. Ab 1938 Leiter der Luftschutz-Veterinäruntersuchungsstelle in Köln. Dort Leiter einer Untersuchungsstation für biologischen Kampfstoffnachweis. Ab 1942 Dozent für Allgemeine Pathologie und Pathologie des Tieres. Dazu wurde er Professor und Abteilungsleiter

bei der Staatlichen Forschungsanstalt auf der Insel Riems. 1943 mit KVK II. Klasse ausgezeichnet. Wegen seiner Nazi-Vergangenheit wurde er 1945 entlassen. Daraufhin betrieb er seine tierärztliche Praxis. Von Januar 1946 bis 1948 technischer Leiter des Anhaltinischen Seruminstituts in Dessau bzw. Gut Rottenau bei Loburg. Ab 1946 Mitglied im FDGB. Ab 1949 Mitglied der GDSF. Ab 1950 Mitglied im KB. Ab 1951 Mitglied der CDUD und dort ab 1954 im Hauptvorstand. Von 1954 bis 1963 AdV. Ab November 1948 Präsident der Forschungsanstalt auf der Insel Riems, die ab 1952 in „Friedrich-Loeffler-Institut" umbenannt wurde. Von 1950 bis zur Emeritierung 1970 Professor für Vergleichende Pathologie der Viruskrankheiten" an der Universität Greifswald. 1951 und 1954 mit dem „Nationalpreis" und 1956 mit dem „Vaterländischen Verdienstorden" in Silber ausgezeichnet. Mitglied der AdL und dort von 1957 bis 1969 Sekretär der Sektion Veterinärmedizin. Ab 1955 Mitglied der AdW zu Berlin. 1960 und 1965 verliehen ihm die Universität Leipzig und die Universität Greifswald den Ehrendoktor. 1991 verlieh ihm die Leopoldina die „Cothenius-Medaille".
Quellen: Wikipedia, BBAW, https://ns-zeit.uni-greifswald.de/projekt/personen/roehrer-heinz/.

Rörig, Fritz Hermann, Prof. Dr. phil.
* 02.10.1882 in St. Blasien, † 29.04.1952 in Berlin
Von 1908 bis 1910 Assistent beim Archiv in Metz. Von 1911 bis 1918 Archivar beim Staatsarchiv Lübeck. 1918 bis 1923 Professor für Historische Hilfswissenschaften an Universität Leipzig. Von 1923 bis 1935 Professor für mittlere und neuere Geschichte an der Universität Kiel. Ab 1932 korrespondierendes Mitglied der AdW Göttingen. Von 1935 bis 1950 Professor an der Universität Berlin. Von 1942 bis 1945 Mitglied der Preußischen AdW. Von 1939 bis 1943 Mitglied des NSDDB. Er hielt Vorträge an einer SS-Junkerschule. Ab 1936 Mitglied der Nord- und Ostdeutschen Forschungsgemeinschaft, die Teilorganisation der nationalsozialistischen Volksdeutschen Forschungsgemeinschaften war. Ab 1946 Professor an der Humboldt-Universität. Von 1946 bis 1952 Mitglied der AdW zu Berlin. Ab 1948 Leiter der Monumenta Germaniae Historica in Berlin. Seit 1925 Mitglied des Hansischen Geschichtsverein.

Quellen: Wikipedia, Professorenkatalog der Universität Leipzig, Bott, S. 161f.

Rosegger, Sylvester, Prof. Dr. agr. Dr.-Ing. h. c.
* 03.12.1912 in St. Lorenzen (Steiermark), † 04.08.2006
Ab November 1933 Mitglied der NSDAP. Als Leutnant der Reserve Teilnehmer am 2. Weltkrieg. Danach als Schullehrer tätig. Später Direktor der Fachschule für Landwirtschaft in Wernigerode. Ab 1952 Gründer und Leiter des Instituts für Landtechnik in Potsdam-Barnim. Ab 1953 Professor an der TH Dresden. Von 1958 bis zu seinem Ausschluss 1961 Mitglied der AdL. 1960 mit dem „Nationalpreis" II. Klasse ausgezeichnet. Ab 1964 in der Bundesrepublik, wo er von 1966 bis 1979 Leiter des Instituts für Betriebstechnik an der TU Braunschweig war. Nach der Umbenennung war der Direktor der Bundesforschungsanstalt für Landwirtschaft in Braunschweig. 1990 Ehrendoktor der TU Dresden. Mitglied der AdL. Mitglied der Max-Eyth-Gesellschaft Agrartechnik.
Quellen: Wikipedia, https://idw-online.de/de/news171671.

Rosenthal, Wolfgang, Prof. Dr. med. Dr. med. dent. Dr. h. c.
* 08.09.1882 in Berlin-Friedrichshagen, † 10.06.1971 in Berlin
Als Leiter des Kieferlazaretts des Sächsischen Korps in Leipzig Teilnehmer am Ersten Weltkrieg. Von 1918 bis 1936 Privatdozent bzw. Professor für Chirurgie an Universität Leipzig. Ab 1921 Chirurgische Privatklinik in Leipzig, die 1943 zerstört wurde. Danach an der Kieferchirurgische Klinik im Schloss Thallwitz bei Wurzen. Seit 1933 Mitglied der NSDAP. Förderndes Mitglied der SS. Seit 1935 Mitglied im NSLB. Mitglied im NSÄB. Ab 1936 Professor an der Universität Hamburg. 1937 wurde ihm nach Paragraph 18 der Reichshabilitationsordnung, wegen seiner jüdischen Abstammung (ein Großvater), die Lehrbefugnis aberkannt. Bis 1943 selbständiger Chirurg und Orthopäde. Von 1943 bis 1962 leitete er eine eigene Fachklinik im Schloß Thallwitz bei Leipzig. 1945/46 Mitglied der SPD bzw. SED. Von 1950 bis 1957 Professor für Kieferchirurgie und Dekan an der Humboldt-Universität Berlin. 1955 mit dem „Nationalpreis", 1951 als „Verdienter Arzt des Volkes" und 1961 als „Hervorragender Wissenschaftler des Volkes" ausgezeichnet. Mitglied der Leopoldina zu Halle.

Herausgeber des „Zentralblatts für die gesamte Zahn-, Mund- und Kieferheilkunde“. Die Medizinische Fakultät der Universität Leipzig verlieh ihm 1955 den Ehrendoktortitel. 1962 Ehrenbürger der Gemeinde Thallwitz. In Neukirchen, Erzgebirge wurde eine Berufsschule für den Bereich Zahntechnik bzw. Zahnmedizin nach ihm benannt.
Quellen: Ernst, S. 368-375, DBE, Wikipedia, Klee I, Professorenkatalog Universität Leipzig, Baumgartner/Hebig.

Rost, Leonhard, Prof. Dr.
* 30.11.1896 in Ansbach, † 05.12.1979 in Erlangen
Ab 1915 freiwilliger Teilnehmer am 1. Weltkrieg. Mit dem EK II. Klasse ausgezeichnet. Ab 1922 Sprachlehrer an der Theologischen Fakultät der Universität Erlangen. 1925 am Institut für Altertumswissenschaften in Jerusalem. Ab 1929 Lehrbeauftragter für hebräische Sprache an der Universität Berlin. Außerdem war er am Institut Judaicum tätig. Ab 1934 förderndes Mitglied der Luftsportverbandes und in das NSFK überführt. Mitglied im RLB. Mitglied der NSV. Mitglied im NSDDB. Ab 1935 Professor an der Universität Greifswald. 1945 wegen seiner Nazi-Vergangenheit entlassen. Im Juni 1946 Professor für vergleichende Sprachwissenschaft. Von 1946 bis 1956 Professor an der Humboldt-Universität. Von 1956 bis zur Emeritierung 1965 Professor an der Universität Erlangen.
Quellen: Wikipedia, Kürschner, https://ns-zeit.uni-greifswald.de/projekt/personen/rost-leonhard/.

Rötzsch, Helmut
* 17.12.1923 in Leipzig, † 28.03.2017 ebenda
Ab 1941 Mitglied der NSDAP. Teilnehmer am Zweiten Weltkrieg. In Kriegsgefangenschaft. Ab 1946 Mitglied der SED. Von 1946 bis 1948 bei der Bahn- und bei der Kriminalpolizei. Von 1950 bis 1953 Verwaltungs- bzw. Kaderleiter. Von 1953 bis 1961 stellvertretender Hauptdirektor. Ab 1955 Inoffizieller Mitarbeiter „Sand“ des MfS. Von 1961 bis 1991 Hauptdirektor bzw. Generaldirektor der Deutschen Bücherei in Leipzig. Ab 1970 Honorarprofessor für Bibliotheks- und Informationswissenschaften an der Universität Leipzig. Mitglied im Hoch- und Fachschulrat. Vorsitzender des Wissenschaftlichen Beirats für Bibliothekswesen beim Ministerium für

Kultur. 1959 mit der „Verdienstmedaille“, 1964, 1980 und 1988 mit dem „Vaterländischen Verdienstorden“ in Bronze, Silber und Gold, 1973 mit der „Wilhelm-Bracke-Medaille“ in Gold und 1976 mit dem Orden „Banner der Arbeit“ ausgezeichnet.
Quellen: Wikipedia, Baumgartner/Hebig, Buch, BStU, MfS, HA IX/11, SV 3/82, Bd. 1a, Bl. 65.

Roth, Heinrich, Prof. Dr. phil.
* 18.07.1900 in Osterwieck, Kreis Halberstadt, † 02.06.1973 in Jena
Teilnehmer am Ersten Weltkrieg. Von 1920 bis 1928 Mitglied der DNVP. Ab 1933 Mitglied der NSDAP. Von 1933 bis 1935 Mitglied des NSKK. Mitglied im NSDDB. Mitglied im NSRB. 1921 freiwilliges Mitglied in Selbstschutzverbänden in Oberschlesien. Mit dem „Schlesischen Adlerorden“ I. und II. Klasse ausgezeichnet. Von 1923 bis 1935 Mitarbeiter der Landwirtschaftskammer bzw. der Landesbauernschaft Sachsen-Anhalt. Zunächst wissenschaftlicher Mitarbeiter, dann bald Leiter der Buch- und Wirtschaftsberatungsstelle, zuletzt leitete er die Betriebswirtschaftliche Abteilung. 1931/32 vertrat er den vakanten Lehrstuhl an der Universität Halle. Ab 1942 Professor für Taxationslehre. Ab 1942 Gaugruppenwalter für Buchprüfer und Wirtschaftsprüfer. Im Oktober 1945 entzog ihm die Universität Halle den Lehrauftrag. Ab 1946 Mitglied der LDPD. Im März 1946 für „tragbar“ erklärt, so konnte er weiterhin freiberuflicher Landwirtschaftlicher Sachverständiger und Wirtschaftsprüfer sein. Durch drei weitere „Entnazifizierungsverfahren“ freigesprochen. Im fünften „Entnazifizierungsverfahren“ wurde ihm 1949 verboten, eine leitende Stelle in öffentlichen oder privaten Betrieben auszuüben, womit er auch als Wirtschaftsprüfer ein Ende fand. Ab 1951/52 Verlagsleiter der Tageszeitung „Der Morgen“ in Berlin. 1953 erhielt er einen Lehrauftrag an der Universität Halle für Landwirtschaftliches Rechnungswesen. Im selben Jahr ernannte ihn das Staatssekretariat für Hoch- und Fachschulwesen zum Professor mit Lehrstuhl an der Universität Jena und zum Direktor des Instituts für Landwirtschaftliche Betriebslehre. Ende der 1960er Jahre emeritiert. Im Juni 1955 wurde Roth vom MfS beobachtet.
Quellen: Professorenkatalog Universität Halle, BStU, MfS, BV Gera, AOP 36/59, Bl. 23f.

Rübensam, Erich, Prof. Dr. agr. Dr. h. c.
* 18.05.1922 in Jaasde, Kreis Kolberg, † 02.12.2016
Von 1934 bis 1941 Mitglied der HJ und Scharführer. Seit September 1940 Mitglied der NSDAP. Als Unteroffizier Teilnehmer am 2. Weltkrieg. 1943 und 1944 mit dem EK II und dem EK I ausgezeichnet. Bis Dezember 1945 in sowjetischer Kriegsgefangenschaft. Ab 1949 bzw. 1951 Mitglied der SED. Von 1951 bis 1967 Direktor des Instituts für Acker- und Pflanzenbau Müncheberg der AdL. Von 1960 bis 1965 stellvertretender Leiter des Büros für Landwirtschaft beim Politbüro des ZK der SED. Von 1963 bis 1989 Mitglied im ZK der SED. Professor für Acker- und Pflanzenbau der Humboldt-Universität Berlin. Von 1954 bis 1959 stellvertretender Minister für Land- und Forstwirtschaft. Von 1959 bis 1962 Professor an der Humboldt-Universität Berlin. 1968 bis 1987 Präsident der AdL. Ab 1974 Vorsitzender des Freundschaftskomitees DDR-Algerien. Mit der „Ehrennadel" der GDSF, 1975 und 1982 mit dem „Vaterländischen Verdienstorden" in Silber und Gold, 1963 mit dem „Nationalpreis" III. Klasse, 1982 mit der „Ehrenspange" zum Vaterländischen Verdienstorden und 1987 mit dem „Karl-Marx-Orden" ausgezeichnet. Die Universität Halle verlieh ihm 1983 den Ehrendoktortitel. Er verschwieg seine Nazi-Vergangenheit.
Quellen: UFJ, Herbst, Baumgartner/Hebig, Buch, Wikipedia, BStU, MfS, HA XX Nr. 5751, Teil 3 von 3, Bl. 463f., BStU, MfS, HA XX Nr. 5754, Bl. 212, BStU, MfS, HA IX/11 AS 236/68, Bd. 1, Bl. 13.

Rücker, Curt, Prof.
* 12.06.1904 in Schwerin, † 21.03.1955 im Ostseebad Kühlungsborn
Ab 1933 Mitglied der NSDAP. Ab 1934 Musiklehrer an der Luisenschule in Weimar. Gausachbearbeiter des NSLB in Thüringen. Ab 1951 Leiter des Konservatoriums in Rostock. Ab 1953 Professor am Konservatorium Schwerin.
Quellen: Klee II, Sehlke, S. 317.

Rudert, Johannes, Prof. Dr. phil.
* 30.04.1894 in Dresden, † 01.02.1980 in Heidelberg
Von 1914 bis 1918 Teilnehmer am Ersten Weltkrieg und wurde als Schwerbehinderter entlassen. Von 1925 bis 1929 wissenschaftlicher Mitarbeiter am Psychologischen Laboratorium des Reichswehrministeriums. Ab 1929 Assistent am Institut für Psychologie der Universität Leipzig. Seit 1933 förderndes Mitglied im NSFK. Seit 1935 Mitglied der NSV. Mitglied im NSKOV. Seit 1940 Mitglied der NSDAP. Seit 1941 Mitglied im NSDDB. Wehrmachtspsychologe. Von 1941 bis 1945 Professor für Psychologie an der Philologisch-Historischen Abteilung der Philosophischen Fakultät der Universität Leipzig. Von 1945 bis 1951 Berater beim Jugendamt der Stadt Leipzig. Von 1948 bis 1949 führte er an der Universität Leipzig Forschungen durch, bei denen die „Verwahrlosung" von Mädchen und jungen Frauen untersucht wurden. Von 1952 bis 1962 Professor für Psychologie an der Universität Heidelberg.
Quellen: Professorenkatalog Universität Leipzig, BStU, MfS, HA IX/11 AK 6162 / 79, Bl. 13f.

Rühle, Otto, Prof. Dr. rer. pol.
* 20.02.1914 in Zuffenhausen, † 06.04.1969 in Berlin
Seit Mai 1937 Mitglied der NSDAP. Mitglied der SA. Verwaltungsdirektor verschiedener Krankenhäuser. Von 1939 bis 1941 Abteilungsleiter beim DRK in Stuttgart. Ab 1941 als Oberzahlmeister Teilnehmer am Zweiten Weltkrieg. Ab 1943 in sowjetischer Kriegsgefangenschaft. Schüler einer antifaschistischen Schule und Mitglied im NKFD. Mitbegründer der NDPD und von 1948 bis 1949 stellvertretender Vorsitzender der Partei. Von 1949 bis 1950 Verkehrsminister und von 1950 bis 1952 Gesundheitsminister des Landes Sachsen-Anhalt. Von 1950 bis 1954 Mitglied und 1969 Vize-Präsident des NR der NF. Von 1950 bis 1969 AdV. 1953 Redakteur der „National-Zeitung". Ab 1955 Professor für Politische Ökonomie an der Humboldt-Universität Berlin. Ab 1958 Professor an der Universität Greifswald. Ab 1963 Direktor des Instituts für Agrarökonomie der AdL. Von 1954 bis 1969 Mitglied im Präsidium der Urania. Seit 1960 Präsidiumsmitglied und ab 1961 Vize-Präsident der Deutsch-Afrikanischen Gesellschaft. 1964 und 1965 Direktor des Instituts für Hochschulbildung.

1969 Prodekan an der Akademie für Ärztliche Fortbildung. Mitglied im HA der NDPD. 1955 mit dem „Vaterländischen Verdienstorden“ in Silber, 1955 mit der „Ehrennadel“ in Silber der Urania, 1958 mit der „Verdienstmedaille“, 1957 mit der „Ernst-Moritz-Arndt-Medaille“ 1964 mit dem „Orden Banner der Arbeit“, mit dem „Ehrenzeichen“ der NDPD ausgezeichnet.
Quellen: UFJ, Herbst, Baumgartner/Hebig, Wikipedia, BStU, MfS, HA XX Nr. 5751, Teil 3 von 3, Bl. 468, Bl. 471f., https://www2.landesarchiv-bw.de/ofs21/olf/struktur.php?bestand=18116&sprungId=8695921&letztesLimit=suchen.

Ruickoldt, Ernst, Prof. Dr. med.
* 09.09.1892 in Weimar, † 08.10.1972 in Rostock
Freiwilliger Teilnehmer am Ersten Weltkrieg. Als Bataillonsarzt in britischer Kriegsgefangenschaft. Von 1921 bis 1930 Assistent am Pathologischen Institut und Assistent am Pharmakologischen Institut der Universität Rostock. Von 1930 bis 1934 Assistenzarzt und Privatdozent an der Universität Göttingen. Seit 1933 Mitglied der SA und SA-Sanitätsobersturmführer. Von 1934 bis 1937 Landesgewerbearzt in Mecklenburg. Ab 1935 beratender Sportarzt für die Organisation „Kraft durch Freude“ (KdF). Von 1934 bis 1945 und von 1954 bis 1961 Professor für Pharmakologie an der Universität Rostock, wo er 1937 Rektor war. Mitglied der NSDAP. Wegen seiner Nazi-Vergangenheit wurde er 1945 entlassen. Von 1945 bis 1954 niedergelassener Kinderarzt in Rostock. Von 1954 bis zur Emeritierung 1962 Professor für Pharmakologie an der Universität Rostock.
Quellen: Klee I, Wikipedia, Professorenkatalog Universität Rostock, Niemann/Herbst, Grüttner, BStU, MfS, HA IX/11 Nr. AK 5449/76, Bd. 3, Bl. 250.

Ruttke, Falk, Prof. Dr. jur.
* 11.11.1894 in Halle (Saale), † 09.09.1955 in Stuttgart-Bad Cannstatt
Als Angehöriger des Marinekorps Teilnehmer am Ersten Weltkrieg. Zuletzt Führer einer Maschinengewehr-Kompanie. Mit dem „Eisernen Kreuz“ I. und II. Klasse und mit dem „Flandernkreuz“ ausgezeichnet. Mitglied der DNVP. Mitglied im nationalistischen und anti-semitischen

„Deutsch-Völkischen Schutz- und Trutzbund“. Mitglied im „Stahlhelm, Bund der Frontsoldaten“. Gleichzeitig Mitglied der SS, wo er 1938 zum „Sturmbannführer“ ernannt worden war. Ab 1933 Reichskommissar des „Reichsausschusses für hygienische Volksbelehrung“. Juristischer Kommentator des rassistischen „Gesetzes zur Verhütung erbkranken Nachwuchses“. Gleichzeitig Mitglied des „Sachverständigenausschusses für Bevölkerungs- und Rassenpolitik“ beim Reichsministerium des Innern. Beteiligt an der Formulierung der rassistischen „Nürnberger Gesetze“. Ab 1935 erhielt er einen Lehrauftrag für „Rasse und Recht“ an der Universität Berlin und danach einen gleichen Lehrauftrag in Wien. 1940 Professor für „Rassen und Recht“ und Direktor eines Instituts an der Universität Jena. Im selben Jahr schulte er im Warthegau SS-Angehörige in „Rassenfragen“. Er blieb nach 1945 im Amt an der Universität Jena. Später siedelte er in die BRD über, wo er Herausgeber der Zeitschrift „Recht und Rasse“ war, die im Verlag Kohlhammer erschien.
Quellen: Wikipedia, Stockhorst, Klee I.

Sackmann, Horst, Prof. Dr. rer. nat. Dr. h. c.
* 03.02.1921 in Freiburg im Breisgau, † 02.11.1993 in Halle (Saale)
Seit 1939 Mitglied der NSDAP. Mitglied im NSDStB. Von 1941 bis 1944 als Gefreiter einer Nachrichtentruppe Teilnehmer am Zweiten Weltkrieg. Danach in US-amerikanischer Kriegsgefangenschaft. Mitglied im FDGB. In Halle im Mai 1951 „wegen antidemokratischer Propaganda und Hetze“ festgenommen. Im Frühjahr 1957, im Dezember 1957 und Anfang 1959 trat er in Restaurants „durch feindliche Äußerungen und antidemokratische Propaganda und Hetze“ auf. Dabei beschimpfte er anwesende Parteimitglieder und hetzte „gegen unseren Arbeiter- und Bauernstaat“. Als Chemiker ab 1957 Mitglied der AdW zu Berlin. Ab 1954 Dozent und ab 1959 Professor für Physikalische Chemie an der Universität Halle. Ab 1963 Direktor des Physikalisch-Chemischen Instituts. Von 1973 bis 1987 Vize-Präsident der Leopoldina zu Halle. Von 1991 bis 1993 Vorsitzender der Personalkommission Naturwissenschaft/Landwirtschaft der Universität Halle. 1973 mit dem „Nationalpreis“ für Wissenschaft und Technik, 1979 als „Verdienter Hochschullehrer der DDR“ und 1987 mit der „Verdienstmedaille“ der Leopoldina zu Halle. 1991 mit der „Bunsen-Denkmünze“

der Bunzen-Gesellschaft ausgezeichnet. 1985 verlieh ihm die Universität Jena den Ehrendoktortitel. Im März 1973 wurde Sackmann von der Abteilung XX/3 in Halle bearbeitet, dabei waren drei IMS („Hauser“, „Lehmann“, „Bernhard“ und ein Offizier im besonderen Einsatz (OibE) auf Sackmann angesetzt. Im Rahmen der Operativen Personenkontrolle (OPK) sollte auch geklärt werden, ob er möglicherweise für eine inoffizielle Zusammenarbeit zu gewinnen sei.
Quellen: BArch, Wikipedia, Cerný, Baumgartner/Hebig, BStU, MfS, BV Halle, AU 141/52, Bd. 1, Bl. 26, Bl. 31, Bl. 33, Bl. 40, BStU, MfS, AOPK Halle 1763/77, Bd., II, Bl. 72, BStU, MfS, AOPK Halle 1763/77, Bd., I, Bl. 4, Bl. 8f., BStU, MfS, AOP Halle, 105/60, Bd. 1, Bl. 9, Bl. 31f.

Sander, Friedrich, Prof. Dr. med.
* 19.11.1889 in Greiz, † 29.11.1971 in Bonn
Privatdozent bzw. Professor für Psychologie and der Medizinischen Fakultät der Universität Leipzig. Von 1929 bis 1933 Professor für Psychologie an der Universität Gießen. Von 1933 bis 1945 Professor an der der Universität Jena. Mitglied im NSDDB. Im KZ Buchenwald hielt er vor gefangenen norwegischen Studenten Vorträge zur Germanisierung. Ab 1949 Professor an der Brandenburgischen Landeshochschule in Potsdam und war dort mit dem Aufbau des Psychologischen Instituts betraut. Danach unterrichtete er an der FU Berlin und an der TU Berlin. Ab 1952 am Max-Planck-Institut für Anthropologie. Von 1955 bis 1958 Professor für Psychologie an der Universität Bonn. Wegen seiner Nazi-Vergangenheit trat er 1960 als Vorstand der Deutschen Gesellschaft für Psychologie zurück.
Quellen: Klee I, Professorenkatalog Universität Leipzig, Wikipedia.

Sartorius, Friedrich, Prof. Dr. med.
* 23.01.1896 in Herne, † 07.08.1983 in Berlin
Kriegsfreiwilliger im 1. Weltkrieg. Von 1923 bis 1924 Volontärassistent am Krankenhaus Hamburg-Eppendorf. Von 1924 bis 1925 am Chemisch-Physiologischen Institut in Leipzig. 1925 bis 1938 Assistent am Hygienischen Institut der der Universität Münster. Ab Oktober 1933 Mitglied der SA. Ab Januar 1935 Professor. Im Dezember 1937 wird die Ehe mit seiner jüdischen Ehefrau für nichtig erklärt. Ab April 1938 Leiter der

bakteriologisch-hygienischen Abteilung der Militärärztlichen Akademie Berlin. Ab September 1938 Lehrtätigkeit zur Allgemeinen Wehrpathologie an der Universität Berlin. Ab Oktober 1939 dort Professor. Ab 1942 im Feldtruppenteil der Wehrmacht. 1946 Ende der Kriegsgefangenschaft. Leitender Arzt der Zentralstelle für Hygiene in Eberswalde. Ab 1949 Leiter des Bezirkshygieneinstituts in Potsdam-Hermannswerder. Ab 1952 Aufbau eines Instituts zur Tollwutschutzimpfung. Ab 1954 Aufbau und Leitung eines Instituts für Serums- und Impfstoffprüfung in Berlin. Von 1956 bis 1959 am Institut für Seuchenschutz in Berlin-Weißensee. 1954 als „Verdienter Arzt des Volkes“ und im Januar 1961 mit dem „Vaterländischen Verdienstorden“ in Silber ausgezeichnet. 1965 emeritiert.
Quellen: http://www.flurgespraeche.de/wp-content/uploads/2017/05/Lebenslauf_Sartorius-Friedrich.pdf.

Säuberlich, Kurt, Prof. Dr.-Ing.
* 24.03.1904 in Krölpa, Kreis Pössneck, † 23.07.1971 in Saalfeld
Vom Juni 1930 bis 1945 Mitglied der NSDAP. Mitglied der Gauleitung Sachsen und Kreisamtsleiter im Kreis Freiberg. Bis 1934 Wissenschaftlicher Hilfsassistent am Institut für Braunkohleforschung. Ab 1935 stellvertretender Direktor der Bergtechnischen Abteilung. Seit November 1937 Mitglied der SS und ab Januar 1941 SS-Obersturmführer. Mitglied im NSDDB. Mitglied im NSLB. 1938 Leiter eines Instituts der BAF. Mitarbeiter des SD der SS im Leitabschnitt Dresden. 1943 mit dem „Kriegsverdienstkreuz“ der II. Klasse und 1944 mit dem „Kriegsverdienstkreuz“ I. Klasse ausgezeichnet. Agent der Geheimen Staatspolizei. Ab 1943 Professor an der BAF. Ab November 1945 wegen seiner Nazi-Vergangenheit entlassen. Von 1945 bis 1948 im sowjetischen Speziallager Nr. 2 in Buchenwald interniert. Ab 1949 Leiter der Forschungsstelle für Roheisen in der Maxhütte bei Unterwellenborn. Mitglied der SED. Mitglied im FDGB. Mitglied im KB. Mitglied der GDSF. Mitglied der KdT. Mitglied des Präsidiums des Deutschen Friedensrates. Von 1954 bis 1958 AdV. Ab 1957 Mitglied des Forschungsrates beim Ministerrat. Mitarbeiter im KB. Seit November 1959 Geheimer Informant „Saalfeld“ für das MfS. Im November 1964 brach das MfS die Verbindung zu Säuberlich ab. 1951 als „Held

der Arbeit“, 1953 mit dem „Nationalpreis“ III. Klasse und 1961 mit dem „Vaterländischen Verdienstorden“ in Silber ausgezeichnet.
Quellen: UFJ, Cerny, Wikipedia, Stockhorst, Baumgartner/Hebig, Der Spiegel 35/1996, Die Welt 11.09.1996, BStU, MfS, Nr. 18744/64, Bl. 4f., Bl. 6, Bl. 10-17, Bl. 21f., Bl. 31, Bl. 120-128, Bl. 254f., BStU, MfS, HA XX Nr. 5752, Bl. 7ff.

Schäperclaus, Wilhelm, Prof. Dr.
* 10.07.1899 in Hagen, † 03.01.1995 in Berlin
Teilnehmer am Ersten Weltkrieg. Danach von 1918 bis 1919 in Kriegsgefangenschaft. Ab 1925 Assistent an der Landwirtschaftlichen Versuchsstation in Münster. Ab 1925 Lehrbeauftragter und ab 1932 Leiter des Instituts für Fischerei und 1935 zum Professor ernannt. 1937/38 Direktor der Preußischen Landesanstalt für Fischerei. Ab 1942 Mitglied der NSDAP. Von 1945 bis 1946 Mitarbeiter im Ärztlichen Untersuchungsamt in Berlin-Friedrichshagen. 1946 aus der Deutschen Forschungsanstalt für Fischerei entlassen. Anschließend bis 1952 wissenschaftlicher Mitarbeiter im Fischereiamt von Groß-Berlin. Von 1952 bis 1959 Abteilungsleiter am Institut für Fischerei der DAL. Von 1952 bis 1959 Professor an der Humboldt-Universität Berlin. Von 1956 bis 1962 Direktor des Instituts für Fischereiwesen. 1956 mit dem „Nationalpreis“ und 1959 mit dem „Vaterländischen Verdienstorden“ in Silber ausgezeichnet.
Quellen: Wikipedia, NDB.

Scharf, Joachim-Hermann, Prof. Dr. rer. nat. Dr. med. Dr. h. c.
* 07.11.1921 in Nebra (Unstrut), † 22.06.2014 ebenda
Seit 1939 Mitglied der NSDAP. Als Offizier Teilnehmer am Zweiten Weltkrieg. Von 1957 bis 1959 Professor und Prosektor am Anatomischen Institut der Universität Jena. Von 1959 bis 1987 Professor für Anatomie und Direktor des Anatomischen Instituts an der Universität Halle. Mitglied der AdW zu Berlin. Seit 1961 Mitglied und ab 1964 Mitglied des Präsidiums der Leopoldina zu Halle. 1972 wurde eine operative Personenkontrolle gegen ihn durchgeführt, bei der drei IMS („Dr. Berger“, Dir. „Birker“, „Lektor“) und ein GMS („Kremer“) eingesetzt wurden. Dieses Vorgehen wurde koordiniert von der Abt. VIII der BVfS Halle. Das Ziel war die

„Grundsatzaufklärung" von Pönitz und die „Klärung" seiner Verbindungen ins westliche und östliche Ausland. Das Ergebnis der Bemühungen des MfS gegen Scharf mündeten in eine Operative Personenkontrolle, weil ihn möglicherweise der Feind im Westen für „feindliche Reaktionen" einsetzen könnte. Ab 1981 Mitglied der SAW zu Leipzig. 1987 emeritiert. 1975 von der Medizinischen Akademie Posen zum Ehrendoktor ernannt. 1977 mit der „Verdienst-Medaille" der Leopoldina zu Halle, 2000 mit dem „Große Bundesverdienstkreuz" und mit der Gauss-Plakette der AdW zu Berlin ausgezeichnet.
Quellen: Cerný, BArch, Wikipedia, Baumgartner/Hebig, SAW, BStU, MfS, AOPK, Halle 1444/75, Bl. 3f, 11ff.

Scheel, Paul Friedrich, Prof. Dr. med.
* 01.10.1883 in Rostock, † 09.01.1959 ebenda
Ab 1903 aktiv in der pflichtschlagenden Burschenschaft Corps Franconia Tübingen. Von 1909 bis 1913 Assistenzarzt an der Chirurgischen Universitätsklinik Rostock. Ab 1913 Volontärarzt am Orthopädischen Universitätsambulatorium in Wien. Ab 1913 bis 1914 Assistenzarzt an der Orthopädischen Universitätsklinik München. 1914 kurzzeitig Assistenzarzt im Oskar-Helene-Heim in Berlin. Von 1914 bis 1919 als Chirurg und Abteilungsarzt (Stabsarzt) Teilnehmer am 1. Weltkrieg. Von 1919 bis 1923 leitender Arzt bei der orthopädischen Beschaffungsstelle des Versorgungsamtes Rostock. Daneben leitender Arzt bei der Mecklenburgischen „Landeskrüppelanstalt" Elisabethheim in Rostock. Ab 1925 Gründer einer orthopädischen Klinik. Ab 1935 Sachverständiger der Reichsarbeitsgemeinschaft zur Bekämpfung des „Krüppeltums" im Reichsausschuss für Volksgesundheitsdient in Mecklenburg-Lübeck. Ab 1928 „Landeskrüppelarzt" in Mecklenburg. Von 1939 bis 1940 im Standortlazarett der Wehrmacht in Rostock. Mitglied der NSDAP. Von 1942 bis 1943 niedergelassener Orthopäde in Rostock. Von 1943 bis 1946 leitender Arzt bei der Ab 1946 bis 1949 Betriebs- und Seuchenarzt beim Gesundheitsamt Rostock. 1950 Dozent und ab 1951 Professor für Orthopädie an der Universitätsklinik Rostock. Ab 1949 kommissarischer Leiter und von 1950 bis zu seiner Emeritierung 1957 Leiter der Klinik. 1953 als „Verdienter Arzt des Volkes", 1954 mit der „Medaille für ausgezeichnete Leistungen", 1955 mit dem

„Vaterländischen Verdienstorden" und 1957 „Ehrenmeister" des Orthopädie-Handwerks ausgezeichnet. Ehrenmitglied vieler Vereinigungen. In Rostock wurde ein Schulzentrum nach ihm benannt.
Quellen: Wikipedia, Professorenkatalog Universität Rostock.

Scheele, Günter, Prof. Dr.
* 22. Oktober 1905 in Berlin-Britz, † 15. April 1982
Von 1928 bis 1933 Mitglied der SPD. Mitglied der Lehrergewerkschaft Berlin. Seit 1937 Mitglied der NSDAP, angeblich im Auftrag eines illegalen Ausschusses. Sportreferent der HJ und Sportleiter der Ortsgruppe der NSDAP Adlershof-Süd. Mitglied im NSRL. Seit 1934 Mitglied im NSLB. Von 1940 bis 1942 Teilnehmer am 2. Weltkrieg. Ab 1945 Mitglied der SPD bzw. SED. Ab 1946 Mitglied im FDGB. Von 1946 bis 1948 Mitarbeiter und anschießend Abteilungsleiter im ZK der SED. Ab 1948 Professor für Marxismus-Leninismus an der Universität Berlin. Ab 1949 Mitglied im VdJ. Von 1949 bis 1953 persönlicher Referent von Max Fechner, Minister für Justiz. Ab 1953 Dozent und später Professor für Dialektischen und Historischen Materialismus an der PH Potsdam. Von 1957 bis 1965 dort Rektor. Von 1960 bis 1963 Vorsitzender der Kommission für die Unesco-Arbeit. 1961 mit dem „Vaterländischen Verdienstorden" und mit dem „Karl-Marx-Orden" ausgezeichnet. Ab April 1951 und ab September 1953 ermittelte das MfS konspirativ gegen ihn.
Quellen: UFJ, Herbst, Baumgartner/Hebig, BStU, MfS, HA IX/11 Nr. AK 5449/76, Bd. 3, ohne Blattnummern, BStU, MfS, HA XX Nr. 5754, Bl. 53 und 55, BStU, MfS, HA XX Nr. 5752, Bl. 56f, Neue Deutsche Presse Nr. 42, Juli 1965 in: BStU, MfS, HA XX Nr. 5752, Bl. 362, Kundrus/Steinbacher Kontinuitäten und Diskontinuitäten, S. 138, Ft. 28.

Scheler, Werner, Prof. Dr. med. Dr. h. c. mult.
* 12.09.1923 in Coburg, † 09.10.2018
Ab September 1941 Mitglied der NSDAP. Als Flaksoldat Teilnehmer am Zweiten Weltkrieg. Er verschwieg seine Nazi-Vergangenheit. 1945/46 Mitglied der KPD bzw. der SED. Mitglied im FDGB. Bis 1954 Assistent am Pharmakologischen Institut der Humboldt-Universität Berlin. Von 1954 bis 1959 Oberassistent bzw. wissenschaftlicher Mitarbeiter am

Institut für Medizinische Biologie der AdW zu Berlin. Ab 1959 Professor für Pharmakologie an der Humboldt-Universität Berlin. Ab 1962 Professor für Pharmakologie an der Universität Greifswald. Von 1966 bis 1970 dort Rektor. Ab 1963 Mitglied im KB und im Präsidialrat des KB. Ab 1981 erneut AdV für den KB. Von 1971 bis 1979 Direktor des Forschungszentrums für Molekularbiologie und Medizin der AdW in Berlin-Buch, einem Verbund der biowissenschaftlichen und medizinischen Akademie-Institute. Von 1979 bis 1990 Präsident der AdW zu Berlin. In der AdW zu Berlin Mitglied der dortigen Kreisleitung der SED. Von 1963 bis 1970 und von 1981 bis 1990 AdV. Ab 1976 Kandidat und von 1978 bis 1989 Mitglied des ZK der SED. Mitglied der Leopoldina zu Halle. Mitglied der AdW der UdSSR. 1966 als „Verdienter Arzt des Volkes“, 1969 und 1982 mit dem „Vaterländischen Verdienstorden“ in Bronze und in Gold, 1970 mit dem „Nationalpreis“ II. Klasse, mit dem „Karl-Marx-Orden“, mit der „Verdienstmedaille“, mit dem Orden „Banner der Arbeit“ Stufe II und 1988 als „Hervorragender Wissenschaftler des Volkes“ ausgezeichnet. Die Universitäten Greifswald und Vilnius (Lettland) verliehen ihm jeweils den Ehrendoktortitel.
Quellen: UFJ, Cerný, Herbst, Baumgartner/Hebig, Buch, Wikipedia, BStU, MfS, HA XX Nr. 18608, Bl. 274f., BStU, MfS, HA XX Nr. 5752, Bl. 59.

Schenck, Martin Adolf Friedrich, Prof. Dr. med. Dr. phil.
* 04.03.1876 in Siegen, † 22.06.1960 in Leipzig
Von 1912 bis 1922 Privatdozent für Physiologische Chemie an der Universität Marburg. Von 1922 bis 1923 Professor für Physiologische Chemie an der Tierärztlichen Hochschule Dresden. Im November 1933 unterzeichnete er das „Bekenntnis der Professoren an deutschen Universitäten und Hochschulen zu Adolf Hitler und dem nationalsozialistischen Staat“. Ab 1937 Mitglied der NSDAP. Von 1923 bis 1945 Professor für Physiologische Chemie an der Veterinärmedizinischen Fakultät der Universität Leipzig. Erneut von 1952 bis 1955 an der Universität Leipzig, wo er 1955 emeritiert wurde. Als „Hervorragender Wissenschaftler des Volkes“ ausgezeichnet.
Quellen: Klee I, Professorenkatalog Universität Leipzig.

Schenk, Paul, Prof.
* 11.02.1899 in Leipzig, † 30.08.1977 ebenda
Ab 1925 Lehrbeauftragter für Musiktheorie am Konservatorium in Leipzig. Ab 1933 Mitglied NSDAP. Als Musiktheoretiker vertrat er alle wesentlichen Aspekte einer „völkischen" Musikpädagogik. Ab 1949 Professor für Tonsatz und Gehörbildung. Bis zu seiner Emeritierung 1964 Leiter der Abteilung Tonsatz bzw. Musiktheorie an der Musikhochschule in Leipzig.
Quellen: Wikipedia, https://www.mgg-online.com/article?id=mgg11497&v=1.0&rs=mgg11497

Scheunert, Carl Arthur, Prof. Dr. phil. Dr. med. vet. Dr. agr. h. c.
* 07.06.1879 in Dresden, † 11.01.1957
Teilnehmer am Ersten Weltkrieg. Von 1906 bis 1920 Privatdozent bzw. Professor für Physiologische Chemie an der Tierärztlichen Hochschule in Dresden. Von 1920 bis 1923 Professor an der Landwirtschaftlichen Hochschule Berlin. Von 1923 bis 1945 als Veterinärphysiologe an der Universität Leipzig. Seit 1942 Präsident der Reichsanstalt für Vitaminprüfung und -forschung. Seit 1941 Mitglied der NSDAP. Mitglied im NSAHB. Mitglied im NSBDT. Seit 1935 Mitglied im NSLB. Mitglied der AdW zu Berlin. Leiter der Zeitschriften „Tierernährung", „Vitamine und Hormone" und „Ernährungsforschung". Von 1946 bis 1948 Professor an der Universität Gießen. 1948 siedelte er in die SBZ über, wo er Direktor des Instituts für Ernährungs- und Verpflegungswissenschaften der AdW in Potsdam-Rehbrücke wurde. Vize-Präsident der AdL. 1951 mit dem „Nationalpreis" ausgezeichnet.
Quellen: Cerný, BArch, Wikipedia, Professorenkatalog Universität Leipzig, Baumgartner/Hebig, https://www.agrar.hu-berlin.de/de/institut/profil/personen_bio.

Schick, Rudolph, Prof. Dr. agr.
* 09.04.1905 in Berlin-Schöneberg, † 13.09.1969 in Rostock
Ab 1929 Assistent und Abteilungsleiter am Kaiser-Wilhelm-Institut für Züchtungsforschung in Müncheberg. Von 1933 bis 1945 Mitglied im

NSKK und Scharführer. Von 1936 bis 1945 Saatzuchtleiter in Neu-Buslar in Hinterpommern. Seit Mai 1937 Mitglied der NSDAP. Mitglied der SA. Für wenige Monate 1945 Teilnehmer am Zweiten Weltkrieg. Von 1945 bis 1949 Mitarbeiter der SMAD. Abteilungsleiter der Deutschen Saatzuchtgesellschaft in Schwerin. Ab 1947 Mitglied im KB. Ab 1948 Professor durch die Deutsche Wirtschaftskommission. Von 1951 bis 1969 Professor an der Universität Rostock. Ab 1949 Mitglied im FDGB. Ab 1950 Mitglied in der GDSF. Von 1959 bis 1965 Rektor der Universität Rostock. Mitglied der DAL und Sekretär der Sektion für Pflanzenzüchtung. Mitglied der Redaktion der Zeitschrift „Der Züchter". Ab 1963 Mitglied im Landwirtschaftsrat. Mitglied im Präsidium der Deutsch-Nordischen Gesellschaft. Ab 1952 im Präsidialrat des KB und von 1963 bis 1969 dort Vize-Präsident. Von 1953 bis 1968 Mitglied im ZV der Gewerkschaft Wissenschaft. Ab 1965 Vorsitzender des Wissenschaftlichen Beirates für Landwirtschaft. Ab 1966 Mitglied im Hoch- und Fachschulrat. 1951 mit dem „Nationalpreis" II. Klasse, 1955 mit der „Fritz-Heckert-Medaille", 1959 mit der „Vaterländischen Verdienstmedaille" in Silber, 1961 mit dem Orden „Banner der Arbeit", 1964 mit der „Erwin-Baur-Medaille", 1965 mit „Ernst-Moritz-Arndt-Medaille", 1965 mit der „Erinnerungsmedaille" des 20. Jahrestages Demokratische Bodenreform und 1965 mit der „Ehrennadel" in Silber der Urania ausgezeichnet.
Quellen: UFJ, Herbst, Baumgartner/Hebig, Wikipedia, Professorenkatalog Universität Rostock BStU, MfS, HA XX Nr. 5754, Bl. 57, Bl. 323.

Schieblich, Hermann Martin, Prof. Dr. med. vet.
* 16.09.1893 in Dresden, † 10.08.1973 in Leipzig
Seit 1933 Mitglied der NSDAP und von 1933 bis 1937 Blockwart. Von 1934 bis 1937 Mitglied im NSLB. Ab 1934 Mitglied der NSV. Von 1943 bis 1945 Mitglied im RLB. Von 1929 bis 1937 Privatdozent bzw. Professor für Veterinärphysiologie an der Veterinärmedizinischen Fakultät der Universität Leipzig. Im November 1933 unterzeichnete er das „Bekenntnis der Professoren an den deutschen Universitäten und Hochschulen zu Adolf Hitler und dem nationalsozialistischen Staat". Von 1937 bis 1946 Bezirkstierarzt in Grimma. Mitglied der LDPD. Seit 1947 Mitglied im FDGB.

Von 1952 bis 1958 als Professor für Veterinärphysiologie an der Universität Leipzig.
Quellen: Professorenkatalog Universität Leipzig, Wikipedia.

Schiebold, Ernst, Prof. Dr.
* 09.06.1894 Leipzig, † 04.06.1963 Magdeburg
Von 1922 bis 1924 Mitglied der DNVP. Von 1922 bis 1926 Abteilungsleiter für Angewandte Physik am Kaiser-Wilhelm-Institut für Physik in Neubabelsberg. Von 1926 bis 1942 Professor für Physikalisch-Chemische Mineralogie, Petrographie und Feinstruktur an der Universität Leipzig. Seit 1933 Mitglied der NSDAP. Mitglied im NSLB. Im November 1933 unterschrieb er das „Bekenntnis der Professoren an deutschen Universitäten und Hochschulen zu Adolf Hitler und den nationalsozialistischen Staat". Ab 1942 ernannte ihn die TH Dresden zum Professor für Röntgenkunde und zum Leiter des neuen Versuchs- und Materialprüfungsamtes. Ab 1943 entwickelte er Vorstellungen zum Einsatz von Röntgenstrahlen als Kriegswaffen. Mitglied der LDPD. Ab 1947 Mitglied im FDGB. Ab 1945/46 half er beim Wiederaufbau zerstörter Anlagen der Chemischen Industrie und Hauptreferent der wissenschaftlich-technischen Abteilung des Ministeriums für Baumaschinen der Sowjetunion. 1949 leitete er die Physik-Abteilung des Eisenforschungsinstituts in Hennigsdorf, wo er mit Eduard Maurer zusammenarbeitete. Ab 1951 übernahm Schiebold die Leitung des Deutschen Amtes für Material- und Warenprüfung in Leipzig. Von 1954 bis 1960 Professor für Werkstoffkunde und –prüfung an der neu gegründeten Hochschule für Schwermaschinenbau in Magdeburg. 1958 mit dem „Nationalpreis" für Wissenschaft und Technik II. Klasse ausgezeichnet. 1960 ernannte ihn die TH Magdeburg zum Ehrensenator. Im KB Vorsitzender des „Klubs der Intelligenz Otto von Guericke".
Quellen: Cerný, Wikipedia, Professorenkatalog Universität Leipzig, Baumgartner/Hebig, BStU, MfS, Allg. P. 3801/67, Bl. 2-9, Bl. 35.

Schier, Bruno, Prof. Dr. phil.
* 17.12.1902 in Hohenelbe, Riesengebirge, † 09.02.1984 in Münster
Seit 1934 Mitglied der Sudetendeutschen Partei. Seit 1937 Mitglied der NSDAP. Mitglied der NSV. Mitglied im RLB. Mitglied im DRK. Von

1934 bis 1945 Professor für Deutsche Volkskunde an der Philologisch-Historischen Abteilung der Universität Leipzig. Von 1940 bis 1943 Gastprofessor an der Slowakischen Universität Bratislava. Ab 1947 Lehrbeauftragter für Westslawische Philologie an der Universität Halle. Von 1949 bis 1951 Gastprofessor an der Universität Marburg. Von 1951 bis 1971 Professor für Deutsche und Vergleichende Volkskunde an der Universität Münster. Mitglied der SAW zu Leipzig. 1975 mit dem „Bundesverdienstkreuz" der BRD ausgezeichnet.
Quellen: Professorenkatalog Universität Leipzig, Wikipedia, Sächsische Biografie.

Schildhauer, Johannes, Prof. Dr.
* 28.11.1918 in Dessau, † 01.04.1995 in Greifswald
Von 1935 bis 1939 Mitglied der HJ. Von 1937 bis 1938 Arbeitsmann beim RAD. Ab September 1937 Mitglied der NSDAP. Von 1939 bis 1944 als Leutnant Teilnehmer am 2. Weltkrieg. 1942 mit dem EK II ausgezeichnet. Ab 1945 Neulehrer in Dessau. Wissenschaftlicher Assistent bei A. Hofmeister am Historischen Institut der Universität Greifswald. Dort ab 1952 Dozent. Seit 1946 Mitglied der SED. Mitglied im FDGB. Mitglied in der GDSF. Mitglied im KB. Von 1947 bis 1949 Wissenschaftliche Hilfskraft am Historischen Seminar der Universität Greifswald. Von 1949 bis 1951 Dozent an der ABF der Universität Greifswald. Von 1951 bis 1952 Dozent und Fachgruppenleiter an der ABF der Universität Greifswald. Im August 1955 war er vorgesehen als Geheimer Hauptinformator. Ab September 1955 wurde er vom MfS als „Kontaktperson" (KP) geführt. Im Februar 1970 wurde er vom IMS zum GMS „umregistriert, da er nicht den Anforderungen eines IMS" entsprach. Von 1958 bis 1984 Professor für die Geschichte des Mittelalters und der Frühen Neuzeit. Von 1960 bis 1977 Direktor des Historischen Instituts der Universität Greifswald. Mitglied der Deutsch-Polnischen Historikerkommission. Mitglied im Hansischen Geschichtsverein. 1984 als „Verdienter Hochschullehrer" ausgezeichnet.
Quellen: Wikipedia, Mertens, S. 28, BStU, MfS, Bezirk Rostock, Personalakte GI, Nr. 254/70, Bl. 7f., Bl. 17ff., Bl. 29f., Bl. 67, Bl. 69, Bl. 74f., Bl. 87, BStU, MfS, Handakte für GMS „Arnold Schmidt", AGJ/254/70, Bl. 3f.

Schilling, Viktor, Prof. Dr. med. Dr. h. c.
* 28.08.1883 in Torgau, † 30.05.1960 in Rostock
Als Lazarettchef Teilnehmer am Ersten Weltkrieg. Von 1920 bis 1926 Assistenzarzt und ab 1927 Oberarzt an der Charité in Berlin. Ab 1922 Professor an der Universität Berlin. Ab 1935 Mitglied der NSDAP. Herausgeber der Zeitschrift „Medizinische Welt". Stellvertretender Direktor der Medizinischen Akademie Berlin. Von 1938 bis 1941 nebenamtlich an der Militärmedizinischen Akademie in Berlin. Von 1934 bis 1941 Professor für Innere Medizin an der Universität Münster. Mitglied des Wissenschaftlichen Senats des Heeressanitätswesens. Von 1939 bis 1941 als Leiter des Laboratoriums für Bluttransfusion bei der Militärärztlichen Akademie in Berlin und am Robert-Koch-Institut in Berlin Teilnehme am 2. Weltkrieg. Von 1941 bis 1946 und von 1948 bis 1957 zu seiner Emeritierung Professor an der Medizinischen Universitätsklinik Rostock. 1946 wegen seiner Nazi-Vergangenheit entlassen. 1947 habe ihn der Block antifaschistischer Parteien in Rostock als „unbedenklich" eingestuft, schrieb Prof. Riemann, Rektor der Universität Rostock, Anfang September 1947 an die Deutsche Zentralverwaltung für Volksbildung in der SBZ. Er setzte sich ausdrücklich für Schilling ein, gerade auch „wegen seines Weltrufes" als führendem Hämatologen. 1955 bis 1957 Mitglied im Wissenschaftlichen Beirat für Medizin des Staatssekretariats für Hochschulwesen. 1953 als „Hervorragender Wissenschaftler des Volkes", 1957 mit der „Bernhard-Nocht-Medaille, 1955 und 1958 mit dem „Vaterländischen Verdienstorden" in Bronze und Silber ausgezeichnet. 1960 Ehrenpräsident der Deutschen Hämatologischen Gesellschaft. 1968 verlieh ihm die Universität Rostock den Ehrendoktortitel.
Quellen: Cerný, Wikipedia, Klee I, Baumgartner/Hebig, Professorenkatalog Universität Rostock, Prüll, S. 389, S. 391f.

Schingnitz, Werner, Prof. Dr. phil.
* 22. September 1899 in Olbernhau; † 30. Oktober 1953 in Göttingen
Von 1917 bis 1918 Teilnehmer am 1. Weltkrieg. Ab 1925 Assistent an der Universität Leipzig. Dort ab 1926 Privatdozent für Philosophie. Ab März 1933 Mitglied der NSDAP und Pressewart der NSBO-Zelle der Universität

Leipzig. Von 1934 bis 1935 Stabsleiter der Gaufachschaft im NSLB Sachsen und Fachberater für Weltanschauung und Philosophie in der Kulturphilosophischen Abteilung der Kreisleitung. Redner für Parteiformationen und Bezirksschulungsleiter im Technikerverband der DAF. Im März 1933 unterzeichnete die Erklärung von Hochschullehrern für Adolf Hitler, Im November 1933 unterzeichnete er das „Bekenntnis der Professoren an den deutschen Universitäten und Hochschulen zu Adolf Hitler und dem nationalsozialistischen Staat.
Quellen: Wikipedia.

Schlesinger, Friedrich Walter, Prof. Dr. phil. Dr. h. c.
* 28.04.1908 in Glauchau, † 10.06.1984 in Weimar-Wolfshausen bei Marburg
Seit 1929 Mitglied der NSDAP. Seit 1936 Mitglied im NSDDB. Seit 1937 Mitglied der NSV. Von 1933 bis 1936 Mitglied im NSLB. Von 1935 bis 1940 wissenschaftlicher Mitarbeiter am Historischen Seminar der Universität Leipzig. Ab 1936 Assistent bei Hermann Heimpel. Teilnehmer am Zweiten Weltkrieg und wurde schwer verwundet. Von 1942, faktisch erst seit seiner Genesung 1944, bis 1945 Professor für deutsche Landes- und Volksgeschichte und Direktor des Instituts für Heimatgeschichte der Universität Leipzig. Mitarbeiter beim nationalsozialistischen Projekt „Kriegseinsatz der Geisteswissenschaften". Im November wegen seiner Nazi-Vergangenheit aus der Universität entlassen. Er wohnte dann bei seiner Frau in Glauchau wo er, als Auftragsarbeit des Sächsischen Landeskirchenamtes, die Kirchengeschichte Sachsens im Mittelalter verfasste. Im November 1951 siedelte er in die BRD über. Von 1954 bis 1960 Professor für Mittlere und Neuere Geschichte an der FU Berlin. Von 1960 bis 1964 Professor für Mittelalterliche Geschichte und Historische Hilfswissenschaften an der Universität Frankfurt/M. Von 1964 bis zu seinem Tod 1984 Professor für Mittelalterliche Geschichte an der Universität Marburg. Bis 1974 Leiter des Hessischen Landesamtes für Geschichtliche Landeskunde in Marburg und der von ihm gegründeten Abteilung „Forschungsstelle für Geschichte und Landeskunde Mitteldeutschlands". Die Universitäten Heidelberg und Göttingen verliehen ihm jeweils den Ehrendoktortitel. Mitglied des

„Konstanzer Arbeitskreis für mittelalterliche Geschichte". Seit 1971 Mitglied der AdW Göttingen.
Quellen: BStU, MfS, BV Gera, AP 1367/63, Bl. 16ff, Sächsische Biografie, www.saebi.isgv.de/biografie/Walter_Schlesinger, Professorenkatalog Universität Leipzig, Wikipedia, Klee I.

Schlette, Friedrich, Prof. Dr. phil.
* 18.10.1915 in Königsberg, Ostpreußen, † 07.08.2003 in Halle (Saale)
Seit April 1935 Mitglied der NSDAP. Vom November 1935 bis August 1935 Mitglied des NSDStB. Seit 1939 als Oberleutnant Teilnehmer am Zweiten Weltkrieg. Ab 1946 Wissenschaftlicher Assistent an der Universität Halle. Von 1945 bis 1950 Mitglied der SPD bzw. SED. Eine Untersuchung des MfS konnte seine Mitgliedschaft in der NSDAP nicht feststellen. Jedoch konnten Parteiunterlagen zu Schlette nicht gesichtet werden, da sie sich beim Hauptvorstand der NDPD in Berlin befunden haben sollen. Ab 1947 Mitglied im FDGB. Mitglied der NDPD. Ab 1955 Dozent für Ur- und Frühgeschichte und ab 1959 Professor mit Lehrauftrag. Von 1959 bis 1966 Direktor des Instituts für Ur- und Frühgeschichte an der Universität Halle. Von 1963 bis 1968 Prodekan der Philosophischen Fakultät. Mitglied im KB und stellvertretender Vorsitzender des Bezirks Halle. Von 1963 bis 1967 AdV. Von 1966 bis zu seiner Emeritierung 1986 Lehrstuhlinhaber für Ur- und Frühgeschichte und zugleich Direktor des Fachbereichs und später des Wissenschaftsbereichs Ur- und Frühgeschichte der Sektion Orient- und Altertumswissenschaften der Universität Halle. Mitglied im Präsidium der Historiker-Gesellschaft und dort seit 1982 Ehrenvorsitzender. 1959 mit der „Verdienstmedaille", mit dem „Ehrenzeichen" der NF und 1964 mit dem „Vaterländischer Verdienstorden" in Bronze und 1980 in Silber ausgezeichnet.
Quellen: UFJ, Wikipedia, Baumgartner/Hebig, Buch, BStU, MfS, HA XX Nr. 5752, Bl. 74f., Mertens, S. 28.

Schlomka, Georg August Theodor, Prof. Dr. med.
* 28.02.1900 Krockow, †?
Teilnehmer am Ersten Weltkrieg. Von 1925 bis 1928 Assistent an der Medizinischen Klinik in Kiel. Von 1928 bis 1931 Oberarzt der Medizinischen

Abteilung des Städtischen Krankenhauses in Danzig. Von 1932 bis 1938 Privatdozent für Innere Medizin an der Universität Bonn. Von 1933 bis 1934 Mitglied der SA. Seit 1937 Mitglied der NSDAP. Experte der Luftfahrtmedizin. Seit 1935 Mitglied der Reichsdozentenschaft. Ab 1934 Mitglied der NSV. Von 1938 bis 1939 Sturmarzt im NSFK. Ab 1939 Mitglied im NSDDB. Ab 1942 Mitglied im NSÄB. Mitglied im VDA. Von 1938 bis 1945 Professor für Innere Medizin an der Medizinischen Fakultät der Universität Leipzig. Ab 1951 Chefarzt am Krankenhaus in Waren (Müritz). Er veröffentlichte in den 1950er Jahren zu medizinischen Themen in Berlin-Ost.
Quellen: Professorenkatalog Universität Leipzig, Wikipedia.

Schlösser, Anselm, Prof. Dr. phil.
* 01.10.1910 in Jena, † 1991
Autor der antisemitischen Tageszeitung „Der Angriff". Mitglied der RKK. Mitglied der RSK. 1938 Lektor im Scherl-Verlag und anschließend Hauptreferent und Leiter des Auslandslektorats im Werbe- und Beratungsamt für das Deutsche Schrifttum. Hauptreferent für Großbritannien und USA. Nach 1945 Lehrender an der Universität Jena. Seit 1952 Hochschullehrer bzw. Professor für Englische Literaturgeschichte an der Humboldt-Universität Berlin. 1960 und 1970 mit dem „Vaterländischen Verdienstorden" in Silber und Gold und 1964 mit dem „Nationalpreis" II. Klasse ausgezeichnet.
Quellen: Wikipedia, Tenorth, S. 467.

Schlüter, Otto Ludwig Karl, Prof. Dr. Dr. h. c.
* 12.11.1872 in Witten an der Ruhr, † 12.10.1959 in Halle (Saale)
Von 1898 bis 1900 Assistent bei der Berliner Gesellschaft für Erdkunde und arbeitete zur Geographie des nördlichen Thüringens. 1906 habilitierte er sich an der Universität Berlin für Geographie und war dort als Privatdozent und zugleich als Dozent an Handelshochschulen in Berlin und Köln. Mitglied im Corps Palaiomarchia. Ab 1911 Professor und Ordinarius an der Universität Halle. Ab 1912 Mitglied im RKB. Von 1914 bis 1916 Teilnehmer am Ersten Weltkrieg in der Landwehr. Ab 1915 Mitglied im nationalistischen und militaristischen „Alldeutschen Verband". Später Mit-

glied im nationalistischen und antisemitischen „Deutsch-Völkischen Schutz- und Trutzbund“. 1917/18 Mitglied im Halleschen Verband für die Erforschung der mitteldeutschen Bodenschätze und ihrer Verwertung. Von 1918 bis 1928 und von 1931 bis 1938 Mitglied der DNVP. Ab 1935 Mitglied der NSV. Mitglied im NSAHB. 1938 emeritiert und von 1948 bis 1951 erneut Professor für Geographie der Kulturlandschaft und für die Methodik der Geographie. Ab 1945 Mitglied der CDUD. Mitglied der Leopoldina zu Halle und 1943 Vize-Präsident und 1952/53 Präsident und Ehrenmitglied. 1956 als „Ehrensenator“ der Universität Halle ausgezeichnet.
Quellen: Cerný, Herbst, Professorenkatalog Universität Halle, Wikipedia, Klee II, Baumgartner/Hebig, NDB.

Schmalfuß, Karl, Prof. Dr. rer. nat. Dr. h. c.
* 05.11.1904 in Wedruschitz bei Saatz (Böhmen), † 03.12.1976 in Halle (Saale)
Nach 1930 Wissenschaftlicher Assistent an den Universitäten Halle, Marburg und Berlin, wo er 1936 zum Dozenten ernannt wurde. Von 1938 bis 1945 Mitglied der NSDAP. Ab 1942 Professor und Institutsdirektor an der Reichsuniversität Posen. Ab 1947 Professor sowie Direktor des Instituts für Pflanzenernährung und Bodenkunde an der Universität Halle. Ab 1951 Mitglied der AdL und Sekretär der Sektion Bodenkunde, Pflanzenernährung und Ackerbau. Von 1956 bis 1957 Prodekan der Landwirtschaftlichen Fakultät der Universität Halle. Ab 1953 Mitglied der Leopoldina zu Halle. Ab 1954 Mitglied der SAW zu Leipzig. 1953 mit dem „Nationalpreis“ II. Klasse für Wissenschaft und Technik, 1960 mit dem „Vaterländischen Verdienstorden“ in Silber und 1964 mit der „Erwin-Baur-Medaille“ ausgezeichnet. 1959 von der Universität Leipzig mit dem Ehrendoktortitel ausgezeichnet.
Quellen: Wikipedia, Professorenkatalog Universität Halle, SAW, Baumgartner/Hebig, https://www.agrar.hu-berlin.de/de/institut/profil/personen_bio.

Schmid, Gustav Günther Wilhelm, Prof. Dr. phil.
* 12.08.1888 in Braunschweig, † 17.07.1949 in Halle (Saale)
Seit 1909 Assistent am Botanischen Institut der Universität Jena. 1913/14 leistete er Militärdienst als Einjährig-Freiwilliger und da er erkrankte, im Ersten Weltkrieg als Zahlmeister beim Landsturm. Ab 1932 Mitglied der Leopoldina. Ab 1933 Mitglied der SA. Mitglied im NSDFB. Ab 1934 Mitglied der NSV. Ab 1934/35 Mitglied im NSLB. Von 1920 bis 1935 Assistent am Botanischen Institut der Universität Halle. 1928 zum nichtbeamteten Professor ernannt. Von 1928 bis 1930 Lehrauftrag für Botanik an der und Pharmakognosie inne. Ab 1935 Wissenschaftlicher Hilfsarbeiter im Botanischen Institut der Universität Halle, wo er vor allem zur Geschichte der Naturwissenschaften arbeitete. 1945 Soldat im „Volkssturm". Im Juni 1945 kommissarischer Leiter des Botanischen Instituts und wirkte an der Entnazifizierung der Universität mit. Ab 1945 Mitglied der LDPD. 1946 ernannte ihn die Landesregierung zum Professor für Geschichte der Naturwissenschaften und Pharmakognosie (Drogenkunde).
Quellen: Professorenkatalog Universität Halle, Wikipedia.

Schmidt, Hans, Prof. Lic. theol.
* 10.05.1877 in Wolmirstedt, † 20.01.1953 in Halle (Saale)
Von 1904 bis 1907 Studieninspektor am Predigerseminar in Naumburg. Von 1907 bis 1914 Pfarrer in Breslau. Ab 1910/11 Mitarbeiter des Deutschen Evangelischen Instituts für Altertumswissenschaft in Jerusalem. Ab 1914 Professor an der Universität Tübingen. Von 1914 bis 1918 als Offizier freiwilliger Teilnehmer am Ersten Weltkrieg. Mit dem „Eisernen Kreuz" II. Klasse, später auch I. Klasse und mit dem „Ritterkreuz" des Königlichen Hausordens von Hohenzollern ausgezeichnet. Von 1918 bis 1920 in englischer Kriegsgefangenschaft. Danach Ordinarius an der Universität Gießen. Ab 1928 Professor an der Universität Halle. Seit 1933 Mitglied der NSDAP. Bis 1936 Mitglied der antisemitischen und völkischen „Deutschen Christen". Von 1936 bis 1945 Dekan der Theologischen Fakultät und zugleich Präsident des Fakultätentages der Evangelisch-Theologischen Fakultäten Deutschlands. Von 1939 bis 1944 als Major freiwilliger Teilnehmer am Zweiten Weltkrieg. 1945 emeritiert und im Entnazifizierungsverfahren mit dem Entzug der Altersversorgung bestraft. Von 1946

bis 1948 arbeitete er als Pfarrer in Diemitz und Brachwitz. Ab 1949 Lehrauftrag für Hebräisch an der Universität Halle. Mitglied der Gefängnisseelsorgerischen Vereinigung, einer der beiden deutschen Vertreter im Weltbund gegen den Alkoholismus. Seit 1949 Mitglied der CDUD.
Quellen: Professorenkatalog Universität Halle, Wikipedia.

Schmidt, Kurt Rudolf Thomas, Prof. Dr. med. vet.
* 10.12.1880 in Illeben, Kreis Gotha, † 12.03.1950 in Leipzig
Von 1905 bis 1910 Fleischbeschauer in Bremen und Weißensee. Ab 1910 Stadttierarzt in Chemnitz. Von 1928 bis 1935 Leiter des Dresdner Schlachthofes. Mitglied im Führungsrat der Reichstierärztekammer. Seit 1933 Mitglied der NSDAP. Seit 1934 Mitglied im NSÄB. Mitglied der NSV. Mitglied im NSDDB. Mitglied im RLB. Mitglied im Opferring der NSDAP. Mitglied im NSRL. Ab 1933 Mitglied im RDB. Seit September 1939 Mitglied im DRK. Ab 1941 kommissarischer Leiter des Tierseucheninstituts. Ab Oktober 1935 Professor für Tierärztliche Nahrungsmittelkunde an der Veterinärmedizinischen Fakultät der Universität Leipzig Im November 1945 wegen seiner Nazi-Vergangenheit entlassen. 1946 mittels eines Notdienstvertrages als Hilfsarbeiter am Institut angestellt. Dieser Vertrag wurde bis 1947 immer wieder verlängert und ab 1. Januar 1947 wurde er Wissenschaftlicher Assistent. Eine Lehrtätigkeit blieb ihm durch die Landesregierung jedoch weiterhin untersagt. Mitglied im FDGB. Er hielt jedoch Vorträge vor Tierärzten, schließlich im September 1949, wenige Monate vor seinem Tod, entlassen.
Quellen: Professorenkatalog Universität Leipzig, Krüger, S. 72-84.

Schmidt, Paul, Prof. Dr. med.
* 23.11.1872 in Neustadt, Sachsen, † 17.03.1950 in Halle (Saale)
Er volontierte an der Frauenklinik und am Pathologischen Institut der Universität München. Von 1899 bis 1902 Schiffsarzt. Danach Assistent am Institut für Tropenhygiene in Hamburg. Danach Wechsel zur Bayerischen Bakteriologischen Untersuchungsstation in Landau. Ab 1903 Mitglied im Kolonialbund. Ab 1925 Mitglied im Verein „Deutschland zur See“. Von 1903 bis 1906 Assistent am Hygienischen Institut der Universität Leipzig. Ab 1913 Professor für Hygiene an der Universität Gießen. Als Teilnehmer

am Ersten Weltkrieg Hygieniker in Gefangenenlagern und in der Festung Metz. Mit dem „Hessischen Militär-Sanitätskreuz am Kriegsbande“ und mit dem „Eisernen Kreuz“ II. Klasse ausgezeichnet. Seit 1933 Mitglied im NSDFB bzw. Mitglied im „Stahlhelm, Bund der Frontsoldaten“. Ab 1935 Mitglied der NSV. Von 1917 bis zur Emeritierung 1939 Professor in Halle und Leiter des Hygienischen Instituts. Er schuf studentische „hygienische Stoßtrupps“ die sozial- und arbeitshygienische Fragen bearbeiteten, die aber vor allem anthropologische Messungen der Bevölkerung der Provinz Sachsen vornahmen. Von 1939 bis 1944 diente er als beratender Hygieniker im Wehrkreis IV im Dienstgrad eines Stabsarztes. Ab 1946 Mitglied im FDGB. Ab 1949 wieder Direktor des Hygienischen Instituts. Mitglied der Leopoldina zu Halle. 1950 als „Verdienter Arzt des Volkes“ ausgezeichnet. 1949 emeritiert.
Quellen: Professorenkatalog Universität Halle, Professorenkatalog Universität Leipzig, Wikipedia.

Schmitz, Eugen, Prof. Dr.
* 12.07.1882 in Neudorf an der Donau, † 10.07.1959 in Leipzig
Musikkritiker bei der Münchner „Allgemeinen Zeitung“. Ab 1909 Privatdozent in München. Von 1914 bis 1915 Direktor des Mozarteums in Salzburg. Von 1915 bis 1939 Musikredakteur der „Dresdner Nachrichten“. Ab 1916 als Dozent und ab 1918 als Professor für Musikwissenschaft an der TH Dresden. Mitglied der NSDAP. Er schrieb für die Nazi-Zeitschrift „Musik im Kriege“. Im November 1933 unterzeichnete er das „Bekenntnis der Professoren an deutschen Universitäten und Hochschulen zu Adolf Hitler und dem nationalsozialistischen Staat. Von 1939 bis 1955 Leiter der „Musikbibliothek Peters“ in Leipzig.
Quellen: Wikipedia, Baumgartner/Hebig.

Schneeweis, Edmund, Prof. Dr. phil.
* 31.07.1886 in Rostitz (Mähren), † 06.09.1964 in Berlin
Von 1915 bis 1918 als Dolmetscher Teilnehmer am 1. Weltkrieg. Gymnasialprofessor in Zwittau, Aussig (Nordböhmen), und bis 1922 in Karlsbad, Westböhmen. Ab 1922 Lektor für Germanistik an der Universität Belgrad. Ab 1926 Dozent für Slawistik. Ab 1933 Professor für Slawische Volks-

und Altertumskunde an der Deutschen Universität Prag. Zugleich Direktor des Slawischen Instituts. Mitarbeiter der Zeitschrift „Slawische Rundschau“ und ab 1930 ihr Generalsekretär. 1938 Mitglied der Sudetendeutsche Partei. Mitglied der NSDAP. Gemeinsam mit J. Hanika führte Schneeweis das Institut für Volkskunde der Reinhard-Heydrich-Stiftung. Ab 1943 Dekan an der Universität Prag. Nach Kriegsende zunächst Dolmetscher und Studienrat in Glauchau. Von 1946 bis 1950 Professor der slawischen Philologie an der Universität Rostock. Von 1950 bis 1962 Professor an der Humboldt-Universität Berlin. 1955 emeritiert, lehrte er bis 1962 in Berlin weiter. Mitglied der SED. Mitglied der Deutschen Gesellschaft für Wissenschaften und Künste in Prag, Mitglied der Polnischen AdW in Krakau. Mitglied des Vereins für Volkskunde in Wien. Mitglied der AdW zu Berlin.
Quellen: Klee I, Wikipedia, Professorenkatalog Universität Rostock.

Schneider, Ferdinand Josef, Prof. Dr. phil.
* 06.12.1879 in Mariaschein, Böhmen, † 04.11.1954 in Halle (Saale)
Ab 1914 Professor an der Universität Prag. Als Offizier Teilnehmer am Ersten Weltkrieg. In verschiedenen Garnisonen der Doppelmonarchie und zuletzt beim k. u. k. Militärkommando Prag. Mit der „Krone am Bande der Tapferkeitsmedaille“ ausgezeichnet. Ab 1921 Professor für Literaturwissenschaft an der Universität Halle. 1933/34 Dekan der Philosophischen Fakultät. Mitglied der NSV. Mitglied des VDA. Ab 1949 Mitglied der SAW. 1953 emeritiert.
Quellen: Professorenkatalog Universität Halle, Wikipedia.

Schneider, Max, Prof. Dr. phil.
* 20.07.1875 in Eisleben, † 05.05.1967 in Halle (Saale)
Von 1897 bis 1901 Kapellmeister. Von 1905 bis 1913 Assistent und bis 1915 Professor am musikwissenschaftlichen Seminar der Universität Berlin. Zugleich Wissenschaftlicher Hilfsarbeiter an der Königlich-Preußischen Bibliothek, später am Institut für Kirchenmusik. Ab 1915 Professor an der Universität Breslau, wo er 1920 zum persönlichen Ordinarius ernannt worden war. Ab 1927 zugleich Direktor der Evangelischen Kirchenmusikschule Schlesien. Mitglied der NSV. Mitglied im NSLB. Mitglied im

NSDDB. Mitglied im NSAHB. Mitglied im RLB. Ab 1928 lehrte er als persönlicher Ordinarius an der Universität Halle. Von 1936 bis 1938 Dekan der Philosophischen Fakultät. Ab 1945 Mitglied im FDGB. 1950 emeritiert, lehrte er bis 1962 weiter. Von 1955 bis 1967 Präsident der Internationalen Georg-Friedrich-Händel-Gesellschaft. Mitherausgeber der Hallischen Händel-Ausgabe sowie der neuen Folge des Händeljahrbuchs. Mitherausgeber der „Zeitschrift für Musikwissenschaft“. Mit dem „Nationalpreis“, mit dem „Händel-Preis“ und mit dem „Vaterländischen Verdienstorden“ in Gold ausgezeichnet. Ehrenmitglied des VBK.
Quellen: Herbst, Professorenkatalog Universität Halle, Wikipedia, Baumgartner/Hebig, BStU, MfS, BV Halle, AOP 46/59 2, Bl. 102.

Schneider, Rudolf, Prof. Dr. jur.
* 27.04.1921 in Forst, †?
Mitglied der HJ, Mitglied der DAF. Mitglied der Waffen-SS. SS-Unterscharführer bei der SS-Leibstandarte „Adolf Hitler“. Teilnehmer am Zweiten Weltkrieg und 1941 schwer verwundet. Mit dem „Band zur Ost-Medaille“, dem „Eisernen Kreuz“ 2. Klasse, mit dem „Infanteriesturmabzeichen“ und mit dem „Verwundetenabzeichen in Silber ausgezeichnet. Danach Fachführer der Waffen-SS bzw. Dezernent für Wirtschaft. 1946 Mitglied der SED. Dozent für Arbeitsrecht an der Humboldt-Universität Berlin. Von 1955 bis 1957 Sekretär der SED-Grundorganisation. Von 1956 bis 1961 Professor für Arbeitsrecht und Direktor des Instituts für Arbeitsrecht an der Humboldt-Universität Berlin. Ab 1961 Dekan der Juristischen Fakultät. Mitglied im Bundesvorstand des FDGB. Wegen Verschweigens seiner SS-Vergangenheit 1961 von allen seinen Funktionen an der Humboldt-Universität Berlin entbunden. Gegen ihn wurde ein Partei- und Disziplinarverfahren durchgeführt. Anschließend zur Bewährung als Abteilungsleiter im VEB Werkzeugmaschinenfabrik „Hermann Schlimme“ in Berlin (Ost) beschäftigt. Mit der „Medaille für ausgezeichnete Leistungen“ ausgezeichnet.
Quellen: UFJ, Baumgartner/Hebig, BStU, MfS, HA XX Nr. 5754, Bl. 177, BStU, MfS, HA XX Nr. 5752, Bl. 90f.

Schniewind, Julius, Prof. Lic. Theol.
* 28.05.1883 in Elberfeld, † 07.09.1948 in Halle (Saale)
Bis 1915 Inspektor des Schlesischen Konvikts. Von 1915 bis 1918 als freiwilliger Feldgeistlicher Teilnehmer am Ersten Weltkrieg. Mit dem „Eisernen Kreuz“ II. Klasse ausgezeichnet. Ab 1919 Professor an der Universität Halle und 1921 erhielt er einen Lehrauftrag für Neutestamentliche und Patristische Philologie und Schriftenkunde. 1927 erhielt er einen Ruf als Ordinarius für das Neue Testament an die Universität Greifswald und 1929 Ordinarius an der Universität Königsberg. Mitglied der NSV. 1933 kam er zum Pfarrernotbund. 1935 sollte er wegen seines Engagements für die Bekennende Kirche Ostpreußens nach Kiel versetzt werden. Die Universität Halle sprach sich jedoch für seine Versetzung nach Halle aus. Ab 1935 wieder Professor an der Universität Halle und ab 1939 zugleich als Lazarettseelsorger. Von 1946 bis 1948 Theologe und Probst des Sprengels Halle-Merseburg.
Quellen: Klee I, Professorenkatalog Universität Halle, Wikipedia.

Schnurrer, Josef, Dr. med.
* 21.06.1890, †?
Von April bis Oktober 1919 Mitglied des „Freicorps Epp“. Seit Oktober 1930 Mitglied der NSDAP. Mitglied der SA und Obersturmbannführer. Von der NSDAP erhielt er eine schriftliche Belobigung sowie eine Dienstauszeichnung in Bronze. Mitglied der NDPD und dort Funktionär und Arzt in Bad Salzungen. Mitglied im NR der NF. 1954 als „Verdienter Arzt des Volkes“, 1960 mit dem „Vaterländischen Verdienstorden“ in Bronze und mit der „Ernst-Moritz-Arndt-Medaille“ ausgezeichnet.
Quellen: UFJ, BStU, MfS, HA XX Nr. 5752, Bl. 94f.

Schott, Erdmann, Prof. Dr. theol.
* 08.12.1900 in Geischen (Schlesien), † 09.06.1983 in Halle
Ab 1928 Lehrer und Geistlicher in der Brüderanstalt „Zoar“ der Inneren Mission in Rothenburg (Oberlausitz). Von 1929 bis 1953 Pfarrer in Dersekow bei Greifswald. Von November 1933 bis 1936 Mitglied der SA. Bis 1937 Mitglied im Opferring der NSDAP. Ab 1939 Diätendozent. Als Angehöriger der Luftnachrichtentruppe Teilnehmer am 2. Weltkrieg. Mit dem

KVK II. Klasse ausgezeichnet. Bis August 1945 in US-amerikanischer Kriegsgefangenschaft. Er ging zurück nach Greifswald und wurde Professor. Ab 1953 Professor für Systematische Theologie an der Universität Halle. Von 1963 bis 1974 zugleich wissenschaftlicher Leiter der Luther-Akademie in Sondershausen. Mitglied der Leopoldina. 1954 verlieh ihm die Universität Greifswald die Ehrendoktorwürde.
Quellen: https://ns-zeit.uni-greifswald.de/projekt/personen/schott-erdmann/.

Schranil, Rudolf, Prof. Dr. jur.
* 21.01.1885 in Nixdorf, (Böhmen), † 22.07.1957 in Brühl
Von 1908 bis 1911 und von 1913 bis 1917 Mitarbeiter der Finanzlandesdirektion Prag. Ab 1918 lehrte er als Privatdozent Öffentliches Recht an der Universität Wien. 1921 Extraordinarius für Verwaltungsrecht und Finanzrecht an der Universität Prag, wo er 1927 zum Professor ernannte wurde. Von 1929 bis 1935 Mitglied der Deutsch-Demokratischen Freiheitspartei. Von 1935 bis 1938 Mitglied des Tschechoslowakischen Wahlgerichtes für die Sudetendeutsche Partei. Für das Rechtsamt der Sudetendeutschen Partei tätig, ohne Mitglied zu sein. Mitglied im NSKK. Mitglied der NSV. Ab 1941 durch das Wissenschaftsministerium an die Universität Halle verwiesen, wo er bis 1947 Öffentliches Recht lehrte. Er wurde dort entlassen, da er sich gegen die Neuregelung des § 218 StGB ausgesprochen hatte. Er ging dann zunächst nach Hamburg und 1948 an das Saar-Institut für Höhere Studien in Homburg. Von 1948 bis 1952 Professor für Öffentliches Recht an der neugegründeten Universität Saarbrücken.
Quellen: Professorenkatalog Universität Halle, Kürschners Deutscher Gelehrten-Kalender, Wikipedia.

Schreiber, Heinz
* 30.03.1913 in Zoppot, †?
Seit Februar 1932 Mitglied der NSDAP, wo er am 12.08.1943 ausgeschlossen wurde. Ab 1. Januar 1943 freiwillig Soldat der Kriegsmarine. Mitglied der SED. Dozent an der Seefahrtschule in Wustrow. Von 1957 bis 1962 Generaldirektor der Seerederei. Vorsitzender der Zentralen Sektion Seesport. Dozent an der Seefahrtschule in Wustrow. Mitglied im Präsidium des ZV der GST.

Quellen: UFJ, BStU, MfS, 219/54, Bl. 44ff., Bl. 95f., BStU, MfS, HA XX Nr. 5.752, Bl. 103ff., BStU, MfS, HA XX Nr. 5755, Bl. 245, BStU, MfS, HA XX Nr. 5754, Bl. 179.

Schröder, Kurt, Prof. Dr. med.
* 23.07.1902 in Duisburg, † 27.09.1979 in Erfurt
Von 1932 bis 1952 Facharzt für HNO-Krankheiten in Leipzig. Seit 1937 Mitglied der NSDAP. Ab 1952 Leiter der HNO-Klinik am Stadtkrankenhaus Dresden-Friedrichstadt. Ab 1959 Professor und Direktor der HNO-Klinik der Medizinischen Akademie Erfurt. Von 1963 bis 1965 dort Rektor. Mit dem „Vaterländischen Verdienstorden“ in Bronze, mit der „Verdienstmedaille“, mit der „Hufeland-Medaille“ in Gold und 1964 mit der „Plakette für besondere Verdienste um die Medizinische Akademie Erfurt“ ausgezeichnet. Ihm wurde der Titel „Obermedizinalrat“ verliehen.
Quellen: UFJ, Herbst, Wikipedia, Baumgartner/Hebig, Bruns, S. 116, S. 133.

Schröder, Kurt Erich, Prof. Dr. phil.
* 31.07.1909 in Berlin, † 07.07.1978 ebenda
Von 1928 bis 1933 Mitglied im Sozialistischen Schülerbund. Von 1935 bis 1945 Mitglied des NSFK. Von 1938 bis 1945 wissenschaftlicher Mitarbeiter bei der Deutschen Versuchsanstalt für Luftfahrt. Von Juli 1938 bis 1945 Mitglied der NSDAP. Er soll seine Mitgliedschaft in der NSDAP „schwer bereut“ haben. Ab 1946 Professor für Angewandte Mathematik an der Humboldt-Universität Berlin. Mitglied der SED. Von 1959 bis 1965 Rektor der Humboldt-Universität Berlin. Ab 1957 Mitglied des Forschungsrates beim Ministerrat. Von 1962 bis 1972 Vorsitzender der Mathematischen Gesellschaft. Ab 1952 Mitglied der AdW zu Berlin. Von 1969 bis 1972 Direktor des ZI für Mathematik und Mechanik. 1956 mit dem „Nationalpreis“ II. Klasse und 1960 mit dem „Vaterländischen Verdienstorden“ in Gold ausgezeichnet.
Quellen: UFJ, Buch, Cerný, Herbst, Wikipedia, Baumgartner/Hebig, BStU, MfS, HA XX Nr. 5752, Bl. 110f., www.hu-berlin.de/ueberblick/geschichte/rektoren/schroeder.

Schröder, Robert Heinrich Georg Theodor Martin, Prof. Dr. med. Dr. h.c. mult.
* 03.08.1884 in Rostock, † 13.10.1959 in Leipzig
Von 1911 bis 1914 Arzt an der Universitätsfrauenklinik Rostock. Teilnehmer am Ersten Weltkrieg. Zugleich von 1914 bis 1922 Oberarzt an der Universitätsfrauenklinik Rostock. Von 1922 bis 1936 Direktor der Klinik und Poliklinik für Geburtshilfe und Frauenkrankheiten der Universität Kiel. Mitglied der NSV. Mitglied im AHB. Seit 1933 Mitglied im NSÄB. Seit 1935 Mitglied im NSDDB. Mitglied im NSFR. Mitglied im VDA. Seit Mai 1933 Mitglied der NSDAP. Von 1936 bis zu seiner Emeritierung 1957 an der Frauenklinik der Universität Leipzig. Von 1937 bis 1940 Dekan der Medizinischen Fakultät. Er praktizierte Sterilisierung durch Strahlen. Schröder war V-Mann für den SD. Kriegsverdienstkreuz II. Klasse. Mitglied der Leopoldina zu Halle. Mitglied der SAW zu Leipzig. Vize-Präsident der Deutschen Gesellschaft für Gynäkologie und Geburtshilfe. Mitglied der AdW zu Berlin. Mitglied der LDPD. Mitglied im FDGB. 1954 mit dem „Vaterländischen Verdienstorden" in Silber, 1949 mit dem „Nationalpreis" II. Klasse, 1954 mit der „Clara-Zetkin-Medaille" und 1959 als „Hervorragender Wissenschaftler des Volkes" ausgezeichnet. 1957 Ehrendoktor der Universität Freiburg.
Quellen: Wikipedia, Klee I, Professorenkatalog Universität Rostock, Professorenkatalog Universität Leipzig, Baumgartner/Hebig, BStU, MfS, HA IX/ 11 ZR 870 A.11, Bl. 3, Bl. 26-28, Bl. 33, BStU, MfS, Allg. P 7929/57, Bl. 3-14.

Schubert, Johannes Siegfried, Prof. Dr. phil.
* 07.09.1896 in Annaberg-Buchholz, † 02.08.1976 in Leipzig
Von 1915 bis 1918 Teilnehmer am Ersten Weltkrieg. Seit 1934 Mitglied der NSV. Mitglied im RDB. Seit 1937 Mitglied der NSDAP. Seit 1939 Mitglied im DRK. Von 1934 bis 1945 Lehrbeauftragter für Tibetisch und Mongolisch an der Philologisch-Historischen Abteilung der Universität Leipzig. 1942 beteiligt an der Auswertung der Materialien der SS-Tibetexpedition unter Ernst Schäfer. 1943 Mitarbeiter beim Sven-Hedin-Institut der SS-Forschungsgemeinschaft Deutsches Ahnenerbe e. V. Ab 1946 Mitglied im FDGB. Seit 1950 Mitglied der GDSF. Von 1952 bis 1962

Professor für Tibetologie an der Philosophischen Fakultät der Universität Leipzig und Direktor des Ostasiatischen Instituts. 1955 zu einem Forschungsaufenthalt in Tibet und 1957, 1959 und 1961 forschte er in der Mongolei. Mitarbeiter der NF. 1966 mit der „Verdienstmedaille“ und mit der „Ehrennadel“ in Silber und 1974 in Gold der Deutsch-Südostasiatischen Gesellschaft ausgezeichnet.
Quellen: Wikipedia, Klee I, Professorenkatalog Universität Leipzig.

Schulte, Johannes, Prof. Dr. med.
* 06.01.1905 in Essen, †?
Von 1930 bis 1934 Assistenzarzt der Inneren Abteilung des Elisabeth-Krankenhauses in Berlin. Seit November 1933 Mitglied der SA und Sturmbannarzt. Seit Mai 1933 Mitglied der NSBO. Seit Juli 1934 Mitglied im NSÄB. Seit 1934 Mitglied der DAF. Seit 1938 Mitglied der NSDAP. 1939 niedergelassener Arzt in Berlin-Tegel. Teilnehmer am Zweiten Weltkrieg. Mit dem EK II und der „Ostmedaille“ ausgezeichnet. In französischer Kriegsgefangenschaft in Tübingen. Von 1945 bis 1946 Leiter der Inneren Abteilung am Krankenhaus in Saalfeld. Ab Juni 1948 Leiter der Inneren Abteilung der Poliklinik in Pößneck. Von 1946 bis 1950 auch Internist an der Poliklinik der Maxhütte in Unterwellenborn. Ab 1950 Leiter der Inneren Abteilung und Röntgenabteilung an der Poliklinik in Saalfeld. Ab 1952 Facharzt an der Poliklinik der Regierung der DDR. Ab Januar 1953 zuerst kommissarischer Chefarzt und danach endgültige Ernennung auch zum Ärztlichen Direktor. Ab 1946 Mitglied der LDPD und von 1957 bis 1960 Mitglied des ZV der LDPD. Mitglied im FDGB. Ab 1954 Mitglied der GDSF. Ab 1954 Mitglied des DRK. Ab 1955 Mitglied der Volkssolidarität. Ab 1965 als Röntgenologe Betriebsarzt beim Sekretariat des Staatsrates. Chefarzt der Poliklinik des Regierungskrankenhauses. Mitglied im Präsidium der Deutsch-Südostasiatischen Gesellschaft. Von 1957 bis 1960 Mitglied im ZV der LDPD. 1958 und 1959 ermittelte das MfS wegen operativer Bearbeitung gegen ihn.
Quellen: UFJ, BStU, MfS, HA XX Nr. 5754, Bl. 179, BStU, MfS, HA XX Nr. 5752, Bl. 117f., BStU, MfS, HA IX/11 Nr. AK 5449/76, Bd. 3, ohne Blattnummern, BStU, MfS, Allg. P. 15006/79, Bl. 5f., Bl. 110f., Der Spiegel Nr. 8/1963, S. 21.

Schulz, Otto Theodor, Prof. Dr. phil.
* 01.01.1879 in Schloß Quolsdorf; † 02.02.1954 in Pönitz
Seit 1910 Mitarbeiter im Bibliographischen Institut Leipzig für Meyers Großes Konversation-Lexikon. Engagiert in der Nichtordinarienbewegung. Von 1904 bis 1920 Privatdozent und von 1920 bis 1953 Professor für Alte Geschichte an der Philosophischen Fakultät der Universität Leipzig. Im November 1933 unterzeichnete er das „Bekenntnis der Professoren an deutschen Universitäten und Hochschulen zu Adolf Hitler und dem nationalsozialistischen Staat". Mitglied im NSLB. Seit 1934 Mitglied der NSV. Seit 1936 Mitglied im RDB. Seit 1936 Mitglied im RKB. Seit 1937 Mitglied im NSAHB. Mitglied im DRK. Mitglied der KPD bzw. SED. Von 1946 bis 1953 Abteilungsleiter für Historische Hilfswissenschaften an der Universität Leipzig. Ab 1952/53 zugleich Direktor des Seminars für Alte Geschichte.
Quellen: Wikipedia, Professorenkatalog Universität Leipzig, Mertens, S. 34.

Schulz, Robert Wilhelm, Prof. Dr. phil.
* 25.01.1914 in Bötzingen, Kreis Freiburg, † 22.10.2000 in Leipzig
Ab 1933 Mitglied der HJ. Seit 1940 Mitglied der NSDAP. Teilnehmer am Zweiten Weltkrieg. 1940 mit dem KVK II. Klasse ausgezeichnet. Von 1943 bis 1946 in sowjetischer Kriegsgefangenschaft. Mitgründer des NKFD. Schüler einer antifaschistischen Schule und dort Assistent von W. Zaisser. Ab 1947 Mitglied der SED. Ab 1946 Mitglied im FDGB. Ab 1949 Mitglied der GDSF. Von 1949 bis 1950 Referent bei Landesgewerkschaftsschulen in Sachsen und Sachsen-Anhalt. Ab 1950 Mitglied der FDJ. Ab 1950 Mitglied der Gesellschaft für deutsch-polnische Freundschaft. der Dozent für Geschichte an der Arbeiter- und Bauernfakultät in Leipzig. Ab 1951 Professor an der Universität Leipzig. Von 1950 bis 1958 Direktor des Franz-Mehring-Instituts der Universität Leipzig. 1953 dort auch Prorektor für gesellschaftswissenschaftliches Grundstudium. Ab Februar/März 1953 wurde konspirativ gegen ihn von der BVfS Leipzig ermittelt. Von 1965 bis 1987 Professor und Leiter der Abteilung Soziologie an der Universität Leipzig. Vorsitzender des Bezirksverbands Leipzig der Gewerkschaft

Wissenschaft. 1956 und 1960 mit der „Medaille für ausgezeichnete Leistungen“, 1962 mit der „Verdienstmedaille“, 1974 mit dem „Vaterländischen Verdienstorden“ in Bronze und 1984 mit der „Verdienstmedaille“ der NVA ausgezeichnet. Er verschwieg seine Nazi-Vergangenheit.
Quellen: Buch, Baumgartner/Hebig, Professorenkatalog Universität Leipzig, BStU, MfS, AP Nr. 6802/56, Bl. 4ff., BStU, MfS, HA IX/11, SV 3/82, Bd. 1a, Bl. 65, Lothar Mertens: Lexikon der DDR-Historiker, Berlin, 2012, S. 27f.

Schulz, Walther, Prof. Dr. phil.
* 20.11.1887 in Bromberg, † 12.03.1982 in Weimar
Von 1911 bis 1914 Mitglied im Deutsch-Völkischen Studentenverband. Als Leutnant Teilnehmer am Ersten Weltkrieg. Mit dem „Eisernen Kreuz“ I. und II. Klasse ausgezeichnet. Wissenschaftlicher Hilfsarbeiter am Museum Posen. Danach ab 1925 Kustos des Provinzialmuseums in Halle (Saale). Ab 1932 Mitglied im „Kampfbund Deutscher Kultur“. Ab 1932 Mitglied im Opferring der NSDAP. Ab Mai 1933 Mitglied der NSDAP. Ab November 1933 Mitglied der SA. Ab 1935 Professor und Direktor der Landesanstalt für Volkheitskunde und 1936 wurde zum Ordinarius für Vorgeschichte ernannt. Von November 1944 bis April 1945 Soldat im „Volkssturm“. Wegen seiner Nazi-Vergangenheit 1945 von der Universität Halle entlassen, aber als Hilfsarbeiter in der Druckerei weiter beschäftigt. 1947 von der AdW zu Berlin beauftragt, einer Bibliographie zur Vorgeschichte Mitteldeutschlands zu erarbeiten. Ab 1951 leitete er im Auftrag der SAW zu Leipzig eine Grabung in Wahlitz, Kreis Burg. Er vertrat einen Lehrstuhl an der PH Potsdam. Ab 1953 Lehrauftrag an der Universität Halle, den er bis zu seiner Pensionierung wahrnehmen konnte.
Quellen: Professorenkatalog Universität Halle, Baumgartner/Hebig, Klee II, Wikipedia.

Schumacher, Karl-August, Dipl.-Ing.
* 07.03.1900, † 24.08.1974
Seit Februar 1940 Mitglied der NSDAP. Mitglied der CDUD. Technischer Direktor des VEB Chemische Werke Buna. Er verschwieg seine Nazi-Vergangenheit.

Quellen: UFJ, BStU, MfS, HA XX Nr. 5754, Bl. 331, BStU, MfS, HA XX Nr. 5752, Bl. 123.

Schumann, Friedrich Karl, Prof. Dr. phil. Dr. theol.
* 15.06.1886 in Messkirch, † 21.05.1960 in Münster
1910 evangelischer Stadtvikar in Mannheim. Von 1914 bis 1924 evangelischer Pfarrer. Felddivisionspfarrer bei der 29. Infanteriedivision Teilnehmer am Ersten Weltkrieg. Mit dem „Eisernen Kreuz“ I. und II. Klasse und mit dem „Ritterkreuz“ ausgezeichnet. Von 1919 bis 1933 Mitglied der DNVP. Ab 1929 Professor an der Universität Gießen. Ab 1932 Professor für Systematische und Praktische Theologie an der Universität Halle. 1933 Mitglied der NSDAP. Ab 1933 zeitweilig Mitglied der antisemitisch-völkischen „Deutschen Christen“. Berater von Reichsbischof Ludwig Müller. Beteiligt an der Erarbeitung einer neuen Verfassung der Evangelischen Kirche Deutschlands. Er kehrte zurück an die Universität Halle, wo er 1945 entlassen wurde. 1946 auf Antrag der CDUD entnazifiziert, jedoch nicht mehr in die Universität aufgenommen. Im Konsistorium der Kirchenprovinz Sachsen. Ab 1948 leitete er die Evangelische Forschungsakademie Christopherusstift in Hemer in Westfalen. Ab 1951 Honorarprofessor der Universität Münster, wo er ab 1955 als Ordinarius Systematische Theologie lehrte.
Quellen: Professorenkatalog Universität Halle, Wikipedia, Klee I, Weinreich.

Schumann, Kurt, Prof. Dr. jur. Dr. h. c.
* 29.04.1908 in Eisenach, † 14.05.1989 in Berlin
Von 1931 bis 1935 Mitarbeiter im Justizdienst Thüringen. Seit Mai 1937 Mitglied der NSDAP. Zum Kriegsgerichtsrat ernannt. Teilnehmer am Zweiten Weltkrieg und danach in sowjetischer Kriegsgefangenschaft. Dort Mitglied im NKFD und Mitglied im BDO. Schüler einer antifaschistischen Schule. 1948 kehrte er zurück und wurde Mitglied der NDPD, wo er von 1950 bis 1989 Mitglied im HA war. Ab 1948 Landgerichtsrat und anschließend Landgerichtsdirektor und Präsident des Landgerichts Altenburg. Ab 1949 Vorsitzender der Großen Strafkammer am Landgericht Erfurt. Von 1949 bis 1960 Präsident des Obersten Gerichts. Von 1960 bis 1963

Professor für Zivilrecht und Zivilprozessrecht an der DASR in Potsdam-Babelsberg. Von 1963 bis 1973 Professor für Zivilrecht an der Humboldt-Universität Berlin. Vorsitzender Richter in zahlreichen großen Schauprozessen. Mitglied des ZV der VdJ. Von 1956 bis 1957 Präsident und von 1957 bis 1963 Vize-Präsident der VdJ. Ab 1977 Vize-Präsident der Freundschaftsgesellschaft DDR-Indien. Die Universität Halle verlieh ihm 1955 den Ehrendoktortitel. 1954 und 1985 mit dem „Vaterländischen Verdienstorden" in Silber und Gold ausgezeichnet.
Quellen: UFJ, Cerný, Herbst, Lapp, Stockhorst, Buch, Baumgartner/Hebig, Wikipedia, BStU, MfS, HA XX Nr. 5752, Bl. 127.

Schütz, Wilhelm Friedrich Gottfried, Prof. Dr.
* 18.08.1900 in Frankfurt/M., † 17.04.1972 in Jena
Von 1924 bis 1925 Assistent am Physikalischen Institut der Universität Frankfurt/M. Von 1925 bis 1929 Assistent bzw. Dozent an der Universität Tübingen. Ab 1929 Hochschullehrer und ab 1934 Professor an der Universität München. Ab 1937 Mitglied der NSDAP. Ab 1937 Professor und Institutsdirektor an der Universität Königsberg. Als Meteorologie Teilnehmer am 2. Weltkrieg. Von 1946 bis 1952 als Wissenschaftler beteiligt an der „Aktion Ossawakim" in der Sowjetunion. Nach 1945 und wieder ab 1952 bis zur Emeritierung 1965 Professor und Direktor des Physikalischen Instituts der Universität Jena. Mitglied im Wissenschaftlichen Beirat für Physik beim Staatssekretär für Hoch- und Fachschulwesen. 1960 mit dem „Vaterländischen Verdienstorden" in Bronze und mit dem „Nationalpreis" II. Klasse ausgezeichnet. 1970 Ehrendoktor der Universität Jena.
Quellen: Wikipedia, Baumgartner/Hebig, http://www.physik2.uni-jena.de/profgalerie/grafik39.pdf.

Schwabe, Kurt, Prof. Dr.-Ing. Dr. h. c. mult.
* 29.05.1905 in Reichenbach, Vogtland, † 04.12.1983 in Meinsberg
Von 1929 bis 1933 Assistent und ab 1934 Privatdozent an der TH Dresden. Im November 1933 unterschrieb er das „Bekenntnis der Professoren an den deutschen Universitäten und Hochschulen zu Adolf Hitler und dem nationalsozialistischen Staat". Von 1934 bis 1938 Chemiker in einem Industriebetrieb in Kriebstein. Von 1941 bis 1945 Mitglied der NSDAP. Ab 1939

Professor an der TH Dresden. 1938 mit der „Hans-Clemm-Denkmünze" ausgezeichnet. 1944 Gründer des Forschungsinstitutes für chemische Technologie, dass seit 1990 „Kurt-Schwabe-Institut" heißt. Nach 1945 Hochschullehrer an der TH Dresden. Später Professor und Direktor des Instituts für Elektrochemie und Physikalische Chemie. Ab 1947 Mitglied der KdT. Ab 1951 Mitglied im FDGB. Seit 1953 Mitglied der AdW zu Berlin. Von 1961 bis 1965 Rektor der TH bzw. der TU Dresden. Von 1965 bis 1980 Präsident der SAW zu Leipzig. Von 1959 bis 1969 Direktor des ZI für Kernforschung der AdW zu Berlin in Rossendorf. Von 1971 bis 1980 Vize-Präsident der AdW zu Berlin. Mitglied des Forschungsrates beim Ministerrat. 1952 und 1955 als „Aktivist", 1975 mit dem „Vaterländischen Verdienstorden" in Gold, 1954 und 1961 mit dem „Nationalpreis" II. Klasse und I. Klasse, mit der „Johannes-Stroux-Medaille" der AdW zu Berlin und 1956 mit der „Ehrendnadel" in Gold der KdT, 1959 mit dem „Banner der Arbeit", 1964 als „Held der Arbeit", 1965 mit der „Artur-Becker-Medaille" in Gold, 1970 als „Hervorragender Wissenschaftler des Volkes" und 1976 als „Verdienter Hochschullehrer der DDR" ausgezeichnet. 1962 wurde ihm von der TH Karl-Marx-Stadt, 1974 von der TH für Chemie „Carl Schorlemmer" in Merseburg, 1975 von der TU Dresden und 1980 von der BAF jeweils der Ehrendoktortitel verliehen. 1982 Ehrenbürger der Stadt Reichenbach (Vogtland) und 2008 Ehrenbürger der Stadt Waldheim.
Quellen: Cerný, Herbst, Wikipedia, Baumgartner/Hebig, Buch, NDB, Nomenklaturkaderakten Personalakte BArch DC 20/8390, http://www.denkstroeme.de/heft-6/s_229-232_kaden.

Schwarz, Egbert, Prof. Dr. med. Dr. med. h. c.
* 22.06.1890 in Kemmern bei Riga, † 23.12.1966 in Erfurt
Ab 1917 Assistent am Pathologischen Institut und an der Chirurgischen Klinik in Rostock. Ab 1917 Truppenarzt bzw. Bataillonsarzt an der Westfront des 1. Weltkrieges. Ab 1921 Dozent und ab 1926 Professor für Chirurgie an der Universität Rostock. Zugleich Oberarzt an der Chirurgischen Universitätsklinik. Ab April 1934 Chefarzt der Chirurgischen Abteilung der Städtischen Krankenanstalten in Erfurt. Ärztlicher Direktor von 1939 bis 1945 der Klinik für Chirurgie der Städtischen Krankenanstalten Erfurt.

Ab Mai 1937 Mitglied der NSDAP. Ab November 1933 Mitglied der SS und SS-Obersturmführer. Führer der Sanitäts-Oberstaffel 67. Mitglied ab 1937 im NSÄB. 1946 entzog ihm das Landesgesundheitsamt Weimar die Approbation. Dagegen protestierte die Krankenhaus-Verwaltung. Eine Vollversammlung des Krankenhauses unterstützte mit einer Entschließung seinen Freispruch durch einen Entnazifizierungs-Ausschuss im Land Thüringen. 1950 wurde Schwarz wieder Ärztlicher Direktor des Städtischen Krankenhauses Erfurt. Von 1954 bis 1960 Gründungsrektor und Klinikdirektor an der Medizinischen Akademie Erfurt. Die Gründung der wissenschaftlichen Zeitschrift „Beiträge zur Geschichte der Universität Erfurt (1392-1816)“ ging auf seine Initiative zurück. Ab 1955 korrespondierendes Mitglied der AdW zu Berlin. Ab 1958 Mitglied des Präsidiums der Leopoldina zu Halle. Ab 1959 Mitglied der SAW zu Leipzig. Die Medizinische Akademie Erfurt verlieh ihm die Ehrendoktorwürde. Mit dem „Vaterländischen Verdienstorden“ in Silber und 1951 als „Verdienter Arzt des Volkes“ ausgezeichnet. Die Vereinigung der Nordwestdeutschen Chirurgen ernannte ihn zum Ehrenmitglied.
Quellen: Wikipedia, Professorenkatalog Universität Rostock, BStU, MfS, HA XX Nr. 5752, Bl. 130f, BStU, MfS, HA XX Nr. 5754, Bl. 223.

Schwarz, Ernst, Prof. Dr.
* 19.06.1895 in Haida, Böhmen, † 14.04.1983 in Buckenhof bei Erlangen
Mitglied der NSDAP. Von 1939 bis 1941 Dekan der Philosophischen Fakultät der Deutschen Karls-Universität in Prag. Mitglied der Gesellschaft zur Förderung deutscher Wissenschaft Kunst und Literatur in Böhmen (Prag). Ab 1941 trug sie den Namen AdW in Prag. Mitglied und Obmann in mehreren Kommissionen der Akademie. Mitglied der Historischen Kommission für Schlesien und Breslau. Von 1939 bis 1945 Mitherausgeber der „Zeitschrift für Sudetendeutsche Geschichte“. Nach 1945 Volksschullehrer und Studienrat in Pirna. Außerdem Lehrbeauftragter an der Philosophisch-Theologischen Hochschule in Regensburg. Von 1955 bis 1963 Professor für Germanische und Deutsche Philologie an der Universität Erlangen. Mitglied im Vorstand des Instituts für Fränkische Landesforschung, Mitglied des Herder-Forschungsrates, Mitglied der Kommission für Mundartforschung und Mitglied der Kommission für Bayerische

Landesgeschichte bei der Bayerischen AdW. Außerdem Mitbegründer des Collegium Carolinum in München. Im Auftrag der Kommission für bayerische Landesgeschichte übernahm der die Betreuung der „Historischen Ortsnamenbücher". 1960 mit dem „Bayerischen Verdienstorden" und 1970 mit dem „Georg-Dehio-Preis" für Kultur- und Geistesgeschichte ausgezeichnet.
Quellen: Wikipedia, Klee II.

Schwarzlose, Reinhard, Dr. med.
* 28.08.1918 in Berlin-Charlottenburg, † 1962
Mitglied der HJ und ab August 1937 Mitglied der NSDAP. Von 1939 bis 1944 Mitglied im NSDStB. Als Wehrmachtsarzt Teilnehmer am Zweiten Weltkrieg. Danach ab 1945 in französischer Kriegsgefangenschaft. Mitglied der NDPD und dort von 1948 bis 1952 stellvertretender Vorsitzender des Landesverbands Brandenburg. Von 1949 bis 1951 Hauptabteilungsleiter im Ministerium für Arbeit und Sozialwesen im Land Brandenburg. Ab 1952 Vorsitzender und Leitender Arzt des DRK im Bezirk Frankfurt/O. Mitglied im Deutschen Friedensrat. Von 1954 bis 1958 Nachfolgekandidat für die Volkskammer. Bis 1964 Oberst der KVP und der NVA. Leitender Arzt der Luftstreitkräfte. Mitglied im HA der NDPD. 1950 als „Verdienter Arzt des Volkes", mit der „Verdienstmedaille" für treue Dienste in der NVA, mit dem „Ehrenzeichen" des DRK und mit der „Verdienstmedaille" ausgezeichnet. Er verschwieg seine Nazi-Vergangenheit.
Quellen: UFJ, Lapp, Baumgartner/Hebig, Rose S. 201, BStU, MfS, HA XX Nr. 5.752, Bl. 142f., BStU, MfS, HA XX Nr. 5755, Bl. 85, Bl. 104, BStU, MfS, HA XX Nr. 5754, Bl. 144, Bl. 327.

Schweitzer, Bernhard, Prof. Dr.
* 03.10.1892 in Wesel, † 16.07.1966 in Tübingen
Von 1921 bis 1925 Privatdozent an der Universität Heidelberg. Von 1925 bis 1932 Professor für Klassische Archäologie an der Universität Königsberg. Von 1932 bis 1948 Professor für Archäologie an der Philologisch-Historischen Abteilung der Philosophischen Fakultät der Universität Leipzig. Im November 1933 unterzeichnete er das „Bekenntnis der Professoren an den deutschen Universitäten und Hochschulen zu Adolf Hitler

und dem nationalsozialistischen Staat“. Von 1937 bis 1945 Mitglied der NSV. Von 1945 bis 1946 Rektor der Universität Leipzig. Von 1934 bis 1948 Mitglied der SAW. Von 1946 bis 1966 Mitglied der AdW zu Berlin. Von 1948 bis zur Emeritierung 1960 Professor für Archäologie an der Universität Tübingen. Mitglied der Zentralredaktion des „Deutschen Archäologischen Instituts“. Mitglied der AdW Heidelberg.
Quellen: Wikipedia.

Scurla, Herbert, Pseudonym Karl Leutner bzw. K. T. Lysander, Prof. Dr. rer. pol.
* 21.04.1905 in Kleinräschen, Niederlausitz, † 07.04.1981 in Kolkwitz, Niederlausitz
Als Student Mitglied in nationalistischen und völkischen Verbindungen. Von 1927 bis 1930 Sekretär des Hauptgeschäftsführers des Reichsstudentenwerkes. Von Mai 1933 bis 1945 Mitglied der NSDAP. Als „Ostreferent“ Oberregierungsrat im Reichsministerium für Wissenschaft, Erziehung und Volksbildung und dort ab 1939 Hauptreferent für die Pflege wissenschaftlichen und kulturellen Beziehungen zum Ausland. Verfasser nationalsozialistischer Schriften und Bücher. Mitglied im NSDDB. Mitglied im NSLB. Mitglied der NSV. Mitglied im NSAHB. Mit der „Medaille zur Erinnerung an den 13. März 1938“ ausgezeichnet. (Anschluss der Republik Österreich an das Deutsche Reich). Vom Kriegsdienst und auch vom „Volkssturm“ freigestellt. 1942 mit dem „Kriegsverdienstkreuz“ 2. Klasse ausgezeichnet. Ab 1943 Honorarprofessor an der Universität Berlin. Mitglied der NDPD. Ab 1946 Verlagslektor und freiberuflicher Schriftsteller in Cottbus. Stellvertretender Vorsitzender des Schriftstellerverbandes im Bezirk Cottbus. Mitglied der Bezirksleitung Cottbus des KB. Unter dem Pseudonym „Karl Leutner“ Mitarbeiter mehrerer Zeitungen. 1958 hatte der Schriftstellerverband die Absicht Scurla wegen seiner Nazi-Vergangenheit auszuschließen. Nach Anweisung des Genossen Wagner vom ZK der SED im März 1958, wurde gegen Scurla „nichts weiter unternommen“. Autor für den Verlag der Nation. 1974 mit dem „Vaterländischen Verdienstorden“ in Gold, 1959 mit der „Alexander-von-Humboldt-Medaille“, und 1971 mit der „Johannes-R.-Becher-Medaille“ ausgezeichnet.

Quellen: UFJ, Wikipedia, Klee II, Stockhorst, Baumgartner/Hebig, Grüttner, BStU, MfS, HA XX Nr. 5754, Bl. 324, BStU, MfS, HA XX Nr. 5752, Bl. 13-19, BStU, MfS, HA IX/11, FV 2/72 PA, Bd. 11, Teil 1 von 2, Bl. 298.

Seel, Hans, Prof. Dr. med.
* 16.09.1898, † 03.05.1961
Als Offizier Teilnehmer am Ersten Weltkrieg. Ab 1919 im „Corps Franconia München". Von 1919 bis 1920 Mitglied des Freikorps Epp. Nicht nur beteiligt an der Niederschlagung der Münchner Räterepublik, sondern auch beteiligt an den Kämpfen gegen die Rote Ruhrarmee und an militärischen Aktionen im besetzten Rheinland. Von 1921 bis 1924 Mitglied im nationalistischen und antisemitischen „Deutsch-völkischen Schutz- und Trutzbund". Von 1923 bis 1926 Assistenzarzt und Pharmakologe an der Universität Würzburg. Von 1926 bis 1928 an der Universität Halle. Von 1928 bis 1933 Leiter des Instituts für Experimentelle und Klinische Pharmakologie im Klinikum Hamburg-Eppendorf der Universität Hamburg. Ab 1931 Mitglied der NSDAP. Seit 1933 Mitglied der SA. Mitglied des NSKK. Ab 1936/37 Mitglied des NSFK. Mitglied im DLV. Mitarbeiter im NSDAP-Hauptamt für Volksgesundheit. Mitglied im NSÄB. Mitglied der NSV. Ab 1933 Leiter der Pharmakologischen Abteilung des Kaiser-Wilhelm-Instituts für Physikalische Chemie in Berlin-Dahlem. Dort beteiligt an Forschungen für biologische Kriegsführung. Von 1943 bis 1945 Direktor des Instituts für Krebsforschung an der Universität Posen. Ab 1948 Dozent und ab 1954 Professor an der Humboldt-Universität Berlin. Mitglied der AdW zu Berlin. Leiter der Deutschen Arzneibuch-Kommission der AdW zu Berlin. 1953 Vorsitzender der Berliner Gesellschaft für Medizin und Pharmazie.
Quellen: Klee I, Professorenkatalog Universität Halle, Wikipedia.

Seeliger, Rudolf, Prof. Dr.
* 12.11.1886 in München, † 20.01.1965 in Greifswald
Von 1909 bis 1911 Privatassistent bei Prof. Dr. W. Wien an der Universität Würzburg. Ab 1911 bis 1918 wissenschaftlicher Hilfsarbeiter an der Physikalisch-technischen Reichsanstalt und Privatdozent an der Universität

Berlin. Bis 1917 als freiwilliger Vizefeldwebel beim Reichswetterdienst Teilnehmer am 1. Weltkrieg. Ab 1917 in der Abteilung III der Kaiser-Wilhelm-Stiftung für kriegstechnische Wissenschaft. Ab August 1918 Professor für Theoretische Physik an der Universität Greifswald. Bis 1932 Mitglied der DNVP. Von 1926 bis 1933 Mitglied im „Stahlhelm, Bund der Frontsoldaten". Mitglied der NSV. Seit 1932 Direktor des Seminars für theoretische Physik. Ab 1939 betrieb er die Umwandlung des Instituts für Physik zur Rüstungswissenschaft. Ab 1946 wieder Professor wurde er und seine Mitarbeiter von der SMAD für militärische Forschung eingesetzt. Ab 1946 Mitglied der CDUD. Mitglied im KB. Nach der Verhaftung von E. Lohmeyer wurde von Februar 1946 bis 1948 Rektor der Universität. Ab 1949 Leiter einer Forschungsstelle der AdW in Greifswald, die er zum Institut für Gasentladungsphysik umbaute. 1955 emeritiert. 1950 mit dem „Nationalpreis" für Physik und 1956 mit dem „Vaterländischen Verdienstorden" in Silber ausgezeichnet.
Quellen: Wikipedia, https://ns-zeit.uni-greifswald.de/projekt/personen/seeliger-rudolf/, BStU, MfS, HA IX/11 Nr. AK 5449/76, Bd. 3, Bl. 265, BStU, MfS, IX/11 Nr. AK 5449/76, Bd. 2, Bl. 2, Filippovich, S. 37.

Seemann, Ulrich, Prof. Dr. phil.
* 27.06.1921 in Macuto (Venezuela), † 11.11.2009 in Rostock
Ab September 1939 Mitglied der NSDAP. Von 1939 bis 1945 bei der Luftwaffe Teilnehmer am 2. Weltkrieg. 1946 Neulehrer. Von 1949 bis 1951 Dozent an der ABF Rostock. Dort Studentendekan. Von 1951 bis 1953 Dozent am Institut für Gesellschaftswissenschaften an der Universität Leipzig. Ab 1953 Dozent am Institut für Gesellschaftswissenschaften, vornehmlich an der Medizinischen Fakultät der Universität Rostock. Ab 1964 bis zu seiner Emeritierung 1986 Professor für Didaktischen und Historischen Materialismus. Von 1968 bis 1986 Mitglied des Wissenschaftlichen Rates der Universität Rostock. Von 1974 bis 1983 Mitglied des Senats. Stadtverordneter in Rostock. Mitglied des Kreisvorstands der Urania. 1961 mit der „Verdienstmedaille", 1969 mit der „Ehrennadel" der Universität Rostock, 1976 mit dem „Universitäts-Preis", 1977 mit der „Arthur-Becker-Medaille" in Gold und 1983 mit der „Humboldt-Medaille" in Silber ausgezeichnet.

Quellen: Wikipedia, Professorenkatalog Universität Rostock, Mertens, S. 28.

Serauky, Walter, Prof. Dr. phil.
* 20.04.1903 in Halle (Saale), † 20.08.1959 ebenda
Von 1923 bis 1933 Mitglied der Freien Volksbühne. Von 1928 bis 1934 Kultur- und Theaterreferent der „Vossischen Zeitung". Ab 1929 Assistent am Musikwissenschaftlichen Seminar der Universität Halle. 1933 Mitglied der SA. Seit Mai 1937 Mitglied der NSDAP. Seit 1938 Mitglied im NSLB. Mitglied im RLB. Mitglied der NSV. Seit 1941 Mitglied im NSDDB. Ab 1941/42 als Landesschütze im Kriegseinsatz, wo er als Kriegsversehrter entlassen wurde. Ab 1943/44 vertrat er den Lehrstuhl für Musikwissenschaft an der Universität Leipzig. Zugleich stellvertretender Direktor des Musikinstrumentenmuseums. Von 1944 bis 1945 im Volkssturm in Halle. Im Oktober 1945 von der Universität Halle entlassen, verwaltete jedoch die Bibliothek des Musikwissenschaftlichen Seminars (ohne Vergütung) und half dem ebenfalls versehrten Max Schneider bei den alltäglichen Verrichtungen. Mitglied der LDPD. 1946 rehabilitierte ihn ein antifaschistischer Block in Halle (Saale). 1947 erhielt er einen Auftrag, um über den Komponisten Georg Friedrich Händel zu forschen. Ab 1948 Lektor für Musikwissenschaftliche Propädeutik und Neuere Musikgeschichte an der Universität Halle. Ab 1947 Mitglied im FDGB. Ab 1949 bis zu seinem Tod 1959 Professor der Musikwissenschaft an der Universität Leipzig. Von 1957 bis 1959 Mitglied des Wissenschaftlichen Beirates für Musikwissenschaft beim Staatsekretariat für das Hoch- und Fachschulwesen.
Quellen: Professorenkatalog Universität Halle, Professorenkatalog Universität Leipzig, Baumgartner/Hebig, Wikipedia.

Seyfarth, Wolfgang, Prof. Dr. phil.
* 21.05.1906 in Fürstenwalde, † 14.02.1985
Offiziersanwärter bei der Reichswehr. Bis 1932 als Lehrer beschäftigt. Seit April 1940 Mitglied der NSDAP. Von 1953 bis 1971 als Althistoriker und Altphilologe Mitarbeiter bei der AdW zu Berlin. Später dort Leiter des Bereichs für Griechisch-Römische Geschichte. Ab 1963 Dozent bzw. ab 1967

Professor für Lateinische und Griechische Literatur und Sprache an der Humboldt-Universität Berlin.
Quellen: Wikipedia, Baumgartner/Hebig, Mertens, S. 28.

Siebenmorgen, Willi
* 19.07.1916 in Stuttgart, †?
Von 1933 bis 1938 Mitglied der HJ. Seit 1937 Mitglied der NSDAP. Als Offizier Teilnehmer am Zweiten Weltkrieg. Ab 1943 in sowjetischer Kriegsgefangenschaft und dort Mitglied des NKFD. Schüler einer antifaschistischen Schule. Mitglied der SED. Von 1952 bis 1963 Mitglied der Redaktion der Tageszeitung „Neues Deutschland". Von 1963 bis 1974 Chefredakteur der Tageszeitung „Märkische Volksstimme" in Potsdam. Anschließend Leiter der Bildungseinrichtung der AdW in Potsdam. Seit 1967 im ZV des VDJ. 1968 mit dem „Vaterländischen Verdienstorden" in Bronze und mit der „Franz-Mehring-Ehrennadel" ausgezeichnet.
Quellen: UFJ, Baumgartner/Hebig, BStU, MfS, HA XX Nr. 5754, Bl. 63.

Siegmund-Schultze, Walther, Prof. Dr. phil.
* 06.07.1916 in Schweinitz an der Schwarzen Elster, † 06.03.1993 in Halle (Saale)
Von 1934 bis 1936 Mitglied der HJ. Seit April 1934 Mitglied der SA und seit Mai 1937 Mitglied der NSDAP. SA-Rottenführer. Mitglied des NSDStB. Teilnehmer am Zweiten Weltkrieg. Danach in Kriegsgefangenschaft. Er verschwieg seine Nazi-Vergangenheit. Von 1946 bis 1948 Lehrer und Erzieher an der Franckeschen Stiftung in Halle. Seit 1948 Mitglied der SED. Ab 1949 Referent im Ministerium für Volksbildung im Land Sachsen-Anhalt bzw. des Rates des Bezirks Halle. Ab 1954 Professor für Musikwissenschaft an der Universität Halle, wo er auch Direktor des Instituts für Musikwissenschaften war. Von 1954 bis 1981 Abgeordneter des Bezirkstages (AdB) Halle. 1. Vorsitzender des Bezirksverbandes Halle des VKM. Von 1959 bis 1965 Dekan der Philosophischen Fakultät. Von 1965 bis 1970 kommissarischer Leiter des Instituts für Musikwissenschaft und Leiter der Fachrichtung Musikwissenschaft und der Historisch-systematischen Abteilung an der Universität Leipzig. Von 1955 bis 1988 Wissenschaftlicher Sekretär der „Händelgesellschaft" und von 1988 bis 1991 dort

Präsident. Von 1968 bis 1989 Vize-Präsident des VKM. Mitbegründer der „Händelfeststpiele“ in Halle und Leiter der „Hallischen Musiktage“. Von 1946 bis 1990 Mitglied im KB. 1959, 1976 und 1981 mit dem „Vaterländischen Verdienstorden“ in Bronze, Silber und Gold, 1959 mit der „Deutschen Friedensmedaille“, 1962 mit der „Johannes-R.-Becher-Medaille“ in Gold, 1969 mit dem „Nationalpreis“, mit dem Orden „Banner der Arbeit“ und 1987 mit dem „Georg-Philipp-Telemann-Preis“ ausgezeichnet.
Quellen: UFJ, Wikipedia, Herbst, Magdeburger Biographisches Lexikon, Baumgartner/Hebig, Buch, Wikipedia, BStU, MfS, HA XX Nr. 5754, Bl. 223, BStU, MfS, HA XX Nr. 5752, Bl. 32f., BStU, MfS, HA IX/11, SV 3/82, Bd. 1a, Bl. 64.

Simon, Arthur Johann Caspar Peter, Prof. Dr. phil.
* 25.02.1893 in Barmen, † 05.05.1962 in Dresden
Als Soldat Teilnehmer am 1. Weltkrieg. Mit dem EK ausgezeichnet. Ab 1929 Professor an der TH Stuttgart. Simon unterzeichnete das „Bekenntnis der Professoren an den deutschen Universitäten und Hochschulen zu Adolf Hitler und zum nationalsozialistischen Staat“. Mitglied im NSLB und „Förderndes Mitglied der SS“. Von 1932 bis 1960 Professor für Anorganische Chemie an der TH Dresden. Von 1946 bis 1951 ehrenamtlicher Ministerialdirektor im Ministerium für Volksbildung und Abteilungsleiter für die Hochschulen im Land Sachsen. Seit Juli 1948 Mitglied der SAW. Von 1956 bis 1962 dort Vizepräsident. Ab 1954 Mitglied der Leopoldina zu Halle. Ab 1956 Mitglied der AdW zu Berlin. 1958 Ehrendoktor der TH Darmstadt. 1953 mit dem „Nationalpreis“ III. Klasse, 1956 mit der „Clemens-Winkler-Medaille“, 1959 mit der „Alexander-von-Humboldt-Medaille“ der AdW zu Berlin und 1959 mit dem „Vaterländischen Verdienstorden“ in Silber ausgezeichnet.
Quellen: Wikipedia, SAW.

Simon, Heinz, Prof. Dr. med.
* 18.01.1922 in Gleiwitz, † 08.09.1993
Seit 1940 Mitglied der NSDAP. Teilnehmer am Zweiten Weltkrieg. Von 1964 bis 1968 und von 1974 bis 1978 Rektor der Medizinischen Akademie Dresden. Ab 1977 Direktor des Pathologischen Instituts der Humboldt-

Universität Berlin. 1966 als „Verdienter Arzt des Volkes“, 1977 mit dem „Nationalpreis“ III. Klasse und 1979 mit dem „Vaterländischen Verdienstorden“ in Silber ausgezeichnet. Er verschwieg seine Nazi-Vergangenheit.
Quellen: Wikipedia, Herbst, Buch, Baumgartner/Hebig, BStU, MfS, HA IX/11, SV 3/82, Bd. 1a, Bl. 65.

Sitzler, Karl, Dr. med.
* 27.08.1882, †?
Ab 1927 Assistenzarzt an der Landesanstalt in Lübben. Von 1935 bis 1945 Oberarzt an der Landesanstalt Teupitz und zuständig für Zwangssterilisationen an männlichen Patienten. 1937 die Aufnahme in die NSDAP beantragt. Von 1945 bis 1947 kommissarischer Ärztlicher Direktor und danach Chefarzt an der Landesanstalt Teupitz. 1947 aufgrund eines Entnazifizierungsbescheids entlassen.
Quellen: Rose S. 212f., Ernst Klee: Irrsinn Ost ..., S. 103.

Skibbe, Bruno Ernst, Prof. Dr. rer. pol.
* 05.11.1893 in Skomatzko, Ostpreußen, † 14.08.1964 in Wiesloch
Im Kommunaldienst und bei der Handelskammer Allenstein. Seit 1933 Mitglied im Verband der Geschäftsführer der Industrie- und Handelskammern. Von 1938 bis 1943 Mitglied der NSV. Von 1936 bis 1945 arbeitete er beim Deutschen Bodenwirtschaftsdienst Berlin. Ab 1946 Mitglied und leitender Mitarbeiter der VdgB. Ab 1946 Mitglied im FDGB. Ab 1949 Professor für Agrarwissenschaft an der Humboldt-Universität Berlin und an der Universität Leipzig. Nach dem er seine Lehrtätigkeit 1951 in Leipzig beendet hatte, blieb er an der Humboldt-Universität Berlin und gründete dort das Institut für Agrarraumforschung. Seit 1948 Mitglied der GDSF. Seit 1950 Mitglied der SED. 1960 siedelte er nach Wiesloch bei Heidelberg über.
Quellen: Professorenkatalog Universität Leipzig, Wikipedia.

Solger, Friedrich, Prof. Dr.
* 08.10.1877 in Berlin, † 29.11.1965 in Berlin
Ab 1900 Mitglied im Alldeutschen Verband. Von 1904 bis 1910 wissenschaftlicher Mitarbeiter am Märkischen Provinzialmuseum. Von 1910 bis

1913 Professor für Geologie an der Universität Peking. Als Zugführer Teilnehmer am 1. Weltkrieg. Von April 1917 bis Dezember 1919 in Japan in Kriegsgefangenschaft. Zum Hauptman d. R. ernannt. Mit dem EK 1. Klasse ausgezeichnet. Ab 1921 Professor für Geologie an der Universität Berlin. Von 1920 bis 1922 Mitglied der DNVP. Von 1921 bis 1933 Vorsitzender des Deutschen Nichtordinarienverbandes. Von 1925 bis 1933 Mitglied im Bund völkischer Lehrer Deutschlands. Von 1927 bis 1933 Vorstandsmitglied des Verbandes der Deutschen Hochschulen. Ab 1933 Mitglied im NSLB. Von 1927 bis 1933 Mitglied im Vorstand des Verbandes der Deutschen Hochschulen. Ab 1936 Vorsitzender der Geschichtsvereins „Brandenburgia“. Bis 1945 Mitglied der Deutschen Glaubensbewegung. Von 1945 bis 1953 Lehrauftrag an der Humboldt-Universität. Von 1950 bis 1965 Mitglied der Landesgeschichtlichen Vereinigung für die Mark Brandenburg, wo er 1961 Ehrenmitglied wurde. Ab 1954 Mitglied der Gesetzlosen Gesellschaft Berlin.
Quellen: Grüttner, Wikipedia.

Spamer, Adolf Karl Emil Gustav, Prof. Dr. phil.
* 10.04.1883 in Mainz, † 20.06.1953 in Dresden-Bühlau
Von 1908 bis 1920 Leiter des Volkskundlichen Archivs beim Bayerischen Landesverein für Heimatschutz. Im November 1933 unterzeichnete er das „Bekenntnis der Professoren an den deutschen Universitäten und Hochschulen zu Adolf Hitler und dem nationalsozialistischen Staat“. Von 1936 bis 1942 Leiter der Reichsarbeitsgemeinschaft für Deutsche Volksforschung. 1938 arbeitete er mit am „Atlas der deutschen Volkskunde“ des Instituts für Volkskunde in Berlin. Auch für die SS-Forschungsgemeinschaft Deutsches Ahnenerbe e. V tätig. Von 1921 bis 1926 Privatdozent für Deutsche Philologie und Volkskunde an der Universität Frankfurt/M. Von 1926 bis 1936 Professor für Deutsche Philologie und Volkskunde an der TH Dresden. Mitglied im NSLB. Von 1936 bis 1945 Professor für Volkskunde an der Universität Berlin. Von 1938 bis 1945 Mitglied der Preußischen AdW. Von 1946 bis 1953 Mitglied der AdW zu Berlin. Das Plenum der Akademie nahm ihn im Februar 1946 rückwirkend zum Februar 1938 als Mitglied auf. Ab 1946 Mitglied im KB. Von 1947 bis 1953 Mitglied im FDGB. Nach 1945 beteiligt am Aufbau eines Instituts für

Volkskunde in Sachsen. Von 1947 bis 1950 Professor für Germanische Philologie an der TH Dresden. Von 1949 bis 1953 Mitglied der SAW zu Leipzig. Von 1950 bis zu seiner Emeritierung 1951 Professor für Volkskunde an der Philologisch-Historischen Abteilung der Philosophischen Fakultät der Universität Leipzig.
Quellen: Professorenkatalog Universität Leipzig, www.bbaw.de, Klee I, Wikipedia, Bott, S. 137.

Spies, Konstantin, Prof. Dr. med.
* 14.05.1922 in Dresden, † 04.11.2005
Seit 1940 Mitglied der NSDAP. Als Unteroffizier Teilnehmer am Zweiten Weltkrieg. In Kriegsgefangenschaft. Ab 1946 Mitglied der SED. Mitglied der FDJ. Ab 1951 Mitarbeiter im Staatssekretariat für das Hoch- und Fachschulwesen. Von 1968 bis 1982 stellvertretender Minister für das Gesundheitswesen. Einer seiner Untergebenen war Friedrich-Wilhelm Brekenfeld. Von 1961 bis 1968 Direktor des Instituts für Virologie der Charité an der Humboldt-Universität Berlin. Von 1978 bis 1980 Mitglied des Exekutivkomitees der World Health Organisation (WHO). Rektor der Akademie für Ärztliche Fortbildung. Mitglied des Forschungsrates beim Ministerrat. Präsident der Urania. Von 1982 bis 1990 Rektor der Akademie für Ärztliche Fortbildung. Mitglied der AdW zu Berlin. Mitglied der Leopoldina zu Halle. 1965 mit dem „Rudolf-Virchow-Preis, 1969 und 1982 mit dem „Vaterländischen Verdienstorden“ in Bronze und Silber, 1973 als „Verdienter Arzt des Volkes“ und 1987 mit dem Orden „Stern der Völkerfreundschaft“ ausgezeichnet.
Quellen: Herbst, Brief an „Rotfuchs“, Baumgartner/Hebig, Buch, Wikipedia, BStU, MfS, HA IX/11, AS236/68, Bd. 1, Bl. 15.

Spitzner, Osmar, Prof. Dr. jur.
* 29.06.1924 in Hartha, Sachsen, † 24.11.1969 in Berlin
Von 1937 bis 1942 Mitglied der HJ. Seit September 1942 Mitglied der NSDAP. Mitglied der KPD bzw. SED. Mitglied im FDGB. Bis 1957 Leiter der Rechtsabteilung im Ministerium für Maschinenbau. Von 1957 bis 1958 Dozent und danach Professor für Recht der sozialistischen Wirtschaft an der Universität Rostock. Von 1958 bis 1967 Vorsitzender des Staatlichen

Vertragsgerichts. Ab 1959 Präsident des Schiedsgerichts bei der Kammer für Außenhandel (KfA). Von 1959 bis 1963 Professor für Zivilrecht und Gewerblichen Rechtsschutz. Zugleich Direktor des Instituts für Seerecht an der Universität Rostock. Ab 1964 Professor an der Wirtschaftswissenschaftlichen Fakultät der Humboldt-Universität Berlin. Ab 1962 Mitglied im Vorstand des Forschungsrates beim Ministerrat und dort ab 1966 Mitglied im Präsidium. Von 1967 bis 1969 Staatssekretär für Staats- und Wirtschaftsrecht beim Ministerrat. Von 1967 bis 1969 AdV. 1964 mit der „Verdienstmedaille" und 1958 und 1965 mit dem „Vaterländischen Verdienstorden" ausgezeichnet.
Quellen: UFJ, Baumgartner/Hebig, Herbst, Professorenkatalog Universität Rostock, Wikipedia, BStU, MfS, HA XX Nr. 5754, Bl. 181, BStU, MfS, HA XX Nr. 5752, Bl. 46f.

Spöttel, Walter, Prof. Dr. phil.
* 28.05.1892 in Weißenfels, † 04.07.1953 in Halle (Saale)
Freiwilliger Teilnehmer am Ersten Weltkrieg. Mit dem „Eisernen Kreuz" II. Klasse ausgezeichnet. Danach Beamtenstellvertreter und 1918/19 Assistent an der Landwirtschaftlichen Kontrollstation Halle. Von 1919 bis 1932 Assistent am Tierzuchtinstitut der Universität Halle. 1930 dort zum nichtbeamteten Professor ernannt und von 1932 bis 1934 hatte er einen Lehrauftrag. Seit 1933 Mitglied der NSDAP. Von 1934 bis 1939 an der Universität Ankara. 1939 vertrat er an der Universität Halle den Lehrstuhl für das Fach Tierernährung. Ab 1940 beamteter Professor. 1944 mit dem „Kriegsverdienstkreuz" 2. Klasse ausgezeichnet. Im Oktober 1945 verfügte die Provinzialregierung eine dreijährige „Bewährungsfrist" und Gehaltskürzung. Im Dezember 1945 wegen seiner Nazi-Vergangenheit entlassen. Ab 1946 Mitglied der SPD. 1946 erklärte ihn ein Antifa-Ausschuss für tragbar und er konnte am Institut für Tierzucht weiter arbeiten. Im selben Jahr erhielt er von der SMAD einen Forschungsauftrag (Zubereitung von Harzer Käse und Camembert). Aufgrund seines Buches über „Honig und Trockenmilch" (1950), betrieben auch zentrale Stellen der DDR, insbesondere das Ministerium für Gesundheit, seine Wiederanstellung an der Professorenkatalog Universität Halle.
Quellen: Professorenkatalog Universität Halle.

Sproemberg, Heinrich Friedrich Adolf Emmanuel, Prof. Dr. phil.
* 25.11.1889 in Berlin, † 19.06.1966 ebenda
Von 1914 bis 1919 Krankenpfleger. Berufung in das Nachrichtenbüro der Obersten Heeresleitung zur Sammlung und Sichtung von Nachrichten aus der belgischen Presse. Von 1919 bis 1933 als Historiker und Schriftsteller (Privatgelehrter) tätig. Von 1926 bis 1931 Mitarbeiter der Hansischen Umschau. Ab 1931 Mitglied der Organisation zum Austausch geschichtswissenschaftlicher Literatur. Ab 1933 Gastdozent an belgischen und niederländischen Universitäten. Von 1934 bis 1937 Mitarbeiter der Hansischen Geschichtsblätter. Von 1921 bis 1937 Mitglied des Hanseatischen Geschichtsvereins. Von 1942 bis 1943 Mitglied in der NSV. 1945 im Kulturdezernat von Haldensleben tätig. Von 1945 bis 1946 Mitarbeiter der Provinzialverwaltung von Sachsen-Anhalt. Von 1945 bis 1946 Dozent für Mittlere und Neuere Geschichte an der Universität Halle. Von 1946 bis 1950 Professor für Mittlere und Neuere Geschichte an der Universität Rostock. Von 1950 bis 1957 Leiter der Historischen Kommission des Landes Sachsen. Von 1950 bis 1958 Professor für Mittlere und Neuere Geschichte an der Universität Leipzig. Mitglied im KB. Von 1951 bis zur Emeritierung 1958 Direktor der Abteilung für deutsche Landesgeschichte beim Institut für die Geschichte des deutschen Volkes. 1955 Gründer der Hansischen Arbeitsgemeinschaft der DDR. Von 1956 bis 1966 Mitherausgeber der „Forschungen zur mittelalterlichen Geschichte“. Von 1951 bis zur Emeritierung 1958 Professor für Mittlere und Neuere Geschichte an der Universität Leipzig. Im wissenschaftlichen Beirat für die Fachrichtung Geschichte beim Staatssekretariat für das Hochschulwesen. 1965 erhielt er die Ehrendoktorwürde der Universität Rostock. 1961 wurde konspirativ vom MfS gegen ihn ermittelt.
Quellen: Wikipedia, Professorenkatalog Universität Leipzig, Professorenkatalog Universität Rostock, BStU, MfS, Allg. P. 7725/61, Bl. 12, BStU, MfS, AIM, Teil I, Bd. 1, Nr. 1556/63, Bl. 16, Bl. 28f.

Stahl, Wilhelm, Prof. Dr. phil. nat. Dr. h. c.
* 23.10.1900 in Hilbeck, † 20.01.1980 in Rostock
Ab 1927 Assistent bei der Ostpreußischen Schweinezuchtgesellschaft. Ab 1928 Assistent und danach stellvertretender Direktor der Versuchs- und Forschungsanstalt für Schweinehaltung in Ruhlsdorf. Ab 1930 Direktor der Versuchswirtschaft für Schweinehaltung in Ruhlsdorf bei Teltow. Mitglied der SA. Ab 1933 Mitglied der NSDAP. Ab 1937 Professor. Von 1944 bis 1945 nebenamtlicher Geschäftsführer für den Reichsausschuss für Schlachtviehversorgung beim Reichsbauernführer und für den Reichsverband der Deutschen Schweinezüchter. Von 1944 bis 1945 Teilnehmer am 2. Weltkrieg bei der Wehrmacht und beim Volkssturm. Danach in sowjetischer Kriegsgefangenschaft. Ab 1947 Sanitäter in Sibirien. Ab 1950 bis 1965 Fachlektor beim Deutschen Bauernverlag in Berlin und Chefredakteur der Zeitschrift „Tierzucht". Von 1951 bis 1956 Professor und Direktor des Instituts für Tierzucht an der Veterinärmedizinischen Fakultät der Humboldt-Universität Berlin. Von 1957 bis 1966 Direktor des Instituts für Tierzüchtung und Haustiergenetik in Dummerstorf der Landwirtschaftlich-Gärtnerischen der Universität Rostock. Von 1952 bis 1965 Mitglied der AdL. Von 1953 bis 1961 Direktor des Instituts für Tierzuchtforschung in Dummerstorf der DAL. Sekretär der Sektion Tierzüchtung und Tierernährung. Mitglied der Kommission für LPG. Ab 1950 Herausgeber und Chefredakteur der Zeitschriften „Tierzucht" und ab 1958 „Archiv für Tierzucht". Von 1957 bis 1966 Professor und Direktor des Instituts für Tierzucht an der Universität Rostock. Mitglied im Wissenschaftlichen Beirat beim Staatssekretariat für Hoch- und Fachschulwesen. 1959 verlieh ihm die Universität Leipzig den Ehrendoktortitel. Danach fiel er in „Ungnade" und erst im März 1990 durch das Plenum der AdL wieder rehabilitiert. 1954 mit dem „Nationalpreis" II. Klasse für Wissenschaft und Technik und 1959 mit dem „Vaterländischen Verdienstorden" in Silber ausgezeichnet. In Dummerstorf wurde eine Allee nach ihm benannt. 1959 Ehrendoktor der Universität Leipzig. 1970 wurde der Ehrendoktor der Universität Rostock abgelehnt.
Quellen: Wikipedia, Cerny, Professorenkatalog Universität Rostock, https://www.agrar.hu-berlin.de/de/institut/profil/personen_bio.

Stamm, Hans, Prof. Dr. phil. nat.
* 16.08.1909 in Frankfurt/M., † 27.02.1968 in Ilmenau
Von 1933 bis 1945 Mitglied der DAF. Mitarbeiter im elektrischen Prüfamt. Ab 1939 Projektleiter im Transformatoren- und Röntgenwerk Koch und Sterzel in Dresden. Von 1939 bis 1945 Mitglied der DAF. Von 1939 bis 1945 Mitglied der NSV. Mitglied der NSBDT. Ab April 1941 Mitglied der NSDAP. Erneut im Transformatoren- und Röntgenwerk in Dresden. Ab 1946 Mitglied im FDGB. Von 1946 bis 1952 Technischer Direktor im Volkseigenen Betrieb Transformatoren- und Röntgenwerk. Ab 1947 Mitglied der KdT. Ab 1950 Mitglied der GDSF. Ab 1948 Mitglied der SED. 1953 mit der Aufgabe betraut, entsprechend einem Beschluss des Ministerrates der DDR, in Ilmenau eine Spezialhochschule für Elektrotechnik aufzubauen. Ab 1952 Professor und von 1953 bis 1962 Rektor der Hochschule für Elektrotechnik in Ilmenau. Von 1956 bis 1958 Mitglied der SED Bezirksleitung Suhl. Seit 1957 Mitglied im Deutschen Friedensrat. In der Sektion Physik Mitglied der AdW zu Berlin. Mitglied im Forschungsrat des Ministerrates. 1956 mit dem „Vaterländischen Verdienstorden" in Silber, als dreifacher „Aktivist" und 1959 mit dem Orden „Banner der Arbeit" ausgezeichnet. Heute ist nach ihm eine Straße in Ilmenau und der Campus der Universität benannt.
Quellen: UFJ, Herbst, Baumgartner/Hebig, BStU, MfS, HA XX Nr. 5754, Bl. 145, Bl. 322, BStU, MfS, HA XX Nr. 5752, Bl. 150f.

Stammler, Gerhard, Prof. Dr. phil.
* 03.05.1898 in Halle (Saale), † 20.02.1971 in Schönebeck
Von Mai 1933 bis 1945 Mitglied der NSDAP und ab 1934 Politischer Leiter (Zellenfunkwart). Seit Juni 1934 Mitglied der NSV. Mitglied im NSDDB. Von 1934 bis 1937 erhielt Stammler ein Dozentenstipendium. Von 1937 bis 1939 Mitglied der SA. Ab 1938 nichtbeamteter Professor mit dotiertem Lehrauftrag für die Philosophie an der Universität Halle. Ab 1940 hielt er Vorlesungen für Lehramtsstudenten an der Philosophischen und Naturwissenschaftlichen Fakultät. Wegen seiner Nazi-Vergangenheit im Oktober 1945 entlassen und zugleich als Hilfsarbeiter von der Universitätsbibliothek Halle eingestellt. Im Januar 1946 wieder entlassen, aber als Lohnempfänger zu Katalogisierungsarbeiten bis Mai 1947 wiederein-

gestellt. Mitglied der CDUD. Danach Schriftsteller. Ab November 1949 Dozent am Oberseminar in Naumburg und später stellvertretender Leiter der Evangelischen Akademie Sachsen-Anhalt.
Quellen: Professorenkatalog Universität Halle, BStU, MfS, Allg. P. 852/56, Bl. 1ff.

Stanek, Josef, Prof. Dipl.-Ing.
* 06.01.1901 in Berlin, † 03.02.1984
Wissenschaftlicher Mitarbeiter der Siemens-Werke in Köln und Berlin. Seit März 1933 Mitglied der NSDAP und dort ehrenamtlicher „Politischer Leiter" in einer Kreisleitung. Mitglied der DAF, Mitglied der NSV. Mitglied im RKB. Mitglied der „Kameradschaft Siemens", als er Leiter eines Forschungslabors der Firma Siemens Berlin war. Mit dem Kriegsverdienstkreuz II. Klasse mit und ohne Schwerter ausgezeichnet. Von 1945 bis 1954 Direktor bzw. Werkleiter in der Messinstrumentenindustrie. Ab 1946 Mitglied der KDT. Von 1954 bis 1981 1. Vorsitzende des Bezirksausschusses Groß-Berlin der NF. Von 1957 bis 1964 Präsident des Amtes für Maß und Gewicht. Von 1956 bis 1970 Vize-Präsident der KDT. Mitglied im Präsidialrat des NR der NF. Von 1964 bis 1968 Direktor des ZI für Information und Dokumentation, dass dem Ministerrat unterstand. „Geheimer Informant" der Abteilung VI. 1954 mit dem „Nationalpreis", mit der „Verdienstmedaille", als „Held der Arbeit", mit der „Ernst-Moritz-Arndt-Medaille" und 1959, 1961 und 1971 mit dem „Vaterländischen Verdienstorden" in Bronze, Silber und Gold ausgezeichnet.
Quellen: UFJ, Herbst, Cerný, Baumgartner/Hebig, Wikipedia, BStU, MfS, HA XX Nr. 5754, Bl. 223, BStU, MfS, HA XX Nr. 5752, Bl. 152f., Der Spiegel Nr. 8/1963, S. 21.

Stange, Rolf, Prof. Dr.
* 20.04.1919 in Schmölln, † 06.10.1965 in Berlin
Ab 1938 Mitglied der NSDAP. Mitglied der DAF. Teilnehmer am Zweiten Weltkrieg. Danach in Kriegsgefangenschaft. Bis 1948 Physiker für die SMAD. Danach Assistent, Oberassistent und Professor am Physikalisch-Chemischen Institut der Humboldt-Universität Berlin.
Quellen: Cerný, BArch, Baumgartner/Hebig.

Stather, Fritz, Prof. Dr. phil.
* 05.11.1901 in Offenburg, † 31.03.1974 in Freiberg
Assistent am Kaiser-Wilhelm-Institut für Lederforschung. Ab 1929 Privatdozent an der TH Dresden. Ab 1930 Direktor der Versuchsanstalt für Lederindustrie in Freiberg. Mitglied im „Stahlhelm, Bund der Frontsoldaten". Mitglied der SA. 1942 kommissarischer Reichsbeauftragter für die Lederindustrie. 1945 Wehrwirtschaftsführer. Nach 1945 Professor für Gerberei-Chemie und Gerberei-Technologie an der TH Dresden. Ab 1950 Fachgruppenleiter für Leder, Schuhe und Rauchwaren im Amt für Material- und Warenprüfung. des Lederinstituts in Freiberg. Ab 1958 Mitglied der SAW zu Leipzig. Ab 1961 korrespondierendes bzw. ab 1964 ordentliches Mitglied der AdW zu Berlin. 1955 als „Hervorragender Wissenschaftler des Volkes" ausgezeichnet.
Quellen: Wikipedia, SAW, BBAW, Kappelt.

Staude, Herbert Rudolf Max, Prof. Dr. phil. habil.
* 20.03.1901 in Schmölln, † 28.08.1983 in Frankfurt/M.
Von 1934 bis 1936 Mitglied im NSLB. Von 1936 bis 1944 Mitglied DAF. Von 1936 bis 1945 Mitglied im NSBDT. Von 1937 bis 1945 Mitglied der NSV. Von 1927 bis 1931 Assistent an der Universität Leipzig. Von 1931 bis 1932 Chemiker bei A. C. Smith Corp. in Milwaukee (USA). Von 1933 bis 1936 Assistent an der Hochschule Dresden. Von 1936 bis 1940 Chemiker bei der Firma Zeiß-Ikon. Von 1940 bis 1945 Assistent an der TH Berlin. Danach Bürgermeister und Schulleiter der Oberschule in Schmölln. Von Januar bi April 1945 Sanitäter beim Volkssturm in Schmölln. Ab 1945 Mitglied im FDGB. Von 1946 bis 1957 Mitglied der SPD bzw. SED. Aus der Partei ausgeschlossen. Ab 1947 Professor für Photochemie und Elektrochemie an der Universität Leipzig. Ab 1949 Direktor des physikalisch-chemischen Instituts und ab 1951 Dekan der Mathematisch-Naturwissenschaftlichen Fakultät. Mitglied im wissenschaftlichen Beirat für die Fachrichtung Chemie beim Staatssekretariat für Hochschulwesen. Seit 1957 Mitglied der SAW zu Leipzig. Als GM „Lehrer" 1959 inoffizieller Mitarbeiter des MfS. Ab 1959 „Republikflucht" in die BRD, wo er Professor für

Physikalische Chemie an der Universität Frankfurt/M. war. 1965/66 dort Dekan der Naturwissenschaftlichen Fakultät.
Quellen: Professorenkatalog Universität Leipzig, BStU, MfS, Allg. S. 2071/67, Bl. 2-8, Bl. 30, Bl. 83, BStU, MfS, BV Leipzig, 170/60, Bl. 4-10, Bl. 17f., Bl. 76, BStU, MfS, HA IX/11 Nr. AK 5449/76, Bd. 3, Bl. 333, BStU, MfS, IX/11 Nr. AK 5449/76, Bd. 2, Bl. 2.

Steiger, Eduard, Prof. Dipl.-Ing.
* 27.08.1909 in Schwindratzheim (Elsass), † 09.8.1985
Seit Mai 1933 Mitglied der NSDAP. Als Leutnant bzw. Zahlmeister Teilnehmer am Zweiten Weltkrieg. Danach 1945 kurz in US-amerikanischer bzw. in britischer Kriegsgefangenschaft. Ab 1946 Mitarbeiter und Bauleiter bei der DR in Magdeburg. Mitglied der SPD bzw. SED. Ab 1953 Mitarbeiter beim Ministerium für Aufbau. Von 1954 bis 1962 Rektor der Hochschule für das Bauwesen in Leipzig und Professor für Konstruktionselemente, Baugestaltung und Industriebau. Von 1963 bis 1985 Vize-Präsident und Mitglied im Präsidium des KB. 1960 und 1969 mit dem „Vaterländischen Verdienstorden“ in Bronze, Silber und Gold und mit der „Johannes-R.-Becher-Medaille“ ausgezeichnet. Wegen der Unklarheiten darüber, wurde er „nicht wieder als Kandidat für die Bezirksleitung“ der SED Leipzig aufgestellt. Die Abteilung Sicherheit der Bezirksleitung wurde im Januar 1966 aufgefordert, seine NSDAP-Mitgliedschaft zu überprüfen. Im Juli 1966 wurde Steiger von einem „Inoffiziellen Mitarbeiter“ des MfS aufgesucht und nach seiner Nazi-Vergangenheit befragt. Steidle behauptete, er habe nicht gewusst habe, dass er Mitglied der NSDAP war.
Quellen: UFJ, Herbst, Baumgartner/Hebig, Buch, BStU, MfS, HA XX Nr. 5754, Bl. 63, BStU, MfS, HA XX Nr. 5752, Bl. 163-171, BStU, MfS, HA IX/11 Nr. AK 5449/76, Bd. 3, Bl. 338, Bl. 343, BStU, MfS, IX/11 Nr. AK 5449/76, Bd. 2, Bl. 2.

Stein, Fritz, Prof. Dr. phil.
* 17.12.1879 oder 1897 in Gerlachsheim in Baden, † 14.11.1961 in Berlin
Ab 1914 in Meiningen Hofkapellmeister. Als Chorleiter Teilnehmer am Ersten Weltkrieg. Ab 1919 Professor für Musikwissenschaft in Kiel. Von 1925 bis 1933 Generalmusikdirektor. Ab 1932 Mitglied im völkischen und

antisemitischen „Kampfbund für deutsche Kultur“ (KfdK). 1933 Direktor der Staatlichen Musikhochschule in Berlin und Reichsleiter der Fachgruppe Musik im KfdK. Als Musikwissenschaftler Referent des Reichsverbands für Chorwesen und Volksmusik und für Kirchenmusik und Chorwesen der RMK. Seit 1933 Mitglied im Präsidialrat der RMK. Ab 1940 Mitglied der NSDAP. 1939 dirigierte er zum 50. Geburtstag von Adolf Hitler einen Chor der SS-Leibstandarte „Adolf Hitler“. Im selben Jahr mit der „Goethe-Medaille“ für Kunst und Wissenschaft ausgezeichnet. Im März 1945 zum Leiter des Staatlichen Instituts für deutsche Musikforschung ernannt. Nach 1945 verlor er alle seine Ämter. Später Präsident des Verbandes für Evangelische Kirchenmusik.
Quellen: Klee II, Wikipedia, Stockhorst.

Steinbrück, Paul, Prof. Dr. med.
* 05.08.1911 in Helbra (Südharz), † 30.11.1994 in Berlin
Seit 1933 Mitglied der NSDAP. Facharzt in Sangershausen, Berlin, Hannover und Magdeburg. Ab 1940 Mitarbeiter der Tbc-Heilstätte Albrechtshaus in Stiegl im Harz. Nach 1945 Direktor des Tuberkulose-Krankenhauses in Halle-Dölau. Von 1952 bis 1979 Direktor des Forschungsinstituts für Lungenkrankheiten und Tuberkulose in Berlin-Buch. Ab 1963 Professor für Lungenkrankheiten an der Akademie für Ärztliche Fortbildung und der Pulmologie an der Humboldt-Universität. Ab 1973 Mitglied der AdW zu Berlin. Mitglied der SED. Von 1974 bis 1984 Herausgeber und später Chefredakteur der „Zeitschrift für Erkrankungen der Atmungsorgane" Mitglied und Vorsitzender des Komitees für Epidemiologie und Statistik der Internationalen Union gegen TBC. Ab 1974 Experte der WHO. 1964 im Kollektiv mit dem „Nationalpreis“ 1. Klasse für Wissenschaft und Technik, 1949 als „Verdienter Arzt des Volkes“ und mit der „Hufeland-Medaille“ ausgezeichnet. Ehrendoktor der Humboldt-Universität.
Quellen: Wikipedia, Mitteilungen der Leibniz-Sozietät8 (1995) 8/9, Nachrufe, S. 134.

Steinmetz, Max Zacharias, Prof. Dr. phil. habil. Dr. phil. h. c.
* 12.10.1912 in Frankfurt/M., † 11.09.1990 in Leipzig
Von 1933 bis 1934 Mitglied im NSDStB. Von 1933 bis 1945 Mitglied der SA. Mitglied der NSDAP. 1934 Mitglied im RAD. Von 1939 bis 1940 Assistent bei der Deutschen Bibliographie der Reformationszeit in Marburg/Lahn. Von 1940 bis 1945 als Unteroffizier im Grenadierregiment 407 der 121. Infanteriedivision Teilnehmer am Zweiten Weltkrieg. Oktober 1944 mit dem „Kriegsverdienstkreuz" II. Klasse ausgezeichnet. Von 1945 bis 1949 in sowjetischer Kriegsgefangenschaft. 1947 Schüler der Antifa-Schule in Riga. Ab 1949 bzw. 1952 Mitglied der SED. Ab August 1949 Mitglied der GDSF. Ab 1949 Mitglied im FDGB. Von 1949 bis 1951 Referent der Deutschen Verwaltung für Volksbildung. Von 1951 bis 1954 Abteilungsleiter im Staatssekretariat für das Hoch- und Fachschulwesen. Von 1952 bis 1953 Lehrbeauftragter für Geschichte an der Humboldt-Universität Berlin. Von 1954 bis 1960 Dozent bzw. Professor für Mittlere und Neuere Geschichte an der Universität Jena. Zwischen November 1959 und 1961 Geheimer Informant (GI) „Bach" für das MfS. Redakteur der „Zeitschrift für Geschichtswissenschaft". Von 1960 bis 1977 Professor für Deutsche Geschichte an der Universität Leipzig. Von 1959 bis 1967 Vorsitzender des Wissenschaftlichen Beirates für Geschichte beim Staatsekretariat für Hoch- und Fachschulwesen. Seit 1968 Mitglied im Nationalkomitee der Historiker. 1972 und 1987 mit dem „Vaterländischen Verdienstorden" in Bronze und Silber und 1975 mit dem „Nationalpreis" III. Klasse ausgezeichnet.
Quellen: Professorenkatalog Universität Leipzig, Wikipedia, Baumgartner/Hebig, BStU, MfS, AIM Nr. 8391/64, Teil I, Bl. 10-17, Bl. 35f., Bl. 70-76, Bl. 82f., BStU, MfS, HA XX Nr. 18680, Bl. 1f., Bl. 16f.

Steuernagel, Carl, Prof. Dr. phil.
* 17.02.1869 in Hardegsen, Landkreis Northeim, † 14.03.1958 in Greifswald
Ab 1906 Assistent für die Betreuung der christlich-archäologischen Sammlung der Universität Halle und ab 1912 Professor. Ab 1914 bis 1935 Professor an der Universität Breslau. Von 1920 bis 1932 Mitglied der DVP. Ab 1933 Mitglied im NSLB. Ab 1934 Mitglied im Opferring der

NSDAP. Mitglied der NSV. Von 1946 bis 1948 Professor an der Universität Greifswald.
Quellen: Wikipedia, Professorenkatalog Universität Halle.

Stieda, Alexander, Prof. Dr. med.
* 30.05.1875 in Dorpat, † 12.08.1966 Holz bei Gmund am Tegernsee
Ab 1899 Assistent am Pathologisch-Hygienischen Institut Chemnitz. Von 1900 bis 1919 Assistent an der Chirurgischen Universitätsklinik Halle, wo er später Oberarzt und zum Professor ernannt worden war. Als Chefarzt eines Feldlazaretts, dann als beratender Chirurg eines Feldlazarettes, dann als beratender Chirurg beim Generalkommando des IV. Armeekorps Teilnehmer am Ersten Weltkrieg. 1919 bezog er eine Praxis in der Heilanstalt Weidenplan. Ab 1919 Mitglied der DNVP. Mitglied im „Kyffhäuserbund". Mitglied im VDA und Mitglied im nationalistischen und militaristischen „Alldeutschen Verband". Mitglied im BDO. Mitglied im Reichsverband Deutscher Offiziere. Ab 1922 Mitglied im „Stahlhelm, Bund der Frontsoldaten". 1934 verweigerte er jedoch den Übertritt in die SA. Von 1923 bis 1933 Angehöriger der „Loge zu den drei Degen". Förderndes Mitglied der SS. Mitglied im NSLB. Als Teilnehmer am Zweiten Weltkrieg 1941 beratender Chirurg im Wehrkreis IV. Mit dem „Kriegsverdienstkreuz" 2. Klasse ausgezeichnet. Ab August 1945 Mitglied der CDUD. Ab 1946 Professor mit vollem Lehrauftrag. 1950 emeritiert. Die Universität Halle ernannte ihn zum Ehrensenator. Stieda siedelte in die BRD (an den Tegernsee) über.
Quellen: Professorenkatalog Universität Halle.

Stier, Friedrich
* 12.09.1886 in Buttstädt, Weimar, † 14.04.1966 in Köln
Von 1931 bis 1945 Leiter der Abteilung Wissenschaft im Thüringer Ministerium für Volksbildung. Lehrbeauftragter für Bauern- und Bodenrecht an der Universität Jena. Seit 1933 Mitglied der NSDAP. Ab 1949 Geschäftsführer der Deutschen Schillergesellschaft. 1958 siedelte er in die BRD über.
Quellen: Klee II, Grüttner.

Stieve, Hermann, Prof. Dr. med. Dr. phil.
* 22.11.1886 in München, † 06.09.1952 in Berlin
1913 Unterarzt in Augsburg. 1913 Assistent am Anatomischen Institut München. Von 194 bis 1918 als Frontarzt Teilnehmer am Ersten Weltkrieg. Mit dem EK II. Klasse, dem „Königlich Bayerischen Verdienstorden“ IV. Klasse mit Schwertern und mit dem „Ritterkreuz des Franz-Joseph-Ordens mit Kriegsdekoration ausgezeichnet. Seit 1918/19 Mitglied und Redner der DNVP. Von 1919 bis 1921 Mitglied im Freikorps Leipzig und ab 1920 Mitglied der „Organisation Escherich“. 1921 am „Kapp-Putsch“ beteiligt. 1921 Mitglied im „Stahlhelm, Bund der Frontsoldaten“ und Mitglied der SA. 1934 in die SA-Reserve II überführt. Mitglied des Nationalen Beamtenbundes. Ab 1934 vom „Stahlhelm“ zum NSDFB. Stieve war beteiligt an der Verhaftung von E. Thälmann. Ab 1918 Prosektor an der Universität Leipzig, wo er als Privatdozent Anatomie und Anthropologie lehrte. Ab 1921 Professor und Direktor des Anatomischen Instituts der Universität Halle berufen. Von 1923 bis 1928 Leiter des deutschen Hochschulausschusses für Leibesübungen. 1933 wurde Stieve durch das Generalkonzil der Universität Halle zum Rektor gewählt. Mitherausgeber der Zeitschrift „Medizinische Klinik“ und Herausgeber der „Zeitschrift für mikroskopisch-anatomische Forschung“. Ab 1935 Professor am Anatomischen und am Anatomisch Biologischen Institut der Universität Berlin. In der Nazizeit führender Anatom der Versuche an Menschen durchführte. Erfreut kommentierte er 1938 die Zunahme der Todesurteile durch den Volksgerichtshof, da er so einen „Werkstoff“ erhielt, „wie ihn kein anderes Institut der Welt besitzt“. Seit jeher an der Anatomie der weiblichen Geschlechtsorgane interessiert, intensivierte er seine Forschungen, indem er aus politischen Motiven zum Tode verurteilte Frauen untersuchte und unmittelbar nach der Hinrichtung ihre Organe entnahm. Da er nicht Mitglied der NSDAP war, konnte er nach 1945 seine Lehre an der Humboldt-Universität Berlin unbehelligt fortsetzen. Im März 1951 wurde dem MfS bekannt, dass Stieve an der Humboldt-Universität als „reaktionär“ bekannt sei. In seinen Vorlesungen verbreite er „nazistische Ideologie“. Im Juni 1947 soll er die hörenden Studenten zum „Haß gegen die Russen“ erzogen haben. Mit dem „Nationalpreis“ ausgezeichnet. Seit Juli 1949 Mitglied der AdW zu Berlin. Ab 1950 Mitglied des Beirats der Deutschen Gesellschaft

für Sexualforschung. Nach seinem Tod zum Ehrenmitglied der Deutschen Gesellschaft für Gynäkologie und Geburtshilfe ernannt.
Quellen: Wikipedia, Klee I, http://deposit.d.-nb.de, Professorenkatalog Universität Halle, Grüttner, BStU, MfS, Einzelvorgang Nr. E. V. 67/51, ZA Nr. 102/52, Bl. 2-11, Bl. 16f., BStU, MfS, Allg. P. 8643/56, Bl. 3f, Bl. 11f., Bl. 32, Bl. 43, BStU, MfS, HA IX/11 FV 98/66, Bd.-Nr. 302, Bl. 254, Bl. 292, Bl. 295f., BStU, MfS, Einzelvorgang 67/51 „Nordlicht“, Zentral-Archiv, Nr. 102/52, Bl. 2-11, Bl. 16f.

Stockert, Franz Günther Ritter von, Prof. Dr. med.
* 09.01.1899 in Wien, † 25.02.1967 in Frankfurt/M.
Als Fähnrich in einem Artillerieregiment Teilnehmer am Ersten Weltkrieg. 1923/24 Arzt in einer Trinkerheilstätte. Von 1924 bis 1926 Assistenzarzt an der Psychiatrischen Klinik in Wien. Von 1926 bis 1935 Assistent an der Psychiatrischen und Nervenklinik der Universität Halle. Seit 1933 Mitglied der SA bzw. im „Stahlhelm, Bund der Frontsoldaten“. Ab Mai 1935 nichtbeamteter Professor am der Universität Halle. 1937 Leiter der Psychiatrischen Kinderstation der Universitätsnervenklinik Frankfurt/M. Mitglied im NSLB. Ab 1939 Mitglied der NSDAP. Von 1939 bis 1945 Chefarzt eines Nervenlazaretts in Frankfurt/M. Als Oberfeldarzt bzw. beratender Psychiater der 1. Armee Teilnehmer am 2. Weltkrieg. Kriegsverdienstkreuz I. Klasse. 1945 in US-amerikanischer Kriegsgefangenschaft. Wegen seiner Nazi-Vergangenheit wurde er entlassen. Danach bis Ende 1948 niedergelassener Arzt und anschließend Diätendozent für Kinderpsychiatrie an der Universität Frankfurt/M. Von 1954 bis 1958 Professor für Psychiatrie und Neurologie an der Universität Rostock und zugleich Leiter der Universitätsnervenklinik. 1958 wurde er vom MfS wegen „Staatsverleumdung“ verhaftet und zu einem Jahr Gefängnis auf Bewährung verurteilt. 1958 „republikflüchtig“. Ab 1964 bis zur Emeritierung 1967 Leiter der kinderpsychiatrischen Abteilung der Universitätsnervenklinik und Professor für Kinder- und Jugendpsychiatrie an der Universität Frankfurt/M. 1995 wurde Stockert vom Landgericht Rostock rehabilitiert. Ehrenmitglied der der französischen Vereinigung für Kinderpsychiatrie. Ritter des Ordens vom Heiligen Grab. Mitherausgeber des „Jahrbuchs für Jugendpsychiatrie und ihre Grenzgebiete“. Von 1961 bis 1966 Vorsitzender der

Deutschen Vereinigung für Jugendpsychiatrie, Vorsitzender der Deutschen Gesellschaft für Sexualforschung und Präsident der Frankfurter Nervenärztlichen Gesellschaft.
Quellen: Klee I, Professorenkatalog Universität Rostock, Professorenkatalog Universität Halle, Wikipedia, BStU, MfS, Allg. S. 2067/67, Bl. 2f., Bl. 112, Bl 115, BStU, MfS, BV Rostock AU 44/58, HA Band 1, Bl. 7-14, Bl. 153, BStU, MfS, BV Rostock AU 44/58, HA Band 6, Bl. 23, BStU, MfS, BV Rostock AU 44/58, HA Band 3, Bl. 7f., BStU, MfS, BV Rostock AU 44/58, BA Band 2, Bl. 3f., Bl. 12f., Bl. 208, https://link.springer.com/article/10.1007/s00115-014-4218-0.

Stoeckel, Walter, Prof. Dr. med.
* 14.03.1871 in Gut-Stobingen bei Insterburg, Ostpreußen, † 12.02.1961 in Berlin
Ab 1896 Arbeit als Schiffsarzt. Von 1897 bis 1898 Volontär an der Frauenklinik in Bonn und am Institut für Pathologie in Marburg. Von 1898 bis 1903 in Breslau. Danach war von 1903 bis 1905 als Privatdozent für Gynäkologie an der Universität Erlangen und an der Universität Berlin. Von 1905 bis 1907 Professor an der Universität Berlin. Von 1907 bis 1910 Professor an der Universität Greifswald. Von 1910 bis 1922 Professor an der Universität Kiel. Von 1922 bis 1926 Professor an der Medizinischen Fakultät der Universität Leipzig. Mitglied im NSDDB. Behandelnder Arzt von Magda Goebbels und wurde deshalb auch als führender Gynäkologe der Nazi-Zeit angesehen. Ab 1944 Mitglied im Wissenschaftlichen Beirat des Generalkommissars für das Sanitäts- und Gesundheitswesen (Karl Brandt). 1941 mit der „Goethe-Medaille für Kunst und Wissenschaft“ ausgezeichnet. Von 1926 bis 1951 Professor an der Universität Berlin bzw. an der Humboldt-Universität Berlin, wo er trotz seiner Emeritierung weiterhin aktiv blieb. Herausgeber und Autor des „Lehrbuchs der Geburtshilfe“. 1952 mit dem „Nationalpreis“ und 1960 als „Hervorragender Wissenschaftler des Volkes“ ausgezeichnet. 1960 erhielt er die „Paracelsus-Medaille“ der deutschen Ärzteschaft verliehen. Er verschwieg weitgehend seine Begeisterung für den Nationalsozialismus und seinen Führer.

Quellen: Cerný, Wikipedia, Klee I, Professorenkatalog Universität Leipzig, Baumgartner/Hebig, David/Ebert, S. 207-218, Prüll, S. 390f., Beddies, S. 57, Thum, S. 191-207.

Storost, Joachim, Prof. Dr. phil.
* 26.12.1905 in Schönbuch, † 13.02.1981 in Regensburg
Von 1931 bis 1933 Lektor für Deutsch in Bologna und Rom. Seit 1937 Mitglied der NSDAP und dort Zellenpropagandawart. Ab 1941 Professor an der Universität Halle. Ab 1944 beamteter Professor an der Universität Innsbruck. Aus Österreich ausgewiesen, ernannte ihn die Landesregierung Sachsen-Anhalt 1948 zum Professor mit vollem Lehrauftrag an der Universität Halle. Ab 1949 Ordinarius für Romanische Philologie an der Universität Greifswald. 1952 floh er in die BRD. Ab 1953/54 Lehrbeauftragter an der Philosophisch-Theologischen Hochschule Bamberg. Danach ab 1958 Professor an der Universität Würzburg.
Quellen: Professorenkatalog Universität Halle, http://lexikon.romanische-studien.de/index.php?title=Storost,_Joachim, Wikipedia.

Strack, Erich Martin Emil, Prof. Dr. med. Dr. phil. Dr. h. c. mult.
* 20.11.1897 in Wollin auf Usedom, † 10.02.1988
Von 1931 bis 1938 Privatdozent und von 1939 bis 1965 Professor für Physiologie an der Medizinischen Fakultät der Universität Leipzig. Von 1934 bis 1944 Mitglied der NSV. Ab 1938 Mitglied des NSAHB. Ab 1938 Mitglied im NSDDB. Von 1939 bis 1944 Mitglied im DRK. Von 1939 bis 1944 Mitglied im VDA. Mitglied der Leopoldina zu Halle. Mitglied der SAW zu Leipzig. 1978 Ehrensenator der Universität Leipzig.
Quellen: BStU, MfS, BV Leipzig, AP 2532 / 63, Bl. 22, Bl. 33f., Professorenkatalog Universität Leipzig, Wikipedia.

Strampfer, Herbert, Ingenieur und Diplom-Ökonom
* 15.09.1913 in Annaburg, † 14.08.1995
Ab Mai 1933 Mitglied der NSDAP. Ab 1939 als Leutnant Teilnehmer am 2. Weltkrieg. Bis 1945 in sowjetischer Kriegsgefangenschaft. Dort besuchte er eine Antifa-Schule und wurde Mitglied im NKFD. Mitglied im BDO. Ab 1945 Mitglied der KPD bzw. SED. Von Januar 1946 bis Februar

1948 Leiter der Abteilung Wirtschaft der KPD-Bezirksleitung und beim Landesvorstand Thüringen der SED. Von 1948 bis 1950 Betriebsdirektor der Kammgarnspinnerei Werra. Von November 1950 bis Mai 1951 Minister für Industrie und Aufbau und vom Mai 1951 bis Juli 1952 Minister für Wirtschaft und Arbeit. Vom August 1952 bis 1953 Leiter der Koordinierungs- und Kontrollstelle für Binnenhandel beim Ministerpräsidenten der DDR und ab Dezember 1952 dort Staatssekretär. Von September 1960 bis Juni 1967 Vizepräsident und Erster Sekretär der KdT. Ab November 1960 Mitglied im Bundesvorstand des FDGB. Von Juli 1967 bis April 1972 Hauptreferent der Handelsvertretung der DDR in Moskau. Ab Mai 1972 bis September 1973 wissenschaftlicher Mitarbeiter im ZI für Information und Dokumentation. 1950 als Kollektiv mit dem „Nationalpreis", 1957 mit der „Ernst-Moritz-Arndt-Medaille" und 1961 und 1973 mit dem „Vaterländischen Verdienstorden" in Bronze und Silber ausgezeichnet.
Quelle: Baumgartner/Hebig, Wikipedia, Der Spiegel Nr. 8/1963, S. 21.

Straube, Karl, Dr. h. c. mult.
* 03.01. oder 06.01.1873 in Berlin, † 27.04.1950 in Leipzig
Ab 1897 Dom-Organist in Wesel. Ab 1903 Organist des Thomanerchors in Leipzig. Ab 1907 Orgellehrer und ab 1908 Professor am Königlichen Konservatorium der Musik in Leipzig. Ab 1918 Leiter des Thomanerchors. Von 1919 bis 1941 und von 1945 bis 1948 Leiter des Kirchenmusikalischen Instituts am Konservatorium. 1922 verlieh ihm die Philosophische Fakultät und 1929 die Theologische Fakultät der Universität Leipzig den Ehrendoktortitel. Seit 1926 und erneut ab 1933 Mitglied der NSDAP. Ab 1933 Ehrenvorstand des Reichsamtes für Kirchenmusik der Evangelischen Kirche. Seit 1934 Mitglied im Verwaltungsausschuss der RMK. Im Oktober 1945 galt er wegen seiner Nazi-Vergangenheit als rehabilitiert. Er gab noch bis 1949 Orgelunterricht an der Hochschule. 1955 und 1959 als „Held der Arbeit", mit dem „Vaterländischen Verdienstorden" in Bronze, Silber und Gold, mit der „Verdienstmedaille", mit der „Fritz-Heckert-Medaille" und mit dem Orden „Banner der Arbeit" ausgezeichnet.
Quellen: Wikipedia, Klee II, BBKL, Baumgartner/Hebig.

Strauss, Gerhard Karl Fritz, Prof. Dr. phil.
* 27.10.1908 in Mohrungen (Ostpreußen), † 16.11.1984 in Berlin
Von 1928 bis 1931 Mitglied der Sozialistischen Studentengruppe in Königsberg. Von 1929 bis 1930 Mitglied der SPD. Ab 1930 Mitglied der SPÖ. Von 1932 bis 1933 Mitglied der KPD. Von Mai 1937 bis 1945 Mitglied der NSDAP mit illegalem Auftrag. 1933 für kurze Zeit Mitglied des NSKOV. Von 1935/36 bis 1945 Mitglied der DAF. Von 1934 bis 1935 Mitglied der SA. Von 1936 bis 1945 Mitglied des NSV. Bis November 1936 Vertreter bei der Allianzversicherung. Im Oktober 1935 Aufseher im Museum Königsberg. Von November 1935 bis Mai 1936 Schreiber in der Munitionsanstalt in Schugsten bei Königsberg. Von April 1936 bis 1939 wissenschaftlicher Hilfsarbeiter und vom April 1939 bis 1945 Assistent beim Denkmalamt Königsberg. Von 1939 bis 1945 als Unteroffizier beim Werkluftschutz Teilnehmer am Zweiten Weltkrieg. Von Mai bis September 1945 in sowjetischer Kriegsgefangenschaft und dort Leiter einer Antifa-Schule. Von September 1945 bis Mai 1950 Hauptreferent bei der Deutschen Zentralverwaltung für Volksbildung. Bis August 1950 freier Mitarbeiter beim Ministerium für Volksbildung. Ab 1945 Mitglied der KPD bzw. SED. Mitglied im FDGB. Ab 1949 Mitglied der GDSF. Ab 1950 Mitglied im KB. Von 1950 bis 1951 Kreisvorsitzender der NF in Berlin-Pankow. Von 1951 bis 1958 stellvertretender Direktor bzw. Direktor des Instituts für Theorie und Geschichte der Baukunst der Bauakademie. Ab März 1958 Professor und Direktor des Instituts für Kunstgeschichte an der Humboldt-Universität Berlin. Ab 1963 Vize-Präsident der Deutsch-Italienischen Gesellschaft. 1973 mit dem „Vaterländischen Verdienstorden“ in Bronze und 1980 mit dem „Nationalpreis“ ausgezeichnet. Strauss gab an, dass er mit „Wissen und Billigung der Genossen K. Lengwinat und Dr. W. Girnus faschistischen Organisationen und der NSDAP“ beigetreten sei. Er sei an der Gründung und dem Aufbau der illegalen Gruppe „Herta“ in Ostpreußen beteiligt gewesen. In dieser Gruppe will er mit den „Genossen Willi Kuhn und Baldschun“ zusammengearbeitet haben. Ab Februar 1951 ermittelte das MfS konspirativ gegen ihn. Von Januar 1953 bis Mai 1955 als Geheimer Informator „Planck“ für das MfS tätig. Im Sommer 1980 wurde er vom MfS operativ beobachtet.

Quellen: UFJ, Wikipedia, BStU, MfS, HA XX Nr. 5752, Bl. 188ff., BStU MfS, ZKG Nr. 23880, Bl. 691, Bl. 693, BStU, MfS, AIM Nr. 1085/55, A-Akte, Bd. 1, Bl. 1, Bl. 4f., Bl. 27f., BStU, MfS, AIM Nr. 1085/55, P-Akte, Bd. 1, Bl. 4-24, BStU, MfS, HA IX/11 Nr. AK 5449/76, Bd. 3, ohne Blattnummern, BStU, MfS, AP 26373/92, Bl. 2-13, Bl. 22, Bl. 48ff., Lothar Mertens: Lexikon der DDR-Historiker, Berlin, 2012, S. 27.

Strauß, Walter, Prof. Dr.

* 12.07.1898 in Königsberg, † 06.12.1982 in Rengsdorf

Von 1915 bis 1919 Teilnehmer am 1. Weltkrieg. Ab 1927 Studienrat und gleichzeitig Dozent an der Volkshochschule. Ab 1929 Lehrbeauftragter an der Handelsschule Königsberg. Ab 1930 Fachleiter für Geschichte am Lehrerbildungsseminar. Gleichzeitig pädagogischer Berater der Höheren Schulen im Memelland. 1932 zum 2. Vorsitzenden des Philologenverbandes Preußen gewählt. Mitglied der NSDAP. Mitglied im NSLB. Von 1939 bis 1945 Teilnehmer am 2. Weltkrieg. In sowjetischer Kriegsgefangenschaft. Mitglied im FDGB. Ab 1946 Mitglied der SED. Ab Juni 1946 Schuldirektor. Ab September 1947 Oberregierungsrat für Geschichtsunterricht der Landesverwaltung Brandenburg. Sektionsleiter für Fort- und Weiterbildung der Geschichtslehrer am Pädagogischen Kabinett der Landesregierung Brandenburg. Ab Januar 1948 Referatsleiter für den Geschichtsunterricht bei der Deutschen Verwaltung für Volksbildung. Leiter der Abteilung für Geschichte des Verlags Volk und Wissen. Lehrbeauftragter zu Methodik des Geschichtsunterrichts an der Humboldt-Universität. 1949 wurde seine Mitgliedschaft in der NSDAP aufgedeckt, woraufhin er seine Stelle im Verlag aufgeben musste. Danach Lehrbeauftragter an der Pädagogischen Fakultät ab 1949/50. Von März 1950 bis 1951 übernahm er die Vertretung der geschichtsmethodischen Professur an der Humboldt-Universität und dort ab April 1956 ordinierter Professor. Vorsitzender der Fachkommission. Im März 1958 trat er aus der SED aus. Die SED-Parteigruppe an seiner Fakultät leitete gegen ihn ein Disziplinarverfahren ein und daraufhin wurde Strauss als Professor suspendiert. Ab Herbst 1958 war er Invalidenrentner. Anfang 1959 flüchtete er nach Westdeutschland, wo er vier Jahre lang als Oberstudienrat tätig wurde.

Quellen: Wikipedia, Mertens, S. 27f.

Strauzenberg, Ernest Stanley, Prof. Dr. med.
* 25.11.1914 in London, † 06.03.2015 in Kreischa
Aufgewachsen in Dresden. Von 1937 bis 1945 Mitglied der NSDAP. Mitglied im NSDStB und dort Kameradschaftsführer an der Universität Halle. Mitglied der Kameradschaft „König Heinrich". Als Truppenarzt und Leiter eines Reservelazaretts in Oberbärenburg (Erzgebirge) Teilnehmer am Zweiten Weltkrieg. 1944 mit dem KVK 2. Klasse und 1945 mit dem KVK 1. Klasse und dem Verwundetenabzeichen ausgezeichnet. Von 1946 bis 1951 Mitglied der SED. Bis 1955 Landarzt im Erzgebirge. Ab 1955 Mitarbeiter am Bezirkskrankenhaus in Dresden-Friedrichstadt. Ab 1959 Dozent bzw. Oberarzt an der Medizinischen Akademie Dresden. Ab 1966 Professor für Innere Medizin. Von 1967 bis 1984 Professor für Sportmedizin an der Akademie für Ärztliche Fortbildung in Berlin-Lichtenberg. Von 1969 bis 1978 Direktor des ZI für Sportmedizinische Dienste in Kreischa (südlich von Dresden). Hier waren auch H. Bürger und R. Emmerich tätig, die wie er, ehemals Mitglieder der NSDAP waren. Von 1965 bis 1973 Präsident der Gesellschaft für Sportmedizin. Von 1981 bis 1985 Präsident des Nationalen Komitees für Gesundheitserziehung. 1972 mit dem „Nationalpreis für Wissenschaft und Kunst", 1976 als „Verdienter Arzt des Volkes", 1980 mit dem „Vaterländischen Verdienstorden" in Bronze und 1994 mit dem „Ehrenzeichen" in Gold der Gesellschaft für Sportmedizin und Prävention ausgezeichnet. 1964 wurde ein Vorlauf zur IM-Gewinnung eingestellt. Mitglied im FDGB.
Quellen: Herbst, Wikipedia, Baumgartner/Hebig, Buch, BStU, MfS, HA XX Nr. 5752, Bl. 194, BStU, MfS, HA XX Nr. 5749, Bl. 244, BStU, MfS, Dresden, 792/66, Bl. 8f., Bl. 30f., Bl. 68f., Bl. 105f., BStU, MfS, Allg. P. 8993/82, Band 31, Bl. 3, Bl. 18, BStU, MfS, HA XX Nr. 5752, Bl. 194.

Stroux, Johannes, Prof. Dr.
* 25.08.1886 in Hagenau, † 25.08.1954 in Berlin
Ab 1917 Professor für klassische Philologie an der Universität Basel. Von 1922 bis 1923 Professor für klassische Philologie an der Universität Kiel. 1923 Professor an der Universität Jena. Ab 1924 Professor an der Universität München. Ab 1933 Mitglied im NSLB bzw. NSDDB. Von 1935 bis 1954 Professor an der Universität Berlin bzw. Humboldt-Universität. 1945

im Volkssturm. Von 1945 bis 1947 Rektor. Von 1945 bis 1951 Präsident der AdW zu Berlin. Von 1946 bis 1954 Direktor des Instituts für Hellenistisch-römische Philosophie der AdW zu Berlin. Von 1950 bis 1953 Mitglied im NR der NF. Als Vizepräsident des KB bis 1954 AdV. Herausgeber und Mitherausgeber der Fachzeitschriften „Philologus“, „Gnomon“, „Die Antike“ und „Deutsche Literaturzeitung“. Die AdW zu Berlin stiftete ab 1980 die „Johannes-Stroux-Medaille“.
Quellen: Wikipedia, Filippovich, S. 37.

Suckow, Johannes Friedrich Franz, Prof. Dr. med.
* 03.04.1896 in Stargard, † 09.04.1994 in Dresden
Von 1914 bis 1919 Teilnehmer am Ersten Weltkrieg. Von 1923 bis 1928 erst Medizinialpraktikant, dann Volontärarzt an der II. Medizinischen Klinik der Charité in Berlin und schließlich Assistenzarzt an der Psychiatrischen- und Nervenklinik der Charité. Von 1928 bis 1933 Assistenzarzt an der Neulogisch-Psychiatrischen Universitätsklinik in Leipzig. Seit 1933 Mitglied im Opferring der NSDAP. Mitglied im NSÄB. Von 1933 bis 1935 Mitglied im NSLB. Seit 1935 Mitglied der NSV. Mitglied im RDB. Ab 1934 Mitglied im RLB. Mitglied im RKB. Von 1933 bis 1947 Medizinalrat, Oberarzt bzw. Abteilungsleiter der Landesheil- und Pflegeanstalt in Leipzig/Dösen. Von November 1942 bis März 1943 zuerst Arzt an der „Forschungsabteilung“ der Heil- und Pflegeanstalt Wiesloch, wofür er von der Wehrmacht als „unabkömmlich“ (uk) gestellt wurde. Diese Tätigkeit wurde von der Reicharbeitsgemeinschaft für Heil- und Pflegeanstalten getragen. Danach Stabsarzt und Abteilungsarzt der Hirnverletztenabteilung im Reservelazarett Wiesloch. Von 1942 bis 1943 für die Reichsarbeitsgemeinschaft Heil- und Pflegeanstalten in Berlin in der Forschungsabteilung der Psychiatrisch-Neurologischen Klinik in Heidelberg. Seine Tätigkeit als „T4-Gutachter“ wurde dem MfS erst 1987 bekannt. Von 1939 bis 1945 Teilnehmer am Zweiten Weltkrieg. Danach in französischer Kriegsgefangenschaft. Ab 1945 Mitglied im FDGB. Von 1945 bis 1954 zuerst Abteilungsarzt und dann stellvertretender Direktor der Landesheil- und Pflegeanstalt in Leipzig/Dösen. Von 1950 bis 1956 Professor für Psychiatrie und Neurologie an der Medizinischen Fakultät der Universität Leipzig. Von 1954 bis 1962 Professor für Psychiatrie und Neurologie an der Medizini-

schen Akademie Carl Gustav Carus in Dresden, wo er von 1955 bis 1957 die Psychiatrische Klinik der Medizinischen Akademie aufbaute. 1963 als „Verdienter Arzt des Volkes“, 1973 mit der „Medaille für treue Dienste im Gesundheit- und Sozialwesen“ in Gold und 1986 mit der „Ehrenmedaille“ der Medizinischen Akademie Dresden ausgezeichnet. Gegenüber den Behörden der DDR verschwieg Suckow seine Nazi-Vergangenheit. Anfang 1963 wurde Suckow von der Abt. V/1 der BVfS Dresden überprüft und es wurde behauptet, er wäre „bisher nicht wegen Euthanasie-Verbrechen verdächtigt“ worden. Generalmajor Böhm, Leiter der BVfS Dresden, informierte am 8. Mai [sic! HW] 1987, Generaloberst Mittig, Stellvertreter des Ministers für Staatssicherheit, dass „Ausgehend vom hohen Alter Prof. Suckows und unter Berücksichtigung seiner nach 1945 erbrachten wissenschaftlichen Leistungen [...] keine weiterführenden Maßnahmen zur Aufklärung der Tätigkeit Prof. Suckows während der Zeit des Faschismus einzuleiten“. Eine Information des Leiters der HA IX vom Mai 1987 bestätigte, dass Suckow bei der „Forschungsabteilung“ Wiesloch an der Euthanasie von „Geisteskranken“ beteiligt war. Wegen seines „hohen Alters“ und seiner Entwicklung „nach 1945“ wurde entschieden, gegen Suckow „keine weiterführenden Maßnahmen einzuleiten“. Am 21. Mai 1987 informierte die HA IX/11 über die Ergebnisse ihrer Überprüfungen von Suckows Nazi-Vergangenheit. Danach konnten die Offiziere des MfS nicht nachweisen, dass Suckow aktiv an der Planung und Tötung von Patienten beteiligt gewesen sei. Eine „umfassende Aufklärung eines eventuell möglichen objektiven und subjektiven Tatbeitrages wäre nur mit großem Aufwand – einschließlich ärztlicher Gutachten sowie Rechtshilfeersuchen an die BRD und USA – verbunden und erforderte bereits im operativen Stadium weitere langwierige Recherchen und Überprüfungen“, wozu das MfS und schließlich auch die SED nicht bereit waren. Ende Mai 1987 informiert der Leiter der HA IX den Stellvertreter des Ministers, Generaloberst Mittig, dass Suckow von November 1942 bis März 1943 in der „Forschungsabteilung“ in Wiesloch an der nationalsozialistischen „Euthanasie“ mitgearbeitet hatte. Konkrete Beweise für seine Mittäterschaft an den Tötungen von Patienten lägen jedoch nicht vor. Deshalb und wegen des hohen Alters von Suckow sowie seines Verhaltens in der DDR, „wird dem Vorschlag des Leiters der Bezirksverwaltung Dresden gefolgt, gegen

S. keine weiterführenden Maßnahmen einzuleiten". Im Dezember 1987 berichtete die Abteilung XIX der BVfS Potsdam dem Leiter der HA IX/11, es gäbe ernstzunehmende Informationen darüber, dass Suckow an der nationalsozialistischen „Euthanasie" beteiligt gewesen sei. In dieser Information wird auch daraufhin gewiesen, dass Prof. Dr. sc. med. K. Seidel, Leiter der Abteilung Gesundheitswesen im ZK der SED, der Meinung sei, dass das offiziell bekannt sein könnte, jedoch würde „gewartet, bis Suckow verstirbt". Im Anhang zu dieser Information wird festgehalten, dass man nicht wüsste, „wieviel geistiger Unrat der Sukow [im Original so falsch geschrieben, HW] in die Hirne seiner Studenten legte, die heute in unserer Republik praktizieren". Auf diesem Weg konnte Suckow juristisch und politisch unbehelligt bleiben, trotz seiner kriminellen Vergangenheit während des Nazi-Faschismus.
Quellen: Ernst, S. 375ff., Klee I, Professorenkatalog Universität Leipzig, Hirschinger, Ernst Klee: Irrsinn Ost ..., S. 105, Wikipedia, BStU, MfS, HA XX Nr. 3966, Bl. 3f., BStU, MfS, HA XX Nr. 7814, Bl. 1ff., BStU, MfS, HA XX Nr. 2653, Bl. 1-8, BStU, MfS, HA IX/11 AK 2423/87, Bl. 3ff., Bl. 22f., Bl. 31-40, BStU, MfS, HA IX/11, FW 19 A.3, Bl. 66.

Suhrbier, Max Ludwig, Dr. jur.
* 12.10.1902 in Rostock, † 16.01.1971 in Berlin
Ab 1929 Referent für Siedlungsfragen im Ministerium für Landwirtschaft in Mecklenburg-Vorpommern. Von 1931 bis 1933 Mitglied der DNVP. Von 1933 bis 1945 Oberregierungsrat im Finanzministerium Mecklenburg-Vorpommern. Ab 1933 Mitglied im Opferring der NSDAP. Mitglied im Bund Nationalsozialistischer Deutscher Juristen bzw. Rechtswahrerbund. Mitglied im NSFK. Mitglied im NSV. Mit dem KVK II. Klasse ohne Schwerter ausgezeichnet. Nach 1945 Abteilungsleiter im Finanzministerium Mecklenburg-Vorpommerns. Ab 1946 Mitglied der LDPD. Mitglied im FDGB. Ab 1949 Mitglied im KB. Von 1948 bis 1952 Finanzminister Mecklenburg-Vorpommerns. Von 1960 bis 1967, als Nachfolger von Hans Loch, Vorsitzender der LDPD. Danach zum Ehrenvorsitzenden ernannt. Von 1950 bis 1959 und von 1963 bis zu seinem Tod 1971 AdV. Von 1960 bis 1965 Vorsitzender des Ausschuß für Deutsche Einheit. 1959/60 stellvertretender Minister der Finanzen und danach bis 1965 stellvertretender

Ministerpräsident. Ab 1960 Mitglied im Präsidium des NR der NF. Ab 1963 Mitglied im ZV der GDSF. 1955 und 1962 mit dem „Vaterländischen Verdienstorden“ in Bronze bzw. in Gold, 1960 und 1964 mit dem Orden „Banner der Arbeit“, 1962 mit der mit der „Johannes-R.-Becher-Medaille“ und 1966 mit der „Ehrenspange“ zum VVO in Gold ausgezeichnet. Suhrbier verschwieg seine Nazi-Vergangenheit.
Quellen: Cerný, Herbst, Wikipedia, Baumgartner/Hebig, Nomenklaturkaderakten Personalakte BArch DC 20/7889.

Sulze, Heinrich Walter, Prof. Dr. med.
* 04.11.1879 in Leipzig, † 03.03.1962
Von 1913 bis 1918 Privatdozent für Physiologie an der Universität Gießen. Von 1918 bis 1945 Privatdozent bzw. Professor für Physiologie an der Medizinischen Fakultät der Universität Leipzig. Von 1933 bis 1934 Mitglied im NSLB. Von 1939 bis 1943 Mitglied der NSV. Von 1948 bis 1950 wieder Professor für Physiologie an der Medizinischen Fakultät der Universität Leipzig.
Quellen: Professorenkatalog Universität Leipzig.

Sundermann, August, Prof. Dr. med. Dr. h. c. mult.
* 21.10.1907 in Holwiesen bei Vlotho, † 13.10.1994 in Erfurt
Seit 1933 Teilnehmer an Rassenpolitischen Schulungen an der „Staatsschule für Führertum und Politik“ in Egendorf bei Blankenhain (Thüringen). Seit 1937 Mitglied der NSDAP. Mitglied der HJ und dort HJ-Arzt. Ab 1941 Hochschullehrer und ab 1949 Professor an der Universitätsklinik der Universität Jena. Ab 1946 mit der Leitung der Universitätsklinik der Universität Jena beauftragt. Von 1950 bis 1954 Ärztlicher Direktor der Medizinischen Klinik der Städtischen Krankenanstalten Erfurt. Mitglied der Leopoldina zu Halle. Von 1954 bis 1978 Direktor der Medizinischen Klinik der Medizinischen Akademie Erfurt und von 1965 bis 1970 Rektor der Medizinischen Klinik. Mit dem „Rudolf-Virchow-Preis“, 1956 als „Verdienter Arzt des Volkes“, 1977 als „Hervorragender Wissenschaftler des Volkes“ und mit dem „Vaterländischen Verdienstorden“ in Bronze ausgezeichnet. Die Universitäten in Jena und Pecs (Ungarn) verliehen ihm

jeweils den Ehrendoktortitel. Zu seinem 100. Geburtstag kamen in Erfurt über 100 ehemalige Studenten zusammen.
Quellen: Klee I, Wikipedia, Herbst, Baumgartner/Hebig, Zimmermann, S. 114, S. 147, S. 180.

Suter, Karl Friedrich, Prof. Dr. phil.
* 24.01.1884 in Zofingen, † 24.02.1952 in Rostock
Mitglied im NSLB. Von 1921 bis 1946 Dozent bzw. Professor für Mittlere und Neuere Kunstgeschichte an der Universität Leipzig. Von 1946 bis 1952 als Professor für Kunstgeschichte an der Universität Rostock. Von 1946 bis 1952 Direktor des Instituts für Kunstgeschichte.
Quellen: Professorenkatalog Universität Leipzig.

Sylla, Adolf, Prof. Dr. med.
* 11.03.1896 in Stosznen, Kreis Lyck, † 14.07.1977 in Berlin
Ab 1925 Volontärassistent am Hygienischen Institut der Universität Königsberg. Ab 1926 Pathologe in Zwickau und 1927 in Altona. Von 1927 bis 1929 Assistent an der Medizinischen Klinik der Universität Königsberg. Von 1929 bis 1934 Assistent an der Medizinischen Universitätsklinik Halle. Ab 1933 Mitglied der NSDAP. Gaukassenwalter des NSDDB und dort seit 1939 Gauhauptstellenleiter. 1935 zum Dozenten ernannt. Ab 1937 Oberarzt der Klinik. 1939 im Reservelazarett Halle. 1940 zum Professor ernannt. Teilnehmer am Zweiten Weltkrieg als beratender Internist an der Ostfront (Oberstabsarzt d. R.). Im März 1945 in US-amerikanischer Kriegsgefangenschaft. Die Universität Halle entließ ihn in Abwesenheit. Im befreiten KZ Buchenwald als Arzt eingesetzt. Danach Leiter des für einstige Häftlinge eingerichteten Tbc-Lazaretts in Blankenhain (Thüringen). Von 1946 bis 1948 Leiter der Inneren Abteilung des Kreiskrankenhauses Waren (Müritz). Von 1948 bis 1965 Chefarzt der Inneren Abteilung und der Poliklinik des Städtischen Krankenhauses Cottbus (später Bezirkskrankenhaus). Danach baute er eine neue Abteilung für Allergie und Lungenkrankheiten am Bezirkskrankenhaus auf. 1967 trat er in den Ruhestand und siedelte 1974 nach Berlin-West über.
Quellen: Professorenkatalog Universität Halle, BStU, MfS, HA IX/11 FV 2/72 IX/11 FV 2/72 PA, Bd. 9/1, Ordner II, Bl. 268, BStU, MfS, Cottbus

Allg. P. 943/78, Bl. 107, Bl. 123f., BStU, MfS, HA IX/11 AK 4772/88, Bl. 1f.

Tartler, Georg, Prof. Dr. med.
* 23.03.1899 in Nussbach, Siebenbürgen, † 30.10.1976 in Greifswald
Teilnehmer am Ersten Weltkrieg. Von 1934 bis 1939 Assistent bzw. Oberassistent am Medizinaluntersuchungsamt beim Hygienischen Institut der Universität Halle. Von Mai 1937 bis 1939 Mitglied der NSDAP. Von November 1933 bis 1939 Mitglied der SA und dort SA-Sanitäts-Hauptsturmführer. Mitglied der NSV. Mitglied im RLB. Mitglied im NSÄB (Amt für Volksgesundheit). Mitglied im RKB. Seit 1937 Mitglied im NSDDB. Von 1934 bis 1945 Assistent bzw. Oberassistent am Hygienischen Institut der Universität Halle. Als Armeehygieniker (Oberstabsarzt) im Stabsdienst der 6. Armee Teilnehmer am Zweiten Weltkrieg. 1939 mit dem EK II und 1942 mit dem KVK I. und II. Klasse ausgezeichnet. 1945 in US-amerikanischer Kriegsgefangenschaft. Ab Mai 1948 Mitglied der SED. Ab 1946 Mitglied im FDGB. Mitglied im KB. Ab 1947 Mitglied der GDSF. Von 1945 bis März 1952 Direktor der Zentralstelle für Hygiene bzw. des bakteriologischen Untersuchungsamtes in Schwerin. Rektor der Universität Greifswald. Ab Januar 1952 dort zum Professor mit vollem Lehrauftrag berufen. Direktor des Institutes für Medizinische Mikrobiologie und Epidemiologie und 1955 zum Professor mit Lehrstuhl ernannt. Ab 1957 Stadtverordneter und zeitweise Stadtrat von Greifswald. Von 1964 bis 1966 Rektor der Universität Greifswald. Dagegen erhob sich Protest, weil schon seit 15 Jahren hintereinander ehemalige Nationalsozialisten das Rektorat innehatten. 1952 mit der „Medaille für ausgezeichnete Leistungen, 1961 mit der „Verdienstmedaille“ der NVA in Gold, 1962 als „Verdienter Arzt des Volkes“ und mit dem „Vaterländischen Verdienstorden“ in Silber und 1974 in Gold ausgezeichnet.
Quellen: Herbst, UFJ, Professorenkatalog Universität Halle, Wikipedia, Stockhorst, Baumgartner/Hebig, BStU, MfS, Zentralarchiv, 1551/60, Bl. 5f., Bl. 11f., Bl. 23f., BStU, MfS, HA IX/11 AV 21/75, Bd. 5, Bl. 378, Bl. 383.

Täufel, Kurt, Prof. Dr.
* 10.12.1892 in Crimmitschau, † 10.02.1970 in Berlin
Von 1933 bis 1934 Mitglied des „Stahlhelm, Bund der Frontsoldaten“ bzw. der SA. Von 1929 bis 1936 Professor und stellvertretender Leiter der Deutschen Forschungsanstalt für Lebensmittelchemie an der Universität München. Von 1937 bis 1945 Mitglied der NSDAP. Ab 1936 Professor an der TH Karlsruhe. Zugleich Direktor der Badischen Lebensmitteluntersuchungsanstalt. Von 1940 bis 1945 Professor für Lebensmittelchemie an der TH Dresden. Wegen seiner Nazi-Vergangenheit entlassen, arbeitete er von 1945 bis 1947 in einer Chemisch-Pharmazeutischen Fabrik in Freiberg. Danach wissenschaftlicher Mitarbeiter der neugegründeten Zweigstelle des Dahlemer Instituts für Ernährung und Verpflegungswissenschaft in Potsdam-Rehbrücke, wo er von 1948 bis 1957 stellvertretender Direktor und von 1957 bis 1962 Direktor war. Außerdem Professor für Lebensmittelchemie und –technologie der Humboldt-Universität in Berlin-Weißensee. Sein Institut wurde in die AdW zu Berlin integriert. Ab 1955 Mitglied der Leopoldina zu Halle. Ab 1959 Mitglied der SAW zu Leipzig. Die Gesellschaft Deutscher Chemiker benannte 1998 ihren Preis für junge Wissenschaftler „Kurt-Täufel-Preis“. 1962 als „Hervorragender Wissenschaftler des Volkes“ und von der Deutschen Gesellschaft für Fettwissenschaft mit der „Wilhelm-Normann-Medaille“ ausgezeichnet. 1957 ernannte ihn die TU Dresden zum Ehrendoktor. Ab 1998 benannte die Gesellschaft Deutscher Chemiker ihren seit 1970 verliehenen Preis des „Jungen Wissenschaftlers“ nach Täufel.
Quellen: Wikipedia, BStU, MfS, HA XVIII Nr. 15960, Bl. 113f., Bl. 119.

Tegtmeyer, Martin Robert Ernst Herrmann, Prof. Dr. agr.
* 21.09.1906 in Gütersloh, † 08.08.1983 ebenda
Mitglied der farbentragenden und fakultativ schlagenden Burschenschaft Hannovera. Ab November 1933 bis 1934 Mitglied der SA. Ab 1935 Wissenschaftlicher Assistent am Institut für Tierzucht und Molkereiwesen der Universität Halle. Ab 1939 Mitglied der NSV. Ab 1940 Mitglied im RKB. Ab 1942 im Beirat der Reichsfachgruppe Kaninchenzüchter e. V. Ab 1942 Teilnehmer am 2. Weltkrieg. Ab 1945 Mitglied im RLB. Ab 1948 Mitglied im FDGB. Seit 1951 Mitglied im KB. Ab 1952 Direktor des Instituts für

Kleintierzucht an der Landwirtschaftlichen Fakultät der Universität Halle und ab 1953 dort Professor. Ab 1958 Mitarbeiter in der Sektion Tierzüchtung und Tierernährung der AdL. Ende Mai 1958 Republikflucht. Ab 1959 Mitglied der Landwirtschaftlichen Fakultät der Universität Kiel. 1962 zum Wissenschaftlichen Rat und zum Professor ernannt. Direktor der Lehr- und Versuchsanstalt für Kleintierzucht der Landwirtschaftskammer in Kiel-Steenbek.
Quellen: Wikipedia, BStU, MfS, BV Halle, AOP 46/59 6, Bl. 46.

Thalheim, Karl Christian, Prof. Dr. rer. pol.
* 26.05.1900 in Reval, † 01.06.1993 in Berlin
Von 1920 bis 1928 am Institut für Auslandskunde, Grenz- und Auslandsdeutschtum und bei der dem Institut angeschlossenen Mitteldeutschen Auswanderungsberatungsstelle in Leipzig beschäftigt. Ab 1931 Lehrbeauftragter und ab 1932 Professor für Wirtschaftssoziologie und Sozialpolitik an der Universität Leipzig. Seit 1933 Mitglied der SA. Im November 1933 unterzeichnete er das „Bekenntnis der Professoren an den deutschen Universitäten und Hochschulen zu Adolf Hitler und dem nationalsozialistischen Staat“. Ab 1934 Mitglied der NSV. Mitglied im NSLB. Ab 1939 Mitglied im NSAHB. Ab 1932 Mitglied der NSDAP. Ab 1942 Professor der Handelshochschule in Leipzig. Als Obersturmführer ab 1943 Mitarbeiter des Sicherheitsdienstes der SS. V-Mann der Geheimen Staatspolizei. Ab 1949 stellvertretender Leiter der Volkswirtschaftlichen Abteilung der Berliner Zentralbank. Ab 1950 bei der Industrie- und Handelskammer Berlin (IHK). Von 1951 bis 1968 Professor und Leiter der Abteilung für europäische Geschichte am Osteuropa-Institut an der FU Berlin. Von 1961 bis 1969 Mitglied im Direktorium des Bundesinstituts für Ostwissenschaftliche und Internationale Studien. Von 1975 bis 1987 Vorstand der Forschungsstelle für gesamtdeutsche wirtschaftliche und soziale Fragen in Berlin.
Quellen: Klee I, Wikipedia, BStU, MfS, HA IX/11 Nr. AK 5449/76, Bd. 3, Bl. 360f.

Thiele, Wilhelm Paul Rudolf, Prof. Dr. med.
* 29.06.1888 in Berlin, † 1960
Teilnehmer am 1. Weltkrieg. Mit dem Eisernen Kreuz ausgezeichnet. Von 1929 bis 1938 Professor für Psychiatrie und Neurologie an der Universität Berlin. Ab 1933 Oberarzt in den Nervenheilanstalten Berlin-Wittenau und Herzberge. Mitglied im NSLB. Gutachter am Erbgesundheitsobergericht Berlin. Seit 1934 Mitglied der SA und 1937 Mitglied der NSDAP. Von 1939 bis 1945 Mitglied im NSDDB in Greifswald. Von 1938 bis 1946 Professor und Direktor der Psychiatrischen- und Nervenklinik an der Universität Greifswald. 1944 erhielt er als beratender Psychiater das Kriegsverdienstkreuz 2. Klasse. Thiele wurde wegen seiner Nazi-Vergangenheit 1946 aus seinen Ämtern an der Universität Greifswald entlassen. Von 1948 bis 1957 Professor für Psychiatrie an der Humboldt-Universität Berlin und Direktor der Nervenklinik der Charité bzw. der Psychiatrischen- und Nervenklinik der Charité.
Quellen: Ernst, S. 379ff., Klee I, Wikipedia, BStU, MfS, Zentral-Archiv, Allg. P 327/55, S. 3ff.

Thießen, Peter Adolf, Prof. Dr. Dr. h. c. mult.
* 06.04.1899 in Schweidnitz (Sachsen), † 05.03.1990 in Berlin
Von 1922 bis 1926 und von 1933 bis 1945 Mitglied der SA. Von 1922 bis März 1926 und von 1933 bis 1945 Mitglied der NSDAP. Förderndes Mitglied der SS. Mitglied im NSDDB. Mitglied der NSV. Mitglied im NSBDT. Mitglied im NSAHB. Von 1926 bis 1932 Privatdozent. Von 1933 bis 1935 Professor für Anorganische Chemie an den Universitäten Göttingen, Frankfurt/M. und Münster. Direktor des „Gaumusterinstitutes" für physikalische Chemie in Berlin-Dahlem und Vorsitzender der Gruppe Chemie des Reichsforschungsrates. Von 1935 bis 1945 Professor an der Universität Münster und zugleich Direktor des Kaiser-Wilhelm-Instituts für Physikalische Chemie und Elektrochemie in Berlin-Dahlem. Ab 1944 ausgerichtet auf die „Giftgasforschung". Von 1945 bis 1956 Wissenschaftler in einem Institut in Sinop bei Sochumi in Georgien (Sowjetunion) und beteiligt am sowjetischen Atomprogramm. Von 1956 bis 1964 Direktor des Instituts für Physikalische Chemie der AdW zu Berlin. Von 1957 bis 1965 Vorsitzender des Forschungsrates beim Ministerrat, dessen Ehren-

vorsitzender er 1966 wurde. Professor für Physikalische Chemie an der Humboldt-Universität Berlin. Bis 1964 Direktor des Instituts für Physikalische Chemie der AdW zu Berlin. Von 1960 bis 1963 parteiloses Mitglied im Staatsrat. Mitglied im FDGB. Mitglied der GDSF. 1951 mit dem „Stalinpreis", mit dem „Karl-Marx-Orden", 1958 mit dem „Nationalpreis" I. Klasse, 1959 mit dem Orden „Banner der Arbeit", 1959 mit dem „Vaterländischen Verdienstorden" in Gold, 1964 als „Hervorragender Wissenschaftler des Volkes, 1969 mit der „Ehrenspange" zum „Vaterländischen Verdienstorden" in Gold ausgezeichnet. 1951 wurde er von der Sowjet-Union mit dem „Stalin-Preis", 1951 dem „Lenin-Orden", mit dem „Roten Arbeitsbanner-Orden", 1958 mit dem „Nationalpreis" 1.Klasse, 1959 mit dem „Vaterländischen Verdienstorden" in Gold, 1959 mit dem „Banner der Arbeit", 1984 als „Hervorragender Wissenschaftler des Volkes" und 1979 mit dem „Großen Stern der Völkerfreundschaft" ausgezeichnet. Die AdW zu Berlin verlieh ihm 1981 die „Helmholtz-Medaille" und 1988 die „Ehrenspange". 1959 verlieh ihm die Universität Greifswald und 1973 die Humboldt-Universität Berlin den Ehrendoktortitel.
Quellen: UFJ, Cerný, Herbst, Wikipedia, Klee I, Stockhorst, Baumgartner/Hebig, Buch, Grüttner, BStU, MfS, AP Nr. 56.005/92, Bl. 1-10, Bl. 30-39, Bl. 58f., Bl. 73, Bl. 98-105, Bl. 221f., BStU, MfS HA XVIII Nr. 19284, Bl. 4, BStU, MfS, HA XX Nr. 5752, Bl. 208, BStU, MfS, SdM Nr. 308, Bl. 31f.

Thilmann, Johannes Paul, Prof.
* 11.01.1906 in Dresden, † 29.01.1973 ebenda
Von 1930 bis 1939 Lehrer. Seit Mai 1933 Mitglied der NSDAP. Teilnehmer am Zweiten Weltkrieg. Mitglied der SED. Von 1946 bis 1952 Dozent an der VHS, an der Palucca-Schule und an der Akademie in Dresden. Ab 1953 Dozent und ab 1956 Professor für Komposition an der Hochschule für Musik in Dresden. Ab 1970 Mitglied der AdK. Mitglied im ZV des VKM. 1960 mit dem „Nationalpreis" III. Klasse für Kunst und Literatur und 1966 und 1972 mit dem „Vaterländischen Verdienstorden" in Bronze und Silber ausgezeichnet. 1968 emeritiert.
Quellen: Klee II, Wikipedia, Baumgartner/Hebig.

Thilo, Erich Rudolf, Prof. Dr.
* 27.08.1898 in Neubrandenburg, † 25.06.1977 in Berlin
Vom März 1917 bis Februar 1919 als Leutnant Teilnehmer am 1. Weltkrieg. Nach 1925 Assistent, ab 1932 Privatdozent und ab 1938 bis 1943 Professor am Chemischen Institut der Universität Berlin. Ab Juli 1933 Mitglied im NSLB. Ab 1937 Mitglied im NSBDT. Mitglied im NSDDB. Ab 1943 Professor für Anorganische Chemie an der Universität Graz. Von 1946 bis 1967 Professor für Anorganische Chemie an der Humboldt-Universität Berlin. Von 1951 bis 1967 Direktor des Instituts für Anorganische Chemie der AdW zu Berlin. Ab 1949 Mitglied der AdW zu Berlin. 1950 und 1961 mit dem „Nationalpreis" III. Klasse und I. Klasse, 1954 mit dem „Vaterländischen Verdienstorden" in Silber, 1973 als „Hervorragender Wissenschaftler des Volkes" und 1959 mit dem Orden „Banner der Arbeit" ausgezeichnet. Ab 1956 Mitglied der Leopoldina zu Halle. In Berlin-Adlershof wurde eine Straße nach ihm benannt.
Quellen: Cerný, BArch, Wikipedia, Baumgartner/Hebig, BStU, MfS, HA IX Nr. 25978, Bl. 20, Nikitin, S. 68.

Thomas, Kurt, Prof.
* 25.05.1904 Tönning, Eider, † 31.03.1973 in Bad Oeynhausen
Ab 1925 Dozent für Musiktheorie am Landeskonservatorium der Musik zu Leipzig. 1928 Kompositionslehrer und Leiter der Kantorei des Kirchenmusikalischen Instituts in Leipzig. Von 1934 bis 1939 Professor für Chorleitung an der Akademischen Hochschule für Musik in Berlin. Von 1939 bis 1945 Direktor des Musischen Gymnasiums in Frankfurt/M. Seit 1940 Mitglied der NSDAP. Von 1947 bis 1955 Professor an der Nordwestdeutschen Musikakademie Detmold. Von 1945 bis 1957 Kantor an der Dreikönigskirche in Frankfurt/M. Von 1957 bis 1961 Thomaskantor an der Thomaskirche in Leipzig. Von 1961 bis 1968 Leiter der Chorkonzerte des Bach-Vereins in Köln. Von 1961 bis 1969 Leiter der Kantorei der Dreikönigskirche. 1969 mit dem „Bundesverdienstkreuz" der BRD ausgezeichnet. An der Dreikönigskirche in Frankfurt/M. wurde 2006 eine Tafel angebracht, die auf sein Wirken hinweist.
Quellen: Wikipedia, Klee II.

Thulin, Oskar, Prof. Dr.
* 13.10.1898 in Aschersleben, † 18.02.1971 in Wittenberg
Von 1919 bis 1923 Mitglied im Freikorps „Bund Oberland“ in Halle. Von 1918 bis 1920 Mitglied im Freicorps Halle. Ab 1933 Mitglied der NSDAP. Mitglied des SA-Sturms 2/20 in Wittenberg. Von 1923 bis 1925 Assistent an der Sammlung für Christliche Archäologie und Kirchliche Kunst an der Universität Halle. Ab 1925/26 Vikar. Von 1927 bis 1929 führte er archäologische Studien in Italien, Dalmatien und auf Malta durch. Ab 1930 Direktor der Lutherhalle Wittenberg. Lehrbeauftragter am Predigerseminar. Ab 1935 Lehrbeauftragter an der Universität Halle, wo er 1940 Professor wurde. Im Oktober 1945 von der Universität Halle entlassen, war aber weiterhin als Stellvertreter des neuen Direktors an der Lutherhalle („wissenschaftlicher Leiter“). Dozent am Predigerseminar Wittenberg. 1947 für „politisch untragbar“ erklärt, gehörte er zum Leiterkreis der evangelischen Akademie Sachsen-Anhalt. Ab 1945 Mitglied im KB. Ab 1948 Mitglied im FDGB. 1952/53 erhielt er einen Forschungsauftrag der Universität Halle. Von 1955 bis 1964 hatte er einen Lehrauftrag für Christliche Archäologie an der Theologischen Fakultät an der Universität Leipzig. 1956 ernannte ihn die Theologische Fakultät der Universität Erlangen zum Ehrendoktor. Seit den 1950er Jahren auch formell wieder Direktor der Lutherhalle Wittenberg. Um seine mögliche „Republik-Flucht“ zu verhindern, erhöhte das Ministerium für Kultur 1960 nicht das Gehalt von Thulin, sondern er gab ihm einen Einzelvertrag über 1000 Mark und gleichzeitig wurde seine Arbeit an der Universität Leipzig vergütet.
Quellen: Baumgartner/Hebig, Professorenkatalog Universität Halle, www.enzyklo.de/Begriff/Thulin,%20Oskar, Braun/Grünzinger, BStU, MfS, AP, Nr. 21399/92, Bl. 1f, Bl. 44-68, Bl. 124f.,

Tiedke, Kurt, Prof. Dr.
* 30.05.1924 in Krebsfelde, † 15.04.2015
Mitglied der HJ. Mitglied im RAD. Mitglied der DAF. Vermessungstechniker. Als Pionier Teilnehmer am Zweiten Weltkrieg. Danach in sowjetischer Kriegsgefangenschaft. Schüler einer antifaschistischen Schule. Ab 1948 Mitglied der SED. Von 1967 bis 1989 Mitglied im ZK der SED. Von 1979 bis 1983 1. Sekretär der SED Bezirksleitung Magdeburg. Von 1981

bis 1990 AdV. Von 1983 bis 1989 Rektor der Parteihochschule der SED. Mit dem „Karl-Marx-Orden und mit dem „Vaterländischen Verdienstorden“ in Silber und Gold ausgezeichnet.
Quellen: Cerný, Wikipedia, Herbst, Baumgartner/Hebig.

Timm, Albrecht Wilhelm, Prof. Dr. phil.
* 13.12.1915 in Halle (Saale), † 05.11.1981 in Schönau (Schwarzwald)
Von 1933 bis 1945 Mitglied der HJ und von 1933 bis 1938 Kameradschaftsführer. Von 1938 bis 1943 Assistent an der Universität Berlin. Von 1939 bis 1945 Sachbearbeiter bei der Reichsdienststelle des Reichsnährstandes bzw. des Reichsernährungsministeriums. Dort Mitarbeiter beim Stabsamt. Ab April 1941 Mitglied der NSDAP. Ab 1946 Mitglied im FDGB. Von 1945 bis 1947 Ausbildung zum Bibliothekar an der Universität Halle (Saale). Dort von 1947 bis 1949 Assistent an der Universität Rostock. Von 1949 bis 1952 Dozent an der Universität Halle. Von 1952 bis 1955 Professor an der Humboldt-Universität und gleichzeitig Leiter der Abteilung Mittelalter am Museum für Deutsche Geschichte. Er verließ 1955 die DDR und ging nach Hamburg, wo er in der Verlagsauslieferung des Christian Wegner Verlages tätig war. Ab 1958 Professor am Historischen Seminar der Universität Hamburg. Ab 1965 Professor für Wirtschafts- und Technikgeschichte an der Universität Bochum. Von 1968 bis 1972 Präsident der Gesellschaft für Wissenschaftsgeschichte. Mitglied der Deutschen Gesellschaft der Medizin, Naturwissenschaft und Technik. 1970 Gründer des Verbandes der Hochschullehrer für die Geschichte der Naturwissenschaften. Ab 1973 lebte er in Schönau (Schwarzwald). Mitte der 1970er Jahre hatte er Kontakt zu rechten Kreisen (Henning Eichberg). Er verschwieg seine Mitgliedschaft in der NSDAP.
Quellen: Wikipedia, Professorenkatalog Universität Rostock, BStU, MfS, Allg. S, Zentralarchiv 1912/67, Bl. 3-10, Bl. 13f. Bl. 20, Bl. 93f., BStU, MfS, HA IX/11, FV 2/72 PA, Bd. 11, Teil 1 von 2, Bl. 363, Bl. 370f., Mertens, S. 28.

Timm, Friedrich Carl August, Prof. Dr. phil. Dr. med.
* 22.09.1895 in Güstrow, † 03.09.1985 in Göttingen

Als kriegsfreiwilliger Teilnehmer am 1. Weltkrieg. Von 1922 bis 1926 wissenschaftlicher Assistent am Chemischen Institut der Universität Leipzig. Danach als Assistent bzw. Oberassistent am Institut für Gerichtsmedizin. Danach Privatdozent. Seit 1931 Gerichtsarzt in Leipzig. Ab 1934 Leiter des Instituts. Ab Mai 1933 Mitglied der NSDAP. Mitglied im NSÄB. Mitglied im NSLB. Mitglied der NSV. Mitglied im NSDDB. 1934/35 Luftschutzarzt in Leipzig. Danach Unterarzt d. R. beim Heer und wurde dort Oberarzt. Ab 1938 Professor an der Universität Jena und Leiter des Instituts für Gerichtsmedizin. Der Reichsforschungsrat verlieh Timm im September 1944 das Kriegsverdienstkreuz II. Klasse. Wegen seiner Nazi-Vergangenheit im Dezember 1945 von seinem Professorenamt entlassen. Doch im März 1946 wurde ihm vom Präsidenten des Landes Thüringen die Leitung des Instituts übertragen. Die SMAD wollte, dass Timm wieder als Gerichtsmediziner arbeiten sollte. Am 22. April 1947 durch sowjetische Militärpolizisten wegen „Verleumdung der Sowjetunion" verhaftet und am 15. Juli 1947 zu einer 10-jährigen Haftstrafe verurteilt, weil er 1943 der Expertenkommission angehörte, die die Massenmorde von Winniza der sowjetischen Geheimpolizei NKWD zuschrieb. Timm wurde 1955 aus der Haft entlassen und ging nach Westdeutschland. Dort übernahm er bei der medizinischen Forschungsanstalt der Max-Planck-Gesellschaft eine Gastprofessur. Später leitete er auch die Histomie-Abteilung. Ab 1958 Honorarprofessor an der Universität Göttingen.
Quellen: Wikipedia, Klee I.

Tischer, Josef, Prof. Dr. rer. nat.
* 05.09.1898 in Pokau bei Aussig, Nordböhmen, † 12.03.1962 in Halle (Saale)
Als Fähnrich in einem Artillerieregiment von 1917 bis 1919 Teilnehmer am Ersten Weltkrieg. Mitglied im Deutschen Kulturverband. Mitglied im Bund der Deutschen in Böhmen. Seit 1938 Mitglied der Sudetendeutschen Partei. Im selben Jahr auch Mitglied der NSDAP. Förderndes Mitglied der SS. Mitglied im NSDDB und dort stellvertretender Dozentenbundsführer. Mitglied im NSBDT. Von 1923 bis 1930 arbeitete er in verschiedenen Unternehmen der Glasindustrie, der Textilindustrie und in einer Pharmazeutischen Fabrik. Von 1930 bis 1942 Lehrbeauftragter für Allgemeine und

Analytische Chemie an der TH in Prag. Nach der Besetzung des Sudetenlands 1939 durch die deutsche Wehrmacht und seit der Gründung der Landwirtschaftshochschule Tetschen-Liebwerd lehrte als Dozent und Professor. Zugleich Leiter des Instituts für Allgemeine und Analytische Chemie sowie für Chemische Technologie. Nach dem Krieg zunächst in Meißen und im September 1945 nach Seeben bei Halle, wo er Mitarbeiter im Chemischen Untersuchungsamt der Stadt Halle wurde. Ab 1946 Mitglied der SPD bzw. SED Im selben Jahr Mitglied im FDGB. Ab 1950 Mitglied in der GDSF. Ab 1946 Leiter der Zentralstelle für Hygiene und Oberchemierat im Chemischen Untersuchungsamt. Ab 1950 Lehrbeauftragter und Professor für Landwirtschaftlichen Technologie. Ab 1951 Direktor des Instituts für Landwirtschaftliche Technologie und Vorratspflege.
Quellen: Professorenkatalog Universität Halle.

Tosetti, Klaus Jakob Karl, Prof. Dr. sc. med.
* 20.09.1916 in Daun (Eifel), † 12.12.2002 ebenda
Mitglied der HJ. Mitglied im NS-Schülerbund. Von 1938 bis 1942 Mitglied im NSDStB. Seit 1934 Mitglied der NSDAP. Mitglied im NSKK. Mitglied im RAD. Von 1936 bis 1938 Gefreiter beim Panzerregiment 8 in Zossen. Von 1942 bis 1945 als Unterarzt der Reserve bei Sanitätsersatzabteilungen und bei der Sanitätskompanie 8/17. Tätigkeit für den arisierten Springer-Verlag. Ab 1945 in Österreich in US-amerikanischer Kriegsgefangenschaft. Von 1945 bis 1946 absolvierte er die Pflichtassistenz in Daun/Eifel. Von 1946 bis 1947 Marienhospital Bonn. Von 1947 bis 1952 Assistenzarzt beim Kreiskrankenhaus Neuruppin. Dort von 1949 bis 1951 Vorsitzender der BGL. Ab 1947 Mitglied im FDGB. Ab 1947 Mitglied im KB. Ab 1952 Mitglied in der GDSF. Von 1952 bis 1954 Oberarzt am Stadtkrankenhaus Görlitz. Von 1952 bis 1969 Vorsitzender des Klubs der Intelligenz in Görlitz, Erfurt und Leipzig. Von 1954 bis 1958 erster Oberarzt an der Frauenklinik der Medizinischen Akademie in Erfurt. Von 1958 bis 1969 Oberarzt bzw. Professor an der Universitätsfrauenklinik Leipzig. Von 1961 bis 1965 Mitglied der AGL der Universitäts-Frauenklinik Leipzig. Mitglied der Redaktion der Zeitschrift „Humanitas“. Von 1973 bis 1980 Gesellschaftlicher Mitarbeiter Sicherheit (GMS) für das MfS. Professor für Soziale Gynäkologie und Direktor der II. Medizinischen

Klinik an der Charité der Humboldt-Universität Berlin. 1953 mit der „Medaille für ausgezeichnete Leistungen“, 1964 mit der „Johannes-R.-Becher-Medaille“ in Silber, 1972 mit der „Ehrenplakette“ der Deutschen Gesellschaft für Klinische Medizin, 1973 mit der „Verdienstmedaille“ in Silber des Gesundheitswesens, 1975 mit der „Ehrenplakette“ der Gesellschaft für Perinatale Medizin und 1975 mit der „Verdienstmedaille“ in Gold des Gesundheitswesens ausgezeichnet. Mit dem Einverständnis der Behörden der DDR siedelte Tosetti 1981 nach Daun (Rheinland-Pfalz) über.
Quellen: Professorenkatalog Universität Leipzig, BStU, MfS, AP 17096/85, Bl. 4-17, BStU, MfS, Allg. P. 12664/81, Bl. 3f., Bl. 13ff., BStU, MfS, AGMS 272/81, Bl. 6, Bl. 13f., Bl. 85ff., Bl. 180, Bl. 215.

Trautmann, Reinhold, Prof. Dr. phil.
* 16.01.1883 in Königsberg, † 04.10.1951 Jena
Von 1907 bis 1910 Privatdozent für Indogermanistik an der Universität Göttingen. Von 1910 bis 1921 Professor für Sprachwissenschaft und Slawische Philologie an der Deutschen Universität Prag. Von 1921 bis 1926 Professor für Indogermanische und Slawische Philologie an der Universität Königsberg. Von 1926 bis 1945/47 Professor Slawische Philologie an der Philosophisch-Historischen Abteilung der Philosophischen Fakultät der Universität Leipzig. Von 1928 bis 1931 Mitglied der Deutschen Staatspartei. Mitglied der NSV. Im November 1933 unterzeichnete er das „Bekenntnis der Professoren an den deutschen Universitäten und Hochschulen zu Adolf Hitler und dem nationalsozialistischen Staat“. Seit 1934 Mitglied im NSLB. Seit 1937 Mitglied der NSDAP. Seit 1938 Mitglied im NSDStB. Von 1926 bis 1945/47 Professor an der Universität Leipzig. Von 1948 bis 1951 Professor für Slawische Philologie an der Universität Jena. Von 1940 bis 1951 Mitglied der SAW zu Leipzig. Von 1949 bis 1951 Mitglied der AdW zu Berlin. Er unterstützte die kulturelle Ausrichtung der SBZ/DDR auf die Sowjetunion.
Quellen: Professorenkatalog Universität Leipzig, Wikipedia.

Tümmler, Hans, Prof. Dr. phil.
* 12.03.1906 in Wernshausen an der Werra, † 13.01.1997 in Essen
Ab 1931 Lehrer an einem Evangelischen Oberlyzeum in Essen. Seit 1933 Mitglied der NSDAP. Mitglied der SA. Als Erziehungswissenschaftler und Burschenschaftler Gaufachschaftsleiter der Fachschaft Privatschulen sowie Mitarbeiter der Gaustelle für Jugendschrifttum des NSLB in Essen. Ab 1936 Dozent der Hochschule für Lehrerbildung in Frankfurt/O. Ab 1938 Studiendirektor in Erfurt. Ab 1939 Kreisfachschaftsleiter der Fachschaft Lehrer an Höheren Schulen des NSLB. Ab 1940 Schriftleiter der Zeitschrift „Vergangenheit und Gegenwart" des NSLB. 1948 übersiedelte Tümmler nach Essen, wo er Lehrer wurde. Ab 1953 Leiter des Bezirksseminars zur Ausbildung von Studienreferendaren in Essen. Ab 1962 Honorarprofessor der Universität Köln. Ab 1964 im Gesamtvorstand. Von 1971 bis 1975 Vize-Präsident der Goethe-Gesellschaft in Weimar. Ehrenmitglied und seit 1990 Ehrensenator der Akademie gemeinnütziger Wissenschaften in Erfurt. 1976 mit dem „Verdienstkreuz" I. Klasse des Verdienstordens der BRD ausgezeichnet.
Quellen: Wikipedia, Klee II.

Uebermuth, Herbert Franz Robert, Prof. Dr. med., Dr. h. c.
* 18.01.1901 in Leipzig, † 01.01.1986 in Leipzig
Für drei Jahre Wissenschaftlicher Assistent am Pathologisch-Anatomischen Institut der Universität Leipzig. Danach vier Jahre Oberarzt an der Universitätsfrauenklinik. Von Mai 1933 bis 1942 Mitglied der NSDAP und von 1934 bis 1937 Jungvolkarzt der HJ. Mitglied im NSÄB. Mitglied im NSDDB. Seit 1933 Assistent, Oberarzt und ab 1943 Professor der Chirurgie an der Universität Leipzig. Von 1942 bis 1945 Stabsarzt im Kriegslazarett. 1936 auch Leiter des Pathologisch-Anatomischen Labors der Klinik. Als Chirurg und Stabsarzt Teilnehmer am Zweiten Weltkrieg und mit dem EK II ausgezeichnet. Danach von 1945 bis 1946 in sowjetischer Kriegsgefangenschaft. Zunächst frei praktizierender Chirurg an der Chirurgischen Privatklinik des Geheimrates von Goebel in Leipzig. Seit 1948 Mitglied der GDSF. Seit 1950 Mitglied im FDGB. Mitglied der SED. Seit 1958 Mitglied des NR der NF. Seit 1953 Vorsitzender der Gewerkschaft Wissenschaft. Von 1950 bis 1967 wieder als Professor an der Universität

Leipzig. Von 1958 bis 1959 Dekan der Medizinischen Fakultät der Universität Leipzig. 1950 auch zum Direktor des Chirurgisch-Poliklinischen Institutes ernannt. Von 1950 bis 1966 Professor an der Universität Leipzig. Ab 1961 Professor an der Akademie der für Ärztliche Fortbildung in Berlin-Lichtenberg. 1956 als „Verdienter Arzt des Volkes“, 1959 mit dem „Vaterländischen Verdienstorden“ in Silber, 1961 mit dem „Nationalpreis“ und 1959 mit der „Ehrennadel“ in Silber der GDSF ausgezeichnet. Die Universität Leipzig ernannte ihn zum Ehrensenator. Die Universität Jena verlieh ihm den Ehrendoktortitel.
Quellen: Ernst, S. 275, UFJ, Professorenkatalog Universität Leipzig, Ärzteblatt Sachsen I/2001, S. 22f., Wikipedia, Stockhorst, BStU, MfS, HA XX Nr. 5754, Bl. 65, BStU, MfS, HA XX Nr. 5752, Bl. 224f.

Uhlendahl, Heinrich, Prof. Dr. phil.
* 04.03.1886 in Essen-Borbeck, † 28.12.1954 in Leipzig
Als Leutnant Teilnehmer am 1. Weltkrieg. Im Januar 1919 Mitglied des Freikorps der Garde-Schützen-Division in Berlin. Ab 1933 Mitglied im „Stahlhelm, Bund der Frontsoldaten“. Seit 1934 Mitglied der SA. Mitglied der NSV. Ab 1933 Mitglied im „Kampfbund für deutsche Kultur“. Mit dem Nazi-Treuedienst-Ehrenzeichen ausgezeichnet. 1945 Vorsitzender des Prüfungsausschusses für Bibliothekare in Sachsen, Sachsen-Anhalt und Thüringen. 1954 erhielt er den „Vaterländischen Verdienstorden“ in Silber. Von 1924 bis 1954 Generaldirektor der Deutschen Bücherei in Leipzig. 1945 bestätigte ihn die SMAD als Generaldirektor. Sein Nachfolger wurde Kurt Fleischhack.
Quellen: BStU, MfS, BV Leipzig, AP 3111/62, Bl. 28, Bl. 30, Herbst, Wikipedia, Klee II.

Uhlitzsch, Heinz, Prof. Dr.-Ing.
* 08.08.1893 in Chemnitz, † 22.06.1971 in Wuppertal
Teilnehmer am 1. Weltkrieg. Bis Dezember 1922 Assistent für Eisenhüttenkunde an der Bergakademie Clausthal. Ab 1923 in der Eisengießerei der Firma Krupp-Gruson AG in Magdeburg. Ab 1926 Dozent für Gießereiwesen an der BAF. Ab Juli 1927 Professor und des Gießereiwesens beim Institut für Eisenhütten. Im November 1933 unterzeichnete er das

„Bekenntnis der Professoren an den deutschen Universitäten und Hochschulen zu Adolf Hitler und dem nationalsozialistischen Staat". Ab 1937 Mitglied der NSDAP. Von April 1944 bis Oktober 1945 Rektor der BAF. Wegen seiner Nazi-Vergangenheit entlassen. Bis 1949 arbeitete Uhlitzsch für das sowjetische Technische Büro „Eisen". Von 1950 bis 1963 am Eisenforschungsinstitut Hennigsdorf. 1954 als „Verdienter Techniker des Volkes" ausgezeichnet. Ab 1963 lebte er in Wuppertal. In Hennigsdorf wurde eine Straße nach ihm benannt.
Quellen: Wikipedia, https://tu-freiberg.de/universitaet/rektoren-der-tu-bergakademie.

Uhlmann, Harro, Prof. Dr. sc. oec.
* 19.03.1923, † 23.12.2012
Am September 1941 Mitglied der NSDAP. Mitglied der SPD bzw. SED, bzw. PDS bzw. Linkspartei. Professor für Marxismus-Leninismus an der BAF.
Quellen: Mertens, S. 28, http://www.linksworte-mittelsachsen.de/ausgaben/65.pdf, Schuder, S. 361.

Ullmann, Paul, Prof. Dr. phil.
* 28.07.1921 in Hartenstein, Kreis Zwickau, † 1996
Von 1936 bis 1939 kaufmännische Lehre. Ab September 1940 Mitglied der NSDAP. Ab 1946 Mitglied der CDUD. Von 1951 bis 1969 stellvertretender Direktor bzw. Direktor der Sonderschule „Dr.-Georg-Sacke" in Leipzig. Von 1967 bis 1971 AdV. Von 1969 bis 1970 Oberbürgermeister von Weimar. Von 1972 bis 1989 Mitglied im Hauptvorstand der CDUD. Ab 1974 Professor für Rehabilitationspädagogik an der Universität Halle. Mit der „Verdienstmedaille", 1971 und 1982 mit dem „Vaterländischen Verdienstorden" in Bronze und in Silber und 1972 mit der „Ernst-Moritz-Arndt-Medaille" ausgezeichnet.
Quellen: Herbst, Wikipedia, Buch, Baumgartner/Hebig.

Ulrich, Werner, Prof. Dr.
* 07.02.1900 in Berlin, † 19.01.1977 ebenda.
Ab 1934 Leiter des Instituts für Bienenkunde in Berlin-Dahlem, das 1937 zwangsweise in die Universität Berlin integriert wurde. Mitarbeiter der SS-Forschungsgemeinschaft Lebensborn. Lektor beim Amt für Schrifttumspflege beim Beauftragten des Führers für die gesamte kulturelle und weltanschauliche Schulung und Erziehung der NSDAP. Mitglied der NSV. Mitglied im RLB. Mitglied im Reichsstudentenwerk. Ab 1939 Professor an der Universität Berlin. Ab 1943 Mitglied eines Reserve-Polizeibataillons. 1945 kurzfristig in Kriegsgefangenschaft. Nach 1945 weiterhin Professor und Direktor des Zoologischen Museums der Universität Berlin. Von 1949 bis 1965 Gründer und Dekan der Naturwissenschaftlichen Fakultät der FU Berlin.
Quellen: Wikipedia, BStU, MfS, HA IX Nr. 25978, Bl. 39.

Unverzagt, Wilhelm, Prof. Dr.
* 21.05.1892 in Wiesbaden, † 17.03.1971 in Berlin
Von 1914 bis 1916 Teilnehmer am Ersten Weltkrieg. Von Dezember 1916 bis Sommer 1917 beim Deutschen Archäologischen Institut in Frankfurt/M. Ab November 1918 im Museum Wiesbaden. Von 1919 bis 1924 im diplomatischen Dienst. Ab 1925 wissenschaftlicher Mitarbeiter. Ab 1926 Direktor am Museum für Vor- und Frühgeschichte in Berlin. Seit 1927 Herausgeber der „Prähistorischen Zeitschrift". Ab 1928 Lehrbeauftragter und ab 1932 Honorarprofessor an der Universität Berlin. Ab Mai 1937 Mitglied der NSDAP. Teilnehmer an Lehrgängen der SS und des RAD. Seit 1939 Mitglied der Preußischen AdW, sie wurde jedoch vom Amt Rosenberg nicht bestätigt. Von 1942 bis 1944 und von 1951 bis 1954 Vorsitzender und stellvertretender Vorsitzender der Berliner Gesellschaft für Anthropologie, Ethnologie und Urgeschichte. Seit 1947 wissenschaftlicher Mitarbeiter am Institut für Vor- und Frühgeschichte der AdW zu Berlin. Seit 1949 Mitglied der AdW zu Berlin. Dort Gründer und Direktor des Instituts für Vor- und Frühgeschichte. 1953 Vorsitzender der Kommission für Vor- und Frühgeschichte. Seit 1953 Herausgeber der „Schriften der Sektion für Vor- und Frühgeschichte". Seit 1956 Herausgeber der Zeitschrift „Ausgrabungen und Funde". Seit 1957 Herausgeber der Zeitschrift

„Werte der deutschen Heimat“. 1959 mit dem „Nationalpreis“ II. Klasse ausgezeichnet.
Quellen: Wikipedia.

Uschmann, Georg, Prof. Dr.
* 18.10.1913 in Naumburg, † 23.09.1986 in Jena
Seit Mai 1937 Mitglied der NSDAP. Ab 1938 Assistent am Ernst-Haeckel-Haus in Jena, dem Institut für Geschichte der Zoologie. Als Hauptmann Teilnehmer am Zweiten Weltkrieg. Danach in sowjetischer Kriegsgefangenschaft. Ab 1950 wieder Assistent und ab 1952 Oberassistent am Ernst-Haeckel-Haus. Ab 1962 Professor für Geschichte der Naturwissenschaften an der Universität Jena. Von 1959 bis 1979 Direktor des Ernst-Haeckel-Hauses. 1963 Prodekan der Mathematisch-Naturwissenschaftlichen Fakultät der Universität Jena. Ab 1964 Mitglied der Leopoldina zu Halle. 1978 mit der „Verdienst-Medaille“ der Leopoldina ausgezeichnet. Der „Georg-Uschmann-Preis“ für Wissenschaftsgeschichte wird verliehen.
Quellen: Cerný, BArch, Wikipedia, Baumgartner/Hebig, BStU, MfS, HA IX/11 AV 21/75, Teil 1 von 2, Band 12, Bl. 281f., Bl. 287, Mertens, S. 28.

Veil, Wolfgang Heinrich, Prof. Dr. med.
* 16.11.1884, † 02.08.1946
Seit 1926 als Rheumatologe an der Universität Jena. Parteianwärter für eine Mitgliedschaft in der NSDAP. Der erste Dekan nach dem Zweiten Weltkrieg.
Quellen: Klee I, Hoßfeld u. a., S. 117, S. 136, S. 138, S. 151f., S. 160f., S. 163.

Velhagen, Karl Adolf, Prof. Dr. med. Dr. med. h. c.
* 22.09.1897 in Chemnitz, † 19.12.1990 in Berlin
Als Vize-Wachtmeister in einem Artillerieregiment Teilnehmer am Ersten Weltkrieg. Von 1927 bis 1929 Assistent an Pharmakologischen Instituten in Freiburg und Berlin. Von 1929 bis 1938 Oberarzt an der Augenklinik der Universität Halle. Seit 1933 Mitglied der SA. Vertrauensarzt des SA-Hochschulamtes und 1938 SA-Sanitätshauptsturmführer. Mitglied im DLV, Mitglied im RLB. Seit 1934 Mitglied im NSFK, wo er Hauptsturm-

führer und Fliegersturmarzt war. Seit 1937 Mitglied der NSDAP. Mitglied im NSDDB. Seit 1938 Mitglied im NSÄB. Von 1939 bis 1945 Oberstabsarzt d. R. Von 1938 bis 1946 Ordinarius an der Universitäts-Augenklinik Greifswald. Wegen seiner Nazi-Vergangenheit 1945 aus dem Amt entlassen. Augenarzt in Chemnitz. Ab 1945 Mitglied im FDGB. Mitglied der GDSF. Mitglied im KB. Ab 1947 an der Städtischen Augenklinik in Chemnitz. Von 1950 bis 1958 Professor an der Universitätsklinik Leipzig. Von 1958 bis 1967 Professor mit Lehrstuhl und Klinikleiter für Augenheilkunde an der Humboldt-Universität Berlin. Seit 1953 Mitglied der Leopoldina zu Halle. 1948 mit dem „Albrecht-von-Graefe-Preis" der Deutschen Ophthalmologischen Gesellschaft, 1950 als „Verdienter Arzt des Volkes", 1954, 1957 und 1977 mit dem „Vaterländischen Verdienstorden" in Bronze, Silber und Gold, 1960 mit dem „Nationalpreis", 1967 als „Hervorragender Wissenschaftler des Volkes" 1975 mit der „Humboldt-Medaille" und 1975 mit der „Filatow-Medaille" ausgezeichnet.
Quellen: Ernst, S. 383f., UFJ, Cerný, Klee I, Wikipedia, Professorenkatalog Universität Halle, Professorenkatalog Universität Leipzig, Baumgartner/Hebig, BStU, MfS, HA XX Nr. 5752, Bl. 237f., BStU, MfS, BV Swn AKK 1394/84, Bd. 1, Bl. 131, Bl. 145.

Vetter, Walther, Prof. Dr. phil.
* 10.05.1891 in Berlin, † 01.04.1967 in Berlin-Niederschönhausen
Als Heeresmusiker und als Soldat der deutschen Armee an der Westfront Teilnehmer des 1. Weltkriegs. Privatdozent an Universität Breslau. Ab 1929 Lehrbeauftragter an der Universität Hamburg. Ab 1934 Professor in Breslau. Von 1936 bis 1937 Mitglied im NSLB. Von 1939 bis 1941 Mitglied im NSKK. Mitglied der NSV. Ab 1936 Leiter des Seminars für Musikwissenschaft an der Universität Greifswald. Ab 1942 Mitglied im NSDDB. Von 1941 bis 1945 Direktor des Musikwissenschaftlichen Instituts an der Reichsuniversität in Posen. Im Januar 1945 Angehöriger des Volkssturms. Von 1946 bis 1958 Professor an der der Humboldt-Universität Berlin. Mitglied der LDPD. Von 1947/48 bis 1958 Vize-Präsident der Gesellschaft für Musikforschung. Von 1948 bis 1961 Mitherausgeber der „Musikforschung". Von 1956 bis 1966 Mitherausgeber des „Deutschen Jahrbuchs der Musikwissenschaften". Ab 1950 leitete er die „Bachtage" in

Leipzig. Ab 1952 Mitglied des Herausgeberkollegiums der „Neuen Bach-Ausgabe“. Mitglied im Beirat für Musikwissenschaft beim Staatsekretariat für das Hoch- und Fachschulwesen. In Berlin wurde eine Straße nach ihm benannt. 1957 mit dem „Nationalpreis“ III. Klasse für Wissenschaft und Technik ausgezeichnet. Ab 1961 Ehrenmitglied der Gesellschaft für Musikforschung.
Quellen: Klee I, Klee II, Baumgartner/Hebig, Wikipedia.

Vogel, Richard, Prof. Dr.
* 1886, † 1955
Volksschullehrer. Ab 1933 Mitglied der NSDAP. Ab 1936 kommissarischer Leiter des Pädagogischen Instituts. Ab 1940 war das Institut in eine Pädagogische Hochschule transformiert worden. Vogel wurde Dozent und Professor. Von 1950 bis 1955 war Vogel als Leiter in die heimatkundliche Inventarisation Sachsens eingebunden.
Quellen: Wikipedia.

Volhard, Franz, Prof. Dr. med.
* 02.05.1872 in München, † 24.05.1950 in Frankfurt/M.
Ab 1898 Assistent an der Medizinischen Universitätsklinik in Gießen. Von 1905 bis 1908 Chefarzt der Inneren Abteilung des Städtischen Krankenhauses in Dortmund. Von 1908 bis 1919 Direktor der Städtischen Krankenanstalten in Mannheim. Ab 1917 Mitglied der Deutschen Vaterlandspartei. Ab 1918 Professor für Innere Medizin und Direktor der Medizinischen Klinik an der Universität Halle. Ab 1927 Direktor der Medizinischen Klinik der Universität Frankfurt/M., wo er 1933 Dekan der Medizinischen Fakultät wurde. Sein Antrag auf Mitgliedschaft in der NSDAP wurde abgelehnt, weil er Mitglied einer Freimaurerloge war. Mitglied der SA-Reserve. Mitglied der NSV. Mitglied im NSAHB. Mitglied im RdK. Mitglied im NS-Reichskriegerbund („Kyffhäuserbund) e. V. Mitglied im Opferring der NSDAP. Förderndes Mitglied der SS. 1938 emeritiert. Beratender Internist und Marineoberstabsarzt in Lazaretten in Frankfurt und in einem Sanatorium in Bad Nauheim. Zugleich betrieb er eine private Arztpraxis in Frankfurt/M. Ab 1945 wieder Direktor der Medizinischen Universitätsklinik Frankfurt/M. 1947 wurde ihm zu Ehren eine „Volhard-Büste“ in der

Aula der Universität Halle enthüllt und im selben Jahr erklärte ihn die Stadt Frankfurt/M. zum Ehrenbürger und sie verlieh ihm die „Goethe-Medaille". Seit 1924 Mitglied der Leopoldina zu Halle. Die Universitäten in Paris – Sorbonne (1933), in Freiburg (1947) und in Göttingen (1947) verliehen ihm den Ehrendoktortitel. Die deutsche Gesellschaft für Nephrologie (Nierenkrankheiten) vergibt als höchste Auszeichnung eine „Franz-Volhard-Medaille". In Berlin-Buch und in Masserberg (Thüringen) wurden Kliniken nach ihm benannt.
Quellen: Klee I, Wikipedia.

Volkmann, Johannes, Prof. Dr. med.
* 26.09.1889 in Waldheim, † 14.10.1982 in Hannover
Als Sanitätsoffizier Teilnehmer am Ersten Weltkrieg. 1918/19 Pathologe am Landeskrankenhaus in Braunschweig. Mitglied im nationalistischen und militaristischen „Alldeutschen Verband". Ab 1922 Mitglied im „Stahlhelm, Bund der Frontsoldaten". Bis 1923 Mitglied der DNVP. Ab 1919 Volontär und Assistent. Ab 1926 Oberarzt an der Chirurgischen Universitätsklinik Halle. Von 1931 bis 1933 Chefarzt des Evangelischen Krankenhauses Münster. Ab 1933 übernahm er die Leitung des Krankenhauses Bergmannstrost. Ab 1933 Mitglied der SA und dort 1941 zum Sanitätsobersturmführer befördert. Ab Mai 1937 Mitglied der NSDAP. Unterführer der Dozentenschaft in der Medizinischen Fakultät. Als Sanitätsoffizier Teilnehmer am Zweiten Weltkrieg. 1943 zum Oberstabsarzt und 1945 zum Oberfeldarzt befördert. Im Oktober 1945 von der Universität entlassen. Jedoch rasch wieder Chefarzt in Schkeuditz. Ab 1952 Professor der Chirurgie an der Universität Greifswald. 1956 emeritiert. Ab 1955 Mitglied der Leopoldina zu Halle. Nach seiner Emeritierung zog er nach Hannover, wo er noch mehrfach Chefarztvertretungen war nahm.
Quellen: Professorenkatalog Universität Halle, Wikipedia.

Voretzsch, Karl, Prof. Dr. phil.
* 17.04.1867 in Altenburg, † 15.01.1947 in Naumburg
Von 1892 bis 1909 Professor und Ordinarius für Romanische Philologie an der Universität Tübingen. Von 1909 bis 1913 Professor für Romanische Philologie an der Universität Kiel. Mitglied im nationalistischen und

militaristischen „Alldeutschen Verband“, Mitglied im VDA. Ab 1918 Mitglied der DNVP. Mitbegründer im völkischen und militaristischen „Stahlhelm, Bund der Frontsoldaten“. Von 1913 bis 1935 Professor an der Universität Halle. Als Oberleutnant des Heeres Teilnehmer am Ersten Weltkrieg. Mit dem „Eisernen Kreuz“ II. Klasse, mit dem „Ritterkreuz“ II. Klasse mit Schwertern des Württembergischen Friedrichsordens und mit dem „Ritterkreuz“ II. Klasse des Sachsen-Ernestinischen Hausordens ausgezeichnet. Mitglied im RKB. Mitglied der NSV. Mitglied im RLB. Mitglied des NSKOV. 1935 von den amtlichen Pflichten entbunden, vertrat er jedoch den Lehrstuhl für Romanistik noch mehrmals. 1942 zum goldenen Professorenjubiläum mit der „Goethe-Medaille“ ausgezeichnet. Nach dem frühen Tod seines Nachfolgers Werner Mulertt im Dezember 1944, hielt er von 1945 bis 1946 als Emeritus noch Vorlesungen.
Quellen: Professorenkatalog Universität Halle, Wikipedia.

Voss, Hans, Dr. med.
* 01.01.1899 in Harburg, † 1970
Vor 1933 aktiv im „Stahlhelm, Bund der Frontsoldaten“. Ab 1933 Mitglied der NSDAP. Beteiligt am Aufbau des NSFK und des Deutschen Luftsportverbandes. Vom Juli 1945 bis 1951 in Halle (Saale) Direktor des Zoos und des Schlachthofes. Mitglied der SED. Er verließe die DDR hin zur BRD.
Quellen: BStU, MfS, HA IX/11, ZD 7842, Akte 12, Bl. 2-8.

Voss, Hermann Christian Heinrich Emil, Prof. Dr. med. Dr. h. c.
* 13.10.1894 in Berlin, † 19.01.1987 in Greifswald
Freiwilliger Teilnehmer am 1. Weltkrieg bei dem Voss das EK II verliehen wurde. Ab 1919 Mitglied des Fliegerkampfgeschwaders Sachsenberg bzw. der Schlachtstaffel Majewski. Von 1937 bis 1945 Mitglied der NSDAP. Mitglied der NSV. Mitglied im NSDDB, wo er seit 1940 Kreisleiter im Amt für Wissenschaften war. Von 1919 bis 1926 am Anatomischen Institut der Universität Rostock. Ab 1926 und von 1930 bis 1941 als Professor für Anatomie an der Medizinischen Fakultät der Universität Leipzig. Amt eines Pflegers beim Erbgesundheitsamt. Von 1941 bis 1945 Professor und Leiter des Instituts für gerichtliche Medizin und Kriminalistik sowie Dekan der Reichsuniversität Posen. Dort an Menschenversuchen beteiligt. 1935

erhielt Voss das „Ehrenkreuz“ und 1941 das „Treuedienst-Ehrenabzeichen“ in Silber. Im September und Oktober 1939 als Unterarzt des Reserve-Lazaretts Leipzig Teilnehmer am 2. Weltkrieg. Vom November 1939 bis 1945 bis Kriegsende u. k. gestellt. Von 1945 bis zur Kündigung im März 1946 Volontärarzt im Stadtkrankenhaus Borna (ohne Gehalt). Von 1946 bis 1948 wissenschaftlicher Mitarbeiter verschiedener Verlage. Ab 1947 Mitglied der CDU. Ab 1950 Mitglied im FDGB. Von Oktober 1948 bis 1952 Professor für Anatomie an der Universität Halle-Wittenberg. Der Personalchef der Deutschen Verwaltung für Volksbildung „entnazifizierte“ Voss mit einem Schreiben von Anfang Februar 1949 die Personalpolitische Abteilung des ZK der SED. Eine Beurteilung der Universität Leipzig vom Oktober 1948 geht davon aus, dass Voss „unpolitisch“ gewesen wäre und sei nur aus „beruflichen“ Gründen Mitglied der NSDAP geworden. Von 1952 bis 1962 Professor für Anatomie der Universität Jena. Der Leiter der Abteilung X des MfS konnte Ende Dezember 1960, bei den durchgeführten Ermittlungen „nichts Nachteiliges“ über eine eventuelle „verbrecherische Tätigkeit“ von Voss in Posen während der Besatzungszeit feststellen. Im November 1969 wurde der HA XX des MfS bekannt, dass er in Posen als Direktor des Anatomischen Instituts der Universität Posen an rassistischen Verbrechen beteiligt war. 1979 wechselte Voss nach Hamburg. 1959 als „Hervorragender Wissenschaftler des Volkes“ ausgezeichnet. 1965 Ehrendoktorwürde der Universität Halle und 1969 die Ehrendoktorwürde der Universität Rostock. Bei beiden Ehrungen war bereits seine „faschistische Vergangenheit“ bekannt, blieben jedoch „unberücksichtigt“. Die HA IX/10 nahm Anfang Dezember 1969 eine „Einschätzung“ des operativen Materials aus der HA XX vor, die darin gipfelte, dass die noch ausstehenden Forschungen zu den Aktivitäten von Voss an der Reichsuniversität Posen erfolgen sollten, um „zukünftige Veröffentlichungen über diesen Komplex“ zu vermeiden. Eine gründliche, wissenschaftliche Untersuchung dieser Vorgänge zur Information der Öffentlichkeit, dachte niemand bei den zuständigen Sicherheitsbehörden.
Quellen: Klee I, Professorenkatalog Universität Leipzig, Professorenkatalog Universität Halle, Wikipedia, BStU, MfS, SdM, 1132, Bl. 4-10, BStU, MfS, Allg. P. 11666/62, Bl. 1af., Bl. 10-24, BStU, MfS, AS 144/69, Bd. 2,

Bl. 3f., Bl. 19-23, Bl. 30-45, Bl. 50f., BStU, MfS, HA IX/11 AS 144/69, Bd. 3, Bl. 5ff., Ernst, S. 130f.

Vulpius, Wolfgang, Dr. phil.
* 27.11.1897, † 1978
Im Schuldienst und als Schulrat in Weimar. Seit 1937 Mitglied der NSDAP. Mitglied der LDPD. Von 1954 bis 1957 Vorsitzender des Deutschen Friedensrates im Kreis Weimar. Wissenschaftlicher Mitarbeiter der „Nationalen Forschungs- und Gedenkstätten der klassischen deutschen Literatur" in Weimar. 1955 mit der „Friedensplakette" in Silber des Deutschen Friedensrates und 1962 mit dem „Kunstpreis" der Stadt Weimar ausgezeichnet.
Quellen: Wikipedia.

Wachholder, Kurt, Prof. Dr. med.
* 23.03.1893 in Oberhausen, † 07.08.1961 in Bonn
Als Feldarzt Teilnehmer am 1. Weltkrieg. Ab 1921 Assistent am Physiologischen Institut der Universität Breslau. Von 1928 bis 1933 dort Professor. Von 1933 Professor und Direktor des Instituts für Physiologie an der Universität Rostock. Förderndes Mitglied der SS. Mitglied im NSDDB. Von 1939 bis 1945 als Oberfeldarzt Teilnehmer am 2. Weltkrieg. Von 1940 bis 1941 Dekan der medizinischen Fakultät, ab 1941 Prorektor und von 1944 bis 1946 Rektor der Universität Rostock. Ende Mai 1945 bildete er einen Ausschuss zur politischen Überprüfung von Angehörigen der Universität Rostock. Er selbst war als politisch unbedenklich eingestuft worden. Ab 1947 Herausgeber der „Zeitschrift der gesamten inneren Medizin". 1953 verließ Wachholder die DDR und war bis 1961 Professor an der Universität Bonn. Er verschwieg seine Nazi-Vergangenheit und stellte sich als Widerstandskämpfer dar.
Quellen: Grüttner, Wikipedia, Professorenkatalog Universität Rostock.

Wagener, Hermann, Prof. Dr. sc. oec. habil. Dr. h. c.
* 04.05.1921 in Hannover, † 30.01.1994
Ab 1939 Mitglied der NSDAP. Von 1941 bis 1945 Teilnehmer am Zweiten Weltkrieg. In sowjetischer Kriegsgefangenschaft. Ab 1946 Mitglied der

SED. Bis 1952 Assistent bzw. Oberassistent an der Deutschen Verwaltungsakademie in Forst Zinna. Ab 1953 bis 1955 Dozent an der Hochschule für Verkehrswesen. Von 1953 bis 1956 Prorektor für Studienangelegenheiten. Bis 1960 Prorektor für das gesellschaftswissenschaftliche Grundstudium und gleichzeitig Leiter der Fachrichtung Transportwesen. Von 1960 bis 1964 Dekan der Fakultät für Ingenieurökonomie des Transport- und Nachrichtenwesens. Seit 1964 Mitglied des Forschungsrates. Ab 1969 Mitglied des Kollegiums des Ministeriums für Verkehrswesen. Ab 1969 Professor für sozialistische Volkswirtschaft. Von 1968 bis 1973 Rektor der Hochschule für Verkehrswesen in Dresden. Bis 1984 Direktor des Industrie-Instituts der Hochschule für Verkehrswesen. Als „Verdienter Eisenbahner“, mit dem „Vaterländischen Verdienstorden“ in Bronze und mit dem „Nationalpreis“ III. Klasse für Wissenschaft und Technik“ ausgezeichnet. 1971 verlieh ihm die TH Stettin den Ehrendoktortitel. Mit der Medaille „Hervorragender Eisenbahner der Volksrepublik Polen“ in Silber ausgezeichnet.
Quellen: Herbst, Wikipedia, Baumgartner/Hebig, Buch. https://www.stadtwikidd.de/wiki/Hermann_Wagener.

Wagenknecht, Egon, Prof. Dr. foerst.
* 29.03.1908 in Rauen bei Fürstenwalde, Kreis Beeskow, † 19.01.2005 in Eberswalde
Ab 1936 Forstmeister. Von 1936 bis 1939 Assistent im Waldbau-Institut der Forstlichen Hochschule Eberswalde. Ab 1937 Mitglied der NSDAP. Als Offizier Teilnehmer am Zweiten Weltkrieg und wegen Verwundung aus der Wehrmacht entlassen. Von 1949 bis 1989 Mitglied der SED. Von 1949 bis 1963 Dozent, dann Professor an der Forstwirtschaftlichen Fakultät der Humboldt-Universität Berlin. Von 1955 bis 1957 Dekan der Fakultät. Von 1963 bis 1971 Direktor des Bereichs Waldbau im Institut für Forstwissenschaft Eberswalde der DAL. Ab 1954 Mitglied des Jagdbeirates bei der Obersten Jagdbehörde. Seit 1952 Herausgeber des „Archivs für Forstwesen“. 1960 mit dem „Vaterländischen Verdienstorden“ in Bronze ausgezeichnet.
Quellen: Cerný, Wikipedia, Baumgartner/Hebig.

Wahl, Hans, Prof.
* 28.07.1885 in Burkersdorf bei Weida (Thüringen), † 18.02.1949 in Weimar
Ab 1918 als Goethe-Spezialist Direktor des Goethe-Nationalmuseums in Weimar. Ab 1925 zum Professor ernannt. Ab 1928 zusätzlich Direktor des Goethe- und Schiller-Archivs in Weimar. Gründungsmitglied des völkischen und antisemitischen „Kampfbundes für deutsche Kultur". Von 1936 bis 1949 Herausgeber des „Goethe-Jahrbuchs". Ab 1937 Mitglied der NSDAP. Vorsitzender der „Deutschen Herder-Stiftung". Nach 1945 weiter in allen seinen Ämtern verblieben. Von 1946 bis 1949 leitete er kommissarisch das Nietzsche-Archiv. Die Stadt Weimar ernannte ihn zum Ehrenbürger. Die Straße am Goethe- und Schiller-Archiv wurde nach ihm benannt. Die Landesregierung Thüringen organisierte für ihn ein „Staatsbegräbnis".
Quellen: Klee II, Wikipedia.

Wähler, Martin, Prof. Dr.
* 06.05.1889 Orlamünde in Thüringen, † 03.06.1953 Berlin
Studienrat und Hochschuldozent in Erfurt. Von 1929 bis 1932 Professor für Volkskunde an der Pädagogischen Akademie Erfurt. Als Rassist und Anti-Semit veröffentlichte er 1934 in der „Zeitschrift für Deutschkunde" eine Lobrede auf den „Rassenkampf". 1935 Professor an der Hochschule für Lehrerbildung in Hannover. 1937 Mitglied der NSDAP. Mitglied im NSDDB. Zugleich Referent bei der „Reichsarbeitsgemeinschaft für deutsche Volkskunde", die ein Bestandteil des „Reichsüberwachungsamtes" bzw. Bestandteil des Amtes Rosenberg der NSDAP war. Ab 1942 Professor an der Universität in Frankfurt/M. Nach 1945 wieder Lehrer in Erfurt. Ab 1950 in Berlin-West und dort als Volkskundler an der FU Berlin.
Quellen: Klee II, Wikipedia, www.erfurt-web.de/Volkskunde.

Waldeyer, Anton Johann, Prof. Dr. med. Dr. phil.
* 03.03.1901 in Tietelsen (Beverungen), † 10.06.1970 in Berlin
Ab 1927 Privatdozent an der Universität Kiel. Ab 1931 Privatdozent an der Universität Freiburg. 1931 Privatdozent an der Universität Berlin. Von 1931 bis 1935 Professor für Anatomie an der Tongji-Universität Shanghai.

Ab 1934 Mitglied der NSDAP. Von 1936 bis 1945 Professor für Anatomie und Histologie an der Charité der Universität Berlin. Von 1945 bis 1954 Professor an der Universität Münster. Von 1954 bis 1966 als Nachfolger von Hermann Stieve, Professor und Direktor des Anatomischen Instituts an der Humboldt-Universität. Von 1961 bis 1966 Dekan der Medizinischen Fakultät. 1970 als „Verdienter Arzt des Volkes“ und 1960 mit dem „Vaterländischen Verdienstorden“ in Bronze ausgezeichnet. Ab 1961 Mitglied der AdW zu Berlin. In regelmäßigen Abständen vergibt die Anatomische Gesellschaft einen „Anton-Waldeyer-Preis“.
Quellen: Wikipedia, https://www.sammlungen.hu-berlin.de/objekte/-/16686/.

Waldmann, Otto, Prof. Dr. med. vet.
* 02.10.1885 in Pforzheim, † 10.03.1955 in Köln
Mitglied der Corps im Rudolstädter Senioren Convent der „Saxo-Thuringia München und Vandalia Königsberg“. Mitglied im „Corps Marchia Greifswald und im Corps Irminsul“. Ab 1910 bis 1919 Assistent am Pathologischen Institut der Tierärztlichen Hochschule Berlin. 1914 im 1. Garde-Feldartillerieregiment. Ausgezeichnet mit dem EK II. Klasse. 1917 bis 1918 als Veterinär erneut kriegsverpflichtet. Von 1918 bis 1919 Zeitfreiwilliger der Brigade Reinhard. Ab 1933 Mitglied der NSBO. Mitglied der SA Reserve II. Ab Mai 1937 Mitglied der NSDAP. Ab 1920 Leiter der staatlichen Forschungsanstalt für Tierkrankheiten auf der Insel Riems bei Greifswald. Ab 1925 Professor und Direktor der Forschungsanstalt. Ab 1938 Mitglied Leopoldina. Ab 1940 Professor an der Universität Greifswald. Ab 1942 profilierte er die Forschungsanstalt um und ließ von seinen Mitarbeitern, im Auftrag des Heeres, biologische Waffen entwickeln. Die Landesregierung entband ihn nach 1945 von seinen Professorentätigkeit. Zugleich übertrugen ihm andere Behörden von April 1946 bis 1948 die Leitung einer Anstalt zur Erforschung von Tierseuchen auf der Insel Riems. 1948 emigrierte er nach Argentinien. Er kehrte 1953 in die Bundesrepublik zurück, wo er bei der Firma Bayer AG beschäftigt wurde.
Quellen: https://ns-zeit.uni-greifswald.de/projekt/personen/waldmann-otto/.

Walther, Hans, Prof. Dr. phil.
* 30.01.1921 in Oberfrohna, † 09.07.2015 in Leipzig
Mitglied im RAD. Teilnehmer am Zweiten Weltkrieg. Ab November 1944 Mitglied der NSDAP. 1945/46 „Neulehrer". Danach Wissenschaftlicher Aspirant an der Universität Leipzig. Ab 1975 Dozent und von 1978 bis zu seiner Emeritierung 1986 Professor für Namenforschung und Siedlungsgeschichte an der Universität Leipzig. Von 1964 bis 1969 Mitherausgeber und Redakteur der „Informationen der Leipziger Namenkundlichen Arbeitsgruppe". 1965 bis 1989 Redaktionsmitglied für das „Jahrbuch für Regionalgeschichte". Seit 1997 Mitglied der Kommission für Deutsch-Slawische Namensforschung der SAW zu Leipzig. Seit 2002 Mitglied der Kommission „Atlas zur Geschichte und Landeskunde von Sachsen" der SAW. 1958 und 1960 mit der „Medaille für ausgezeichnete Leistungen", 1962 mit der „Otto-Nuschke-Ehrenzeichen" in Silber, 1980 mit der „Pestalozzi-Medaille" in Silber, 1984 mit der „Ehrennadel" Universität Leipzig und 1987 mit dem „Jahrespreis" der Henning-Kaufmann-Stiftung ausgezeichnet. 1994 Ehrenmitglied des Vereins für Sächsische Landesgeschichte.
Quellen: Wikipedia, Professorenkatalog Universität Leipzig, Mertens, S. 29.

Walther, Karl Hans Otto, Prof. Dr. med. habil.
* 04.10.1895 in Gotha, † 09.03.1965
Teilnehmer am Ersten Weltkrieg. Von 1919 bis 1923 Mitglied der DDP. Von 1922 bis 1928 Sanitätsoffizier der Reichswehr in Berlin, Halberstadt und in Görlitz. Von 1928 bis 1933 Leiter der Hygiene-Untersuchungsstelle in Dresden. Von 1933 bis 1939 Fachreferent für Hygiene bei der Heeresinspektion im Reichswehrministerium bzw. ab 1935 im Reichskriegsministerium. Ab 1936 Standort- und Chefarzt im Standortlazarett Berlin und Dozent für Hygiene an der Universität Leipzig. Von 1944 bis 1945 Wissenschaftlicher Direktor des Hygiene-Instituts in Leipzig. Als Korpsarzt, Chefepidemiologe und Armeearzt Teilnehmer am Zweiten Weltkrieg. Danach von 1945 bis 1949 in sowjetischer Kriegsgefangenschaft. Mitglied der FDJ. Von 1949 bis 1952 Abteilungsleiter bzw. Hauptabteilungsleiter im Ministerium für Gesundheit. Ab 1952 Generalmajor der KVP. Von 1952 bis 1955 Chef der Medizinischen Verwaltung beim Ministerium des

Innern bzw. ab 1953 bei der KVP. Von 1955 bis 1956 Leiter der Militär-Medizinischen Sektion der Universität Greifswald. Ab 1954 Mitglied der SED. Mitglied der AeO. 1952 als „Verdienter Arzt des Volkes“, mit der „Hufeland-Medaille“ in Gold und mit dem „Vaterländischen Verdienstorden“ in Bronze ausgezeichnet.
Quellen: Ernst, S. 220f, Ft. 78, Wikipedia, BStU, MfS, BV Dresden, AP 2992/57, Bl. 1, Bl. 3f., Bl. 9f., Bl. 39-53, Bl. 80, Bl. 151f.

Wannenmacher, Eugen Viktor, Prof. Dr. med. Dr. med. dent.
* 22.11.1897 in Aufen bei Donaueschingen, † 17.04.1974 in Münster
Ab 1925 Privatdozent und seit 1929 Professor für Zahnheilkunde an der Universität Tübingen. Ab 1934 Professor an der Universität Berlin. Ab 1933 Mitglied der NSDAP. Mitglied im NSÄB. Mitglied der SS und dort SS-Sturmbannführer. Referent an der Führerschule der Deutschen Ärzteschaft in Alt Rehse. 1944 gehörte er dem Beirat des Bevollmächtigten für das Gesundheitswesen (Karl Brandt) an. Schriftleiter der Zeitschriften „Deutsche Zahn-, Mund- und Kieferheilkunde und „Deutsche Zahnärztliche Wochenschrift“. Von 1955 bis 1966 Professor an der Universität Münster. 1971 Ehrenmitglied der Deutschen Gesellschaft für Zahn-, Mund- und Kieferheilkunde.
Quellen: Wikipedia, Klee I, Ernst Klee: Von deutschem Ruhm, in: Die Zeit Nr. 40 v. 25.09.2003

Warnekros, Kurt, Prof. Dr. med.
* 15.11.1882 in Neustrelitz, †30.09.1949 in Paris
Ab 1909 an der Frauenklinik der Universität Berlin tätig und dort ab 1918 Professor. Ab 1924 kommissarischer Leiter der Frauenklinik Ab 1933 Mitglied der NSDAP. Von 1925 bis 1948 Leiter der Frauenklinik des Stadtkrankenhauses Dresden-Johannstadt, wo bis 1945 Zwangssterilisationen durchgeführt wurden.
Quellen: Wikipedia.

Wätjen, Julius, Prof. Dr. med.
* 19.12.1883 in Bremen, † 28.02.1968 in Blankenburg, Harz
Seit 1904 Mitglied der Studentenverbindung „Corps Vandalia Heidelberg". Von 1912 bis 1914 Assistent am Pathologischen Institut der Universität Freiburg. Von Mai 1914 bis zum Ausbruch des Ersten Weltkrieges Oberarzt des Pathologischen Institutes im Krankenhaus Dresden-Friedrichstadt. Als Arzt in einer Sanitätskompanie, später in Lazaretten und als Armeepathologe Teilnehmer am Ersten Weltkrieg. Von 1918 bis 1922 erneut Assistent am Pathologischen Institut der Universität Freiburg. Ab 1922 Wechsel an die Universität Berlin, wo er Prosektor und 1924 beamteter Professor wurde. Ab 1930 Professor an der Universität Halle, wo er zugleich das Pathologische Institut leitete. Seit 1933 Mitglied der NSDAP. Mitglied im NSÄB. Förderndes Mitglied der SS. Wätjen wurde als Ausbilder für T4-Gutachter eingesetzt. 1939/40 als beratender Pathologe Teilnehmer am Zweiten Weltkrieg. Mit dem „Eisernen Kreuz" II. Klasse und mit dem „Hanseatenkreuz" ausgezeichnet. 1945 entlassen und erneut berufen. Vom Januar 1946 bis zum November 1947 von der SMAD suspendiert. Ab 1946 Mitglied der CDUD. Danach von 1947 bis zu seiner Emeritierung 1955 Professor mit Lehrstuhl an der Universität Halle. Dekan der Universität Halle. Mitglied der Leopoldina zu Halle.
Quellen: Klee I, Professorenkatalog Universität Halle, Wikipedia, Prüll, S. 369f.

Weber, Erna, Prof. Dr.
* 02.12.1897 in Charlottenburg, † 19.05.1988 in Berlin
Ab 1925 Statikerin in einem Bauingenieur-Büro in Berlin. 1931 Mitarbeiterin am „Kaiser-Wilhelm-Institut für Anthropologie, menschliche Erblehre und Eugenik" in Berlin. Als Biomathematikerin in der Abteilung Zwillingsforschung bei Otmar Freiherr von Verschuer. Nachdem Verschuer nach Frankfurt/M wechselte, wurde sie 1935 Mitarbeiterin beim Verlag Julius Springer in Berlin. Mitglied der NSDAP. 1937 Mitarbeiterin für biologische Statistik bei Karl Astel an der Universität Jena. Astel leitete das „Institut für menschliche Züchtungslehre und Erbforschung", das ab 1935 in „Institut für menschliche Erbforschung und Rassenpolitik" umgetauft worden war. Im März 1940 wurde sie mit Hilfe des NSDDB Lehrbe-

auftragte für biologische Statistik an der Mathematisch-Naturwissenschaftlichen Fakultät der Universität Jena. Ab 1941/42 Leiterin der Statistischen Abteilung des Thüringischen Landesamtes für Rassewesen in Weimar. Ab Juli 1945 Professorin der Universität Jena. Im Dezember 1945 wegen ihrer Nazi-Vergangenheit entlassen. 1947 und 1949 bei der Firma Schott und bei der Firma Jenapharm beschäftigt. Danach leitete sie bis 1952 die Statistische Abteilung des Veterinär- und Tiergesundheitsamtes. Ab 1954 Dozentin und danach Professorin am Institut für angewandte Mathematik an der Universität Jena. Ab 1957 Professorin für Mathematische Statistik an der Humboldt-Universität Berlin. 1964 und 1972 mit dem „Vaterländischen Verdienstorden“ in Bronze und Silber ausgezeichnet. Leiterin der Abteilung Wahrscheinlichkeitsrechnungen und Mathematische Statistik am Institut für angewandte Mathematik und Statistik der AdW zu Berlin. Von 1967 bis zu ihrem Tod 1988 Schriftleiterin der „Biometrischen Zeitschrift“.
Quellen: Wikipedia.

Weber, Hans, Prof. Dr. rer. nat.
* 12.01.1892 in Greiz, † Dezember 1965 in Ilmenau
Als Leutnant Teilnehmer am Ersten Weltkrieg. Ab 1921 Gymnasiallehrer in Eisenach, in Gotha und in Ilmenau. Seit 1932 Mitglied der NSDAP. Wegen seiner Nazi-Vergangenheit musste er 1945 den Schuldienst verlassen. Von 1946 bis 1955 Mitglied der SED. Von 1949 bis 1955 Mitglied der GDSF. Von 1950 bis 1955 Mitglied im KB. Von 1952 bis 1957 an der Naturwissenschaftlichen Fakultät der Universität Halle zuerst Dozent und dann seit 1959 Professor, bis zu seiner krankheitsbedingten Emeritierung 1962.
Quellen: Professorenkatalog Universität Halle.

Weber, Horst, Prof. Dr.-Ing. Dr. h. c.
* 04.09.1925 in Dresden, †?
Ab 1943 Mitglied der NSDAP. Teilnehmer am Zweiten Weltkrieg. Ab 1947 Leitungsmitglied der SED. Seit 1948 Mitglied im FDGB. Mitglied der GDSF. Von 1957 bis 1963 Lehrbeauftragter an der TH Dresden. Von 1958 bis 1964 Ingenieur und Abteilungsleiter im VEB Germania Che-

mieanlagenbau Karl-Marx-Stadt. Ab 1963 Dozent und danach Professor für Fertigungstechnik an der TH Karl-Marx-Stadt. Von 1969 bis 1973 Prorektor für Prognose und Wissenschaftsentwicklung. Von 1973 bis 1982 Rektor der TH Karl-Marx-Stadt. Seit 1975 korrespondierendes Mitglied und ab 1989 ordentliches Mitglied der AdW zu Berlin. Seit 1993 Mitglied der Leibniz-Sozietät der Wissenschaften zu Berlin. Mit dem „Nationalpreis“ III. Klasse ausgezeichnet. 1983 zum Ehrensenator der TU Chemnitz ernannt. 1989 verlieh ihm die TH Zwickau die Ehrendoktorwürde. 1990 emeritiert.
Quellen: Buch, Herbst, Baumgartner/Hebig, Wikipedia, https://www.tu-chemnitz.de/tu/geschichte/rektoren.php?detail=21.

Weber, Rudolf Werner, Dr. med.
* 09.04.1909 in Alsfeld, Hessen, †?
1940 Mitglied der NSDAP. Assistenzarzt in Erlangen. Ab 1935 Mitglied der SA. Arzt beim NSFK. Mitglied im NSÄB. Als Stabsarzt der Luftwaffe von 1939 bis 1943 Teilnehmer am Zweiten Weltkrieg. Bis 1947 in sowjetischer Kriegsgefangenschaft. Mit dem KVK 2. Klasse und dem EK II ausgezeichnet. Schüler einer Antifa-Schule. Mitglied im BDO. Arzt an einer Antifa-Schule. Ab 1947 Leitungsmitglied der SED. Ab 1954 Mitarbeiter beim ZK der SED. Ab 1948 Mitglied im FDGB. Mitglied der GDSF. Dort stellvertretender Leiter der Abteilung Gesundheitswesen und Sekretär der Ärztekommission des Politbüros der SED. 1959 und 1974 mit dem „Vaterländischen Verdienstorden“ in Silber und Gold, 1979 mit dem „Karl-Marx-Orden“, 1969 mit dem Orden „Banner der Arbeit“ und 1969 als „Verdienter Arzt des Volkes“ ausgezeichnet.
Quellen: BStU, MfS, Allg. P. 403/35, Bl. 291-304, Baumgartner/Hebig, https://www.researchgate.net/profile/Udo_Schagen/publication/318014591_Gesundheitswesen_und_Sicherung_bei_Krankheit_DDR_1949-1961_Im_Zeichen_des_Aufbaus_des_Sozialismus/links/5c52cb0e299bf12be3eff9d8/Gesundheitswesen-und-Sicherung-bei-Krankheit-DDR-1949-1961-Im-Zeichen-des-Aufbaus-des-Sozialismus.pdf?origin=publication_detail, BStU, MfS, Allg. P. 403/55, Bl. 292ff.

Wedler, Heinz, Prof. Dr. rer. oec.
* 09.05.1927 in Tilsit, † 2012 in Ruhla
Seit 1944 Mitglied der NSDAP. Teilnehmer am Zweiten Weltkrieg. Von 1953 bis 1956 Haupttechnologe im Volkseigenen Betrieb Maßindustrie in Werdau. Mitglied der SED. Von 1956 bis 1959 Leiter der Abteilung für Forschung und Entwicklung in der Vereinigung Volkseigener Betriebe Mechanik Leipzig. Ab 1963 Werkdirektor der VEB Uhrenwerke Ruhla und ab 1967 Generaldirektor. Seit 1967 Mitglied der SED Bezirksleitung Erfurt. Ab 1984 Honorarprofessor an der TH Leipzig. 1964 mit dem „Nationalpreis" III. Klasse für Wissenschaft und Technik, 1969 als „Held der Arbeit", 1977 mit dem „Banner der Arbeit" der Stufe II, 1987 mit dem „Karl-Marx-Orden" und 1989 mit dem „Nationalpreis" I. Klasse für Wissenschaft und Technik ausgezeichnet.
Quellen: Buch, Wikipedia, Baumgartner/Hebig.

Wehrli, Hans, Prof. Dr. phil.
* 29.06.1902 in Winterthur, Schweiz, † 17.01.1978 in Greifswald
Assistent an der Universität Köln. Von 1935 bis 1937 Blockleiter. Von 1933 bis 1937 Mitglied der SA. Mitglied im NSDDB. Von Mai 1933 bis 1945 Mitglied der NSDAP. Blockleiter von 1935 bis 1937. Mitglied im NSDStB. Ab dem 16. April 1942 stellvertretender Gaustudentenführer in Westfalen-Nord. Ab 1937 Professor an der Universität Münster, wo er nach dem 2. Weltkrieg wegen seiner Nazi-Vergangenheit entlassen wurde. Von 1946 bis 1951 an der Akademie für Raumforschung in Hannover und wieder Professor an der Universität Münster. 1954 siedelte er in die DDR über und wurde Professor für Paläontologie und Historische Geologie an der Universität Greifswald. Von 1959 bis 1965 Rektor der Universität. Abgeordneter des Bezirkstages Rostock. 1959 mit dem „Vaterländischen Verdienstorden" in Silber, 1961 mit der „Verdienstmedaille" der NVA in Gold, und mit der „Alexander-von-Humboldt-Medaille" ausgezeichnet. Die Geologische Gesellschaft der DDR-ernannte Wehrli zu Ehrenmitglied.
Quellen: Wikipedia, UFJ, Herbst, Baumgartner/Hebig, BStU, MfS, HA XX Nr. 5755, Bl. 171, BStU, MfS, HA XX Nr. 5754, Bl. 224, BStU, MfS, HA XX Nr. 5752, Bl. 279f.

Weicksel, Friedrich Gustav Paul Johannes, Prof. Dr. med.
* 18.12.1882 in Rothenkirchen, Vogtland, †?
Von 1911 bis 1928 Assistent an der Medizinischen Poliklinik der Universität Leipzig. Teilnehmer am Ersten Weltkrieg. Von 1919 bis 1932 Mitglied der DDP. Von 1928 bis 1944 Chefarzt des Beobachtungskrankenhauses der Landesversicherungsanstalt Sachsen. Von 1939 bis 1940 Teilnehmer am Zweiten Weltkrieg u. a. im Reservelazarett Leipzig. Von 1933 bis 1944 Mitglied der NSDAP. Von 1934 bis 1939 Mitglied der SA. Mitglied im NSÄB. Mitglied im NSDDB. Mitglied der NSV. Von 1921 bis 1944 Professor für Innere Medizin an der Universität Leipzig. 1947 zum Leipziger Bezirksbeauftragten für die Bekämpfung der Tuberkulose (Tbc) ernannt. Seit 1947 Chefarzt des Tbc-Beobachtungskrankenhauses Leipzig. Ab 1947 Mitglied im FDGB.
Quellen: Professorenkatalog Universität Leipzig.

Weidhaas, Hermann, Prof. Dr.-Ing. Dr. phil.
* 01.09.1903 in Zeulenroda, † 03.07.1978 in Weimar
Von 1926 bis 1931 Architekt in Dresden und beim Landesamt der Stadt Bautzen. Von 1935 bis 1936 Denkmalpflege in München und Kunsttopograph in Beuthen. Mitglied der NSV. 1942/43 Lehrbeauftragter an der Universität Berlin. Ab August 1945 Mitglied der SED. Dolmetscher für SMAD. 1946 Habilitation an der Universität Greifswald. Von 1947 bis 1949 Direktor am Kunsthistorischen Institut der Universität Greifswald. Von 1950 bis zur Emeritierung 1968 Professor für Theorie und Geschichte der Architektur an der Hochschule für Architektur in Weimar. Mitglied der Historischen Kommission der SAW. Bis 1945 soll er „als Nazi sehr aktiv und provokatorisch in Erscheinung" getreten sein. Aufgrund seiner Tätigkeiten stand er auch vor 1945 mit dem organisierten Nazi G. Strauss in Verbindung. Die beiden Kunsthistoriker veröffentlichten in der nationalsozialistischen Fachzeitschrift „Jomsburg" mehrere Artikel.
Quellen: Kürschners Gelehrten-Kalender 1961, S. 2222, Deutsche Biographie, BStU, MfS, AOP 11413/65, Bd. 1, Bl. 109, Bl. 119f., https://kg.ikb.kit.edu/629.php, file:///C:/Users/Harry/AppData/Local/Microsoft/Windows/INetCache/IE/QZO4MRFZ/10439-Artikeltext-

14624-1-10-20130521%20(1).pdf.

Weiß, Konrad, Prof. Lic. theol. Dr. h. c.
* 24.07.1907 in Wüstewalterdorf, Schlesien, † 27.09.1979 in Rostock
Von 1932 bis 1934 Inspektor des theologischen Studienhauses Johanneum in Berlin. Von 1934 bis 1935 Hilfsprediger bei der evangelischen Kirchengemeinde in Berlin-Tempelhof. Von 1934 bis 1937 Assistent und von 1937 bis 1945 Dozent am Neutestamentlichen Seminar der Universität Berlin. Ab 1937 Mitglied des NSKK. Mitglied im NSLB. Mitglied der antisemitischen und völkischen „Deutschen Christen“. Mitarbeiter beim antisemitischen „Institut zur Erforschung und Beseitigung des jüdischen Einflusses auf das deutsche kirchliche Leben“. Ab September 1939 Dozent an der Evangelisch-Theologischen Fakultät der Universität Berlin. Von 1939 bis 1945 Teilnehmer am Zweiten Weltkrieg. Von 1945 bis 1946 Pfarrer in den Gemeinden Steinhagen und Barth in Mecklenburg-Vorpommern. Von 1946 bis 1972 Professor für Neutestamentliche Theologie an der Universität Rostock. Von 1964 bis 1966 Dekan und von 1967 bis 1970 Prodekan. Von 1959 bis 1970 kommissarischer Direktor des Instituts für Allgemeine und Vergleichende Religionsgeschichte. 1961 verlieh ihm die Universität Kiel den Ehrendoktortitel. In einem Sachstandsbericht der MfS Abteilung XX/4 wird fälschlicherweise eine Mitgliedschaft in der Bekennenden Kirche erwähnt, was nicht sein konnte, da er sich den nazi-freundlichen und antisemitischen „Deutschen Christen“ angeschlossen hatte. Seine Mitarbeit im antisemitischen Institut in Eisenach deutet ebenfalls auf rechtsextreme Einstellungen hin.
Quellen: Wikipedia, Professorenkatalog Universität Rostock, Baumgartner/Hebig, BStU, MfS, HA IX Nr. 25978, Bl. 94f., BStU, MfS, Allg. P. 282/82, Bd. 1, Bl. 4-14, Bl. 22-25, Braun/Grünzinger.

Weitendorf, Friederich, Prof. Dr.
* 1921 in Rostock, †?
Ab 1934 Mitglied der HJ. Ab März 1940 Mitglied der NSDAP. Von 1940 bis 1945 Teilnehmer am 2. Weltkrieg. Bis 1947 in französischer Kriegsgefangenschaft. Ab 1948 Mitglied im FDGB. Ab 1949 Mitglied der SED und rückwirkend ab Dezember 1950 wissenschaftlicher SED-Kader. Ab 1950

Mitglied der GDSF. Leiter der Abteilung für gesellschaftswissenschaftlichen Unterricht des Deutschen Pädagogischen Zentralinstituts (DPZI), dass dem Ministerium für Volksbildung direkt unterstand. Protegiert durch das ehemalige Mitglied der NSDAP, W. Eckermann wurde er Methodiker des Geschichtsunterrichts für die DDR. Seit 1973 Direktor der Sektion Marxismus-Leninismus/Staatsbürgerkunde an der PH Zwickau.
Quellen: Mertens, S. 27, Grammes/Schluß/Vogler, S. 539f.

Weiz, Herbert, Dr. rer. oec. Dr.-Ing. h. c.
* 27.06.1924 in Cumbach, Rudolstadt, †?
Von 1941 bis 1943 kaufmännischer Angestellter in Sättelstädt, Thüringen. 1942 Mitglied der NSDAP. Teilnehmer am Zweiten Weltkrieg. Von 1943 bis 1945 in US-amerikanischer Kriegsgefangenschaft. Ab 1945/46 Mitglied der KPD bzw. SED. Oberreferent im Ministerium für Wirtschaft und Arbeit in Erfurt. Von 1951 bis 1953 Abteilungs- bzw. Werkleiter des Volkseigenen Betriebs (VEB) „Optima" Büromaschinenwerk Erfurt. Bis 1955 Leiter der Hauptverwaltung Leichtmaschinenbau im Ministerium für Maschinenbau. Bis 1962 stellvertretender Werkleiter im VEB Carl Zeiss Jena. Von 1963 bis 1990 AdV. Bis 1967 Staatssekretär für Forschung und Technik. 1959, 1970 und 1976 mit dem „Vaterländischen Verdienstorden" in Bronze, Silber und Gold, 1984 mit der „Ehrenspange" zum Vaterländischen Verdienstorden und 1989 mit dem „Karl-Marx-Orden" ausgezeichnet. Die TU Karl-Marx-Stadt verlieh ihm 1986 den Ehrendoktortitel.
Quellen: Wikipedia, Baumgartner/Hebig, Cerný, Herbst.

Weißbach, Christian, Prof. Dr.-Ing.
* 28.03.1906 in Heinrichsort, † 24.03.1962
Von 1934 bis 1943 Provinzialbaurat und Regierungsbaumeister in Nossen, Radeburg und Arnswalde. Von 1934 bis 1943 Mitglied der NSDAP. Von 1935 bis 1943 Mitglied der SA und von 1934 bis 1943 Mitglied der DAF. Ab 1945 Mitglied der LDPD. Ab 1949 Bauleiter bei der Talsperre Sosa und Oberbauleiter der Rapp-Bode-Talsperre. 1956 Mitglied im Präsidium der Urania. Ab 1958 AdV. Ab Februar 1962 Professor für Wasserbau an der Hochschule für Bauwesen in Leipzig. 1959 mit dem „Nationalpreis" 3.

Klasse, 1952 mit der „Medaille für ausgezeichnete Leistungen“ und 1957 als „Verdienter Techniker des Volkes“ ausgezeichnet.
Quellen: UFJ, Wikipedia, BStU, MfS, HA XX Nr. 5755, Bl. 171, BStU, MfS, HA XX Nr. 5752, Bl. 281.

Welcker, Ernst-Rulo, Prof. Dr. med. habil.
* 01.12.1904 in Heringen bei Sangerhausen, † 30.04.1971
Ab 1939 und ab 1945 Professor an der Universität Greifswald. Von Mai 1933 bis 1945 Mitglied der NSDAP. Mitglied der SA. Mitglied im NSLB. Mitglied im NSÄB. Mitglied im NSDDB. Mitglied der SED. Leiter der Chirurgischen Universitätsklinik Greifswald. Ab 1946 Chefarzt am Städtischen Krankenhaus Cottbus und anschließend Chefarzt des Bezirkskrankenhauses Cottbus. Mitglied der Ärztekommission bei der Bezirksleitung Cottbus der SED. 1949 als „Verdienter Arzt des Volkes“ und 1962 mit dem „Vaterländischen Verdienstorden“ in Bronze ausgezeichnet.
Quellen: UFJ, BStU, MfS, HA XX Nr. 5755, Bl. 171, BStU, MfS, HA XX Nr. 5752, Bl. 286.

Wels, Paul Bruno Wilhelm, Prof. Dr.
* 02.02.1890 in Binnenwalde (Ostpreußen), † 01.07.1963 in Offenbach a. M.
Teilnehmer am 1. Weltkrieg. Mit dem EK II. Klasse ausgezeichnet. Ab 1916 Assistenzarzt und danach Oberarzt. Ab 1919 Volontär und danach Assistent an der Universität Kiel und dort Leiter der Röntgenabteilung. Ab 1925 Assistent am Pharmakologischen Institut der Universität Greifswald. Von 1928 bis 1959 Professor und Direktor des Pharmakologischen Instituts der Universität Greifswald. Ab November 1933 Mitglied der SA und Sturmmann im Reservesturm 1/49 und überführt in den Sturm 14/212. Mitglied im NSLB. Mitglied im NSFK. Mitglied der NSV. Mitglied der NSKOV. Ab Juni 1940 Oberstabsarzt am Institut für Allgemeine Pharmakologie und Wehrtoxikologie der Militärärztlichen Akademie in Berlin mit Giftgasforschung beschäftigt. Es soll Giftgasversuche an „Freiwilligen“ gegeben haben. 1944 zum Oberfeldarzt befördert. Ende 1945, Anfang 1946 entlassen, konnte jedoch seine Forschungen fortsetzen. Ab 1946

Aufnahmeantrag bei der SED. Von 1948 bis zu seiner Emeritierung 1958 erneut Professor an der Universität Greifswald.
Quellen: Klee I, Wikipedia, https://ns-zeit.uni-greifswald.de/projekt/personen/wels-paul/.

Wempe, Johann, Prof. Dr.
* 31.12.1906 in Bremen, † 29.05.1980
Von 1932 bis 1936 Assistent an der Sternwarte in Heidelberg. Ab 1934 Mitglied im DLV bzw. NSFK. Seit 1935 Mitglied im NSLB. Ab 1936 Mitglied der NSV. Von 1938 bis 1944 Assistent an der Universitätssternwarte Jena. Ab 1944 am Astrophysikalischen Observatorium in Potsdam. Ab 1947 als Schriftleiter und von 1951 bis 1973 Herausgeber der Zeitschrift „Astronomische Nachrichten“. Als Astrophysiker von 1958 bis 1971 Professor an der Humboldt-Universität Berlin. Mitglied der AdW zu Berlin. Das Astrophysikalische Observatorium Potsdam vergibt einen „Johann-Wempe-Preis“ für hervorragende Wissenschaftler.
Quellen: Cerný, Wikipedia, Baumgartner/Hebig, BArch, www.aip.de, BStU, MfS, HA IX Nr. 25978, Bl. 104f.

Wendorf, Hermann, Prof. Dr. phil.
* 11.11.1891 in Weißenburg, † 02.05.1965
Von 1921 bis 1935 Assistent an der Universität Leipzig. Von 1928 bis 1939 Privatdozent und von 1939 bis 1945 Professor für Geschichte an der Universität Leipzig. Von 1943 bis 1945 Lehrstuhlvertretung an der Universität Jena. Ab März 1933 Mitglied der DNVP. Im November 1933 unterzeichnete der das „Bekenntnis der Professoren an den deutschen Universitäten und Hochschulen zu Adolf Hitler und dem nationalsozialistischen Staat“. Ab 1940 Mitglied der NSDAP. Nach 1945 Arbeit als Reformationshistoriker und Autor der NDB in Leipzig.
Quellen: Wikipedia.

Wenzke, Martin, Dr. med.
* 07.06.1900 Spreewitz bei Hoyerswerda, † 01.03.1977
Von 1920 bis 1921 Mitglied im Freikorps des Marburger Studentenkorps und beteiligt an den Unruhen in Thüringen. Ab 1928 praktischer Arzt in

Cottbus. Von Mai 1933 bis 1939 Mitglied der NSDAP. Von April 1936 bis 1939 Mitglied der SA, wo er Sanitäts-Hauptsturmführer war. Vor 1933 Mitglied im nationalistischen und antisemitischen „Deutsch-Völkischen Schutz- und Trutzbund". Teilnehmer am Zweiten Weltkrieg und danach in Kriegsgefangenschaft. Ab 1948 Mitglied der NDPD. Bezirksjugendarzt in Cottbus. Mitglied im HA der NDPD. Von 1954 bis 1963 Nachfolgekandidat und ab 1963 AdV. Als „Verdienter Arzt des Volkes", 1965 mit dem „Vaterländischen Verdienstorden" in Bronze, mit der „Verdienstmedaille" und mit der „Theodor-Neubauer-Medaille" in Gold ausgezeichnet.
Quellen: UFJ, Wikipedia, BStU, MfS, HA XX Nr. 5755, Bl. 171, BStU, MfS, HA XX Nr. 5752, Bl. 287f.

Werner, Arthur, Prof. Dr.-Ing.
15.04.1877 in Berlin. † 27.07.1967
Teilnehmer am Ersten Weltkrieg. Von Januar bis November 1932 Mitglied der NSDAP. Nach 1945 von der SMAD zum Oberbürgermeister des ersten Nachkriegsmagistrates von Berlin ernannt. Teilnehmer am „Nationalkongreß" 1962. Mit dem Orden „Banner der Arbeit" und mit dem „Vaterländischen Verdienstorden" in Gold ausgezeichnet.
Quellen: UFJ, Wikipedia, BStU, MfS, HA XX Nr. 5752, Bl. 291f.

Werner, Ernst Helmut, Prof. Dr. phil. habil. Dr. phil. h. c.
* 20.11.1920 in Tysssa, † 15.02.1993 in Leipzig
Mitglied der NSV. Von 1941 bis 1945 Teilnehmer am Zweiten Weltkrieg. Von 1945 bis 1946 Neulehrer in Dippoldiswalde. Seit 1946 Mitglied der SPD bzw. SED. Seit 1949 Mitglied der GDSF. Von 1951 bis 1955 Wissenschaftlicher (Ober-) Assistent für Allgemeine Geschichte an der Universität Leipzig. Von 1956 bis 1987 Dozent bzw. Professor für Allgemeine Geschichte des Mittelalters an der Universität Leipzig. Dort von 1956 bis 1962 Mitglied der SED-Parteileitung. Dort von 1958 bis 1969 Direktor der Abteilung Mittelalter am Institut für Allgemeine Geschichte. Von 1960 bis 1964 Prorektor für den wissenschaftlichen Nachwuchs an der Universität Leipzig. Von 1967 bis 1969 Rektor der Universität Leipzig. Dort von 1967 bis 1975 Mitglied der SED-Kreisleitung. 1965 mit der „Verdienstmedaille", 1966 mit dem „Nationalpreis" III. Klasse und 1975 mit dem „Va-

terländischen Verdienstorden“ in Bronze ausgezeichnet. Von 1967 bis 1975 Mitglied der SED-Kreisleitung der Universität Leipzig. Ab 1971 Mitglied der AdW zu Berlin. Seit 1971 Mitglied der SAW zu Leipzig. 1980 als „Verdienter Hochschullehrer der DDR“ ausgezeichnet.
Quellen: Professorenkatalog Universität Leipzig, Wikipedia, Baumgartner/Hebig.

Westmeyer, Hans Georg (Hansjörg), Prof. Dr.
* 17.04.1920 in Berlin, †?
Als Physiker an der Physikalisch-Technischen Reichsanstalt. Mitglied der SA und dort SA-Sturmmann. Ab Mai 1937 Mitglied der NSDAP. Ab 1959 stellvertretender Direktor und Leiter des Laboratoriums für angewandte Kern-Physik des Forschungsinstituts „Manfred-von-Ardenne“ in Dresden-Weißer Hirsch.
Quellen: UFJ, BStU, MfS, HA XX Nr. 5752, Bl. 294f.

Wetzel, Georg Edmund, Prof. Dr. med.
* 29.12.1871 in Wittenberge, † 13.09.1951 in Halle (Saale)
Vor 1914 Mitglied der Erneuerungsgemeinde von Theodor Fritsch (Leipzig), die „ein reines Deutschtum auf bäuerlicher Grundlage und unter staatlichem Ausschluss aller Nichtarier anstrebte“. Mitglied im Völkischen Kampfring der Deutsch-Österreicher. Von 1903 bis 1914 Prosektor und Professor für Anatomie für Zahnärzte. Von 1914 bis 1918 Vertreter des Lehrstuhls für Anatomie der Universität Marburg. Von 1918 bis 1924 Professor und Abteilungsvorsteher im Anatomischen Institut der Universität Halle. Seit 1933 Mitglied im NSLB. Mitglied im NSÄB. Mitglied der NSV. Mitglied im RLB. Ab 1934 Mitglied in der „Deutschen Gesellschaft für Rassenhygiene“. Ab 1937 Mitglied der NSDAP. Von 1924 bis 1937 Professor an der Universität Greifswald. Ab 1937 von den amtlichen Verpflichtungen entbunden worden. Während des Zweiten Weltkriegs hielt er vertretungsweise Vorlesungen über die Geschichte der Medizin an der Universität Greifswald. 1945 entließ ihn die Universität Halle, er arbeitete jedoch ohne Besoldung, dann gegen eine geringe Entlohnung im Anatomischen Institut der Universität Halle weiter – um die anatomische Sammlung neu zu ordnen. Ab 1946 Mitglied der LDPD.

Quellen: Professorenkatalog Universität Halle, Universität Greifswald.

Weyhe, Hans, Prof. Dr. phil.
* 07.04.1879 in Ballenstedt, † 20.02.1955 in Halle (Saale)
Von 1907 bis 1910 Associate Professor für Germanistik und Vergleichende Sprachwissenschaft am Bryn Mawr Woman's Collage in Philadelphia. Von 1910 bis 1920 Professor an der Universität Leipzig. Als Unteroffizier eines Artilleriebataillons von 1915 bis 1918 Teilnehmer am Ersten Weltkrieg. Mit dem „Anhaltinischen Friedrichskreuz" und mit dem „Eisernen Kreuz" II. Klasse ausgezeichnet. Von 1920 bis zu seiner Emeritierung 1949 Ordinarius an der Universität Halle. Mitglied im NSV. Von 1945 bis 1947 Dekan der Philosophischen Fakultät. Ab 1947 war er maßgeblich daran beteiligt, Eduard Winter (ehemals Mitglied der SS und des SD), als Professor an der Universität Halle zu installieren. Von 1950 bis zu seiner Erkrankung 1953 erneut Direktor des Germanistischen Seminars.
Quellen: Professorenkatalog Universität Halle.

Wiesner, Ekkehard, Prof. Dr. sc. med. vet.
* 10.06.1924 in Schlosschemnitz, †?
Ab 1942 Mitglied der NSDAP. Mitglied der CDUD. Professor für Tierzucht und Tierernährung an der Veterinärfakultät an der Humboldt-Universität Berlin. Mitglied der Urania.
Quellen: http://deutsches-jagd-lexikon.de/index.php/Wiesner,_Ekkehard.

Wiesner, Kurt, Prof. Dr. theol.
* 13.01.1907 in Breslau, † 16.04.1967 in Leipzig
Von 1924 bis 1931 freischaffender Künstler in Breslau und Stuttgart. Seit Mai 1933 Mitglied der NSDAP. Von 1931 bis 1932 und von 1933 bis 1934 Mitglied der SA. Mitglied der NS-Studentenkampfhilfe, die später zum NS-Altherrenbund umbenannt wurde. Von 1935 bis 1938 evangelischer Vikar und Pfarrer in Grünberg, Polen. Mitarbeiter der Zeitschrift „Auf der Wacht" (für deutschen Christenglauben und völkischem Charakter). Mitglied der RSK. Nach seinen eigenen Angaben, soll Wiesner „am Widerstandskampf teilgenommen" haben. Ab 1942 Teilnehmer am Zweiten Weltkrieg. Bis 1945 in sowjetischer Kriegsgefangenschaft. Mitglied der

CDUD. Mitglied im FDGB. Mitglied im KB. Mitglied der GDSF. Mitglied im Friedensrat. Mitglied im NR der NF. Mitglied im Bund evangelischer Pfarrer. Ab 1945 evangelischer Pfarrer in Ischtershausen bei Erfurt und Studentenpfarrer in Weimar. Von 1953 bis 1958 Studentenpfarrer in Jena. Ab 1955 Wissenschaftlicher Aspirant an der Universität Leipzig. Seit 1956 als Geheimer Informant (GI) „Thomas“ Mitarbeiter des Ministeriums für Staatssicherheit (MfS). Seit 1956 Vorsitzender der Arbeitsgemeinschaft „Christliche Kreise“ beim NR der NF. Mit dem „Vaterländischen Verdienstorden“ in Silber, 1957 mit der „Ernst-Moritz-Arndt-Medaille“ und mit der „Friedensmedaille“ ausgezeichnet. Von 1958 bis 1967 Professor für Systematische Theologie und Religionssoziologie an der Theologischen Fakultät der Universität Leipzig. Von 1966 bis 1972 Mitherausgeber der Zeitschrift „Glaube und Gewissen“. Mit der „Ernst-Moritz-Arndt-Medaille“ und der „Deutschen Friedensmedaille“ ausgezeichnet.
Quellen: UFJ, Herbst, Wikipedia, Professorenkatalog Universität Leipzig, Baumgartner/Hebig, BStU, MfS, HA XX Nr. 5754, Bl. 223, BStU, MfS, AIM Leipzig Nr. 2879/62, Bl. 66f., Bl. 84, Bl. 89f., Bl. 97f.

Wilkening, Albert, Prof. Dr. jur. Dipl.-Ing.
* 05.02.1909 in Wittenberg, † 24.07.1990 in Stahnsdorf
Seit 1934 Patentingenieur bei der Firma AEG in Berlin. Mitarbeiter von Albert Speer, Reichsminister für Rüstung und Kriegsproduktion. Gruppenleiter im Reichsministerium für Rüstung und Kriegsproduktion. Mitglied der SA und dort SA-Scharführer. Nach 1945 Oberstaatsanwalt in Berlin-Treptow. Ab Dezember 1945 Kommissarischer Leiter der Tobis Filmkunst in Berlin-Johannistal. Ab August 1946 Mitarbeiter der DEFA. Ab Januar 1946 Mitglied der KPD/SED. Mitglied im FDGB. Von 1956 bis 1961 und von 1973 bis 1976 Hauptdirektor der DEFA (Spielfilme). Von 1961 bis 1973 Direktor für Produktion und Technik des DEFA-Spielfilmstudios in Potsdam. Von 1973 bis 1976 Generaldirektor der DEFA. Leiter des Forschungsinstituts der DEFA. Ab 1957 Professor und Leiter der Fakultät Kamera an der Hochschule für Filmkunst und Fernsehen in Potsdam. Von 1966 bis 1987 Vorsitzender des KB im Bezirk Potsdam. Mitglied im Präsidialrat des KB. Von 1977 bis 1989 Präsident des Film- und Fernsehrates. Vize-Präsident der Internationalen Organisation der Filmtechniker. 1951

als „Held der Arbeit“, 1959, 1969 und 1974 mit dem „Vaterländischen Verdienstorden“ in Bronze, Silber und Gold, 1966 mit der „Johannes-R.-Becher-Medaille“ in Gold, 1989 mit der „Ehrenspange“ zum Vaterländischen Verdienstorden in Gold, 1984 mit dem „Stern der Völkerfreundschaft“ in Gold ausgezeichnet.
Quellen: Herbst, BArch, Wikipedia, Stockhorst, Barth u. a., Baumgartner/Hebig, BStU, MfS, Operativ-Vorgang, Archiv-Nr. 235-56, Bl. 7-18, Bl. 21ff., 50, Bl. 67-70, Bl. 86, Bl. 100, BStU, MfS, AP Nr. 68807/92, Bl. 1f., Bl. 30ff., Bl. 40f., BStU, MfS, HA XX Nr. 11907, Bl. 1f., BStU, MfS, BVfS Potsdam AOP Nr. 235/56, Bd. 2f., Bl. 52, Bl. 92ff., Nomenklaturakten Personalakten BArch DC 20/8463.

Willert, Max Paul Georg, Prof. Dr. phil.
* 12.12.1901 in Tanna, Schleiz, † 17.06.1988 in Göttingen
Von 1921 bis 1926 Volksschullehrer in Chemnitz. Von 1928 bis 1938 und von 1940 bis 1942 Musiklehrer am Realgymnasium in Greiz. Seit 1933 Mitglied der NSDAP. Von 1942 bis 1943 Oberschullehrer an der Aufbauschule in Weimar und zugleich Dozent am Musikpädagogischen Institut der Musikhochschule Weimar. Ab 1943 Teilnehmer am Zweiten Weltkrieg. Von 1945 bis 1947 in französischer Kriegsgefangenschaft. Von 1947 bis 1967 Mitglied im KB. Von 1947 bis 1949 Chorleiter und Opernsänger am Theater in Greiz. Von 1949 bis 1951 Opern- und Konzertsänger am Landestheater in Wismar. Ab 1951 Privatdozent für Musikerziehung an der Universität Rostock. Von 1952 bis 1967 zuerst Privatdozent und dann später Professor für Musikgeschichte, Instrumentenkunde und Volksliederkunde an der Philosophischen Fakultät der Universität Leipzig. Von 1957 bis 1959 Prodekan der Philosophischen Fakultät. Von 1960 bis 1967 Mitglied der Urania. Ab 1960 Mitglied im VKM. Mitglied der Gesellschaft für Musikforschung. Mitglied der Urania. 1963 mit der „Pestalozzi-Medaille“ in Bronze und 1965 mit der „Medaille für ausgezeichnete Leistungen“ ausgezeichnet. Von 1966 bis 1967 Abteilungsleiter Künstlerische Praxis am Musikwissenschaftlichen Institut der Universität Leipzig. 1972 siedelte er in die BRD über. Von 1972 bis 1978 Vertreter des Organisten der Evangelischen Martin-Luther-Gemeinde in Dietzenbach-Steinberg. Von 1981 bis 1986 vertrat er den Organisten der Evangelisch-Lutherischen

Kirchgemeinde St. Petri in Göttingen und in der Evangelisch-Lutherischen Kirchgemeinde der Klosterkirche St. Nikolaus in Göttingen-Nikolausberg. Quellen: Professorenkatalog Universität Leipzig, Wikipedia.

Wilmanns, Wolfgang Otto, Prof. Dr. agr.
* 27.09.1893 in Bonn, † 02.04.1968 in München
Von 1914 bis 1918 Teilnehmer am Ersten Weltkrieg. Von 1925 bis 1927 Lehrbeauftragter für Landwirtschaftliche Betriebslehre an der Landwirtschaftlichen Hochschule in Bonn-Poppelsdorf. Seit 1933 Mitglied der NSDAP. Von 1927 bis 1934 Professor für Landwirtschaftliche Betriebslehre an der Universität Jena. Von 1935 bis 1945 Obmann der Reichsarbeitsgemeinschaft für Betriebslehre und Agrarpolitik im Rahmen des „Forschungsdienstes". Von 1934 bis 1945 Professor für Landwirtschaftliche Betriebslehre an der Mathematisch-Naturwissenschaftlichen Abteilung der Philosophischen Fakultät der Universität Leipzig. Von 1936 bis 1941 Dekan der Mathematisch-Naturwissenschaftlichen Abteilung. Von 1937 bis 1941 zugleich Gesamt-Dekan der Philosophischen Fakultät der Universität Leipzig. Von 1942 bis 1943 Prorektor und von 1943 bis 1945 Rektor der Universität Leipzig. Ab 1945/46 über einen Notdienstvertrag an der Universität Leipzig weiterbeschäftigt. 1947 siedelte er nach Niedersachsen über und er wirkte dann in Göttingen als Fachgutachter. Von 1949 bis 1958 Direktor der Hessischen Lehr- und Versuchsanstalt für Grünlandwirtschaft und Futterbau in Wehrda (Haunetal).
Quellen: Professorenkatalog Universität Leipzig, Wikipedia.

Winds, Erich Alexander, Prof.
* 15.11.1900 in Dresden, † 12.09.1972 in Berlin
Teilnehmer am Ersten Weltkrieg. Schauspieler, Regisseur und Intendant u. a. in Cottbus, Bremen und Halle. Seit 1933 Mitglied der NSDAP. Ab 1945 Intendant der Wuppertaler Bühnen. Mitglied im Präsidialrat des KB in West-Deutschland. Er siedelte in die DDR über und war ab 1953 Direktor der Städtischen Bühnen in Leipzig. Von 1955 bis 1966 Chefregisseur an der Deutschen Staatsoper in Berlin. Ab 1969 dort Chefregisseur. 1961 zum Professor ernannt. Ab 1966 Dozent an der Staatlichen Schauspielschule

Berlin. 1965 mit dem „Vaterländischen Verdienstorden“ in Silber und 1969 als „Ehrenmitglied“ der Deutschen Staatsoper Berlin ausgezeichnet.
Quellen: Klee II, Baumgartner/Hebig, Wikipedia.

Winkelmann, Willy
* 19.05.1890 in Redlin, † Juli 1970
Lehrer an einer Mittelschule in Zeitz. Von 1922 bis 1924 Mitglied einer Freimaurer-Loge. Vom Mai 1933 bis zu seinem Ausschluss 1935 Mitglied der NSDAP. Ab 1946 Mitglied der CDUD und später Mitglied im Hauptvorstand. Ab 1945 Dozent an einem Institut für Lehrerbildung. Direktor der Geschwister-Scholl-Oberschule in Zeitz. Abgeordneter des Bezirkstages Halle (Saale). Ehrenvorsitzender des CDU-Bezirksverbandes Halle (Saale). 1959 mit dem „Vaterländischen Verdienstorden“ in Bronze, 1960 mit der „Verdienstmedaille“, 1960 mit dem „Otto-Nuschke-Ehrenzeichen“ in Silber und 1961 mit der „Ehrennadel“ der GDSF in Gold ausgezeichnet. 1962 wurde er zum Oberstudienrat ernannt.
Quellen: UFJ, BStU, MfS, HA XX Nr. 5754, Bl. 187, Wikipedia.

Winkler, Gerhard Kurt, Prof. Dr. sc. agr. Dr. h. c.
* 16.06.1924 in Leipzig, †?
SS-Rottenführer. 1942 Arbeitsmann beim RAD. Teilnehmer am 2. Weltkrieg. Von 1945 bis 1946 Neulehrer in Leipzig. Ab 1945 Mitglied der KPD bzw. SED. Von 1949 bis 1950 wissenschaftlicher Assistent an der Agrarpolitischen Fakultät der Deutschen Verwaltungs- Akademie in Forts-Zinna. Ab 1950 Assistent und ab 1952 Oberassistent am Institut für Wohnungs- und Siedlungswesen an der Universität Leipzig. Von 1955 bis 1956 Forschungsstelle für Agrargeschichte der DAL in Leipzig. Von 1957 bis 1958 Habilitations-Aspirantur am Institut für Agrarökonomik der Landwirtschaftlich-Gärtnerischen Fakultät. Ab 1958 Dozent von 1961 bis zur Emeritierung 1989 Professor am Institut für Agrarökonomie der Landwirtschaftlichen Fakultät der Universität Leipzig. Von 1963 bis 1967 Dekan der Landwirtschaftlichen Fakultät. Von 1968 bis 1969 Direktor der Sektion Tierproduktion und Veterinärmedizin. Von 1969 bis 1975 Rektor der Universität Leipzig. Von 1964 bis 1974 Mitglied der SED Bezirksleitung Leipzig. Von 1969 bis 1975 Herausgeber der „Wissenschaftlichen

Zeitschrift" der Universität Leipzig. 1959 mit der „Ehrennadel" der Universität Leipzig, 1961 mit der „Verdienstmedaille", 1964 mit der „Medaille für ausgezeichnete Leistungen", 1965 mit der „Ehrennadel" in Silber der GDSF 1974 mit dem „Vaterländischen Verdienstorden" in Bronze und 1987 als „Verdienter Hochschullehrer" ausgezeichnet. 1989 emeritiert.1970 Ehrendoktor der Universität San Marcos in Lima (Peru).
Quellen: Herbst, Wikipedia, Baumgartner/Hebig, Professorenkatalog Universität Leipzig.

Winkler, Werner, Prof. Dr. rer. nat.
* 27.12.1913 in Waldheim, Sachsen, † 10.09.1964 in Berlin
Von Dezember 1931 bis 1945 Mitglied der NSDAP. In Sachsen und in Berlin Chemiker. 1945 Mitglied der KPD bzw. SED. Nach eigenen Angaben war Winkler Mitglied der NSDAP von 1933 bis 1942. 1950 Hauptdirektor der Vereinigung Volkseigener Betriebe (VVB) „Kunstfaser". Direktor des Kunstseidenwerkes „Friedrich Engels" in Rudolstadt-Schwarza. Ab 1953 Staatssekretär für Chemie und von 1953 bis 1955 stellvertretender Minister für die Chemische Industrie. Ab 1956 Professor an der TH für Chemie in Leuna-Merseburg. Von 1956 bis 1958 Minister für die Chemische Industrie. Ab 1957 Mitglied des Forschungsrates beim Ministerrat. Ab 1958 Abteilungsleiter und dann stellvertretender Vorsitzender der Staatlichen Planungskommission (SPK). Bis 1963 Vorsitzender der Ständigen Kommission für Chemische Industrie beim Rat für Gegenseitige Wirtschaftshilfe (RGW). Mit dem „Vaterländischen Verdienstorden" in Gold und 1950 und 1954 mit dem „Nationalpreis" III. Klasse ausgezeichnet.
Quellen: UFJ, Herbst, Spiegel 8/1963, Wikipedia, Baumgartner/Hebig, BStU, MfS, HA XX Nr. 5754, Bl. 213, Bl. 224, BStU, MfS, HA XX Nr. 5752, Bl. 315f.

Winter, Eduard, Prof. Dr. theol.
* 16.09.1896 in Grottau, Böhmen, 03.03.1982 in Berlin
Ab 1919 Assistent an der Deutschen Universität in Prag. 1920 Mit-Gründer und Mitglied des Bildungs- und Wanderbundes Staffelstein. Mitbegründer der katholischen Studentenbewegung „Pax Romana" und des „Wolf-

rambundes". Ab 1923 erhielt er einen Lehrauftrag für christliche Gesellschaftslehre. Ab September 1934 bis 1941 Professor für Kirchengeschichte und Patristik an der Universität Prag. Danach wechselte zur Philosophischen Fakultät, wo er eine Professur für Europäische Geistesgeschichte wahrnahm, die von der „Reinhard-Heydrich-Stiftung" finanziert wurde. Gleichzeitig Berater des SS-Hauptsturmführers Zuber. Ab 1938 Mitglied der Sudetendeutschen Partei. Ab Mai 1939 Mitglied der NSDAP. Mitglied im NSDDB. Mitglied der SS. Ab 1945 für den SS-Sicherheitsdienst (SD) tätig. Nach 1945 Hilfskraft am historischen Institut für Osteuropäische Geschichte an der Universität Wien. Vorsitzender der GDSF im Land Sachsen-Anhalt. Da er als unbelastet von der Nazi-Vergangenheit galt, ab Anfang 1947 an der Universität Halle Professor für Osteuropäische Geschichte. Dabei unterstützt von seinem Kollegen Hans Weyhe. Seit 1948 Mitglied der GDSF. Mitglied im FDGB. Von 1948 bis 1951 Rektor der Universität Halle. Von 1949 bzw. von 1951 an, bis zu seiner Emeritierung 1966 Professor für Osteuropäische Geschichte an der Humboldt-Universität Berlin. Direktor des Instituts für Geschichte der Völker der UdSSR. Ab 1955 ordentliches Mitglied der AdW zu Berlin und von 1955 bis 1959 leitete er die Historische Abteilung des Instituts für Slawistik. Von 1956 bis 1959 die Arbeitsgruppe Geschichte der slawischen Völker am Institut für Geschichte. Von 1961 bis 1965 die Arbeitsstelle für deutsch-slawischen Wissschafts-Beziehungen. Ab 1963 zunächst korrespondierendes und vier Jahre später ordentliches Mitglied der Académie internationale d'histoire des sciences in Paris. Österreicher geblieben. Mitarbeiter der Hauptverwaltung des MfS. Von 1958 bis 1965 stellvertretender Vorsitzender bzw. Vize-Präsident der Historiker-Gesellschaft. Mit dem „Vaterländischen Verdienstorden" ausgezeichnet.
Quellen: Cerný, Baumgartner/Hebig, Professorenkatalog Universität Halle, www.ostdeutsche-biographie.de, Wikipedia, BStU, MfS, HA XX, Bl. 277, BStU, MfS, AP Nr. 444/68, Bl. 33f., BStU, MfS, AP Nr. 12.239/92, Bl. 1f., BStU, MfS, AP Nr. 12.240/92, Bl. 58f., BStU, MfS, AP Nr. 12.254/92, Bl. 1, BStU, MfS, IX/11 ZA I 12196, Akte 1, Bl. 2ff., Nikitin, S. 68.

Wirzberger, Karl-Heinz, Prof. Dr. phil.
* 02.06.1925 in Grüneberg, Kreis Ruppin, † 23.04.1976 in Berlin
Ab April 1943 Mitglied der NSDAP. Von 1943 bis 1945 bei der Kriegsmarine Teilnehmer am Zweiten Weltkrieg. Ab 1951 Mitglied im FDGB. Ab 1951 Assistent an der Humboldt-Universität. Ab 1954 Dozent und ab 1958 Professor für Amerikanistik am Englisch-Amerikanischen Institut der Humboldt-Universität Berlin. Von 1960 bis 1965 Vorsitzender der Universitätsgewerkschaftsleitung und Mitglied des Senats. Ab 1964 Mitglied des ZV der Gewerkschaft Wissenschaft. 1965 Dekan der Philosophischen Fakultät. Von 1967 bis 1978 Rektor der Humboldt-Universität Berlin. Ab 1967 Mitglied der AdW zu Berlin. Präsident des NR der NF. Ab 1972 Mitglied der SED. Mitarbeiter des HVA Sektors Wissenschaft und Technik. Von 1971 bis 1976 AdV. 1960 mit der „Verdienstmedaille", 1961 mit der „Fritz-Heckert-Medaille", 1969 und 1976 mit dem „Vaterländischen Verdienstorden" in Silber und Gold und 1974 mit der „Verdienstmedaille" in Gold der NVA ausgezeichnet. Er verschwieg seine Nazi-Vergangenheit.
Quellen: Baumgartner/Hebig, Cerný, Herbst, Wikipedia, BStU, MfS, HA IX/11 AS 236/68, Bd. 1, Bl. 17, https://www.hu-berlin.de/de/ueberblick/geschichte/rektoren/wirzberger.

Wissmann, Wilhelm, Prof. Dr. phil.
* 27.02.1899 in Berlin, † 21.12.1966 in München
Von 1917 bis 1918 Teilnehmer am 1. Weltkrieg. Ab 1918 bis zur Auflösung Mitglied im „Deutsch-Völkischen Schutz- und Trutzbund". Von 1933 bis 1939 Vorlesungsassistent am Germanistischen Seminar der Universität Berlin. Ab 1939 Dozent an der Universität Halle. Ab 1939 Teilnehmer am 2. Weltkrieg. Ab 1940 Professor an der Universität Freiburg i. Brsg. Ab 1942 Professor für Indogermanische Sprachwissenschaft an der Universität Königsberg. Mitglied der NSV, Mitglied im RLB und Mitglied im RKB. Ab 1945 Professor an der Universität Berlin. In Kriegsgefangenschaft. Ab 1947 Professor an der Universität Berlin. Ab 1953 Professor an der Universität München. Ab 1949 Mitglied der AdW zu Berlin. 1961 mit dem „Nationalpreis" ausgezeichnet.
Quellen: Wikipedia, Professorenkatalog Universität Halle.

Wittsack, Richard, Prof. Dr. phil.
* 09.09.1887 in Köthen, † 06.03.1952 in Halle (Saale)
1915/16 Hilfslehrer an einer Realschule. 1916 Dozent am Victoria-Studienhaus in Berlin. 1917 zum Landsturm eingezogen und als Redner des „Vaterländischen Unterrichts" eingesetzt. Teilnehmer am Ersten Weltkrieg. Von 1919 bis 1925 Lektor für Vortragskunst und Begründer des Instituts für Sprechkunde. Von 1925 bis zur Auflösung Mitglied im „Sozialistischen Lehrerbund". Ab 1933 Mitglied der NSDAP. Ab 1934 Mitglied der NSV. Ab 1935 Mitglied des NSDDB. Ab 1937 Honorarprofessor. Ab 1945 Mitglied im FDGB. Ab 1946 Mitglied der SED. 1945 erhielt er Lehrverbot, blieb aber Direktor des Instituts für Sprechkunde. Er schulte Redner der KPD. Auf Bitten von Studenten wurde das Lehrverbot aufgehoben, er erhielt einen Lehrauftrag der Universität Halle und 1951 zum Professor mit vollem Lehrauftrag ernannt.
Quellen: Wikipedia, Professorenkatalog Universität Halle.

Witzleben, Job von
* 04.08.1916 in Copitz bei Pirna, † 1999 in Lenggries
Gefolgschaftsführer der HJ. Seit Februar 1935 Mitglied der NSDAP. Als Major i. G. Teilnehmer am Zweiten Weltkrieg. Mit dem „Deutschen Kreuz" in Gold ausgezeichnet. Von 1943 bis 1948 in sowjetischer Kriegsgefangenschaft. Mitglied im NKFD. Mitglied im BDO. Mitglied der SED. Leiter der Landespolizeischule in Kochstädt. Chefinspekteur der DVP. Oberst der KVP und der NVA. Wissenschaftlicher Mitarbeiter am Institut für deutsche Militärgeschichte in Potsdam. Von 1953 bis 1956 Stabschef der Territorial Verwaltung (TV) Nord der KVP. Bis 1957 Stellvertreter des Chefs und Chef des Stabes des Kommandos des Militärbezirks V (Neubrandenburg) der Luftstreitkräfte (LSK). 1970 mit dem „Friedrich-Engels-Preis" 3. Klasse ausgezeichnet.
Quellen: UFJ, Lapp, Wikipedia, BStU, MfS, HA Nr. 5752, Bl. 321.

Witzmann, Hans, Prof. Dr.
* 21.03.1904 in Bad Salzungen, †?
Von Oktober 1931 bis 1945 Mitglied der NSDAP. Seit 1932 Mitglied der SS und SS-Untersturmführer. Assistent in Göttingen und

wissenschaftlicher Mitarbeiter beim Kaiser-Wilhelm-Institut für Physikalische Chemie in Berlin-Dahlem und an der Kampfstoff-Forschung beteiligt. Ab 1942 Dozent an der Universität Heidelberg. Nach der Rückkehr aus der Sowjetunion Professor für Physikalische Chemie an der Universität Greifswald. Ab 1955 Professor für Physikalische Chemie an der Universität Greifswald und dort Direktor des Instituts für Physikalische Chemie. Er arbeitete u. a. für das VEB Leuchtstoffwerk in Bad Liebenstein, für das Berliner Glühlampenwerk und für den VEB Leuna-Werken „Walter Ulbricht“. 1964 mit „Vaterländischen Verdienstorden“ in Bronze ausgezeichnet.
Quellen: UFJ, Klee I, BStU, MfS, HA XX Nr. 5752, Bl. 324f.

Wojahn, Eberhard, Prof. Dr. agr.
* 31.10.1922 in Jaasde bei Kolberg, † 12.01.2006
Ab 1940 Mitglied der NSDAP. Als Offizier Teilnehmer am Zweiten Weltkrieg. Danach in sowjetischer Kriegsgefangenschaft. In Kemerow Schüler einer antifaschistischen Schule. Von 1952 bis 1957 Wissenschaftlicher Assistent bzw. Leiter der Abteilung Moorforschung am Institut für Acker- und Pflanzenbau Müncheberg der AdW zu Berlin. Von 1957 bis 1959 Leiter der Abteilung Moorforschung am Institut für Grünland- und Moorforschung Paulinenaue. Von 1959 bis 1962 Direktor des Instituts für Landeskultur und Standortkartierung des Ministeriums für Landwirtschaft in Schöneiche. Von 1962 bis 1970 und von 1977 bis 1987 Direktor des Instituts für Grünland- und Moorforschung Paulinenaue. Von 1963 bis 1987 Mitglied der DAL. Von 1968 bis 1977 dort 1. Vize-Präsident. Von 1966 bis 1976 Mitglied des Forschungsrates beim Ministerrat. Von 1968 bis 1974 Mitglied im Kollegium des Ministeriums für Land-, Forst- und Nahrungsgüterwirtschaft. Er verschwieg seine Nazi-Vergangenheit.
Quellen: Baumgartner/Hebig, Buch, Cerný, BStU, MfS, HA IX/11, SV 3/82, Bd. 1a, Bl. 63.

Wolf, Friedrich, Prof. Dr. rer. nat.
* 09.02.1920 in Leipzig, † 20.01.1986
Mitglied im RAD. Teilnehmer am Zweiten Weltkrieg. Ab 1949 Industriechemiker beim VEB Farbenfabrik Wolfen. Ab 1955 Leiter des For-

schungsbereichs Anorganische Chemie und Wofatit. Ab 1958 Leiter des Anorganischen Labors. Ab 1961 Dozent für Technische Chemie. Ab 1963 Professor und Direktor eines Laboratoriums für Anorganische Chemie an der Universität Halle. Von 1963 bis 1970 Vorsitzender der Chemischen Gesellschaft. Mitglied der SAW zu Leipzig. Von 1965 bis 1971 Rektor der Universität Halle. 1959 und 1966 mit dem „Nationalpreis" ausgezeichnet. Ab 1971 Mitglied der AdW zu Berlin.
Quellen: Herbst, Wikipedia, Baumgartner/Hebig, Buch.

Wolff, Ferdinand von, Prof. Dr. phil.
* 13.09.1874 in Glogau, † 07.04.1952 in Halle (Saale)
Ab 1899/1900 Wissenschaftlicher Hilfsarbeiter am Museum für Naturkunde in Berlin. Ab 1900 Assistent am Mineralogischen Institut der Universität Berlin, wo er sich 1903 für Mineralogie und Petrographie habilitierte. Ab 1907 Professor für Mineralogie und Geologie an der TH Danzig. 1912 Ehren-, 1923 Rechtsritter des Johanniter-Ordens. Von 1914 bis 1939 Professor an der Universität Halle. Ab 1916 Mitglied der Leopoldina zu Halle. Teilnehmer am Ersten Weltkrieg im Landsturm. 1917/18 Mitglied im Halleschen Verband für die Erforschung der mitteldeutschen Bodenschätze und ihre Verwertung. Ab 1919 Mitglied der Einwohnerwehr Halle und nahm am Kapp-Putsch teil. Mitglied der DNVP. Ab 1923 Mitglied im „Stahlhelm, Bund der Frontsoldaten" und in den NSDFB überführt. Ab 1934 Mitglied der NSV. 1939 emeritiert, vertrat er ab 1943 den Lehrstuhl erneut. Ab 1945 wieder mit der Leitung des Mineralogischen Instituts beauftragt und 1946 zum Ordinarius ernannt. Mitglied der CDUD.
Quellen: Professorenkatalog Universität Halle, Wikipedia.

Wolff, Hellmuth, Prof. Dr. rer. pol.
* 10.04.1876 in Frankfurt/O., † 20.02.1961 in Halle (Saale)
Von 1908 bis 1933 Direktor des Statistischen Amtes der Stadt Halle (Saale). 1917/18 Mitglied im Halleschen Verband für die Erforschung der mitteldeutschen Bodenschätze und ihrer Verwertung. Sein Antrag auf Aufnahme in die NSDAP wurde im April 1933 abgewiesen, da er 1930 ein NSDAP-Plakat entfernen ließ. Ab 1940 Mitglied der NSDAP. Mitglied im Bund Nationalsozialistischer Deutscher Juristen (BNSDJ), Mitglied im

RDB. Mitglied im NSLB. Von 1921 bis 1945 Professor an der Universität Halle. Mitglied der Reichsarbeitsgemeinschaft für Raumforschung. 1945/46 entließ ihn die Universität, beauftragte ihn jedoch mit der Neuordnung und Katalogisierung der im Krieg beschädigten Bibliothek des Seminars. Nach seiner Entnazifizierung 1947 zum Kustos der Sammlungen der Wirtschaftswissenschaftlichen Fakultät der Universität ernannt. Daneben Gutachter für staatliche Stellen. Ab 1949 Lehrbeauftragter für Statistik und die Wirtschaft der Sowjetunion an der Universität Halle, 1952 pensioniert, war er jedoch mit Untersuchungen über den Berufsverkehr der Leuna-Werke beauftragt.
Quellen: Professorenkatalog Universität Halle, Wikipedia.

Wolff, Max, Prof. Dr. phil.
* 06.09.1879 in Loebchau, † November 1963 in Naumburg
Von 1903 bis 1904 Assistent am Institut für Gehirnforschung der Universität Berlin. 1905 Volontärassistent an der Universität Jena. Von 1905 bis 1906 Assistent am Zoologischen Institut der Universität Halle und von 1906 bis 1914 Assistent am Institut für Pflanzenkrankheiten der Akademie für Landwirtschaft in Bromberg. Von 1914 bis 1941 Professor für Biologie an der Forstakademie Eberswalde. Von Januar 1933 bis 1945 Mitglied der NSDAP. Ab 1941 Organisationsleiter der NSDAP-Ortsgruppe. Von 1933 bis 1945 Mitglied der NSV. Mitglied im NSDDB. Nach seiner Emeritierung betrieb er ein Privatlabor in Naumburg. Ab 1950 Mitglied der NDPD. Mitarbeiter der atheistischen Zeitschrift „Urania". Von 1954 bis 1958 1. Vorsitzender und anschießend Ehrenvorsitzender des Deutschen Friedensrates im Bezirk Halle. 1959 mit dem „Vaterländischen Verdienstorden" in Silber, mit der „Jacques-Curie-Medaille" und 1956 mit der „Friedensmedaille" ausgezeichnet.
Quellen: UFJ, Wikipedia, Baumgartner/Hebig, BStU, MfS, HA XX Nr. 5752, Bl. 329f.

Wolfgramm, Eberhard, Prof. Dr. phil.
* 13.11.1908 in Pilsen, † 27.06.1981 in Leipzig
Von 1937 bis 1938 leitender Mitarbeiter in der Deutschen Gesellschaft für Volksbildung in Prag. Von 1939 bis 1940 Hauptstellenleiter im Gau-

Grenzlandamt und wissenschaftlicher Mitarbeiter der Anstalt für Landes- und Volksforschung der NSDAP in Liberec (Reichenberg) im Sudetenland. Als Unteroffizier Teilnehmer am Zweiten Weltkrieg bei einer Nachrichtenabteilung an der Ostfront. 1944 habilitierte er sich an der Philosophischen Fakultät der Universität Posen. Danach in US-amerikanischer Kriegsgefangenschaft. Von 1946 bis 1947 Aushilfslehrer in Ludwigsburg. Von 1947 bis 1951 Lehrbeauftragter für Slawische Sprachen an der TH in Stuttgart. Von 1949 bis 1952 absolvierte er eine Ausbildung zum Nachrichtendolmetscher und Entzifferer in Meißen. Von 1950 bis 1956 Mitglied des Bezirksvorstands der GDSF in West-Deutschland bzw. Mitglied des Landesvorstands in Baden-Württemberg. Von 1951 bis 1956 Mitglied der Landesleitung des KB in der BRD. Von 1952 bis 1954 freier Mitarbeiter beim Mentorverlag Stuttgart und bis 1955 Redakteur des Verlages „Wege zueinander“ in Stuttgart. 1956 siedelte er in die DDR über und war von 1956 bis 1957 wissenschaftlicher Mitarbeiter am Institut für Geschichte der europäischen Volksdemokratien der Universität Leipzig. Von 1957 bis 1974 Lehrbeauftragter bzw. Professor für Geschichte der CSSR an der Universität Leipzig und Leiter der Abteilung für Geschichte der CSSR am Institut für Geschichte der Europäischen Volksdemokratien der Universität Leipzig. Sachverständiger im Schauprozess des Obersten Gerichts der DDR gegen Professor Dr. Theodor Oberländer. Seit 1956 Mitglied im FDGB. Mitglied der NF. Mitglied der GDSF. Mitglied im KB. 1961 mit der „Ehrennadel“ in Silber der Urania, 1960 mit der „Medaille für ausgezeichnete Leistungen“, mit der „Ehrennadel“ der GDSF in Silber und Gold und mit der „Ehrennadel“ der Universität Leipzig ausgezeichnet. Seine Nazi-Vergangenheit wurde bekannt, als seine in der Bundesrepublik lebende Ehefrau, während des Scheidungsprozesses, die Gerichte der DDR informierte. Daraufhin wurde Wolfgramm von seiner Position als Abteilungsleiter der Universität Leipzig „entbunden“.
Quellen: UFJ, Professorenkatalog Universität Leipzig, BStU, MfS, HA XX Nr. 5754, Bl. 187, BStU, MfS, HA XX Nr. 5752, Bl. 332f., Bl. 350.

Woermann, Emil, Prof. Dr. rer. nat. Dr. h. c.
* 12.12.1899 in Hoberge-Uerentrup bei Bielefeld, † 15.09.1980 in Göttingen
Freiwilliger Teilnehmer am Ersten Weltkrieg. Ab 1925 Assistent am Institut für Landwirtschaftliche Betriebslehre der Universität Halle. Ab 1926 am neu eingerichteten Institut für Bodenkunde der TH Danzig. Ab 1930 Professor und planmäßiger Extraordinarius für Betriebslehre an der TH Danzig. Ab 1933 Mitglied der SA und in das NSKK überführt. Ab 1937 Mitglied der NSDAP und 1944 ausgeschlossen. Ab 1933 Professor für Landwirtschaftliche Betriebslehre und Prorektor der Universität Halle. Ab 1938 in die Planung und Organisation der europäischen Großraumwirtschaft involviert. Ab 1940 Vorstand des Landwirtschaftlichen Beirats beim Mitteldeutschen Wirtschaftstag. 1944 wegen Verbindungen zu den Verschwörern des 20. Juli verhaftet und angeklagt. Durch das Kriegsende jedoch nicht mehr vor Gericht gestellt. Ab 1945 Sachverständiger für Ernährungsfragen für die SMAD. Wieder in sein Lehramt eingesetzt, floh er 1948 in die britische Besatzungszone. Von 1948 bis 1968 Ordinarius und Direktor des Instituts für Landwirtschaftliche Betriebslehre an der Universität Göttingen. 1955/56 Rektor der Universität. Mit dem „Großen Bundesverdienstkreuz des Verdienstordens“ der BRD, mit der „Niedersächsischen Landesmedaille“, mit der Universitätsmedaille „Aurcus gottingensis“ der Universität Göttingen, mit dem „Henneberg-Lehmann-Preis“ der Universität Göttingen und mit dem „Theodor-Brinkmann-Preis“ der Universität Bonn ausgezeichnet. Ehrenbürger der Universität München. Mitglied der Leopoldina zu Halle. Mitglied der Akademie der Wissenschaften und der Literatur zu Mainz. Mitglied der AdW Göttingen.
Quellen: Professorenkatalog Universität Halle, Wikipedia, Grüttner, Nikitin, S. 60f.

Wunderlich, Alfred, Prof.
* 29.12.1901 in Dresden, † 21.05.1963
Von 1925 bis 1935 Ingenieur in verschiedenen Betrieben. Vom Mai 1933 bis zu seinem Ausschluss 1937 Mitglied der NSDAP, wo er ausgeschlossen wurde, weil er vom Amtsgericht Dresden und vom Schöffengericht Dresden wegen Untreue zu einer Haftstraße verurteilt worden war.

Mitglied des NSKK. Ab September 1936 Ingenieur in der CSR. Ab 1948 Mitglied der NDPD und von 1948 bis 1963 Mitglied im Hauptvorstand der NDPD. Von 1949 bis 1958 Staatssekretär bzw. stellvertretender Minister für Maschinenbau bzw. Schwermaschinenbau. Von 1949 bis 1958 AdV. Von 1955 bis 1962 Vize-Präsident der KdT. Professor an der Wirtschaftswissenschaftlichen Fakultät der Humboldt-Universität Berlin. Mit der „Ehrennadel" in Gold der KdT und mit dem „Vaterländischen Verdienstorden in Silber" ausgezeichnet.
Quellen: UFJ, Herbst, Wikipedia, Baumgartner/Hebig, BStU, MfS, HA XX Nr. 5752, Bl. 315, 356f.

Wussow, Werner, Prof. Dr. Dr. h. c.
* 20.07.1903 in Roggow, † 20.05.1969 in Halle (Saale)
Vor 1930 landwirtschaftlicher Beamter auf dem Gut Groß Reetz. Ab 1930 pachtete er ein Stadtgut im Kreis Dramburg. Ab 1933 Mitglied im Reichsnährstand. Ab 1937 Mitglied der NSV. 1945 von sowjetischen Funktionären verhaftet und nach Archangelsk gebracht und wegen Invalidität entlassen. Danach in Greifswald im Landratsamt. Danach Assistent an der Universität Greifswald. Nach der Schließung der Landwirtschaftlichen Fakultät der Universität Greifswald kam er 1950 an die Universität Halle, wo er zum Professor und Leiter des Instituts für Tierzucht und Molkereiwesen ernannt worden war. Im Gut Radegast bei Halle (Saale) baute er Pferdezuchtstation auf und experimentierte bei der Schweine- und Schafzucht. Berater von LPG. Seit 1947 Mitglied im FDGB. 1960 als „Verdienter Züchter" und mit dem „Vaterländischen Verdienstorden" in Silber ausgezeichnet. Die Humboldt-Universität Berlin verlieh ihm den Ehrendoktortitel. Mitglied der DAL.
Quellen: Professorenkatalog Universität Halle.

Wutzler, Günter, Prof. Dr. paed.
* 15.04.1925 in Stenn bei Zwickau, † 26.04.1985
Ab 1942 Kaufmann in Stenn. Ab 1943 Mitglied der NSDAP. Bei der Kriegsmarine Teilnehmer am Zweiten Weltkrieg. Ab 1946 Mitglied der SED. Arbeit als „Neulehrer". Von 1951 bis 1960 Wissenschaftlicher Assistent, Oberassistent und Dozent an der Universität Leipzig. Von 1946 bis

1964 Mitglied der FDJ. Von 1960 bis 1962 Sekretär des Wissenschaftlichen Rates. Ab 1962 Fachgebietsleiter und ab 1967 Abteilungsleiter im Ministerium für Volksbildung. Von 1967 bis 1971 AdV. Von 1970 bis 1973 stellvertretender Minister für das Hoch- und Fachschulwesen. Danach Professor am Institut für Hochschulbildung der Humboldt-Universität Berlin. Leiter der Forschungsstelle für kommunistische Erziehung der Studenten. Mitglied der APW. 1970 mit dem „Vaterländischen Verdienstorden" in Bronze ausgezeichnet.
Quellen: Baumgartner/Hebig, Buch.

Zange, Johannes, Prof. Dr. med.
* 12.12.1880 in Wuppertal, † 10.03.1969
Ab 1922 an der Universität Graz. Ab 1931 an der Universität Jena. Ab 1933 Schüler des SS-Rassenhygienikers Karl Astel bei den rassenpolitischen Schulungen in der Staatsschule für Führertum und Politik in Egendorf bei Blankenhain. Richter am Erbgesundheitsgericht in Jena. Ab 1938 Mitglied der NSDAP. Nach 1945 Professor und bis 1957 kommissarischer Direktor der HNO-Klinik in Jena. 1955 emeritiert. Mitglied der Leopoldina zu Halle. Seit 1955 Mitglied der AdW zu Berlin. 1950 als „Verdienter Arzt des Volkes" ausgezeichnet.
Quellen: Klee I, Zimmermann, S. 27, S. 100f., S. 146f., S. 193, Hoßfeld u. a., S. 138, S. 147.

Zastrau, Alfred, Prof. Dr. phil.
* 28.06.1906 in Golzow im Oderbruch, † 28.07.1981 in Berlin
Seit 1933/34 Mitarbeiter des Grenzland- und Volkstumwerkes Ostpreußen. Später Landesamtsleiter des Bundes Deutscher Osten in Königsberg. Seit 1933 Mitglied der SA. Ab 1937 Mitglied der NSDAP. Mitglied im RLB. Ab Mai 1935 Gauvolkstumswart für Ostpreußen und Hauptabteilungsleiter der NS-Kulturgemeinde in Ostpreußen. Teilnehmer am Zweiten Weltkrieg. 1946 von der Universität Halle entlassen. Danach als Lehrer tätig. Ab 1951 erhielt er einen Lehrauftrag für deutsche Sprach- und Literaturgeschichte an der PH Berlin-Lankwitz. Ab 1954 Privatdozent und ab 1956 Professor an der TU Berlin. 1961/62 Professor in Ankara.
Quellen: Universität Halle, Klee II.

Zaunick, Rudolph, Prof. Dr. Dr. h. c.
* 26.08.1893 in Dresden, † 13.11.1967 in Pirna
Teilnehmer am Ersten Weltkrieg. Ab 1923 Studienrat an der Oberrealschule in Dresden-Johannstadt. Privatdozent für Biologische Wissenschaften an der TH Dresden. Ab 1932 Mitglied der Leopoldina zu Halle. Seit Mai 1933 Mitglied der NSDAP. Mitglied im NSLB. Von 1934 bis 1945 Professor für Geschichte der Naturwissenschaften an der TH Dresden. Von 1947 bis 1952 freier Mitarbeiter der Chemischen Fabrik Heyden in Radebeul. Von 1952 bis 1960 Professor für Geschichte und Dokumentation der Naturwissenschaften an der Universität Halle. Von 1956 bis 1962 Gastprofessor für Geschichte der Medizin an der Medizinischen Akademie Dresden. Ab 1960 Mitglied der Académie Internationale d'Histoire des Sciences zu Paris. Ab 1965 Mitglied der International Academy of the History of Medicine in London. Mitherausgeber und Schriftleiter wissenschaftshistorischer Zeitschriften und Schriftenreihen. 1963 verlieh ihm die Universität Halle den Ehrendoktortitel.
Quellen: Cerný, BArch, Wikipedia, Mertens, S. 28.

Zeising, Wilhelm, Dr. med.
* 27.01.1907, †?
Seit Dezember 1931 Mitglied der NSDAP. Ab Dezember 1932 Mitglied der SS, wo er ab November 1942 SS-Obersturmführer war. Mitglied im NSÄB. Nach 1945 Sportarzt an der Deutschen Hochschule für Körperkultur in Leipzig, Stadtbezirksverordneter in Leipzig, Landessportarzt von Sachsen-Anhalt und Bezirkssportarzt von Suhl. Mitglied der NDPD. Mit dem „Vaterländischer Verdienstorden" in Bronze ausgezeichnet.
Quellen: UFJ, BStU, MfS, HA XX Nr. 5752, Bl. 375f.

Ziegelmayer, Wilhelm, Prof. Dr. phil.
* 18.01.1898 in Schweich bei Trier, † 04.01.1951 in Berlin
Von 1926 bis 1932 Mittelschullehrer in Berlin und Potsdam. Gleichzeitig Mitglied im Vorstand des „Reichsvereins für Volksernährung". Von 1933 bis 1945 Regierungsrat im Heeresverwaltungsdienst des Reichskriegsministeriums, wo er zuständig war für die deutsche Militär- und Ge-

meinschaftsverpflegung. Zugleich von 1941 bis 1945 Leiter der Sektion Ernährungswissenschaft in der Abteilung Ernährung und Landwirtschaft des Magistrats von Groß-Berlin. Ab 1944 NSFO. Von 1945 bis 1949 Vize-Präsident der Deutschen Verwaltung für Handel und Versorgung in der SBZ. Von 1947 bis 1950 auch Direktor des Instituts für Ernährung und Verpflegungswissenschaft in Potsdam-Rehbrücke. Von 1946 bis 1950 Professor an der Landwirtschaftlichen Fakultät der Humboldt-Universität Berlin. Danach Honorarprofessor für Lebensmittelchemie an der TU Berlin und Direktor des Instituts für Vorratspflege und Landwirtschaftliche Gewerbeforschung der TU Berlin.
Quellen: Klee I, Wikipedia.

Ziegler, Walter, Prof. Dr.
* 05.11.1912 in Berlin, † 20.02.1977 ebenda.
Angehöriger des Republikanischen Pfadfinderbundes. Von 1931 bis 1933 Mitglied der KPD. Von 1937 bis 1939 Referendar beim Oberlandesgericht in Naumburg, am Amtsgericht Zörbig und am Landgericht Halle. Ab 1938 Mitglied im NSRB. Mitglied im Deutschen Richterbund. Als Offizier Teilnehmer am Zweiten Weltkrieg. Mit dem „Eisernen Kreuz" ausgezeichnet. Danach in US-amerikanischer Kriegsgefangenschaft. Ab 1946 Mitglied der SPD bzw. SED. 1949/50 Präsident des Landgerichts Halle. Ab Februar 1950 Richter am Obersten Gerichtshof. Von 1958 bis 1962 stellvertretender Direktor des Bezirksgerichts in Frankfurt/O. Von 1953 bis 1958 und ab 1962 AdV. Ab 1962 Vize-Präsident des Obersten Gerichts der DDR. Er führte Gerichtsverfahren gegen Fritz Sperlin, Georg Dertinger, Bruno Goldhammer, Karl Hamann, Paul Baender, Helmut Brandt, Paul Merker, Max Fechner, Wolfgang Harich und Walter Janka durch. 1962 mit dem „Vaterländischer Verdienstorden" ausgezeichnet.
Quellen: Cerný, Baumgartner/Hebig, Wikipedia.

Zschäbitz, Gerhard Ewald, Prof. Dr. phil. habil.
* 19.11.1920 in Riesa, † 15.06.1970 in Leipzig
Seit September 1939 Mitglied der NSDAP. 1939 Mitglied im RAD. Von 1940 bis 1945 bei der Luftwaffe Teilnehmer am Zweiten Weltkrieg. Danach in US-amerikanischer Kriegsgefangenschaft. Von 1945 bis 1951

Neulehrer bzw. Direktor an Schulen in Riesa. Von 1947 bis 1950 Mitglied der LDPD. Von 1952 bis 1959 Wissenschaftlicher (Ober-) Assistent bzw. Dozent am Institut für die Geschichte des deutschen Volkes. Von 1959 bis 1965 Wahrnehmungsdozentur für Deutsche Geschichte an der philosophischen Fakultät der Universität Leipzig. Seit 1964 Mitglied der SED. Von 1965 bis 1970 kommissarischer Leiter der Abteilung Feudalismus am Institut für Deutsche Geschichte der Universität Leipzig. Von 1967 bis 1968 Stellvertretender Direktor des Instituts. Von 1969 bis 1970 stellvertretender Sektionschef für Erziehung und Ausbildung. Von 1959 bis 1961 Leiter der Gewerkschaftsorganisation Historiker/Theologen. Suizid.
Quellen: Professorenkatalog Universität Leipzig, Wikipedia, Lothar Mertens: Lexikon der DDR-Historiker, Berlin, 2012, S. 28.

Zukowsky, Ludwig, Prof. Dr. rer. nat. h.c.
* 26.10.1888 in Berlin, † 17.07.1965 in Leipzig
Mitarbeiter im elterlichen Betrieb. Von 1908 bis 1913 wissenschaftlicher Mitarbeiter am Museum für Naturkunde in Berlin. Teilnehmer am Ersten Weltkrieg. Von 1917 bis 1920 in französischer Kriegsgefangenschaft. Von 1926 bis 1930 Redakteur von „Carl Hagenbecks Illustrierter Tier- und Menschenwelt“. Bis 1931 Mitarbeiter, später Inspektor im Tierpark Hagenbeck in Hamburg. Seit August 1932 Mitglied der NSDAP. Von 1936 bis 1949 wissenschaftlicher Inspektor im Zoo in Frankfurt/M. Von 1949 bis 1957 Direktor des Zoos in Münster. Von 1955 bis 1957 kommissarischer Leiter und danach Direktor des Leipziger Zoos. Ab 1963 Professor an der Universität Leipzig. Von 1957 bis 1964 Direktor des Leipziger Zoos. Mitarbeiter der Urania. Die Universität Leipzig verlieh ihm 1958 den Ehrendoktortitel. Eine Gedenktafel zu seinen Ehren befindet sich im Leipziger Zoo.
Quellen: Wikipedia, Leipziger Biographie.

Wissenschaftler, die bei keiner Nazi-Organisation Mitglied waren.

Hier sind Wissenschaftler aufgeführt, die in wichtigen wissenschaftlichen und volkswirtschaftlichen Bereiche Nazi-Deutschlands tätig waren, ohne formal Mitglied einer Nazi-Organisation gewesen zu sein.

Aeckerlein, Carl-Friedrich Gustav, Prof. Dr.
* 18.03.1878 in Leipzig, † 27.01.1965 in Freiberg
Von 1928 bis 1930 Professor für Radiumkunde und von 1930 bis 1942 Professor für Physik und Radiumkunde und Leiter des Radium-Instituts der BAF. Mit seiner Forschungsarbeit stand er in der Nähe zu den Bemühungen der deutschen Physiker für eine atomare Waffe. Im November 1933 unterzeichnete er das „Bekenntnis der Professoren an den deutschen Universitäten und Hochschulen für Adolf Hitler und den nationalsozialistischen Staat". Für die SMAD fertigten Friederich Schumacher und Aeckerlein eine Studie zur Urangewinnung in Johanngeorgenstadt und Schneeberg. 1948 schlossen die Sowjets das Radium-Institut. 1958 Ehrensenator der BAF.
Quellen: Wikipedia.

Albrecht, Rosemarie, Prof. Dr. med.
* 19.03.1915 in Kobe, Japan, † 07.01.2008 in Jena
Von 1940 bis 1942 zunächst als Pflichtassistentin und danach als Stationsärztin einer Frauenstation beteiligt an den Massenmorden der Euthanasie in der Kinderfachabteilung der Anstalt Stadtroda. Ab 1951 Chefarzt der HNO-Klinik des Städtischen Krankenhauses in Erfurt. Von 1954 bis 1975 Professorin an der HNO-Klinik der Medizinischen Akademie in Erfurt. 1957 Professorin an der Universitätsklinik Jena und Direktorin der Hals-Nasen-Ohren-Klinik. Von 1965 bis 1967 Dekanin der Medizinischen Fakultät der Universität Jena. Mitglied der AdW zu Berlin. Mitglied der Leopoldina zu Halle. Mitglied der BBAW. 1953 als „Verdienter Arzt des Volkes", 1972 mit dem „Vaterländischen Verdienstorden" in Gold, 1972 mit dem „Nationalpreis" III. Klasse, 1975 als „Verdienter Hochschullehrer der DDR" ausgezeichnet. Am 20. Mai 1966 ermittelte das MfS gegen sie,

ohne dass es zu einer Anklage gekommen wäre. 1975, als 60-Jährige, wurde sie emeritiert. Im Jahr 2000 wurden in den Unterlagen der Bestände des MfS Hinweise gefunden, die auf ihre Beteiligung an dem Programm der Vernichtung von „unwertem Leben" in Stadtroda von 1940 bis 1942 schließen lassen. Das Landgericht Gera lehnte es 2005 ab, ein Hauptverfahren gegen sie zu beginnen.
Quellen: Ernst, S. 249, Hirschinger, BBAW, Klee I, www.stern.de/panorma/euthanasie, https://www.mdr.de/zeitreise/nazis-in-der-ddr-100.html, Wikipedia.

Albring, Werner, Prof. Dr.
* 26.09.1914 in Schwelm, † 21.12.2007 in Dresden
Von 1941 bis 1945 stellvertretender Leiter am Institut für Aeromechanik und Flugtechnik. Ab 1945 in den Zentralwerken in Bleichrode bei Nordhausen und dort ab 1946 Abteilungsleiter für Aerodynamik. Dort setzte die SMAD die Produktion der deutschen V2-Rakten fort, die für Versuche in die Sowjetunion gebracht wurden. Von Oktober 1946 bis Juni 1952 war er im Rahmen der Aktion Ossawakim zusammen mit seiner Familie und weiteren Spezialisten in die Sowjetunion gebracht worden. Dort beteiligt an Entwicklung und Konstruktion von Trägerraketen. Von 1952 bis zu seiner Emeritierung 1979 Professor an der TH Dresden und Direktor des Instituts für Angewandte Strömungslehre. Seit 1961 Mitglied der AdW zu Berlin. 1972 mit dem „Nationalpreis" für Wissenschaft und Technik ausgezeichnet. Ab 1984 in die Evangelische Forschungsakademie Berlin berufen. Die TU Leningrad und die TU Budapest verliehen ihm 1985 und 1991 den Ehrendoktor. 1995 mit dem „Ludwig-Prandtl-Ring" ausgezeichnet. Mitglied der BBAW und ab 2004 dort Ehrenmitglied.
Quelle: Wikipedia, https://www.burkhard-dietz.de/Albring01.htm, https://tu-dresden.de/ing/maschinenwesen/ism/das-institut/geschichte.

Ardenne, Baron Manfred von, Prof. Dr. rer. nat. h. c.
* 20.01.1907 in Hamburg, † 26.05.1997 in Dresden-Weißer Hirsch
Als Atomphysiker 1945 Mitglied des Reichsforschungsrats. Von 1928 bis 1945 hatte er in Berlin-Lichterfelde eine eigene Forschungseinrichtung. Von 1945 bis 1955 als Wissenschaftler in der Sowjetunion. Von 1955 bis

1990 eigenes Forschungsinstitut in Dresden, das etwa 500 Mitarbeiter hatte. Ab 1956 Honorarprofessor an der TU Dresden. Von 1963 bis 1990 Mitglied im Präsidium des KB. Mitglied der AdW zu Berlin. Von 1963 bis 1990 AdV. 1977 mit dem „Vaterländische Verdienstorden“ in Gold, zweimal mit dem „Nationalpreis“ und 1987 als „Hervorragender Wissenschaftler des Volkes“ ausgezeichnet. Die Universität Greifswald verlieh ihm 1958 den Ehrendoktortitel. 1989 zum Ehrenbürger von Dresden ernannt.
Quellen: Klee I, Cerný, Barth u. a., Wikipedia, Buch, Zimmermann.

Asmussen, Arnold, Prof. Dr. med.
* 31.12.1912, † 2005
Oberarzt an der Kinderfachklinik für „Reichsausschusskinder“ der Landesanstalt Brandenburg-Görden. Teilnehmer am Zweiten Weltkrieg. Nach 1945 an der Universitätsnervenklinik in Greifswald. Ab 1950 wieder Assistent und von 1955 bis 1957 Oberarzt an der Universitätsnervenklinik Rostock. 1972 mit dem „Vaterländischen Verdienstorden“ in Gold ausgezeichnet.
Quellen: Hirschinger, Rose, Ernst Klee: Irrsinn Ost Irrsinn West ..., S. 106

Baade, Brunolf Carl Wilhelm, Prof. Dr.
* 15.03.1904 in Berlin, † 05.11.1969 in Dresden
Von 1936 bis 1946 Vorstandsmitglied und Konstrukteur der Junkerswerke und spezialisiert auf die Entwicklung und den Bau von Flugzeugen für die Nazi-Rüstungsindustrie. 1941 Kriegsverdienstkreuz 2. Klasse. Bis Juni 1945 in US-amerikanischer Kriegsgefangenschaft. Ab 1945 Mitglied im FDGB. Ab November 1954 Mitglied der GDSF in Pirna. Ab 1946 bis 1954 als Chefkonstrukteur in der Sowjetunion für die Rüstungsindustrie. 1954 kehrte er zurück, wurde 1955 Mitglied der SED. Technischer Leiter der Hauptverwaltung des Ministeriums für Maschinenbau. Ab 1958 Leiter des Forschungszentrums der Luftfahrtindustrie. Lehrbeauftragter und Professor an der TH Dresden. Von 1958 bis 1963 Kandidat des ZK der SED. 1959 mit dem „Vaterländischen Verdienstorden“ in Silber ausgezeichnet.
Quellen: Wikipedia, BStU, MfS, AOP 1304/62, Bd. 2, Teil 1 von 2, Bl. 11ff.

Barkhausen, Wilhelm, Prof. Dr. phil.
* 02.12.1881 in Bremen, † 20.02.1956 in Dresden
Ab 1906 Assistent am Institut für angewandte Elektrizität an der Universität Göttingen. Ab 1907 bei der Firma Siemens in Berlin. Ab 1910 Privatdozent für Elektrotechnik an der TH Berlin. Ab 1911 Professor und Direktor des Instituts für Schwachstromtechnik an der TH Dresden. Ab 1915 wissenschaftlicher Hilfsarbeiter bei der Inspektion des Torpedowesens der Kaiserlichen Marine in Kiel. Ab 1918 wieder an der TH Dresden. 1932 Ehrendoktor der TH Darmstadt. Im November 1933 unterzeichnete er das „Bekenntnis der Professoren an den deutschen Universitäten und Hochschulen zu Adolf Hitler und dem nationalsozialistischen Staat“. Seit 1943 Mitglied der SAW. Ab 1949 Mitglied der AdW zu Berlin. Ab Juni 1946 Aufbau des Instituts für Schwachstromtechnik. 1949 mit dem „Nationalpreis“ II. Klasse für Wissenschaft und Technik ausgezeichnet. 1953 emeritiert. Ein Gebäude der TU Dresden und eine Straße in Dresden-Räcknitz trägt seinen Namen. Seit 2006 wird jährlich der internationale „Dresden Barkhausen Award“ vergeben.
Quellen: Wikipedia.

Barwich, Heinz, Prof. Dr.
* 22.07.1911 in Berlin, † 10.04.1966 in Köln
Ab 1934 wissenschaftlicher Mitarbeiter im Forschungslabor II der Firma Siemens und Halske in Berlin, das sich ab 1939 mit der Verbesserung von Torpedozündern beschäftigte. Von 1945 bis 1955 als Atomphysiker und Spezialist für Isotopentrennung in der Sowjetunion. Nach dem ersten erfolgreichen Atombombentext verlieh ihm die Sowjetunion 1951, zusammen mit Gustav Hertz und Juri Krutkow, den „Stalin-Preis“ zweiten Grades. In der DDR war er Berater der AdW zu Berlin. Das MfS führte ihn von 1955 bis 1964 als GI bzw. IM „Hahn“. Ab 1955 Direktor und von 1961 bis 1964 Vizedirektor des Zentralinstituts für Kernforschung in Rossendorf. Zugleich Professor für Kerntechnik an der TH Dresden. Mitglied des NR der NF. Vizepräsident des Deutschen Friedensrates. Mitbegründer des Forschungsrates. Mitglied des Rates für die friedliche Nutzung der Atomenergie bei der Regierung der DDR. Mit dem „Nationalpreis“ II. Klasse

für Wissenschaft und Technik ausgezeichnet. 1964 „republikflüchtig“ in die USA und danach in die Bundesrepublik.
Quellen: Wikipedia, https://idw-online.de/de/news433769, Munzinger, https://www.spiegel.de/spiegel/print/d-46175458.html, Hampel, S. 19.

Bechler, Bernhard Max
* 09.02.1911 in Lengenfeld-Grün, Sachsen, † 30.11.2002 in Kleinmachnow
Ab 1931 Offizier der Reichswehr. Teilnehmer am Zweiten Weltkrieg. Von 1939 bis 1942 Adjutant beim Generalstab des OKH. Danach als Major in sowjetischer Kriegsgefangenschaft. Mitglied im NKFD. Mitglied im BDO. Als Frontbeauftragter des NKFD im März 1945 mit den sowjetischen Orden des „Großen Vaterländischen Krieges“ ausgezeichnet. Nach der Rückkehr aus der Sowjetunion 1945/46 Mitglied der KPD bzw. SED. Innenminister des Landes Brandenburg. Als Generalmajor stellvertretender Chef des Hauptstabes der NVA. Von 1959 bis 1965 stellvertretender Kommandeur der Militärakademie Dresden. Leiter der Fakultät für operativ-taktische Ausbildung der Landstreitkräfte. Von 1965 bis 1970 Leiter der Forschungsstelle für Truppenführung des MfNV. Direktor des Instituts für Mechanisierung und Automatisierung der Truppenführung in Dresden. Bis 1989 Mitglied im „Komitee der Antifaschistischen Widerstandskämpfer“ im Bezirk Potsdam. 1957 mit der „Verdienstmedaille“ der NVA, 1958 mit der „Medaille Kämpfer gegen den Faschismus“, 1965 mit dem „Vaterländischen Verdienstorden in Gold, 1966 mit dem „Kampforden für Verdienste um Volk und Vaterland“ und 1981 mit der „Ehrenspange“ zum „Vaterländischen Verdienstorden“ in Gold ausgezeichnet. Als GI/IMS „Wölfi“ geheimer Mitarbeiter des Ministeriums für Staatssicherheit (MfS) bis Mai 1959.
Quellen: BStU, MfS, 11095/70, Bl. 13f, Bl. 20-33, Bl. 111, Bl. 139f., Bl. 319, Cerný, Barth u. a., Wikipedia, Lapp, Stockhorst, Baumgartner/Hebig, Ehlert/Wagner, S. 61f., https://www.tracesofwar.com/persons/1816/Bechler-Bernhard.htm, https://de.academic.ru/dic.nsf/dewiki/161159, https://www.pnn.de/potsdam-mittelmark/ns-arbeitslager-fuer-kriegsgefangene-flecken-in-kleinmachnows-idylle/21420634.html.

Becker, Herbert, Dr. med.
* 31.01.1900 in Leipzig, †?
Seit 1940 in der T4-Planungsabteilung bei der Reichsarbeitsgemeinschaft tätig. Leiter der T4-Krankenerfassung in der Vernichtungsanstalt Bernburg. Von 1939 bis 1941 Arzt in der Wehrmacht und ab 1941 durch die „Kanzlei des Führers" UK-gestellt. Zu der Zeit war er praktischer Arzt mit eigener Praxis und Vertragsarzt beim Arbeitsamt Leipzig. Anfang 1944 stellvertretender Berater beim Arbeitsamt Leipzig und erneut UK-gestellt, was mit seiner Tätigkeit im Rahmen von kriegswirtschaftlichen Maßnahmen begründet wurde. Ab 1948 eigene Praxis und Betriebsarzt im VEB Elektrostahlguß in Leipzig-West. Wegen seiner Nazi-Vergangenheit von Leipzig nach Hoyerswerda versetzt aufgrund von Beschwerden mehrerer Personen und des Einspruchs des antifaschistischen Blocks wieder rückgängig gemacht. Danach Rückkehr nach Leipzig als niedergelassener Arzt. Im Zusammenhang mit einem Rechtshilfeersuchen wurde ab März 1965 ein Inoffizieller Mitarbeiter des MfS auf ihn angesetzt. Dieses Rechtshilfeersuchen betraf Dr. Günter Munkwitz und Dr. Herbert Becker. Die HA XX des MfS entschied Ende 1965, dass für die beiden Mediziner keine Klärung ihrer möglichen Beteiligung an der „Euthanasie" und deshalb lehnte das MfS ihre Verwendung als Zeugen bei Gerichten in der Bundesrepublik ab.
Quellen: Hirschinger, Leide, S. 339f., BStU, MfS, HA IX/11 RHE-West 178/2, Bl. 2, Bl. 5ff., Bl 113.

Beilke, Irma, Prof.
* 24.08.1904 in Berlin, † 20.12.1989 ebenda
Von 1928 bis 1930 am Stadttheater Oldenburg. Von 1930 bis 1935 sang sie in Leipzig. Von 1935 bis 1947 an der Städtischen Oper Berlin. Sie wurde von der Nazi-Gemeinschaft „Kraft durch Freude" im besetzten Frankreich eingesetzt. 1942 trat sie in einem Werbefilm der Zentrale der DR auf. Als wichtige Sängerin wurde sie auf der „Liste der Gottbegnadeten" aufgeführt, einer Liste die vom Reichsministerium für Volksaufklärung und Propaganda zusammen mit A. Hitler 1944 erstellt worden war und damit war sie von jeglichem Kriegseinsatz freigestellt. Von 1947 bis

1949 Staatsoper Berlin. Als lyrischer Sopran sang sie ab 1949 an der Deutschen Oper in Berlin. Von 1958 bis 1969 lehrte sie als Musikpädagogin. Quellen: Munzinger, Wikipedia, Klee II.

Berkel, Friedrich, Dr.
* 1911, † 1966
Als Sprengstoffexperte Mitarbeiter des Heereswaffenamtes und dort Abwehrbeauftragter. Mitglied der SS. Von 1945 bis 1966 Leiter der Firma Seeger & Co. in Stadtilm (Thüringen).
Quellen: „Die Uranforscher von Gottow – exemplarische Lebensläufe“, in: „Neues Deutschland“ v. 18./19.9.1999, S. 15, Roewer 2008, S. 37, Roewer 2010, S. 421.

Berndt, Georg Wilhelm, Prof. Dr.
* 22.04.1880 in Grabow, † 02.06.1972 in Dresden
Ab 1904 Dozent für Physik am Friedrichs-Polytechnikum in Köthen. Ab 1909 Professor für Physik in Buenos Aires. Ab 1913 für die Optische Anstalt C. P. Goerz und ab 1919 für die Werkzeugmaschinenfabrik Ludwig Loewe tätig. Gleichzeitig lehrte er an der TH Berlin. Ab 1922 als Professor. Von 1924 bis 1955 Professor für Messtechnik und wissenschaftliche Grundlagen des Austauschbaus an der TH Dresden. Im November 1933 unterzeichnete er das „Bekenntnis der Professoren an deutschen Universitäten und Hochschulen zu Adolf Hitler und dem nationalsozialistischen Staat“. Mit Torpedoforschung befasst. 1942 mit dem DIN-Ehrenring ausgezeichnet. Ab 1945 beteiligt am Neuaufbau der TH Dresden. 1953 wurde das Gebäude des Instituts für Messtechnik in „Berndt-Bau“ umbenannt. 1953 mit dem „Nationalpreis“ III. Klasse und 1960 als „Hervorragender Wissenschaftler des Volkes“ ausgezeichnet.
Quellen: Wikipedia.

Beyer, Kurt Friedrich August, Prof. Dr.-Ing.
* 27.12.1881 in Dresden, † 09.05.1952 in Dresden
Mitglied der Verbindung „Burschenschaft Cheruskia“. Ab Januar 1906 Referendar bei der Straßen- und Wasserbauverwaltung Sachsens. Ab April 1906 bis 1908 Assistent an der TH Dresden. Ab 1908 bis 1914 bei den

siamesischen Staatsbahnen und beim Innenministerium (Thailand) tätig. Als Kriegsfreiwilliger Teilnehmer am 1. Weltkrieg. Danach Regierungsbaumeister des deutschen Feldeisenbahnchefs in der Türkei. Von Februar 1919 bis 1944 Professor für Statik der Baukonstruktionen und Technische Mechanik an der TH Dresden. Ab 1927 betrieb er ein Ingenieurbüro, wo er vorwiegend ehemalige Studenten beschäftigte. Im November 1933 unterzeichnete er das „Bekenntnis der Professoren der deutschen Universitäten und Hochschulen zu Adolf Hitler und dem nationalsozialistischen Staat“. Ab 1939 Teilnehmer am 2. Weltkrieg. Ab 1945 war er mit dem Wiederaufbau der zerstörten Brücken in Dresden beschäftigt. Bis 1950 Leiter der Hauptabteilung Bauwesen des Landes Sachsen. Ab 1948 Mitglied der SAW. Ab 1949 Mitglied der AdW zu Berlin. Seit 1952 trägt ein Gebäude der TH Dresden seinen Namen. Seit 1966 verleiht die Fakultät Bauingenieurwesen der TU Dresden einen „Kurt-Beyer-Preis.
Quellen: Wikipedia, https://tu-dresden.de/bu/bauingenieurwesen/sdt/das-institut/feuilleton/copy2_of_index.

Binder, Ludwig, Prof. Dr.
* 26.05.1881 in Ingolstadt, † 12.09.1958 in Dresden
Ab 1904 bei der Firma Siemens & Schuckert Werken in Berlin. Ab April 1919 Professor für Elektrotechnik an der TH Darmstadt. Ab 1920 Professor an der TH Dresden und Direktor des Instituts für Starkstrom- und Hochspannungstechnik und des Elektronischen Prüfungsamtes. Ab 1932 Rektor der TH Dresden. Im November 1933 unterzeichnete er das „Bekenntnis der Professoren an den deutschen Universitäten und Hochschulen zu Adolf Hitler und dem nationalsozialistischen Staat“. Ab 1948 Mitglied und von 1948 bis 1958 Vizepräsident der SAW. Seit 1949 Mitglied der AdW zu Berlin. Mitglied der Bauakademie Berlin. Ein Institut der TH Dresden ist nach ihm benannt.
Quellen: Wikipedia.

Blaß, Josef, Prof. Dr. Dipl.-Ing.
* 08.08.1901 in Derlen (Saarland), † 29.02.1972 in Rostock
Von 1922 bis 1923 Praktikant bei den Röchling Eisen- und Stahlwerke in Völklingen. Von 1929 bis 1931 Aerodynamiker bei den Albatros-

Flugzeugwerken in Berlin-Johannisthal. Von 1932 bis 1935 Gruppenleiter Aerodynamik und Flugerprobung bei den Arado-Flugzeugwerken in Warnemünde. Von 1935 bis 1946 in leitender Funktion bei den Arado-Flugzeugwerken in Brandenburg (Havel). Von Oktober 1946 bis Juni 1952 Leiter einer Konstruktionsabteilung in der Sowjetunion. Ab 1953 wissenschaftlicher Oberassistent, ab 1954 Dozent und ab 1955 Professor an der Schiffbautechnischen Fakultät der Universität Rostock. Von 1958 bis 1959 Fachrichtungsleiter beim Schiffsmaschinenbau. Von 1960 bis 1966 Institutsdirektor. 1964 mit der „Verdienstmedaille" ausgezeichnet.
Quellen: Professorenkatalog Universität Rostock.

Borgmann, Hans-Otto, Prof.
* 20.01.1901 in Hannover-Linden, † 26.07.1977 in Berlin
Von 1924 bis 1927 als Theater- und Opernkapellmeister. Ab 1928 Kapellmeister für die musikalische Untermalung von Stummfilmen. Ab 1931 musikalischer Leiter der Universum Film AG (UFA) und Filmkomponist. 1933 komponierte er die Filmmusik zum Propagandafilm „Hitlerjunge Quex". Das von ihm komponierte Lied „Unsere Fahne flattert uns voran" zog sich als Leitmotiv durch den Film und wurde zur Hymne der HJ. Ab 1937 arbeitete er für den Regisseur Veit Harlan. 1938 Leiter der Abteilung Musik der neu eröffneten „Deutschen Filmakademie" und zum Professor ernannt. Nach 1945 arbeitet er auch für die „Deutsche Film AG" (DEFA) und wieder mit Veit Harlan zusammen.
Quellen: Klee II, Wikipedia.

Boesler, Felix, Prof. Dr.
* 21.03.1901 in Leipzig, † 05.09.1976
Von 1939 bis 1945 Professor an der Universität Jena. Direktor des Instituts für Geschichte und Praxis des Finanzrechts. Mitglied des Führungsrates des Reichsverbandes der Deutschen Finanzakademien. Als promovierter Finanzwissenschaftler beriet er ab 1940 Heinrich Himmler, Führer der SS, in seiner Eigenschaft als RKF in allen finanziellen Bereichen beim Generalplan Ost. Wegen seines aktiven Einsatzes für die Nazis, musste er die Universität Jena verlassen. Mitglied der Deutschen Bauakademie in der Hauptstadt der DDR, wo er Gutachten für den Wiederaufbau von Städten

in der DDR erstellte. Ab 1957 lebte Boesler in der Bundesrepublik, wo er für die Stadt Mainz eine Infrastrukturplanung vornahm. Er arbeitete mit ehemaligen Nazi-Kollegen zusammen, mit denen er bereits beim RKF gearbeitet hatte. Professor an der TU Stuttgart und Gründer des Instituts für Strukturforschung.
Quellen: Wikipedia, Stockhausen, S. 68, Hoßfeld, S. 110f., S. 207f., S. 226f., S. 236f.

Brinkmann, Carl, Prof.
* 19.03.1885 in Tilsit, † 20.05.1954 in Oberstdorf, Allgäu
In der Öffentlichkeit vertrat er nationalsozialistische Inhalte, ohne formal Mitglied der NSDAP zu sein. Von 1942 bis 1946 Professor für Wirtschafts- und Finanzpolitik an der Universität Berlin bzw. an der Humboldt-Universität Berlin. Ab 1946 Professor an der Universität Erlangen. Von 1947 bis 1954 Professor für Nationale Ökonomie und Soziologie an der Universität Tübingen. Mitglied der AdW Heidelberg. Mitglied der Akademie für Deutsches Recht in Berlin.
Quellen: Wikipedia, Stockhorst.

Brockhausen, Karl, Dr. med.
* 21.11.1890 in Berlin, †?
Teilnehmer am Ersten Weltkrieg. In französischer Kriegsgefangenschaft. Von 1928 bis 1929 freiwilliger Hilfsarzt am Pathologischen Institut der Universität Berlin bei Prof. Dr. med. Lubarsch. Ab 1931 zunächst Assistenzarzt und dann Oberarzt an der Landesanstalt Landsberg/Warthe. Ab 1933 Assistenzarzt an der Landesanstalt Görden zuständig für Außenfürsorge in Brandenburg; außerdem dort Prosektor. Nach 1945 wieder an der Anstalt Brandenburg-Görden als Erbbiologe.
Quellen: Hirschinger, Rose, Ernst Klee: Irrsinn Ost ..., S. 93

Delling, Gerhard, Prof. Lic. theol. Dr. h. c.
* 10.05.1905 in Ossa, Kreis Borna, † 18.06.1986 in Halle (Saale)
1929 Assistent an der Universität Tübingen. Zwischen 1932 und 1940 Pfarrer in Leipzig und Glauchau. Mitarbeiter beim „Institut zur Erforschung und Beseitigung des jüdischen Einflusses auf deutsche kirchliche

Leben“. Teilnehmer am Zweiten Weltkrieg als Unteroffizier. Mit dem „Kriegsverdienstkreuz“ 2. Klasse ausgezeichnet. Ab 1945 in Dänemark in Kriegsgefangenschaft. Dort wirkte er als Lager-Seelsorger. Danach Lehrbeauftragter an der Universität Greifswald. Von 1950 bis zu seiner Emeritierung 1970 Professor an der Universität Halle. 1955/56 lehrte er als Gastprofessor an der Universität Leipzig. Direktor des Instituts für Spätantike Religionsgeschichte. Mitglied der AdW zu Berlin. Die Universität Greifswald ehrte ihn 1964 mit dem Ehrendoktortitel.
Quellen: Wikipedia, Klee I, Professorenkatalog Universität Halle.

Döderlein, Gustav, Prof. Dr. med.
19.05.1893 in Leipzig, † 19.03.1980 in München
Ab 1926 Arzt an der Frauenklinik in der Artilleriestraße in Berlin. Ab 1929 Oberarzt an der Frauenklinik der Charité. 1933 dort apl. Professor. 1934 oder 1937 übernahm er die Leitung der gynäkologisch-geburtshilflichen Abteilung des Polizeikrankenhauses in der Scharnhorststraße in Berlin. Ab 1940 bei der Polizei als Oberfeldarzt und Direktor des Krankenhauses der Polizei. Ab 1944 Oberstarzt Leiter des Sanitätswesens der Ordnungspolizei. Von 1946 bis 1959 Leiter der Frauenklinik der Universität Jena. Nach seinem Wechsel nach München 1960 Präsident der Deutschen Gesellschaft für Gynäkologie und Geburtshilfe. Von 1960 bis 1972 Mitherausgeber des Zentralblatts für Gynäkologie.
Quellen: Wikipedia, Ernst, S. 356, Klee I, Zimmermann, S. 42f., Hoßfeld u. a. S. 138.

Drechsler, Erich, Prof. Dr. med.
* 10.06.1903 in Gera, † 21.11.1979 ebenda
Seit 1917 Mitglied der SAJ. Seit 1924 Mitglied der SPD. Ab 1937 bis 1945 Assistenzarzt an der Universitäts-Nervenklinik Jena. Beisitzer am Erbgesundheitsgericht Jena und in diesem Rahmen entschied er auch über die Durchführung von Zwangssterilisationen. Ab 1945 Mitglied der KPD. Von 1945 bis 1946 Leiter des Gesundheitsamtes und in der HA Gesundheit im Innenministerium Thüringens. Ab 1947 Minister für Arbeit. Von 1949 bis 1974 Leiter bzw. ärztlicher Direktor des Fachkrankenhauses für Neurologie und Psychiatrie Stadtroda. In den 1960er Jahren Mitglied des FDGB-

Bundesvorstands. Da er keiner Nazi-Organisation angehörte galt er als „unbelastet". 1955 wurde Drechsler als „Verdienter Arzt des Volkes" ausgezeichnet.
Quellen: Wikipedia, Ernst, S. 188ff., Klee I.

Drescher, Arno, Prof.
* 17.03.1882 in Auerbach (Vogtland), † 01.06.1971 in Braunschweig
Ab 1940 Professor an der Staatlichen Akademie für Graphische Künste und Buchgewerbe in Leipzig. Als Gebrauchsgraphiker auf der „Liste der Gottbegnadeten", einer Liste die vom Reichsministerium für Volksaufklärung und Propaganda zusammen mit A. Hitler 1944 erstellt worden war. Damit von jeglichem Kriegseinsatz freigestellt. Ab 1945 freiberuflicher Graphiker, Typograph und Maler in Leipzig. Ab 1960 war sein Wohnort Braunschweig.
Quellen: Klee II, Wikipedia, www. Bildatlas-ddr-kunst.de.

Eicken, Carl Otto von, Prof. Dr. med.
* 31.12.1873 in Mühlheim, † 29.06.1960 in Heilbronn
Ab 1910 Professor für HNO an der Universität Gießen. Als Stabsarzt beim Feldlazarett 3 des XVIII Armee-Korps Teilnehmer am Ersten Weltkrieg. Von 1922 bis 1950 Professor an der Universität Berlin bzw. Humboldt-Universität Berlin. Ab 1926 Direktor der HNO-Klinik der Charité. Als Generalarzt der Reserve Teilnehmer am Zweiten Weltkrieg. Ab August 1942 ernannte ihn A. Hitler zum Mitglied des Wissenschaftlichen Senats des Heeres-Sanitätswesens. Ab September 1944 Generalarzt der Reserve. 1944 mit der „Goethe-Medaille" ausgezeichnet. 1944 Mitglied im Beirat des Generalkommissars für das Sanitäts- und Gesundheitswesen (Karl Brandt). Im selben Jahr mit der „Goethe-Medaille" für Kunst und Wissenschaft ausgezeichnet. Nach dem Zweiten Weltkrieg bestätigte ihn die SMAD und so blieb er Professor an der Humboldt-Universität Berlin. Mitglied der AdW zu Berlin. Ab 1936 Mitglied der Leopoldina zu Halle.
Quellen: Ernst, S. 155, Cerný, Klee I, Wikipedia, BStU, MfS, HA IX/11 AV 21/75, Bd. 5, Bl. 377, Bl. 380.

Felsenstein, Walter, Prof. Dr. h. c.
* 30.05.1901 in Wien, † 08.10.1975 in Berlin
Von 1923 bis 1932 Schauspieler in Lübeck, Mannheim und in Beuthen. Regisseur der Oper und des Schauspiels von 1932 bis 1934 an der Oper in Köln. 1936 wegen seiner „nicht-arischen“ Ehefrau aus der RTK ausgeschlossen. 1939 bis 1944 Oberspielleiter am Schiller-Theater in Berlin. Von 1945 bis 1947 am Hebbel-Theater in Berlin. 1947 gründete er die Komische Oper in Berlin und war bis 1975 Intendant. 1956 Vize-Präsident der DAK. Ab 1959 Professor. Schauspielregisseur ab 1972 am Bayerischen Staatsschauspiel in München und 1975 am Wiener Burgtheater. 1950 mit dem „Goethepreis“ der Stadt Berlin, 1969 mit dem „Karl-Marx-Orden“, 1973 mit der „Ehrenspange“ zum „Vaterländischen Verdienstorden“ und mehrfach mit dem „Nationalpreis“ ausgezeichnet. Die Humboldt-Universität Berlin verlieh ihm den Ehrendoktortitel. Seit 1966 Vize-Präsident des Verbandes der Theaterschaffenden.
Quellen: Klee II, Wikipedia, Stockhorst, Baumgartner/Hebig, Buch, Nomenklaturkaderakten Personalakte BArch DC 20/7873.

Fiebig, Paul, Prof. Dr.
* 03.02.1876 in Halle (Saale), † 11.11.1949 in Calbe an der Milde
Ab 1902 stellvertretender Direktor am „Institut Judaicum Delitzschianum“ in Leipzig. 1903 Studieninspektor am Predigerseminar in Wittenberg. Ab 1904 Oberlehrer am Gymnasium Ernestinum in Gotha. Ab 1918 Pfarrer an der Petrikirche in Leipzig. Von 1924 bis 1943 Privatdozent und später Professor für Neutestamentliche Wissenschaft an der Theologischen Fakultät der Universität Leipzig. Als antisemitischer Theologe Mitarbeiter am „Institut zur Erforschung zur Erforschung und Beseitigung des jüdischen Einflusses auf das deutsche kirchliche Leben“. Nach 1945 Lehrer in Gotha. An der Peterskirche in Leipzig tätig.
Quellen: Wikipedia, Klee I, Professorenkatalog Universität Leipzig.

Finke, Fidelio F., Prof.
* 22.10.1891 in Josefsthal, † 12.06.1968 in Dresden
Ab 1911 privater Musiklehrer. Ab 1915 Lehrer für Musiktheorie am Prager Konservatorium. Ab 1920 Lehrer für Musiktheorie und Komposition an

der Deutschen Akademie für Musik und darstellende Künste in Prag, wo er 1926 Professor wurde. Er komponierte bis 1945 Nazi-Gesinnungsmusik. Nach 1945 Gründer und bis 1951 Rektor der Staatlichen Akademie für Musik und Theater. Ab 1946 Mitglied der SED. Bis 1958 Professor für Tonsatz an der Hochschule für Musik in Leipzig. 1956 mit dem „Nationalpreis“ und 1961 mit dem „Vaterländischen Verdienstorden“ ausgezeichnet. Mitglied der DAK in Berlin. Ehrensenator der Musikhochschulen in Dresden und Leipzig.
Quellen: Cerný, Wikipedia, Klee II, Baumgartner/Hebig, Munzinger Biografie.

Freyer, Hans, Prof. Dr. phil.
* 31.07.1887 in Leipzig, † 18.01.1969 in Ebersteinburg, Baden
Von 1920 bis 1922 Privatdozent an der Philosophischen Fakultät der Universität Leipzig. Von 1922 bis 1925 Professor für Philosophie an der Universität Kiel. In der Weimarer Republik ein bedeutender Vertreter der „Konservativen Revolution“. Von 1925 bis 1948 Professor für Soziologie an der Philosophisch-Historischen Abteilung der Philosophischen Fakultät der Universität Leipzig und dort von 1932 bis 1933 Dekan. Im November 1933 unterzeichnete er das „Bekenntnis der Professoren an den deutschen Universitäten und Hochschulen zu Adolf Hitler und dem nationalsozialistischen Staat“. 1934 Gründungsmitglied des „Ausschusses für Rechtsphilosophie, einer Abteilung der „Akademie für Deutsches Recht“. Von 1935 bis 1944 Leiter des wissenschaftlichen „Deutschen Kulturinstituts“ in Budapest. 1948 wegen seiner Nazi-Vergangenheit von der Universität Leipzig entlassen. 1948 erfolgte seine Übersiedlung in den Westen, wo er in Wiesbaden beim „Brockhaus Verlag“ angestellt war. Von 1953 bis 1963 lehrte er als Emeritus an der Universität Münster.
Quellen: Klee I, Professorenkatalog Universität Leipzig, Wikipedia, Weinreich.

Frings, Theodor, Prof. Dr. phil. Dr. h. c. mult.
* 23.07.1886 in Dülken, † 06.06.1968 in Leipzig
Von 1911 bis 1917 im Schuldienst. Ab April 1917 Professor für deutsche und niederländische Philologie an der Universität Bonn. 1922/23 an der

Universität Amsterdam. Von 1927 bis zu seiner Emeritierung 1957 Professor für Germanistik an der Universität Leipzig. Im November 1933 unterzeichnete er das „Bekenntnis der Professoren an deutschen Universitäten und Hochschulen zu Adolf Hitler und dem nationalsozialistischen Staat". Ab 1938 Mitglied der AdW in Bayern. 1945 Professor und Direktor des Instituts an der Universität Leipzig. Von 1946 bis 1965 Präsident der SAW zu Leipzig. Leiter des Instituts für Deutsche Literatur und Sprache der AdW zu Berlin. 1949 mit dem „Nationalpreis" II. Klasse für Kunst und Wissenschaft, 1954 mit dem „Vaterländischen Verdienstorden" in Silber und 1959 in Gold, 1956 als „Hervorragender Wissenschaftler des Volkes und 1961 im Kollektiv des Deutschen Wörterbuchs mit dem „Nationalpreis" I. Klasse für Wissenschaft und Technik ausgezeichnet. Die SAW zu Leipzig vergibt den „Theodor-Frings-Preis". 1937 verlieh ihm die Universität Amsterdam die Ehrendoktorwürde. 1963 verlieh ihm die Universität Gent die Ehrendoktorwürde. Mitglied im FDGB. Mitglied der GDSF.
Quellen: Wikipedia, Professorenkatalog Universität Leipzig, SAW, Kürschners Gelehrten Kalender 1954, BBAW, Bott, S. 171.

Fritzsche, Otto Emil, Prof. Dr.-Ing.
* 05.05.1877 in Berlin, † 02.10.1962 in Freiberg
Ab 1902 Assistent an der TH Dresden. Bei der Firma Krupp in Essen. Ab Oktober 1910 Professor für Mechanik und Maschinenkunde an der BAF. Von 1914 bis 1918 Teilnehmer am 1. Weltkrieg. Von 1920 bis 1922 Rektor der BAF. Im November 1933 unterzeichnete er das „Bekenntnis der Professoren an den deutschen Universitäten und Hochschulen zu Adolf Hitler und dem nationalsozialistischen Staat. 1947 Ehrensenator der BAF. 1949 emeritiert.
Quellen: Wikipedia, https://tu-freiberg.de/fakult4/iwtt/ttd/mitarbeiter/ehemalige-professoren/prof-dr-ing-otto-hermann-fritzsche.

Fück, Johann, Prof. Dr. phil.
* 08.07.1894 in Frankfurt/M., † 24.11.1974 in Halle (Saale)
1916/17 Teilnehmer am Ersten Weltkrieg. Von 1919 bis 1921 Mitglied DNVP. Von 1921 bis 1930 nahm er einen Lehrauftrag für Hebräisch an der Universität Frankfurt/M. wahr. Von 1930 bis 1935 Professor an der

Universität Dakka (Ostbengalen) und zugleich Direktor des Department of Arabic and Islamic Studies. Von 1935 bis 1938 hatte er einen Lehrauftrag an der Universität Frankfurt/M. 1936 zum nichtbeamteten Professor ernannt und 1938 erhielt er einen Ruf an die Universität Halle. Zugleich Direktor der Bibliothek der Deutschen Morgenländischen Gesellschaft. 1942/43 diente er 10 Tage monatlich bei der Heimatflak, wurde jedoch 1943 unabkömmlich (uk) gestellt. Ab 1948 Mitglied der AdW zu Berlin. 1949 lehnte er einen Ruf an die Universität Leipzig ab. 1962 emeritiert. Quellen: Professorenkatalog Universität Halle, Wikipedia.

Geertz, Arno, Prof. Dr.-Ing. Dipl.-Ing.
* 13.06.1908 in Riga, † 28.08.1974 in Buxtehude
Ab 1936 Statiker und ab 1938 Chefstatiker der Firma Leichtflugzeugbau Klemm GmbH in Böblingen. Von 1939 bis 1945 Leiter der Versuchsabteilung Forschung der Firma Ernst Heinkel Flugzeugbau in Rostock-Warnemünde. Von 1946 bis 1953 Spezialingenieur und Abteilungsleiter eines Forschungs- und Konstruktionsbüros in der Sowjetunion. Von 1954 bis 1958 Professor an der Universität Rostock. Von 1955 bis 1957 Prodekan. Von 1955 bis 1958 Direktor des Instituts für Technische Mechanik. Von 1957 bis 1957 Dekan. 1958 „republikflüchtig". Im April 1958 entzog der Staatssekretär für das Hoch- und Fachschulwesen Geertz den Professorentitel. Von 1958 bis 1973 Leiter der Versuchsabteilung bei der Hamburger Firma Flugzeugbau Blohm & Voss.
Quellen: Professorenkatalog Universität Rostock.

Gerster, Ottmar, Prof.
* 29.06.1897 in Braunfels (Hessen), † 31.08.1969 in Borsdorf (Sachsen)
Von 1916 bis 1918 Teilnehmer am Ersten Weltkrieg. Ab 1921 Konzertmeister und von 1923 bis 1927 Solobratschist im Sinfonieorchester Frankfurt/M. Von 1927 bis 1947 Dozent an der Folkwangschule in Essen. 1939 für kurze Zeit als Straßenbausoldat Teilnehmer am Zweiten Weltkrieg. 1941 mit dem „Robert-Schumann-Musikpreis" der Stadt Düsseldorf und mit einem Kompositionsauftrag der Reichsregierung ausgezeichnet. Ab 1944 als Komponist auf die „Liste der Gottbegnadeten" aufgenommen, einer Liste die vom Reichsministerium für Volksaufklärung und Propaganda

zusammen mit A. Hitler 1944 erstellt worden war. Damit von jeglichem Kriegseinsatz freigestellt. Ab 1946 Mitglied der SED. Seit 1947 Professor und seit 1948 Rektor der Musikhochschule Weimar. 1952 an der Musikhochschule in Leipzig. Von 1951 bis 1968 Vorsitzender des VKM. 1951 und 1967 mit dem „Nationalpreis“ II. und I. Klasse, 1962 mit dem „Vaterländischen Verdienstorden“ und 1965 mit dem „Kunstpreis“ der Stadt Leipzig ausgezeichnet.
Quellen: Wikipedia, Klee II, Baumgartner/Hebig.

Gohrbandt, Erwin, Prof. Dr. med.
* 20.09.1890 in Schlawe (Pommern), † 03.01.1965 in Berlin
Ab 1910 Mitglied der Studentenverbindung „Corps Franconia“. Als Feldunterarzt Teilnehmer am 1. Weltkrieg. Mit dem EK I und dem EK II ausgezeichnet. Ab 1919 am Pathologischen Institut der Charité. Anschließend ab 1924 bis 1928 in Berlin-Mitte Oberarzt und Leiter der Kinderchirurgischen Abteilung der Chirurgischen Universitätsklinik. Ab 1924 Privatdozent an der Universität Berlin. Von Juni 1928 bis 1945 Professor für Chirurgie an der Universität Berlin und dort Schüler und Mitarbeiter von F. Sauerbruch. Leiter der II. Chirurgischen Abteilung des Städtischen Krankenhaus Am Urban. Von 1933 bis 1939 Ärztlicher Direktor und leitender Arzt der I. Chirurgischen Abteilung des Krankenhauses. Von 1940 bis Dezember 1958 in gleicher Funktion am Städtischen Krankenhaus Berlin-Moabit, dass damals „Robert-Koch-Krankenhaus“ hieß. Zugleich wurde er Klinikdirektor der III. Chirurgischen Universitätsklinik. Wissenschaftlicher Mitarbeiter für chirurgischen Fragen im Sozialen Amt des Reichsjugendführers der NSDAP. Gohrbandt war früher Befürworter für Zwangssterilisationen. Ab August 1939 beratender Chirurg des Heeres. Ab 1940 Generalarzt und Referent Luftfahrtmedizin beim Inspekteur des Sanitätswesens der Luftwaffe. Hier pflegte er enge Kontakte mit H. Göring, Oberbefehlshaber der Luftwaffe. Im Februar 1945 mit dem „Ritterkreuz des Kriegsverdienstkreuzes“ mit Schwertern ausgezeichnet. Ab 1940 lehrte er an der Universität. Ab 1944 Mitglied des Wissenschaftlichen Beirats beim Generalkommissar des Führers für das Gesundheitswesen Karl Brandt. 1945 wurde er Stellvertreter des Stadtrats für das Gesundheitswesen, F. Sauerbruch. An der neugegründeten FU Berlin hielt er Vorlesungen. Die

TU Berlin ehrte ihn 1956 mit einer Honorarprofessur. Bis zu seinem Tod leitete Gohrbandt ein Ambulatorium in Berlin-Tiergarten. Seit 1947 Herausgeber des „Zentralblattes für Chirurgie“. Vizepräsident des Landesverbandes Berlin des DRK. Mitglied der Deutschen Olympischen Gesellschaft. 1950 bis 1951 Vorsitzender der Chirurgischen Gesellschaft Berlin und dort ab 1958 Ehrenmitglied. 1952 mit dem „Großen Verdienstkreuz der Bundesrepublik Deutschland ausgezeichnet.
Quellen: Wikipedia, Klee I, https://kulturportal-west-ost.eu/biographien/gohrbandt-erwin-2, Munzinger, https://berlingeschichte.de/lexikon/frkr/g/gohrbandt_erwin.htm.

Gottschaldt, Kurt, Prof. Dr.
* 25.04.1902 in Dresden, † 24.03.1991 in Göttingen
Von 1927 bis 1929 am Psychologischen Institut der Universität Berlin. Von 1935 bis 1945 Professor an der Universität Berlin und Leiter der Abteilung Erbpsychologie am Kaiser-Wilhelm-Institut für Anthropologie (Zwillingsforschung). Leiter der Poliklinik für nervöse und schwer erziehbare Kinder im Kinderkrankenhaus der Stadt Berlin im Bezirk Wedding. Seine Spezialgebiete waren die „Vererbung geistiger und psychischer Eigenschaften“ sowie die „Vererbung von Kultur und Rasse“. 1936/37 hatte er mit Unterstützung der NSV (Gau Berlin) zwei Zwillingslager auf Norderney. 1940 Mitherausgeber des Rassenhygienischen Werks: „Grundriß der menschlichen Erblichkeitslehre und Rassenhygiene“. Von 1946 bis 1961 Leiter des Instituts für Psychologie der Humboldt-Universität Berlin. 1954 Herausgeber der „Zeitschrift für Psychologie“. 1955 zusätzlich Leiter der Forschungsstelle für Experimentelle und Angewandte Psychologie der AdW zu Berlin. 1962 beging er „Republikflucht“ in die BRD. Von 1962 bis 1970 Direktor des Instituts für Psychologie der Universität Göttingen. Nach 1945 führte er mehrere Nachuntersuchungen durch an 70 „Norderney-Zwillingen“.
Quellen: Klee I, Wikipedia, Ernst, S. 329, BStU, MfS, Allg. P. 17823/62, Bl. 3-9.

Griewank, Karl, Prof. Dr.
* 16.08.1900 in Bützow (Mecklenburg), † 27.10.1953 in Jena
Von 1922 bis 1926 Hauslehrer. Mitglied der DDP. Danach Mitarbeiter einer Berliner Zeitung. Ab 1926 Referent für Geisteswissenschaften der Deutschen Forschungsgemeinschaft. Ab Oktober 1933 Mitglied der SA und SA-Sturmmann. Ab 1936 Mitglied der NSV. Später im Zusammenhang mit dem Nazi-Projekt „Kriegseinsatz der Geisteswissenschaften" der Aktion Ritterbusch. Leiter der Abteilung Geisteswissenschaften und Verlagswesen. Ab 1934 Kontakt zur Bekennenden Kirche. Ab 1943 Dozent und ab 1946 Professor für Neuere Geschichte an der Universität Berlin. Von 1947 bis 1953 Professor für mittlere und neue Geschichte an der Universität Jena und Direktor des Historischen Seminars. Ab 1947 Herausgeber der „Deutschen Literaturzeitung". Von 1948 bis 1951 Dekan und von 1951 bis 1953 Prodekan. Mitglied der AdW zu Berlin. Redakteur der Zeitschrift „Forschungen und Fortschritte". Mitglied im Verband der Historiker in Deutschland. Mitglied im Wissenschaftlichen Beirat beim Staatssekretariat für Hoch- und Fachschulwesen. Ab 1952 Mitglied im „Wissenschaftlichen Beirat der Fachrichtung Geschichte". Mitglied der Bayerischen AdW. Suizid.
Quellen: Cerný, BArch, Wikipedia, Klee I, Baumgartner/Hebig, Wikipedia.

Grimm, Hans, Prof. Dr. rer. nat.
* 07.02.1910 in Zwickau, † 01.04.1995 in Berlin
Ab 1938 Assistent am Institut für Rassen- und Völkerkund von Prof. von Eickstedt in Breslau, einem der führenden Rassenbiologen bzw. Anthropologen des Nazi-Staates. Ab 1940 Leiter der Forschungsstelle „Schlesier in aller Welt". 1940 Sanitätsfeldwebel. Ab 1944 Arzt der Sondergruppe des OKH für Seuchenbekämpfung. In Prag interniert und im Herbst 1945 dort entlassen. Assistenzarzt an der Universitätskinderklinik Halle. Bis 1951 Leiter der jugendärztlichen Abteilung des Gesundheitsamtes Halle. Leitender Jugendarzt und Direktor der Abteilung Sozialhygiene am ZI für Sozial- und Gewerbehygiene Berlin. Ab 1951 Professor für Sozialhygiene und Direktor des Anthropologischen Instituts der Humboldt-Universität 1954 Gründungsmitglied der Arbeitsgemeinschaft für Sportmedizin. Von

1959 bis 1989 Schriftleiter der Zeitschrift „Ärztliche Jugendkunde". Ab 1968 beim Redaktionskollegium der archäologischen Fachzeitschrift „Ausgrabungen und Funde".
Quellen: Wikipedia.

Hachenberg, Otto, Prof. Dr.
* 25.06.1911 in Anhausen, † 24.03.2001 in Bonn
Von 1937 bis 1939 Assistent an der Universitätssternwarte in Potsdam-Babelsberg. Von 1939 bis 1945 Mitarbeiter bei der Firma Oberspreewerk. Von 1937 bis 1945 Mitglied der NSDAP. Ab 1948 Professor für Physik an der Humboldt-Universität zu Berlin. Von 1951 bis 1961 Direktor des Heinrich-Hertz-Instituts für Schwingungsforschung der AdW in Berlin-Adlershof. 1959 mit dem „Nationalpreis" ausgezeichnet. Ab 1961 Mitglied der AdW. Ab 1962 Professor an der Universität Bonn. Von 1967 bis 1978 Direktor des Max-Planck-Instituts für Radioastronomie. 1979 emeritiert.
Quellen: Wikipedia.

Haesler, Otto, Prof.
* 13.06.1880 in München, † 02.04.1962 in Wilhelmshorst bei Potsdam
Von 1906 bis 1933 Architekt in Frankfurt/M. und in Celle. Von 1915 bis 1917 Teilnehmer am Ersten Weltkrieg. Ab 1925 Mitglied im Deutschen Werkbund. Ab 1932 Mitglied im Bund Deutscher Architekten. Von 1909 bis 1931 Mitglied der Freimaurerloge „Zum hellen Stern". Von 1941 bis 1945 stellvertretender Stadtbaurat in den besetzten Städten Lodz und Lemberg. 1943 beteiligt an Vorplanungen zum Wiederaufbau von Sewastopol. Haesler stellte sich der nationalsozialistischen „Neuordnung des deutschen Lebensraumes" zur Verfügung. Nach 1945 Helfer beim Wiederaufbau der zerstörten Teile der Stadt Rathenow. Ab 1950 Professor für sozialen Wohnungsbau. Ab 1951 Professor an der Deutschen Bauakademie und Leiter der Abteilung Mechanisierung und Industrialisierung. Bis 1952 Leiter der Hochschule für Baukunst in Weimar.
Quellen: Wikipedia.

Hartung, Fritz, Prof. Dr. phil.
* 12.01.1883 in Saarmund, † 24.11.1967 in Berlin
Von 1915 bis 1916 Teilnehmer am Ersten Weltkrieg. 1917/18 Mitglied der Freien Konservativen Partei Preußens. 1922/23 an der Universität Kiel. Ab 1924 Mitglied im VDA. Von 1923 bis 1949 Professor für Allgemeine Verfassungsgeschichte der Neuzeit an der Universität Berlin bzw. an der Humboldt-Universität Berlin. Von 1925 bis 1958 Herausgeber der „Jahresberichte für deutsche Geschichte". Von 1932 bis 1934 Dekan der Philosophischen Fakultät der Universität Berlin. Seit 1939 Mitglied der Preußischen AdW. 1945/46 Dekan an der Universität Berlin. Von 1945 bis 1952 Sekretär der Philosophisch-Historischen Klasse der AdW zu Berlin.
Quellen: Professorenkatalog Universität Halle, Wikipedia, Bott, S. 174.

Hartmann, Werner, Prof. Dr.
* 30.01.1912 in Friedenau, † 08.03.1988 in Dresden
Ab 1935 Industrieforschung und von 1937 bis 1945 Labor- und Abteilungsleiter bei der Firma Siemens & Halske Fernseh GmbH. Weil seine Forschungsarbeit der Rüstungsforschung zugerechnete wurde, blieb er vom Kriegsdienst freigestellt (u. k.). Von 1945 bis 1955 in der Sowjetunion Mitarbeiter beim Atomprogramm. Ab 1955 in Dresden Gründer und Leiter des VEB Vakutronik, eines wissenschaftsbasierten Industriebetriebes. 1958 erhielt Hartmann eine nebenamtliche Professur für Kernphysikalische Elektronik an der Fakultät für Kerntechnik der TH Dresden. Mit der Auflösung der Fakultät für Kerntechnik 1962 bis zu seiner entwürdigenden Absetzung bei AME 1974 war er als nebenamtlicher Honorarprofessor für Festkörperelektronik tätig. 1974 wurde er wegen „staatsfeindlicher Einstellung" fristlos entlassen. 1959 un 1970 erhielt er den „Nationalpreis". 1997 wurde in Dresden eine Straße nach ihm benannt. 2013 wurde ein Gebäude der TU Dresden nach ihm benannt.
Quellen: Wikipedia, https://www.mdr.de/zeitreise/stoebern/damals/artikel85884.html.

Hartwig, Georg, Prof. Dr.
* 1912, † 1988
Bis 1945 als Physiker wissenschaftlicher Mitarbeiter in der Atombombenforschung. Ab 1939 Mitarbeiter der Gruppe „Kurt Diebner". Nach 1945 Abteilungsleiter für Astronomische Instrumente bei Carl-Zeiss Jena. Flucht aus Stadtilm. 1953 siedelte er nach Lübeck über, wo er an einer Fachhochschule lehrte.
Quellen: „Die Uranforscher von Gottow – exemplarische Lebensläufe", in: „Neues Deutschland" v. 18./19.09.1999, S. 15, https://www.archiv-berlin.mpg.de/83592/uranprojekt_uebersichten.pdf.

Heitsch, Heinrich Oskar Christian, Prof. Dipl.-Mil.
* 10.09.1916 in Neusalza bei Spremberg, † 31.03.1986 in Dresden
Oberbannführer der HJ. Als Berufssoldat war ihm ein Parteieintritt versagt. Von 1935 bis 1945 Offizier der Wehrmacht im Generalstab des Heeres. Bis 1949 in sowjetischer und polnischer Kriegsgefangenschaft. Von September 1949 bis 1950 Stabschef und Chefinspekteur der HVA des MdI. Die HVA war die Vorgängerorganisation der KVP. Von 1950 bis 1951 Offizier z. b. V. und danach bis 1953 Chef der Rückwärtigen Dienste der HVA. Ab 1952 Mitglied der SED und Ernennung zum Generalmajor. Von 1953 bis 1955 Leiter der Volkspolizeischule für Infanterie in Döbeln. Von 1957 bis 1977 1. Stellvertreter des Kommandeurs HfO der NVA in Dresden. Vom Juni 1963 Bis April 1964 Kommandeur der höchsten militärischen Lehreinrichtung beauftragt. Am 7. Oktober 1977 zum Generalleutnant befördert. Mit dem „Vaterländischen Verdienstorden" in Gold und mit dem Orden „Für Verdienste um Volk und Vaterland" in Gold ausgezeichnet.
Quellen: Wikipedia.

Herrmann, Walter, Prof. Dr. phil. rer. nat.
* 22.09.1910 in Querfurt, † 11.08.1987 in Leipzig
Von 1937 bis 1940 Wissenschaftlicher Assistent am Physikalischen Institut der Universität Leipzig. Ab 1939 baute Kurt Diebner am Kaiser-Wilhelm-Institut für Physik und am Physikalischen Institut der Universität Leipzig eine Atomforschungsgruppe an der Versuchsstelle des Heereswaf-

fenamtes in Gottow bei Luckenwalde auf. In dieser Gruppe war Herrmann als Zivilangestellter aktiv. 1944 Zivilangestellter beim Reichsforschungsrat. 1945/46 arbeitete er als Kampagnechemiker in einer Zuckerfabrik in Zeitz. Von 1946 bis 1955 wurden er, seine Familie und andere Spezialisten in die Sowjet-Union verbracht. Als Oberwissenschaftler leitete er ein Labor in einem Institut in Obninsk für besondere Formen des Kernzerfalls. Ab 1952 in Suchumi. 1955 beteiligte er sich, zusammen mit Carl Friedrich Weiss, am Aufbau des Instituts für Angewandte Radioaktivität. Von 1956 bis 1966 stellvertretender Direktor und von 1966 bis 1968 Direktor des Instituts. Ab Juli 1956 Professor an der Universität Magdeburg. Ab 1956 Lehrbeauftragter an der Universität Leipzig. Ab 1960 Dekan der Fakultät Maschinenbau. 1961 ernannte ihn die AdW zu Berlin zum Professor. Von 1966 bis zu seiner Emeritierung 1971 Professor für Angewandte Radioaktivität an der Universität Leipzig. 1958 mit dem „Nationalpreis" II. Klasse ausgezeichnet. 1976 Ehrendoktor der TU Dresden.
Quellen: „Die Uranforscher von Gottow – exemplarische Lebensläufe", in: „Neues Deutschland" v. 18./19.09.1999, S. 15, Wikipedia.

Herzog, Alois, Prof. Dr.-Ing.
* 29.12.1872 in Prag, † 12.07.1956 in Hamburg-Harburg
Ab 1894 Assistent und ab 1895 Leiter einer Versuchsstation zur Flachsherstellung und -aufbereitung in Trautenau. Von 1910 bis 1920 Lehrer an der Fachschule für Textilindustrie in Sorau. Von 1917 bis 1920 Direktor des Forschungsinstituts für Bastfasern in Sorau, dass dem Leinenindustriellenverband Bielefeld gehörte. Von 1925 bis 1939 Professor für Papier- und Textiltechnologie an der TH Dresden. Im November 1933 unterzeichnete er das „Bekenntnis der Professoren an deutschen Universitäten und Hochschulen zu Adolf Hitler und dem nationalsozialistischen Staat". Von 1948 bis 1951 Professor an der TU Dresden. Ab 1951 forschte er an seinem privaten Forschungsinstitut in Wehlen in der Sächsischen Schweiz.
Quellen: Wikipedia, Peschel, S. 362.

Heubner, Wolfgang, Prof. Dr. med.
* 18.06.1877 in Leipzig, † 26.02.1957 in Heidelberg

Während des Studiums der Medizin an der Universität Göttingen, Mitglied der schlagenden Studentenverbindung „Corps Bremensia“. Bis 1909 an der Universität Straßburg. Danach ab 1908 Privatdozent am Pharmakologischen Institut der Universität Berlin. Im selben Jahr an das Pharmakologische Institut der Universität Göttingen berufen, wo er Professor wurde. 1911 Initiator für die „Arzneimittelkommission der deutschen Ärzteschaft“. Während des Ersten Weltkriegs an der Forschung über Giftgas beteiligt. Er engagierte sich öffentlich für die liberale „Demokratische Partei Deutschlands“ (DPD). 1927/28 Rektor der Universität Göttingen. Von 1927 bis 1950 Herausgeber des „Handbuchs der experimentellen Pharmakologie“. Ab 1929 Leiter des Pharmakologischen Instituts der Medizinischen Akademie Düsseldorf, danach ab 1930 Leiter des Pharmakologischen Instituts der Universität Heidelberg und von 1932 bis zu seiner Emeritierung 1948/49 Leiter des Pharmakologischen Instituts der Universität Berlin. Im Juni 1944 Teilnehmer an einer Besprechung über Versuche an „Zigeunern“ im Konzentrationslager Dachau. Ab 1944 Mitglied im Wissenschaftlichen Beirat des Generalkommissars für das Sanitäts- und Gesundheitswesen (Karl Brandt). Ab 1946 Präsident des Wissenschaftlichen Senats bei der Zentralverwaltung für das Gesundheitswesen der SBZ. Von 1947 bis 1957 Mitherausgeber von „Naunyn-Schmiedebergs“ Archiv für experimentelle Pathologie und Pharmakologie. Von 1949 bis zu seiner zweiten Emeritierung 1953 Leiter des Pharmakologischen Instituts der FU Berlin. Von 1950 bis 1952 Dekan der Medizinischen Fakultät. Mitglied der AdW Göttingen. Mitglied der Leopoldina zu Halle. 1952 mit dem „Großen Verdienstkreuz“ der BRD, 1954 mit der „Parcelsus-Medaille“ der Deutschen Ärzteschaft und 1956 mit der „Schmiedeberg-Plakette“ der Pharmakologischen Gesellschaft ausgezeichnet.
Quellen: Cerný, Wikipedia, Klee I, Baumgartner/Hebig.

Höflich, Lucie, eigentlich Helene Lucie von Holwede, Prof.
* 20.02.1883 in Hannover, † 09.10.1956 in Berlin
Ab 1899 Schauspielerin am Theater von Bromberg, Ab 1901 am „Intimen Theater“ in Nürnberg. Ab 1902 am Raimundtheater in Wien. Von 1903 bis 1932 am Deutschen Theater in Berlin. Gleichzeitig ab 1913 auch Filmschauspielerin. 1933 Direktorin der Staatlichen Schauspielschule in Berlin.

Ab 1936 hatte sie ein eigenes Studio für Schauspielnachwuchs an der Volksbühne in Berlin. Sie spielte in der Nazi-Zeit in mehreren Hetzfilmen mit. 1937 als „Staatsschauspielerin“ ausgezeichnet. 1947 wurde ihr der Titel „Professor“ zugesprochen. 1947/48 leitete sie das Staatstheater Schwerin. Ab 1950 lebte sie in Berlin-West.
Quellen: Klee II, Wikipedia.

Höfs, Georg Wolfgang, Prof. Dr. med.
* 19.02.1913 in Wurzen, † 21.03.1991 in Magdeburg
Von 1932 bis 1933 Mitglied des Sozialistischen Studentenbundes und der Antifa. 1934 Mitglied im RAD. Truppenarzt der Wehrmacht von 1939 bis 1945 und anschließend in britischer Kriegsgefangenschaft in Italien. Mit dem EK I und EK II 1940 und 1941 ausgezeichnet. Ab 1946 Mitglied der SED. Ab 1947 Mitglied im FDGB. Ab 1949 Mitglied der GDSF. Von 1947 bis 1951 Assistenzarzt an den Universitätshautkliniken in Jena und Leipzig unter Josef Hämel. In Leipzig 1962 1. Oberarzt. Von 1963 bis 1978 Professor und Direktor der Hautklinik an der Medizinischen Akademie Magdeburg. 1966 Prorektor und von 1967 bis 1970 dort Rektor. 1952 und 1959 mit der „Medaille für ausgezeichnete Leistungen“ und 1968 als „Verdienter Arzt des Volkes“ ausgezeichnet.
Quellen: BStU, MfS, Allg. P. 4079/81, Bl. 5ff., Bl. 35f., Bl. 43f., Bl. 60f., Bl. 69, BStU, MfS, P, XIII/19230/62 Archiv-Nr. 2298/63, Bl. 8ff., Wikipedia, Universität Magdeburg.

Högg, Emil, Prof. Dr.-Ing. Dr.-Ing. h. c.
* 05.07.1867 in Heilbronn, † 27.12.1954 in Radebeul
Ab 1898 Stadtbaumeister der Bauverwaltung in Berlin. Ab 1904 Direktor des Gewerbemuseums in Bremen. Von 1911 bis 1933 Professor für Raumkunst und Ingenieurbaukunst an der TH Dresden. 1923 verlieh ihm die TH Hannover den Ehrendoktortitel. Seit 1923 Ehrenmitglied der Burschenschaft „Arminia auf dem Burgkeller Jena“. Ab 1926 ehrenamtlich Kirchenbauwart des Landeskirchenrates Thüringen, wo er sich öffentlich völkisch und rassistisch äußerte. Nach 1945 arbeitete er in Niederlößnitz, einem Stadtteil von Radebeul.
Quellen: Klee II, Wikipedia.

Hohlbaum, Robert, Dr. phil.
* 28.08.1886 in Jägerndorf, Schlesien, † 04.02.1955 in Graz
Bis 1914 Wissenschaftlicher Bibliothekar an der Universitätsbibliothek Wien. Als Offizier Teilnehmer am Ersten Weltkrieg. Mitglied der großdeutschen „Volkspartei". 1937 deutscher Staatsbürger und Leiter der Stadtbibliothek Duisburg. 1942 Direktor der Landesbibliothek in Weimar. Von 1944 bis 1951 Schriftsteller in Weimar. Einiger seiner Schriften wurden 1945 auf die „Liste der auszusondernden Literatur" gesetzt. Die letzten Lebensjahre verbrachte er in Graz. 1921 mit dem „Bauernfeld-Preis", 1944 mit dem „Literaturpreis" der Stadt Troppau (heute Tschechien) und 1951 mit dem „Adalbert-Stifter-Preis" ausgezeichnet.
Quellen: Wikipedia.

Hund, Friedrich, Prof. Dr. phil. Dr. h. c. mult.
* 04.02.1896 in Karlsruhe, † 31.03.1997 in Göttingen
Von 1915 bis 1917 Teilnehmer am 1. Weltkrieg. Von 1922 bis 1927 Assistent bei Max Born an der Universität Göttingen. Von 1925 bis 1927 Privatdozent an der Universität Göttingen. Ab 1927 Professor für Theoretische Physik an der Universität Rostock. Von 1929 bis 1946 Professor für Mathematische Physik an der Universität Leipzig. 1942 Direktor des Instituts für Physik der Universität Leipzig. 1943 mit der „Max-Planck-Medaille" ausgezeichnet. Von 1945 bis 1946 Prorektor der Universität Leipzig. Von 1946 bis 1951 Professor an der Universität Jena, wo er 1948 Rektor war. 1949 mit dem „Nationalpreis" ausgezeichnet. 1951 „republikflüchtig". Von 1951 bis 1957 Professor für Theoretische Physik an der Universität Frankfurt/M. Von 1957 bis zur Emeritierung 1964 Professor für Theoretische Physik an der Universität Göttingen. Seit 1933 Mitglied der SAW zu Leipzig. Seit 1944 Mitglied der Leopoldina zu Halle. Seit 1949 Mitglied der AdW zu Berlin, deren Ehrenmitglied er seit 1994 war. Seit 1958 Mitglied der AdW Göttingen, deren Ehrenmitglied er seit 1991 war. Ehrenmitglied der Deutschen Physikalischen Gesellschaft. 1949 mit dem „Nationalpreis" II. Klasse für Wissenschaft und Technik der DDR ausgezeichnet. 1966 mit dem „Großen Verdienstkreuz" der Bundesrepublik Deutschland ausgezeichnet. 1966 wurde ihm von der Universität Frankfurt/M., 1973 von der Universität Uppsala und 1983 von der Universität

Köln jeweils der Ehrendoktortitel verliehen. Seit 1996 Ehrenbürger der Stadt Jena.
Quellen: Wikipedia, Professorenkatalog Universität Rostock, Professorenkatalog Universität Leipzig.

Ibrahim, Jussuf, Prof. Dr. med. Dr. h. c.
* 27.05.1877 in Kairo, † 03.02.1953 in Jena
1917 Professor an der Universität Jena und 1918 Leiter der Kinderklinik. Als Direktor der Universitätskinderklinik Jena beteiligt an der Euthanasie in Jena. 1943 mit dem „Kriegsverdienstkreuz“ II. Klasse ausgezeichnet. 1947 erhielt er den Ehrendoktortitel der Sozialpädagogischen Fakultät der Universität Jena und Ehrenbürger der Stadt Jena. 1950 als „Verdienter Arzt des Volkes“ und 1952 mit dem „Nationalpreis“ 1. Klasse ausgezeichnet. Wegen seiner Beteiligung an den Massenmorden an „lebensunwerten“ Kindern, wurden 2000/01 eine nach ihm benannte Straße, die Universitätskinderklinik und zwei Kindergärten umbenannt und die Ehrenbürgerschaft der Stadt Jena erlosch.
Quellen: Wikipedia, Hirschinger, Klee I, Ernst Klee: Irrsinn Ost …, S. 107, Ernst, S. 280, Zimmermann, S. 27, S. 81, S. 131, S. 160, 165ff., S. 171, S. 193, Hoßfeld u.a. S. 138, S. 151, https://www.mdr.de/zeitreise/nazis-in-der-ddr-100.html.

Jan von, Eduard, Prof. Dr. med. dent. Dr. phil.
* 13.11.1885 in Straßburg, † 01.01.1971 in Jena
Von 1927 bis 1929 Privatdozent für Romanische Philologie an der Universität Würzburg. Von 1929 bis 1932 Professor für Romanische Philologie an der Universität Greifswald. Von 1932 bis 1945 Professor für Romanische Philologie an der Philologisch-Historischen Abteilung der Philosophischen Fakultät der Universität Leipzig. Im November 1933 unterzeichnete er das „Bekenntnis der Professoren an den deutschen Universitäten und Hochschulen zu Adolf Hitler und dem nationalsozialistischen Staat“.

Von 1946 bis zur Emeritierung 1957 Professor für Romanische Philologie an der Universität Jena.[79]
Quellen: Wikipedia, Professorenkatalog Universität Leipzig.

Jonas, Paul, Prof. Dr. Dipl.-Ing.
* 15.10.1904 in Eberswalde, † 30.01.2010 in Rostock
1923/24 Volontär bei den Ardelt-Werken, später Kranbau Eberswalde. Von 1935 bis 1936 Konstrukteur bei der Firma Daimler-Benz im Werk Berlin-Marienfelde. 1936 wissenschaftlicher Mitarbeiter an der Gewerbeförderungsstelle der Handelskammer Berlin. Von 1937 bis 1945 Konstrukteur und später Versuchs- und Entwicklungsingenieur in der Flugerprobung und bei der Entwicklung eines Strahltriebwerks bei den Brandenburgischen Motorenwerken in Berlin-Spandau. Von 1945 bis 1946 Landarbeiter in Athensleben im Kreis Calbe. 1946 sechs Monate im russischen Lehrerseminar in Schwerin. Ab 1946 bei der Torfindustrie Sander, ab 1947 beim VEB Klement-Gottwaldt-Werke in Schwerin und dort ab 1951 Konstrukteur und Leiter des Konstruktionsbüros. Ab 1954 Mitarbeiter beim Aufbau der Fachrichtung Schiffsmaschinenbau. Ab 1955 Hochschullehrer für die Themen Dampfturbinen und Kreiselpumpen und kommissarischer Leiter des Instituts für Strömungsmaschinen an der Universität Rostock. Dort ab 1957 Dozent und ab 1962 Professor bis zur Emeritierung 1970. Von 1963 bis 1964 Fachrichtungsleiter. Von 1970 bis 1993 leitete er Ausbildung und Forschung auf dem Gebiet der Strömungsmaschinen. Mit der Ehrennadel der Universität Rostock ausgezeichnet.
Quellen: Professorenkatalog Universität Rostock.

Justi, Ludwig, Prof. Dr. phil.
* 14.03.1876 in Marburg, † 19.10.1957 in Potsdam
Ab 1902 Privatdozent an der Universität Berlin. Ab 1903 Professor an der Universität Halle. Ab 1904 Direktor des Städelschen Kunstinstituts in Frankfurt/M. Ab 1905 ständiger Sekretär der AdK. Von 1909 bis 1933 Direktor der Nationalgalerie in Berlin. Ab 1933 Kustos der Staatlichen

[79] http://uni-leipzig.de/unigeschichte/professorenkatalog/leipzig/Jan_71/markiere:von%20Jan/

Kunstbibliothek der Nationalgalerie. Teilnehmer am Zweiten Weltkrieg. Von 1946 bis 1957 Generaldirektor der staatlichen Museen. Professor für Kunstgeschichte an der Humboldt-Universität Berlin. Ab 1949 Mitglied der AdW zu Berlin. 1956 mit dem „Nationalpreis" und als „Hervorragender Wissenschaftler des Volkes" ausgezeichnet. 1950 Ehrendoktor der Humboldt-Universität.
Quellen: Cerný, Klee II, Wikipedia, Baumgartner/Hebig, Professorenkatalog Universität Halle.

Kaestner, Alfred, Prof. Dr.
* 17.05.1901 in Leipzig, † 03.01.1971 in München
Ab 1930 Kustos und Leiter des Naturkundemuseums in Stettin. Im November 1933 unterzeichnete er das „Bekenntnis der Professoren an den deutschen Universitäten und Hochschulen zu Adolf Hitler und dem nationalsozialistischen Staat". Ab 1946 Kustos am Zoologischen Museum in Berlin. Ab 1949 Professor für spezielle Zoologie und Direktor des Zoologischen Museums. Von 1957 bis 1967 Professor für Spezielle Zoologie an der Universität München. Erster Direktor der Staatlichen Naturwissenschaftlichen Sammlungen in Bayern. Seit 1957 Mitglied der Leopoldina. 1959 bis 1960 Präsident der Deutschen Zoologischen Gesellschaft.
Quellen: Wikipedia, Hartkopf, S. 175.

Kapp, Rudolf, Prof. Dr. oec.
* 21.11.1906 in Pirmasens, † 07.09.1988 in Rostock
Ab 1928 Konstrukteur bei der Firma Siemens-Schuckert-Werk in Nürnberg. Von 1929 bis 1932 Konstrukteur bei den Junkers-Flugzeugwerken in Dessau. Von 1932 bis 1945 Konstrukteur, Betriebsleiter, Prokurist und stellvertretender Direktor der Firma Heinkel-Flugzeugwerke in Rostock. Von 1942 bis 1945 Abwehrbeauftragter des Heinkelkonzerns. Von 1945 bis 1946 Konstruktionsleiter der Industriewerke Rostock. Von 1946 bis 1947 Abteilungsleiter des technischen Büros der Windkraftwerke Warnemünde. Von 1947 bis 1949 technischer Leiter der Windkraftwerke und Maschinenbau Rostock. Von 1949 bis 1960 Werksdirektor des Dieselmotorenwerks Rostock. Von 1960 bis zur Emeritierung 1972 Professor an der Universität Rostock. Von 1961 bis 1963 Dekan der

Wirtschaftswissenschaftlichen Fakultät. Von 1964 bis 1968 Direktor des Instituts für Fertigungsvorbereitung. Von 1968 bis 1969 stellvertretender Sektionsdirektor für Forschung. 1954 mit dem „Vaterländischen Verdienstorden“ in Silber ausgezeichnet.
Quellen: Professorenkatalog Universität Rostock, BStU, MfS, HA IX/11 AS Nr. 133/69, Bd. 11, Bl. 227ff.

Kathe, Johannes, Prof. Dr. med. Dr. rer. nat. h. c.
* 22.12.1880 in Stolberg (Harz), † 25.08.1965 in Rostock
Von 1905 bis 1911 Assistent an der Universität Halle. Von 1911 bis Januar 1945 Kreisarzt und gleichzeitig Direktor des Staatlichen Medizinalamtes in Breslau. Als Armeehygieniker und Regiments- bzw. Stabsarzt Teilnehmer am 1. Weltkrieg. Von 1945 bis Mitte September 1947 Leiter eines Seuchenlaboratoriums in der Tbc-Heilstätte Buchwald-Hohenwiese und, auf Anordnung des polnischen Gesundheitsministers, in Bad Warmbrunn (Schlesien). Von 1947 bis Mai 1948 am Robert-Koch-Institut ehrenamtlich tätig. Von Mai 1948 bis März 1949 Abteilungsleiter der Deutschen Zentralverwaltung für das Gesundheitswesen in Berlin. Von April 1949 bis 1957 Professor für Bakteriologie und Hygiene an der Universität Rostock. Von 1957 bis 1961 Leiter des Leptospirenlaboratoriums der Universität Rostock. Mitherausgeber der „Zeitschrift für Immunitätsforschung und experimentelle Therapie“. Mitherausgeber des „Zentralblattes für Bakteriologie, Parasitenkunde, Infektionskrankheiten und Hygiene“. 1951 als „Verdienter Arzt des Volkes“, 1953 mit dem „Nationalpreis“ III. Klasse und 1960 als „Hervorragender Wissenschaftler des Volkes“ ausgezeichnet. Ab 1955 Mitglied der Leopoldina und korrespondierendes Mitglied der AdW zu Berlin.
Quellen: Professorenkatalog Universität Halle, Professorenkatalog Universität Rostock, Wikipedia.

Kegel, Karl, Prof. Dr. Dr.-Ing. h. c.
* 19.05.1876 in Magdeburg, † 05.03.1959 in Freiberg
Mitglied der pflichtschlagenden Studentenverbindung „Corps Holsatia“. Ab 1906 Lehrer an der Bergschule in Bochum. Ab 1918 Professor für Bergbau, Bergwirtschaft und Brikettierung an der Bergakademie Freiberg.

Im November 1933 unterzeichnete er das „Bekenntnis der Professoren an den deutschen Universitäten und Hochschulen zu Adolf Hitler und dem nationalsozialistischen Staat". 1941 emeritiert. Ab 1945 wieder an seinem Institut an der BAF. 1951 übergab er sein Amt an Erich Rammler. 1949 Ehrenbürger der Stadt Freiberg. 1952 Ehrendoktor der RWTH Aachen. Mit dem „Nationalpreis" und 1956 als „Hervorragender Wissenschaftler des Volkes" ausgezeichnet. 1949 Mitglied der SAW. Mitglied der AdW zu Berlin. Mitglied der Freimaurerloge „Zu den drey Bergen" in Freiberg.
Quellen: Wikipedia, NDB, BStU, MfS, Allg. P Nr. 1164/66, Bl. 23.

Keilberth, Joseph, Prof.
* 19.04.1908 in Karlsruhe, † 20.07.1968 in München
Ab 1925 Korrepetitor bzw. Kapellmeister der Staatskapelle Baden in Karlsruhe. Ab 1935 Generalmusikdirektor in Karlsruhe. Ab 1940 Generalmusikdirektor des Deutschen Philharmonischen Orchesters in Prag. Von 1942 bis 1945 Landesleiter der RMK im Reichsprotektorat Böhmen und Mähren. Als Dirigent in der „Liste der Gottbegnadeten" aufgeführt, einer Liste die vom Reichsministerium für Volksaufklärung und Propaganda zusammen mit A. Hitler 1944 erstellt worden war. Damit von jeglichem Kriegseinsatz freigestellt. Von 1945 bis 1949 Oberleiter der Sächsischen Staatskapelle Dresden und wurde Professor durch die Sächsische Landesregierung. Von 1948 bis 1951 Leitender Kapellmeister der Staatskapelle Berlin. Ab 1950 bis zu seinem Tod 1968 Chefdirigent der Bamberger Symphoniker, die aus seinem Prager Orchester hervorgegangen waren. Von 1951 bis 1959 Hamburgischer Generalmusikdirektor und Leiter des Philharmonischen Staatsorchesters Hamburg. Ab 1959 Bayerischer Generalmusikdirektor an der Bayerischen Staatsoper München. 1949 mit dem „Nationalpreis" I. Klasse. 1961 mit dem „Bayerischen Verdienstorden", 1964 mit dem „Österreichischen Ehrenkreuz für Wissenschaft und Kunst" 1. Klasse und 1967 mit dem „Kulturpreis" der Stadt Winterthur (Schweiz) ausgezeichnet.
Quellen: Wikipedia, Klee II.

Klemm, Walter, Prof.
* 18.06.1883 in Karlsbad, † 11.08.1957 in Weimar
Ab 1904 beteiligt an der Ausstellung der Wiener Secession. Ab 1908 Grafiker und Maler, zusammen mit Carl Thiemann, in der Künstlerkolonie Dachau. Ab 1910 Mitglied der Berliner Secession. Ab 1913 Professor und Leiter der Graphischen Abteilung an der Hochschule für bildende Kunst in Weimar. Teilnehmer an der Ausstellung im „Haus der Deutschen Kunst" in München. Nach dem Zweiten Weltkrieg beteiligt am Wiederaufbau der Kunsthochschule Weimar. 1952 Ehrensenator der Hochschule für Architektur und Bauwesen Weimar.
Quellen: Klee II, Wikipedia.

Kochendörffer, Rudolf, Prof. Dr. phil.
* 21.11.1911 in Berlin-Pankow, † 23.08.1980 in Dortmund
1937 wissenschaftlicher Hilfsarbeiter beim „Jahrbuch über den Fortschritt der Mathematik" in Berlin. Ab 1938/39 Assistent am Mathematischen Institut an der Universität Göttingen. Von 1939 bis 1942 wissenschaftlicher Hilfsarbeiter bei der Dechiffrierabteilung des Auswärtigen Amtes. Von 1942 bis 1945 bei der Dechiffriergruppe der Nachrichtenaufklärung des Oberkommandos des Heeres. 1945 bis 1946 Mitarbeit in der elterlichen Leihbücherei. Von 1946 bis 1948 Oberassistent und später Privatdozent Mathematischen Institut der Humboldt-Universität. Ab 1949 Professor für Mathematik an der Universität Greifswald. Von 1950 bis 1966 Professor für Mathematik an der Universität Rostock. Von 1951 bis 1953 Dekan und von 1953 bis 1956 Prodekan. Von 1956 bis 1960 als Prorektor für Forschungsangelegenheiten. Mitglied des wissenschaftlichen Beirats für Mathematik beim Staatssekretariat für das Hoch- und Fachschulwesen. Mitglied der Mathematischen Gesellschaft. Mitglied der Deutschen Mathematiker. Ab 1967 „republikflüchtig". Ab 1968 Professor für Mathematik an der Universität Mainz und von 1970 bis 1977 an der Universität Dortmund. 1960 mit dem „Vaterländischen Verdienstorden" in Bronze und 1963 mit dem „Nationalpreis" III. Klasse für Wissenschaft und Technik ausgezeichnet. Beide Auszeichnungen wurde ihm nach seiner „Republikflucht" aberkannt.
Quellen: Wikipedia, Professorenkatalog Universität Rostock.

Kockel, Bernhard Wilhelm Paul, Prof. Dr. phil.
* 03.09.1909 in Leipzig, † 27.05.1987 in Gießen
Ab 1933 Hilfsassistent am Institut für Theoretische Physik. Ab 1934 Studienassessor am Königin-Carola-Gymnasium in Leipzig. Von 1934 bis 1936 Privatassistent bei W. Heisenberg. Ab 1936 Hilfsassistent an der Universität Göttingen. Von 1937 bis 1941 Mitglied der DAF. Von 1937 bis 1942 wissenschaftlicher Mitarbeiter am Forschungsinstitut der Firma AEG in Berlin. Von 1942 bis 1945 dienstverpflichtet bei der Entmagnetisierungsgruppe (EMG) Lübeck, einer Dienstelle der Kriegsmarine. Von 1945 bis 1947 Lehrer am Friedrich-Engels-Gymnasium in Berlin-Reinickendorf. Ab 1946 Mitglied der SED. Ab Mai 1947 bis 1959 Wissenschaftlicher Assistent bzw. Professor für Theoretische Physik an der Universität Leipzig. Direktor des theoretisch-physikalischen Instituts. 1959 Leitung der Arbeitsstelle für Theoretische Chemie der AdW zu Berlin. Von 1962 bis zu seiner Emeritierung 1974 Professor für Theoretische Physik an der Universität Gießen.
Quellen: Wikipedia, Professorenkatalog Universität Leipzig, BStU, MfS, IX/11 Nr. AK 5449/76, Bd. 2, Bl. 2.

Knevels, Wilhelm, Prof. Dr. theol.
* 03.07.1897 in Mannheim, † 24.12.1978 in Berlin
Ab 1938 Professor für Praktische Theologie an der Universität Rostock. Seit 1939 als evangelischer Theologe Mitarbeiter am „Institut zur Erforschung und Beseitigung des jüdischen Einflusses auf das deutsche kirchliche Leben“. Ab 1942 Professor für Theologie an der Universität Breslau. Ab 1950 Lehrbeauftragter an der Universität Halle. Beauftragter der Evangelischen Kirche für die Theologische Arbeit an der Volkshochschule. 1962 emeritiert. Ab 1965 an die FU Berlin.
Quellen: Wikipedia, Klee I.

Kühn, Johannes, Prof. Dr.
* 24.01.1887 in Bogschütz (Schlesien), † 24.02.1973 in Heidelberg
Mitglied in der Studentenverbindung „Verein Deutscher Studenten Leipzig". Teilnehmer am 1. Weltkrieg. Wissenschaftlicher Mitarbeiter und Privatdozent. Ab 1927 Professor für Geschichte an der TH bzw. TU Dresden. Ab Juni 1943 Mitglied der SAW. Kühn betrieb eine an den Inhalten und Normen der Nazi-Faschisten angelehnte Sprache. Ab 1947 Professor für Geschichte an der Universität Leipzig. Von 1949 bis 1955 Professor für Neuere Geschichte an der Universität Heidelberg.
Quellen: Wikipedia.

Kunze, Paul, Prof. Dr. phil. habil.
* 02.11.1897 in Chemnitz, † 06.10.1986 in Dresden
Teilnehmer am Ersten Weltkrieg. Ab 1920 Mitglied im Corps Vitruvia München. Leiter des Hauptamtes für Wissenschaft der Dozentenschaft. Mitglied im NSDDB. Ab 1934 Mitglied der SA und Scharführer bei einem Nachrichtensturm. Weil er 1932 Mitglied der Freimaurerloge „Freundschaft im Hochland" war, wurde er aus der SA ausgeschlossen. Von 1928 bis 1958 an der Universität Rostock. Dort war beteiligt an Rüstungsforschungen. 1945 wegen seiner Nazi-Vergangenheit entlassen. Ab 1946 Lehrstuhlvertreter und ab 1948 Professor, Institutsdirektor und Prodekan der Universität Rostock. Von 1958 bis 1962 Direktor des Instituts für Experimentelle Kernphysik der TU Dresden. Mitherausgeber der Zeitschriften „Kernenergie" und „Experimentelle Technik der Physik". Ab 1953 Mitglied der AdW zu Berlin. 1960 als „Hervorragender Wissenschaftler des Volkes" ausgezeichnet.
Quellen: Professorenkatalog Universität Rostock, Wikipedia.

Laux, Karl, Prof.
* 26.08.1896 in Ludwigshafen, † 27.06.1978 in Dresden
Teilnehmer am Ersten Weltkrieg. Von 1917 bis 1919 in britischer Kriegsgefangenschaft. Seit 1922 Musikkritiker in Mannheim. Von 1926 bis 1934 Musikredakteur bei der „Neuen Badischen Landeszeitung". Anhänger des Nationalsozialismus. Von 1934 bis 1945 in Dresden bei den „Neuesten Nachrichten". Zugleich von 1936 bis 1948 Dozent an der Mu-

sikhochschule Dresden. Von 1945 bis 1948 Ministerialrat im Ministerium für Volksbildung in Sachsen. Seit 1946 Mitglied der KPD bzw. SED. Seit 1948 Musikredakteur der „Täglichen Rundschau“ in Berlin. Ab 1951 Chefredakteur von „Musik und Gesellschaft“. Von 1952 bis 1963 Rektor der Hochschule für Musik „Carl Maria von Weber“ in Dresden. Ab 1956 Präsident der „Robert-Schumann-Gesellschaft“. Mitglied im KB. Von 1958 bis 1963 AdV. 1960 mit der „Artur-Becker-Medaille“, mit dem Orden „Banner der Arbeit“, 1971 mit dem „Vaterländischen Verdienstorden“ in Gold und 1976 mit der „Ehrenspange“ zum VVO in Gold ausgezeichnet. In Dresden wurde eine Straße nach ihm benannt. 1972 Ehrenbürger von Zwickau.
Quellen: Herbst, Baumgartner/Hebig, Wikipedia, Sächsische Biografie, NDB.

Lehmann, Johann Carl, Prof. Dr. med.
* 07.02.1885, † 16.06.1950
Von 1910 bis 1914 Assistenzarzt am Universitätsklinik Rostock. Als Oberarzt Teilnehmer am Ersten Weltkrieg. Von 1919 bis 1928 an der Universität Rostock. Von 1929 bis 1933 Chefarzt und Chirurg an der Provinzial-Krankenpflegerinnen-Lehranstalt „Clementinenhaus“ in Hannover. Von 1933 bis 1935 Direktor der Chirurgischen Abteilung des Allgemeinen Krankenhauses in Lübeck. Als Oberstabsarzt Teilnehmer am Zweiten Weltkrieg. Von 1945 bis 1947 wegen seiner Nazi-Vergangenheit als Professor entlassen worden. Arzt und kommissarischer Direktor der Chirurgischen Klinik. 1947 konnte er seine Lehrtätigkeit wiederaufnehmen. Von 1948 bis 1950 Professor für Chirurgie und Orthopädie der Universität Rostock, wo er auch Dekan und Klinikdirektor war.
Quellen: Professorenkatalog Universität Rostock, Wikipedia.

Lehweß-Litzmann, Walter
* 05.06.1907 in Bromberg, Provinz Posen, † 16.09.1986 in Wildau bei Berlin
Ab 1925 Offiziersanwärter der Reichswehrkavallerie. Ab 1929 Leutnant des 4. Reiter-Regiments in Potsdam. Ab 1935 Hauptmann und Staffelka pitän der Luftwaffe. Als Oberstleutnant i. G. der Luftwaffe Teilnehmer am

Zweiten Weltkrieg und mit dem „Deutschen Kreuz“ in Gold ausgezeichnet. Von 1943 bis 1945 in sowjetischer Kriegsgefangenschaft. Ab Dezember 1945 Mitarbeit beim Aufbau der „Berliner Zeitung“. Mitglied im NKFD. Mitglied im BDO. 1955 Mitglied der SED. Mitglied der AeO. Von 1952 bis 1959 als Oberst der Kasernierten Volkspolizei Luft Chef der fliegerischen Ausbildung. 1956/57 Kommandeur der Fliegerschule Cottbus und stellvertretender Chef der Verwaltung Luftstreifkräfte (LSK) im Kommando Luftstreitkräfte/Luftverteidigung LSK/LV). Bis 1959 Kommandeur der Fliegerschule Kamenz, die später zur OHS der LSK/LV wurde. Von 1959 bis 1970 Direktor des Flugbetriebs der Deutschen Lufthansa, ab 1963 Interflug. 1959 mit der „Verdienstmedaille“ der NVA, mit der „Ernst-Moritz-Arndt-Medaille“ und 1968 mit der „Medaille der Waffenbrüderschaft“ ausgezeichnet. Die Trauerfeier anlässlich seiner Beerdigung war zivil und militärisch gehalten.
Quellen: Lapp, Wikipedia, Stockhorst, BStU, MfS, Allg. P 8003/70, Bl. 10-26, Bl. 39-51, Bl. 57, Bl. 67ff, Bl. 87, Bl., 100f, Bl. 175f, Bl. 186f, Bl. 233, Bl. 270f, Bl. 282-292, Bl. 324f., BStU, MfS, HA XIX Nr. 4705, Bl. 43f.

Leipoldt, Johannes, Prof. Dr. phil. Lic. theol.
* 20.12.1880 in Dresden, † 22.02.1965 in Leipzig
Von 1905 bis 1906 Privatdozent für Kirchengeschichte an der Theologischen Fakultät der Universität Leipzig. Von 1906 bis 1909 Privatdozent an der Universität Halle. Von 1909 bis 1914 Professor für Neutestamentliche Wissenschaft an der Universität Kiel. Von 1914 bis 1916 Professor an der Universität Münster. Von 1916 bis 1954 Professor für Neutestamentliche Wissenschaft an der Theologischen Fakultät der Universität Leipzig. Von 1923 bis 1924 und von 1928 bis 1929 Dekan der Theologischen Fakultät der Universität Leipzig. Als antisemitischer Autor und evangelischer Theologe ab 1939 Mitarbeiter im „Institut für die Erforschung und Beseitigung des jüdischen Einflusses auf das deutsche kirchliche Leben“. Nach 1945 für die Evangelisch-Lutherische Landeskirche in Sachsen, Domherr in Wurzen und Meißen. 1954 mit dem „Vaterländischen Verdienstorden“ in Silber und 1960 in Gold ausgezeichnet. Mitglied der SAW zu Leipzig. Von 1953 bis 1963 AdV. Einer seiner Schüler war der spätere Leiter des

„Instituts zur Erforschung und Beseitigung des jüdischen Einflusses auf das deutsche kirchliche Leben“, Walter Grundmann.
Quellen: Wikipedia, Klee I, Professorenkatalog Universität Leipzig, BBKL, Braun/Grünzinger, Weinreich.

Lembke, Herbert, Prof. Dr.
* 07.12.1905 in Berlin, † 1983
Assistent am Geographischen Institut der Universität Berlin. Ab 1947 wieder am Geographischen Institut der Humboldt-Universität. Ab 1961 Professor und ab 1962 bis zur Emeritierung Direktor des Instituts. Er agierte als „zuverlässiger“ Nationalsozialist bis 1945. Eine Mitgliedschaft in einer Nazi-Organisation ist nicht belegbar.
Quellen: BStU, MfS, HA IX Nr. 25975, Bl. 38, Bl. 39, https://www.geographie.hu-berlin.de/de/institut/direktorium_zentraledienste/zentrale_dienste/geodaten/kartensammlung/PFS/bfphtml/BFP115.

Lilienfein, Heinrich, Prof. Dr. phil.
* 20.11.1879 in Stuttgart, † 20.12.1952 in Weimar
Von 1920 bis zu seinem Tod 1952 Generalsekretär der „Deutschen Schillerstiftung“. 1932 mit der „Goethe-Medaille“ und 1939 mit dem „Schwäbischen Dichterpreis“ sowie mit dem Professorentitel ausgezeichnet. Im Oktober 1933 unterzeichnete er, zusammen mit weiteren 87 Schriftstellern und Dichtern, das „Gelöbnis treuester Gefolgschaft für Adolf Hitler“. Später war er Mitglied des Kuratoriums der „Stiftung für Kulturschaffende“, die von J. Goebbels, Reichsminister für Volksaufklärung und Propaganda, eingerichtet worden war. 1939 mit dem „Schwäbischen Dichterpreis“ und mit der „Goethe-Medaille“ für Kunst und Wissenschaft ausgezeichnet. Lilienfein stand auch auf der „Liste der Gottbegnadeten“, einer Liste mit den Namen von 1041 Künstlern, die vom Reichsministerium für Volksaufklärung und Propaganda zusammen mit A. Hitler 1944 erstellt worden war. Damit war er von jeglichem Kriegseinsatz freigestellt. Ab 1949 Ehrenbürger von Weimar. 1952 erhielt er von der Regierung der DDR eine Ehrenpension. Auf dem Ehrengräberfeld des Historischen Friedhofs in Weimar beigesetzt. Der Birkenweg in Karlsruhe wurde 1974 in Heinrich-Lilien-

fein-Weg umbenannt. Anlässlich seines 100. Geburtstages erinnerte die Stadt Stuttgart 1979 mit einer Ausstellung, in der Stadtbücherei an ihn. Quellen: Wikipedia, Klee II.

Löhe, Heinrich, Prof. Dr. med.
* 26.08.1877 in Ahaus, † 09.05.1961 in Berlin
Ab 1901 Militärarzt. Von 1905 bis 1909 an der Hautpoliklinik der Universität Berlin. Dort von 1910 bis 1912 am Pathologischen Institut. Ab 1912 Assistent an der Hautpoliklinik. Ab 1915 an der Universität Berlin und Teilnehmer am 1. Weltkrieg. Ab 1918 Professor und Oberarzt der Dermatologie. Ab 1925 Arzt und Direktor der Dermatologie am Rudolf-Virchow-Krankenhaus. Ab August 1942 Generalarzt, Oberstarzt und Beratender Dermatologie beim Heeres-Inspekteur gehörte er dem Wissenschaftlichen Senat des Heeressanitätswesens an. Von 1945 bis zur Emeritierung 1951 Professor für Haut- und Geschlechtskrankheiten und Direktor der Universitäts-Hautklinik der Charité. Ab 1956 Mitglied der Leopoldina. Ab 1946 Herausgeber der „Dermatologischen Wochenschrift“. 1952 mit dem „Großen Verdienstkreuz der Bundesrepublik Deutschland“ ausgezeichnet.
Quellen: Wikipedia, Klee I, https://www.enzyklopaedie-dermatologie.de/dermatologie/lohe-heinrich-12579.

Lohmann, Karl, Prof. Dr. med.
* 10.04.1898 in Bielefeld, † 22.04.1978 in Berlin
Mitglied der farbentragenden und nichtschlagende Burschenschaft Alemannia Münster. Von 1924 bis 1937 wissenschaftlicher Mitarbeiter am Kaiser-Wilhelm-Institut für Biologie und medizinische Forschung in Berlin und Heidelberg. Seit 1935 Mitglied der DAF. Mitglied im NSLB. Von 1937 bis 1951 Professor für Physiologische Chemie und Direktor des Instituts für Biochemie in Berlin-Buch. Ab 1942 an der Nervenklinik für Kinder in Berlin-Wittenau mit der „Euthanasie“ beschäftigt. Ab 1944 im Wissenschaftlichen Beirat des Bevollmächtigten für das Gesundheitswesen (Karl Brandt). Von 1945 bis 1946 kommissarischer Dekan der Medizinischen Fakultät der Humboldt-Universität Berlin. Ab 1947 Mitglied des Kuratoriums zur Gründung des Instituts für Medizin und Biologie der AdW in Berlin-Buch. Ab 1949 Mitglied der AdW zu Berlin. Ab 1955 Mit-

glied der Leopoldina zu Halle. Von 1951 bis 1961 Bereichsleiter am Institut für Medizin und Biologie in Berlin-Buch. Von 1957 bis 1964 Präsident des Instituts für Ernährungsforschung der AdW in Potsdam. 1939 mit dem „Adolf-Fick-Preis ausgezeichnet. 1951 mit dem „Nationalpreis", 1958 mit dem „Vaterländischen Verdienstorden" in Silber und 1978 in Gold sowie 1963 als „Hervorragender Wissenschaftler des Volkes" ausgezeichnet. Die Humboldt-Universität verlieh ihm zweimal 1960 (Dr. agr. h. c.) und 1966 (Dr. med. h. c.) einen Ehrendoktortitel. 1967 mit der „Cothenius-Medaille" der Leopoldina und 1978 mit der „Helmholtz-Medaille" der AdW zu Berlin ausgezeichnet. Seit 1990 werden alle zwei Jahre junge Wissenschaftler von der Gesellschaft für Biochemie und Molekularbiologie mit dem „Karl-Lohmann-Preis" ausgezeichnet. Im Juni 1966 wurde Lohmann vom MfS operativ bearbeitet, wegen des Verdachts der „Spionage" und der „Schädlingstätigkeit".
Quellen: Wikipedia, Klee I, BStU, MfS, HA IX Nr. 25975, Bl. 87, BStU, MfS, HA XVIII Nr. 15960, Bl. 113f., Deutsche Biographie, Bielka, S. 184f.

Meyer, Rudolf, Prof. Dr.
* 08.09.1909 in Leipzig-Leutzsch, † 02.04.1991 in Jena
Ab 1938 als Privatdozent an der Universität Leipzig. Teilnehmer am Zweiten Weltkrieg. Mitarbeiter beim antisemitischen „Institut zur Erforschung und Beseitigung des jüdischen Einflusses auf das deutsche kirchliche Leben". Ab 1947 Professor für das Alte Testament an der Universität Jena. Seit 1959 Mitglied der SAW zu Leipzig. Seit 1978 korrespondierendes Mitglied der Heidelberger AdW.
Quellen: Klee I, Wikipedia, Braun/Grünzinger.

Mirbt, Hermann, Prof. Dr. jur.
* 15.07.1891 in Marburg, † 13.10.1968 in Berlin
Ab 1927 Professor an der Universität Göttingen. Im November 1933 unterzeichnete er das „Bekenntnis der Professoren an den deutschen Universitäten und Hochschulen zu Adolf Hitler und dem nationalsozialistischen Staat". Ab 1947 Professor an der Universität Halle. Ab 1953 Lehrauftrag

mit dem Schwerpunkt Deutsches Steuerrecht an der TU Berlin. Ab 1952 Senatsdirektor in Berlin-West. 1956 ging er in Ruhestand.
Quellen: Klee I, Wikipedia.

Mühlenpfordt, Justus, Prof. Dr.
* 22.04.1911 in Lübeck, † 02.10.2000
Ab 1935 im Labor von Gustav Hertz bei der Firma Siemens AG. Ab 1945 Arbeit am Atombombenprojekt der Sowjetunion. Von 1950 bis 1955 Leiter eines Konstruktionsbüros in Leningrad. In Leipzig gründete er 1957 das Institut für physikalische Stofftrennung. Ab 1964 hieß es Institut für stabile Isotope und ab 1970 Zentralinstitut für Isotopen- und Strahlenforschung. Mitgründer der Zeitschrift „Isotopenpraxis". Von 1969 bis zur Emeritierung 1974 Leiter des Forschungsbereichs Kern- und Isotopentechnik an der AdW zu Berlin. 1961 im Kollektiv mit dem „Nationalpreis" II. Klasse für Wissenschaft und Technik ausgezeichnet. Ab 1969 Mitglied der AdW zu Berlin. Ab 1993 Mitglied der Leibniz-Sozietät.
Quellen: Wikipedia, http://leibnizsozietaet.de/wp-content/uploads/2012/11/03_nachrufe.pdf.

Müller-Hess, Viktor, Prof. Dr. jur. Dr. med.
* 25.02.1883 in Semlin im Banat, † 16.08.1960 in Berlin
Ab 1930 Professor und Direktor des Instituts für Gerichtliche Medizin und Kriminalistik an der Universität Berlin. Oberstabsarzt und am Institut für Wehrgerichtliche Medizin der Militärärztlichen Akademie. Beratender Gerichtsmediziner beim Heeressanitätsinspekteur. Von 1946 bis 1949 Professor an der Humboldt-Universität Berlin. Mitglied im Wissenschaftlichen Senat bei der Deutschen Zentralverwaltung für das Gesundheitswesen in der SBZ. Ab 1949 Direktor des Instituts für Gerichtliche und Soziale Medizin der FU Berlin.
Quellen: Klee I, Wikipedia.

Müssemeier, Friedrich, Prof. Dr. med. vet. Dr. h. c. mult.
* 01.03.1876 in Müssen, Kreis Detmold, † 13.04.1957 in Wilhelmshorst bei Potsdam
Ab 1914 Referent für das Veterinärwesen beim Oberpräsidium in Potsdam. Ab 1935 Ministerialdirektor der Veterinärabteilung im Reichsgesundheitsministerium. Ab 1941 Abteilungsleiter zur Bekämpfung der Tierseuchen im Reichsministerium des Innern (RMdI). Fachspartenleiter für Veterinärmedizin der Deutschen Forschungsgemeinschaft. Honorarprofessor an der Universität Berlin. Ab 1946 Mitglied der CDUD. Professor der Tierseuchenbekämpfung und des Staatsveterinärwesens an der Humboldt-Universität Berlin und Direktor des Instituts für Veterinärpolizei. Ab 1952 Mitglied der Leopoldina zu Halle. Mitglied der DAL.
Quellen: Klee I, Wikipedia, Baumgartner/Hebig, http://www.sammlungen.hu-berlin.de/dokumente/6776/.

Nachtsheim, Hans Friedrich Josef, Prof. Dr. med.
* 13.06.1890 in Koblenz, † 24.11.1979 in Boppard
1921 Abteilungsleiter am Institut für Vererbungsforschung, einer Forschungseinrichtung der Landwirtschaftlichen Hochschule Berlin. Dort ab 1923 Professor. Von 1941 bis 1945 Leiter der Abteilung für experimentelle Erbpathologie am Kaiser-Wilhelm-Institut für Anthropologie. Dort forschte er an Augen von in Auschwitz Ermordeten und hatte mittelbar Verbindung zu Menschenversuchen im Bereich der Tbc-Forschung. Von 1946 bis 1949 Professor für Genetik an der Humboldt-Universität Berlin. Direktor des Instituts für vergleichende Erbbiologie und Erbpathologie der AdW zu Berlin. Von 1949 bis 1955 Professor und Direktor des Max-Planck-Instituts für vergleichende Erbbiologie und Erbpathologie an der FU Berlin. Mitglied der AdW zu Berlin. Mitglied der Akademie für Bevölkerungswissenschaft. Ab 1958 Mitglied im Bundesgesundheitsrat. 1961 Mitglied im „Wiedergutmachungsausschuss“ des Bundestages und dort weiterhin Verfechter der „Ausschaltung der Erbkranken aus der Fortpflanzung“ per Gesetz. Mit dem „Großen Bundesverdienstkreuzes“ der BRD ausgezeichnet.
Quellen: Klee I, Wikipedia, Stockhorst.

Nedo, Paul Johannes, Prof. Dr. phil. habil.
* 01.11.1908 in Kotitz, Kreis Bautzen, † 24.05.1984 in Leipzig
Von 1928 bis 1932 Mitglied im Verband Sorbischer Studenten. Von 1932 bis 1937 Lehrer in Klix, Quatitz und in Rackel. Von 1933 bis 1934 Mitglied der SA. Bis 1937 Mitglied im NSLB. Ohne Mitglied der NSDAP zu sein, war er 1933 Fachberater für wendische Kulturfragen im NSDAP-Bezirk Bautzen. Seit 1933 Vorsitzender der Domowina. Von 1933 bis 1934 Mitglied der SA. Von 1942 bis 1944 Teilnehmer am Zweiten Weltkrieg. 1944 von der Geheimen Staatspolizei (Gestapo) wegen Hochverrat bzw. Wehrkraftzersetzung verhaftet. Von 1945 bis 1948 Kreisschulrat in Bautzen. Mitglied der KPD bzw. SED. Bis 1951 Mitglied der Kreisleitung der SED. Mitglied im FDGB. Mitglied der GDSF. Mitglied im KB. Mitglied der VVN. Von 1959 bis 1964 Professor für Sorbische Volkskunde und Literatur an der Philosophischen Fakultät der Universität Leipzig. Von 1964 bis 1968 Professor für Deutsche und Westslawische Volkskunde an der Humboldt-Universität Berlin. Von 1966 bis 1968 dort Direktor des Instituts für Völkerkunde und Deutsche Volkskunde. Mitglied der AdW zu Berlin. 1974, 1978 und 1983 mit dem „Vaterländischen Verdienstorden" in Bronze, Silber und Gold und mit der „Johannes-R.-Becher-Medaille" ausgezeichnet.
Quellen: Herbst, Wikipedia, Professorenkatalog Universität Leipzig, Baumgartner/Hebig, Sächsische Biografie, BStU, MfS, AP Nr. 76200/92, Bl. 1f., BStU, MfS, HA IX/11 SV 256/87, Bl. 3, Bl. 5, Bl. 13.

Nelles, Johannes, Prof. Dr. Dr. h. c.
* 25.11.1910 in Frankfurt/M., † 07.05.1968 in Halle (Saale)
Ab 1935 Mitarbeiter und später Leiter des Hauptlabors der I.G. Farben in Leverkusen. Ab 1941 in den Buna-Werken in Schkopau, wo er ab 1942 Leiter des wissenschaftlichen Labors war, das auf die Kautschuksynthese spezialisiert war. Von November 1945 bis 1967 Leiter der Buna-Werke. Ab 1956 Professor an der AdW zu Berlin und an der TH für Chemie in Leuna-Merseburg. Mitglied der LDPD. Mit einem Kollektiv wurde er 1949 und 1951 mit dem „Nationalpreis" II. Klasse, 1954 mit dem „Vaterländischen Verdienstorden" in Silber und 1960 als „Held der Arbeit" ausgezeichnet. Ab 1953 Mitglied der AdW zu Berlin. 1957 Gründungsmitglied

und bis 1966 stellvertretender Vorsitzender des Forschungsrats. Die Universität Halle-Wittenberg verlieh ihm den Ehrendoktor. Seit 1998 verleiht die Fima Dow Olefinverbund jährlich den „Prof.-Johannes-Nelles-Preis.
Quellen: Cerný, Wikipedia.

Pauer, Walther, Prof. Dr.-Ing.
* 01.04.1887 in Regensburg, † 20.11.1971 in Dresden
Ab 1911 Ingenieur in der Abteilung Dampfmaschinenbau bei MAN in Nürnberg. AB 1913 Assistent an der TH Dresden. Teilnehmer am 1. Weltkrieg. In französischer Kriegsgefangenschaft. Ab 1922 Professor für Wärmewirtschaft und ab 1933 Leiter des Instituts für Wärmetechnik und Wärmewirtschaft. Im November 1933 unterzeichnete er das „Bekenntnis der Professoren an deutschen Universitäten und Hochschulen zu Adolf Hitler und den nationalsozialistischen Staat". Pauer war Ende 1939 einer von mehreren Professoren, die für das Heeresamt der Arbeitsgemeinschaft „Vorhaben Peenemünde" angehörten, wo er seine wissenschaftlichen Konzepte bei wehrwissenschaftlichen Projekten, wie der Entwicklung eines Torpedos mit Strahlenantrieb anwenden konnte. Von Herbst 1946 bis 1952 war er als Spezialist, zusammen mit seiner Familie, im Rahmen der Aktion Ossawakim, in der Sowjetunion. Ab Juni 1952 bis zur Emeritierung 1958 war wieder Professor und Leiter des Instituts für Energiewirtschaft an der TH Dresden. Seit 1955 Mitglied der AdW zu Berlin. 1957 mit dem „Vaterländischen Verdienstorden" in Bronze ausgezeichnet. 2004 erhielt das ehemalige Heizkraftwerk der TU Dresden seinen Namen.
Quellen: Wikipedia.

Petersen, Asmus, Prof. Dr. Dr. h. c.
* 06.12.1900 in Kamphye bei Flensburg, † 04.01.1962 in Paulinenaue
Von 1928 bis 1931 Assistent und dann Privatdozent an der Landwirtschaftlichen Hochschule Berlin. Ab 1934 Professor für Landwirtschaftliche Betriebslehre an der Universität Jena. 1938 von K. Astel, einem führenden Rassenhygieniker der SS, als brauchbare Kraft für die SS bewertet. Ab 1944 Professor für Landwirtschaftliche Betriebslehre an der Universität Rostock. 1944 wurde ihm die Leitung des „Thünen-Archivs" in Rostock übertragen. Ab 1946 Mitglied der SED. Von 1947 bis 1952 Dekan der

Landwirtschaftlichen Fakultät. Professor für Agrarökonomie an der Humboldt-Universität Berlin. Ab 1957 Direktor des neu gegründeten Instituts für Grünland- und Moorforschung Paulinenaue der DAL. Leiter der Forschungsgemeinschaft Grünland des Forschungsrates beim Ministerrat. 1960 verlieh ihm die Universität Rostock den Ehrendoktortitel. 1960 mit dem „Nationalpreis" ausgezeichnet.
Quellen: Wikipedia, Baumgartner/Hebig, Klee I, Professorenkatalog Universität Rostock, https://www.agrar.hu-berlin.de/de/institut/profil/personen_bio.

Pietsch, Hans Karl Georg Heinrich, Dr.
* 22.11.1907, † 14.10.1967 in Berlin
Ab November 1939 als Kryptologe beim OKH Teilnehmer am 2. Weltkrieg. Dort war er ab April 1941 Referatsleiter. In Kriegsgefangenschaft in Moosburg an der Isar. Bis 1967 in der DDR für die AdW zu Berlin und für das „Zentralblatt für Mathematik" tätig.
Quellen: Wikipedia.

Pietzsch, Kurt Albin, Prof. Dr. phil.
* 29.09.1884 in Altstadt-Borna, † 27.091964 in Penig
Von 1909 bis 1930 Sektionsgeologe am Geologischen Landesamt Sachsen. Von 1932 bis 1945 Professor für Geologie an der Mathematisch-Naturwissenschaftlichen Abteilung der Philosophischen Fakultät der Universität Leipzig. Im November 1933 unterzeichnete er das „Bekenntnis der Professoren an deutschen Universitäten und Hochschulen zu Adolf Hitler und dem nationalsozialistischen Staat". Von 1936 bis 1945 Direktor des Geologischen Landesamtes Sachsen. Von 1947 bis 1958 Leitender Geologe der Außenstelle Freiberg des Geologischen Dienstes der DDR. Von 1950 bis 1959 Professor für die Geologie Sachsens an der BAF.
Quellen: Wikipedia, NDB, Professorenkatalog Universität Leipzig.

Preisker, Herbert, Prof. Dr. theol. Dr. h. c.
* 23.07.1888 in Deutsch-Rasselwitz, Oberschlesien, † 24.12.1952 in Halle (Saale)
Ab 1915 Pfarrer in Tarnowitz im Kirchenkreis Gleiwitz. Ab 1919 Pfarrer in Breslau. Ab 1932 an der Pädagogische Akademie Halle (Saale). Ab 1933 Mitglied bei den völkischen und antisemitischen „Deutschen Christen". Ab 1934 Professor an der Universität Breslau. 1935 an der Hochschule für Lehrerbildung in Frankfurt/O. und ebenfalls ab 1935 an der Universität Göttingen. Ab 1936 Dekan der Evangelischen-Theologischen Fakultät der Universität Breslau. Ab 1936 am „Corpus-Judaeo-Hellenisticum" in Halle. Als Teilnehmer am Zweiten Weltkrieg Wehrmachtsseelsorger und Wehrkreispfarrer beim Wehrkreiskommando Breslau VIII. Ab 1939 leitender Mitarbeiter am „Institut zur Erforschung und Beseitigung des jüdischen Einflusses auf das deutsche kirchliche Leben". 1939 erfolgte seine Ernennung zum Konsistorialrat im Breslauer Konsistorium. Sein Antrag auf Mitgliedschaft in der NSDAP wurde abgelehnt, da Theologen 1937 in der NSDAP unerwünscht waren. Ab 1945/46 Dozent der Philosophischen Fakultät der Universität Jena. Ab 1947 Professor an der Universität Jena für Neutestamentliche Theologie und Allgemeine Religionsgeschichte. Von 1950 bis 1952 dort Dekan. Ab 1952 Professor an der Universität Halle. Im Januar 1953 fand in der Aula der Universität Halle eine Gedenkveranstaltung statt, auf der mit Gerhard Delling ein ehemaliger Kollege aus dem „Entjudungsinstitut" die Gedenkrede hielt.
Quellen: Biographisch- Bibliographisches Kirchenlexikon, Wikipedia, Klee I, Professorenkatalog Universität Halle, Braun/Grünzinger.

Prell, Heinrich Bernward, Prof. Dr. phil.
* 11. Oktober 1888 in Kiel; † 25. April 1962 in Dresden
Als Feldunterarzt in bakteriologischen Laboratorien Teilnehmer am 1. Weltkrieg. Ab 1923 Professor an der Forstlichen Hochschule Tharandt und dort seit 1927 Rektor. Im November 1933 unterzeichnete er das „Bekenntnis der Professoren der deutschen Universitäten und Hochschulen zu Adolf Hitler und dem nationalsozialistischen Staat". Nach 1945 bis 1954 neben seiner Tätigkeit in Tharant Professor für Allgemeine Zoologie der mathematisch-naturwissenschaftlichen Fakultät der TH Dresden. Ab 1951

Mitglied der SAW zu Leipzig. Nach seiner Emeritierung 1957 blieb er trotz schwerer Erkrankungen Professor.
Quellen: Wikipedia, SAW, https://onlinelibrary.wiley.com/doi/abs/10.1111/j.1439-0418.1962.tb04063.x.

Rienäcker, Günther, Prof. Dr. phil. Dr. h. c. mult.
* 13.05.1904 in Bremen, † 13.06.1989 in Berlin
Von 1926 bis 1936 Assistent am Institut für Physikalische Chemie und am Chemischen Institut der Universität Freiburg im Breisgau. Anschließend Professor für Anorganische Chemie und Technologie an der Universität Göttingen. Von 1939 bis 1945 beteiligt an Forschungsaufträgen der Rüstungsindustrie, z. B. führte er Untersuchungen mit Kampfstoffen durch. Von 1942 bis 1954 Professor für Anorganische Chemie und Leiter des Chemischen Instituts der Universität Rostock. 1945 dort Dekan. 1945/46 Mitglied der SPD bzw. SED. Ab 1946 Herausgeber der Zeitschrift für anorganische und allgemeine Chemie. 1949/50 Abgeordneter der Provisorischen Volkskammer. Von 1953 bis 1959 Vorsitzender des ZV der Gewerkschaft Wissenschaft. Von 1955 bis 1959 Mitglied im Bundesvorstand des FDGB. Von 1958 bis 1963 Mitglied im ZK der SED. Von 1946 bis 1948 Rektor der Universität Rostock. 1952 Mitbegründer des Instituts für Katalyseforschung in Rostock, wo er bis 1959 Direktor war. Ab 1953 Vorsitzender des Wissenschaftlichen Beirats für Chemie beim Staatssekretariat für Hoch- und Fachschulwesen. 1954 Professor für Anorganische Chemie an der Humboldt-Universität Berlin. Dort leitete er das Chemische Institut und danach leitete er das Institut für Anorganische Katalyseforschung. 1953 Mitglied der AdW zu Berlin, wo er von 1957 bis 1963 Generalsekretär war. Ab 1966 auswärtiges Mitglied der AdW der UdSSR. 1954 mit der „Fritz-Heckert-Medaille“, 1955 mit dem „Nationalpreis“, 1959 und 1965 mit dem „Vaterländischen Verdienstorden“ in Silber und Gold, 1965 mit der „Ehrennadel“ in Gold der GDSF, 1967 mit der „Clemens-Winkler-Medaille“ der Chemischen Gesellschaft, 1969 mit der „Ehrennadel“ der Universität Rostock, 1969 als „Hervorragender Wissenschaftler des Volkes“ und 1974 mit dem „Karl-Marx-Orden“ ausgezeichnet. 1971/72 Präsident der Kommission für die UNESCO in der DDR. 1981 mit der „Ehrenspange“ der AdW zu Berlin und mit der „Alexander-von-Humboldt-Me-

daille“ ausgezeichnet. Ihm wurde 1969 von der Universität Rostock und 1984 von der Humboldt-Universität Berlin der Ehrendoktortitel verliehen.
Quellen: Wikipedia, Professorenkatalog Universität Rostock, Baumgartner/Hebig, http://www.bbaw.de/die-akademie/akademiegeschichte/mitglieder-historisch/alphabetische-sortierung?altmitglied_id=2272&letter=R, BStU, MfS, HA IX/11 AK 3376/82, Bl. 6, Bl. 9, Filippovich, S. 38.

Rosenfeld, Hans-Friedrich, Prof. Dr.
* 05.12.1899 in Halberstadt, † 05.09.1993 in München
Von 1917 bis 1918 als Unteroffizier Teilnehmer am 1. Weltkrieg. Von 1924 bis 1925 Oberassistent an der Universität Berlin. 1924 Teilherausgeber der „Deutschen Literaturzeitung“ der Preußischen AdW. Von 1926 bis 1927 Dozent für Deutsche Sprach- und Literaturgeschichte an der Universität Amsterdam. Von 1928 bis 1931 Privatdozent und von 1931 Professor an der Universität Berlin. Von 1929 bis 1931 Leiter der germanistischen Ausbildung der Archivare im Preußischen Staatsarchiv in Berlin-Dahlem. Von 1931 bis 1937 Gastprofessuren in Finnland. Von 1937 bis 1946 Professor für Germanische Philologie an der Universität Greifswald. Von 1946 bis 1949 Forschungsauftrag der Landesregierung Mecklenburg für den Neuaufbau des Pommerschen Wörterbuchs und Leiter des Volkskundearchivs an der Universität Greifswald. Von 1948 bis 1955 Leiter der Arbeitsstelle „Pommersches Wörterbuch“ der AdW zu Berlin. Von 1955 bis 1956 Professor für Germanistik an der Universität Rostock. Von 1956 bis 1958 wieder Professor in Greifswald und Direktor des Nordischen Archivs und des Instituts für Deutsche Philologie. 1958 erhielt er wegen „bürgerlicher Haltung“ Lehrverbot. Ab 1960 bis zur Emeritierung 1967 Professor für Deutsche Sprache und Literatur in München.
Quellen: Wikipedia, Professorenkatalog Universität Rostock.

Rössle, Robert, Prof. Dr. med.
* 19.08.1876 in Augsburg, † 21.11.1956 in Berlin
Von 1911 bis 1921 Professor für Allgemeine Pathologie und Pathologische Anatomie an der Universität Jena. Von 1922 bis 1929 Ordinarius für Allgemeine Pathologie und Pathologische Anatomie an der Universität Basel. Seit 1929 an der Charité der Universität Berlin. Ein führender Pathologe

der Nazizeit. Mitherausgeber der „Zeitschrift für menschliche Vererbungs- und Konstitutionslehre“. 1942 von A. Hitler zum Mitglied des Senats des Heeressanitätswesens ernannt und beteiligt an Menschenversuchen bei der Luftwaffenforschung. 1944 Mitglied im Wissenschaftlichen Beirat des Generalkommissars für das Sanitäts- und Gesundheitswesen (Karl Brandt). Von 1929 bis 1948 Professor an der Universität Berlin. Nach seiner Emeritierung 1949, arbeitete er bis 1953 als Prosektor am Städtischen Wenckebach-Krankenhaus in Berlin-Tempelhof und forschte am Institut für Gewebeforschung. Mit dem „Nationalpreis“ ausgezeichnet. Mitglied der Preußischen AdW. Mitglied der AdW zu Berlin. Ihm wurden mehrere Ehrendoktortitel verliehen. 1949 mit dem „Nationalpreis“ für Wissenschaft und Technik ausgezeichnet. 1952 mit dem „Verdienstkreuz“ der BRD ausgezeichnet. Ehrenmitglied in elf wissenschaftlichen Gesellschaften. Ab 1936 Mitglied der Leopoldina zu Halle. In Berlin-Buch wurden ein Krankenhaus und eine Straße nach ihm benannt. Mit dem „Nationalpreis“ der DDR und 1952 mit dem „Verdienstkreuz“ der BRD ausgezeichnet.
Quellen: Wikipedia, Klee I, Leopoldina, https://taz.de/Umstrittene-Strassennamen-in-Berlin/!5665893/.

Rudolphi, Hans, Prof. Dr. phil.
* 29.05.1885 in Leipzig, † 09.09.1955 ebenda
Von 1910 bis 1914 Assistent am Geographischen Institut der Deutschen Universität Prag. Von 1915 bis 1918 Teilnehmer am 1. Weltkrieg. Ab 1919 Assistent und von 1921 bis 1931 Privatdozent am Geographischen Institut der Universität Leipzig. Von 1924 bis 1929 Schriftleiter am Bibliographischen Institut Leipzig. Ab 1930 Lehrbeauftragter für Angewandte Geographie und von 1931 bis 1952 Professor für Geographie an der Universität Leipzig. Im November 1933 unterzeichnete er das „Bekenntnis der Professoren an deutschen Universitäten und Hochschulen zu Adolf Hitler und dem nationalsozialistischen Staat. Von 1946 bis 1952 kommissarischer Direktor des Geographischen Instituts der Universität Leipzig.
Quellen: Wikipedia, Professorenkatalog Universität Leipzig.

Sander, Fritz Albert, Prof. Dr. med. habil. Dr.-Ing.
* 28.08.1898, † 02.07.1959
Teilnehmer am Ersten Weltkrieg. Von 1923 bis 1926 als Chemiker bei der BASF in Ludwigshafen. Ab 1924 bei den Leuna-Werken in Merseburg. Von 1935 bis 1948 Oberassistent, von 1935 bis 1938 Abteilungsleiter und Medizinalrat am Medizinaluntersuchungsamt Rostock. Als Oberstabsarzt Teilnehmer am Zweiten Weltkrieg. Ab 1940 Dozent für Hygiene. 1946 wegen seiner Nazi-Vergangenheit entlassen. Ab 1946 hauptamtlicher Direktor, ab 1948 Oberregierungs- und Medizinalrat bei der Zentralstelle für Hygiene. Ab 1953 am Bezirks-Hygiene-Institut in Rostock. Von 1948 bis 1959 Dozent und Professor für Hygiene der Universität Rostock. Von 1945 bis 1946 Seuchenkommissar in Südvorpommern und mit der Bekämpfung der Fleckfieber-, Typhus- und Ruhrepidemie befasst.
Quellen: Professorenkatalog Universität Rostock.

Sauerbruch, Ferdinand, Prof. Dr. med.
* 03.07.1875 in Barmen, heute Wuppertal, † 02.07.1951 in Berlin
Von 1901 bis 1905 Assistenzarzt in Erfurt. Danach am Pathologischen Institut des Krankenhauses in Berlin-Moabit. Chirurg an der Universitätsklinik in Breslau. Von 1905 bis 1907 Oberarzt an der Chirurgischen Universitätsklinik in Greifswald. Von 1907 bis 1910 Leiter der Chirurgischen Poliklinik der Universität Marburg. Von 1910 bis 1918 Ordinarius für Chirurgie in Zürich. Als beratender Chirurg Teilnehmer am Ersten Weltkrieg. Von 1918 bis 1928 Ordinarius für Chirurgie in München. Anfang November 1923 behandelte er die verletzte linke Schulter von A. Hitler, der nach dem gescheiterten Putschversuch vor der Polizei geflohen war. Von 1928 bis 1949 Ordinarius für Chirurgie an der Universität Berlin. Direktor der Chirurgischen Klinik der Charité. Mit einem eigenen Brief an die „Ärzteschaft der Welt“ Teil der deutschen Professorenschaft, die im November 1933 das „Bekenntnis der Professoren an den deutschen Universitäten und Hochschulen zu Adolf Hitler und dem nationalsozialistischen Staat“ unterzeichneten. Als Generalarzt Teilnehmer am Zweiten Weltkrieg. Mitglied des Wissenschaftlichen Senats des Heeressanitätswesens. Im September 1937 mit dem von A. Hitler gestifteten „Deutschen Nationalpreis für Kunst und Wissenschaft“ ausgezeichnet. Die Zeremonie war Bestandteil des Par-

teitages der NSDAP in Nürnberg. Im selben Jahre Mitglied im Reichsforschungsrat. 1942 bewilligte er als Generalarzt des Heeres Senfgasversuche an Häftlingen aus dem KZ Natzweiler-Struthof (Elsass). Im Oktober 1943 mit dem „Ritterkreuz" zum Kriegsverdienstkreuz mit Schwertern ausgezeichnet. Im Oktober 1945 wegen seiner Nazi-Vergangenheit als Berliner Gesundheitsstadtrat entlassen. 1946 Mitglied im Wissenschaftlichen Senat bei der Zentralverwaltung für das Gesundheitswesen der SBZ. Chirurg an der Humboldt-Universität Berlin.
Quellen: Cerný, BArch, Klee I, Wikipedia, Stockhorst, Baumgartner/Hebig, Grüttner, Weinreich, BStU, MfS, HA IX/11 AV 21/75, BD. 5, Bl. 377, Bl. 380; BStU MfS, HA IX/11, ZA VI 3322, Akte 20, Bl. 33.

Schintlmeister, Josef, Prof. Dr.
* 16.06.1908 in Radstadt, † 14.08.1971 in Hinterglemm
Vor 1945 Dozent für Experimentalphysik am 2. Physikalischen Institut der Universität Wien. Nach 1945 Spezialist im Kernwaffenprojekt am Labor 2 und später am Kurtschatow-Institut der Sowjet-Union. Ab 1971 Professor für Kernphysik an der TH/TU Dresden. Direktor am ZI für Kernforschung in Dresden-Rossendorf und dort Leiter des Bereichs Zyklotron. 1964 mit dem „Nationalpreis" III. Klasse für Wissenschaft und Technik ausgezeichnet.
Quellen: Wikipedia.

Schlomka, Theodor Johannes Hermann, Prof. Dr. rer. nat.
* 25.03.1901 Krockow, † 1985
Von 1923 bis 1928 Assistent am Mathematischen Seminar der Universität Halle. Von 1931 bis 1935 Privatdozent für Geophysik an der Universität Greifswald. Ab 1935 Professor für Theoretische Physik an der TH Hannover. Ab 1939 Vertretungsprofessor an der Deutschen Universität Prag. Dort ab 1940 Direktor des Geophysikalischen Instituts. Von 1945 bis 1951 erteilte er in Hannover Mathematik- und Physik-Unterricht bei Abiturienten-Sonderlehrgängen von Kriegsteilnehmern. Von 1955 bis zu seiner Emeritierung 1966 als Professor mit Lehrstuhl für Physik an die Hochschule für Architektur und Bauwesen in Weimar. Ab 1956 Mitglied der Physikalischen Gesellschaft der DDR.

Quellen: Wikipedia.

Schmidt, Adam, Prof. Dr. rer. nat.
* 17.08.1908 in Weimar, † 30.11.1990 in Rostock
Von 1939 bis 1947 wissenschaftlicher Mitarbeiter an der Luftfahrtforschungsanstalt in Braunschweig-Völkenrode, die ab 1938 in Luftfahrtforschungsanstalt „Hermann Göring" umbenannt wurde. Ab 1945 in gleicher Funktion bei der Royal Air Force. Ab 1947 Assistent ab 1951 Privatdozent am Mathematischen Institut der Universität Jena. Ab 1954 bis zur Emeritierung 1973 Professor für Mathematik an der Universität Rostock. Von 1956 bis 1958 Prodekan. Von 1959 bis 1960 und von 1966 bis 1967 Dekan. 1960 Institutsdirektor. Bis 1974 Lehrbeauftragter an der Universität Rostock. Vorsitzender der Kommission für den Aufbau des Rechenzentrums. Ständiger Vorsitzender der Prüfungskommission für Doktoranden.
Quellen: Wikipedia, Professorenkatalog der Universität Rostock.

Schmidt, Johannes, Prof. Dr. phil. Dr. med. vet.
* 16.06.1870 in Loschwitz, † 23.02.1953 in Leipzig
1889 gehörte er zu den Stiftern der Verbindung „Corps Albingia Dresden". 1891 bis 1894 Mitarbeiter des Dresdner Schlachthofes, des Pathologischen Instituts der Stadtkrankenhauses Dresden Friedrichstadt sowie praktischer Tierarzt. 1910 erhielt er das Band des „Corps Teutonia Berlin". Ab 1894 Assistent am Pathologischen Institut der Tierärztlichen Hochschule Dresden. Ab 1896 Amtstierarzt und ab 1897 Bezirkstierarzt in Dresden-Stadt. Ab 1899 Privatdozent und von 1904 bis 1935 Professor für Veterinärmedizin an der Tierärztlichen Hochschule Dresden. Von 1926 bis 1927 Dekan. Im November 1933 unterzeichnete er das „Bekenntnis der Professoren an deutschen Universitäten und Hochschulen zu Adolf Hitler und dem nationalsozialistischen Staat". Von 1939 bis 1941 stellvertretender Leiter der Medizinischen Tierklinik der Universität Leipzig. Dort von 1944 bis 1946 kommissarischer Leiter des Veterinär-Pathologischen Instituts. Von 1946 bis zur Emeritierung 1951 Professor für Spezielle Pathologie, Therapie der Haustiere und Gerichtliche Tiermedizin an der Veterinärmedizinischen Fakultät der Universität Leipzig.
Quellen: Wikipedia, Professorenkatalog Universität Leipzig.

Schmidtmann, Paul, Prof.
* 01.09.1904 in Turin – † 03.08.1967 in Berlin
1931 am Opernhaus in Brünn, 1940 am Opernhaus in Breslau und ab 1941 Oberspielleiter in Kattowitz. Er trat auch auf für die SS-Wachmannschaft des KZ Auschwitz. Nach 1945 an der Staatsoper Berlin. 1949 führte Regie am Hebbel-Theater zu Brechts Schuloper „Die Jasager". Professor an der Hochschule für Musik in Berlin-West.
Quellen: Klee II.

Schmitz, Gerhard, Prof. Dr. phil.
* 27.11.1907 in Neuss, † 11.08.1984 in Rostock
Von 1935 bis 1945 Abteilungsleiter für Aerodynamik und Flugmechanik bei der Firma Ernst-Heinkel-Flugzeugwerken in Warnemünde. 1945 tätig als landwirtschaftliche Helfer in Rostock. Von 1945 bis 1946 Hauptabteilungsleiter bei den Windkraftwerken in Rostock-Warnemünde. 1946 Hauptabteilungsleiter in einem Sonderbüro in Halle. Von 1946 bis 1954 Hauptabteilungsleiter für angewandte Mechanik in Kimry (Sowjetunion). Von 1954 bis zur Emeritierung 1973 Professor für Strömungslehre an der Schiffsbautechnischen Fakultät der Universität Rostock. 1955 Institutsdirektor. Von 1956 bis 1958 Dekan. Von 1957 bis 1959 Prodekan. Von 1959 bis 1968 Institutsdirektor. Von 1961 bis 1965 Fachrichtungsleiter für angewandte Mechanik. Ab 1967 Mitglied der AdW zu Berlin. 1962 mit dem „Vaterländischen Verdienstorden" in Bronze und 1965 als „Verdienter Techniker des Volkes" ausgezeichnet.1973 erhielt er die Ehrennadel der Universität Rostock. Mitglied in verschiedenen Gremien des Ministeriums für Hoch- und Fachschulwesen und des Ministeriums für Wissenschaft und Technik.
Quellen: Wikipedia, Professorenkatalog Universität Rostock.

Schubert, Hans, Prof. Dr. phil.
* 01.05.1908 in Weida (Thüringen), † 24.11.1987 in Halle
Von April bis Oktober 1936 wissenschaftlicher Assistent bei Harry Schmidt am Polytechnikum Köthen. Von November 1936 bis April 1945 wissenschaftlicher Mitarbeiter bei der Deutschen Versuchsanstalt für

Luftfahrt in Berlin-Adlershof. Von 1945 bis 1946 Lehrer für Mathematik und Physik an der Oberschule Crimmitschau. Im Sommersemester 1946 Lehrtätigkeit an der Universität Leipzig. Von 1946 bis 1952 Professor für Mathematik an der Universität Rostock. Von 1947 bis 1951 Direktor des Mathematischen Seminars. Von 1952 bis 1969 Direktor des Instituts für Angewandte Mathematik. Ab 1954 Mitglied in der Wissenschaftlichen Gesellschaft für Luftfahrt e. V. Ab 1955 Mitglied der AdW zu Berlin. Von 1959 bis 1987 Mitherausgeber der „Zeitschrift für Angewandte Mathematik und Mechanik". Von 1952 bis 1969 Professor für Angewandte Mathematik an der Universität Halle und Nachfolger von Harry Schmidt. Ab 1959 Mitglied der Leopoldina. 1970 emeritiert.
Quellen: Wikipedia, Professorenkatalog Universität Rostock, Professorenkatalog Universität Halle.

Schumacher, Friedrich, Prof. Dr.-Ing.
* 20.05.1884 in Spaichingen, † 05.09.1975 in Ottobeuren
Mitglied der Studentenverbindung „Akademische Gesellschaft Sonderbund Stuttgart". Nach 1908 in den Blei-Zinkerzlagerstätten am Schauinsland im Schwarzwald. Ab 1910 Montangeologe und Bergingenieur an der Rudaer „Zwölf-Apostel-Gewerkschaft" in Siebenbürgen. Ab April 1913 stellvertretender Leiter der Goldmine „Sekenke" in Deutsch-Ostafrika. Durch belgische Truppen in Kriegsgefangenschaft. Ab April 1920 Professor an der BAF. Von 1933 bis 1935 Rektor der BAF. Im November 1933 unterzeichnete er das „Bekenntnis der Professoren an deutschen Universitäten und Hochschulen zu Adolf Hitler und dem nationalsozialistischen Staat". Er bearbeitete Gutachten zum „Madagaskarplan", mit dem Juden aus Europa vertrieben werden sollten. Ab 1937 Leiter der Kolonialen Arbeitsgemeinschaft der BAF. Ab 1940 Leiter „Forschungsstelle für kolonialen Bergbau". Bis zu seiner Entlassung 1947 Direktor des Geologischen Instituts an der BAF. Danach in Jugoslawien Chefgeologe im Lagerstättenbezirk „Trepca", der größten Blei- und Zinkgrube in Europa. Danach Professor für Lagerstättenkunde an der Universität Belgrad. Ab 1952 Professor am Mineralogischen Institut der Universität Bonn. Von 1954 bis 1955 Professor an der Universität Istanbul. 1958 an der Universität Bonn emeritiert. 1937 Ehrenmitglied der Royal Geological Society of Cornwall.

1964 Ehrenmitglied der Gesellschaft Deutscher Metallhütten- und Bergleute. Ab 1946 Mitglied der Leopoldina.
Quellen: Wikipedia, https://www.freiberger-altertumsverein.de/cm/images/stories/fav/Hefte-neu/PDF/MFA92.pdf.

Steinhaus, Wilhelm
* 30.04.1884 in Barmen, † 22.08.1970 in Berlin
Von 1908 bis 1911 Assistent an der Universität Kiel. 1912 zunächst wissenschaftlicher Mitarbeiter, dann 1924 Laborleiter. Ab 1943 Abteilungsleiter an der Physikalisch-Technischen Reichsanstalt. Ab 1939 forschte er auf kriegswichtigen Gebieten, wie z. B. Torpedopistolen (Torpedozünder). 1945 dort kommissarischer Präsident. Von 1946 bis 1957 Präsident des Deutschen Amtes für Maß und Gewicht. Ab 1949 Professor für Physik. Seit 1955 Mitglied der AdW zu Berlin. 1954 mit dem „Vaterländischen Verdienstorden“ in Bronze und 1957 als „Hervorragender Wissenschaftler des Volkes“ ausgezeichnet.
Quellen: Baumgartner/Hebig, Wikipedia, Herbst.

Stieber, Hans Oskar Albert, Prof.
* 01.03.1886 in Naumburg (Saale), † 18.10.1969 in Halle (Saale)
Mitglied des Loh-Orchesters in Sondershausen. Ab 1910 war Chorleiter und Korrepetitor am Hoftheater in Dessau. Von 1916 bis 1919 Dirigent in Kiel, München, Halle und in Koblenz. Ab 1932 Chorleiter und Komponist in Hannover. Danach Kapellmeister am Opernhaus in Leipzig. Er vertonte nationalsozialistische Jubeltexte. Von 1948 bis 1955 Professor für Komposition an der Musikhochschule in Halle. Ab 1953 Leiter der Singakademie Halle. Seit 1977 wird ein „Hans-Stieber-Preis“ vergeben.
Quellen: Wikipedia, Klee II, Baumgartner/Hebig.

Straub, Werner, Prof. Dr.
* 14.07.1902 in Stuttgart, † 25.01.1983 in Dresden
Bis 1931 Assistent am Psychologischen Institut der TH Darmstadt. Ab 1931 in Dresden in der Lehrerausbildung am Institut für Psychologie und Philosophie der kulturwissenschaftlichen Abteilung. Ab 1934 Leiter des Psychotechnischen Instituts und ab 1939 Professor und Direktor der

Abteilung Psychologie. Im November 1933 unterzeichnete er das „Bekenntnis der Professoren an den deutschen Universitäten und Hochschulen zu Adolf Hitler und dem nationalsozialistischen Staat". Ab 1946 Professor und von 1946 bis 1947 Dekan der Pädagogischen Fakultät. Von 1947 bis 1949 Rektor der TH Dresden. 1967 emeritiert. Im Oktober 1962 Mitgründer der Gesellschaft für Psychologie. Seit 1949 Mitglied der SAW. 1960 und 1962 mit dem „Vaterländischen Verdienstorden" in Bronze und Silber ausgezeichnet.
Quellen: Wikipedia, https://www.lagis-hessen.de/pnd/11775417X.

Stremme, Hermann, Prof. Dr. phil.
* 17.05.1879 in Krefeld, † 29.04.1961 in Berlin-Pankow
Ab 1912 Titularprofessor an der Universität Berlin. Von 1914 bis 1945 Professor für Mineralogie und Geologie an der TH Danzig. Von 1915 bis 1918 als Wehrgeologe Teilnehmer am 1. Weltkrieg. 1928 bis 1929 Rektor der TH Danzig. Im November 1933 unterzeichnete der das „Bekenntnis der Professoren an deutschen Universitäten und Hochschulen zu Adolf Hitler und dem nationalsozialistischen Staat". Von 1940 bis 1945 Leiter der bodenkundlichen Abteilung der Landeskundlichen Forschungsstelle des Reichsgaus Danzig-Westpreußen. Im Auftrag der SMAD von 1947 bis 1959 Direktor des Instituts für Bodenkartierung in Berlin. Seit 1950 war dieses Institut dem Ministerium für Land- und Forstwirtschaft unterstellt. Von 1951 bis 1958 Herausgeber der Schriftenreihe „Bodenkunde und Bodenkultur". 1959 mit dem „Vaterländischen Verdienstorden" in Silber ausgezeichnet. 1954 Ehrenmitglied der Deutschen Bodenkundlichen Gesellschaft. Seit 1954 korrespondierendes Mitglied der DAL.
Quellen: Deutsche Biographie, Wikipedia.

Stubbe, Hans, Prof. Dr. med.
* 07.03.1902 in Berlin, † 14.05.1989 in Zingst
Von 1929 bis 1936 Abteilungsleiter am Kaiser-Wilhelm-Institut für Züchtungsforschung. Bis 1943 wissenschaftlicher Mitarbeiter bei Fritz von Wettstein am Kaiser-Wilhelm-Institut für Biologie in Berlin-Dahlem. Anschließend Leiter des Kaiser-Wilhelm-Instituts für Kulturpflanzenforschung in Wien-Tuttenhof. Referent an der „Ärzte-Führerschule" in Alt-

Rehse. Von 1945 bis 1969 Direktor des Instituts für Kulturpflanzenforschung in Gatersleben der DAL. Von 1946 bis 1967 Professor und Direktor des Instituts für Genetik an der Universität Halle. Von 1951 bis 1967 Präsident der DAL und 1968 zum „Ehrenpräsident“ ernannt. Von 1963 bis 1986 AdV. Mitglied der Leopoldina zu Halle. 1949 und 1960 mit dem „Nationalpreis“, 1963 mit der „Erwin-Baur-Medaille“ und 1967 als „Herausregender Wissenschaftler des Volkes“ ausgezeichnet.
Quellen: Herbst, Cerný, Klee I, Wikipedia, Baumgartner/Hebig, https://www.agrar.hu-berlin.de/de/institut/profil/personen_bio.

Tiemann, Walter, Prof. Dr. h. c.
* 29.01.1876 in Delitzsch, † 12.09.1951 in Leipzig
Wichtiger Gebrauchsgraphiker und Entwurfzeichner für die NSDAP. Von 1920 bis 1940 Direktor der Akademie für Graphische Künste und Buchgewerbe in Leipzig. Die Universität Leipzig verlieh ihm den Ehrendoktortitel. Im November 1944 als Graphiker auf der „Liste der Gottbegnadeten“ aufgeführt, einer Liste die vom Reichsministerium für Volksaufklärung und Propaganda zusammen mit A. Hitler 1944 erstellt worden war. Damit von jeglichem Kriegseinsatz freigestellt. Von 1945 bis 1946 übernahm er kommissarisch die Leitung der Akademie. Seit 1992 vergibt der „Verein zur Förderung von Grafik und Druckkunst Leipzig“ alle zwei Jahre den „Walter-Tiemann-Preis“.
Quellen: Klee II, Wikipedia.

Tiessen, Heinz, (eigentlich Richard Gustav Heinrich), Prof.
* 10.04.1887 in Königsberg, † 29.11.1971 in Berlin
Ab 1917 Korrepetitor an der Königlichen Oper Berlin. Von 1918 bis 1921 Kapellmeister an der Freien Volksbühne Berlin. Von 1920 bis 1922 Dirigent der Akademischen Orchester-Vereinigung der Universität Berlin. Ab 1925 Lehrer für Komposition an der Musikhochschule Berlin. Von 1930 bis 1945 Professor der Staatlichen Musikhochschule Berlin. Gutachter (Zensor) der Reichsmusikprüfstelle im Reichsministerium für Volksaufklärung und Propaganda. Von 1946 bis 1949 Leiter des Städtischen Konservatoriums Berlin. Von 1949 bis 1955 Abteilungsleiter für Komposition und Theorie an der Musikhochschule Berlin. Ab 1955 Leiter der Musikab-

teilung der DAK. 1953 mit dem „Verdienstkreuz" (Steckkreuz) der BRD ausgezeichnet.
Quellen: Klee II, Wikipedia.

Toepler, Maximilian August, Prof. Dr.
* 25.06.1870 in Graz, † 14.03.1960 in Langebrück (Sachsen)
1900 Habilitation als Privatdozent. Ab 1910 Professor für Theoretische Physik an der TH Dresden. Daneben war er Berater der Porzellanfabrik Hermsdorf-Schomburg-Isolatoren GmbH in Hermsdorf. Dort ab 1926 Direktor des Instituts für Theoretische Physik. Im November 1933 unterzeichnete er das „Bekenntnis der Professoren an deutschen Universitäten und Hochschule für Adolf Hitler und den nationalsozialistischen Staat". Nach seiner Emeritierung 1935, blieb beruflich weiterhin aktiv. Bis zur endgültigen Emeritierung Von 1948 bis 1951 Professor und Lehrbeauftragter an der TH Dresden.
Quellen: Wikipedia, Deutsche Biographie.

Vauck, Wilhelm, Dr. phil.
* 08.10.1896 in Dresden, † 08.12.1968 in Bautzen
Von 1916 bis 1918 als Nachrichtensoldat Teilnehmer am 1. Weltkrieg. Lehrer an der Realschule in Thum (Erzgebirge). Ab 1926 Studienrat an der Oberrealschule und Höheren Mädchenschule in Bautzen. Ab 1940 als Oberleutnant Leiter einer Entschlüsselungsgruppe in der Amtsgruppe Wehrmachtsverbindungen für Funkaufklärung und Entzifferung von Agentenfunk. Er trug dazu bei, dass eine antifaschistische Widerstandsgruppe aufgedeckt werden konnte. In Kriegsgefangenschaft. Ab 1948 Lehrer in Bautzen. Später Dozent für Physik und Elektrotechnik an der Ingenieurschule für Fördertechnik in Bautzen.
Quellen: Wikipedia, https://tu-dresden.de/ua/dokumentationen/alumni/das-alumni-projekt-des-universitaetsarchivs-der-tu.

Vollmer, Hans, Prof. Dr. phil.
* 16.11.1878 in Berlin-Charlottenburg, † 15.02.1969 in Leipzig
Ab 1907 in der Redaktion und ab 1923 Redaktionsleiter des „Thieme-Becker-Lexikons" beim Verlag E. A. Seemann in Leipzig. Als Kunsthis-

toriker zu einem bedeutenden Lexikalisten geworden. Ab 1953 Herausgeber des sechsbändigen „Allgemeinen Lexikons der Bildenden Künstler des XX. Jahrhunderts", wobei in aller Regel Nazi-Funktionen verschwiegen wurden.
Quellen: Klee II, Wikipedia.

Wagner-Régeny, Rudolf, Prof.
* 28.08.1903 in Szász-Régen in Siebenbürgen, † 18.09.1969 in Berlin
Von 1923 bis 1924 Korrepetitor an der Volksoper Berlin. Von 1930 bis 1945 Komponist und Musiklehrer. Von 1947 bis 1950 Rektor der Musikhochschule Rostock. Anschließend Professor für Komposition an der Hochschule für Musik in Berlin und Leiter der Meisterklasse an der AdK. 1955 mit dem „Nationalpreis" II. Klasse ausgezeichnet. Mitglied der Bayerischen Akademie der Schönen Künste.
Quellen: Cerný, Klee II, Wikipedia, Baumgartner/Hebig.

Weiß, Georg, Prof. Dr. phil.
* 05.10.1885 in Schwabach, Bayern, † 23.09.1951 in Berlin
Ab 1913 Mitglied im „Verein für Wissenschaftliche Pädagogik". Mitglied im Jenaer Lehrerverein. Ab 1916 Privatdozent und ab 1920 Professor am Pädagogischen Seminar der Universität Jena. Von 1923 bis 1929 Lehrer an der „Stoyschen Erziehungsanstalt" in Jena. Ab 1929 Dozent bzw. Oberstudienrat am Pädagogischen Institut. Ab 1930 Leiter des Pädagogischen Instituts sowie der Landesturnanstalt. 1945 wegen seiner Nazi-Vergangenheit aus der Universität entlassen. Ab 1947 Hauptreferent am Pädagogischen ZI Berlin.
Quellen: Universität Jena.

Welk, Ehm, eigentlich Emil Welk, Pseudonym: Thomas Trimm, Prof. Dr. h. c.
* 29.08.1884 in Biesenbrow in der Uckermark, † 19.12.1966 in Bad Doberan
1904 Volontär bei der „Stettiner Abendpost". Von 1910 bis 1919 Chefredakteur des „Braunschweiger Allgemeinen Anzeigers". Danach arbeitete er für die „Braunschweiger Morgenzeitung". Sein Roman „Im

Morgennebel“ begann er in dieser Zeit und konnte ihn erst 1953 veröffentlichen. 1934 wegen seiner Kritik an J. Goebbels für kurze Zeit (8 Tage) im KZ Oranienburg inhaftiert. Nach kurzem Berufsverbot konnte er weiter publizieren und schrieb dann mehrere Romane, die erfolgreich veröffentlich wurden. Ab 1945 ging er nach Ueckermünde und ab 1946 lebte er in Schwerin. 1945/46 Mitglied der KPD bzw. SED. 1946 Direktor einer Volkshochschule in Schwerin. Ab 1950 lebte und schrieb er in Bad Doberan als freier Schriftsteller. 1961 mit dem „Nationalpreis“ ausgezeichnet. Ehrenbürger der Städte Doberan und Angermünde. 1956 erhielt er von der Philosophischen Fakultät der Universität Greifswald den Ehrendoktortitel. 1964 wurde zum Professor ernannt. 1979 wurde sein ehemaliges Wohnhaus in der Dammchaussee in Bad Doberan als Begegnungsstätte der Öffentlichkeit übergeben. Nach seinem Tod wurden anscheinend seine Werke zum Teil stark verändert und es bleibt bis heute unklar ob es sich hier um eine Selbstzensur handelt oder ob Lektoren Änderungen vorgenommen haben.
Quellen: Klee II, Wikipedia.

Wienhaus, Heinrich, Prof. Dr. phil.
* 26.10.1882 in Beckinghausen, Lünen, † 05.09.1959 in Tharandt
Ab 1909 Assistent an der Universität Göttingen. Von 1914 bis 1918 als Offizier Teilnehmer am Ersten Weltkrieg in der 2. Königlich Bayerischen Division. Von 1914 bis 1922 Privatdozent für Chemie an der Universität Göttingen. Von 1922 bis 1928 Professor für Chemie an der Universität Göttingen. Von 1925 bis 1930 Leiter des wissenschaftlichen Laboratoriums der Fa. Schimmel in Miltitz bei Leipzig. Seit 1928 Mitglied im „Stahlhelm, Bund der Frontsoldaten“. Von 1928 bis 1930 Professor für Chemie an der Mathematisch-Naturwissenschaftlichen Abteilung der Philosophischen Fakultät der Universität Leipzig. Von 1930 bis 1935 Professor für Organische Chemie an der Universität Leipzig. Von 1935 bis 1954 Professor für Pflanzenchemie und Holzforschung an der TH Dresden, Abteilung Forstliche Hochschule Tharandt. Von 1954 bis 1957 kommissarischer Direktor des Instituts für Pflanzenchemie an der TH Dresden. Mitglied der Leopoldina zu Halle. Mitglied der „Naturwissenschaftlichen Gesellschaft ISIS“ e. V. in Dresden.

Quellen: Professorenkatalog Universität Leipzig, Wikipedia.

Wiesner, Joseph, Prof. Dr. phil.
* 25.01.1913 in Liebenthal (Schlesien), † 26.11.1975 in Lörrach
Seit 1939 Dozent an der Universität Königsberg. Von 1943 bis 1945 war an der Universität München. Seit 1942 Mitglied des Deutschen Archäologischen Instituts. Seit 1943 Mitarbeiter des Sonderkommandos Jankuhn, dass im Auftrag der SS-Forschungsgemeinschaft Deutsches Ahnenerbe e. V. in Südrussland prähistorische Fundstücke beschlagnahmte. Von 1949 bis 1950 Professor an der Universität Halle. Ab 1954 Lehrbeauftragter an der Universität Freiburg.
Quellen: Wikipedia.

Wilhelmi, Heinrich, Prof. Dr.-Ing.
* 27.04.1906 in Berlin-Schöneberg, † 01.03.2005 in Kleinmachnow
Ab 1934 Konstrukteur einer Addiermaschine bei der Tasma-Addiermaschinen GmbH. Ab 1935 Konstrukteur für Rechenmaschinen bei der Fa. Walther in Zella-Mehlis (Thüringen). Danach als Konstrukteur für Rechenmaschinen bei der Deutschen Telephonwerke und Kabelindustrie AG in Berlin. Ab 1938 Konstrukteur für Rechengeräte für die zivile und militärische Luftfahrt. Von 1941 bis 1943 Lehrbeauftragter für Feinmechanische Gerätekunde an der Ingenieurschule Gauß in Berlin. Ab 1943 wurde die kriegswichtige Abteilung des DeTeWe-Betriebs von Berlin nach Sagang (Niederschlesien) verlagert. Im Februar 1945 dieser Betrieb nach Bleicherode bei Nordhausen (Südharz) verlagert, wohin auch teilweise die Peenemünder Raketenfachleute gebracht worden waren. Bis 1946 war Wilhelmi zum Raketenbau beim Institut Rabe, gegründet von der SMAD, eingesetzt worden. Im Oktober 1946 wurde er, zusammen mit anderen ehemaligen Nazi-Fachleuten, im Rahmen der „Aktion Ossawakim", in die Sowjetunion zwangsverpflichtet. Ab 1952 Entwicklungsleiter beim VEB Mechanik Askania Teltow, der ab 1954 in VEB Geräte- und Regler-Werke Teltow umbenannt worden war. Gründer und Vorsitzender des Arbeitskreises „Geräte der Mechanischen Schwingungstechnik". Mitglied der Physikalischen Gesellschaft. Mitglied der Sektion Angewandte Mathematik und Mechanik der AdW zu Berlin. Wissenschaftlicher Referent des

„Technischen Zentralblattes“ in Berlin. Ab 1959 Professor für Technische Mechanik an der Hochschule für Schwermaschinenbau Magdeburg. Direktor des Instituts für Technische Mechanik. Ab 1960 kommissarischer Leiter des Instituts für Regelungstechnik. Seit 1961 Leiter der Fachrichtung Regelungstechnik an der Fakultät für Mathematik, Naturwissenschaften und technische Grundwissenschaft an der TH Magdeburg. Dekan der Fakultät für Grundwissenschaften. Prodekan der Fakultät für Elektrotechnik. Lehr- und Forschungsgruppenleiter der Sektion Technische Kybernetik und Elektrotechnik. 1971 emeritiert.
Quellen: Wikipedia.

Zorn, Heinz-Bernhard
* 28.04.1912 in Berlin, † 15.05.1993
Ab 1930 Soldat der Reichswehr. Als Major der Luftwaffe Teilnehmer am Zweiten Weltkrieg. Von 1944 bis 1949 in sowjetischer Kriegsgefangenschaft. Mitglied im NKFD. Mitglied im BDO. Lehrer und Assistent an der Zentralen Antifaschistischen Schule in Krasnogorsk. Ab 1949 Mitglied der SED. Von 1950 bis 1955 im Stab der HV für Ausbildung der Volkspolizei. Chefinspekteur der VP. Von 1955 bis 1956 Chef des Stabes der KVP. Von 1959 bis 1969 stellvertretender Kommandeur der Militärakademie „Friedrich Engels“ in Dresden. Dort Leiter der Fakultät für Luftverteidigung, für interne Forschungen zu besonderen Problemen der Anwendung militärischer Technik. Von 1969 bis 1974 Mitarbeiter des Militärgeschichtlichen Instituts in Potsdam zur Entwicklung der Luftstreitkräfte bzw. Luftverteidigung (LSK/LV). Von 1980 bis 1982 wegen Agententätigkeit in Frankreich inhaftiert und durch Austausch wieder freigelassen. 1951 als „Verdienter Arzt des Volkes“, mit dem „Kampforden für Verdienste um Volk und Vaterland“ in Silber, 1962 und 1977 mit dem „Vaterländischen Verdienstorden“ in Silber und Gold ausgezeichnet.
Quellen: Cerný, Wikipedia, Baumgartner/Hebig.

Abkürzungsverzeichnis

AA	Auswärtiges Amt
ABF	Arbeiter- und Bauern-Fakultät
AdK	Akademie der Künste
AdL	Akademie der Landwirtschaftswissenschaften
ADMV	Allgemeinen Deutschen Motor-Sportverbands
AdV	Abgeordneter der Volkskammer
AdW	Akademie der Wissenschaften
AeO	Arbeitsgemeinschaft ehemaliger Offiziere
AG	Arbeitsgruppe
AGL	Abteilungsgewerkschaftsleitung
AHB	Altherrenbund
AOK	Allgemeine Ortskrankenkassen
Apl.	Außerplanmäßig
APW	Akademie der Pädagogischen Wissenschaften
BA	Bezirksausschuss
BAF	Bergakademie
BArch	Bundesarchiv
BBAW	Berlin-Brandenburgische Akademie der Wissenschaften
BdA	Bund der Architekten der DDR
BDA	Bund Deutscher Osten
BDM	Bund Deutscher Mädel
BDO	Bund Deutscher Offiziere
BGL	Betriebsgewerkschaftsleitung
BNSDJ	und Nationalsozialistischer Deutscher Juristen
BStU	Bundesbeauftragter für die Unterlagen der Staatssicherheit
BVfS	Bezirksverwaltung für Staatssicherheit
DAF	Deutsche Arbeitsfront
DASR	Deutsche Akademie für Staats- und Rechtswissenschaften
DBD	Demokratische Bauernpartei Deutschlands
DBE	Deutsche Biographische Enzyklopädie
DDP	Deutsche Demokratische Partei
DDR	Deutsche Demokratische Republik
DFD	Demokratischer Frauenbund Deutschland

DFG	Deutsche Forschungsgemeinschaft
DHfK	Deutsche Hochschule für Körperkultur
DLV	Deutscher Luftsportverband
DNVP	Deutsch-Nationale-Volkspartei
DR	Deutsche Reichsbahn
DRK	Deutsches Rotes Kreuz
DSB	Deutscher Sportbund
DVP	Deutsche Volkspartei
DWK	Deutsche Wirtschaftskommission
EK	Eisernes Kreuz
EKD	Evangelische Kirche Deutschland
FDGB	Freier Deutscher Gewerkschaftsbund
GDSF	Gesellschaft für Deutsch-Sowjetische Freundschaft
GEW	Gewerkschaft Erziehung und Wissenschaft
GI	Geheimer Informator
GST	Gesellschaft für Sport und Technik
HA	Hauptabteilung
HfO	Hochschule für Offiziere
HJ	Hitlerjugend
HNO	Hals-Nasen-Ohren-Heilkunde
HV	Hauptverwaltung
HVA	Hauptverwaltung Aufklärung
KB	Kulturbund
KdT	Kammer der Technik
KfA	Kammer für Aussenhandel
KfDK	Kampfbund für deutsche Kultur
KJVD	Kommunistischer Jugendverband Deutschland
KLV	Kinderlandverschickung
KPKK	Kreisparteikontrollkommission
KVK	Kriegsverdienstkreuz
KVP	Kasernierte Volkspolizei
LDPD	Liberal-Demokratische Partei Deutschland
LPG	Landwirtschaftliche Produktionsgenossenschaft
LSK/LV	Luftstreitkräfte/Luftverteidigung
MdB	Mitglied des Bundestages

MdI	Ministerium des Innern
MfAA	Ministerium für Auswärtige Angelegenheiten
MfNV	Ministerium für Nationale Verteidigung
MfS	Ministerium für Staatssicherheit
NDP	Nationaldemokratische Partei
NDPD	Nationaldemokratische Partei Deutschland
NF	Nationale Front
NKFD	Nationalkomitee Freies Deutschland
NLP	Nationalliberale Partei
NR	Nationalrat
NRW	Nordrhein-Westfalen
NSÄB	Nationalsozialistischer Ärztebund
NSAHB	Nationalsozialistischer Altherrenbund der Deutschen Studenten
NSBDT	Nationalsozialistischer Bund Deutscher Technik
NSBO	Nationalsozialistische Betriebszellenorganisation
NSDAP	Nationalsozialistische Deutsche Arbeiterpartei
NSDDB	Nationalsozialistischer Dozentenbund
NSDT	Nationalsozialistischer Bund Deutscher Technik
NSDFB	Nationalsozialistischer Deutscher Frontkämpferbund
NSDStB	Nationalsozialistischer Deutscher Studentenbund
NSF	Nationalsozialistische Frauenschaft
NSFO	Nationalsozialistischer Führungsoffizier
NSFK	Nationalsozialistischer Fliegerkorps
NSKOV	Nationalsozialistischer Kriegsopferverband
NSLB	Nationalsozialistischer Lehrerbund
NSRB	Nationalsozialistischer Rechtswahrerbund
NSRL	Nationalsozialistischer Reichsbund für Leibesübungen
NSV	Nationalsozialistische Volkswohlfahrt
NVA	Nationale Volksarmee
OHS	Offiziershochschule
OKH	Oberkommando des Heeres
PDS	Partei Demokratischer Sozialisten
Pg	Parteigenosse
PH	Pädagogische Hochschule

RAD	Reichsarbeitsdienst
RAW	Reichsbahnausbesserungswerk
RBD	Reichsbund der deutschen Beamten
RdK	Reichsbund der Kinderreichen
RFT	Rundfunk- und Fernmeldetechnik
RGW	Rat für gegenseitige Wirtschaftshilfe
RHE	Rechtshilfeersuchen
RKB	Reichskolonialbund
RKF	Reichskommissar für die Festigung des deutschen Volkstums
RLB	Reichsluftschutzbund
RMfdbO	Reichsministerium für die besetzten Ostgebiete
RNST	Reichsnährstand
RSK	Reichsschrifttumskammer
SAJ	Sozialistische Arbeiterjugend
SAW	Sächsische Akademie der Wissenschaften
SBZ	Sowjetische Besatzungszone
SdM	Sekretariat des Ministers
SfS	Staatssekretariat für Staatssicherheit
SMAD	Sowjetische Militäradministration in Deutschland
SPK	Staatliche Planungskommission
VBK	Verband Bildender Künstler
VdgB	Vereinigung der gegenseitigen Bauernhilfe
VDI	Verein Deutscher Ingenieure
VEB	Volkseigener Betrieb
VEG	Volkseigenes Gut
VHS	Volkshochschule
VDA	Volksbund für das Deutschtum im Ausland
VDJ	Verband der Journalisten der DDR
VKM	Verband Deutscher Komponisten und Musikwissenschaftler
VOEST	Vereinigte Österreichische Stahlwerke AG
VP	Volkspolizei
VVB	Vereinigung Volkseigener Betriebe
VVO	Vaterländischer Verdienstorden

VVV	Vereinigung Volkseigener Betriebe
WHO	World Health Organization
ZfG	Zeitschrift für Geschichtswissenschaft
ZI	Zentralinstitut
ZPL	Zentrale Parteileitung
ZV	Zentralvorstand

Literaturverzeichnis

Barth, Bernd-Rainer (Hrsg): DDR: Wer war Wer? Ein biographisches Lexikon, Berlin 1994

Baumgartner, Gabriele/Dieter Hebig (Hrsg.): Biographisches Handbuch SBZ/DDR 1945-1990. München, New Providence, London, Paris, 1996/97.

Beddies, Thomas: Eminent politisch – Die I. Chirurgische Klinik der Berliner Universität im „Dritten Reich", in: Matthias Schmidt, Dominik Groß, Jens Westermeier (Hrsg): Die Ärzte der Nazi-Führer, Münster 2018.

Benedict, Laura: Ein düsteres Kapitel. Ehemalige Nationalsozialisten in der DDR, in: Die Andere. Unabhängige Wochenzeitung für Politik, Kultur und Kunst, 17/92, Berlin 1992.

Berger, Manfred Berger: Frauen in der Geschichte des Kindergartens: Schwester Auguste Mohrmann, in: https://kindergartenpaedagogik.de/fachartikel/geschichte-der-kinderbetreuung/manfred-berger-frauen-in-der-geschichte-des-kindergartens/175.

Bergien, Rüdiger: Im „Generalstab der Partei". Organisationskultur und Herrschaftspraxis in der SED-Zentrale (1946-1989). Berlin 2017.

Best, Heinrich/Sandra Meenzen: „Da ist nichts gewesen". SED Funktio näre mit NSDAP Vergangenheit in Thüringen, in: Deutschland-Archiv. Zeitschrift für das vereinigte Deutschland, 43. Jg. 2/2010.

Beymenski, L. A.: Generale ohne Maske, Berlin (DDR) 1963.

Bielka, Heinz: Die Medizinisch-Biologischen Institute Berlin-Buch. Beiträge zur Geschichte, Berlin Heidelberg 1997.

Bösch, Frank/Wirsching, Andreas: Abschlussbericht der Vorstudie zum Thema „Die Nachkriegsgeschichte des Bundesministeriums des Innern (BMI) und des Ministeriums des Innern der DDR (MdI) hinsichtlich möglicher personeller und sachlicher Kontinuitäten zur Zeit des Nationalsozialismus", 29.10.2015.

Bott, Marie-Luise: Die Haltung der Berliner Universität im Nationalsozialismus, Berlin, 2009.

Braun, Hannelore/Gertraud Grünzinger: Personenlexikon zum deutschen Protestantismus (1919-1949), Göttingen, 2006.

Bruns, Tilman: Geschichte der deutschen HNO-Kliniken im 20. Jahrhundert, Köln 2002-

Buch, Günter: Namen und Daten wichtiger Personen der DDR. 4., überarbeitete und erweiterte Auflage. Berlin Bonn, 1987

Buchholz, Werner: Die Universität Greifswald und die deutsche Hochschullandschaft im 19. und 20. Jahrhundert, Stuttgart 2004.

CDU: 15 Jahre DDR: 15 Jahre Mitarbeit der CDU, Berlin 1964.

Cerný, Jochen (Hrsg.): Wer war wer – DDR. Ein biographisches Lexikon, Berlin 1992.

Claasen, Claus: Fremdheit gegenüber der eigenen Geschichte. Zum öffentlichen Umgang mit dem Nationalsozialismus in beiden deutschen Staaten, in: Behrends, Jan C./Lindenberger, Thomas/Poutrus, Patrice G. (Hg.): Fremde und Fremd-Sein in der DDR. Zu historischen Ursachen der Fremdenfeindlichkeit in Ostdeutschland, Berlin 2003.

Danyel, Jürgen: Opfer, Kämpfer und rote Winkel – die Ambivalenzen des Nachkriegsantifaschismus, in: Das Parlament, mit der Beilage „Aus Politik und Zeitgeschichte", Deutscher Bundestag und Bundeszentrale für politische Bildung, 2007.

David, Matthias/Andreas D. Ebert (Hrsg.): Geschichte der Berliner Universitäts-Frauenkliniken, Berlin, 2010.

Eberle, Henrik (hrsgg.): Mit sozialistischem Gruß! Parteiinterne Hausmitteilungen, Briefe, Akten und Intrigen aus der Ulbricht-Zeit, Berlin 1998.

Ernst, Anna-Sabine: Von der bürgerlichen zur sozialistischen Profession? Arzte in der DDR, 1945-1961, in: Richard Bessel/Ralph Jessen (Hg.): Die Grenzen der Diktatur. Staat und Gesellschaft in der DDR, Göttingen 1996.

Filippovich, Dmitrij N.: Die Entnazifizierung der Universitäten in der Sowjetischen Besatzungszone Deutschlands, in: Manfred Heinemann (Hrsg.): Hochschuloffiziere und Wiederaufbau des Hochschulwesens in Deutschland 1945-1949. Die Sowjetische Besatzungszone, Band 4, Berlin, 2000.

Geyer, Michael (Hg.): Psychotherapie in Ostdeutschland. Geschichte und Geschichten, Göttingen 2011.

Glaser, Günther: „Neuregelung der Polizeifragen“ oder getarnte Bewaffnung der SBZ im Kalten Krieg? Nachdenken über Probleme und Wirkungen der sicherheits- und militärpolitischen Veränderungen in Ostdeutschland 1948/1949. In: Helmut Meier, Peter Welker, Detlef Nakath (Hrsg.): Forscher- und Diskussionskreis DDR-Geschichte. hefte zur ddr-geschichte 22, Berlin 1994.

Grammes, Tilman/Henning Schluß/Hans-Joachim Vogler: Staatsbürgerkunde in der DDR. Ein Dokumentenband. Wiesbaden 2006.

Grüttner, Michael: Biografisches Lexikon zur nationalsozialistischen Wissenschaftspolitik, Heidelberg 2004.

Hafenegger, Benno/Michael Buddrus: Militärische Erziehung in Ost und West. Ein Lesebuch zur Kriegsbegeisterung junger Männer. Band 4: Nachkriegszeit und fünfziger Jahre, Frankfurt/M. 1994.

Hampel, Eckard: Zur Geschichte der Kerntechnik in der DDR von 1955 bis 1962. Berichte und Studien Nr. 10 des Hannah-Arendt-Institut für Totalitarismusforschung der TU Dresden, 1996.

Harms, Ingo: Die Gutachter der Meldebogen. Kurzbiografien, in: Maike Rotzoll et. al. (Hrsg.): Die nationalsozialistische „Euthanasie“-Aktion „T4“ und ihre Opfer. Geschichte und ethische Konsequenzen für die Gegenwart, Paderborn 2010, S. 408f.

Hartewig, Karin: Zurückgekehrt. Die Geschichte der jüdischen Kommunisten in der DDR, Köln 2000.

Hartkopf, Werner: Die Berliner Akademie der Wissenschaften: Ihre Mitglieder und Preisträger, 1700-1990, Berlin 1992.

Heidel, Caris-Petra/Marina Lienert (Hrsg.): Die Professoren der Medizinischen Fakultät der Carl Gustav Carus Klinik Dresden und ihrer Vorgängereinrichtungen 1814-2004, München 2005.

Henke, Klaus-Dietmar (Hrsg.): Tödliche Medizin im Nationalsozialismus. Von der Rassenhygiene zum Massenmord. Schriften des Deutschen Hygiene-Museums Dresden. Köln, Weimar, Wien, Böhlau 2008.

Herbst, Andreas/Winfried Ranke/Jürgen Winkler: So funktionierte die DDR. Band 3. Lexikon der Funktionäre, Reinbek bei Hamburg, November 1994.

Hirschinger, Frank: Die Strafverfolgung von NS-Euthanasieverbrechen in der SBZ-DDR; in: Schriften des Deutschen Hygiene-Museums Dresden. Tödliche Medizin im Nationalsozialismus. Von der Rassenhygiene zum Massenmord. Herausgegeben von Klaus-Dietmar Henke. Köln Weimar Wien 2008.

Hohls, Rüdiger/Konrad Jarausch (Hrsg.): Versäumte Fragen. Deutsche Historiker im Schatten des Nationalsozialismus, Stuttgart/München 2000.

Horn, Klaus-Peter: Erziehungswissenschaft in Deutschland im 20. Jahrhundert, Bad Heilbrunn, 2003.

Hoßfeld, Uwe/Jürgen Hohn/Oliver Lemuth/Rüdiger Stutz, (Hrsg.): „Kämpferische Wissenschaft“. Studien zur Universität Jean im Nationalsozialismus. Köln 2003

Jessen, Ralph: Vom Ordinarius zum sozialistischen Professor. Die Neukonstruktion des Hochschullehrerberufs in der SBZ/DDR, 1945-1969, in: Richard Bessel und Ralph Jessen (Hrsg.): Die Grenzen der Diktatur. Staat und Gesellschaft in der DDR, Göttingen, 1996.

Kapferer, Norbert: Die Nazifizierung der Philosophie an der Universität Breslau 1933-1945, Münster, 2001.

Kappelt, Olaf: Braunbuch DDR. Nazis in der DDR, 2. Auflage Berlin Mai 2009.

Kellerhoff, Sven Felix: Braune Vergangenheit. Wie die SED ihre Wurzeln in der NSDAP vertuschte, in: www.mobil/morgenpost.de.

Klee, Ernst: Irrsinn Ost Irrsinn West. Psychiatrie in Deutschland, Frankfurt/M. 1993.

Klee, Ernst: Kulturlexikon zum Dritten Reich. Wer war was vor und nach 1945. Überarbeitete Auflage, September 2009, Frankfurt/M.

Klee, Ernst: Das Personenlexikon zum Dritten Reich. Wer war was vor und nach 1945, Koblenz 2011.

Krüger, Cindy: Die Geschichte des Lebensmittelhygienischen Instituts der Veterinärmedizinischen Fakultät der Universität Leipzig, 2007, Diss.

Kühnl, Reinhard/Eckart Spoo (Hrsg.): Was aus Deutschland werden sollte – Konzepte des Widerstands, des Exils und der Alliierten, Heilbronn, 1995.

Lapp, Peter Joachim: Wehrmachtsoffiziere im Dienst der DDR. Bonn 2000.

Leide, Henry: NS-Verbrecher und Staatssicherheit. Die geheime Vergangenheitspolitik der DDR. Analysen und Dokumente, Band 28, Göttingen 2006.

Matthias Lienert: Zwischen Widerstand und Repression: Studenten der TU Dresden 1946-1989, Köln 2011.

Meenzen, Sandra: Wie ehemalige Nazis in der SED Karriere machten, in: sz/online/Sächsische Zeitung, www.sz-online.de, 21.01.2010.

Mertens, Lothar: Lexikon der DDR-Historiker, Berlin, 2012.

Meuschel, Sigrid: Legitimation und Parteiherrschaft. Zum Paradox von Stabilität und Revolution in der DDR 1945-1989, Frankfurt/M. 1992.

Nationalrat der Nationalen Front (Hrsg.): Braunbuch. Kriegs- und Naziverbrecher in der Bundesrepublik, Berlin (DDR) 1965.

Nationalrat der Nationalen Front (Hrsg): Graubuch. Expansionspolitik und Neonazismus in Westdeutschland. Hintergründe Ziele Methoden, Berlin (DDR) 1967.

Neubert, Erhart: Politische Verbrechen in der DDR, in: Courtois, Stéphan et. al. (Hrsg.): Das Schwarzbuch des Kommunismus. Unterdrückung, Verbrechen und Terror, München Sonderausgabe 2004.

Nikitin, Andrej P.: Die Politik der Sowjetischen Militäradministration in Deutschland zu Bildung des Lehrkörpers der Hochschulen, in: Manfred Heinemann (Hrsg.): Hochschuloffiziere und Wiederaufbau des Hochschulwesens in Deutschland 1945-1949. Die Sowjetische Besatzungszone, band 4, Berlin 2000.

Oestreich, Gerhard (Hrsg.): Kürschners Deutscher Gelehrten-Kalender, Berlin 1954.

Otto, Martin: Von der Eigenkirche zum Volkseigenen Betrieb: Erwin Jacobi (1884-1965), Tübingen 2008, S. 357.

Otto, Wilfriede: Die „Waldheimer Prozesse“ 1950. Historische, politische und juristische Aspekte im Spannungsfeld zwischen Antifaschismus und Stalinismus. In Helmut Meier/Detlef Nakath/Peter Welker (Hrsg.): Forscher- und Diskussionskreis DDR-Geschichte, hefte zur ddr-geschichte 12, Berlin 1993.

Otto, Wilfriede: Wie viele Nazis in der SED? In: Neues Deutschland, 14.3.2012

Poliakov, Léon/Josef Wulf: Das Dritte Reich und seine Denker, München, 1978.

Peschel, Dorit: 175 Jahre TU Dresden: Die Professoren der TU Dresden 1828-2003, Köln, 2003.

Poggendorff, Johann Christian: Biographisch-literarisches Handwörterbuch zur Geschichte der exacten Wissenschaften, 1957.

Prüll, Cay-Rüdiger: Medizin am Toten oder am Lebenden? Pathologie in Berlin und London, 1900-1945, Basel 2003.

Raehlmann, Irene: Arbeitswissenschaft im Nationalsozialismus. Eine Wissens-soziologische Analyse, 1. Auflage September 2005, Wiesbaden 2005, S. 131f.

Rose, Wolfgang: Anstaltspsychiatrie in der DDR. Die brandenburgischen Kliniken zwischen 1945 und 1990. Schriftenreihe zur Medizin-Geschichte des Landes Brandenburg. Bd. 9. Herausgegeben vom Landesamt für Soziales und Versorgung für die Landeskliniken Brandenburg/Havel, Eberswalde, Lübben und Teupitz sowie für die Ruppiner Kliniken GmbH. Berlin-Brandenburg, 2005.

Rößler, Ruth-Kristin (Hg.): Entnazifizierungspolitik der KPD/SED 1945-1948, Dokumente und Materialien, Goldbach 1994.

Roewer, Helmut: Im Visier der Geheimdienste: Deutschland und Russland im Kalten Krieg, Köln 2008.

Roewer, Helmut: Die Rote Kapelle und andere Geheimdienstmythen. Spionage zwischen Deutschland und Russland im Zweiten Weltkrieg 1941-1945, Graz 2010.

Scherriebe, Joachim Scherriebe (Hg.): Der rote Ochse Halle (Saale). Politische Justiz 1939-1945 / 1945-1989. Bearbeitet von Daniel Bohse und Alexander Sperk. Katalog zu den Dauerausstellungen, 1. Auflage, April 2008, Berlin.

Schmaltz, Florian: Kampfstoff-Forschung im Nationalsozialismus. Zur Kooperation von Kaiser-Wilhelm-Instituten, Militär und Industrie. Band 11 in der Reihe: Geschichte der Kaiser-Wilhelm-Gesellschaft im Nationalsozialismus. Herausgegeben von Reinhard

Rürup und Wolfgang Schieder im Auftrag der Präsidentenkommission der Max-Planck-Gesellschaft. Göttingen 2005.

Schneider, Frank: Psychiatrie im Nationalsozialismus – Erinnerung und Verantwortung. Rede anlässlich der Gedenkveranstaltung der Deutschen Gesellschaft für Psychiatrie, Psychotherapie und Nervenheilkunde (DGPPN) am 26. November 2010 in Berlin.

Schweizer-Martinschek, Petra: Die Strafverfolgung von NS-„Euthanasie"-Verbrechen in SBZ und DDR, 2016.

Schuder, Werner (Hrsg.): Minerva. Jahrbuch der gelehrten Welt. Abteilung Universitäten und Fachhochschulen. I. Band: Europa, Berlin 1966.

Sehlke, Stephan: Pädagogen – Pastoren – Patrioten. Biographisches Handbuch, Norderstedt 2009.

Stockhorst, Erich: Fünftausend Köpfe – Wer war was im Dritten Reich, Velbert 1967.

Streim, Alfred: Saubere Wehrmacht? Die Verfolgung von Kriegs- und NS-Verbrechen in der Bundesrepublik und in der DDR, in: Hannes Heer/Klaus Naumann (Hg.): Vernichtungskrieg: Verbrechen der Wehrmacht 1941-1944, Hamburg, 1995.

Tenorth, Heinz-Elmar (Hrsg.): Geschichte der Universität unter den Linden 1810–2010, Berlin 2010.

Teschner, Dirk: Faschistische Vergangenheit in der DDR, in: telegraph 3/4/98.

Thum, Andreas: „Mein ganzes Glück als Frau und Mutter verdanke ich zu einem großen Teil Ihnen" – Die Beziehung Walter Stoeckels zu Magda und Joseph Goebbels, in Matthias Schmidt, Dominik Groß, Jens Westermeier (Hrsg): Die Ärzte der Nazi-Führer, Münster 2018.

Untersuchungsausschuss Freiheitlicher Juristen (Hrsg.): Ehemalige Nationalsozialisten in Pankow, Berlin 1960 und 1965.

Vollnhals, Clemens (Hg.) In Zusammenarbeit mit Thomas Schlemmer: Entnazifizierung, Politische Säuberung und Rehabilitierung in den vier Besatzungszonen 1945 - 1949, München 1991.

Waibel, Harry: Diener vieler Herren. Ehemalige NS-Funktionäre in der SBZ/DDR, Frankfurt/M. 2011.

Weber, Hermann/Lothar Pertinax: Schein und Wirklichkeit in der DDR, Stuttgart, 1958.

Weber, Hermann: Geschichte der DDR. München, 2004.

Weber, Hermann: Der „Antifaschismus“-Mythos der SED, in Freiheit und Recht 2005/1.

Weinke, Annette: Nachkriegsbiographien brandenburgischer „Euthanasie“-Ärzte und Sterilisationsexperten. Kontinuitäten und Brüche, in: Wolfgang Rose: Anstaltspsychiatrie in der DDR: die brandenburgischen Kliniken zwischen 1945 und 1990. Mit einem Beitrag von Annette Weinke, Berlin 2005.

Weinreich, Max: Hitler's Professors

Werkentin, Falco: Politische Strafjustiz in der Ära Ulbricht. In: Armin Mitter und Stefan Wolle (Hrsg.): Forschungen zur DDR-Geschichte. Band 1, Berlin, 1. Auflage, 1995.

Wiesenthal, Simon: Nationalsozialistische Elemente in Presse und Propaganda der DDR, Eine aktuelle Dokumentation, Dokumentationszentrum des Bundes Jüdischer Verfolgter des Naziregimes, September 1968, Wien.

Wolff, Horst-Peter/Arno Kalinich: Zur Geschichte der Krankenhausstadt Berlin-Buch, Frankfurt/M. 2006.

Wolfradt Uwe/Elfriede Billmann/Armin Stock (Hrsg.): Deutschsprachige Psychologinnen und Psychologen 1933-1945, Wiesbaden 2015 2017.

Zimmermann, Monika: Was macht eigentlich …? 100 DDR-Prominente heute, Berlin 1994

Zwilling, Thomas: Leben und Werk des Anatomen Georg Wetzel 1871 – 1951. Diss. Medizinische Fakultät der Ernst-Moritz-Arndt-Universität Greifswald, 2006.

Harry Waibel, geb. 1946 in Lörrach, Studium der Pädagogik, Philosophie, Soziologie und Geschichtswissenschaft in Freiburg im Breisgau und in Berlin. Seit 1990 lebt und arbeitet er als Historiker und Publizist in Berlin. Er ist in den Bereichen Neonazismus, Rassismus und Antisemitismus einer der kenntnisreichsten deutschen Experten.